数量经济学系列丛书

计量经济学

（第2版）

张晓峒 著

清华大学出版社
北京

内容简介

这是一本面向经济类、管理类研究生和本科生的计量经济学教材，内容主要包括回归模型、时间序列 ARIMA 模型、单位根检验、误差修正模型和面板数据模型等。

本书在本领域内第一次增加蒙特卡洛模拟结果讨论统计量的分布特征，增强读者对统计量分布特征的理解。书中每一个知识点都用简练的语言介绍怎样用计量经济学软件 EViews 12 实现计算。书中所提供的案例基本上都是中国建模案例，为计量经济学理论与分析中国经济实际相结合提供切实范例。书中提供多种图(包括散点图、序列图、分布图等)，辅助对所研究问题的理解。书中所用全部数据可免费下载。

本书的读者对象是高等院校研究生和本科生以及从事经济、管理等领域研究的教师、学者和工作者。

图书在版编目(CIP)数据

计量经济学/张晓峒著. —2 版. —北京：清华大学出版社，2022.1(2025.1 重印)
(数量经济学系列丛书)
ISBN 978-7-302-59666-0

Ⅰ. ①计… Ⅱ. ①张… Ⅲ. ①计量经济学—高等学校—教材 Ⅳ. ①F224.0

中国版本图书馆 CIP 数据核字(2021)第 249696 号

责任编辑：张 伟
封面设计：常雪影
责任校对：王凤芝
责任印制：刘 菲

出版发行：清华大学出版社
网 址：https://www.tup.com.cn，https://www.wqxuetang.com
地 址：北京清华大学学研大厦 A 座 **邮 编**：100084
社 总 机：010-83470000 **邮 购**：010-62786544
投稿与读者服务：010-62776969，c-service@tup.tsinghua.edu.cn
质量反馈：010-62772015，zhiliang@tup.tsinghua.edu.cn
课件下载：https://www.tup.com.cn，010-83470332
印 装 者：三河市天利华印刷装订有限公司
经 销：全国新华书店
开 本：185mm×260mm **印 张**：30.25 **字 数**：660 千字
版 次：2017 年 5 月第 1 版 2022 年 3 月第 2 版 **印 次**：2025 年 1 月第 4 次印刷
定 价：78.00 元

产品编号：089365-01

第 2 版前言

本书自 2017 年出版以来已经印刷了 6 次。读者对象是高等院校研究生和本科生以及从事经济、管理等领域研究的教师、学者和工作者。

党的二十大报告指出："教育、科技、人才是全面建设社会主义现代化国家的基础性、战略性支撑。必须坚持科技是第一生产力、人才是第一资源、创新是第一动力，深入实施科教兴国战略、人才强国战略、创新驱动发展战略，开辟发展新领域新赛道，不断塑造发展新动能新优势。"教材建设是培根铸魂的重要手段之一，也是培养新质生产力的关键环节。我们在二十大报告精神鼓舞下努力打造高质量精品教材，期望达到培养我国社会主义事业合格人才的效果。

教材作为教育、教学的基本载体，必须与时俱进，为培育新时代合格人才提供坚实保障。随着学科的快速发展和人才培养需求的不断变化，计量经济学教材应该及时跟踪当前的前沿内容，把计量经济学知识与研究中国经济实际问题有机地结合在一起，形成中国特色。

本版更新和扩充了 11 个新的中国经济数据例子和案例，做到理论知识与中国实际经济案例相结合，方便学生能更好地利用计量经济学知识掌握分析实际经济问题。

本书主要由回归模型、时间序列 ARIMA 模型、单位根检验和误差修正模型、面板数据模型等内容组成。共分 14 章，其中第 1～9 章基本上属于经典计量经济学内容。第 10 章介绍时间序列 ARIMA 模型，第 11 章和第 12 章介绍非平稳时间序列模型和单位根检验。第 13 章介绍单方程误差修正模型。第 14 章介绍面板数据模型。

本书既给出统计量的必要理论推导又给出蒙特卡洛模拟结果，使读者更容易理解统计量的分布特征。书中所提供的案例基本上都是中国建模案例，为计量经济学理论与分析中国经济实际相结合提供切实的范例。在介绍案例分析的同时还用简练的语言给出相应 EViews 操作路径，方便读者掌握建模过程。

本书提供两种数据文件，即 EViews 数据文件和 STATA 数据文件。所有数据文件的编号都与书中例子和案例的编号相对应。用 li 表示例子的编号，用 case 表示案例的编号。比如，li 10-3 表示第 10 章第 3 个例子；case 14-1 表示第 14 章第 1 个案例。STATA 数据文件的命名方法与 EViews 数据文件相同。

本书第 2 版与第 1 版相比，有如下更新和改进。

在第 10 章(时间序列 ARIMA 模型)的 10.8 节(季节时间序列 ARIMA 模型)中增加了一些必要的证明。

第 12 章(单位根检验)的 12.6 节(结构突变序列单位根检验)在介绍 AOADF 检验的同时，新增了 IOADF 检验内容以及为什么要做单位根检验、不同性质变量的正确回归方法等内容。

所有 EViews 操作路径都更新至 EViews 12 版本。所有 EViews 输出结果更新至 EViews 12 输出结果。书中所说 EViews 即指 EViews 12,除特殊需要,不再写明版本号。

本版残差平方和(sum of squared residuals)的缩写改用 SSR 表示(第 1 版用 RSS 表示)。总离差平方和(total sum of squares)和回归平方和(explained sum of squares)的缩写不变,仍分别用 TSS 和 ESS 表示。

在第 5 章中删除了不常用的戈德菲尔德-匡特检验。

更换了 11 个例题和案例,即例 3-1、例 3-6、例 3-7、例 4-1、例 4-2、例 9-3、例 9-4、案例 10-1、案例 12-4、例 13-3 和案例 13-1。删除了 2 个例子和案例,即案例 3-2 和例 9-10。

更新了若干张图。

附录 C EViews 9 使用简介已更新至 EViews 12。

扫描下方的二维码,可以获得全部例题和案例的 EViews 与 STATA 数据文件,以及每一章习题的数据文件。

EViews 数据文件　　Stata 数据文件　　习题 EViews 文件

书中难免存在不足之处,还请读者不吝赐教、指正。

张晓峒

2024 年 7 月 11 日

第 1 版前言

本书主要由回归模型、时间序列 ARIMA 模型、单位根检验和误差修正模型、面板数据模型等内容组成。读者对象是大专院校的本科生、硕士研究生以及从事经济、管理等领域研究的学者、工作者和教师。若讲授完本书全部内容再加上安排上机时间，大约需要 100 学时。

本书共分 14 章。其中第 1～9 章基本上属于经典计量经济学的内容。第 10 章介绍时间序列 ARIMA 模型，第 11 章和第 12 章介绍非平稳时间序列以及单位根检验。第 13 章介绍单方程误差修正模型。第 14 章介绍面板数据模型。第 11～14 章属于计量经济学中比较新的内容，系统介绍第 11～14 章内容的本科生教材以往并不多见。

本书具有如下一些特点。

用现代手段和视角分析经典计量经济学知识和非平稳相关统计量的分布特征。例如，对 OLS 回归估计量、异方差、自相关、多重共线性、动态模型回归系数估计量分布的讨论，既给出理论推导，又给出蒙特卡洛模拟结果，将会使读者更容易理解所学习的内容。蒙特卡洛模拟方法是分析统计量分布特征的重要方法，但是对于十多年前的国内来说，是不可能做到的事情，主要是受计算机运算速度的影响。现在，计算机运算速度早已今非昔比，所以是用蒙特卡洛模拟方法研究、讲授统计量分布特征的时候了。本书还给出了非平稳时间序列建模，虚假回归，虚假相关，单整、协整相关统计量分布特征的蒙特卡洛模拟结果。蒙特卡洛模拟方法有助于读者对统计量分布特征的理解。

把时间序列 ARIMA 模型引入计量经济学教材。从当前看，ARIMA 模型是计量经济学理论的重要组成部分。而 20 世纪的计量经济学教材则以介绍回归模型为主，很少或根本不涉及 ARIMA 模型部分。计量经济学理论发展到今天，如果不学习 ARIMA 模型，则单位根检验，单整、协整理论，组合(regARIMA)模型，误差修正模型等知识根本无法掌握。

在介绍计量经济模型的方式上坚持 3 个环节并举：介绍计量经济模型的理论知识，介绍与其相联系的典型案例分析，介绍与案例分析相对应的计量经济建模的 EViews 操作。如果读者自己再运用专用软件 EViews 和 STATA 进行练习，则一定会完美掌握本书所提供的计量经济学知识。

凡是样本容量不大的数据在书中相应例子和案例的位置都已经给出，而书中全部例子和案例的样本数据则以 EViews 和 STATA 数据文件的形式在清华大学出版社官方网站(http://www.tup.com.cn)和如下二维码上给出。读者可免费下载，也可以直接向作者索取。所有数据文件的编号都与书中例子和案例的编号相对应。用 li 表示例子的编号，case 表示案例的编号。比如，li 13-3 表示第 13 章第 3 个例子；case 14-1 表示第 14 章第 1 个案例。STATA 文件名与 EViews 数据文件的命名方法相同。

EViews 数据文件　　Stata 数据文件　　习题 EViews 数据文件

书中每一章都配有习题和参考答案。习题按章编号,如【10-12】表示第10章第12题。若习题配有 EViews 数据文件,该文件名以 xiti 加习题编号命名,如“xiti 1-7”表示1-7题配备的 EViews 数据文件。习题的 EViews 数据文件从如上二维码中获取。

书中所提供的案例基本上都是中国建模案例。因为读者对中国的国情最为熟悉,用中国案例分析建模过程和估计结果,读者最容易理解,同时也为计量经济学理论与分析中国经济实际相结合提供切实的范例。

书中在表达模型时,所有的变量都用英文字母,所有模型的参数都用希腊字母表示。

书的最后提供三个附录。附录A给出推断统计学与矩阵知识的简要介绍,供读者查阅。附录B给出15个假设检验用表。附录C给出 EViews 9 使用简介,有助于读者对计量经济学软件 EViews 9 的运用与掌握。书中每一个知识点都给出 EViews 9 操作的简要说明。

非平稳序列相关统计量极限分布的推导过程本书未给出,作者认为已超出了本科生和硕士研究生的知识范围,如果读者感兴趣,可以参考更高层次的计量经济学著作。

本书第4章和第5章初稿由赵娜博士撰写,其余部分则均由张晓峒撰写。张晓峒为全书最终定稿。

本书是作者在多年教学讲稿基础之上撰写而成的。徐鹏博士、何永涛博士、郭小稚博士、涂晓枫博士生、刘笑时博士生等参与了本书的案例数据收集工作,以及计算机操作方法的整理等大量工作,博士生梁方参与了第11章编程工作,在此表示感谢。

本书在撰写过程中得到清华大学出版社的支持,在此向清华大学出版社表示感谢。本书在出版过程中策划编辑张伟付出很多,在此一并表示感谢。

书中难免存在不足和错误,还请读者不吝赐教、指正。

张晓峒

2017年1月10日

目　录

第1章　一元线性回归模型

本章在1.1节给出计量经济学简介与建模步骤，其后介绍一元线性回归模型。本章内容包括模型的建立及其假定条件、一元线性回归模型的系数估计、最小二乘(OLS)估计方法、回归系数估计量的分布、最小二乘估计量的统计性质、最小二乘回归方程的性质、拟合优度的测量、回归系数的显著性检验、回归系数的置信区间、模型的预测、案例分析等。

1.1　计量经济学简介与建模步骤

“计量经济学”，国内也称“经济计量学”，对应的英文词都是econometrics。

计量经济学是指用定量与定性相结合的方法研究经济活动规律及其应用的科学。它是经济学与统计学、数学相结合的交叉学科。

“计量经济学”作为一个专有名词，是1926年由挪威经济学家弗里希(R. Frisch)提出的。随后1930年成立了国际计量经济学学会，1933年创办了《计量经济学》杂志。该名词提出至今已有90多年的历史。

我国1980年正式引进计量经济学。标志是中国社会科学院邀请美国以诺贝尔经济学奖获得者、美国宾夕法尼亚大学克莱因(L. Klein)教授为首的7位计量经济学家开办“计量经济学讲习班”。之后计量经济学在中国得到迅速发展。1998年，教育部高等学校经济学学科教学指导委员会正式将计量经济学列为高等学校经济学门类各专业本科生的8门必修课之一。

计量经济学以20世纪70年代为界，之前的研究成果多属于经典计量经济学范畴，之后的研究成果多属于非经典计量经济学范畴。随着时间的推移，计量经济学逐渐渗透到经济学各个领域形成了新的计量经济学分支，如金融计量经济学、时间序列计量经济学、空间计量经济学等。也有人按研究对象把计量经济学分为宏观计量经济学和微观计量经济学。

计量经济模型，即研究经济、人文问题所建立的定量分析模型。其中使用时间最久的是回归模型，如果以高斯(C. F. Gauss)提出最小二乘估计方法为标志，则已经有200多年的历史了。但真正建立起一套完整的设定、估计、推断、检验体系是在20世纪30年代。20世纪40年代以前建立的基本上是单方程回归模型。20世纪40年代以后随着计算机的发展，以及人们着眼于对宏观经济的研究，联立方程模型开始建立。20世纪70年代初，伯克斯(Box)和詹金斯(Jenkins)提出研究时间序列的ARIMA模型。20世纪70年代以后，随着计算机以及计算机专用软件的逐步普及，各种模型被提出，研究成果呈爆炸式增长。

计量经济学的研究内容与目的主要有以下两个。

(1) 定量描述与分析经济活动。其包括描述宏观、微观经济问题,寻找和验证经济规律,建立计量经济模型。通过计量模型得到回归系数(边际系数、弹性系数、技术系数、比率、速率等)的可靠估计值,从而为分析经济问题、制定相关经济政策、实施宏观经济调控提供依据。

例如,1962—2001年中国储蓄存款总额(Y,亿元)与国内生产总值(GDP,亿元)关系的估计结果如下:

$$\text{Ln}Y_t = -8.7350 + 1.7443\ \text{LnGDP}_t + 1.1840\text{AR}(1) - 0.3511\text{AR}(2)$$
$$(-13.6)\qquad (25.2)\qquad (7.8)\qquad (-2.3)$$
$$R^2 = 0.998, \text{DW} = 1.64, T = 40(1962\text{—}2001)$$

通过回归系数估计值可知,1962—2001年中国储蓄存款总额(Y)与GDP的关系是,GDP每增加1%,中国储蓄存款总额平均增加1.7443%。中国储蓄存款总额的增长速度远大于GDP的增长速度。这为了解、掌控中国储蓄存款总额,制定相关政策提供重要依据。

(2) 做经济预测。这是计量经济学利用模型所要完成的最重要任务,但也是最困难的任务。计量经济学的发展史就是谋求对经济变量做出更精确预测的发展史。

要想得到经济变量之间的精确关系,就必须使用计量经济学的建模研究方法。建立计量经济模型一般分为4个步骤。

(1) 确定研究对象和影响因素的测量变量。比如,研究中国经济,使用GDP还是GNP(国民生产总值)做测量变量要首先确定下来。不容易度量的对象要找合理的替代变量。比如,商品需求量常用销售量代替。注意:研究对象必须是可量化的、可观测的。

(2) 收集数据。收集数据分为直接收集和间接收集两种。

直接收集数据即亲自做调查。调查分普查和抽样调查两种。普查即对每一个观测对象做调查。抽样调查方法分多种,有简单随机抽样、分层抽样、整群抽样、系统抽样等。抽样调查时,还可把这些方法结合在一起使用。如何使调查的数据最大限度地反映总体特征,应该是研究者关注的内容。这理论上属于统计学领域研究的内容。

间接收集数据即从各种统计年鉴、网站、数据库等处引用数据。引用数据时要时刻注意,引用的数据是否与自己想要得到的数据定义相符。比如,想要得到农业劳动人口数据,但引用的是统计年鉴上的农村人口数据,这其实是两个概念。其后果相当于给变量的测量引入测量误差。

无论亲自收集数据还是引用数据都要注意不要出现错误。数据出现错误,相当于给变量的测量引入误差,将直接导致对模型参数的估计出现偏倚。在估计模型前,一定要检查数据,避免存在错误。

(3) 仔细观察,分析变量的时间序列图和散点图。一定要养成这样的习惯。通过对变量的观察可以为建立计量经济模型提供许多有用的信息。

(4) 根据经济理论和对问题的调查研究与深入了解,设定计量经济模型的具体形式,估计模型,对估计结果进行诊断与检验,最终确定模型估计结果。分析回归系数,解释其经济含义,对研究对象进行预测,等等。

以往在计量经济学著作中常强调在经济理论的基础上建立计量经济模型。建立计量经济模型的目的也只是验证经济理论。实际上这只是问题的一个方面。建立计量经济模型的目的还有发现经济理论的一面。社会发展是无止境的，人类对经济发展规律的认识与探索也是无止境的。人们对经济活动规律的研究绝不只是验证，一定还包括发现。

以经济学中的恩格尔定律为例，德国统计学家恩斯特·恩格尔在 1857 年利用埃朵·杜皮惕(Edouard Ducpetiaux)收集的 198 个比利时家庭的收入与食物支出数据，采用一元线性回归的方法，发现了著名的恩格尔定律。虽然那时还没有计量经济学这个名称，但是，这毕竟是运用计量经济学的方法发现了一个经济理论——恩格尔定律。

计量经济学研究的主要内容是上述建模步骤的第(3)步和第(4)步。实际上，主要是第(4)步。本书主要围绕第(4)步内容展开。

1.2　模型的建立及其假定条件

1.2.1　建立模型的意义

在经济领域，一个变量的变化常常受其他多个经济变量的影响。为描述这些变量之间的关系，研究这些变量之间的变化规律，通常要建立计量经济模型，研究模型回归系数，进而利用计量经济模型进行预测。比如只有一个重要变量 x_t 影响变量 y_t 变化，且它们之间的关系是线性的，则建立的应是一元线性回归模型。

1.2.2　一元线性回归模型的定义

一元线性回归模型表示如下：

$$y_t = \beta_0 + \beta_1 x_t + u_t \tag{1-1}$$

式(1-1)表示变量 y_t 和 x_t 之间的真实关系。其中，y_t 称作被解释变量(相依变量、因变量)，x_t 称作解释变量(独立变量、自变量、回归因子)，u_t 称作随机误差项(随机扰动项)，β_0 称作常数项(截距项)，β_1 称作回归系数。通常，β_0 和 β_1 又统称为模型的回归系数。

在模型(1-1)中，x_t 是影响 y_t 变化的重要解释变量。回归系数 β_0 和 β_1 具体描述这种关系。β_0 和 β_1 通常是未知的，需要估计。如果 x_t 和 y_t 是截面数据，t 表示序数；如果 x_t 和 y_t 是时间序列数据，t 表示时间序数。u_t 则包括除 x_t 以外的影响 y_t 变化的众多微小因素。u_t 的变化是不可控的。

上述模型可以分为两部分：①$\beta_0 + \beta_1 x_t$ 是非随机部分；②u_t 是随机部分。

1.2.3　一元线性回归模型的经济含义与特征

这种模型可以赋予各种实际意义，如：支出与收入的关系；商品价格与供给量的关系；基本建设投资与国内生产总值的关系；林区木材采伐量与其剩余物的关系；脉搏与血压的关系；身高与体重的关系；等等。

以研究家庭支出与收入的关系为例。假设家庭支出与收入呈线性函数关系。实际上，数据来自各个不同家庭，来自各个不同收入水平，从而使收入以外的影响支出变化的其他因素维持不变是不可能的。随机误差项 u_t 中包括了家庭人口数、消费习惯、不同地域的物价水平、家庭的额外收入等因素。所以在研究经济问题中“控制其他因素不变”是不可能的。因此，即便 y_t 与 x_t 呈完全线性关系，由 y_t 与 x_t 数据得到的观测点也不在一条直线上(不呈线性函数关系)，而是散布在一条直线周围，这些观测点服从回归关系，见图 1-1，其中直线 $E(y_t)=\beta_0+\beta_1 x_t$ 称作真实的回归直线[$E(y_t)$是 y_t 的期望，在 1.4 节将进一步介绍]，描述 y_t 与 x_t 的真实关系。式(1-1)中的 u_t，即观测点到 $E(y_t)$的垂直距离，表示由于众多随机因素的影响使一个具体观测点偏离回归直线的幅度。

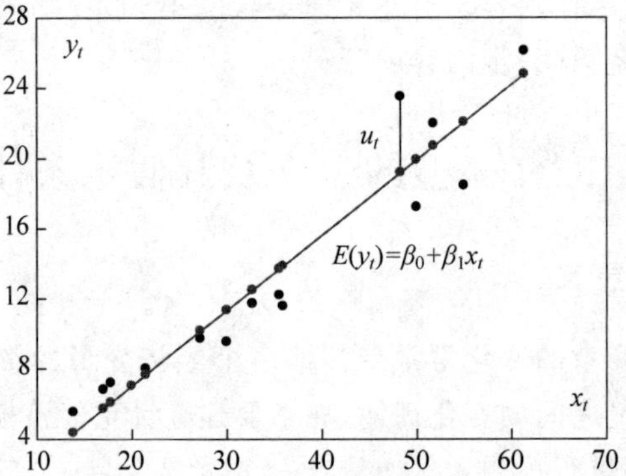

图 1-1　真实的回归直线

一般来说，回归模型的随机误差项中包括如下几项内容。

(1) 未在模型中专门列出的影响 y_t 变化的非重要解释变量。如上例中家庭人口数、消费习惯、物价水平差异等因素的影响都包括在随机误差项中。

(2) 人的随机行为。经济活动都是人参与的。人的经济行为的变化也会对随机误差项产生影响。

(3) 数学模型形式欠妥。对于同一组观测值，若拟合的数学模型形式不同，则相应的随机误差项的值也不同。显然当模型形式欠妥时，会直接对随机误差项的值造成影响。

(4) 归并误差。模型中被解释变量的值常常是归并而成的。当归并不合理时，会产生归并误差。比如由不同种类粮食合并构成的粮食产量的不合理归并会带来归并误差。

(5) 测量误差等。当对被解释变量的测量存在误差时，这种误差将包括在随机误差项中。

1.2.4　模型的假定条件

在对回归函数进行估计之前应该对回归模型的随机误差项 u_t 和解释变量做出如下假定。随后介绍的估计回归系数的最小二乘法是以如下假定条件为基础的。

(1) u_t，$(t=1,2,\cdots,T)$是 T 个随机变量，u_t 的取值服从概率分布。

(2) $E(u_t)=0$，$(t=1,2,\cdots,T)$。上式表示 u_t 在 t 的每一个点的期望都为零。在模型中如果能保证 u_t 中所包含的都是影响 y_t 的微小因素，那么在众多微小因素的作用下，

假定 $E(u_t)=0$ 就是合理的。

(3) $\text{var}(u_t)=E[u_t-E(u_t)]^2=E(u_t)^2=\sigma^2,(t=1,2,\cdots,T)$。这个假定的含义是在 t 的每一个点的 $u_t,(t=1,2,\cdots,T)$ 分布的方差都是常量 σ^2。此条件下，称 u_t 具有同方差性。当此条件得不到满足时，称 u_t 具有异方差性。

(4) u_t 服从正态分布。根据中心极限定理，如果能保证 u_t 由众多的随机因素组成，且每个因素在总的变化中都起不到主导作用，那么就可以认为 u_t 近似地服从正态分布。

以上 4 个假定条件可表达如下：

$$u_t \sim N(0,\sigma^2)$$

(5) $\text{cov}(u_i,u_j)=E[(u_i-E(u_i))(u_j-E(u_j))]=E(u_i,u_j)=0,(i\neq j)$。本假定条件只针对时间序列数据。上式含义是不同观测值所对应的随机误差项相互独立。u_i 取值不受 u_j 影响；反过来，u_j 取值也不受 u_i 影响。此条件下，对于时间序列数据，称 u_t 是非自相关的。当 $\text{cov}(u_i,u_j)\neq 0$ 时，称 u_t 具有自相关性。

(6) x_t 是非随机的。x_t 的值是事先确定的。注意，这一假定条件在自然科学领域的实验研究中容易得到满足，因为实验是可控的，而在经济领域内，x_t 的观测是不可控的，所以这一假定条件不容易满足。

(7) $\text{cov}(u_t,x_t)=0$。u_t 与 x_t 要相互独立，否则分不清 y_t 的变化是由 u_t 所致还是由 x_t 所致。

(8) 对于含有多个解释变量的线性回归模型，解释变量之间不能完全相关或高度相关。否则称解释变量之间存在多重共线性。本假定条件在第 2 章有详细讨论。

在假定(1)、(2)成立条件下有 $E(y_t)=E(\beta_0+\beta_1x_t+u_t)=\beta_0+\beta_1x_t$，称 $E(y_t)$为真实的回归函数。通常线性回归函数 $E(y_t)=\beta_0+\beta_1x_t$ 是观测不到的，利用样本得到的只是对它的估计，即对 β_0 和 β_1 的估计。

$E(y_t)=\beta_0+\beta_1x_t$ 是回归模型(1-1)的一部分。由此可见回归模型有两个特点。①在某些假定条件成立前提下抽象出来的回归函数不能百分之百地再现所研究的经济过程。②也正是由于这些假定，才能对经济问题进行高度抽象，从而更深刻地揭示经济变量之间的变化规律。

1.3　一元线性回归模型的参数估计

回归模型的参数除了包括回归系数之外，还包括人们关心的其他一些需要估计的量，如模型误差项的均值和方差等。

1.3.1　估计方法初探

对于所研究的经济问题，假定变量 y_t 和 x_t 之间服从线性关系。通常真实的回归直线是观测不到的。收集样本的目的就是对这条真实的回归直线做出估计。

设估计的回归直线用

$$\hat{y}_t=\hat{\beta}_0+\hat{\beta}_1x_t \tag{1-2}$$

表示。其中 $\hat{y}_t$ 称作 y_t 的拟合值,$\hat{\beta}_0$ 和 $\hat{\beta}_1$ 分别是 β_0 和 β_1 的估计量。观测点到这条估计的回归直线的纵向距离用 $\hat{u}_t$ 表示。$\hat{u}_t$ 称作残差,$\hat{u}_t$ 是对 u_t 的估计。

$$y_t = \hat{y}_t + \hat{u}_t = \hat{\beta}_0 + \hat{\beta}_1 x_t + \hat{u}_t \tag{1-3}$$

称作估计的回归模型。由上式知 $\hat{u}_t = y_t - \hat{y}_t$。

怎样估计回归直线(1-2)呢？显然综合起来看,这条直线处于样本数据的中心位置最合理。怎样用数学语言描述“处于样本数据的中心位置”？

(1) 用“残差和最小”作为确定直线位置的标准,但很快发现计算“残差和”存在相互抵消的问题,不能用于实际计算。

(2) 用“残差绝对值的和最小”确定直线位置也是一个途径,但绝对值的计算比较麻烦。

应进一步寻找更好的估计方法。

1.3.2 最小二乘估计法原理

最小二乘法①的估计原理是以“残差平方和$\left(\sum_{t=1}^{T}\hat{u}_t^2\right)$最小”为原则确定直线位置。这种估计方法的特点是对远离回归直线的观测点给予更大的关注。用最小二乘法估计回归系数除了计算比较方便外,得到的估计量还具有优良的统计特性(见 1.6 节)。

1.3.3 最小二乘估计的计算

设残差平方和用 Q 表示:

$$Q = \sum_{t=1}^{T}\hat{u}_t^2 = \sum_{t=1}^{T}(y_t - \hat{y}_t)^2 = \sum_{t=1}^{T}(y_t - \hat{\beta}_0 - \hat{\beta}_1 x_t)^2 \tag{1-4}$$

OLS(普通最小二乘)法是以 Q 取最小值为条件确定回归直线,即确定 $\hat{\beta}_0$ 和 $\hat{\beta}_1$ 的值。当样本已知时,上式中的 y_t 和 x_t 是已知量,$\hat{\beta}_0$ 和 $\hat{\beta}_1$ 是未知量。把 Q 看作 $\hat{\beta}_0$ 和 $\hat{\beta}_1$ 的函数。这是一个二元函数求极值问题。解法是求 Q 对 $\hat{\beta}_0$ 和 $\hat{\beta}_1$ 的偏导数并令其为零,得正规方程如下:

$$\frac{\partial Q}{\partial \hat{\beta}_0} = 2\sum_{t=1}^{T}(y_t - \hat{\beta}_0 - \hat{\beta}_1 x_t)(-1) = 0 \tag{1-5}$$

$$\frac{\partial Q}{\partial \hat{\beta}_1} = 2\sum_{t=1}^{T}(y_t - \hat{\beta}_0 - \hat{\beta}_1 x_t)(-x_t) = 0 \tag{1-6}$$

由式(1-5)、式(1-6)得

① 最小二乘法亦称最小平方法。德国数学家高斯对最小二乘法的建立贡献最大。1795 年高斯就想到这种方法,但正式提出来是在 1809 年。在这期间法国数学家勒让德(A. M. Legendre)在 1805 年发表的论文中提出最小二乘估计方法。

$$\sum_{t=1}^{T}(y_t - \hat{\beta}_0 - \hat{\beta}_1 x_t) = 0 \tag{1-7}$$

$$\sum_{t=1}^{T}(y_t - \hat{\beta}_0 - \hat{\beta}_1 x_t)x_t = 0 \tag{1-8}$$

式(1-7)两侧用 T 除，并移项整理，得

$$\hat{\beta}_0 = \bar{y} - \hat{\beta}_1 \bar{x} \tag{1-9}$$

把上式代入式(1-8)并整理，得

$$\sum_{t=1}^{T}[(y_t - \bar{y}) - \hat{\beta}_1(x_t - \bar{x})]x_t = 0$$

$$\sum_{t=1}^{T}(y_t - \bar{y})x_t - \hat{\beta}_1 \sum_{t=1}^{T}(x_t - \bar{x})x_t = 0$$

为书写简便，自本章始，如不做特别说明，把 $\sum_{t=1}^{T}$ 简写为 $\sum$。由上式得

$$\hat{\beta}_1 = \frac{\sum x_t(y_t - \bar{y})}{\sum (x_t - \bar{x})x_t}$$

因为 $\sum \bar{x}(y_t - \bar{y}) = 0$，$\sum \bar{x}(x_t - \bar{x}) = 0$，在上式等号右侧分式的分子和分母上分别减 $\sum \bar{x}(y_t - \bar{y})$ 和 $\sum \bar{x}(x_t - \bar{x})$ 得

$$\hat{\beta}_1 = \frac{\sum x_t(y_t - \bar{y}) - \sum \bar{x}(y_t - \bar{y})}{\sum (x_t - \bar{x})x_t - \sum \bar{x}(x_t - \bar{x})} = \frac{\sum (x_t - \bar{x})(y_t - \bar{y})}{\sum (x_t - \bar{x})^2} \tag{1-10}$$

式(1-10)和式(1-9)就是回归系数 β_1、β_0 的 OLS 法估计公式。

1.4　y_t、$\hat{\beta}_1$ 和 $\hat{\beta}_0$ 的分布

因为 y_t 是随机变量，而回归系数估计量 $\hat{\beta}_1$ 和 $\hat{\beta}_0$ 是由 y_t 计算出来的，所以 $\hat{\beta}_1$ 和 $\hat{\beta}_0$ 也是随机变量。下面讨论 y_t、$\hat{\beta}_1$、$\hat{\beta}_0$ 的分布，目的是为研究 $\hat{\beta}_1$ 和 $\hat{\beta}_0$ 的性质以及假设检验做理论准备。

1.4.1　y_t 的分布

根据假定条件 $u_t \sim N(0, \sigma^2)$，得 y_t 的期望：

$$E(y_t) = E(\beta_0 + \beta_1 x_t + u_t) = \beta_0 + \beta_1 x_t + E(u_t) = \beta_0 + \beta_1 x_t$$

$E(y_t) = \beta_0 + \beta_1 x_t$ 表示真实的回归直线。当 x_t 固定时，$E(y_t)$表示 y_t 的期望值。

$$\operatorname{var}(y_t) = \operatorname{var}(\beta_0 + \beta_1 x_t + u_t) = \operatorname{var}(\beta_0 + \beta_1 x_t) + \operatorname{var}(u_t) = \sigma^2$$

在上式的推导中用到了假定条件(6)，x_t 是非随机的。根据模型(1-1)，y_t 是 u_t 的线性函数。因为根据假定条件，u_t 服从正态分布，所以 y_t 也服从正态分布。

$$y_t \sim N(\beta_0 + \beta_1 x_t, \sigma^2) \tag{1-11}$$

1.4.2 $\hat{\beta}_1$ 的分布

下面讨论 $\hat{\beta}_1$ 的分布。先求 $\hat{\beta}_1$ 的期望。由式(1-10)得

$$\hat{\beta}_1 = \frac{\sum (x_t - \bar{x})(y_t - \bar{y})}{\sum (x_t - \bar{x})^2} = \frac{\sum (x_t - \bar{x}) y_t - \bar{y} \sum (x_t - \bar{x})}{\sum (x_t - \bar{x})^2}$$

$$= \frac{\sum (x_t - \bar{x}) y_t}{\sum (x_t - \bar{x})^2} \tag{1-12}$$

根据假定(6),x_t 是非随机的,所以令

$$k_t = \frac{(x_t - \bar{x})}{\sum (x_t - \bar{x})^2} \tag{1-13}$$

代入式(1-12),得

$$\hat{\beta}_1 = \sum k_t y_t \tag{1-14}$$

则

$$\begin{aligned} E(\hat{\beta}_1) &= E\left(\sum k_t y_t\right) = E\left[\sum k_t (\beta_0 + \beta_1 x_t + u_t)\right] \\ &= E\left(\beta_0 \sum k_t + \beta_1 \sum k_t x_t + \sum k_t u_t\right) \\ &= E\left[\beta_1 \sum k_t (x_t - \bar{x}) + \sum k_t u_t\right] \quad (\text{其中} \sum k_t (x_t - \bar{x}) = \sum k_t x_t) \\ &= \beta_1 + E\left(\sum k_t u_t\right) = \beta_1 \end{aligned} \tag{1-15}$$

在式(1-15)的推导过程中利用了结论,$\sum k_t = 0$,$\sum k_t \bar{x} = 0$。

求 $\hat{\beta}_1$ 的方差。由式(1-15)有 $\hat{\beta}_1 = \beta_1 + \sum k_t u_t$。则

$$\operatorname{var}(\hat{\beta}_1) = \operatorname{var}\left(\beta_1 + \sum k_t u_t\right) = \operatorname{var}\left(\sum k_t u_t\right) = \sum k_t^2 \sigma^2$$

利用式(1-13)得

$$\operatorname{var}(\hat{\beta}_1) = \sum \left[\frac{(x_t - \bar{x})}{\sum (x_t - \bar{x})^2}\right]^2 \sigma^2 = \frac{\sigma^2}{\sum (x_t - \bar{x})^2} \tag{1-16}$$

因为 $\hat{\beta}_1$ 是 y_t 的线性函数[见式(1-14)],y_t 服从正态分布,所以 $\hat{\beta}_1$ 也服从正态分布。

$$\hat{\beta}_1 \sim N\left(\beta_1, \frac{1}{\sum (x_t - \bar{x})^2} \sigma^2\right) \tag{1-17}$$

1.4.3 $\hat{\beta}_0$ 的分布

由式(1-9)和式(1-14)得

$$\hat{\beta}_0 = \bar{y} - \hat{\beta}_1 \bar{x} = \frac{1}{T}\sum y_t - \bar{x}\sum k_t y_t = \sum\left(\frac{1}{T} - \bar{x}k_t\right)y_t$$
$$= \sum\left(\frac{1}{T} - \bar{x}k_t\right)(\beta_0 + \beta_1 x_t + u_t)$$
$$= \sum \frac{1}{T}\beta_0 + \beta_1 \sum \frac{1}{T}x_t + \sum \frac{1}{T}u_t - \beta_0 \bar{x}\sum k_t - \beta_1 \bar{x}\sum k_t x_t - \sum \bar{x}k_t u_t \tag{1-18}$$

因为

$$\sum k_t = 0,\quad \sum k_t x_t = \sum k_t (x_t - \bar{x}) = 1$$

所以式(1-18)变为

$$\hat{\beta}_0 = \beta_0 + \beta_1 \bar{x} + \sum \frac{1}{T}u_t - \beta_1 \bar{x} - \sum \bar{x}k_t u_t$$
$$= \beta_0 + \sum \frac{1}{T}u_t - \sum \bar{x}k_t u_t$$
$$= \beta_0 + \sum\left(\frac{1}{T} - \bar{x}k_t\right)u_t \tag{1-19}$$

则

$$E(\hat{\beta}_0) = E(\beta_0) + E\left[\sum\left(\frac{1}{T} - \bar{x}k_t\right)u_t\right]$$
$$= \beta_0 + \left[\sum\left(\frac{1}{T} - \bar{x}k_t\right)E(u_t)\right] = \beta_0 \tag{1-20}$$

由式(1-19)得

$$\operatorname{var}(\hat{\beta}_0) = \operatorname{var}\left[\beta_0 + \sum\left(\frac{1}{T} - \bar{x}k_t\right)u_t\right] = \operatorname{var}\left[\sum\left(\frac{1}{T} - \bar{x}k_t\right)u_t\right]$$
$$= \sigma^2 \sum\left(\frac{1}{T} - \bar{x}k_t\right)^2$$
$$= \sigma^2\left(\sum \frac{1}{T^2} - 2\,\frac{1}{T}\bar{x}\sum k_t + \bar{x}^2 \sum k_t^2\right)$$

因为

$$\sum k_t = 0,\quad \bar{x}^2 \sum k_t^2 = \bar{x}^2\,\frac{1}{\sum (x_t - \bar{x})^2}$$

所以

$$\operatorname{var}(\hat{\beta}_0) = \sigma^2\left[\frac{1}{T} + \frac{\bar{x}^2}{\sum (x_t - \bar{x})^2}\right] = \sigma^2\,\frac{\sum (x_t - \bar{x})^2 + T\bar{x}^2}{T\sum (x_t - \bar{x})^2} \tag{1-21}$$

因为

$$\sum (x_t - \bar{x})^2 = \sum x_t^2 - 2\bar{x}\sum x_t + T\bar{x}^2$$
$$= \sum x_t^2 - 2T\bar{x}^2 + T\bar{x}^2 = \sum x_t^2 - T\bar{x}^2$$

所以

$$\sum(x_t-\bar{x})^2+T\bar{x}^2=\sum x_t^2$$

把上式代入式(1-21),得

$$\operatorname{var}(\hat{\beta}_0)=\frac{\sum x_t^2}{T\sum(x_t-\bar{x})^2}\sigma^2 \tag{1-22}$$

由式(1-9),$\hat{\beta}_0$ 也是 y_t 的函数,所以 $\hat{\beta}_0$ 也服从正态分布。

$$\hat{\beta}_0\sim N\left[\beta_0,\frac{\sum x_t^2}{T\sum(x_t-\bar{x})^2}\sigma^2\right] \tag{1-23}$$

1.5 σ^2的估计

见式(1-16)和式(1-22),为了估计 $\hat{\beta}_0$ 和 $\hat{\beta}_1$ 的方差,必须先估计 σ^2。若用 $\hat{\sigma}^2$ 或 s^2 表示对 σ^2 的估计,则

$$\hat{\sigma}^2=s^2=\left(\sum\hat{u}_t^2\right)/(T-2) \tag{1-24}$$

其中 T 表示样本容量,2 表示回归函数中被估系数($\hat{\beta}_0$ 和 $\hat{\beta}_1$)的个数。因为 $\hat{u}_t$ 是残差,所以 $\hat{\sigma}^2$ 又称作误差均方。$\hat{\sigma}^2$ 是 σ^2 的无偏估计量,可用来考察观测值对回归直线的离散程度。用 $\hat{\sigma}^2$ 代替式(1-16)和式(1-22)中的 σ^2,就得到了 $\hat{\beta}_0$ 和 $\hat{\beta}_1$ 的估计方差的计算公式。

$$s_{(\hat{\beta}_1)}^2=\hat{\operatorname{var}}(\hat{\beta}_1)=\hat{\sigma}^2\frac{1}{\sum(x_t-\bar{x})^2}=\frac{\sum\hat{u}_t^2}{T-2}\frac{1}{\sum(x_t-\bar{x})^2} \tag{1-25}$$

$$s_{(\hat{\beta}_0)}^2=\hat{\operatorname{var}}(\hat{\beta}_0)=\hat{\sigma}^2\frac{\sum x_t^2}{T\sum(x_t-\bar{x})^2}=\frac{\sum\hat{u}_t^2}{T-2}\frac{\sum x_t^2}{T\sum(x_t-\bar{x})^2} \tag{1-26}$$

1.6 最小二乘估计量的统计性质

1.6.1 线性特性

这里指 $\hat{\beta}_0$ 和 $\hat{\beta}_1$ 分别是 y_t 的线性函数。重写式(1-14)如下:

$$\hat{\beta}_1=\sum k_t y_t$$

其中

$$k_t=\frac{(x_t-\bar{x}_t)}{\sum(x_t-\bar{x})^2}$$

根据假定(6),x_t 是非随机的,所以 $\hat{\beta}_1$ 是 y_t 的线性函数。称 $\hat{\beta}_1$ 为线性估计量。因为

$$\hat{\beta}_0 = \bar{y} - \hat{\beta}_1 \bar{x} = \frac{1}{T}\sum y_t - \bar{x}\sum k_t y_t = \sum\left(\frac{1}{T} - \bar{x}k_t\right)y_t$$

所以 $\hat{\beta}_0$ 也具有线性特性。

具有线性特性的意义是当 y_t 服从正态分布时，$\hat{\beta}_1$ 和 $\hat{\beta}_0$ 也服从正态分布。

1.6.2　无偏性

根据式(1-15)和式(1-20)，$\hat{\beta}_1$ 和 $\hat{\beta}_0$ 具有无偏性。

下面通过蒙特卡洛模拟方法进一步分析一元回归模型中 $\hat{\beta}_1$ 的分布。首先设定两个平稳序列 y_t，x_t，然后做一元回归，估计回归系数的值。

具体做法是，以样本容量 $T=100$，设定 x_t 为白噪声序列，$x_t=3v_t$。其中 $v_t \sim \mathrm{IN}(0,1)$ 为白噪声序列[IN(·)表示服从相互独立同分布]。设定 $y_t=0.2+0.8x_t+u_t$。其中 $u_t \sim \mathrm{IN}(0,1)$ 为白噪声序列。则 y_t，x_t 为平稳序列，且存在 0.8 为斜率的线性关系。按如上条件生成 y_t，x_t 序列，并按

$$y_t = \beta_0 + \beta_1 x_t + u_t$$

估计 β_1。模拟 10 000 次。用 10 000 个 β_1 的 OLS 估计值 $\hat{\beta}_1$ 画直方图，见图 1-2。从输出结果来看，$\hat{\beta}_1$ 服从正态分布(检验方法见第 9 章)，与上面的理论推导结论相一致。$\hat{\beta}_1$ 的平均值是 0.8，而设定的斜率值就是 0.8，所以 $\hat{\beta}_1$ 具有无偏性[理论推导见式(1-15)]。

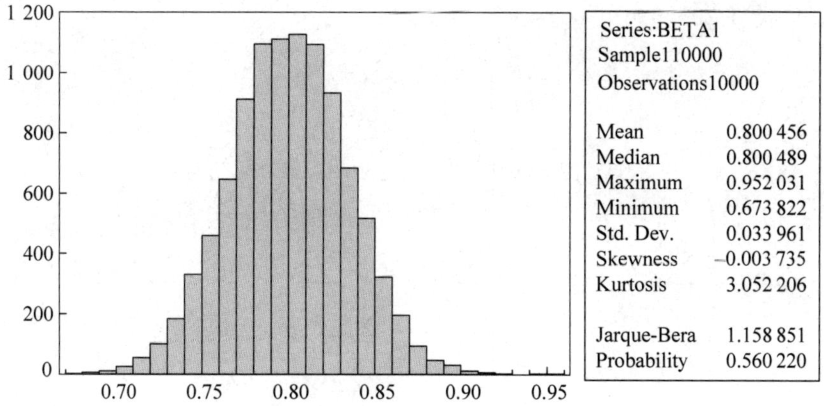

图 1-2　$\hat{\beta}_1$ 的分布(模拟 10 000 次)

1.6.3　最小方差性

最小方差性的含义是在所有线性无偏估计量中 OLS 估计量 $\hat{\beta}_1$ 和 $\hat{\beta}_0$ 的分布方差最小。

首先证明 $\hat{\beta}_1$ 的最小方差性。定义 β_1 的另一个线性估计式是

$$\tilde{\beta}_1 = \sum w_t y_t = \sum w_t(\beta_0 + \beta_1 x_t + u_t)$$

$$=\beta_0\sum w_t+\beta_1\sum w_tx_t+\sum w_tu_t \tag{1-27}$$

其中 w_t 是权数。不失一般性，令 $w_t=k_t+d_t$，其中 k_t 的定义见式(1-13)。

$$E(\tilde{\beta}_1)=\sum w_t E(y_t)=\sum w_t(\beta_0+\beta_1x_t)$$
$$=\beta_0\sum w_t+\beta_1\sum w_tx_t \tag{1-28}$$

因为 $\tilde{\beta}_1$ 也具有无偏性，所以根据上式必有

$$\sum w_t=0 \tag{1-29}$$

$$\sum w_tx_t=1 \tag{1-30}$$

由 $w_t=k_t+d_t$，有

$$\sum w_t=\sum(k_t+d_t)=\sum k_t+\sum d_t \tag{1-31}$$

$$\sum w_tx_t=\sum(k_t+d_t)x_t=\sum k_tx_t+\sum d_tx_t \tag{1-32}$$

由前面的结果 $\sum w_t=0$，$\sum k_t=0$，再根据式(1-31)有

$$\sum d_t=0 \tag{1-33}$$

由式(1-30)，$\sum w_tx_t=1$，以及 $\sum k_tx_t=\sum k_t(x_t-\bar{x})=1$，再根据式(1-32)有

$$\sum d_tx_t=0 \tag{1-34}$$

由式(1-27)、式(1-29)和式(1-30)，

$$\tilde{\beta}_1=\beta_1+\sum w_tu_t \tag{1-35}$$

所以

$$\mathrm{var}(\tilde{\beta}_1)=\mathrm{var}\left(\beta_1+\sum w_tu_t\right)=\sigma^2\sum w_t^2 \tag{1-36}$$

由 $w_t=k_t+d_t$，有

$$\sum w_t^2=\sum(k_t+d_t)^2=\sum(k_t)^2+\sum(d_t)^2+2\sum(k_td_t)$$
$$=\sum(k_t)^2+\sum(d_t)^2+2\frac{\sum(x_t-\bar{x}_t)d_t}{\sum(x_t-\bar{x})^2}$$
$$=\sum(k_t)^2+\sum(d_t)^2+2\frac{\sum x_td_t-\bar{x}_t\sum d_t}{\sum(x_t-\bar{x})^2} \tag{1-37}$$

依据式(1-33)，$\sum d_t=0$，以及式(1-34)，$\sum d_tx_t=0$，上式变为

$$\sum w_t^2=\sum k_t^2+\sum d_t^2 \tag{1-38}$$

把上述结果代入式(1-36)，得

$$\mathrm{var}(\tilde{\beta}_1)=\sigma^2\sum w_t^2=\sigma^2\left(\sum k_t^2+\sum d_t^2\right)=\frac{\sigma^2}{\sum(x_t-\bar{x})^2}+\sigma^2\sum d_t^2$$

因为$\frac{\sigma^2}{\sum(x_t-\bar{x})^2}=\mathrm{var}(\hat{\beta}_1)$[见式(1-16)]，所以

$$\mathrm{var}(\tilde{\beta}_1)=\mathrm{var}(\hat{\beta}_1)+\sigma^2\sum d_t^2 \tag{1-39}$$

因为$\sigma^2\sum d_t^2\geqslant 0$，所以

$$\mathrm{var}(\hat{\beta}_1)\leqslant \mathrm{var}(\tilde{\beta}_1)$$ 证毕

$\hat{\beta}_1$ 具有最小方差性的意义是，$\hat{\beta}_1$ 与其他线性无偏估计量相比，有更大的可能性离真值最近。

同理可证明 $\hat{\beta}_0$ 的最小方差性。

高斯-马尔可夫(Gauss-Markov)定理：若 u_t 满足 $E(u_t)=0$，$\mathrm{var}(u_t)=\sigma^2$，那么用OLS法得到的估计量就具有最佳线性无偏特性。估计量 $\hat{\beta}_1$、$\hat{\beta}_0$ 称作最佳线性无偏估计量。最佳线性无偏估计特性保证估计值最大限度地集中在真值周围。

上面的评价是对有限样本而言的，下面讨论估计量的渐近特性。

1.6.4 渐近无偏性

随着样本容量 T 的无限增大，OLS 估计量 $\hat{\beta}_{1_T}$ 的渐近期望为 β_1，即

$$\underset{T\to\infty}{\mathrm{Lim}}E(\hat{\beta}_{1_T})=\beta_1+\underset{T\to\infty}{\mathrm{Lim}}E\left(\sum k_t u_t\right)=\beta_1 \tag{1-40}$$

则称 OLS 估计量 $\hat{\beta}_{1_T}$ 具有渐近无偏特性。$\underset{T\to\infty}{\mathrm{Lim}}E(\cdot)$表示渐近期望，$\hat{\beta}_{1_T}$ 下标中多加一个 T 表示把 T 当作一个变量，当样本容量越来越大时，研究 $\hat{\beta}_{1_T}$ 的期望。

1.6.5 一致性

因为 OLS 估计量 $\hat{\beta}_1$ 满足：①渐近无偏性；②$\underset{T\to\infty}{\mathrm{Lim}}\mathrm{var}(\hat{\beta}_{1_T})=0$[见式(1-25)]。所以 $\hat{\beta}_1$ 具有一致性，$\hat{\beta}_1$ 为 β_1 的一致估计量。可证明 OLS 估计量 $\hat{\beta}_1$ 也具有渐近有效性。

1.7 最小二乘回归函数的性质

用 OLS 法得到的估计的回归函数具有如下性质。

(1) 残差和等于零，$\sum\hat{u}_t=0$。

证：由正规方程(1-7)，$2\sum(y_t-\hat{\beta}_0-\hat{\beta}_1x_t)(-1)=0$ 得

$$\sum(y_t-\hat{\beta}_0-\hat{\beta}_1x_t)=\sum(y_t-\hat{y}_t)=\sum\hat{u}_t=0$$ 证毕

(2) 估计的回归直线 $\hat{y}_t=\hat{\beta}_0+\hat{\beta}_1x_t$ 过$(\bar{x},\bar{y})$点。

证：在正规方程 $\sum(y_t-\hat{\beta}_0-\hat{\beta}_1x_t)=0$ 两侧同除样本容量 T，得

$$\bar{y}=\hat{\beta}_0+\hat{\beta}_1\bar{x}$$ 证毕

这意味着估计的回归直线一定过$(\bar{x},\bar{y})$样本均值点。

(3) y_t 的拟合值的平均数等于其样本观测值的平均数，$\bar{\hat{y}}_t=\bar{y}$。

证：$\bar{\hat{y}}_t=\frac{1}{T}\sum\hat{y}_t=\frac{1}{T}\sum(\hat{\beta}_0+\hat{\beta}_1x_t)=\hat{\beta}_0+\hat{\beta}_1\bar{x}=\bar{y}$。 证毕

(4) $\mathrm{cov}(\hat{u}_t,x_t)=0$。

证：因为，$E(\hat{u}_t)=0$，所以只需证明 $\sum(x_t-\bar{x})\hat{u}_t=0$ 即可。

$$\begin{aligned}\sum(x_t-\bar{x})\hat{u}_t&=\sum x_t\hat{u}_t-\bar{x}\sum\hat{u}_t=\sum x_t\hat{u}_t\\&=\sum x_t(y_t-\hat{\beta}_0-\hat{\beta}_1x_t)=0。\end{aligned}$$ 证毕

上式为正规方程之一[见式(1-8)]。证明中利用了回归函数的性质(1)。

(5) $\mathrm{cov}(\hat{u}_t,\hat{y}_t)=0$。

证：因为，$E(\hat{u}_t)=0$，所以只需证明 $\sum(\hat{y}_t-\bar{y})\hat{u}_t=0$ 即可。

$$\begin{aligned}\sum(\hat{y}_t-\bar{y})\hat{u}_t&=\sum\hat{y}_t\hat{u}_t-\sum\bar{y}\hat{u}_t=\sum\hat{y}_t\hat{u}_t=\sum\hat{u}_t(\hat{\beta}_0+\hat{\beta}_1x_t)\\&=\hat{\beta}_0\sum\hat{u}_t+\hat{\beta}_1\sum\hat{u}_tx_t=0\end{aligned}$$ 证毕

证明中利用了回归函数的性质(1)和性质(4)。

注意分清以下4个式子的含义。

(1) $y_t=\beta_0+\beta_1x_t+u_t$ 表示真实的回归模型。

(2) $y_t=\hat{\beta}_0+\hat{\beta}_1x_t+\hat{u}_t$ 表示估计的回归模型。

(3) $E(y_t)=\beta_0+\beta_1x_t$ 表示真实的回归直线。

(4) $\hat{y}_t=\hat{\beta}_0+\hat{\beta}_1x_t$ 表示估计的回归直线。

图1-3给出真实的与估计的回归直线比较。在估计过程中估计的回归直线一般不会等于真实的回归直线，但希望估计得越准确越好。

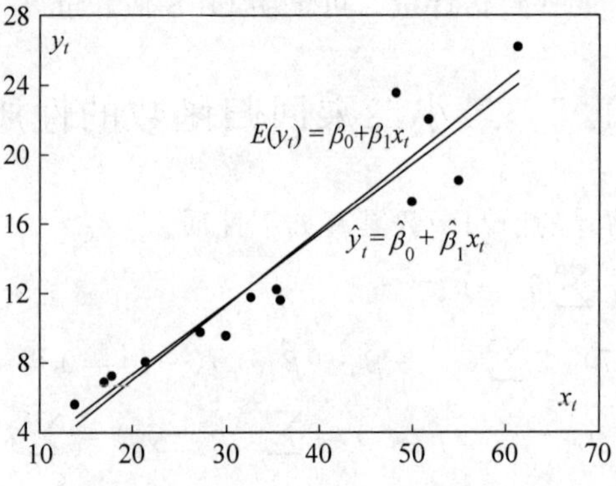

图1-3　真实的与估计的回归直线比较

1.8　拟合优度的测量

评价回归直线对观测值拟合的好坏，拟合优度是一个重要定量分析指标。显然若观测点离回归直线近，则拟合程度好；反之，则拟合程度差。测量拟合优度的统计量是可决系数(亦称确定系数)，用 R^2 表示。定义如下：

$$R^2=\frac{\sum(\hat{y}_t-\bar{y})^2}{\sum(y_t-\bar{y})^2} \tag{1-41}$$

可决系数测量的就是能够被解释变量 x_t 解释的那部分 y_t 的离差平方和占 y_t 的总离差平方和的比率。见图 1-4，因为对单个观测点有

$$y_t-\bar{y}=(y_t-\hat{y}_t)+(\hat{y}_t-\bar{y})=\hat{u}_t+(\hat{y}_t-\bar{y})$$

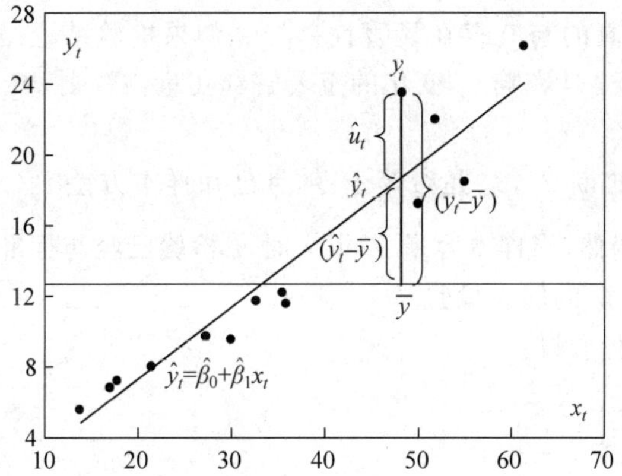

图 1-4　3 种离差

离差$(y_t-\bar{y})$被分解为两部分。其中$(y_t-\hat{y}_t)=\hat{u}_t$，称作残差。这部分变化是由影响 y_t 变化的其他众多微小因素所引起。$(\hat{y}_t-\bar{y})$称作回归离差。$(\hat{y}_t-\bar{y})$完全由$(x_t-\bar{x})$所控制。用整个样本计算离差平方和有如下关系：

$$\begin{aligned}\sum(y_t-\bar{y})^2&=\sum[(y_t-\hat{y}_t)+(\hat{y}_t-\bar{y})]^2\\&=\sum(y_t-\hat{y}_t)^2+\sum(\hat{y}_t-\bar{y})^2+2\sum(y_t-\hat{y}_t)(\hat{y}_t-\bar{y})\end{aligned}$$

其中

$$\begin{aligned}\sum(y_t-\hat{y}_t)(\hat{y}_t-\bar{y})&=\sum(y_t-\hat{y}_t)\hat{\beta}_1(x_t-\bar{x})\\&=\hat{\beta}_1\sum(y_t-\hat{y}_t)x_t-\bar{x}\hat{\beta}_1\sum(y_t-\hat{y}_t)=\hat{\beta}_1\sum\hat{u}_tx_t=0\end{aligned}$$

[上面的推导利用了正规方程(1－7)和(1－8)]，所以

$$\begin{aligned}\sum(y_t-\bar{y})^2&=\sum(\hat{y}_t-\bar{y})^2+\sum(y_t-\hat{y}_t)^2\\&=\sum(\hat{y}_t-\bar{y})^2+\sum(\hat{u}_t)^2\end{aligned} \tag{1-42}$$

其中 $\sum(y_t-\bar{y})^2$ 称作总平方和，用 TSS (total sum of squares) 表示；$\sum(\hat{y}_t-\bar{y})^2$ 称作

回归平方和,用ESS(explained sum of squares)表示;$\sum(y_t-\hat{y}_t)^2=\sum\hat{u}_t^2$ 称作残差平方和,用SSR(sum of squared residuals)表示。由式(1-42)有如下关系:

$$\mathrm{TSS}=\mathrm{ESS}+\mathrm{SSR}$$

由定义(1-41),结合上式知,R^2 的取值范围是[0,1]。R^2 的值越接近1,说明回归直线对观测值的拟合程度越好;R^2 的值越接近0,说明回归直线对观测值的拟合程度越差。

1.9 回归系数的显著性检验

当得到回归系数的估计值后,所关心的就是解释变量与被解释变量之间是否真的存在回归关系。换句话说,要检验 β_1 是否为零。通常用样本计算的 $\hat{\beta}_1$ 的值不会恰巧等于零,但应检验 $\hat{\beta}_1$ 是否真的与0存在显著性差异。如果检验结论是 $\beta_1\neq0$,说明 y_t 和 x_t 之间存在回归关系。x_t 是影响 y_t 变化的重要解释变量。否则,x_t 不是影响 y_t 变化的重要解释变量。

因为检验目的是推断 β_1,β_0 是否等于零,且已知样本方差 $s^2_{(\hat{\beta}_1)}$,$s^2_{(\hat{\beta}_0)}$,所以可以使用 t 统计量进行检验。当然,当样本容量 T 很大时,t 检验已经与标准正态的 U 检验没有太大区别。现介绍关于 β_1 的假设检验。

设定原假设和备择假设:

H_0:$\beta_1=0$;

H_1:$\beta_1\neq0$。

此检验为双侧检验,所用统计量是 t。在 H_0 成立条件下,

$$t=\frac{\hat{\beta}_1-\beta_1}{s_{(\hat{\beta}_1)}}=\frac{\hat{\beta}_1}{s_{(\hat{\beta}_1)}}=\frac{\hat{\beta}_1}{\hat{\sigma}\Big/\sqrt{\sum(x_t-\bar{x})^2}}\sim t(T-2) \tag{1-43}$$

其中,T 表示样本容量,2表示被估回归系数个数。$s_{(\hat{\beta}_1)}$ 的计算见式(1-25)。统计量 t 服从$(T-2)$个自由度的 t 分布。判别规则是:

若用样本计算的 $|t|\leqslant t_\alpha(T-2)$,则结论是接受 H_0;

若用样本计算的 $|t|>t_\alpha(T-2)$,则结论是拒绝 H_0。

其中,α 表示检验水平,$t_\alpha(T-2)$表示临界值,可以通过查附表3得到[①]。t 检验判别规则见图1-5。

检验 β_0 是否为零的过程如下。给出原假设和备择假设:

H_0:$\beta_0=0$;

H_1:$\beta_0\neq0$。

---

① $t_\alpha(T-2)$表示检验水平为 α 的双侧检验临界值。根据附表3中 t 的定义(单侧检验),临界值应该从 $\alpha/2$ 对应的列中查找。当 t 分布百分位数表的定义与附表3不同时,查表参数应该相应改变。

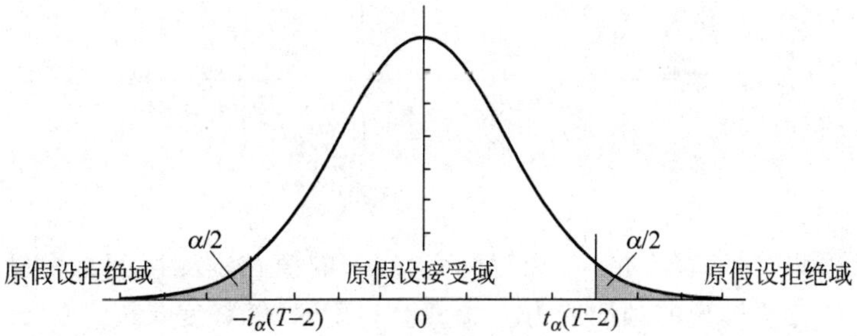

图 1-5　t 检验判别规则

此检验为双侧检验。所用统计量是 t。在 H_0 成立条件下，

$$t=\frac{\hat{\beta}_0-\beta_0}{s_{(\hat{\beta}_0)}}=\frac{\hat{\beta}_0}{s_{(\hat{\beta}_0)}}=\frac{\hat{\beta}_0}{\left(\hat{\sigma}\sqrt{\sum x_t^2}\right)\Big/\sqrt{T\sum(x_t-\bar{x})^2}}\sim t(T-2)$$

其中，T 表示样本容量，2 表示被估系数个数。$s_{(\hat{\beta}_0)}$ 的计算公式见式(1-26)。统计量 t 服从$(T-2)$个自由度的 t 分布。检验规则是：

若用样本计算的 $|t| \leqslant t_\alpha(T-2)$，则结论是接受 H_0；

若用样本计算的 $|t| > t_\alpha(T-2)$，则结论是拒绝 H_0。

$t_\alpha(T-2)$是临界值。对于大样本($T\geqslant 30$)，上述两个 t 统计量近似服从标准正态分布。

1.10　回归系数的置信区间

$\hat{\beta}_1$ 是对 β_1 的点估计。还可以利用 $\hat{\beta}_1$ 估计 β_1 的置信区间。由于

$$P\left\{\left|\frac{\hat{\beta}_1-\beta_1}{s_{(\hat{\beta}_1)}}\right|\leqslant t_\alpha(T-2)\right\}=1-\alpha$$

由大括号内不等式得 β_1 的置信区间

$$\left[\hat{\beta}_1-s_{(\hat{\beta}_1)}t_\alpha(T-2),\quad \hat{\beta}_1+s_{(\hat{\beta}_1)}t_\alpha(T-2)\right] \tag{1-44}$$

其中 $s_{(\hat{\beta}_1)}$ 是式(1-25)的算术平方根，而其中的 $\hat{\sigma}$ 是 $\hat{\sigma}^2$ 的算术平方根，用式(1-24)计算。

同理得 β_0 的置信区间

$$\left[\hat{\beta}_0-s_{(\hat{\beta}_0)}t_\alpha(T-2),\quad \hat{\beta}_0+s_{(\hat{\beta}_0)}t_\alpha(T-2)\right]$$

其中 $s_{(\hat{\beta}_0)}$ 是式(1-26)的算术平方根，而其中的 $\hat{\sigma}$ 是 $\hat{\sigma}^2$ 的算术平方根，用式(1-24)计算。

1.11　单方程回归模型的预测

下面以时间序列数据为例介绍预测问题。预测可分为事前预测和事后预测。两种预测都是在样本区间之外进行，见图 1-6。

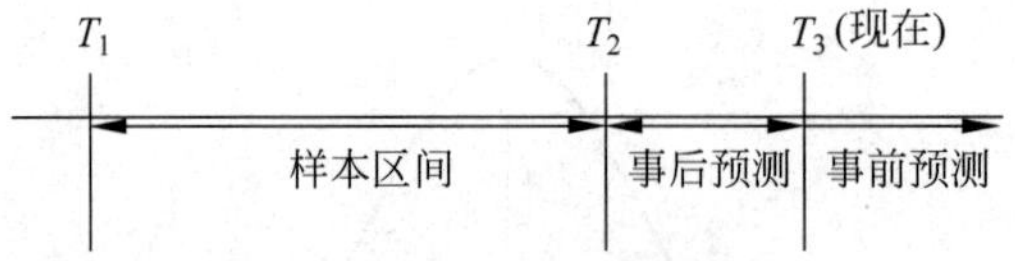

图 1-6 预测

对于事后预测,被解释变量 y_t 和解释变量 x_t 的值在预测区间都是已知的。可以直接用实际发生值评价模型的预测能力。对于事前预测,解释变量 x_t 是未发生的(当模型中含有滞后变量时,解释变量则有可能是已知的)。当预测被解释变量 y_t 时,则首先应该预测解释变量 x_t 的值。通常采用时间序列 ARIMA 模型完成对解释变量 x_t 的预测。

预测还分为有条件预测和无条件预测。对于无条件预测,预测式中所有解释变量的值都是已知的。所以事后预测应该属于无条件预测。事前预测一般属于有条件预测。被解释变量的预测值是在给定解释变量值的条件下得到的。当一个模型的解释变量完全由滞后变量组成时,事前预测也有可能是无条件预测。例如 $\hat{y}_t=\hat{\beta}_0+\hat{\beta}_1 x_{t-1}$,当预测 $T+1$ 期的 y_t 值时,x_t 用的是 T 期值,是已知值。

1.11.1 单个 y_{T+1} 的点预测

根据估计的回归函数,$\hat{y}_t=\hat{\beta}_0+\hat{\beta}_1 x_t$,得 y_{T+1} 的点预测式:

$$\hat{y}_{T+1}=\hat{\beta}_0+\hat{\beta}_1 x_{T+1} \tag{1-45}$$

x_{T+1} 的值必须事先给定。$\hat{y}_{T+1}$ 是对 y_{T+1} 的点估计。

1.11.2 单个 y_{T+1} 的区间预测

先研究预测误差 e_{T+1}(注意:e_{T+1} 不是残差)。

$$\begin{aligned} e_{T+1} &= \hat{y}_{T+1}-y_{T+1}=\hat{\beta}_0+\hat{\beta}_1 x_{T+1}-(\beta_0+\beta_1 x_{T+1}+u_{T+1}) \\ &= (\hat{\beta}_0-\beta_0)+x_{T+1}(\hat{\beta}_1-\beta_1)-u_{T+1} \end{aligned}$$

显然 $\hat{\beta}_0$ 和 $\hat{\beta}_1$ 的随机性以及 u_{T+1} 的存在是给预测带来误差的根本原因。$\hat{\beta}_0$ 和 $\hat{\beta}_1$ 的变化与样本有关;而 u_{T+1} 与 y_{T+1} 的值有关。因为预测误差 e_{T+1} 是 $\hat{\beta}_0$,$\hat{\beta}_1$ 和 u_{T+1} 的线性函数,并且 $\hat{\beta}_0$,$\hat{\beta}_1$ 和 u_{T+1} 都是正态分布的,所以 e_{T+1} 也是正态分布的。分别求 e_{T+1} 的期望与方差。

$$E(e_{T+1})=E(\hat{\beta}_0-\beta_0)+x_{T+1}E(\hat{\beta}_1-\beta_1)-E(u_{T+1})=0 \tag{1-46}$$

$$\begin{aligned} \operatorname{var}(e_{T+1}) &= E(e_{T+1})^2=E[(\hat{\beta}_0-\beta_0)+x_{T+1}(\hat{\beta}_1-\beta_1)-u_{T+1}]^2 \\ &= E(\hat{\beta}_0-\beta_0)^2+E[x_{T+1}^2(\hat{\beta}_1-\beta_1)]^2 \\ &\quad +2x_{T+1}E[(\hat{\beta}_0-\beta_0)(\hat{\beta}_1-\beta_1)]+E(u_{T+1}^2) \\ &= \operatorname{var}(\hat{\beta}_0)+x_{T+1}^2\operatorname{var}(\hat{\beta}_1)+2x_{T+1}\operatorname{cov}(\hat{\beta}_0,\hat{\beta}_1)+\sigma^2 \end{aligned} \tag{1-47}$$

在上面的计算中因为$(\hat{\beta}_0-\beta_0)$和$(\hat{\beta}_1-\beta_1)$只与 $u_1,u_2,\cdots,u_t$ 有关,而 $u_1,u_2,\cdots,u_t$ 与

u_{T+1} 相互独立，所以全部 $\hat{\beta}_0$，$\hat{\beta}_1$ 与 u_{T+1} 的交叉项的期望都为零。因为

$$\operatorname{var}(\hat{\beta}_0)=\sigma^2\frac{\sum x_t^2}{T\sum(x_t-\bar{x})^2}\quad[\text{见式(1-22)}]\tag{1-48}$$

$$\operatorname{var}(\hat{\beta}_1)=\sigma^2\frac{1}{\sum(x_t-\bar{x})^2}\quad[\text{见式(1-16)}]\tag{1-49}$$

$$\begin{aligned}\operatorname{cov}(\hat{\beta}_0,\hat{\beta}_1)&=E\{[\hat{\beta}_0-E(\hat{\beta}_0)][\hat{\beta}_1-E(\hat{\beta}_1)]\}\\&=E[(\hat{\beta}_0-\beta_0)(\hat{\beta}_1-\beta_1)]\\&=E\{[(\bar{y}-\hat{\beta}_1\bar{x})-(\bar{y}-\beta_1\bar{x})](\hat{\beta}_1-\beta_1)\}\\&=E[-\bar{x}(\hat{\beta}_1-\beta_1)(\hat{\beta}_1-\beta_1)]\\&=-\bar{x}E[(\hat{\beta}_1-\beta_1)(\hat{\beta}_1-\beta_1)]\\&=-\bar{x}E(\hat{\beta}_1-\beta_1)^2=-\bar{x}\operatorname{var}(\hat{\beta}_1)\\&=\sigma^2\frac{-\bar{x}}{\sum(x_t-\bar{x})^2}\quad[\text{利用式(1-49)}]\end{aligned}\tag{1-50}$$

所以，由式(1-47)利用式(1-48)、式(1-49)和式(1-50)结果得

$$\operatorname{var}(e_{T+1})=\sigma^2\left[\frac{\sum x_t^2}{T\sum(x_t-\bar{x})^2}+\frac{x_{T+1}^2}{\sum(x_t-\bar{x})^2}+\frac{-2x_{T+1}\bar{x}}{\sum(x_t-\bar{x})^2}+1\right]$$

因为

$$\frac{\sum x_t^2}{T\sum(x_t-\bar{x})^2}=\frac{\sum(x_t-\bar{x})^2+T\bar{x}^2}{T\sum(x_t-\bar{x})^2}=\frac{1}{T}+\frac{\bar{x}^2}{\sum(x_t-\bar{x})^2}$$

所以

$$\begin{aligned}\operatorname{var}(e_{T+1})&=\sigma^2\left[1+\frac{1}{T}+\frac{x_{T+1}^2-2x_{T+1}\bar{x}+\bar{x}^2}{\sum(x_t-\bar{x})^2}\right]\\&=\sigma^2\left[1+\frac{1}{T}+\frac{(x_{T+1}-\bar{x})^2}{\sum(x_t-\bar{x})^2}\right]\end{aligned}\tag{1-51}$$

则 e_{T+1} 的分布是

$$e_{T+1}\sim N\left\{0,\sigma^2\left[1+\frac{1}{T}+\frac{(x_{T+1}-\bar{x})^2}{\sum(x_t-\bar{x})^2}\right]\right\}$$

e_{T+1} 的样本方差是[用 $\hat{\sigma}^2$ 替换式(1-51)中的 σ^2]

$$s^2(e_{T+1})=\hat{\sigma}^2\left[1+\frac{1}{T}+\frac{(x_{T+1}-\bar{x})^2}{\sum(x_t-\bar{x})^2}\right]\tag{1-52}$$

构造 t 统计量如下：

$$t=\frac{e_{T+1}-E(e_{T+1})}{s_{(e_{T+1})}}=\frac{e_{T+1}}{s_{(e_{T+1})}}=\frac{\hat{y}_{T+1}-y_{T+1}}{s_{(e_{T+1})}}\sim t(T-2) \tag{1-53}$$

则有

$$p\left\{\left|\frac{\hat{y}_{T+1}-y_{T+1}}{s_{(e_{T+1})}}\right|\leqslant t_{\alpha/2}(T-2)\right\}=1-\alpha$$

所以,单个 y_{T+1} 的区间预测是

$$[\hat{y}_{T+1}-t_{\alpha/2}(T-2)s_{(e_{T+1})},\quad \hat{y}_{T+1}+t_{\alpha/2}(T-2)s_{(e_{T+1})}] \tag{1-54}$$

其中[见式(1-52)],

$$s_{(e_{T+1})}=\hat{\sigma}\sqrt{1+\frac{1}{T}+\frac{(x_{T+1}-\bar{x})^2}{\sum(x_t-\bar{x})^2}}$$

1.11.3 $E(y_{T+1})$的区间预测

预测误差 e_{T+1}(注意: e_{T+1} 不是残差)

$$\begin{aligned}
e_{T+1}&=\hat{y}_{T+1}-E(y_{T+1})=\hat{\beta}_0+\hat{\beta}_1x_{T+1}-(\beta_0+\beta_1x_{T+1})\\
&=(\hat{\beta}_0-\beta_0)+x_{T+1}(\hat{\beta}_1-\beta_1)
\end{aligned}$$

$$E(e_{T+1})=E(\hat{\beta}_0-\beta_0)+x_{T+1}E(\hat{\beta}_1-\beta_1)=0$$

$$\begin{aligned}
\mathrm{var}(e_{T+1})&=E(e_{T+1})^2=E[(\hat{\beta}_0-\beta_0)+x_{T+1}(\hat{\beta}_1-\beta_1)]^2\\
&=E(\hat{\beta}_0-\beta_0)^2+E[x_{T+1}^2(\hat{\beta}_1-\beta_1)]^2+2x_{T+1}E[(\hat{\beta}_0-\beta_0)(\hat{\beta}_1-\beta_1)]\\
&=\mathrm{var}(\hat{\beta}_0)+x_{T+1}^2\mathrm{var}(\hat{\beta}_1)+2x_{T+1}\mathrm{cov}(\hat{\beta}_0,\hat{\beta}_1)
\end{aligned}$$

与式(1-51)的推导相类似,得

$$\mathrm{var}(e_{T+1})=\hat{\sigma}^2\left[\frac{1}{T}+\frac{(x_{T+1}-\bar{x})^2}{\sum(x_t-\bar{x})^2}\right] \tag{1-55}$$

与推导式(1-54)相类似,得 $E(y_{T+1})$的置信区间公式

$$[\hat{y}_{T+1}-t_{\alpha/2}(T-2)s_{(e_{T+1})},\quad \hat{y}_{T+1}+t_{\alpha/2}(T-2)s_{(e_{T+1})}] \tag{1-56}$$

其中,

$$s_{(e_{T+1})}=\hat{\sigma}\sqrt{\frac{1}{T}+\frac{(x_{T+1}-\bar{x})^2}{\sum(x_t-\bar{x})^2}}$$

y_{T+2},y_{T+3},…的点预测与区间预测可用式(1-45)、式(1-54)和式(1-56)类推。

比较式(1-54)和式(1-56)知,单个 y_{T+1} 的区间预测比 $E(y_{T+1})$的区间预测在 $s_{(e_{T+1})}$的计算式中多了 $\hat{u}_t$ 的一个方差 $\hat{\sigma}^2$[比较式(1-52)和式(1-55)]。

分析式(1-54)和式(1-56)知,y_{T+1} 和 $E(y_{T+1})$的置信区间都以 $x_{T+1}=\bar{x}$ 时为最小,即预测精度最高。当预测点 x_{T+1} 远离 $\bar{x}$ 时,y_{T+1} 和 $E(y_{T+1})$的置信区间都以非线性的形式逐渐变大,即预测精度下降,见图 1-7。由此可以给出提示,实际预测时,预测

点 x_{T+1} 不要离开样本范围太远。

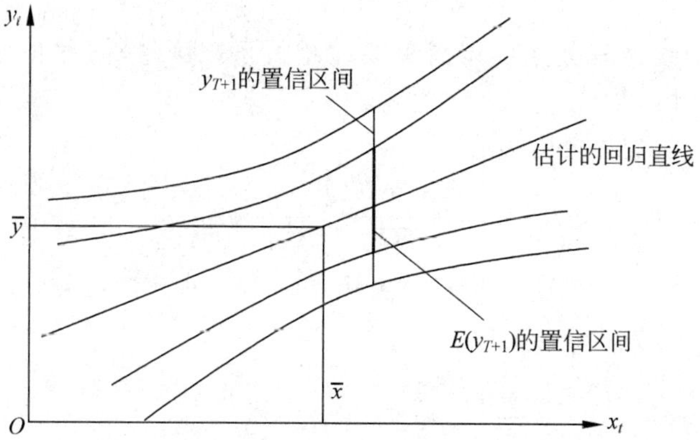

图 1-7　y_{T+1} 和 $E(y_{T+1})$的置信区间示意图

1.12　相关分析

相关分析是研究变量间相互关系的最基本方法。从相关分析中引出的相关系数是回归分析的一个基本统计量。掌握它有助于对经济问题和经济计量模型的分析与理解。

1.12.1　相关的定义与分类

相关(correlation)是指两个或两个以上变量间相互关系的程度或强度。

相关可以从“强度”和“变量个数”两个角度划分。

如果按“强度”划分,相关可以分为如下 4 类。

(1) 完全相关。变量间有函数关系,不存在任何误差。例如,圆的周长 L 等于 2π 乘以半径 r,即 $L=2\pi r$。一旦半径 r 确定,圆的周长 L 的值就唯一地确定了。

(2) 高度相关(或强相关)。变量间近似存在函数关系。例如,我国家庭收入与支出的关系。

(3) 弱相关。变量间有关系但不太明显。例如,近年来我国耕种面积与粮食产量之间的关系就属于弱相关关系。

(4) 零相关。变量间不存在相关关系。例如,某班学生的学习成绩与年龄之间就不存在相关关系。

如果按变量个数划分相关关系,可以分为简单相关和复相关。简单相关指两个变量之间的相关关系。复相关也称作多重相关和偏相关,是指 3 个或 3 个以上变量间的相关关系。而简单相关如果按符号划分,可以分为正相关、负相关和零相关,如果按形式划分则可分为线性相关和非线性相关。

因非线性相关可以转化为线性相关处理,而复相关又可看作简单相关基础上的拓展,所以下面重点讨论简单线性相关。

1.12.2 相关系数

两个变量间的线性相关强度用简单线性相关系数度量,简称相关系数(correlation coefficient),通常用 ρ 表示。

相关系数的随机变量表达式是

$$\rho=\frac{\operatorname{cov}(x_t,y_t)}{\sqrt{\operatorname{var}(x_t)}\sqrt{\operatorname{var}(y_t)}}$$

其中,x_t,y_t 表示两个随机变量。var(•)表示方差,cov(•)表示协方差。

相关系数的统计表达式是

$$\rho=\frac{\frac{1}{N}\sum_{t=1}^{N}(x_t-\mu_x)(y_t-\mu_y)}{\sqrt{\frac{1}{N}\sum_{t=1}^{N}(x_t-\mu_x)^2}\sqrt{\frac{1}{N}\sum_{t=1}^{N}(y_t-\mu_y)^2}}=\frac{\sum_{t=1}^{N}(x_t-\mu_x)(y_t-\mu_y)}{\sqrt{\sum_{t=1}^{N}(x_t-\mu_x)^2}\sqrt{\sum_{t=1}^{N}(y_t-\mu_y)^2}} \tag{1-57}$$

其中,N 表示总体容量;x_t,y_t 表示变量的观测值;μ_x,μ_y 分别表示变量 x_t 和 y_t 的均值。

为什么 ρ 能对两个变量间的线性相关强度进行定量测量?

因为 ρ 表达式的分子是协方差 $\operatorname{cov}(x_t,y_t)$;分母是 x_t 和 y_t 的标准差之积。而 x_t 和 y_t 的标准差不会为零,所以 $\operatorname{cov}(x_t,y_t)$是否为零,就决定了 ρ 是否为零,即标志着变量 x_t,y_t 间是否存在线性相关关系。

但 $\operatorname{cov}(x_t,y_t)$有两个缺点:①它是一个有量纲的量,取值容易受测量单位的影响;②取值范围越宽,相关性越强,$\operatorname{cov}(x_t,y_t)$的值就越大。不方便在不同变量间比较相关系数的大小。为克服上述缺点,用 x_t,y_t 的标准差除 $\operatorname{cov}(x_t,y_t)$,于是就得到相关系数 ρ 的统计表达式。它是一个无量纲量。

相关系数 ρ 的取值范围是$[-1,1]$。当两个变量严格服从线性关系时,$|\rho|=1$。

证明:假定 x_t 和 y_t 服从函数关系。设直线斜率为$\pm k$,即 $y_t=a\pm kx_t$。则有

$$\rho=\frac{\sum_{t=1}^{N}(x_t-\mu_x)(y_t-\mu_y)}{\sqrt{\sum_{t=1}^{N}(x_t-\mu_x)^2}\sqrt{\sum_{t=1}^{N}(y_t-\mu_y)^2}}=\frac{\sum_{t=1}^{N}(x_t-\mu_x)(\pm k)(x_t-\mu_x)}{\sqrt{\sum_{t=1}^{N}(x_t-\mu_x)^2}\cdot k\sqrt{\sum_{t=1}^{N}(x_t-\mu_x)^2}}=\pm 1$$

上述是两种极端情形，所以相关系数的取值范围是[−1,1]。

当两个变量不存在线性关系时，两个变量的协方差必然为零，也就是 ρ 计算公式的分子为零(分母不可能为零)，所以导致 $|\rho|=0$。

由 ρ 的计算公式可以看出，当 $\text{cov}(x_t, y_t)>0$ 时，则 $\rho>0$(正相关)；当 $\text{cov}(x_t, y_t)<0$ 时，则 $\rho<0$(负相关)；若 $\text{cov}(x_t, y_t)=0$，则 $\rho=0$(零相关)。

如果两个变量的散点图见图 1-8，为什么就是正相关？如果两个变量的散点图见图 1-9，为什么就是负相关？这里不给出严格的证明。只是利用图形给出解释。以图 1-8 为例，用两个变量的均值线把散点图划分成 4 个象限区。观测点大部分落在了第 1 象限和第 3 象限，落在第 2 象限和第 4 象限的观测值很少。这必然导致 ρ 的计算公式的分子中 $(x_t-\mu_x)(y_t-\mu_y)$ 等于正的值的个数远远多于等于负的值的个数，从而导致分子 $\sum_{t=1}^{N}(x_t-\mu_x)(y_t-\mu_y)$ 为正，即相关系数为正。图 1-9 的情形正好与图 1-8 的情形相反，所以导致相关系数为负。当观测点个数均匀地散布在 4 个象限之内时自然导致相关系数的绝对值很小，接近零。

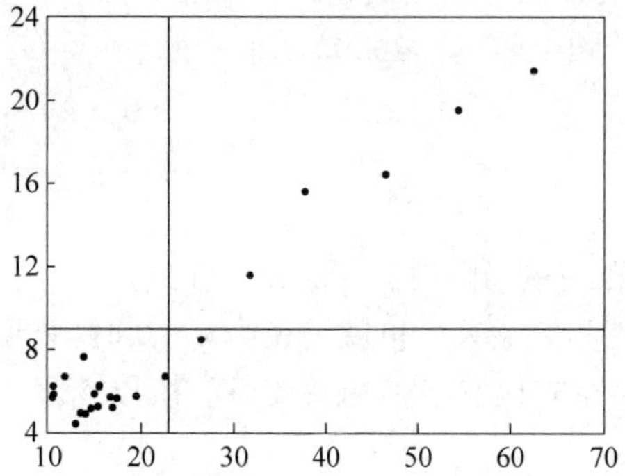

图 1-8　正相关

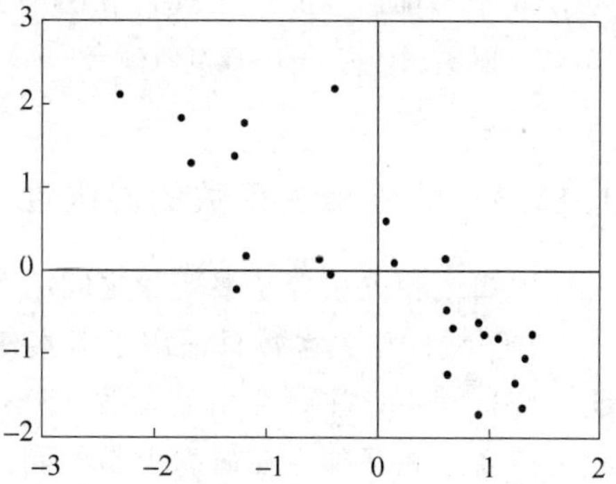

图 1-9　负相关

相关系数 ρ 是对总体而言的。当研究某个问题时，所得数据常常是一个样本。用样本计算的相关系数称作样本相关系数，用 r 表示。计算公式如下：

$$r=\frac{\frac{1}{T-1}\sum_{t=1}^{T}(x_t-\bar{x})(y_t-\bar{y})}{\sqrt{\frac{1}{T-1}\sum_{t=1}^{T}(x_t-\bar{x})^2}\sqrt{\frac{1}{T-1}\sum_{t=1}^{T}(y_t-\bar{y})^2}}=\frac{\sum_{t=1}^{T}(x_t-\bar{x})(y_t-\bar{y})}{\sqrt{\sum_{t=1}^{T}(x_t-\bar{x})^2}\sqrt{\sum_{t=1}^{T}(y_t-\bar{y})^2}} \tag{1-58}$$

其中，T 是样本容量；x_t, y_t 是变量的样本观测值；$\bar{x}, \bar{y}$ 分别是变量 x_t 和 y_t 的观测值的平均数。样本相关系数 r 是对总体相关系数 ρ 的估计。仔细对比计算公式(1-57)和式(1-58),发现其实这两个公式是一样的,只不过使用的观测值个数不同而已。

上述关于总体相关系数 ρ 的结论对样本相关系数 r 同样适用。

图 1-10 给出的是 1986 年中国 29 个省区市农作物种植业产值 y_t(亿元)和农作物播种面积 x_t(万亩)的散点图。两个变量之间的相关系数是 0.92。

图 1-11 给出的是 1978—2000 年天津市城镇居民不变价格(1978=1)的人均消费性支出(y_t)和人均可支配收入(x_t)散点图。两个变量之间的相关系数是 0.99。

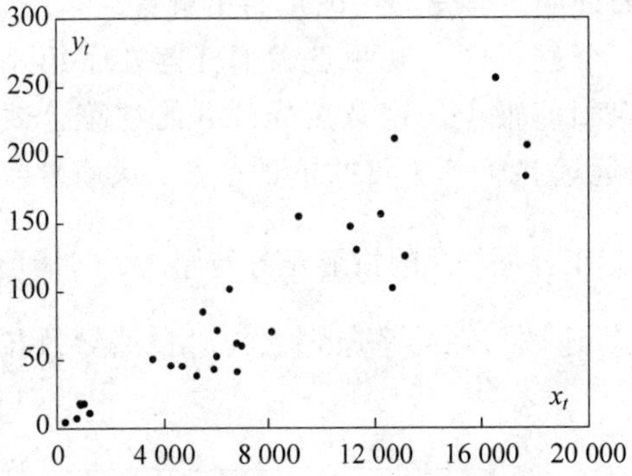

图 1-10　y_t 与 x_t 散点图($r=0.92$)

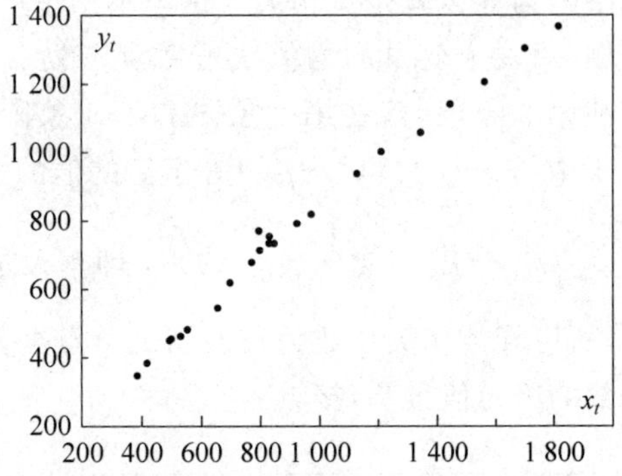

图 1-11　y_t 与 x_t 散点图($r=0.99$)

1.12.3　线性相关系数的局限性

用线性相关系数考察变量之间的关系时也存在一些局限性。注意如下 3 点。

(1) 线性相关系数只适用于考察变量间的线性相关关系。也就是说当 $\rho=0$ 时,只说明二变量间不存在线性相关关系,但不能保证不存在其他非线性相关关系。所以变量不相关与变量相互独立在概念上是不同的。

(2) 相关系数的计算是一个数学过程。它只说明二变量间的相关强度,但不能揭示这种相关性的原因,不能揭示变量间关系的实质,即变量间是否真正存在内在联系、因果关系。所以在计算 r 的同时,还要强调对实际问题的分析与理解。

(3) 一般来说,当两个变量相关时,可能属于如下一种关系。

单向因果关系,即一个变量影响另一个变量,但反过来不成立。如施肥量与农作物产量的关系。

双向因果关系,即一个变量影响另一个变量,反过来也成立。如工业生产与农业生产的关系,商品供给量与商品价格的关系。

两个变量之间不存在直接的因果关系,而是另有隐含因素影响两个变量变化。如市场上计算机销量与电视机销量呈正相关,但不是计算机销量与电视机销量之间存在因果关系。显然人均收入的增加是一个隐含因素。

虚假相关关系,即尽管两个指标的相关系数很高,但它们之间并没有任何意义。比如,我国年国民生产总值与刑事案件数近年呈正相关关系。显然二变量间不存在因果关系,应属于虚假相关。比如,中国和斐济的某两个经济指标高度相关,显然这是一种巧合,毫无实际意义。

1.12.4 简单相关系数的检验

当样本相关系数不等于零时，相应的总体样本相关系数是否也不等于零？这需要进行假设检验。方法有两种：①进行 t 检验；②直接查相关系数临界值表。实际上两个检验的原理相同。

1. 进行 t 检验

给定假设如下：

$H_0: \rho = 0$；

$H_1: \rho \neq 0$。

在原假设成立条件下

$$t = \frac{r-\rho}{s_r} = (r-\rho)\Bigg/\sqrt{\frac{1-r^2}{T-2}} = r\sqrt{\frac{T-2}{1-r^2}} \sim t(T-2)$$

其中 2 表示涉及两个变量。s_r 是样本相关系数 r 的样本标准差，$s_r = \sqrt{(1-r^2)/(T-2)}$。

检验规则是：若 $|t| > t_\alpha(T-2)$，则 x_t 和 y_t 相关；若 $|t| < t_\alpha(T-2)$，则 x_t 和 y_t 不相关。

以图 1-10 数据为例：

$$t = r\sqrt{\frac{T-2}{1-r^2}} = 0.92\sqrt{\frac{27}{1-0.92^2}} = 12.20 > t_{0.05}(27) = 2.05$$

结论是，1986 年中国 29 个省区市农作物种植业产值 y_t（亿元）和农作物播种面积 x_t（万亩）之间存在相关关系。

2. 直接查相关系数临界值表（见附表 1）

【计算相关系数的 EViews 操作】

打开数据组窗口（可以包括两列数据，也可以包括多列数据）。单击 View 按钮，选 Covariance Analysis 功能，打开 Covariance Analysis 对话窗。在 Statistics（统计量）选项区勾选 Correlation（相关系数），单击 OK 按钮，便可得到相关系数的计算结果。

1.13 回归系数 $\hat{\beta}_1$ 与相关系数 r 的关系

对于简单线性回归模型 $y_t = \beta_0 + \beta_1 x_t + u_t$，

$$\hat{\beta}_1 = \frac{\sum(x_t - \bar{x})(y_t - \bar{y})}{\sum(x_t - \bar{x})^2}$$

$$r = \frac{\sum(x_t - \bar{x})(y_t - \bar{y})}{\sqrt{\sum(x_t - \bar{x})^2 \sum(y_t - \bar{y})^2}}$$

用 $\hat{\beta}_1$ 除 r,得

$$\frac{r}{\hat{\beta}_1}=\frac{\sqrt{\sum(x_t-\bar{x})^2}}{\sqrt{\sum(y_t-\bar{y})^2}}=\frac{\sqrt{\sum(x_t-\bar{x})^2/(n-1)}}{\sqrt{\sum(y_t-\bar{y})^2/(n-1)}}=\frac{s(x_t)}{s(y_t)}$$

则有

$$r=\hat{\beta}_1\frac{s(x_t)}{s(y_t)}$$

对两侧求期望,得

$$\rho=\beta_1\frac{\sigma(x_t)}{\sigma(y_t)} \tag{1-59}$$

上式说明回归系数与相关系数关系紧密。简单线性相关系数就是标准化了的一元线性回归系数(变量标准化的介绍见2.13节)。当其中一个量为零时,另一个量必然为零。换句话说,当 y_t,x_t 的相关系数为零时,y_t,x_t 必不存在线性回归关系。

1.14 案例分析

【案例 1-1】 用回归模型预测木材剩余物(数据见 EViews、STATA 文件:case 1-1)

通过本案例,一是掌握怎样利用实际数据建立、估计、分析计量模型并预测;二是掌握怎样从计量经济学专用软件 EViews 输出结果中找到这些有关的量。

伊春林区位于黑龙江省东北部。全区有森林面积 2 189 732 公顷(1 公顷=10 000 平方米),木材蓄积量为 23 246.02 万立方米。森林覆盖率为 62.5%,是我国主要的木材工业基地之一。1999 年伊春林区木材采伐量为 532 万立方米。按此速度 44 年之后,1999 年的蓄积量将被采伐一空。所以目前亟待调整木材采伐规划与方式,保护森林生态环境。为缓解森林资源危机,并解决部分职工就业问题,除了做好木材的深加工外,还要充分利用木材剩余物(主要是指伐下的树冠)生产林业产品,如纸浆、纸袋、纸板等。因此准确预测林区的年木材剩余物是安排木材剩余物加工生产的一个关键环节。下面,利用简单线性回归模型预测林区每年的木材剩余物。显然引起木材剩余物变化的关键因素是年木材采伐量。

伊春林区 16 个林业局 1999 年木材剩余物和年木材采伐量数据见表 1-1。散点图见图 1-12。观测点近似服从线性关系。经计算相关系数是 0.955 5,属于高度线性相关。应该建立一元线性回归模型。

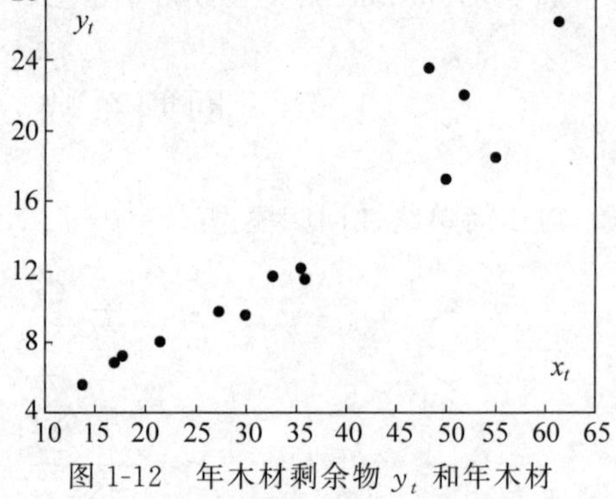

图 1-12 年木材剩余物 y_t 和年木材采伐量 x_t 散点图

表 1-1　年木材剩余物 y_t 和年木材采伐量 x_t 数据　万 m^3

林业局名	年木材剩余物 y_t	年木材采伐量 x_t
乌伊岭	26.13	61.4
东风	23.49	48.3
新青	21.97	51.8
红星	11.53	35.9
五营	7.18	17.8
上甘岭	6.80	17.0
友好	18.43	55.0
翠峦	11.69	32.7
乌马河	6.80	17.0
美溪	9.69	27.3
大丰	7.99	21.5
南岔	12.15	35.5
带岭	6.80	17.0
朗乡	17.20	50.0
桃山	9.50	30.0
双丰	5.52	13.8
合计	202.87	532.00

资料来源：科研调查数据。

$$y_t = \beta_0 + \beta_1 x_t + u_t$$

利用表 1-1 的数据对模型做 OLS 估计，得结果如下：

$$\hat{y}_t = -0.7629 + 0.4043 x_t \qquad (1\text{-}60)$$

$$(-0.6) \qquad (12.1) \qquad R^2 = 0.91, \text{se} = 2.04, T = 16$$

其中 0.404 3 是对 β_1 的估计，−0.762 9 是对 β_0 的估计。括号内数字是相应 t 统计量的值。12.1 是检验 $\beta_1=0$ 的 t 统计量的值。−0.6 是检验 $\beta_0=0$ 的 t 统计量的值。

检验回归系数显著性的原假设和备择假设是：

H_0：$\beta_1 = 0$；

H_1：$\beta_1 \neq 0$。

如果设定检验水平 $\alpha=0.05$，查附表 3，$t_{0.05}(14)=2.15$。因为 $t=12.1>2.15$，所以检验结果是拒绝 $\beta_1=0$，即认为年木材剩余物和年木材采伐量之间存在回归关系。

回归函数(1-60)的经济解释是，对于伊春林区每采伐 1 万立方米木材，将平均产生 0.4 万立方米的剩余物。

R^2 是可决系数。$R^2=0.91$ 说明上式的拟合情况较好。y_t 离差变化的91%被变量 x_t 解释。

se是回归函数的标准误差,或称作残差的标准差,$\mathrm{se}=\hat{\sigma}=\sqrt{\sum \hat{u}_t^2/(16-2)}=2.04$。se越小,回归效果越好。

$\hat{\beta}_1=0.4043$,是对 β_1 的点估计值。还可以进一步分析,真值 β_1 的取值范围是多少。也就是估计 β_1 的置信区间。

设定置信度为0.95,已知 $T=16$,回归函数(1-60)中有两个被估系数,根据式(1-44),β_1 的置信区间是

$$[\hat{\beta}_1-t_{0.05}(14)s_{(\hat{\beta}_1)},\quad \hat{\beta}_1+t_{0.05}(14)s_{(\hat{\beta}_1)}]$$

由EViews输出结果知 $\hat{\beta}_1=0.4043$,$s_{(\hat{\beta}_1)}=0.0334$,查附表3得 $t_{0.05}(14)=2.15$,则 β_1 的置信度为95%的置信区间是

$$[0.4043-2.15\times 0.0334,\quad 0.4043+2.15\times 0.0334]$$

即

$$[0.3325,\quad 0.4761]$$

置信区间的实际含义是尽管 β_1 的点估计值是0.4043,但以95%的置信度估计,这个比值的真实值在0.3325和0.4761之间。

同理也可以计算 β_0 的置信区间。

下面分析 y_t 的预测。比如,乌伊岭林业局2000年计划采伐木材20万立方米,求木材剩余物的点预测值。根据式(1-60),

$$\begin{aligned}\hat{y}_{2000}&=-0.7629+0.4043x_{2000}=-0.7629+0.4043\times 20\\&=7.3231(\text{万立方米})\end{aligned}\tag{1-61}$$

7.3231万立方米是对木材剩余物 $\hat{y}_{2000}$ 的点估计值。同样也可以分析 y_{2000} 的置信区间是多少。

设定置信度为0.95,已知 $T=16$,回归函数(1-60)中有两个被估系数,根据式(1-54),y_{2000} 的置信区间是

$$[\hat{y}_{T+1}-t_{0.05}(14)s_{(e_{T+1})},\quad \hat{y}_{T+1}+t_{0.05}(14)s_{(e_{T+1})}]$$

由式(1-61)知 $\hat{y}_{2000}=7.3231$,由EViews输出结果知 $s_{(e_{T+1})}=2.1450$,查附表3得 $t_{0.05}(14)=2.15$,则 y_{2000} 的置信度为95%的置信区间是

$$[7.3231-2.15\times 2.1450,\quad 7.3231+2.15\times 2.1450]$$

即

$$[2.7114,\quad 11.9349]$$

实际含义是如果乌伊岭林业局2000年采伐木材20万立方米,木材剩余物的95%置信

度的值在 2.71 万立方米和 11.93 万立方米之间。

如果乌伊岭林业局 2000 年采伐木材 20 万立方米，那么木材剩余物的平均产出是多少呢？根据式(1-56)，$E(y_{2000})$的置信区间是

$$[\hat{y}_{T+1} - t_{\alpha}(T-2)s_{(e_{T+1})},\quad \hat{y}_{T+1} + t_{\alpha}(T-2)s_{(e_{T+1})}]$$

由式(1-61)知 $\hat{y}_{2000} = 7.3231$，根据式(1-55)计算 $s_{(e_{T+1})} = 0.6742$，已知 $t_{0.05}(14) = 2.15$，则 $E(y_{2000})$的置信度为 95%的置信区间是

$$[7.3231 - 2.15 \times 0.6742,\quad 7.3231 + 2.15 \times 0.6742]$$

即

$$[5.8736,\quad 8.7726]$$

实际含义是如果乌伊岭林业局 2000 年采伐木材 20 万立方米，木材剩余物平均产出的 95%置信度的值在 5.87 万立方米和 8.77 万立方米之间。木材剩余物的平均产出也可以理解为，采伐木材 20 万立方米条件下，对应的估计的回归直线上的点的取值范围。

注意，回归函数(1-60)中的截距项 −0.7629 并没有通过显著性检验（显著不为零的检验），换句话说，−0.7629 与零没有显著性差异。那么，根据假设检验原理，是否把截距项 β_0 从模型中删除呢？这要根据实际情况决定。

因为在回归模型的检验中主要是考察解释变量与被解释变量之间是否存在回归关系，即重点是检验 β_1 是否为零。所以对 β_0 的处理比较随便。例如在上面的分析中，尽管截距项 β_0 没有通过显著性检验，但仍然把 β_0 保留在了模型中。在一些实际研究中，经济理论认为截距项不应该为零，那么，实际估计中尽管截距项没有通过显著性检验，但仍然应该把截距项保留在模型中。

结合本例分析，当采伐量等于零时，自然木材剩余物也应该为零，所以既然截距项没有通过显著性检验，就可以把截距项从模型中删掉。下面用删掉截距项的模型进一步研究木材剩余物问题。

没有截距项的模型的估计结果是

$$\hat{y}_t = 0.3853x_t \qquad (1\text{-}62)$$

$$(28.3) \qquad R^2 = 0.91, \text{se} = 2.0$$

在木材采伐 20 万立方米条件下，木材剩余物的点预测值是

$$\hat{y}_{2000} = 0.3853x_{2000} = 0.3853 \times 20 = 7.7060(\text{万立方米}) \qquad (1\text{-}63)$$

比较式(1-61)和式(1-63)，两个模型的估计结果略有差异。

注意：当截距项没有通过显著性检验时，从模型中删掉截距项也未必就是一个恰当的选择。当从模型中删掉截距项时，正规方程(1-5)和(1-7)就不存在了。也就是说模型残差和等于零的约束就不存在了。

通过估计模型，得到了 2000 年木材剩余物的估计值，从而为恰当安排对 2000 年木材剩余物的加工、生产提供依据。

关于怎样创建 EViews 工作文件以及 OLS 估计的 EViews 操作,见附录 C。下面介绍怎样从 EViews 输出结果中找到前面介绍的那些有关的估计量。

式(1-60)的 EViews 输出结果见图 1-13。其中间部分给出模型回归系数的 OLS 估计以及假设检验的结论。

Dependent Variable: Y
Method: Least Squares
Date: 08/21/21 Time: 21:55
Sample: 1 16
Included observations: 16

Variable	Coefficient	Std. Error	t-Statistic	Prob.
C	-0.762928	1.220966	-0.624856	0.5421
X	0.404280	0.033377	12.11266	0.0000

R-squared	0.912890	Mean dependent var	12.67938
Adjusted R-squared	0.906668	S.D. dependent var	6.665466
S.E. of regression	2.036319	Akaike info criterion	4.376633
Sum squared resid	58.05231	Schwarz criterion	4.473207
Log likelihood	-33.01306	Hannan-Quinn criter.	4.381578
F-statistic	146.7166	Durbin-Watson stat	1.481946
Prob(F-statistic)	0.000000		

图 1-13 式(1-60)的 EViews 输出结果

输出结果的中间部分包括 5 列。第 1 列给出截距项 C 和解释变量 x_t。第 2 列是 $\hat{\beta}_0$ 和 $\hat{\beta}_1$ 的估计值(−0.762 928 和 0.404 280)。第 3 列给出与 $\hat{\beta}_0$ 和 $\hat{\beta}_1$ 相对应的样本标准差 $s_{(\hat{\beta}_0)}=1.220\ 966$, $s_{(\hat{\beta}_1)}=0.033\ 377$。第 4 列是相应 t 统计量的值(−0.624 856 和 12.112 66)。第 5 列给出的是 t 值对应的概率 p 值(0.542 1 和 0.000 0)。概率 p 值 0.542 1 和 0.000 0 的含义用公式表达如下:

$$P\{|t|>0.624\ 856\}=0.542\ 1;$$

$$P\{|t|>12.112\ 66\}=0.000\ 0。$$

以 $t=12.112\ 66$ 为例,既然它对应的概率是 0.000 0,那么,$t=12.112\ 66$ 肯定位于 $H_0:\beta_1=0$ 的拒绝域。检验结论是 $\beta_1\neq 0$。

EViews 输出结果(图 1-13)的下部给出 13 项计量结果。已经学过的有:

R-squared 即可决系数 $R^2=0.912\ 890$。

S. E. of regression 即 1.5 节中介绍的 $\hat{\sigma}^2=s^2$ 的算术平方根。这里 $\hat{\sigma}=s=2.036\ 319$。

Sum squared resid 指残差平方和 SSR,这里 SSR=58.052 31。

Log likelihood 指的是对数的极大似然函数值。

F-statistic 是 F 统计量的值。这里 $F=146.716\ 6$。

Prob(F-statistic)指的是 F 统计量对应的 p 值。这里 $p=0.000\ 000$,说明 $F\geqslant 146.716\ 6$ 的概率是一个接近零的值。这意味着 F 统计量的值落在了 F 检验原假设的拒绝域。说明回归整体有显著性(上面已分析过,木材采伐量是木材剩余物的重要解释变量)。

Mean dependent var 指的是 $\bar{y}$。这里 $\bar{y}=12.67938$。

S. D. dependent var 指的是 $s(y_t)=\sqrt{\dfrac{\sum(y_t-y)^2}{T-1}}$。这里 $s(y_t)=6.665466$。

其余统计量的概念以后介绍。

下面检验残差的正态分布性。在工作文件中双击 resid(EViews 工作文件自带的用于储存残差序列的变量)打开残差序列窗口。单击窗口上的功能按钮 View 选 Descriptive Statistics & Tests,Histogram and stats。得 JB 统计量的值 0.856 25。对应的概率 $p=0.65$。检验结论是,残差值满足正态分布假设。说明本回归模型误差项满足了假定条件。关于 JB 统计量的介绍见第 9 章。

下面介绍怎样用 EViews 实现对 y_{2000} 的预测。给定 $x_t=20$(因为原样本值是以万立方米测度的),求 $\hat{y}_t$ 的预测值。

【预测的 EViews 操作步骤】

在完成上述 OLS 估计基础之上,先把工作文件的范围从 16 扩展到 17。

(1) 单击 Procs 按钮选 Change workfile range 功能。在弹出的对话窗的 End data 选择区改为 17。单击 OK 按钮。

(2) 双击工作文件的 Sample: 1 16 区域,在弹出的对话窗的 Sample range pairs 选择区把 16 改为 17。

(3) 双击工作文件窗口中的 x 序列,打开 x 数据窗口。单击 Edit +/- 按钮,使 x 数据窗口处于可编辑状态。在第 17 个观测值位置(现在显示的是 NA)输入 20。相当于给定 $x=20$。

(4) 激活上述 OLS 估计窗口,单击 Forecast 按钮。在 S.E. 选择区填入 yfse,表示要保存 y_t 预测值的标准差[式(1-52)的算术平方根]。y_t 的预测值(用 yf 表示)将自动默认保存在工作文件中。单击 OK 按钮,工作文件窗口中已经出现一个 yf 序列和 yfse 序列。双击 yf 序列,可以在第 17 号观测值位置看到 $y_{17}=7.322668$。双击 yfse 序列,可以在第 17 号观测值位置看到 yfse=2.145 072。

再回到本例所研究的问题上来,式(1-63)和式(1-62)的可决系数都是 0.91。能不能进一步提高模型的可决系数(拟合优度)呢?能!那就是进一步寻找影响木材剩余物变化的其他因素。经分析,林场森林面积中阔叶林所占的比率(z_t)肯定是影响木材剩余物变化的重要因素。如果把 z_t 也列入模型,模型的可决系数肯定会有进一步的提高,从而也把一元线性回归模型扩展为二元线性回归模型。有关二元和多元线性回归模型的内容见第 2 章。

本章习题

第 2 章　多元线性回归模型

多元线性回归模型是一元线性回归模型的拓展。解释变量个数由一个增加到多个。模型的估计与检验原理都是一样的，当然多元线性回归模型也会出现一些新的需要研究的问题，如多重共线性、可决系数的进一步调整等。

本章分为 13 节，介绍多元线性回归模型的定义、假定条件、估计方法、估计量的特性、多重可决系数、t 检验与 F 检验、回归系数的区间估计、用模型预测（点预测与区间预测）、对预测结果的评价方法、偏相关与复相关系数、案例分析、建模过程中所遇问题的处理方法等内容。

2.1　多元线性回归模型及其假定条件

由于模型中解释变量增多，为了叙述简洁，本章采用矩阵形式对模型进行描述、估计、分析与预测。

2.1.1　模型的建立

第 1 章介绍了一元线性回归模型的建立、估计、检验与预测。在实际经济问题中，有时研究对象（被解释变量）不是只受一个而是受多个解释变量影响。这就需要建立多元回归模型进行研究。假定被解释变量 y_t 与 $k-1$ 个解释变量 $x_{tj}, j=1,\cdots,k-1$，存在线性关系。多元线性回归模型表示为

$$y_t = \beta_0 + \beta_1 x_{t1} + \beta_2 x_{t2} + \cdots + \beta_{k-1} x_{tk-1} + u_t \tag{2-1}$$

其中 y_t 是被解释变量（因变量），$x_{tj}, j=1,\cdots,k-1$，是解释变量（自变量），$\beta_i, i=0, 1,\cdots,k-1$ 是回归系数（通常未知）。这说明 x_{tj} 是 y_t 的重要解释变量。u_t 是随机误差项。u_t 代表众多影响 y_t 变化的微小因素。

当给定一个样本 $(y_t, x_{t1}, x_{t2}, \cdots, x_{tk-1}), t=1,2,\cdots,T$ 时，上述模型表示为

$$\begin{cases} y_1 = \beta_0 + \beta_1 x_{11} + \beta_2 x_{12} + \cdots + \beta_{k-1} x_{1k-1} + u_1 \\ y_2 = \beta_0 + \beta_1 x_{21} + \beta_2 x_{22} + \cdots + \beta_{k-1} x_{2k-1} + u_2 \\ \cdots \\ y_T = \beta_0 + \beta_1 x_{T1} + \beta_2 x_{T2} + \cdots + \beta_{k-1} x_{Tk-1} + u_T \end{cases} \tag{2-2}$$

此时 y_t 与 x_{tj}，$(t=1,2,\cdots,T, j=1,\cdots,k-1)$ 已知，β_j，$(j=0,1,\cdots,k-1)$ 与 u_t，$(t=1, 2,\cdots,T)$ 未知。用矩阵形式表达方程组(2-2)如下：

$$\begin{bmatrix} y_1 \\ y_2 \\ \vdots \\ y_T \end{bmatrix}_{(T\times 1)} = \begin{bmatrix} 1 & x_{11} & \cdots & x_{1j} & \cdots & x_{1k-1} \\ 1 & x_{21} & \cdots & x_{2j} & \cdots & x_{2k-1} \\ \vdots & \vdots & \ddots & \vdots & \ddots & \vdots \\ 1 & x_{T1} & \cdots & x_{Tj} & \cdots & x_{Tk-1} \end{bmatrix}_{(T\times k)} \begin{bmatrix} \beta_0 \\ \beta_1 \\ \vdots \\ \beta_{k-1} \end{bmatrix}_{(k\times 1)} + \begin{bmatrix} u_1 \\ u_2 \\ \vdots \\ u_T \end{bmatrix}_{(T\times 1)} \tag{2-3}$$

令

$$\boldsymbol{Y} = [y_1 \quad y_2 \quad \cdots \quad y_T]'_{(T\times 1)}$$

$$\boldsymbol{X} = \begin{bmatrix} 1 & x_{11} & \cdots & x_{1j} & \cdots & x_{1k-1} \\ 1 & x_{21} & \cdots & x_{2j} & \cdots & x_{2k-1} \\ \vdots & \vdots & \ddots & \vdots & \ddots & \vdots \\ 1 & x_{T1} & \cdots & x_{Tj} & \cdots & x_{Tk-1} \end{bmatrix}_{(T\times k)}$$

$$\boldsymbol{\beta} = [\beta_0 \quad \beta_1 \quad \cdots \quad \beta_{k-1}]'_{(k\times 1)}$$

$$\boldsymbol{u} = [u_1 \quad u_2 \quad \cdots \quad u_T]'_{(T\times 1)}$$

则式(2-3)可以写为

$$\boldsymbol{Y} = \boldsymbol{X}\boldsymbol{\beta} + \boldsymbol{u} \tag{2-4}$$

2.1.2　模型的假定条件

为保证用 OLS 法得到最优估计量，回归模型(2-4)应满足如下假定条件。

假定(1)　随机误差项向量 $\boldsymbol{u}$ 是非自相关的、同方差的。其中每一项都满足均值为零，方差为 σ^2，相同且为有限值，即

$$E(\boldsymbol{u}) = \boldsymbol{0} = [0 \quad 0 \quad \cdots \quad 0]'_{(T\times 1)}$$

$$\operatorname{var}(\boldsymbol{u}) = \begin{bmatrix} \operatorname{var}(u_{11}) & \cdots & \operatorname{cov}(u_{1i}) & \cdots & \operatorname{cov}(u_{1T}) \\ \vdots & \ddots & \vdots & \ddots & \vdots \\ \operatorname{cov}(u_{i1}) & \cdots & \operatorname{var}(u_{ii}) & \cdots & \operatorname{cov}(u_{iT}) \\ \vdots & \ddots & \vdots & \ddots & \vdots \\ \operatorname{cov}(u_{T1}) & \cdots & \operatorname{cov}(u_{Ti}) & \cdots & \operatorname{var}(u_{TT}) \end{bmatrix}$$

$$= \begin{bmatrix} \sigma^2 & \cdots & 0 & \cdots & 0 \\ \vdots & \ddots & \vdots & \ddots & \vdots \\ 0 & \cdots & \sigma^2 & \cdots & 0 \\ \vdots & \ddots & \vdots & \ddots & \vdots \\ 0 & \cdots & 0 & \cdots & \sigma^2 \end{bmatrix}_{(T\times T)} = \sigma^2 \boldsymbol{I}$$

上式中矩阵主对角线上的元素代表误差项的方差 σ^2。矩阵的阶数是 $T\times T$ 的，那么矩阵主对角线上每一个值都代表一个观测点对应的误差项的方差。所以表示的是同方差性。矩阵非主对角线上的元素代表误差项的协方差，都是 0。对于时间序列数据，表示不同期的误差项的协方差都等于零，即自相关系数等于零(协方差是相关系数公式中的分

子)，u_t 之间非自相关。

假定(2) 解释变量与误差项相互独立，即

$$E(\boldsymbol{X}'\boldsymbol{u})=\boldsymbol{0}$$

假定(3) 解释变量之间线性无关。

$$\mathrm{rk}(\boldsymbol{X}'\boldsymbol{X})=\mathrm{rk}(\boldsymbol{X})=k$$

其中 rk(·)表示矩阵的秩。看前面关于 $\boldsymbol{X}$ 的定义，如果 $\boldsymbol{X}$ 的秩仍是 k，说明 $\boldsymbol{X}$ 不同列之间不存在完全相关。

假定(4) 解释变量是非随机的，且当 $T\to\infty$ 时

$$\boldsymbol{T}^{-1}\boldsymbol{X}'\boldsymbol{X}\to\boldsymbol{Q}$$

其中 $\boldsymbol{Q}$ 是一个有限值的非退化矩阵。$\boldsymbol{T}^{-1}\boldsymbol{X}'\boldsymbol{X}$ 的主对角线上的元素，除了第1项，其余都是计算解释变量方差公式中的一部分。假定这些元素为有限值，即意味着每个解释变量的方差都是有限值，对于时间序列数据从而保证了平稳性。

这些条件是保证模型可以使用OLS法估计并使模型参数估计量具有最佳线性、无偏特性的前提。

2.2 最小二乘法

最小二乘法的原理是通过求残差(误差项的估计值)平方和最小确定回归参数估计值。这是求极值问题。用 S 表示残差平方和，求其最小值条件下的回归系数的估计值 $\hat{\boldsymbol{\beta}}$。

$$\begin{aligned}\min S&=\hat{\boldsymbol{u}}'\hat{\boldsymbol{u}}=(\boldsymbol{Y}-\hat{\boldsymbol{Y}})'(\boldsymbol{Y}-\hat{\boldsymbol{Y}})=(\boldsymbol{Y}-\boldsymbol{X}\hat{\boldsymbol{\beta}})'(\boldsymbol{Y}-\boldsymbol{X}\hat{\boldsymbol{\beta}})\\&=\boldsymbol{Y}'\boldsymbol{Y}-\hat{\boldsymbol{\beta}}'\boldsymbol{X}'\boldsymbol{Y}-\boldsymbol{Y}'\boldsymbol{X}\hat{\boldsymbol{\beta}}+\hat{\boldsymbol{\beta}}'\boldsymbol{X}'\boldsymbol{X}\hat{\boldsymbol{\beta}}\\&=\boldsymbol{Y}'\boldsymbol{Y}-2\hat{\boldsymbol{\beta}}'\boldsymbol{X}'\boldsymbol{Y}+\hat{\boldsymbol{\beta}}'\boldsymbol{X}'\boldsymbol{X}\hat{\boldsymbol{\beta}}\end{aligned}\tag{2-5}$$

式(2-5)中，因为 $\boldsymbol{Y}'\boldsymbol{X}\hat{\boldsymbol{\beta}}$ 是一个标量，所以有 $\boldsymbol{Y}'\boldsymbol{X}\hat{\boldsymbol{\beta}}=\hat{\boldsymbol{\beta}}'\boldsymbol{X}'\boldsymbol{Y}$。求 S 对 $\hat{\boldsymbol{\beta}}'$ 的一阶偏导数，并令其为零，

$$\frac{\partial S}{\partial\hat{\boldsymbol{\beta}}'}=-2\boldsymbol{X}'\boldsymbol{Y}+2\boldsymbol{X}'\boldsymbol{X}\hat{\boldsymbol{\beta}}=\boldsymbol{0}\tag{2-6}$$

化简得

$$\boldsymbol{X}'\boldsymbol{Y}=\boldsymbol{X}'\boldsymbol{X}\hat{\boldsymbol{\beta}}$$

因为$(\boldsymbol{X}'\boldsymbol{X})$是一个非退化矩阵[见假定(3)]，所以必有$(\boldsymbol{X}'\boldsymbol{X})^{-1}$存在。用$(\boldsymbol{X}'\boldsymbol{X})^{-1}$左乘上式，得

$$\hat{\boldsymbol{\beta}}=(\boldsymbol{X}'\boldsymbol{X})^{-1}\boldsymbol{X}'\boldsymbol{Y}\tag{2-7}$$

对式(2-6)继续求偏导数，得

$$\frac{\partial^2 S}{\partial\hat{\boldsymbol{\beta}}'\partial\hat{\boldsymbol{\beta}}}=2\boldsymbol{X}'\boldsymbol{X}\geqslant 0\tag{2-8}$$

从而保证由式(2-7)得到的残差平方和肯定是最小值，所以式(2-7)是式(2-5)的解。这种

估计方法称作最小二乘法。$\hat{\boldsymbol{\beta}}$ 是 $\boldsymbol{\beta}$ 的最小二乘估计量。

求出$\hat{\boldsymbol{\beta}}$,估计的回归模型写为

$$\begin{aligned}\boldsymbol{Y}&=\hat{\boldsymbol{Y}}+\hat{\boldsymbol{u}}=\boldsymbol{X}\hat{\boldsymbol{\beta}}+\hat{\boldsymbol{u}}\\&=\hat{\beta}_0+\hat{\beta}_1x_{t1}+\cdots+\hat{\beta}_{k-1}x_{tk-1}+\hat{u}_t,\quad t=1,2,\cdots,T\end{aligned}\tag{2-9}$$

其中 $\hat{\boldsymbol{Y}}=\boldsymbol{X}\hat{\boldsymbol{\beta}}$ 是估计的回归函数。$\hat{\boldsymbol{Y}}$ 是对 $\boldsymbol{Y}$ 的估计,称为 $\boldsymbol{Y}$ 的拟合值列向量。$\hat{\boldsymbol{\beta}}=(\hat{\beta}_0\quad\hat{\beta}_1\quad\cdots\quad\hat{\beta}_{k-1})'$是$\boldsymbol{\beta}$的估计列向量,$\hat{\boldsymbol{u}}=(\boldsymbol{Y}-\boldsymbol{X}\hat{\boldsymbol{\beta}})$称为残差列向量,是对随机误差$\boldsymbol{u}$的估计。

因为

$$\begin{aligned}\hat{\boldsymbol{u}}&=\boldsymbol{Y}-\boldsymbol{X}\hat{\boldsymbol{\beta}}=\boldsymbol{Y}-\boldsymbol{X}(\boldsymbol{X}'\boldsymbol{X})^{-1}\boldsymbol{X}'\boldsymbol{Y}\\&=[\boldsymbol{I}-\boldsymbol{X}(\boldsymbol{X}'\boldsymbol{X})^{-1}\boldsymbol{X}']\boldsymbol{Y}\end{aligned}\tag{2-10}$$

(其中 $\boldsymbol{I}$ 是 T 阶单位矩阵),所以 $\hat{\boldsymbol{u}}$ 也是 $\boldsymbol{Y}$ 的线性组合。

把式(2-4)代入式(2-7),

$$\hat{\boldsymbol{\beta}}=(\boldsymbol{X}'\boldsymbol{X})^{-1}\boldsymbol{X}'\boldsymbol{Y}=(\boldsymbol{X}'\boldsymbol{X})^{-1}\boldsymbol{X}'(\boldsymbol{X}\boldsymbol{\beta}+\boldsymbol{u})=\boldsymbol{\beta}+(\boldsymbol{X}'\boldsymbol{X})^{-1}\boldsymbol{X}'\boldsymbol{u}\tag{2-11}$$

$\hat{\boldsymbol{\beta}}$ 是随机向量$\boldsymbol{u}$ 的线性组合。

2.3　最小二乘估计量的特性

2.3.1　线性特性

因为 $\boldsymbol{X}$ 的元素是非随机的,$(\boldsymbol{X}'\boldsymbol{X})^{-1}\boldsymbol{X}$ 是一个常数矩阵,由式(2-7)知$\hat{\boldsymbol{\beta}}$ 是 $\boldsymbol{Y}$ 的线性组合,为线性估计量。$\hat{\boldsymbol{\beta}}$ 具有线性特性。

2.3.2　无偏特性

利用假定(1),$E(\boldsymbol{u})=\boldsymbol{0}$,以及假定(4)中解释变量是非随机的,由式(2-11),

$$E(\hat{\boldsymbol{\beta}})=\boldsymbol{\beta}+(\boldsymbol{X}'\boldsymbol{X})^{-1}\boldsymbol{X}'E(\boldsymbol{u})=\boldsymbol{\beta}\tag{2-12}$$

$\hat{\boldsymbol{\beta}}$ 是$\boldsymbol{\beta}$ 的线性无偏估计量,具有无偏性。

2.3.3　最小方差性

下面求$\hat{\boldsymbol{\beta}}$ 的方差协方差矩阵。当假定(1)、(3)、(4)成立时,利用式(2-12)得

$$\begin{aligned}\operatorname{var}(\hat{\boldsymbol{\beta}})&=E[(\hat{\boldsymbol{\beta}}-\boldsymbol{\beta})(\hat{\boldsymbol{\beta}}-\boldsymbol{\beta})']=E[(\boldsymbol{X}'\boldsymbol{X})^{-1}\boldsymbol{X}'\boldsymbol{u}\boldsymbol{u}'\boldsymbol{X}(\boldsymbol{X}'\boldsymbol{X})^{-1}]\\&=E[(\boldsymbol{X}'\boldsymbol{X})^{-1}\boldsymbol{X}'\sigma^2\boldsymbol{I}\boldsymbol{X}(\boldsymbol{X}'\boldsymbol{X})^{-1}]=\sigma^2(\boldsymbol{X}'\boldsymbol{X})^{-1}\end{aligned}\tag{2-13}$$

$\hat{\boldsymbol{\beta}}$ 具有最小方差特性。

证明：

先证明一般结果,令 $\boldsymbol{C}$ 是一个 $k\times1$ 阶已知常数列向量,$\boldsymbol{C}'\hat{\boldsymbol{\beta}}$ 是$\boldsymbol{C}'\boldsymbol{\beta}$ 的一个 OLS 无偏

估计量,即 $E(\boldsymbol{C}'\hat{\boldsymbol{\beta}})=\boldsymbol{C}'\boldsymbol{\beta}$。则 $\boldsymbol{C}'\hat{\boldsymbol{\beta}}$ 的方差是

$$\begin{aligned}\operatorname{var}(\boldsymbol{C}'\hat{\boldsymbol{\beta}})&=E[(\boldsymbol{C}'\hat{\boldsymbol{\beta}}-\boldsymbol{C}'\boldsymbol{\beta})(\boldsymbol{C}'\hat{\boldsymbol{\beta}}-\boldsymbol{C}'\boldsymbol{\beta})']\\&=E[\boldsymbol{C}'(\hat{\boldsymbol{\beta}}-\boldsymbol{\beta})(\hat{\boldsymbol{\beta}}-\boldsymbol{\beta})'\boldsymbol{C}]=\boldsymbol{C}'E[(\hat{\boldsymbol{\beta}}-\boldsymbol{\beta})(\hat{\boldsymbol{\beta}}-\boldsymbol{\beta})']\boldsymbol{C}\\&=\boldsymbol{C}'\sigma^2(\boldsymbol{X}'\boldsymbol{X})^{-1}\boldsymbol{C}=\sigma^2\boldsymbol{C}'(\boldsymbol{X}'\boldsymbol{X})^{-1}\boldsymbol{C}\end{aligned}\tag{2-14}$$

设 $\tilde{\boldsymbol{\beta}}=\boldsymbol{A}'\boldsymbol{Y}$ 也是 $\boldsymbol{C}'\boldsymbol{\beta}$ 的一个线性无偏估计量,那么

$$\begin{aligned}E(\tilde{\boldsymbol{\beta}})&=E(\boldsymbol{A}'\boldsymbol{Y})=E[\boldsymbol{A}'(\boldsymbol{X}\boldsymbol{\beta}+\boldsymbol{u})]\\&=E(\boldsymbol{A}'\boldsymbol{X}\boldsymbol{\beta}+\boldsymbol{A}'\boldsymbol{u})=\boldsymbol{A}'\boldsymbol{X}\boldsymbol{\beta}=\boldsymbol{C}'\boldsymbol{\beta}\end{aligned}$$

由上式知 $\boldsymbol{C}'=\boldsymbol{A}'\boldsymbol{X}$。

$$\operatorname{var}(\tilde{\boldsymbol{\beta}})=E[(\tilde{\boldsymbol{\beta}}-\boldsymbol{C}'\boldsymbol{\beta})(\tilde{\boldsymbol{\beta}}-\boldsymbol{C}'\boldsymbol{\beta})']$$

利用 $\tilde{\boldsymbol{\beta}}=\boldsymbol{A}'\boldsymbol{X}\boldsymbol{\beta}+\boldsymbol{A}'\boldsymbol{u}$ 和 $\boldsymbol{C}'=\boldsymbol{A}'\boldsymbol{X}$,上式继续表示为

$$\begin{aligned}\operatorname{var}(\tilde{\boldsymbol{\beta}})&=E[(\boldsymbol{A}'\boldsymbol{X}\boldsymbol{\beta}+\boldsymbol{A}'\boldsymbol{u}-\boldsymbol{A}'\boldsymbol{X}\boldsymbol{\beta})(\boldsymbol{A}'\boldsymbol{X}\boldsymbol{\beta}+\boldsymbol{A}'\boldsymbol{u}-\boldsymbol{A}'\boldsymbol{X}\boldsymbol{\beta})']\\&=E(\boldsymbol{A}'\boldsymbol{u}\boldsymbol{u}'\boldsymbol{A})=\sigma^2\boldsymbol{A}'\boldsymbol{A}\end{aligned}\tag{2-15}$$

由式(2-14)及利用结论 $\boldsymbol{C}'=\boldsymbol{A}'\boldsymbol{X}$,得

$$\operatorname{var}(\boldsymbol{C}'\hat{\boldsymbol{\beta}})=\sigma^2\boldsymbol{C}'(\boldsymbol{X}'\boldsymbol{X})^{-1}\boldsymbol{C}=\sigma^2\boldsymbol{A}'\boldsymbol{X}(\boldsymbol{X}'\boldsymbol{X})^{-1}\boldsymbol{X}'\boldsymbol{A}$$

则

$$\operatorname{var}(\tilde{\boldsymbol{\beta}})-\operatorname{var}(\boldsymbol{C}'\hat{\boldsymbol{\beta}})=\sigma^2\boldsymbol{A}'(\boldsymbol{I}-\boldsymbol{X}(\boldsymbol{X}'\boldsymbol{X})^{-1}\boldsymbol{X}')\boldsymbol{A}=\sigma^2\boldsymbol{A}'\boldsymbol{M}\boldsymbol{A}\tag{2-16}$$

其中 $\boldsymbol{M}=(\boldsymbol{I}-\boldsymbol{X}(\boldsymbol{X}'\boldsymbol{X})^{-1}\boldsymbol{X}')$。因为 $\boldsymbol{M}$ 是对称的等幂矩阵,由下面的式(2-28)有

$$\hat{\boldsymbol{u}}'\hat{\boldsymbol{u}}=\boldsymbol{u}'\boldsymbol{M}\boldsymbol{u}$$

因为 $\hat{\boldsymbol{u}}'\hat{\boldsymbol{u}}\geqslant 0$($\hat{\boldsymbol{u}}'\hat{\boldsymbol{u}}$ 是残差平方和),所以 $\boldsymbol{M}$ 是半正定矩阵,并有下式成立。

$$\operatorname{var}(\tilde{\boldsymbol{\beta}})-\operatorname{var}(\boldsymbol{C}'\hat{\boldsymbol{\beta}})\geqslant\boldsymbol{0}\tag{2-17}$$

这说明 OLS 估计量 $\boldsymbol{C}'\hat{\boldsymbol{\beta}}$ 的方差小于或等于任何其他线性无偏估计量的方差。对于每一个分量,令 $\boldsymbol{C}_i=(0,\cdots,0,1,0,\cdots,0)'$,则

$$\operatorname{var}(\tilde{\boldsymbol{\beta}}_i)\geqslant\operatorname{var}(\hat{\boldsymbol{\beta}}_i)$$

证毕

这就证明了高斯-马尔可夫定理。若前述假定条件成立,OLS 估计量是最佳线性无偏估计量。

2.3.4 渐近无偏性

$$\begin{aligned}\operatorname*{plim}_{T\to\infty}E(\hat{\boldsymbol{\beta}})&=\operatorname*{plim}_{T\to\infty}E[(\boldsymbol{X}'\boldsymbol{X})^{-1}\boldsymbol{X}'\boldsymbol{Y}]=\operatorname*{plim}_{T\to\infty}E[(\boldsymbol{X}'\boldsymbol{X})^{-1}\boldsymbol{X}'(\boldsymbol{X}\boldsymbol{\beta}+\boldsymbol{u})]\\&=\boldsymbol{\beta}+\operatorname*{plim}_{T\to\infty}(T^{-1}\boldsymbol{X}'\boldsymbol{X})^{-1}\operatorname*{plim}_{T\to\infty}T^{-1}\boldsymbol{X}'E(\boldsymbol{u})=\boldsymbol{\beta}\end{aligned}\tag{2-18}$$

2.3.5 一致性

下面证明 OLS 估计量的一致性。由式(2-13)有

$$\operatorname{var}(\hat{\boldsymbol{\beta}})=\sigma^2(\boldsymbol{X}'\boldsymbol{X})^{-1}=T^{-1}\sigma^2(T^{-1}\boldsymbol{X}'\boldsymbol{X})^{-1}\tag{2-19}$$

取极限，则有

$$\underset{T\to\infty}{\text{plim}}\text{var}(\hat{\boldsymbol{\beta}})=\underset{T\to\infty}{\text{plim}}T^{-1}\sigma^2\underset{T\to\infty}{\text{plim}}(T^{-1}\boldsymbol{X}'\boldsymbol{X})^{-1} \tag{2 20}$$

利用假定(4)得

$$\underset{T\to\infty}{\text{plim}}\text{var}(\hat{\boldsymbol{\beta}})=\underset{T\to\infty}{\text{plim}}T^{-1}\sigma^2\boldsymbol{Q}^{-1}=\mathbf{0} \tag{2-21}$$

OLS 估计量$\hat{\boldsymbol{\beta}}$ 具有渐近无偏性且渐近方差为零，因此有

$$\underset{T\to\infty}{\text{plim}}\hat{\boldsymbol{\beta}}=\boldsymbol{\beta} \tag{2-22}$$

这说明$\hat{\boldsymbol{\beta}}$ 是$\boldsymbol{\beta}$ 的一致估计量。

2.4　残差的方差

定义残差的方差为

$$s^2=\hat{\boldsymbol{u}}'\hat{\boldsymbol{u}}/(T-k) \tag{2-23}$$

s^2 是随机误差项方差 σ^2 的无偏估计量，$E(s^2)=\sigma^2$。

证明：

若$\hat{\boldsymbol{\beta}}$ 已知，则

$$\hat{\boldsymbol{u}}=\boldsymbol{Y}-\boldsymbol{X}\hat{\boldsymbol{\beta}} \tag{2-24}$$

由式(2-4)和式(2-11)有

$$\hat{\boldsymbol{u}}=(\boldsymbol{X}\boldsymbol{\beta}+\boldsymbol{u})-(\boldsymbol{X}\boldsymbol{\beta}+\boldsymbol{X}(\boldsymbol{X}'\boldsymbol{X})^{-1}\boldsymbol{X}'\boldsymbol{u})=(\boldsymbol{I}-\boldsymbol{X}(\boldsymbol{X}'\boldsymbol{X})^{-1}\boldsymbol{X}')\boldsymbol{u} \tag{2-25}$$

定义

$$\boldsymbol{M}=\boldsymbol{I}-\boldsymbol{X}(\boldsymbol{X}'\boldsymbol{X})^{-1}\boldsymbol{X}' \tag{2-26}$$

则式(2-25)写为

$$\hat{\boldsymbol{u}}=\boldsymbol{M}\boldsymbol{u}$$

矩阵 $\boldsymbol{M}$ 有如下性质

$$\begin{aligned}\boldsymbol{M}&=\boldsymbol{M}'\\ \boldsymbol{M}^2&=\boldsymbol{M}'\boldsymbol{M}=\boldsymbol{M}'\end{aligned} \tag{2-27}$$

利用上述性质，残差平方和

$$\hat{\boldsymbol{u}}'\hat{\boldsymbol{u}}=(\boldsymbol{M}\boldsymbol{u})'(\boldsymbol{M}\boldsymbol{u})=\boldsymbol{u}'\boldsymbol{M}'\boldsymbol{M}\boldsymbol{u}=\boldsymbol{u}'\boldsymbol{M}\boldsymbol{u}=\boldsymbol{u}'[\boldsymbol{I}-\boldsymbol{X}(\boldsymbol{X}'\boldsymbol{X})^{-1}\boldsymbol{X}']\boldsymbol{u} \tag{2-28}$$

则残差的方差

$$s^2=\hat{\boldsymbol{u}}'\hat{\boldsymbol{u}}/(T-k)=\{\boldsymbol{u}'[\boldsymbol{I}-\boldsymbol{X}(\boldsymbol{X}'\boldsymbol{X})^{-1}\boldsymbol{X}']\boldsymbol{u}\}/(T-k) \tag{2-29}$$

因 s^2 是一个标量，所以有

$$\begin{aligned}E(s^2)&=E\{\text{tr}[\boldsymbol{u}'(\boldsymbol{I}-\boldsymbol{X}(\boldsymbol{X}'\boldsymbol{X})^{-1}\boldsymbol{X}')\boldsymbol{u}]/(T-k)\}\\ &=\text{tr}[(\boldsymbol{I}-\boldsymbol{X}(\boldsymbol{X}'\boldsymbol{X})^{-1}\boldsymbol{X}')E(\boldsymbol{u}\boldsymbol{u}')]/(T-k)\\ &=\text{tr}[(\boldsymbol{I}-\boldsymbol{X}(\boldsymbol{X}'\boldsymbol{X})^{-1}\boldsymbol{X}')\boldsymbol{I}\sigma^2]/(T-k)\\ &=\sigma^2\{\text{tr}(\boldsymbol{I})-\text{tr}[(\boldsymbol{X}'\boldsymbol{X})^{-1}\boldsymbol{X}'\boldsymbol{X}]\}/(T-k)\end{aligned}$$

$$=\sigma^2(T-k)/(T-k)$$
$$=\sigma^2 \tag{2-30}$$

其中 tr(•)表示矩阵的迹。$\mathrm{tr}(\boldsymbol{I})=T$，$\mathrm{tr}[\boldsymbol{X}(\boldsymbol{X}'\boldsymbol{X})^{-1}\boldsymbol{X}']=k$。因为对于矩阵 $\boldsymbol{ABC}$ 有 $\mathrm{tr}(\boldsymbol{ABC})=\mathrm{tr}(\boldsymbol{BCA})$，所以 $\mathrm{tr}(\boldsymbol{X}(\boldsymbol{X}'\boldsymbol{X})^{-1}\boldsymbol{X}')=\mathrm{tr}((\boldsymbol{X}'\boldsymbol{X})^{-1}\boldsymbol{X}'\boldsymbol{X})=\mathrm{tr}(\boldsymbol{I})=k$。由此可见 s^2 是 σ^2 的无偏估计量。 证毕

2.5 Y 与最小二乘估计量 $\hat{\boldsymbol{\beta}}$ 的分布

因为 $E(\boldsymbol{uu}')=\sigma^2\boldsymbol{I}$[见假定(1)]，由模型(2-4)有

$$E(\boldsymbol{Y})=E(\boldsymbol{X\beta}+\boldsymbol{u})=\boldsymbol{X\beta} \tag{2-31}$$

$$\begin{aligned}\mathrm{var}(\boldsymbol{Y})&=E[(\boldsymbol{Y}-E(\boldsymbol{Y}))(\boldsymbol{Y}-E(\boldsymbol{Y}))']\\&=E(\boldsymbol{uu}')=\sigma^2\boldsymbol{I}\end{aligned} \tag{2-32}$$

$\boldsymbol{Y}$ 的方差协方差矩阵与 $\boldsymbol{u}$ 的方差协方差矩阵相同。已知 $\boldsymbol{X}$ 是非随机的[见假定(4)]，$\boldsymbol{Y}$ 是 $\boldsymbol{u}$ 的线性函数。若假定 $\boldsymbol{u}$ 服从多元正态分布，即

$$\boldsymbol{u}\sim N(\boldsymbol{0},\sigma^2\boldsymbol{I})$$

则每个 u_t 都服从正态分布。于是有

$$\boldsymbol{Y}\sim N(\boldsymbol{X\beta},\sigma^2\boldsymbol{I}) \tag{2-33}$$

因 $\hat{\boldsymbol{\beta}}$ 也是 $\boldsymbol{u}$ 的线性组合[见式(2-11)]，依据式(2-12)和(2-13)有

$$\hat{\boldsymbol{\beta}}\sim N(\boldsymbol{\beta},\sigma^2(\boldsymbol{X}'\boldsymbol{X})^{-1}) \tag{2-34}$$

σ^2 通常未知。可用 σ^2 的无偏估计量 s^2 构造 $\mathrm{var}(\hat{\boldsymbol{\beta}})$ 的估计式

$$\hat{\mathrm{var}}(\hat{\boldsymbol{\beta}})=s^2_{(\hat{\boldsymbol{\beta}})}=s^2(\boldsymbol{X}'\boldsymbol{X})^{-1} \tag{2-35}$$

其中 s^2 按式(2-23)计算。$\hat{\mathrm{var}}(\hat{\boldsymbol{\beta}})$ 也用 $s^2_{(\hat{\boldsymbol{\beta}})}$ 表示。因为 s^2 是 σ^2 的无偏估计量，所以 $s^2_{(\hat{\boldsymbol{\beta}})}=s^2(\boldsymbol{X}'\boldsymbol{X})^{-1}$ 也是 $\mathrm{var}(\hat{\boldsymbol{\beta}})=\sigma^2(\boldsymbol{X}'\boldsymbol{X})^{-1}$ 的无偏估计量。

2.6 多重可决系数(多重确定系数)

由第1章知，可决系数是评价一个模型对观测点拟合优劣的一个重要指标。相对于多元线性回归模型而言，称其为多重可决系数，意即由多个解释变量决定的可决系数。其定义、原理与第1章定义的可决系数是一样的，是回归平方和与总平方和之比，即由 $k-1$ 个解释变量决定的 y_t 的离差平方和占 y_t 的总离差平方和的比。

下面先用矩阵形式表示总平方和(TSS)、回归平方和(ESS)与残差平方和(SSR)，然后给出矩阵形式的多重可决系数的定义。

2.6.1 总平方和、回归平方和与残差平方和

得到 $\hat{\boldsymbol{\beta}}$ 后，可以把 $\boldsymbol{Y}$ 分解为可以被解释变量解释的 $\hat{\boldsymbol{Y}}$ 和不能被解释的 $\hat{\boldsymbol{u}}$ 两部分，

$$Y = X\hat{\beta} + \hat{u} = \hat{Y} + \hat{u} \tag{2-36}$$

定义总平方和

$$\text{TSS} = \sum_{t=1}^{T}(y_t - \bar{y})^2 = \sum_{t=1}^{T} y_t^2 - 2\bar{y}\sum_{t=1}^{T} y_t + T\bar{y}^2 = Y'Y - T\bar{y}^2 \tag{2-37}$$

其中 $\bar{y}$ 是 y_t 的样本平均数，定义为 $\bar{y} = \left(\sum_{t=1}^{T} y_t\right)/T$，所以上式中的 $-2\bar{y}\sum_{t=1}^{T} y_t = -2T\bar{y}^2$。

与上面的分解方法类似，定义回归平方和为

$$\text{ESS} = \sum_{t=1}^{T}(\hat{y}_t - \bar{y})^2 = \hat{Y}'\hat{Y} - T\bar{y}^2 \tag{2-38}$$

其中 $\bar{y}$ 的定义同上。残差平方和为

$$\text{SSR} = \sum_{t=1}^{T}(y_t - \hat{y}_t)^2 = \sum_{t=1}^{T}\hat{u}_t^2 = \hat{u}'\hat{u} \tag{2-39}$$

则有如下关系存在

$$\text{TSS} = \text{ESS} + \text{SSR} \tag{2-40}$$

证明：

$$Y'Y = (X\hat{\beta} + \hat{u})'(X\hat{\beta} + \hat{u}) = \hat{\beta}'X'X\hat{\beta} + \hat{u}'\hat{u} + 2\hat{\beta}'X'\hat{u}$$

由式(2-6)，有 $X'\hat{u} = 0$。代入上式得

$$Y'Y = \hat{\beta}'X'X\hat{\beta} + \hat{u}'\hat{u} = \hat{Y}'\hat{Y} + \hat{u}'\hat{u}$$

从上式两侧同减 $T\bar{y}^2$，得式(2-40)。　证毕

2.6.2　多重确定系数 R^2

计算 $\hat{Y}$ 的变差占 Y 的总变差的比值是评价一个估计模型优劣的方法之一。多重可决系数(亦称多重确定系数)定义如下：

$$R^2 = \frac{\text{ESS}}{\text{TSS}} = \frac{\hat{Y}'\hat{Y} - T\bar{y}^2}{Y'Y - T\bar{y}^2} \tag{2-41}$$

由式(2-40)知，多重可决系数 R^2 的取值范围为[0,1]。R^2 越接近 1，估计的回归函数对样本点的拟合程度就越好，即解释变量对被解释变量的解释作用越强。

2.6.3　调整的多重确定系数 $\bar{R}^2$

对于给定的样本值 y_t，无论模型形式怎样变化，TSS 是不变的。随着模型中解释变量个数的增加，SSR 趋向于变小，即确定系数 R^2 变大。为考虑模型中解释变量个数的变化对 R^2 的影响，调整的多重可决系数 $\bar{R}^2$ 定义如下：

$$\bar{R}^2 = 1 - \frac{\text{SSR}/(T-k)}{\text{TSS}/(T-1)} \tag{2-42}$$

用式(2-41)可以推导出 $R^2=\frac{\text{ESS}}{\text{TSS}}=\frac{\text{TSS}-\text{SSR}}{\text{TSS}}=1-\frac{\text{SSR}}{\text{TSS}}$。用式(2-42)与其相比,调整的多重确定系数 $\bar{R}^2$ 的定义公式就是用相应自由度对残差平方和与总平方和做了调整,即对 R^2 做了调整。

当在模型中增加解释变量时,SSR 将减小。同时随着 k 的加大,$T-k$ 也减小,使 SSR/$(T-k)$有所增加,从而使 $\bar{R}^2$ 的值减小。通常 $\bar{R}^2$ 的值比 R^2 小。$\bar{R}^2$ 和 R^2 的关系是

$$\begin{aligned}\bar{R}^2&=1-\frac{\text{SSR}/(T-k)}{\text{TSS}/(T-1)}=1-\left(\frac{T-1}{T-k}\right)\left(\frac{\text{TSS}-\text{ESS}}{\text{TSS}}\right)\\&=1-\frac{T-1}{T-k}(1-R^2)\end{aligned} \tag{2-43}$$

2.7 F 检验

对于多元线性回归模型(2-1),在对每个回归系数进行显著性检验之前,应该对回归模型中全部解释变量都无解释作用做检验。这个检验要用到 F 统计量。

当检验被解释变量 y_t 与一组解释变量 $x_1,x_2,\cdots,x_{k-1}$ 是否存在回归关系时,给出的零假设与备择假设分别是:

$\text{H}_0:\beta_1=\beta_2=\cdots=\beta_{k-1}=0$;

$\text{H}_1:\beta_i,i=1,\cdots,k-1$,不全为零。

原假设的含义是模型中全部解释变量对 y_t 都没有解释作用。

注意,被择假设 H_1 定义的是"β_i 不全为零",而不是"β_i 全不为零",而且 β_i 中不包括 β_0。

首先要构造 F 统计量。由式(2-40)知总平方和(TSS)可以分解为回归平方和(ESS)与残差平方和(SSR)两部分。

$$\text{TSS}=\text{ESS}+\text{SSR}$$

与这种分解相对应,相应自由度[①]也可以被分解为两部分。

TSS 具有 $T-1$ 个自由度。这是因为在 T 个变差$(y_t-\bar{y}),t=1,\cdots,T$ 中存在一个约束条件,即 $\sum(y_t-\bar{y})=0$。由于回归函数值 $\hat{y}_t$ 的计算受 k 个 $\hat{\beta}_j$ 控制,相当于有 k 个自由度,而在 ESS 计算式(2-38)中这 k 个回归系数 $\hat{\beta}_j$ 又受 $\bar{\boldsymbol{Y}}=\bar{\boldsymbol{X}}\hat{\boldsymbol{\beta}}$ 一个条件约束,或者说,受 $\sum(\hat{y}_t-\bar{y}_t)=0$ 一个条件约束,所以 ESS 具有 $k-1$ 个自由度。因为 SSR 中含有 T 个残差,$\hat{u}_t=y_t-\hat{y}_t,t=1,2,\cdots,T$,这些残差值是由 k 个估计的回归系数计算而来,即被 k 个回归系数所约束,所以 SSR 具有 $T-k$ 个自由度。与 TSS 的分解相对应,自由度

---

① 自由度是指独立变量的个数。当 T 个独立变量受一个条件约束时,相应自由度就会减少一个。以 $\sum(y_t-\bar{y})$ 为例,本来自由度是 T,但这 T 个独立的随机变量受约束条件 $\sum y_t/T=\bar{y}$ 约束,所以相应自由度应该是 $T-1$。

$T-1$ 也被分解为两部分，

$$(T-1)=(k-1)+(T-k) \tag{2-44}$$

定义 F 统计量为

$$F=\frac{\mathrm{ESS}/(k-1)}{\mathrm{SSR}/(T-k)} \tag{2-45}$$

给定零假设 H_0 和备择假设 H_1：

H_0：$\beta_1=\beta_2=\cdots=\beta_{k-1}=0$；

H_1：$\beta_j, j=1,2,\cdots,k-1$ 不全为零。

在 H_0 成立条件下，有

$$F=\frac{\mathrm{ESS}/(k-1)}{\mathrm{SSR}/(T-k)}\sim F(k-1,T-k)$$

给定检验水平为 α，则检验规则是：

若用样本计算的 $F\leqslant F_\alpha(k-1,T-k)$，则接受 H_0；

若用样本计算的 $F>F_\alpha(k-1,T-k)$，则拒绝 H_0。

若 F 检验的结论是接受 H_0，则说明 $k-1$ 个解释变量都不与 y_t 存在回归关系。此时，假设检验应该到此为止。当 F 检验的结论是拒绝 H_0 时，说明至少有一个解释变量与 y_t 存在回归关系。应该进一步做 t 检验，从而确定模型中哪些是重要解释变量，哪些不是重要解释变量。F 检验示意图见图 2-1，其中 α 表示检验水平，$F_\alpha(k-1,T-k)$ 表示临界值。

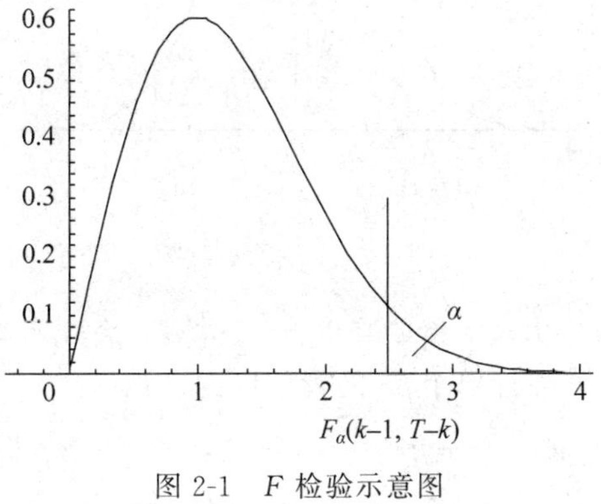

图 2-1　F 检验示意图

F 统计量的定义也可以用回归模型的可决系数 R^2 表示。根据式(2-45)，

$$F=\frac{\mathrm{ESS}/(k-1)}{\mathrm{SSR}/(T-k)}=\frac{\dfrac{\mathrm{ESS}}{\mathrm{TSS}}(T-k)}{\dfrac{\mathrm{TSS}-\mathrm{ESS}}{\mathrm{TSS}}(k-1)}=\frac{R^2}{(1-R^2)}\frac{(T-k)}{(k-1)}$$

2.8　t 检验和回归系数的置信区间

当上述 F 检验结论是推翻 H_0 时，并不见得每个解释变量都对 y_t 有显著的解释作用(不见得每一个都是重要解释变量)，所以还应对每个解释变量的系数进行显著性检验。

零假设与备择假设分别是：

$H_0: \beta_j = 0, j = 1, 2, \cdots, k-1$;

$H_1: \beta_j \neq 0, j = 1, 2, \cdots, k-1$。

在 H_0 成立条件下，

$$t = \frac{\hat{\beta}_j}{s_{(\hat{\beta}_j)}} = \hat{\beta}_j \Big/ \sqrt{\hat{\operatorname{var}}(\hat{\boldsymbol{\beta}})_{j+1}} = \hat{\beta}_j \Big/ \sqrt{s^2(\boldsymbol{X}'\boldsymbol{X})^{-1}_{j+1}} \sim t(T-k) \tag{2-46}$$

其中 $s_{(\hat{\beta}_j)}$ 表示 $\hat{\beta}_j$ 的估计的标准差，即 $\hat{\beta}_j$ 的方差协方差矩阵 $s^2(\boldsymbol{X}'\boldsymbol{X})^{-1}$ 主对角线上第 $j+1$ 个元素的算术平方根。s 按式(2-23)计算，是对 σ 的估计。设检验水平为 α，则检验规则是：

若用样本计算的 $|t| \leqslant t_\alpha(T-k)$，则接受 H_0；

若用样本计算的 $|t| > t_\alpha(T-k)$，则拒绝 H_0。

其中，α 表示检验水平，$t_\alpha(T-k)$ 表示临界值①。t 检验示意图见图 2-2。

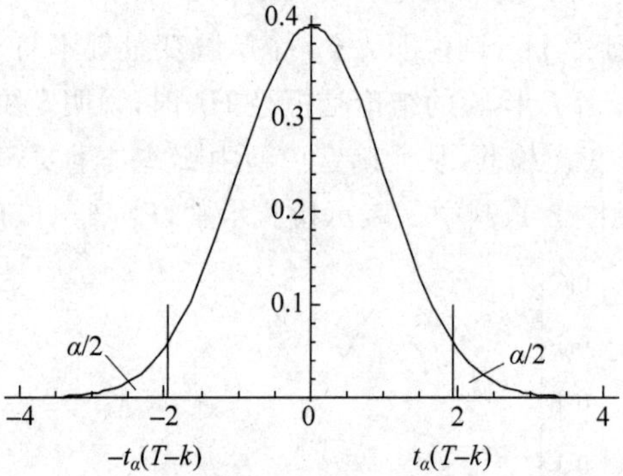

图 2-2　t 检验示意图

注意：对于模型(2-1)，上述 t 检验应做 $k-1$ 次。t 检验是双侧(双端、双边)检验。

下面以置信度为 $1-\alpha$ 估计单个 β_j 的置信区间。由

$$E(\hat{\beta}_j) = \beta_j$$

$$s^2_{(\hat{\beta}_j)} = \hat{\operatorname{var}}(\hat{\beta}_j) = s^2(\boldsymbol{X}'\boldsymbol{X})^{-1}_{j+1}$$

有

$$P\left[\left|\frac{\hat{\beta}_j - \beta_j}{s_{(\hat{\beta}_j)}}\right| \leqslant t_\alpha(T-k)\right] = 1-\alpha$$

由上式中括号内部分得

$$|\hat{\beta}_j - \beta_j| \leqslant t_\alpha(T-k) s_{(\hat{\beta}_j)}$$

则置信度为 $1-\alpha$ 的单个 β_j 的置信区间是

① $t_\alpha(T-k)$ 表示临界值。当 t 分布百分位数表的定义与附表 3 不同时，查表参数 α 应该相应改变。

$$[\hat{\beta}_j - t_\alpha(T-k)s_{(\hat{\beta}_j)},\quad \hat{\beta}_j + t_\alpha(T-k)s_{(\hat{\beta}_j)}] \tag{2-47}$$

其中 $s_{(\hat{\beta}_j)} = \sqrt{s^2(\boldsymbol{X}'\boldsymbol{X})^{-1}_{j+1}}$[见式(2-46)]。

2.9　预　　测

介绍 y_{T+1} 的点预测、单个 y_{T+1} 的置信区间预测以及 $E(y_{T+1})$ 的置信区间预测。

2.9.1　y_{T+1} 的点预测

设 $T+1$ 期解释变量行向量用 $\boldsymbol{C}$ 表示，

$$\boldsymbol{C} = (1\quad x_{T+1,1}\quad x_{T+1,2}\quad \cdots\quad x_{T+1,k-1}) \tag{2-48}$$

$\hat{\boldsymbol{\beta}}$ 已知。则 $T+1$ 期被解释变量 y_{T+1} 的点预测式是

$$\hat{y}_{T+1} = \boldsymbol{C}\hat{\boldsymbol{\beta}} = \hat{\beta}_0 + \hat{\beta}_1 x_{T+11} + \cdots + \hat{\beta}_{k-1} x_{T+1k-1} \tag{2-49}$$

2.9.2　单个 y_{T+1} 的置信区间预测

还是先推导预测误差的分布。定义预测误差是预测值与实际观测值之差，

$$e_{T+1} = \hat{y}_{T+1} - y_{T+1}$$

则预测误差 e_{T+1} 的期望和方差是

$$E(e_{T+1}) = \hat{y}_{T+1} - y_{T+1} = E[\boldsymbol{C}\hat{\boldsymbol{\beta}} - (\boldsymbol{C}\boldsymbol{\beta} + u_{T+1})] = 0 \tag{2-50}$$

$$\begin{aligned}\text{var}(e_{T+1}) &= \text{var}[\boldsymbol{C}\hat{\boldsymbol{\beta}} - (\boldsymbol{C}\boldsymbol{\beta} + u_{T+1})] = \text{var}(\boldsymbol{C}\hat{\boldsymbol{\beta}}) + \text{var}(u_{T+1}) \\ &= \boldsymbol{C}\sigma^2(\boldsymbol{X}'\boldsymbol{X})^{-1}\boldsymbol{C}' + \sigma^2 = \sigma^2[\boldsymbol{C}(\boldsymbol{X}'\boldsymbol{X})^{-1}\boldsymbol{C}' + 1]\end{aligned} \tag{2-51}$$

用 s^2 代替 σ^2，$s^2_{(e_{T+1})} = s^2[\boldsymbol{C}(\boldsymbol{X}'\boldsymbol{X})^{-1}\boldsymbol{C}'+1]$是 $\text{var}(e_{T+1})$的无偏估计量。于是有

$$t = \frac{e_{T+1} - E(e_{T+1})}{s(e_{T+1})} = \frac{(\hat{y}_{T+1} - y_{T+1}) - 0}{s(e_{T+1})} = \frac{\boldsymbol{C}\hat{\boldsymbol{\beta}} - y_{T+1}}{s(e_{T+1})} \sim t(T-k) \tag{2-52}$$

那么，有 $P\left\{\left|\dfrac{\boldsymbol{C}\hat{\boldsymbol{\beta}} - y_{T+1}}{s(e_{T+1})}\right| \leqslant t_\alpha(T-k)\right\} = 1-\alpha$。由前式大括号中部分可以计算出 y_{T+1} 的 95%置信度的置信区间是

$$[\boldsymbol{C}\hat{\boldsymbol{\beta}} - t_\alpha(T-k)s_{(e_{T+1})},\quad \boldsymbol{C}\hat{\boldsymbol{\beta}} + t_\alpha(T-k)s_{(e_{T+1})}] \tag{2-53}$$

其中 $s_{(e_{T+1})} = s\sqrt{\boldsymbol{C}(\boldsymbol{X}'\boldsymbol{X})^{-1}\boldsymbol{C}'+1}$，而 s 是对随机误差 u_t 的分布标准差 σ 的估计。

2.9.3　$E(y_{T+1})$的置信区间预测

首先求点预测式 $\hat{y}_{T+1}$ 的抽样分布

$$E(\hat{y}_{T+1}) = E(\boldsymbol{C}\hat{\boldsymbol{\beta}}) = \boldsymbol{C}\boldsymbol{\beta} = E(y_{T+1}) \tag{2-54}$$

$$\begin{aligned}\operatorname{var}(\hat{y}_{T+1}) &= \operatorname{var}(\boldsymbol{C}\hat{\boldsymbol{\beta}}) = E[(\boldsymbol{C}\hat{\boldsymbol{\beta}} - \boldsymbol{C}\boldsymbol{\beta})(\boldsymbol{C}\hat{\boldsymbol{\beta}} - \boldsymbol{C}\boldsymbol{\beta})'] \\ &= E[\boldsymbol{C}(\hat{\boldsymbol{\beta}} - \boldsymbol{\beta})[\boldsymbol{C}(\hat{\boldsymbol{\beta}} - \boldsymbol{\beta})]'] \\ &= \boldsymbol{C}E[(\hat{\boldsymbol{\beta}} - \boldsymbol{\beta})(\hat{\boldsymbol{\beta}} - \boldsymbol{\beta})']\boldsymbol{C}' = \boldsymbol{C}\operatorname{var}(\hat{\boldsymbol{\beta}})\boldsymbol{C}' \\ &= \boldsymbol{C}\sigma^2(\boldsymbol{X}'\boldsymbol{X})^{-1}\boldsymbol{C}' = \sigma^2\boldsymbol{C}(\boldsymbol{X}'\boldsymbol{X})^{-1}\boldsymbol{C}' \end{aligned} \tag{2-55}$$

因为$\hat{\boldsymbol{\beta}}$服从多元正态分布,所以 $\hat{y}_{T+1}$ 也是一个多元正态分布变量,即

$$\hat{y}_{T+1} \sim N[E(y_{T+1}), \sigma^2\boldsymbol{C}(\boldsymbol{X}'\boldsymbol{X})^{-1}\boldsymbol{C}']$$

用 s^2 代替 σ^2,得 $s^2_{(\hat{y}_{T+1})} = s^2\boldsymbol{C}(\boldsymbol{X}'\boldsymbol{X})^{-1}\boldsymbol{C}'$,是对 $\operatorname{var}(\hat{y}_{T+1})$的无偏估计。于是构造 t 统计量如下:

$$t = \frac{\hat{y}_{T+1} - E(y_{T+1})}{s_{(\hat{y}_{T+1})}} \sim t(T-k) \tag{2-56}$$

那么,有

$$P\left\{\left|\frac{\hat{y}_{T+1} - E(y_{T+1})}{s(\hat{y}_{T+1})}\right| \leqslant t_{\alpha}(T-k)\right\} = 1-\alpha$$

由上式大括号中部分可以计算出 $E(y_{T+1})$的置信区间,

$$[\hat{y}_{T+1} - t_{\alpha}(T-k)s_{(\hat{y}_{T+1})}, \quad \hat{y}_{T+1} + t_{\alpha}(T-k)s_{(\hat{y}_{T+1})}] \tag{2-57}$$

其中 $s_{(\hat{y}_{T+1})} = s\sqrt{\boldsymbol{C}(\boldsymbol{X}'\boldsymbol{X})^{-1}\boldsymbol{C}'}$

2.9.4 预测的评价指标

第1章介绍过一元线性方程模型的预测,但并没有介绍怎样评价预测的优劣。下面介绍6个评价回归模型预测能力的指标。这些评价指标适用于对各种模型的预测评价。

(1) 预测误差。预测误差定义为(注意:这里的 e_t 表示的是预测误差,不是残差)

$$e_t = \hat{y}_t - y_t, \quad t = 1, 2, \cdots, T \tag{2-58}$$

e_t 属于单期(单点)评价。e_t 有测量单位,测量的是预测误差的绝对量。

(2) 相对误差 PE (percentage error)。

$$\mathrm{PE} = \frac{\hat{y}_t - y_t}{y_t}, \quad t = 1, 2, \cdots, T \tag{2-59}$$

相对误差 PE 属于单期(单点)评价。PE 没有测量单位,测量的是相对预测误差。相对误差 PE 更容易用来感知预测误差的大小。

(3) 误差均方根 RMSE (root mean squared error)。

$$\mathrm{RMSE} = \sqrt{\frac{1}{T}\sum_{t=1}^{T}(\hat{y}_t - y_t)^2}, \quad t = 1, 2, \cdots, T \tag{2-60}$$

误差均方根属于多期(多点)预测的综合评价。误差均方根有测量单位,与 y_t 的测量单位相同。

(4) 绝对误差平均 MAE (mean absolute error)。

$$\text{MAE}=\frac{1}{T}\sum_{t=1}^{T}|\hat{y}_t-y_t|,\quad t=1,2,\cdots,T \tag{2-61}$$

绝对误差平均属于多期(多点)预测的综合评价。绝对误差平均有测量单位,与 y_t 的测量单位相同。之所以取绝对值运算是防止正、负预测误差值的相互抵消。

(5) 相对误差绝对值平均 MAPE (mean absolute percentage error)。

$$\text{MAPE}=\frac{1}{T}\sum_{t=1}^{T}\left|\frac{\hat{y}_t-y_t}{y_t}\right|,\quad t=1,2,\cdots,T \tag{2-62}$$

相对误差绝对值平均属于多期(多点)预测的综合评价。相对误差绝对值平均没有测量单位,考查的是相对误差。之所以取绝对值运算是防止正、负预测相对误差值的相互抵消。

(6) 泽尔系数(Theil coefficient)。

$$\text{Theil}=\frac{\sqrt{\frac{1}{T}\sum_{t=1}^{T}(\hat{y}_t-y_t)^2}}{\sqrt{\frac{1}{T}\sum_{t=1}^{T}(\hat{y}_t)^2}+\sqrt{\frac{1}{T}\sum_{t=1}^{T}(y_t)^2}},\quad t=1,2,\cdots,T \tag{2-63}$$

Theil 的取值范围是[0,1]。显然在预测区间内,当 $\hat{y}_t$ 与 y_t 完全相等时,Theil=0;当预测结果最差时,Theil=1。

以上 6 个式子中,$\hat{y}_t$ 表示预测值,y_t 表示实际值。注意,公式中的累加范围是用 1 至 T 表示的,当然也可以指样本外的预测评价。

2.10　多元线性回归计算举例

通过这个例子,用实际数据进一步熟悉矩阵运算。本章用矩阵的形式介绍了多元线性回归模型的定义、估计、检验和预测。尽管用矩阵形式描述很简明,但对初学者来说,常常不容易理解。在本例中把矩阵写为元素的表达形式,进一步加深对矩阵运算的理解,加深对本章内容的掌握。

【例 2-1】 (数据见 EViews、STATA 文件: li 2-1)

关于某化妆品销售情况的 15 组调查数据见表 2-1。被解释变量是年销售量 y_t(万瓶),解释变量分别是地区人口数(x_{t1},万人)和人均年收入(x_{t2},千元)。试建立二元线性回归销售模型。

首先通过散点图观察 x_{t1},x_{t2} 与 y_t 的关系,见图 2-3 和图 2-4。x_{t1},x_{t2} 对 y_t 都有解释作用并分别呈线性关系。$r_{y,x1}=0.995\,5$,$r_{y,x2}=0.639\,3$。x_{t1} 与 y_t 的相关关系大于 x_{t2} 与 y_t 的相关关系。

表 2-1 某化妆品年销售量与地区人口数、人均年收入数据

t	年销售量 (y_t)	地区人口数 (x_{t1})	人均年收入 (x_{t2})	t	年销售量 (y_t)	地区人口数 (x_{t1})	人均年收入 (x_{t2})
1	1.62	27.4	2.450	5	0.67	8.6	2.347
2	1.20	18.0	3.254	6	1.69	26.5	3.782
3	2.23	37.5	3.802	7	0.81	9.8	3.008
4	1.31	20.5	2.838	8	1.92	33.0	2.450
9	1.16	19.5	2.137	13	1.44	23.6	2.660
10	0.55	5.3	2.560	14	1.03	15.7	2.088
11	2.52	43.0	4.020	15	2.12	37.0	2.605
12	2.32	37.2	4.427				

资料来源：科研调查数据。

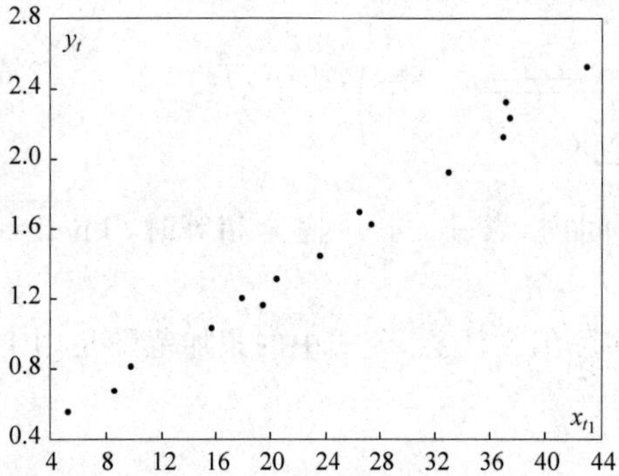

图 2-3 x_{t1} 与 y_t 的关系

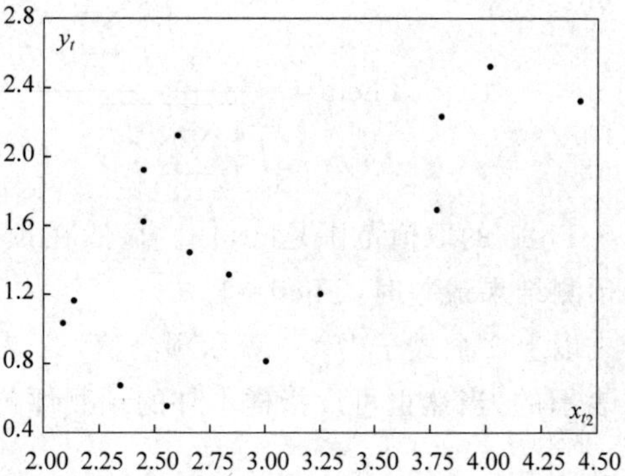

图 2-4 x_{t2} 与 y_t 的关系

考虑建立二元线性回归模型如下：

$$y_t=\beta_0+\beta_1 x_{t1}+\beta_2 x_{t2}+u_t \tag{2-64}$$

用矩阵表示为

$$\boldsymbol{Y}=\boldsymbol{X}\boldsymbol{\beta}+\boldsymbol{u} \tag{2-65}$$

其中

$$\boldsymbol{Y}=(y_1 \quad y_2 \quad \cdots \quad y_{15})'=(1.62 \quad 1.20 \quad \cdots \quad 2.12)' \tag{2-66}$$

$$\boldsymbol{X}=\begin{bmatrix}1 & x_{11} & x_{12}\\ 1 & x_{21} & x_{22}\\ \vdots & \vdots & \vdots\\ 1 & x_{151} & x_{152}\end{bmatrix}=\begin{bmatrix}1 & 27.4 & 2.450\\ 1 & 18.0 & 3.254\\ \vdots & \vdots & \vdots\\ 1 & 37.0 & 2.605\end{bmatrix} \tag{2-67}$$

$$\boldsymbol{\beta}=(\beta_0 \quad \beta_1 \quad \beta_2)'$$

$$\boldsymbol{u}=(u_1 \quad u_2 \quad \cdots \quad u_{15})'$$

估计的回归模型表示为

$$\boldsymbol{Y}=\boldsymbol{X}\hat{\boldsymbol{\beta}}+\hat{\boldsymbol{u}}=\hat{\boldsymbol{Y}}+\hat{\boldsymbol{u}},\quad t=1,2,\cdots,15$$

根据式(2-7)估计$\hat{\boldsymbol{\beta}}$。先计算 $\boldsymbol{X}'\boldsymbol{X}$，根据式(2-67)，

$$\boldsymbol{X}'\boldsymbol{X}=\begin{bmatrix}1 & 1 & \cdots & 1\\ x_{1,1} & x_{2,1} & \cdots & x_{15,1}\\ x_{1,2} & x_{2,2} & \cdots & x_{15,2}\end{bmatrix}\begin{bmatrix}1 & x_{1,1} & x_{1,2}\\ 1 & x_{2,1} & x_{2,2}\\ \vdots & \vdots & \vdots\\ 1 & x_{15,1} & x_{15,2}\end{bmatrix}$$

$$=\begin{bmatrix}1 & 1 & \cdots & 1\\ 27.4 & 18.0 & \cdots & 37.0\\ 2.450 & 3.254 & \cdots & 2.605\end{bmatrix}\begin{bmatrix}1 & 27.4 & 2.450\\ 1 & 18.0 & 3.254\\ \vdots & \vdots & \vdots\\ 1 & 37.0 & 2.605\end{bmatrix}$$

$$=\begin{bmatrix}15 & 362.60 & 44.43\\ 362.6 & 10\,676.10 & 1\,141.92\\ 44.43 & 1\,141.92 & 139.06\end{bmatrix}$$

利用计算机求 $\boldsymbol{X}'\boldsymbol{X}$ 的逆，

$$(\boldsymbol{X}'\boldsymbol{X})^{-1}=\begin{bmatrix}1.246\,4 & 2.127\,9\times10^{-3} & -4.156\,7\times10^{-1}\\ 2.127\,9\times10^{-3} & 7.732\,9\times10^{-4} & -7.030\,3\times10^{-3}\\ -4.156\,7\times10^{-1} & -7.030\,3\times10^{-3} & 1.977\,2\times10^{-1}\end{bmatrix}\tag{2-68}$$

根据式(2-66)和式(2-67)，

$$\boldsymbol{X}'\boldsymbol{Y}=\begin{bmatrix}1 & 1 & \cdots & 1\\ x_{1,1} & x_{2,1} & \cdots & x_{15,1}\\ x_{1,2} & x_{2,2} & \cdots & x_{15,2}\end{bmatrix}\begin{bmatrix}y_1\\ y_2\\ \vdots\\ y_{15}\end{bmatrix}$$

$$=\begin{bmatrix}1 & 1 & \cdots & 1\\ 27.4 & 18.0 & \cdots & 37.0\\ 2.450 & 3.254 & \cdots & 2.605\end{bmatrix}\begin{bmatrix}1.62\\ 1.20\\ \vdots\\ 2.12\end{bmatrix}=\begin{bmatrix}22.59\\ 647.10\\ 70.97\end{bmatrix}\tag{2-69}$$

把式(2-68)和式(2-69)代入式(2-7)，

$$\hat{\boldsymbol{\beta}}=(\boldsymbol{X}'\boldsymbol{X})^{-1}\boldsymbol{X}'\boldsymbol{Y}$$

$$=\begin{bmatrix}1.246\,4 & 2.127\,9\times10^{-3} & -4.156\,7\times10^{-1}\\ 2.127\,9\times10^{-3} & 7.732\,9\times10^{-4} & -7.030\,3\times10^{-3}\\ -4.156\,7\times10^{-1} & -7.030\,3\times10^{-3} & 1.977\,2\times10^{-1}\end{bmatrix}\begin{bmatrix}22.59\\ 647.10\\ 70.97\end{bmatrix}$$

$$=\begin{bmatrix}0.034\,5\\ 0.049\,6\\ 0.092\,0\end{bmatrix}\tag{2-70}$$

式(2-70)给出的是β_0,β_1,β_2的最小二乘估计结果。根据式(2-10),

$$\hat{\boldsymbol{u}}=\boldsymbol{Y}-\boldsymbol{X}\hat{\boldsymbol{\beta}}=\begin{bmatrix}1.62\\1.20\\\vdots\\2.12\end{bmatrix}-\begin{bmatrix}1 & 27.4 & 2.450\\1 & 18.0 & 3.254\\\vdots & \vdots & \vdots\\1 & 37.0 & 2.605\end{bmatrix}\begin{bmatrix}0.034\,5\\0.049\,6\\0.092\,0\end{bmatrix}=\begin{bmatrix}0.001\,0\\-0.026\,7\\\vdots\\0.010\,6\end{bmatrix}_{15\times1}$$

根据式(2-23),

$$\begin{aligned}s^2&=\hat{\boldsymbol{u}}'\hat{\boldsymbol{u}}/(T-k)\\&=(0.001\quad -0.026\,7\quad \cdots\quad 0.010\,6)\begin{bmatrix}0.001\,0\\-0.026\,7\\\vdots\\0.010\,6\end{bmatrix}/(15-3)\\&=0.000\,474\end{aligned}\tag{2-71}$$

回归模型的标准误差(误差均方的算术根)是

$$\mathrm{se}=\sqrt{s^2}=\sqrt{0.000\,474}=0.021\,8$$

按式(2-37)、式(2-38)和式(2-39)分别计算 TSS、ESS、SSR,为计算可决系数做准备。

$$\mathrm{TSS}=\boldsymbol{Y}'\boldsymbol{Y}-T\bar{y}^2=39.410\,7-15(1.506)^2=5.390\,2$$

$$\mathrm{ESS}=\hat{\boldsymbol{Y}}'\hat{\boldsymbol{Y}}-T\bar{y}^2=39.405\,0-15(1.506)^2=5.384\,5\tag{2-72}$$

$$\mathrm{SSR}=\mathrm{TSS}-\mathrm{ESS}=0.005\,7\tag{2-73}$$

按式(2-41)和式(2-43)计算多重可决系数R^2和调整的多重可决系数$\bar{R}^2$,

$$R^2=\frac{\mathrm{ESS}}{\mathrm{TSS}}=5.384\,5/5.390\,2=0.998\,9$$

$$\bar{R}^2=1-\frac{T-1}{T-k}(1-R^2)=1-\frac{14}{12}(1-0.998\,9)=0.998\,7$$

下面看F、t统计量的计算过程与检验。给出原假设和备择假设:

H_0: $\beta_1=\beta_2=0$;

H_1: β_1,β_2不全为零。

在原假设成立条件下,

$$F=\frac{\mathrm{ESS}/(k-1)}{\mathrm{SSR}/(T-k)}=\frac{\sum(\hat{y}_t-\bar{y})/2}{\sum(y_t-\hat{y}_t)/12}\sim F(2,12)$$

给定检验水平为$\alpha=0.05$,则检验规则是:

若用样本计算的$F\leqslant F_{0.05}(2,12)$,则接受$H_0$;

若用样本计算的$F>F_{0.05}(2,12)$,则拒绝H_0。

利用式(2-72)、式(2-73)计算,

$$F=\frac{\text{ESS}/(k-1)}{\text{SSR}/(T-k)}=\frac{5.3845/2}{0.0057/12}=\frac{2.6922}{0.0005}=5384$$

查附表 5，$F_{0.05}(2,12)=3.89$。因为 $F=5384>3.89$，所以结论是拒绝 H_0，回归函数存在线性回归关系。

下面用 t 统计量进一步检验 β_1 和 β_2 是否为零。用式(2-35)以及式(2-68)、式(2-71)计算 $\hat{\boldsymbol{\beta}}$ 的方差协方差矩阵的值，

$$s^2_{(\hat{\boldsymbol{\beta}})}=\hat{\text{var}}(\hat{\boldsymbol{\beta}})=s^2(\boldsymbol{X}'\boldsymbol{X})^{-1}$$

$$=0.000474\begin{bmatrix}1.2464 & 2.1279\times10^{-3} & -4.1567\times10^{-1}\\ 2.1279\times10^{-3} & 7.7329\times10^{-4} & -7.0303\times10^{-3}\\ -4.1567\times10^{-1} & -7.0303\times10^{-3} & 1.9772\times10^{-1}\end{bmatrix}$$

$$=\begin{bmatrix}5.9081\times10^{-4} & 1.0095\times10^{-6} & -1.9704\times10^{-4}\\ 1.0095\times10^{-6} & 3.6656\times10^{-7} & -3.3326\times10^{-6}\\ -1.9704\times10^{-4} & -3.3326\times10^{-6} & 9.3725\times10^{-5}\end{bmatrix}$$

从上式矩阵的主对角线提取 3 个方差，并计算标准差，

$$s_{(\hat{\beta}_0)}=\sqrt{5.9081\times10^{-4}}=0.0243$$

$$s_{(\hat{\beta}_1)}=\sqrt{3.6656\times10^{-7}}=0.0006 \tag{2-74}$$

$$s_{(\hat{\beta}_2)}=\sqrt{9.3725\times10^{-5}}=0.0097 \tag{2-75}$$

分别计算 3 个 t 统计量的值，

$$t_0=\hat{\beta}_0/s_{(\hat{\beta}_0)}=0.0345/0.0243=1.42$$

$$t_1=\hat{\beta}_1/s_{(\hat{\beta}_1)}=0.0496/0.0006=82.7$$

$$t_2=\hat{\beta}_2/s_{(\hat{\beta}_2)}=0.0920/0.0097=9.50$$

因为 t_1 和 t_2 分别大于临界值 $t_{0.05}(12)=2.18$，结论是拒绝零假设 $\beta_1=0,\beta_2=0$。说明 x_{t1} 和 x_{t2} 都是 y_t 的重要解释变量，应保留在模型中。综合以上计算，得 OLS 估计式如下：

$$\hat{y}_t=0.0345+0.0496x_{t1}+0.0920x_{t2} \tag{2-76}$$

$$(1.4)\qquad(82.7)\qquad(9.5)$$

$$R^2=0.9989,F=5384,T=15$$

上式的经济含义是地区人口数和人均年收入都是该化妆品的销售量的重要解释变量。两个解释变量合在一起可以解释该化妆品销售量变化的 99.89%。模型的回归结果非常好。

如果维持 x_{t2} 不变化，那么，地区人口数每增加 1 万人，该化妆品将多销售 496 瓶。如果维持 x_{t1} 不变化，那么，人均年收入每增加 1 千元，该化妆品将多销售 920 瓶。

下面估计 β_1 和 β_2 的置信区间($\alpha=0.05$)。由式(2-76)知 $\hat{\beta}_1=0.0496$，$\hat{\beta}_2=0.0920$。由式(2-74)、式(2-75)知 $s_{(\hat{\beta}_1)}=0.0006$，$s_{(\hat{\beta}_2)}=0.0097$。依据式(2-47)，得 β_1 和 β_2 的置信区间分别是

$$0.0483 \leqslant \beta_1 \leqslant 0.0509 \tag{2-77}$$

和

$$0.0709 \leqslant \beta_2 \leqslant 0.1131 \tag{2-78}$$

下面利用估计的回归函数(2-76)对被解释变量 y_t 进行点预测与区间预测。考虑某一地区有人口 22 万，人均年收入为 2.5 千元，试对该化妆品打入这个地区后的销售情况做出预测。

按向量(2-48)表示这组新观测值行向量为

$$\boldsymbol{C}=(1 \quad 22 \quad 2.5)$$

按式(2-49)计算，销售量的点预测值是

$$\hat{y}_{16}=\boldsymbol{C}\hat{\boldsymbol{\beta}}=(1 \quad 22 \quad 2.5)\begin{bmatrix}0.0345\\0.0496\\0.0920\end{bmatrix}=1.3557(\text{万瓶}) \tag{2-79}$$

根据式(2-53)计算，

$$t_{0.05}(12)s\sqrt{\boldsymbol{C}(\boldsymbol{X}'\boldsymbol{X})^{-1}\boldsymbol{C}'+1}=2.18\times0.0218\times1.0480=0.0500$$

则置信度为 95%的年销售量(万瓶)的预测区间是

$$[1.3557-0.0500, \quad 1.3557+0.0500]$$

即

$$[1.3057, \quad 1.4057]$$

根据式(2-57)计算，

$$t_{0.05}(12)s\sqrt{\boldsymbol{C}(\boldsymbol{X}'\boldsymbol{X})^{-1}\boldsymbol{C}'}=2.18\times0.0218\times0.3137=0.0149$$

则置信度为 95%的年平均销售量 $E(y_{16})$ 的预测区间(万瓶)是

$$[1.3557-0.0150, \quad 1.3557+0.0150]$$

或

$$[1.3407, \quad 1.3707]$$

下面求 y_t 与 x_{t1}，x_{t2} 的多重相关系数。

$$\hat{\boldsymbol{Y}}=\boldsymbol{X}\hat{\boldsymbol{\beta}}=\begin{bmatrix}1 & 27.4 & 2.450\\1 & 18.0 & 3.254\\\vdots & \vdots & \vdots\\1 & 37.0 & 2.605\end{bmatrix}\begin{bmatrix}0.0345\\0.0496\\0.0920\end{bmatrix}=\begin{bmatrix}1.6190\\1.2267\\\vdots\\2.1094\end{bmatrix}$$

$$r_{y_t\hat{y}_t}=\frac{\sum_{t=1}^{15}(y_t-\bar{y})(\hat{y}_t-\bar{\hat{y}})}{\sqrt{\sum_{t=1}^{15}(y_t-\bar{y})^2}\sqrt{\sum_{t=1}^{15}(\hat{y}_t-\bar{\hat{y}})^2}}=0.9995 \tag{2-80}$$

y_t 与 x_{t1},x_{t2} 的多重相关系数是 0.999 5。这说明 y_t 与 x_{t1},x_{t2} 的关系非常紧密。

2.11 偏相关与复相关

2.11.1 偏相关

第 1 章介绍了简单线性相关系数,但是当两个变量 x_t,y_t 同时受其他变量 z_{1t},z_{2t},…,影响时,有必要研究当控制其他变量 z_{1t},z_{2t},…,不变时,该两个变量 x_t,y_t 之间的相关关系,称这种相关关系为偏相关关系。以 3 个变量 x_t,y_t,z_t 为例(多于 3 个变量的情形与此相似),假定控制 z_t 不变,测度 x_t,y_t 偏相关关系的偏相关系数定义如下:

$$\rho_{x_ty_t,z_t}=\text{控制 } z_t \text{ 不变条件下的 } x_t,y_t \text{ 的简单相关系数} \tag{2-81}$$

因为 z_t 也是随机变量,一般不容易得到控制 z_t 不变条件下的 x_t 和 y_t 的值。实际计算方法是,通过回归从 x_t,y_t 中分别剔除 z_t 的影响,然后计算剔除 z_t 影响的两个量(残差序列)的相关系数。步骤如下:

(1) 求 x_t 对 z_t 的回归估计式,

$$x_t=\hat{\beta}_0+\hat{\beta}_1z_t+\hat{u}_t$$

计算残差,

$$\hat{u}_t=x_t-\hat{\beta}_0-\hat{\beta}_1z_t$$

$\hat{u}_t$ 中不再含有 z_t 对 x_t 的影响。

(2) 求 y_t 对 z_t 的回归估计式,

$$y_t=\hat{\alpha}_0+\hat{\alpha}_1z_t+\hat{v}_t$$

计算残差,

$$\hat{v}_t=x_t-\hat{\alpha}_0-\hat{\alpha}_1z_t$$

$\hat{v}_t$ 中不再含有 z_t 对 y_t 的影响。则 $\hat{u}_t$ 与 $\hat{v}_t$ 的简单相关系数就是 x_t 与 y_t 在剔除 z_t 的影响后的偏相关系数,即

$$r_{\hat{u}_t\hat{v}_t}=r_{x_ty_t,z_t} \tag{2-82}$$

【例 2-2】(数据见 EViews、STATA 文件:li 2-2)

中央支出与地方支出的偏相关系数研究

1980—2003 年我国财政收入(Y_t)、中央财政支出($X1_t$)、地方财政支出($X2_t$)与商

品零售价格指数(p,1978=100)数据见表2-2。首先把我国财政收入、中央财政支出、地方财政支出变量数据转换为不变价格(1978年价格)数据。定义

$$\mathrm{YP}_t = Y_t / p$$

$$X1P_t = X1_t / p$$

$$X2P_t = X2_t / p$$

表2-2 我国财政收入、中央与地方财政支出、商品零售价格指数数据

年份	我国财政收入 Y_t(亿元)	中央财政支出 $X1_t$(亿元)	地方财政支出 $X2$(亿元)	商品零售价格指数(1978=100)	RES1	RES2
1980	1 159.93	666.81	562.02	108.1	1.757 988	−1.193 015
1981	1 175.79	625.65	512.76	110.7	1.277 390	−1.666 733
1982	1 212.33	651.81	578.17	112.8	1.362 199	−1.281 452
1983	1 366.95	759.60	649.92	114.5	1.822 542	−1.753 440
1984	1 642.86	893.33	807.69	117.7	2.108 019	−2.301 495
1985	2 004.82	795.25	1 209.00	128.1	0.164 424	−1.179 049
1986	2 122.01	836.36	1 368.55	135.8	0.123 257	−0.518 319
1987	2 199.35	845.63	1 416.55	145.7	−0.055 364	−0.417 732
1988	2 357.24	845.04	1 646.17	172.7	−0.486 298	0.633 259
1989	2 664.90	888.77	1 935.01	203.4	−0.828 092	1.084 797
1990	2 937.10	1 004.47	2 079.12	207.7	−0.706 468	0.689 264
1991	3 149.48	1 090.81	2 295.81	213.7	−0.636 315	0.909 756
1992	3 483.37	1 170.44	2 571.76	225.2	−0.785 694	0.959 642
1993	4 348.95	1 312.06	3 330.24	254.9	−1.364 597	1.236 342
1994	5 218.10	1 754.43	4 038.19	310.2	−0.776 594	1.395 271
1995	6 242.20	1 995.39	4 828.33	356.1	−1.063 817	1.328 555
1996	7 407.99	2 151.27	5 786.28	377.8	−1.663 098	1.300 281
1997	8 651.14	2 532.50	6 701.06	380.8	−1.739 140	0.911 327
1998	9 875.95	3 125.60	7 672.58	370.9	−1.259 916	0.644 135
1999	11 444.08	4 152.33	9 035.34	359.8	0.134 386	0.622 127
2000	13 395.23	5 519.85	10 366.65	354.4	2.180 658	−0.382 288
2001	16 386.04	5 768.02	13 134.56	351.6	0.087 186	0.160 417
2002	18 903.64	6 771.70	15 281.45	347.0	0.583 836	0.082 194
2003	21 715.25	7 420.10	17 229.85	346.7	−0.236 491	−1.263 845

资料来源:摘自《中国统计年鉴-2007》,中国统计出版社,表8-10、表8-11、表9-2。

无论是中央财政支出还是地方财政支出都与我国财政收入有关系。首先观察中央财政支出($X1P_t$)与我国财政收入(YP_t)散点图(图2-5),地方财政支出($X2P_t$)与我国

财政收入(YP_t)散点图(图 2-6)。散点图呈线性关系，说明随着我国财政收入的提高，中央财政支出和地方财政支出都在增长。中央财政支出和地方财政支出散点图见图 2-7，也呈线性关系，说明随着我国财政收入的提高，中央财政支出和地方财政支出都在增长。如果剔除我国财政收入的影响，中央财政支出和地方财政支出的关系如何？下面通过计算偏相关系数进行研究。

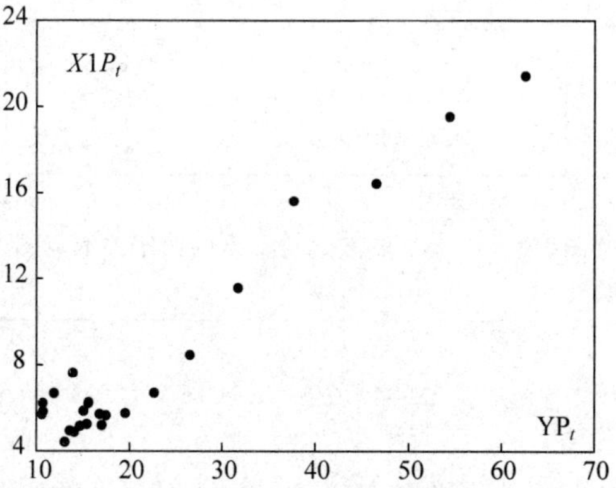

图 2-5　中央财政支出与我国财政收入散点图

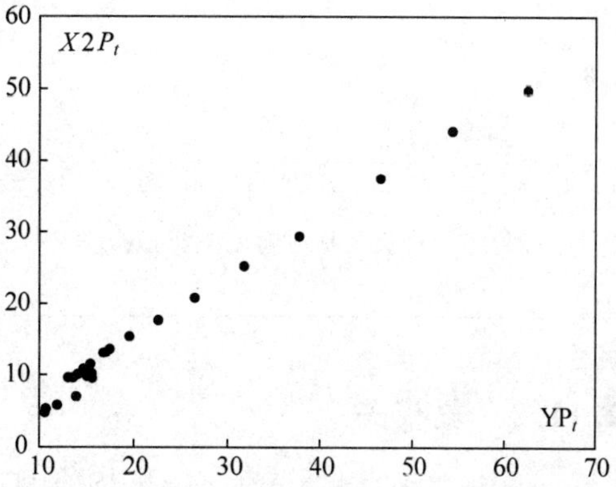

图 2-6　地方财政支出与我国财政收入散点图

首先用 $X1P_t$ 对 YP_t 回归，意在从 $X1P_t$ 中剔除 YP_t 的影响。

$$X1P_t = 0.8489 + 0.3319 YP_t + RES1$$

$$(1.8) \qquad (18.7) \qquad\qquad R^2 = 0.94, T = 24, (1980—2003)$$

其中 RES1 表示残差。

再用 $X2P_t$ 对 YP_t 回归，意在从 $X2P_t$ 中剔除 YP_t 的影响。

$$X2P_t = -2.8216 + 0.8587 YP_t + RES2$$

$$(-3.5) \qquad (93.9) \qquad\qquad R^2 = 0.99, T = 24, (1980—2003)$$

其中 RES2 表示残差。

残差序列 RES1 和 RES2 值见表 2-2 最后两列。用残差序列 RES1 和 RES2 计算简单线性相关系数，得

$$r_{RES1, RES2} = -0.84$$

即中央财政支出和地方财政支出的偏相关系数等于 -0.84。RES1 和 RES2 散点图见图 2-8。也就是说，如果排除我国财政收入增长的影响，或者说如果保持我国财政收入不变化，中央财政支出和地方财政支出的相关系数实际是负的，为 -0.84。其经济含义是如果保持我国财政收入不变化，中央财政支出增加(减少)必然导致地方财政支出减少(增加)。

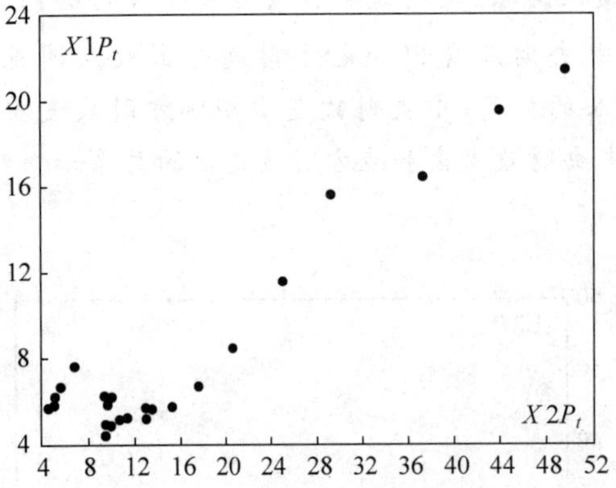

图 2-7 中央与地方财政支出散点图

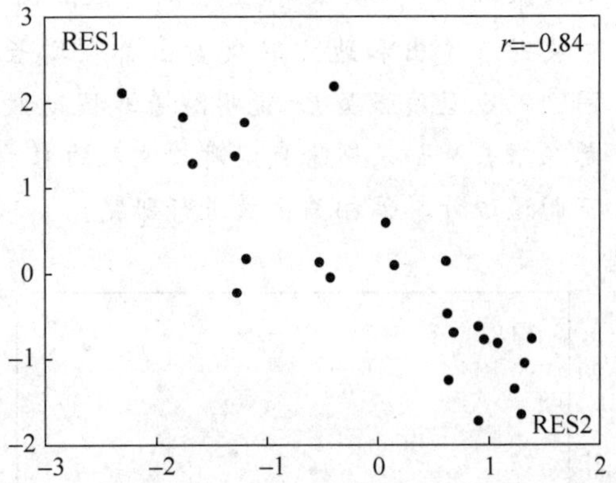

图 2-8 中央与地方财政支出的偏相关散点图

2.11.2 复相关

偏相关系数是测量排除所有其他变量影响之后的简单相关关系,而复相关系数则是测量被解释变量与全部解释变量的相关关系。假定 y_t 是被解释变量,解释变量是 x_{t1},x_{t2},…,x_{tk-1},复相关系数的具体计算过程如下:

(1) 用 y_t 对 x_{t1},x_{t2},…,x_{tk-1} 回归,

$$y_t=\hat{\beta}_0+\hat{\beta}_1 x_{t1}+\cdots+\hat{\beta}_{k-1} x_{tk-1}+\hat{u}_t$$

求出 y_t 的拟合值序列 $\hat{y}_t$。用 $\hat{y}_t$ 代表 $k-1$ 个解释变量对 y_t 的影响。

(2) 计算 y_t 与 $\hat{y}_t$ 的简单相关系数,则称 $r_{y_t\hat{y}_t}$ 是 y_t 与 x_{t1},x_{t2},…,x_{tk-1} 的复相关系数。

复相关系数 $r_{y_t\hat{y}_t}$ 与简单相关系数 r 的区别是简单相关系数 r 的取值范围是[−1,1],而复相关系数 $r_{y_t\hat{y}_t}$ 的取值范围是[0,1]。复相关系数越接近1,说明 y_t 与 x_{t1},x_{t2},…,x_{tk-1} 的相关性越强。

【例 2-3】(数据见 EViews、STATA 文件: li 2-3)

以【例 2-1】为例,求 y_t 与 x_{t1},x_{t2} 的复相关系数。

由式(2-76),$\hat{y}_t=0.0345+0.0496x_{t1}+0.0920x_{t2}$,计算 $\hat{y}_t$。y_t 与 $\hat{y}_t$ 数据见表 2-3。计算 y_t 与 $\hat{y}_t$ 的简单线性相关系数,

$$r_{y_t\hat{y}_t}=0.9995$$

即 $r_{y_t\hat{y}_t}=r_{y_t,x_{t1}x_{t2}}=0.9995$。$y_t$ 与 x_{t1},x_{t2} 的复相关系数是0.9995。

表 2-3　某化妆品年销售量与模型拟合值数据

t	年销售量(y_t)	地区人口数(x_{t1})	人均收入(x_{t2})	式(2-76)的年销售量拟合值$\hat{y}_t$
1	1.62	27.4	2.450	1.618 957
2	1.20	18.0	3.254	1.226 673
3	2.23	37.5	3.802	2.244 294
4	1.31	20.5	2.838	1.312 406
5	0.67	8.6	2.347	0.676 993
6	1.69	26.5	3.782	1.696 849
7	0.81	9.8	3.008	0.797 319
8	1.92	33.0	2.450	1.896 720
9	1.16	19.5	2.137	1.198 320
10	0.55	5.3	2.560	0.532 905
11	2.52	43.0	4.020	2.537 151
12	2.32	37.2	4.427	2.286 908
13	1.44	23.6	2.660	1.449 793
14	1.03	15.7	2.088	1.005 331
15	2.12	37.0	2.605	2.109 381

2.12　案例分析

【案例 2-1】（数据见 EViews、STATA 文件：case 2-1）

中国客运总量模型分析

首先分析影响中国客运总量变化的因素有哪些，最主要因素有人口、经济发展程度、铁路运营规模以及公路、水路客运规模等。影响中国客运量的人口因素用"我国人口数"($x1_t$，亿人)表示，经济发展程度用"人均国内生产总值"($x2_t$，千元)表示，铁路运营规模用"铁路营业里程"($x3_t$，万公里)表示，公路、水路客运规模用"公路水路营业里程之和"($x4_t$，万公里)表示。中国客运总量用 y_t 表示(10 亿人次)，数据见表 2-4。

中国客运总量(y_t)与我国人口数($x1_t$)、人均 GDP($x2_t$)、铁路营业里程($x3_t$)和公路、水路营业里程之和($x4_t$)的散点图分别见图 2-9～图 2-12。y_t 与 $x1_t$，$x2_t$，$x3_t$，$x4_t$ 分别近似呈线性关系，所以建立如下多元线性回归模型。

$$y_t = \beta_0 + \beta_1 x1_t + \beta_2 x2_t + \beta_3 x3_t + \beta_4 x4_t + u_t$$

表 2-4　中国客运总量，我国人口数，人均 GDP，铁路、公路、水路营业里程数据

年份	中国客运总量 y_t(10亿人次)	我国人口数 $x1_t$(亿人)	人均 GDP $x2_t$(千元)	铁路营业里程 $x3_t$(万公里)	公路、水路营业里程之和 $x4_t$(万公里)
1990	7.726 82	11.433 3	1.634 000	5.78	113.75
1991	8.060 48	11.582 3	1.879 000	5.78	115.08
1992	8.608 55	11.717 1	2.287 000	5.81	116.64
1993	9.966 34	11.851 7	2.939 000	5.86	119.37
1994	10.928 83	11.985 0	3.923 000	5.90	122.05
1995	11.725 96	12.112 1	4.854 000	5.97	126.75
1996	12.453 56	12.238 9	5.576 000	6.49	129.66
1997	13.260 94	12.362 6	6.054 000	6.60	133.62
1998	13.787 17	12.476 1	6.308 000	6.64	138.88
1999	13.944 13	12.578 6	6.551 000	6.74	146.82
2000	14.785 73	12.674 3	7.085 740	6.87	152.20
2001	15.341 22	12.762 7	7.651 437	7.01	181.95
2002	16.081 50	12.845 3	8.214 022	7.19	188.68
2003	15.874 97	12.922 7	9.084 038	7.30	193.38

资料来源：摘自《中国统计年鉴-2005》，中国统计出版社，表 3-1、表 4-1、表 16-4、表 16-6。

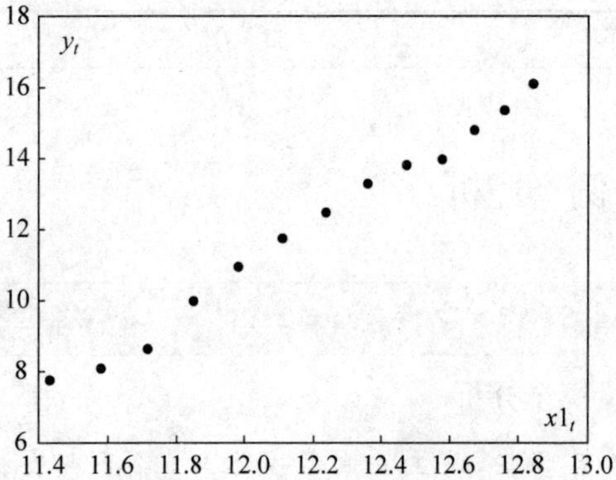

图 2-9　y_t 与 $x1_t$ 的散点图

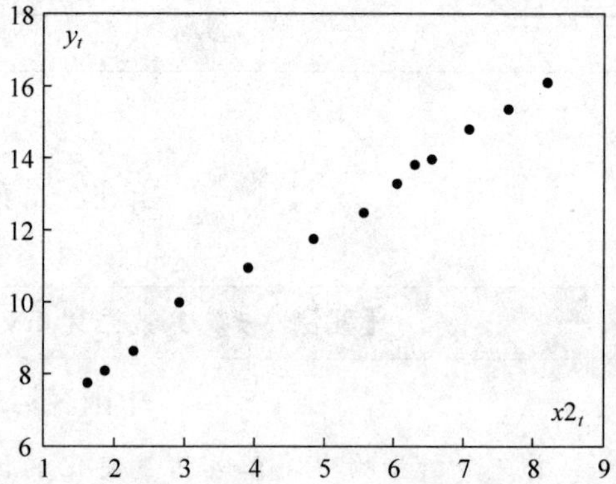

图 2-10　y_t 与 $x2_t$ 的散点图

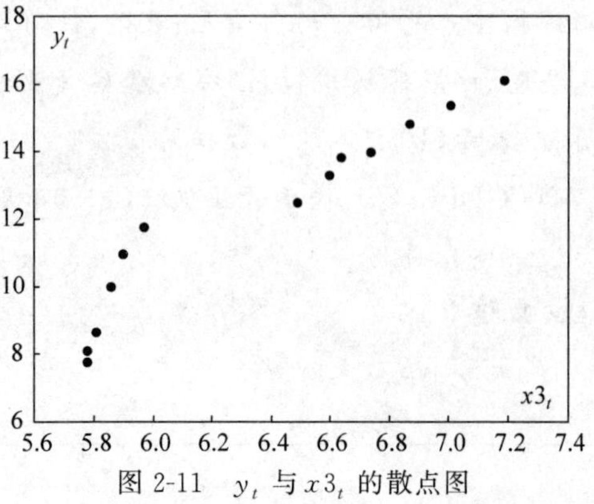

图 2-11　y_t 与 $x3_t$ 的散点图

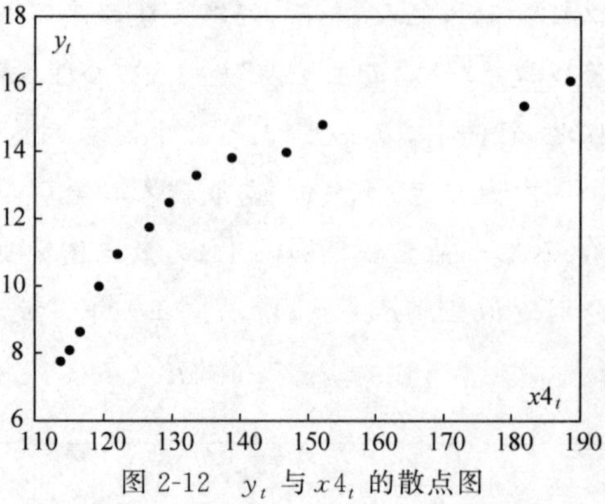

图 2-12　y_t 与 $x4_t$ 的散点图

用 1990—2002 年数据得估计结果如下：

$$\hat{y}_t = -18.5214 + 2.3563 x1_t + 0.8354 x2_t - 0.4112 x3_t + 0.0019 x4_t$$
$$(-1.7)\quad (2.4)\quad (4.1)\quad (-1.0)\quad (0.4)$$
$$R^2 = 0.9973, \mathrm{DW} = 2.3, T = 13, (1990—2002)$$

由于 $x3_t$ 和 $x4_t$ 的回归系数没有显著性(变量采用对数形式依然没有显著性，为多重共线性所致)，剔除 $x3_t$ 和 $x4_t$ 继续回归，得

$$\hat{y}_t = -19.8505 + 2.2975\, x1_t + 0.7742\, x2_t \tag{2-83}$$
$$(-2.0)\quad (2.6)\quad (4.2)$$
$$R^2 = 0.9970, \mathrm{DW} = 2.0, T = 13, (1990—2002)$$

其中 DW 的含义见第 6 章。经济含义是每增加 1 亿人口，客运总量将增加 23 亿人次；人均 GDP 每增加 1 千元，客运总量将增加 7.7 亿人次。

【估计式(2-83)的 EViews 操作步骤】

在工作文件 case 2-1 窗口单击 Quick 按钮，选 Estimate Equation 功能。以模型(2-83)为例，在随后打开的 Equation Estimation(方程估计)对话窗口中的 Equation specification(方程设定)选择区填写估计命令

```
y c x1 x2
```

单击“确定”按钮，立即会得到式(2-83)的估计结果。

$x1_{2003}$ 和 $x2_{2003}$ 的数据见表 2-4。用式(2-83)预测 2003 年的我国客运总量值。

$$\hat{y}_{2003} = -19.8505 + 2.2975 \times 12.9227 + 0.7742 \times 9.084038$$
$$= 16.87(10 \text{ 亿人次})$$

2003 年我国客运总量的实际值是 15.87497(10 亿人次)。之所以预测值偏高，是因为 2003 年发生了“非典”，致使我国客运总量值下降很多。这是模型中无法预见的因素。

EViews 点预测结果和 $x1_{2003}$、$x2_{2003}$ 的值见图 2-13。

	YF	X1	X2
2003	16.87313	12.92270	9.084038

图 2-13　EViews 点预测结果

2.13　实际建模过程中应该注意的若干问题

本节所处理的问题，严格地说，有些不属于计量经济学本身的内容，但却又是在建模过程中常常遇到的问题，应该学会正确处理。

(1) 注意在使用以货币计价的经济变量建模时通常要剔除物价变动因素。换句话说，应该把当年价格的经济序列变换为不变价格的经济序列。

以图 2-14 为例,若按当年价格计算,中国 1992 年的 GDP 是 1980 年的 5.9 倍;而按不变价格计算,中国 1992 年的 GDP 是 1980 年的 2.8 倍。另外从图中还可看出,1980—1992 年按当年价格计算的 GDP 曲线一直是上升的,而按不变价格计算的 GDP 曲线在 1989 年出现一次下降。可见研究经济变量时,应该剔除物价变动的因素。

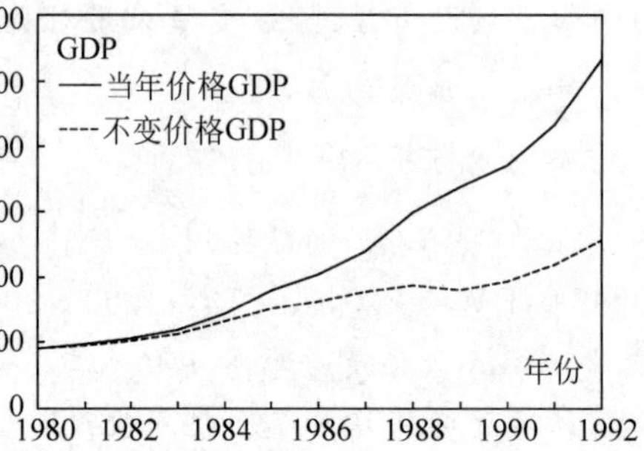

图 2-14　中国当年价格 GDP 和不变价格 GDP 曲线

无论是自己调查的,还是从年鉴或数据库调用的数据,通常都是以当年价格计算的,建模前应该把数据变换为不变价格的数据。

(2) 依照经济理论以及对具体经济问题的深入分析初步确定研究对象的影响因素、解释变量。

毫无疑问,经济理论是确定研究对象影响因素的重要依据。同时需要强调的是一定要对所研究的问题进行深入的分析与了解,从而保证最大限度地找到、找准影响研究对象变化的重要因素。

如研究中国的粮食产量,则应该确定的主要因素有"耕种面积""农机总动力""化肥施用量""从事粮食生产的劳动人口"等。但仔细研究就会发现,根据我国目前的情况,"耕种面积"已经不是"粮食产量"的重要影响因素,因为我国粮食产量的提高主要来自科技含量的提高,所以模型就可以不必再加入"耕种面积"作为解释变量。

如研究某市居民食用油消费量问题,按经济理论,食用油零售价格肯定是影响食用油消费量重要因素。但如果研究的是中国改革开放以前居民食用油消费量问题,那么食用油零售价格肯定不是最重要影响因素,而常住人口数才是重要影响因素。所以强调在建立模型之前,一定要对所研究的问题进行深入的分析与了解,从而确定重要影响因素。

(3) 通常建立计量经济模型,对宏观经济变量都是采用取对数的方式进行研究。这样做有 4 点好处。第一,可以消除原宏观经济变量可能存在的递增型异方差。第二,若原经济变量之间是指数函数关系,那么,取对数后,可以把原指数关系转化为线性关系进行研究,模型变简单了(详见第 3 章)。第三,对数变量下得到的回归系数的经济含义是弹性系数。第四,一旦对经济变量需要取差分进行研究,那么对数变量差分的实际含义是近似增长率。以 GDP 为例,把 LnGDP_t 按泰勒级数在 $t-1$ 期展开,得

$$\mathrm{LnGDP}_t = \mathrm{LnGDP}_{t-1} + \mathrm{LnGDP}'_{t-1}(\mathrm{GDP}_t - \mathrm{GDP}_{t-1}) + \cdots$$

去掉尾项，有近似关系

$$(\mathrm{LnGDP}_t - \mathrm{LnGDP}_{t-1}) = (\mathrm{GDP}_t - \mathrm{GDP}_{t-1})/\mathrm{GDP}_{t-1}$$

其中$(\mathrm{LnGDP}_t - \mathrm{LnGDP}_{t-1})$表示 LnGDP_t 的差分，而$(\mathrm{GDP}_t - \mathrm{GDP}_{t-1})/\mathrm{GDP}_{t-1}$ 是 GDP 的标准的增长率定义。

(4) 当从其他来源引用数据时，一定要注意数据的定义是否与研究者所选定变量的定义相符。

比如，“农村人口”要注意区别所用数据指的是“直接从事农业生产劳动的人口”还是我国户籍管理体制下，相对于城镇人口的“农村人口”。否则，就会给数据带来测量误差。

比如，《中国统计年鉴-2007》中表 4-1 中的“乡村总人口”和表 13-3 中的“乡村人口数”的数据就不一样，而且表 4-1 中的“乡村总人口”数均小于表 13-3 中的“乡村人口数”。这一定是统计口径不同所致，使用时一定要注意。

比如 2003 年 5 月国家统计局重新公布第一、二、三产业的划分规定，作为一个包含 2003 年 5 月前后完整的时间序列来看，相当于引进测量误差。

(5) 利用散点图初步确定解释变量与被解释变量的具体函数关系。以往的计量经济学教材和著作并不强调这一点，那是因为画一张几十个或上百个，乃至上千个观测点的散点图实在是一件非常不容易的事情。而在计算机和计量经济学专用软件高度普及的今天，这已变成举手之劳。因为只有散点图才真实地反映出所研究问题的具体关系，通过散点图才能正确地确定变量的具体函数形式，如线性、非线性关系或无关系等。

比如，1999 年 1 月至 2002 年 4 月中国移动电话用户数（万户）与时间呈何种变化关系？也许你认为是线性关系，或是抛物线关系，事实上都不是，这是一个带有结构突变的变斜率过程，见图 2-15。不看图形，肯定不能建立最优的拟合模型。

比如，1995 年 1 月至 2002 年 12 月天津市粮食市场小麦批发价（sale，元/吨）与面粉零售价（price，元/千克）之间存在何种关系？也许你认为是线性关系，或是指数函数关系，事实上都不是，这是一个如图 2-16 那样的变化关系。如果不看散点图，而直接回归，

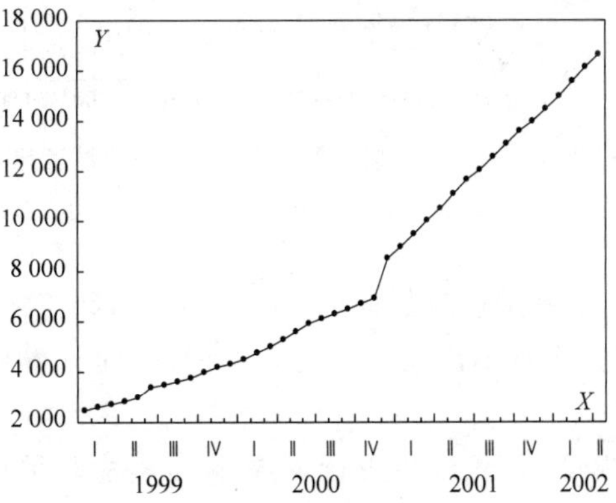

图 2-15　中国移动电话用户数序列

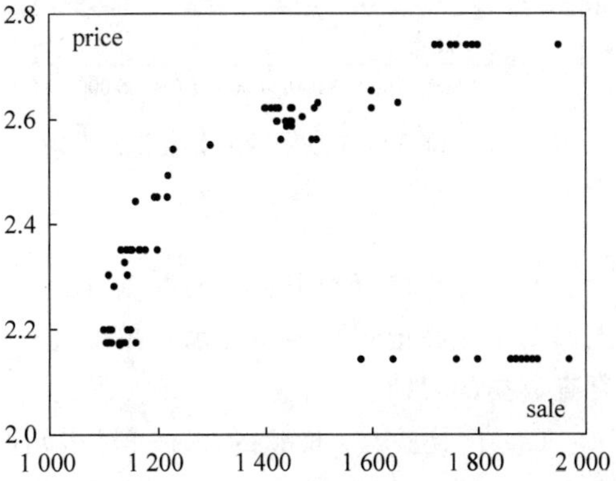

图 2-16　sale 与 price 散点图

结论肯定是二者不存在任何关系,但只要是恰当采用虚拟变量技术,就会得到非常好的回归关系模型。

(6) 对数据的测量,要选择恰当的测量单位。比如,测量当前中国的年GDP数据应该以万亿元人民币为单位为宜。如果以万元人民币为单位,数字将太大,不便使用。

(7) 谨慎对待离群值(outlier)。离群值有可能是异常值,也有可能是正常值。最小二乘法的估计原理是求残差平方和最小,从而确定回归系数值。当数据中存在离群值时,与离群值相对应的残差平方值在总残差平方和中的比率就会加大,从而导致估计的回归直线(或曲面)一定是朝着离群值方向移动。如果离群值是正常值,这种移动是正确的;如果离群值是异常值,这种移动就会给回归系数值的估计带来严重偏差,所以要谨慎对待离群值。

比如,2006年中国内地30个省区市(西藏除外)的铁路货运量(Y,万吨)与铁路营业里程($X1$,公里)数据散点图见图2-17。其中山西省的铁路货运量观测点高出其他省份3倍多,然而这是一个正常值。这样的离群值不能删除,要与其他观测点一起建立回归模型。

比如,1993年中国各地区城镇居民家庭人均消费性支出($Y1993$,元)与可支配收入($X1993$,元)数据散点图见图2-18。在左上方有一个离群点远离回归直线。经进一步检查发现在建立数据文件时,把天津市的人均消费性支出2 322.19元误输入为3 322.19元,从而导致出现一个离群点。如果这个错误得不到纠正,就会给回归系数的估计带来严重偏差。该离群点对应的支出值远大于天津市人均可支配收入值,单凭这一点就可以立即辨别出这是一个因输入错误导致的离群点。

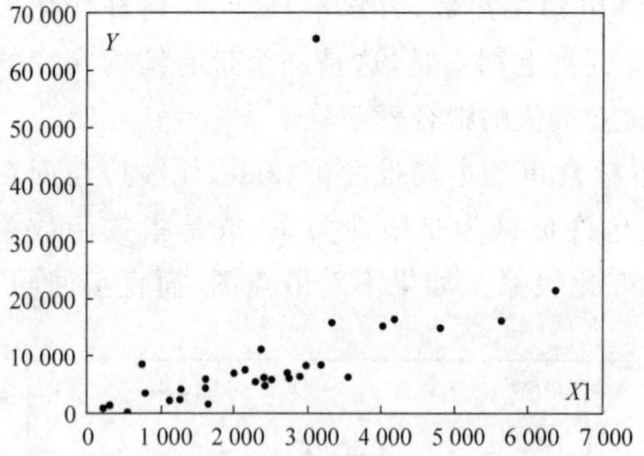

图2-17 2006年铁路货运量Y与铁路营业里程$X1$数据散点图

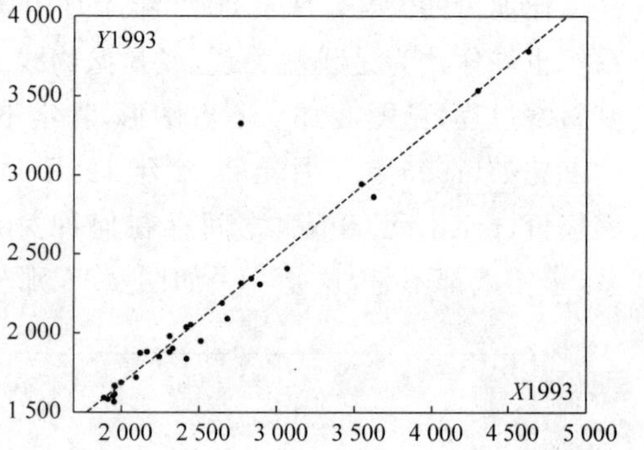

图2-18 1993年城镇居民家庭人均消费性支出与可支配收入数据散点图

所以当在散点图中发现离群点(值)时,一定要仔细核对数据,一旦发现错误,纠正之。人们无论是在记录数据还是录入数据过程中百分之百不出现错误是不可能的,应该养成复查数据的习惯。

(8) F检验与t检验的顺序。对多元回归模型,首先应该进行F检验。F检验是对模型整体回归显著性的检验。如检验结果是接受H_0,则检验到此为止,重新寻找解释变量。如检验结果是拒绝H_0,那么接下来应进行t检验。t检验是对单个解释变量回归系数的显著性检验。若回归系数未通过 t 检验，一般来说，相应解释变量应从模型中剔除。注意，剔除之后应重新回归。对于一元回归模型，用样本计算的 F 值等于 $t^2_{(\hat{\beta}_1)}$，所以说，F 检验与 t 检验的结果是等价的。注意，此结论对多元回归模型不适用。

(9) 正确使用 F 检验与 t 检验临界值表。在计量经济建模中 F 检验属于右单侧检验，t 检验一般是双侧检验，检验过程中注意不要把自由度和临界值用错。具体查临界值表时，一定要看该临界值表对概率的定义，防止用错。

(10) 在使用计算机专用软件估计回归模型时，输出结果一般给出的都是统计量的值对应的 p 值。以 EViews 输出结果中的 F 检验和 t 检验为例，如果统计量的值对应的 p 值小于检验水平 α，说明该统计量的值落在了原假设的拒绝域，则检验结论是推翻原假设；如果统计量的值对应的 p 值大于检验水平 α，说明该统计量的值落在了原假设的接受域，则检验结论是接受原假设。

(11) 对于多元回归模型，当各解释变量的测量单位不同时，不能在估计的回归系数之间直接比较大小。若要在多元回归模型中比较解释变量的相对重要性，应该把模型中全部变量先标准化(去测量单位)，然后回归，就可以在各回归系数之间比较大小了。

实际操作中不必那样麻烦，按下面的方法做，就相当于求到了无测量单位的回归系数。

若 y_t 表示被解释变量，x_{tj}，$j=1,2,\cdots,k-1$ 表示模型中 $k-1$ 个被解释变量。在原回归估计式的基础上，对回归系数做如下变换：

$$\beta_j \frac{s(x_{tj})}{s(y_t)}=\beta_j^*,\quad j=1,2,\cdots,k-1 \tag{2-84}$$

其中 β_j 是在原回归模型中的回归系数。$s(x_{tj})$和 $s(y_t)$表示两个测量单位不同变量 x_{tj} 和 y_t 的标准差的估计，β_j^* 是无测量单位(标准化)的回归系数。

实际上 β_j^* 是对变量进行标准化处理后的估计结果。以二元回归模型 $y_t=\beta_0+\beta_1 x_{t1}+\beta_2 x_{t2}+u_t$ 为例解释如下。标准化的回归模型表示如下(标准化后不存在截距项)：

$$\frac{y_t-\bar{y}}{\sigma(y_t)}=\beta_1^*\ \frac{x_{t1}-\bar{x}_1}{\sigma(x_{t1})}+\beta_2^*\ \frac{x_{t2}-\bar{x}_2}{\sigma(x_{t2})}+u_t^*$$

两侧同乘 y_t 的标准差$\sigma(y_t)$，得

$$(y_t-\bar{y})=\beta_1^*\ \frac{\sigma(y_t)}{\sigma(x_{t1})}(x_{t1}-\bar{x}_1)+\beta_2^*\ \frac{\sigma(y_t)}{\sigma(x_{t2})}(x_{t2}-\bar{x}_2)+u_t^*\ \sigma(y_t)$$

从上式中可以分离出原二元回归模型表达式，所以有

$$\beta_j^*\ \frac{\sigma(y_t)}{\sigma(x_{tj})}=\beta_j,\quad j=1,2$$

即

$$\beta_j^*=\beta_j\frac{\sigma(x_{tj})}{\sigma(y_t)},\quad i=1,2$$

与式(2-84)一样。

(12) 利用回归模型预测时，解释变量的值最好不要离开样本范围太远。原因有两

点：其一，从式(1-54)中看 $s_{(e_{T+1})}$ 的表达式，就会发现，预测点 x_{T+1} 离样本平均值 $\bar{x}$ 越远，则被解释变量的预测误差越大，导致预测精度越低，多元线性回归模型也有同样结果；其二，估计的回归函数是根据样本信息得到的。有时，样本以外变量之间的关系并不清楚。当样本外变量之间的关系与样本内变量之间的关系完全不同时，仍用估计的回归函数向样本外预测，就会发生错误。

比如，1985—2002 年中国家用轿车拥有量(Y，万辆)与城镇居民家庭人均可支配收入(x_1，元)之间的散点图见图 2-19。如果用 1985—1996 年数据研究这二者之间的关系，肯定会得到一个线性模型。当用这个模型向外预测 1997 年及以后各年的轿车拥有量时，肯定会发生错误。原因是 1997 年以后中国家用轿车拥有量与城镇居民家庭人均可支配收入之间的关系发生了根本性变化。

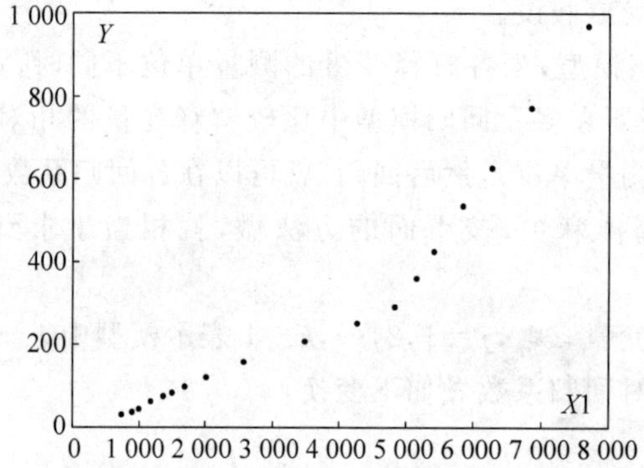

图 2-19　1985—2002 年中国家用轿车拥有量与城镇居民家庭人均可支配收入之间的散点图

(13) 回归模型的估计结果应与经济理论或常识相一致。如果模型回归系数的估计结果有悖于经济理论或者常识，尽管通过了统计假设检验，还是应该服从经济理论和常识或进一步做慎重研究。

比如，建立一个消费模型，边际消费倾向估计结果为 1.5，那么，即便模型通过了各种统计检验，但因为违反了经济理论，模型还是不能被接受。当然出现这种问题，不是估计方法出现错误，常常是样本出了问题。

比如，用中国十几年前的地区数据做道格拉斯生产函数的拟合，相对于劳动力变量的弹性系数值常是负的。得出这样的模型不可以，其原因一定是随着改革开放的深入，劳动力人数的统计中仍包括很多在册不在岗的劳动人数。

(14) 模型应具有高度概括性。如若干模型的各种检验及预测能力大致相同，应选择解释变量较少、模型形式较简单的一个，而不是把模型做得越复杂越好。

(15) 一个好模型的结构稳定性要强，超样本特性要好。所谓超样本特性要好，指的是当样本范围向外延伸时，模型的回归系数不发生较大的变化。如果回归系数发生较大变化，即意味着模型的结构稳定性差。

(16) 世界是不断变化的，所以模型形式及回归系数也不是永远不变的。应该随着时间的推移及时把新的数据吸收到样本数据中来，重新确定模型形式，重新估计模型回归系数。

(17) 实际中,如果建立回归模型的目的是预测,那么要尽量保证模型的可决系数高,这将使预测更准确。如果建立模型的目的是分析回归系数,那么要尽量保证模型的完备性,即重要的解释变量应尽量列写在模型中,从而避免回归系数的有偏估计。

本章习题

第 3 章　可线性化的非线性回归模型

第 1、2 章介绍了线性回归模型。实际中经济变量之间也可能存在非线性回归关系。非线性回归模型可以分为两类，一类是可线性化的非线性回归模型，一类是不可线性化的非线性回归模型。本章重点讨论可线性化的非线性回归模型，即通过适当的变换，把非线性回归模型转化为线性回归模型，然后利用线性回归模型的估计与检验方法进行处理。共介绍 7 种典型的可线性化的非线性回归模型。对于那些不可线性化的非线性回归模型，例如：

$$y_t = a_0 + a_1 x_t^{\beta_1} + u_t$$

$$y_t = a_0 e^{a_1 x_t} + u_t$$

本章不做讨论，但介绍 EViews 估计命令。也就是说，利用软件，同样可以完成对这类模型的估计与检验。

3.1　可线性化的 7 种非线性函数

这一节介绍 7 种可线性化的非线性函数。其中包括幂函数、指数函数、对数函数、双曲线函数、多项式函数、生长曲线函数(Logistic)、龚伯斯(Gompertz)曲线函数。在讨论如何把这些非线性函数转化为线性函数的同时，举例介绍应用。

3.1.1　幂函数模型

幂函数定义如下：

$$y_t = a x_t^b \tag{3-1}$$

其中 y_t 是被解释变量，x_t 是解释变量，a，b 为常数。x_t 和 y_t 的关系是非线性的。b 取值不同所对应的 5 条幂函数曲线及散点图见图 3-1 和图 3-2。对上式等号两侧同取自然对数，得

$$\mathrm{Ln} y_t = \mathrm{Ln} a + b \mathrm{Ln} x_t \tag{3-2}$$

其中 Ln(•)表示取自然对数运算。令 $y_t^* = \mathrm{Ln} y_t$，$\beta_0 = \mathrm{Ln} a$，$\beta_1 = b$，$x_t^* = \mathrm{Ln} x_t$，则上式表示为

$$y_t^* = \beta_0 + \beta_1 x_t^*$$

变量 y_t^* 和 x_t^* 之间已成线性关系。把上式写成回归模型形式，

$$y_t^* = \beta_0 + \beta_1 x_t^* + u_t$$

即

$$\mathrm{Ln} y_t = \mathrm{Ln} a + b \mathrm{Ln} x_t + u_t \tag{3-3}$$

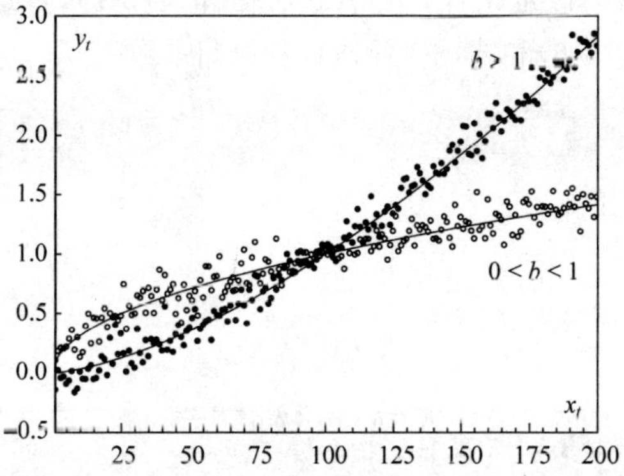

图 3-1　$y_t = a x_t^b e^{u_t}$

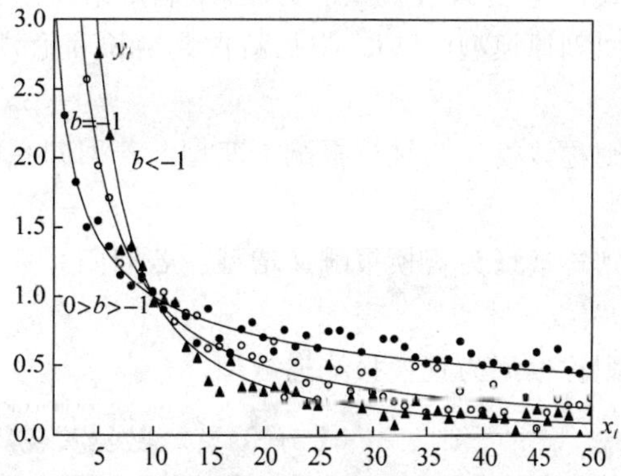

图 3-2　$y_t = a x_t^b e^{u_t}$

其中 $\beta_0 = \text{Ln}a$，$\beta_1 = b$ 为待估回归系数，u_t 是随机误差项。因为模型中的解释变量和被解释变量都是原变量 y_t，x_t 的对数形式，所以式(3-3)也称作全对数模型。只要 u_t 满足第 1 章给出的假定条件，那么就可以对式(3-3)采用 OLS 法估计回归系数。估计回归系数后，把式(3-3)还原成幂函数模型形式如下：

$$y_t = \hat{a}\, x_t^{\hat{b}}\, e^{\hat{u}_t}$$

图 3-1 和图 3-2 中的观测点代表的就是幂函数模型 $y_t = a x_t^b e^{u_t}$ 的观测值。

全对数模型(3-3)的特点是模型弹性系数 $\beta_1 = b$ 为常数。

$$\beta_1 = b = \frac{\text{dLn}y_t}{\text{dLn}x_t} = \frac{\text{d}y_t / y_t}{\text{d}x_t / x_t} \tag{3-4}$$

回归系数 $\beta_1 = b$ 是被解释变量 y_t 与解释变量 x_t 的变化率的比，所以称 $\beta_1 = b$ 为弹性系数。b 用来测量当 x_t 变化 1%时，y_t 变化 β_1%。因为由上式得

$$b\frac{y_t}{x_t} = \frac{\text{d}y_t}{\text{d}x_t}$$

所以由式(3-3)计算的边际系数是 $b(y_t/x_t)$。

大家熟知的柯布-道格拉斯(Cobb-Douglas)生产函数模型就属于幂函数模型。其形式是

$$Q_t = \gamma L_t^{\alpha} C_t^{\beta}\, e^{u_t} \tag{3-5}$$

其中，Q_t 表示产量，L_t 表示劳动力投入量，C_t 表示资本投入量，γ、α、β 是被估回归系数。这种生产函数是美国经济学家柯布和道格拉斯根据 1899—1922 年美国关于生产方面的数据研究得出的。α 的估计值是 0.75，β 的估计值是 0.25。

这是一个非线性模型，无法用 OLS 法直接估计。对上式两边同取对数，得

$$\text{Ln}Q_t = \text{Ln}\gamma + \alpha\,\text{Ln}L_t + \beta\,\text{Ln}C_t + u_t \tag{3-6}$$

取 $y_t = \text{Ln}Q_t$，$\beta_0 = \text{Ln}\gamma$，$\beta_1 = \alpha$，$\beta_2 = \beta$，$x_{t1} = \text{Ln}L_t$，$x_{t2} = \text{Ln}C_t$，式(3-6)可写为

$$y_t = \beta_0 + \beta_1 x_{t1} + \beta_2 x_{t2} + u_t \tag{3-7}$$

式(3-7)为线性模型。只要 u_t 满足第2章给出的假定条件,用OLS法估计式(3-7),再返回到原模型(3-5)。根据新古典增长理论,按式(3-6)和式(3-7)回归,若回归系数

$$\beta_1+\beta_2=\alpha+\beta=1$$

则称该模型为规模报酬不变型。若回归系数

$$\beta_1+\beta_2=\alpha+\beta>1$$

则称模型为规模报酬递增型。若回归系数

$$\beta_1+\beta_2=\alpha+\beta<1$$

则称模型为规模报酬递减型。

【例3-1】(数据见EViews、STATA文件:li 3-1)

中国内地1996—2015年国内生产总值(GDP_t,亿元),劳动力投入(就业人员 x_t,万人),资本投入(全社会固定资产投资 z_t,亿元)数据见表3-1。应用柯布-道格拉斯生产函数模型评价中国内地生产效率。用样本估计生产函数模型,得结果如下,

$$\mathrm{Ln}\hat{GDP}_t=0.3895\mathrm{Ln}\,x_t+0.6850\mathrm{Ln}\,z_t$$
$$(54.8)\qquad(99.6)\qquad R^2=0.9983,T=20$$

还原后得

$$\hat{GDP}_t=x_t^{0.3895}z_t^{0.6850} \tag{3-8}$$

因为0.3895+0.6850=1.0745,所以,此期间中国内地生产函数的规模报酬略大于1。当就业人员和全社会固定资产投资都增加1%时,产出增加近1.07%。就业人员 x_t 的弹性小于固定资产投资 z_t 的弹性可能与样本后期就业人员增加速度减慢而全社会固定资产投资持续加快有关。

表3-1 中国内地 GDP_t,就业人员 x_t,全社会固定资产投资 z_t 数据

年份	GDP_t(亿元)	x_t(万人)	z_t(亿元)
1996	71 813.6	68 950	22 913.5
1997	79 715	69 820	24 941.1
1998	85 195.5	70 637	28 406.2
1999	90 564.4	71 394	29 854.7
2000	100 280.1	72 085	32 917.73
2001	110 863.1	72 797	37 213.49
2002	121 717.4	73 280	43 499.91
2003	137 422	73 736	55 566.61
2004	161 840.2	74 264	70 477.43
2005	187 318.9	74 647	88 773.61
2006	219 438.5	74 978	109 998.16
2007	270 092.3	75 321	137 323.94

续表

年份	GDP_t（亿元）	x_t（万人）	z_t（亿元）
2008	319 244.6	75 564	172 828.4
2009	348 517.7	75 828	224 598.77
2010	412 119.3	76 105	278 121.85
2011	487 940.2	76 196	311 485.13
2012	538 580	76 254	374 694.74
2013	592 963.2	76 301	446 294.09
2014	643 563.1	76 349	512 020.65
2015	688 858.2	76 320	561 999.83

注：数据摘自国家统计局网站 https://data.stats.gov.cn/easyquery.htm?cn=C01.

【幂函数回归模型的 EViews 估计步骤】

在工作文件窗口单击 Quick 按钮，选 Estimate Equation 功能。以模型(3-8)为例，在随后打开的 Equation Estimation(方程估计)对话窗口中的 Equation specification(方程设定)选择框中填写估计命令

log(GDP)　log(x)　log(z)

随后单击"确定"按钮。这样写命令的好处是，模型可以直接预测到 GDP_t。其中 log(.)是 EViews 对变量取自然对数的命令。

3.1.2　指数函数模型

指数函数定义如下：

$$y_t = a e^{b x_t}$$

$b>0$ 和 $b<0$ 两种情形的函数曲线以及散点示意图分别见图 3-3 和图 3-4。x_t 和 y_t 呈指数函数关系，是非线性的。对上式等号两侧同取自然对数，得

$$\text{Ln} y_t = \text{Ln} a + b x_t \tag{3-9}$$

令 $\text{Ln} y_t = y_t^*$，$\beta_0 = \text{Ln} a$，$\beta_1 = b$，则

$$y_t^* = \beta_0 + \beta_1 x_t \tag{3-10}$$

变量 y_t^* 和 x_t 已变换成线性关系。把上式表示成回归模型的形式，

$$\text{Ln} y_t = \text{Ln} a + b x_t + u_t \tag{3-11}$$

即

$$y_t^* = \beta_0 + \beta_1 x_t + u_t$$

其中 $\beta_0 = \text{Ln} a$，$\beta_1 = b$ 为待估回归系数，u_t 表示随机误差项。只要 u_t 满足第 1 章给出的假定条件，那么，就可以对式(3-11)采用 OLS 法估计回归参数。

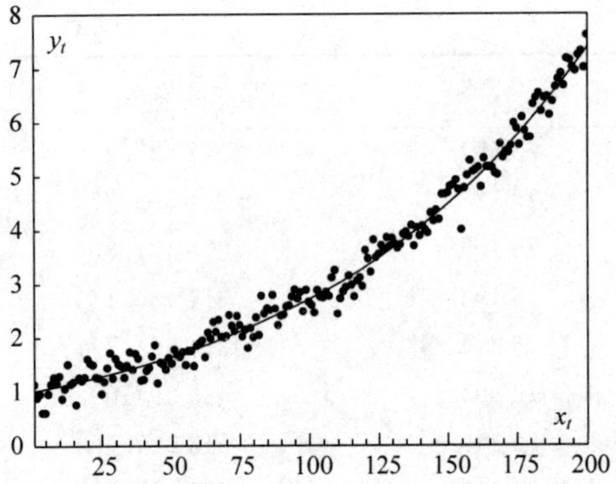

图 3-3 $y_t=a\mathrm{e}^{bx_t+u_t},(b>0)$

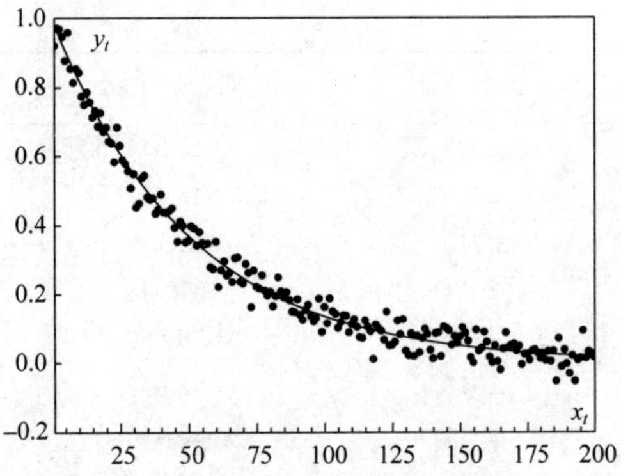

图 3-4 $y_t=a\mathrm{e}^{bx_t+u_t},(b<0)$

把式(3-11)还原成原指数函数形式是

$$y_t=a\mathrm{e}^{bx_t+u_t} \tag{3-12}$$

模型(3-12)对应的散点图和指数曲线示意图见图 3-3 和图 3-4。

见式(3-11),因为线性化以后的函数形式是 x_t 为原变量,y_t 取自然对数形式,所以也称式(3-11)为半对数回归模型。

由式(3-9)得

$$b=\frac{\mathrm{dLn}y_t}{\mathrm{d}x_t}=\frac{\mathrm{d}y_t}{y_t}\Big/\mathrm{d}x_t$$

由上式得 $bx_t=\frac{\mathrm{d}y_t}{y_t}\Big/\frac{\mathrm{d}x_t}{x_t},by_t=\frac{\mathrm{d}y_t}{\mathrm{d}x_t}$。所以,对于半对数模型(3-11),弹性系数是 $bx_t=\beta_1x_t$,边际系数是 $by_t=\beta_1y_t$。注意,对于指数函数模型(3-12),弹性系数和边际系数都不是常数。

半对数模型的一个重要应用是估计经济变量的增长率。比如,式(3-9)中的变量 x_t 换成时间变量 t。

$$\mathrm{Ln}y_t=\mathrm{Ln}a+bt \tag{3-13}$$

那么,

$$b=\frac{\mathrm{dLn}y_t}{\mathrm{d}t}=\frac{\mathrm{d}y_t}{y_t}\Big/\mathrm{d}t=\frac{y_t-y_{t-1}}{y_t}\Big/\mathrm{d}t$$

回归系数 b 近似等于单位时间内的增长率。在模型(3-11)中,当把 x_t 换成时间变量 t,称此模型为增长模型。

【指数函数回归模型的 EViews 估计步骤】

在工作文件窗口单击 Quick 按钮,选 Estimate Equation 功能。以模型(3-11)为例,在随后打开的 Equation Estimation(方程估计)对话窗口中的 Equation specification(方程设定)选择区填写估计命令

```
Log(y)  c  x
```

随后单击“确定”按钮。其中 log(y)表示对 y 取自然对数，c 表示常数。

【例 3-2】（数据见 EViews、STATA 文件：li 3-2）

中国税收增长的定量分析

1990—2006 年中国税收(TAX_t，亿元)数据见表 3-2。中国税收序列图和对数的中国税收序列图见图 3-5、图 3-6。中国税收序列对时间呈指数函数变化特征(图 3-5)。对中国税收取对数后与时间呈线性函数变化特征(图 3-6)。

表 3-2　中国税收(TAX_t)与时间 t 数据

年份	中国税收(TAX_t，亿元)	t
1990	2 821.86	1
1991	2 990.17	2
1992	3 296.91	3
1993	4 255.30	4
1994	5 126.88	5
1995	6 038.04	6
1996	6 909.82	7
1997	8 234.04	8
1998	9 262.80	9
1999	10 682.58	10
2000	12 581.51	11
2001	15 301.38	12
2002	17 636.45	13
2003	20 017.31	14
2004	24 165.68	15
2005	28 778.54	16
2006	34 809.72	17

资料来源：《中国统计年鉴-2007》，中国统计出版社，表 8-3。

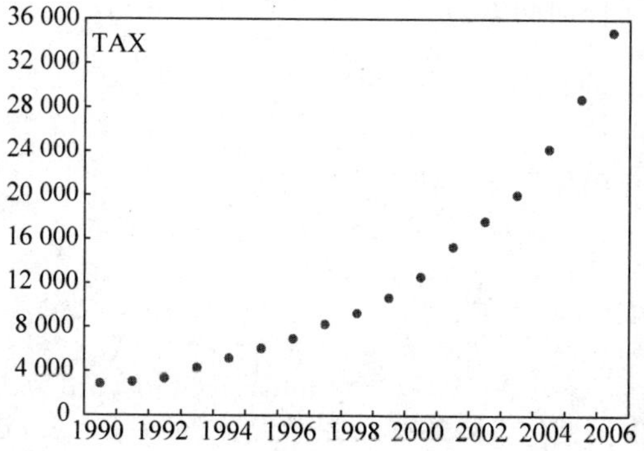

图 3-5　中国税收序列图

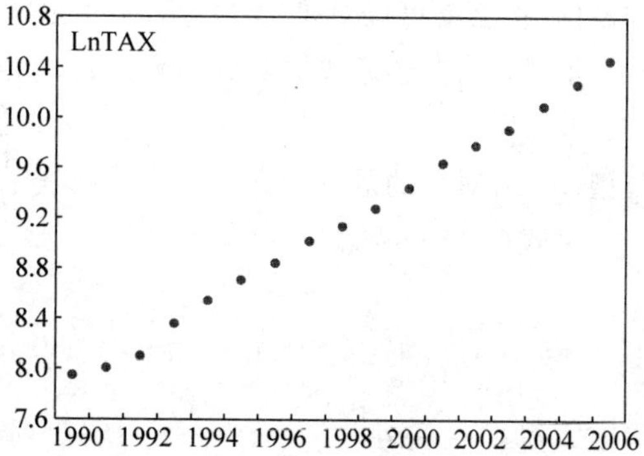

图 3-6　对数的中国税收序列图

尝试建立半对数模型，

$$\mathrm{Ln}\widehat{\mathrm{TAX}}_t = 7.7166 + 0.1589t \tag{3-14}$$

$$(393.1) \quad (82.9) \qquad R^2 = 0.998, T = 17, (1990—2006)$$

因为解释变量是时间 t,所以回归系数 0.158 9 近似测量的是中国税收的年增长率,即 1990—2006 年中国税收的年平均增长率近似是 15.89%。

【式(3-14)的 EViews 估计命令】

在工作文件窗口单击 Quick 按钮,选 Estimate Equation 功能。在随后打开的 Equation Estimation(方程估计)对话窗口中的 Equation specification(方程设定)选择区填写估计命令

```
log(TAX)   c   @trend(1989)
```

其中,log(TAX_t)表示对 TAX_t 取自然对数,c 表示常数项,@trend(1989)表示定义一个时间变量 t,其对应取值是 1990 年,$t=1$。

3.1.3 对数函数模型

对数函数定义如下:

$$y_t = a + b\mathrm{Ln}x_t \tag{3-15}$$

其中 $\mathrm{Ln}x_t$ 表示对 x_t 取自然对数运算。$b>0$ 和 $b<0$ 两种情形的函数曲线分别见图 3-7 和图 3-8。x_t 和 y_t 呈对数函数关系,是非线性的。令 $x_t^* = \mathrm{Ln}x_t$,$\beta_0 = a$,$\beta_1 = b$,则式(3-15)改写为

$$y_t = a + bx_t^* = \beta_0 + \beta_1 x_t^* \tag{3-16}$$

变量 y_t 和 x_t^*,即 y_t 和 $\mathrm{Ln}x_t$ 已变换成线性关系。把上式表示为回归模型形式,

$$y_t = \beta_0 + \beta_1 x_t^* + u_t = \beta_0 + \beta_1 \mathrm{Ln}x_t + u_t \tag{3-17}$$

其中 $a=\beta_0$,$b=\beta_1$ 为待估回归系数,u_t 表示随机误差项。只要 u_t 满足第 1 章给出的假定条件,那么就可以对式(3-17)采用 OLS 法估计回归系数。

把式(3-17)还原成原对数函数形式,

$$y_t = a + b\mathrm{Ln}x_t + u_t \tag{3-18}$$

模型(3-18)对应的散点图和对数函数曲线示意图见图 3-7 和图 3-8。

由式(3-15)得

$$\beta_1 = b = \frac{\mathrm{d}y_t}{\mathrm{dLn}x_t} = \mathrm{d}y_t \Big/ \frac{\mathrm{d}x_t}{x_t}$$

由上式得 $\frac{b}{y_t} = \frac{\mathrm{d}y_t}{y_t} / \frac{\mathrm{d}x_t}{x_t}$,$\frac{b}{x_t} = \frac{\mathrm{d}y_t}{\mathrm{d}x_t}$。所以,对数模型(3-18)的弹性系数是 $b/y_t = \beta_1 / y_t$,边际系数是 $b/x_t = \beta_1 / x_t$,弹性系数和边际系数都不是常数。

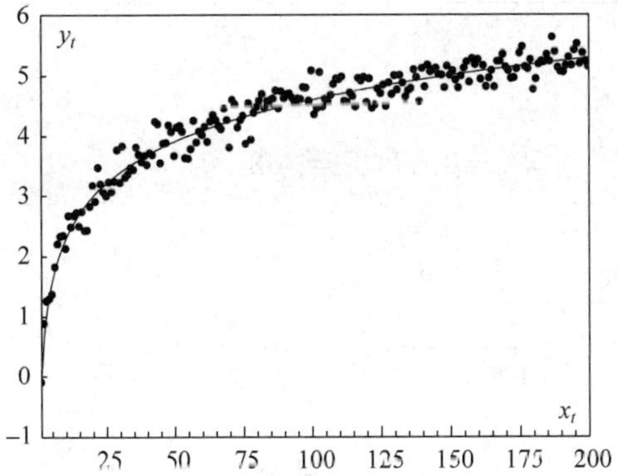

图 3-7　$y_t = a + b\mathrm{Ln}x_t + u_t$，$(b>0)$

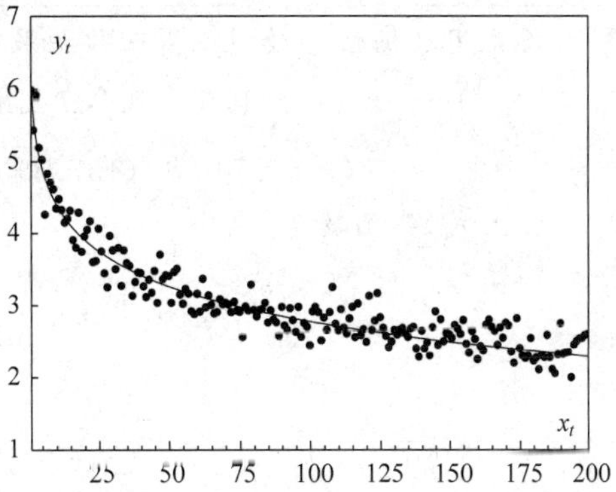

图 3-8　$y_t = a + b\mathrm{Ln}x_t + u_t$，$(b<0)$

【对数函数回归模型的 EViews 估计命令】

在工作文件窗口单击 Quick 按钮，选 Estimate Equation 功能。在随后打开的 Equation Estimation（方程估计）对话窗口中的 Equation specification（方程设定）选择区填写估计命令。以式(3-17)为例，

```
y  c  log(x)
```

其中，log(x)表示对 x 取自然对数。

【例 3-3】（数据见 EViews、STATA 文件：li 3-3）

中国城镇居民家庭人均食品支出与可支配收入的关系

1985—2005 年 28 个省级地区城镇居民人均食品支出（y_t，元/年）与可支配收入（x_t，元/年）的数据摘自《中国统计年鉴》1986—2006。散点图见图 3-9。

进一步观察 $\mathrm{Ln}y_t$ 和 $\mathrm{LnLn}x_t$ 的散点图，见图 3-10。$\mathrm{Ln}y_t$ 和 $\mathrm{LnLn}x_t$ 存在满意的线性关系，同时，不存在异方差（第 5 章介绍）。所以讨论建立模型时，应该建立关于 $\mathrm{Ln}y_t$ 和 $\mathrm{Ln}x_t$ 的对数函数模型。

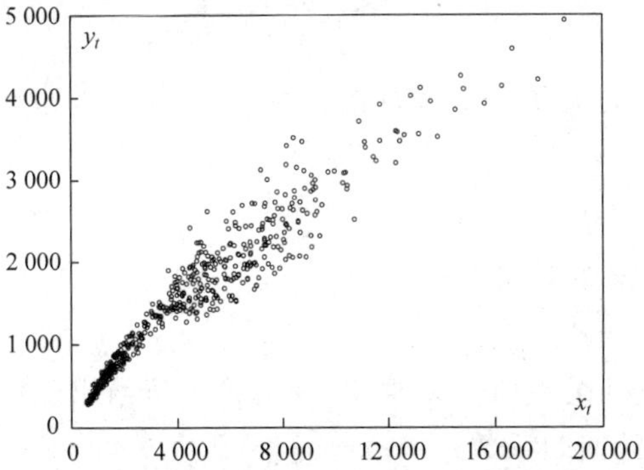

图 3-9　城镇居民人均食品支出 y_t 与可支配收入 x_t 散点图

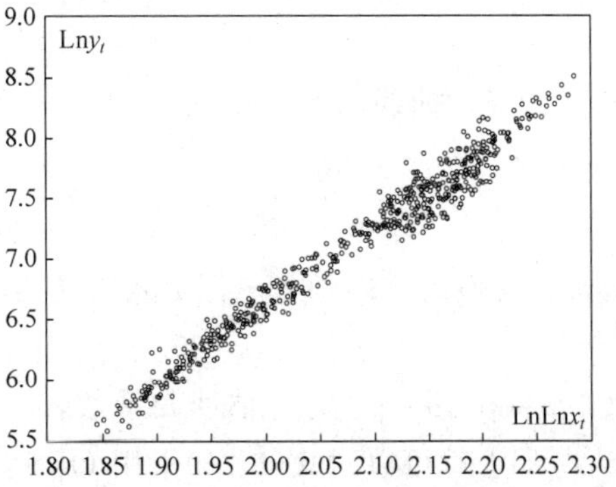

图 3-10　$\mathrm{Ln}y_t$ 和 $\mathrm{LnLn}x_t$ 散点图

首先用数据估计模型。得回归结果如下：

$$\text{Ln}\hat{y}_t = -5.8117 + 6.2072\text{LnLn}x_t \tag{3-19}$$

$$(-61.7) \quad (137.3) \qquad R^2 = 0.97, T = 588$$

由上式，导函数是

$$6.2072 = \frac{\text{dLn}y_t}{\text{dLnLn}x_t} = \frac{\text{d}y_t/y_t}{\frac{1}{\text{Ln}x_t}\frac{1}{x_t}\text{d}x_t}$$

$$\frac{6.2072}{\text{Ln}x_t} = \frac{\text{d}y_t/y_t}{\text{d}x_t/x_t}$$

由式(3-19)得到的弹性系数不是常量，是弹性函数 $6.2072/\text{Ln}x_t$。说明人均食品支出对人均收入的弹性系数是随着城镇人均收入的增加而减小的。当城镇人均收入为1 000元水平时，人均收入增加1%，人均食品支出增加0.898 6%；当城镇人均收入增长到16 000元水平时，人均食品支出对收入的弹性系数下降到0.641 2%。城镇人均食品支出对人均收入的弹性系数随着人均收入的提高而递减。

【式(3-19)的EViews估计命令】

在工作文件窗口单击Quick按钮，选Estimate Equation功能。在随后打开的Equation Estimation(方程估计)对话窗口中的Equation specification(方程设定)选择区填写估计命令

```
Log(y)  c  log(log(x))
```

其中，Log(y)表示对y取自然对数，log(log(x))表示对x取了两次自然对数。

3.1.4 双曲线函数模型

双曲线函数定义如下：

$$y_t = a + b/x_t \tag{3-20}$$

$b>0$ 情形的曲线示意图见图3-11。x_t 和 y_t 的关系是非线性的。令 $x_t^* = 1/x_t$，$\beta_0 = a$，$\beta_1 = b$，得

$$y_t = a + b\,x_t^* = \beta_0 + \beta_1 x_t^* \tag{3-21}$$

上式已变换成线性函数。把上式表达为回归模型形式，

$$y_t = \beta_0 + \beta_1 x_t^* + u_t = \beta_0 + \beta_1 1/x_t + u_t \tag{3-22}$$

其中 $a=\beta_0$，$b=\beta_1$ 为待估回归系数，u_t 是随机误差项。只要 u_t 满足第1章给出的假定条件，那么就可以对式(3-22)采用OLS法估计回归系数。

把式(3-22)还原成原双曲线函数形式，

$$y_t = a + b/x_t + u_t \tag{3-23}$$

模型(3-23)对应的散点图和双曲线示意图见图 3-11。由式(3-23)得

$$\beta_1 = b = \frac{\mathrm{d}y_t}{-\mathrm{d}x_t / x_t^2}$$

由上式得$\frac{b}{-x_t y_t} = \frac{\mathrm{d}y_t}{y_t} \Big/ \frac{\mathrm{d}x_t}{x_t}$，$\frac{b}{-x_t^2} = \frac{\mathrm{d}y_t}{\mathrm{d}x_t}$。所以，双曲线函数模型(3-23)的弹性系数是$\frac{b}{-x_t y_t}$，边际系数是$\frac{b}{-x_t^2}$。对于双曲线函数模型(3-23)，弹性系数和边际系数都不是常数。

【双曲线函数回归模型的 EViews 估计命令】

在工作文件窗口单击 Quick 按钮，选 Estimate Equation 功能。在随后打开的 Equation Estimation(方程估计)对话窗口中的 Equation specification(方程设定)选择区填写估计命令。以式(3-22)为例，

```
y  c  1/x
```

其中，1/x 表示 x 的倒数。

双曲线函数也可以写成

$$1/y_t = a + b/x_t \tag{3-24}$$

或

$$y_t = 1/(a + b/x_t) \tag{3-25}$$

$b>0$ 情形的双曲线函数曲线示意图见图 3-12。为了对模型进行随机性描述，将上式写为回归模型，

$$1/y_t = a + b/x_t + u_t \tag{3-26}$$

也可写成

$$y_t = 1/(a + b/x_t + u_t) \tag{3-27}$$

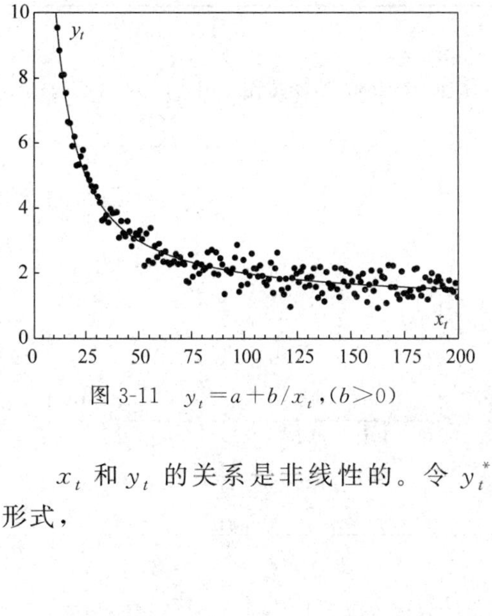

图 3-11　$y_t = a + b/x_t$，$(b>0)$

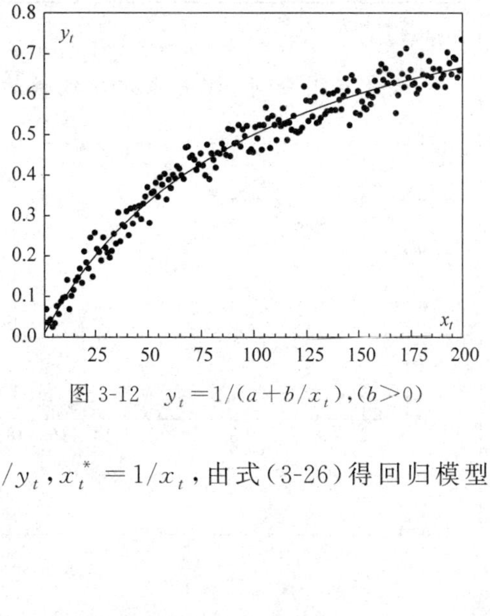

图 3-12　$y_t = 1/(a + b/x_t)$，$(b>0)$

x_t 和 y_t 的关系是非线性的。令 $y_t^* = 1/y_t$，$x_t^* = 1/x_t$，由式(3-26)得回归模型形式，

$$y_t^* = a + b\, x_t^* + u_t$$

已变换为线性回归模型。其中 a,b 为待估参数,u_t 表示随机误差项。只要 u_t 满足第1章给出的假定条件,那么,就可以对上式采用OLS法估计回归参数。式(3-26)也称作双倒数模型。

【例 3-4】(数据见 EViews、STATA 文件: li 3-4)

炼钢厂钢包容积与相应使用次数的关系研究

炼钢厂钢包容积 y_i 与相应使用次数 x_i 的数据见表3-3。散点图见图3-13。

表 3-3　炼钢厂钢包容积 y_i 与相应使用次数 x_i 的数据

i	y_i	x_i
1	6.42	2
2	8.20	3
3	9.58	4
4	9.50	5
5	9.70	6
6	10.00	7
7	9.93	8
8	10.10	9
9	10.49	10
10	10.59	11
11	10.60	12
12	10.80	13
13	10.86	14
14	10.90	15
15	10.96	16

资料来源:科研调查数据。

从散点图分析,该关系是非线性的。试建立双曲线函数(图3-14)、对数函数

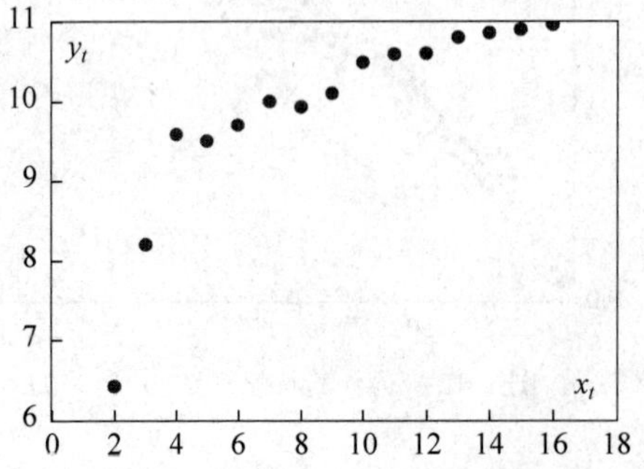

图 3-13　y_t 与 x_t 散点图

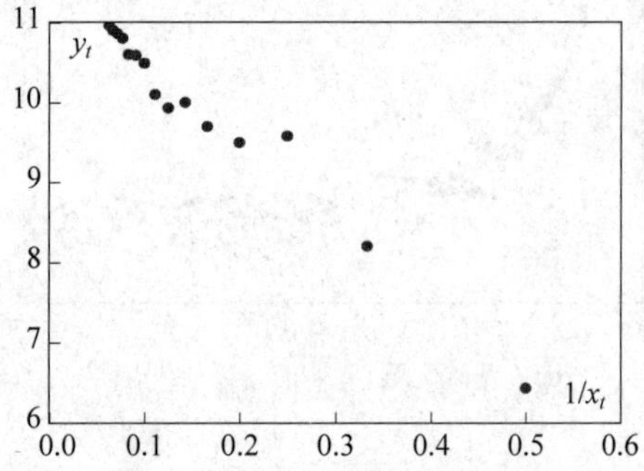

图 3-14　y_t 与 $1/x_t$ 散点图

(图 3-15)、双倒数函数线性化散点图(图 3-16),图 3-14 对数据的线性化程度最好,双曲线函数模型估计结果如下:

$$\hat{y}_t = 11.4687 - 9.8291 \frac{1}{x_t} \tag{3-28}$$

$$(125.8) \quad (-21.3) \qquad R^2 = 0.9721, T = 15$$

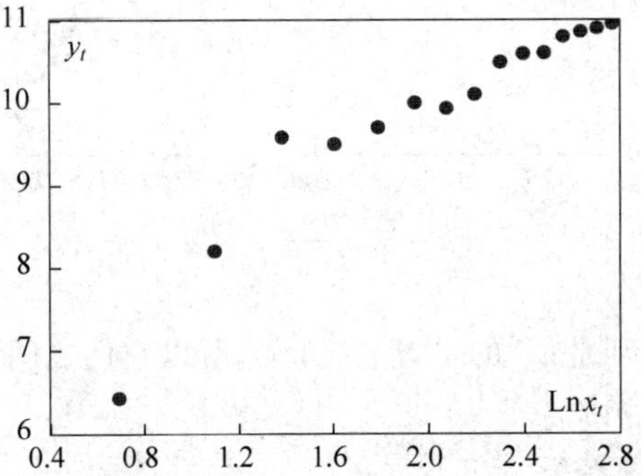

图 3-15　y_t 与 $\mathrm{Ln}x_t$ 散点图

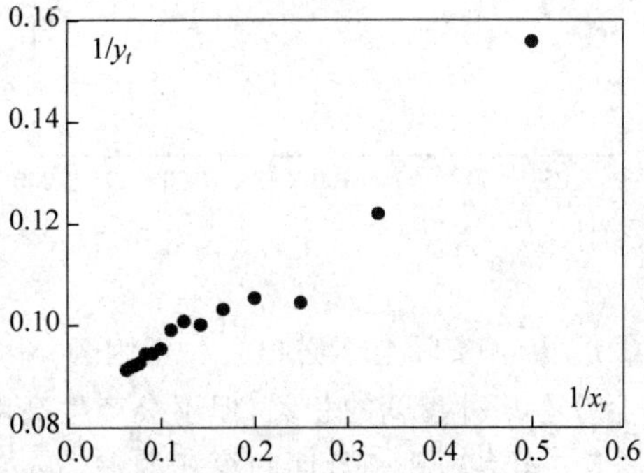

图 3-16　$1/y_t$ 与 $1/x_t$ 散点图

对数函数、双倒数函数模型估计结果如下:

$$\hat{y}_t = 6.1574 + 1.8346 \mathrm{Ln} x_t$$

$$(16.1) \quad (10.2) \qquad R^2 = 0.8891, T = 15$$

$$(1/\hat{y}_t) = 0.0817 + 0.1332 \frac{1}{x_t}$$

$$(46.2) \quad (14.9) \qquad R^2 = 0.9446, T = 15$$

估计结果也显示以上 3 个估计式,以双曲线模型形式最为合理。

3.1.5　多项式函数模型

三次多项式函数的表达式为

$$y_t = \beta_0 + \beta_1 x_t + \beta_2 x_t^2 + \beta_3 x_t^3 \tag{3-29}$$

其中 $\beta_3 > 0$ 和 $\beta_3 < 0$ 情形的图形分别见图 3-17、图 3-18。令 $x_{t1} = x_t, x_{t2} = x_t^2, x_{t3} = x_t^3$,上式变为

$$y_t = \beta_0 + \beta_1 x_{t1} + \beta_2 x_{t2} + \beta_3 x_{t3} \tag{3-30}$$

这是一个三元线性函数。为了对模型进行随机性描述,将上式写成回归模型形式,

$$y_t = \beta_0 + \beta_1 x_{t1} + \beta_2 x_{t2} + \beta_3 x_{t3} + u_t \tag{3-31}$$

其中 $\beta_0, \beta_1, \beta_2, \beta_3$ 为待估参数,u_t 表示随机误差项。只要 u_t 满足第 1 章给出的假定条件,那么,就可以对式(3-31)采用 OLS 法估计回归参数。模型(3-31)对应的散点图和回归曲线示意图见图 3-17 和图 3-18。

因为 x_t, x_t^2, x_t^3 来源于同一个变量,可能会担心多项式模型引起多重共线性问题(第

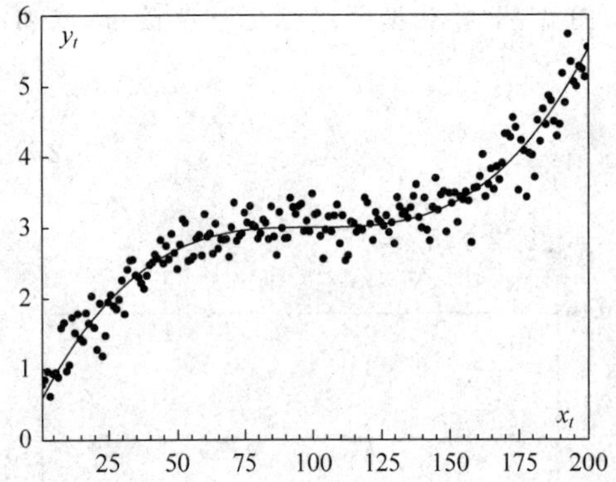

图 3-17　$y_t=\beta_0+\beta_1 x_t+\beta_2 x_t^2+\beta_3 x_t^3+u_t, \beta_3>0$

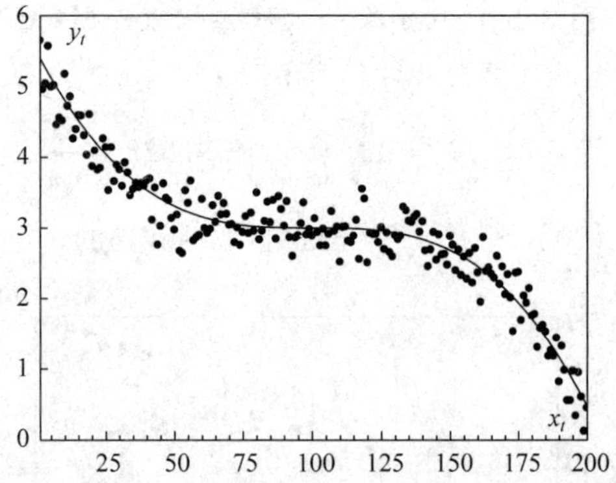

图 3-18　$y_t=\beta_0+\beta_1 x_t+\beta_2 x_t^2+\beta_3 x_t^3+u_t, \beta_3<0$

7 章介绍)。实际上不必担心。正因为 x_t^2, x_t^3 分别是 x_t 的平方、立方项,所以它们之间尽管会存在某种程度的相关,但不会产生高度线性相关。

【三次多项式函数回归模式的 EViews 估计命令】

在工作文件窗口单击 Quick 按钮,选 Estimate Equation 功能。在随后打开的 Equation Estimation(方程估计)对话窗口中的 Equation specification(方程设定)选择区填写估计命令

```
y  c  x  x^2  x^3
```

其中,x^2 表示对 x 取平方,x^3 表示对 x 取立方。

经济学中的总成本模型是三次多项式函数回归模型的典型应用。

另一种多项式方程的表达形式是二次多项式函数。

$$y_t=\beta_0+\beta_1 x_t+\beta_2 x_t^2 \tag{3-32}$$

其中 $\beta_1>0, \beta_2>0$ 和 $\beta_1<0, \beta_2<0$ 条件下的函数曲线示意图分别见图 3-19、图 3-20。令 $x_{t1}=x_t, x_{t2}=x_t^2$,上式变为

$$y_t=\beta_0+\beta_1 x_{t1}+\beta_2 x_{t2} \tag{3-33}$$

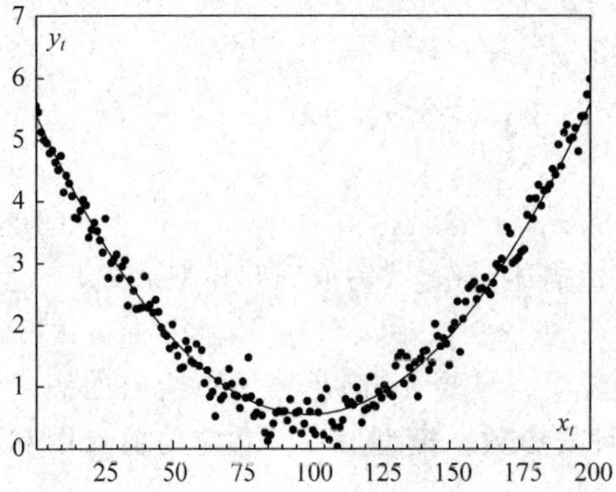

图 3-19　$y_t=\beta_0+\beta_1 x_t+\beta_2 x_t^2+u_t, \beta_2>0$

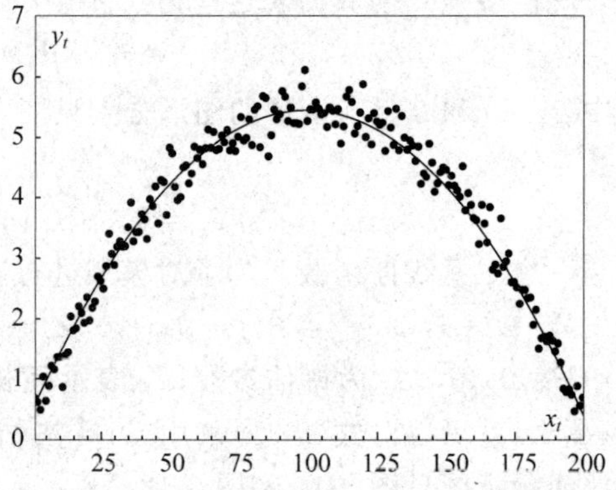

图 3-20　$y_t=\beta_0+\beta_1 x_t+\beta_2 x_t^2+u_t, \beta_2<0$

这是一个二元线性回归模型。为了对模型进行随机性描述，将上式写为回归模型形式

$$y_t = \beta_0 + \beta_1 x_{t1} + \beta_2 x_{t2} + u_t \tag{3-34}$$

其中 β_0，β_1，β_2 为待估参数，u_t 表示随机误差项。只要 u_t 满足第 1 章给出的假定条件，那么，就可以对式(3-34)采用 OLS 法估计回归参数。模型(3-34)对应的散点图和回归曲线示意图见图 3-19、图 3-20。

经济学中的边际成本函数模型、平均成本函数模型是二次多项式函数模型的典型应用。其散点图和回归曲线与图 3-19 相似。

【例 3-5】（数据见 EViews、STATA 文件：li 3-5）

厦门市 1980—2003 年贷款总额与 GDP 的关系分析

厦门市 1980—2003 年贷款总额($Loan_t$，亿元)与 GDP_t(亿元)的数据和散点图分别见表 3-4 和图 3-21。从散点图来看，用三次多项式方程拟合比较合理。

表 3-4　厦门市年贷款总额($Loan_t$)与 GDP_t 的数据　　亿元

年份	$Loan_t$	GDP_t	年份	$Loan_t$	GDP_t
1980	4.900 0	6.40	1992	112.674 6	97.67
1981	6.299 3	7.41	1993	151.801 3	132.32
1982	6.775 6	8.67	1994	209.556 3	187.04
1983	6.591 0	9.44	1995	260.817 0	250.55
1984	13.637 0	12.29	1996	306.826 1	306.36
1985	19.228 0	18.36	1997	352.344 0	370.30
1986	24.063 9	21.19	1998	397.335 3	418.06
1987	28.990 4	25.49	1999	435.295 4	458.29
1988	38.534 8	35.98	2000	452.841 7	501.20
1989	46.832 4	47.92	2001	506.358 8	556.00
1990	63.689 4	57.09	2002	580.642 9	648.00
1991	77.958 7	72.00	2003	721.866 5	760.00

资料来源：中国人民银行厦门市中心支行。

拟建立模型形式是

$$Loan_t = \beta_0 + \beta_1 GDP_t + \beta_2 GDP_t^2 + \beta_3 GDP_t^3 + u_t$$

OLS 估计结果如下：

$$\hat{Loan}_t = -6.4009 + 1.3654 GDP_t - 0.0015 GDP_t^2 + 0.00000127 GDP_t^3$$

$$(-3.4) \quad (36.3) \quad (-11.5) \quad (10.7) \tag{3-35}$$

$$R^2 = 0.9995, DW = 2.0, F = 14283.9, T = 24$$

如果用线性模型拟合，效果不如三次多项式方程拟合得好。贷款总额($Loan_t$)与其拟合值比较见图 3-22。

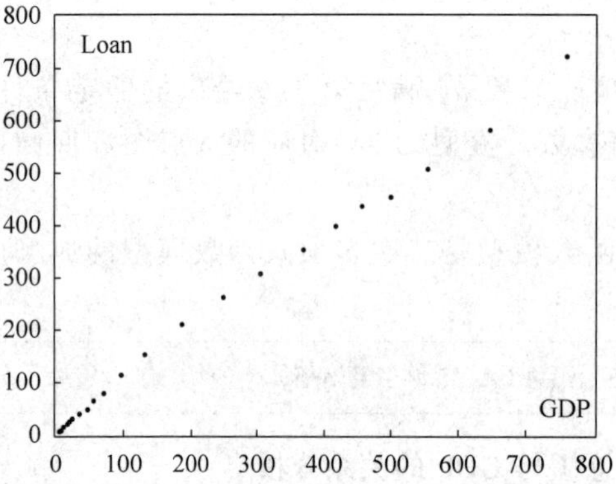

图 3-21　厦门市年贷款总额($Loan_t$)与 GDP_t 散点图

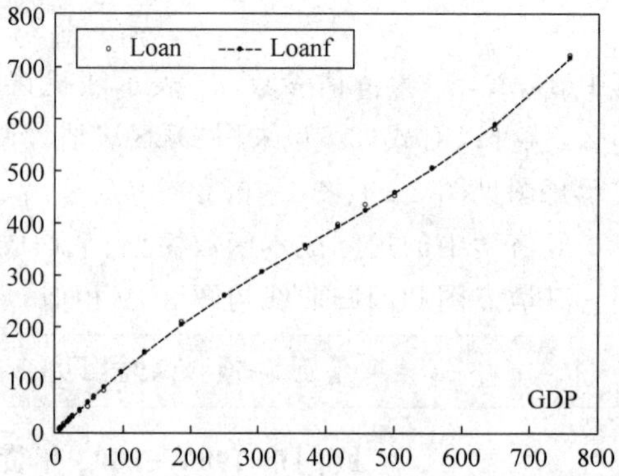

图 3-22　厦门市年贷款总额 $Loan_t$ 对 GDP_t 散点图与 $Loan_t$ 拟合值 $Loanf_t$

3.1.6　生长曲线函数模型

生长曲线函数定义如下：

$$y_t = \frac{k}{1+\mathrm{e}^{f(t)}} \tag{3-36}$$

一般 $f(t)=a_0+a_1t+a_2t^2+\cdots+a_nt^n$，最常见形式为 $f(t)=a_0-at$，即

$$y_t = \frac{k}{1+\mathrm{e}^{(a_0-at)}} = \frac{k}{1+b\,\mathrm{e}^{-at}} \tag{3-37}$$

其中 $b=\mathrm{e}^{a_0}$，$a>0$ 和 $a<0$ 条件下的函数曲线与观测点示意图分别见图 3-23、图 3-24。生长曲线函数亦称作 logistic 曲线，由玻尔(Raymond Pearl)①和利德(Reed)于 1923 年提出，因此生长曲线也称作玻尔-利德(Pearl-Reed)曲线，常用于描述有机体生长发育过程。

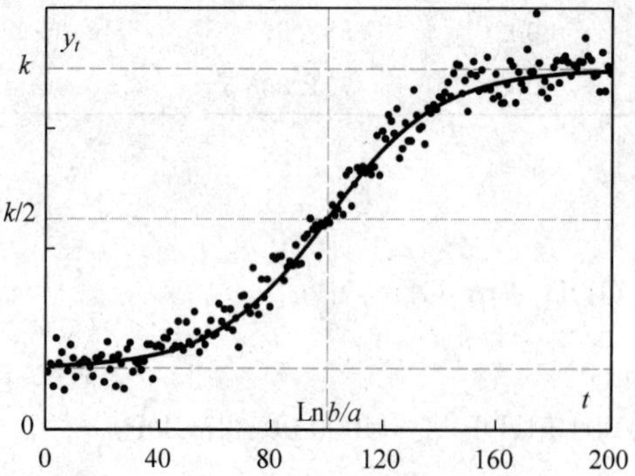

图 3-23　$y_t=k/(1+b\mathrm{e}^{-at+u_t})$，$a>0$

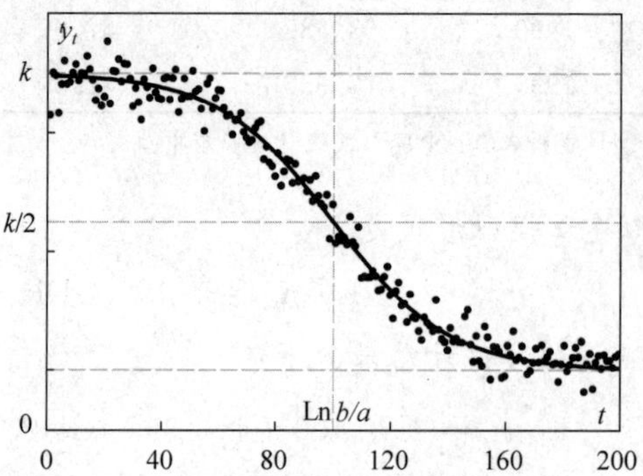

图 3-24　$y_t=k/(1+b\mathrm{e}^{-at+u_t})$，$a<0$

① 玻尔是美国人口统计学家，1923 年出版《医学生物统计学和统计学导论》，提出玻尔-利德曲线。

其中 k 和 0 分别是 y_t 的生长上限和下限。以 $a>0$ 为例，$\lim\limits_{t\to\infty} y_t=k$，$\lim\limits_{t\to-\infty} y_t=0$。曲线有拐点，坐标为[(Ln$b$)/$a$，$k/2$]。曲线的上、下两部分对称于拐点[(Ln$b$)/$a$，$k/2$]。

对生长曲线函数的线性化必须先给出生长曲线的上极限值 k(根据所研究的问题，k 值是可以事先给定的)。下面介绍线性化方法。假定 k 值已知，对式(3-37)取倒数，并在等式两侧同乘 k，得

$$\frac{k}{y_t}=1+b\,\mathrm{e}^{-at}$$

把 1 移到方程左边，

$$\frac{k}{y_t}-1=b\,\mathrm{e}^{-at}$$

对上式两侧取自然对数，

$$\mathrm{Ln}\left(\frac{k}{y_t}-1\right)=\mathrm{Ln}b-at$$

令 $y_t^*=\mathrm{Ln}\left(\frac{k}{y_t}-1\right)$，$\beta_0=\mathrm{Ln}b$，$\beta_1=a$，则上式变为

$$y_t^*=\mathrm{Ln}b-at=\beta_0+\beta_1 t \tag{3-38}$$

上式已经转换为线性函数。将上式写成对应的回归模型形式，

$$y_t^*=\mathrm{Ln}b-at+u_t=\beta_0+\beta_1 t+u_t \tag{3-39}$$

其中 Lnb 和 a 为待估参数。u_t 表示随机误差项。只要 u_t 满足第 1 章给出的假定条件，那么就可用最小二乘法估计 Lnb 和 a。得到 Lnb 和 a 的估计值后，可以把式(3-39)还原为生长曲线函数形式。

【Logistic 函数回归模型的 EViews 估计命令】

在工作文件窗口单击 Quick 按钮，选 Estimate Equation 功能。在随后打开的 Equation Estimation(方程估计)对话窗口中的 Equation specification(方程设定)选择区填写估计命令

```
log(k/y-1)   c   @trend(0)
```

其中 log(k/y-1)表示对(k/y-1)取自然对数，k 表示实际问题中的上渐近线，c 表示式(3-38)中的 Lnb，@trend(0)表示式(3-38)中的 t，且@trend(0)对应 t 在样本内的起始值为 1。

注意，在式(3-36)中决定 $f(t)$用线性函数还是多项式函数形式的方法是用线性化被解释变量 $\mathrm{Ln}\left(\frac{k}{y_t}-1\right)$对时间 t 的序列图做判断。若该序列图是线性的，则选择 $f(t)=a_0+at$，若该序列图是非线性的，则选择 $f(t)=a_0+a_1t+a_2t^2+\cdots+a_nt^n$。其中 t，t^2，…，t^n 保留多少项由回归系数 a_1，a_2，…，a_n 估计值是否显著不等于零决定。

【例 3-6】（数据见 EViews、STATA 文件：li 3-6）

中国新冠肺炎累计确诊病例数分析

2020年1月16日至2月11日中国新冠肺炎累计确诊病例数序列 y_t 见图3-25，数据见表3-5。y_t 的差分序列 Δy_t 是每日新增病例数序列。由 Δy_t 序列可以判断出2月4日是最大值点，那么2月4日 y_t 的值24 324是 y_t 序列的拐点。序列 y_t 展现出logistic曲线变化特征。拐点以前，每日新增病例数越来越大；拐点过后，每日新增病例数趋势变得越来越小。下面用logistic曲线拟合 y_t 序列。

为了给出 y_t 序列变化的充分空间，设定上限值为80 000例。进一步观察线性化被解释变量 $\mathrm{Ln}(80\,000/y_t-1)$ 随时间 t 的变化特征(图3-26)。$\mathrm{Ln}(80\,000/y_t-1)$ 与时间 t 不是线性关系，而是二次函数关系，所以推定，拟合的模型中可能有 t 的平方项存在。估计结果如下。

$$\hat{\mathrm{Ln}}\left(\frac{80\,000}{y_t}-1\right)=8.052\,7-0.519\,4t+0.007\,9t^2 \qquad (3\text{-}40)$$

$$(171.8)\quad(-67.3)\quad(29.5)\qquad R^2=0.999\,1,\quad T=27$$

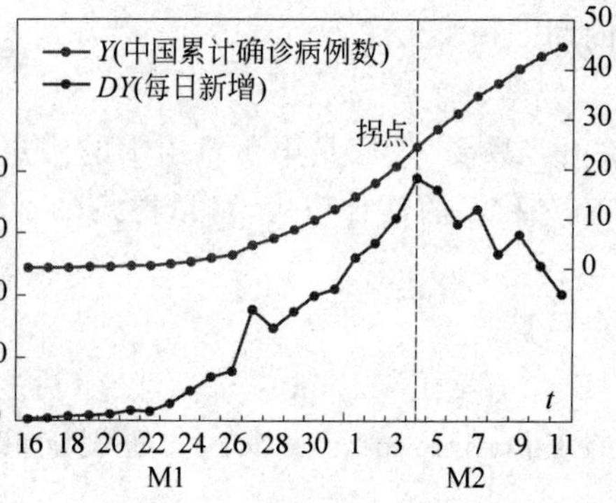

图3-25 中国累计确诊病例数序列 y_t 和其差分序列 Δy_t

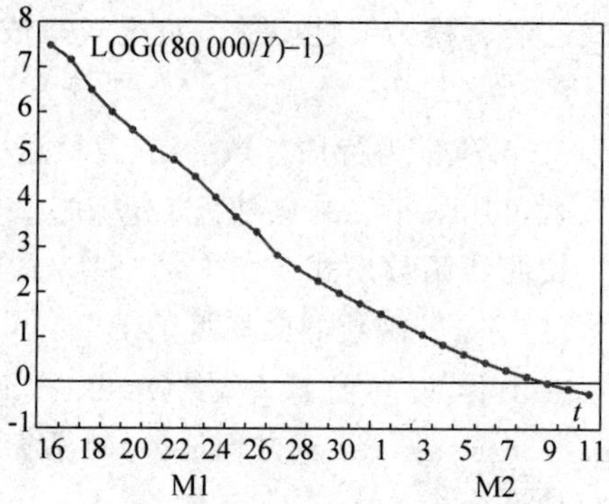

图3-26 线性化被解释变量 $\mathrm{Ln}(80\,000/y_t-1)$

还原成logistic函数形式

$$\hat{y}_t=\frac{80\,000}{1+\mathrm{e}^{8.052\,7-0.519\,4t+0.007\,9t^2}}$$

$R^2=0.999\,1$，拟合得非常好。样本内的预测平均绝对百分比误差是5%。

【本例的EViews估计命令】

在工作文件窗口单击Quick按钮，选Estimate Equation功能。以模型(3-40)为例，在随后打开的Equation Estimation(方程估计)对话窗口中的Equation specification(方程设定)选择区填写估计命令

```
Log(80 000/y-1)  c  t  t^2
```

其中 log(80 000/y−1)表示对[(80 000/y)−1]取自然对数。t 是时间变量，由@trend (1/15/2020)生成，且 2020 年 1 月 16 日对应 $t=1$。

表 3-5　中国新冠肺炎累计确诊病例数据

2020 年	t	y_t	2020 年	t	y_t	2020 年	t	y_t
1 月 16 日	1	45	1 月 25 日	10	1 975	2 月 3 日	19	20 438
1 月 17 日	2	62	1 月 26 日	11	2 744	2 月 4 日	20	24 324
1 月 18 日	3	121	1 月 27 日	12	4 515	2 月 5 日	21	28 018
1 月 19 日	4	198	1 月 28 日	13	5 974	2 月 6 日	22	31 161
1 月 20 日	5	291	1 月 29 日	14	7 711	2 月 7 日	23	34 546
1 月 21 日	6	440	1 月 30 日	15	9 692	2 月 8 日	24	37 198
1 月 22 日	7	571	1 月 31 日	16	11 791	2 月 9 日	25	40 171
1 月 23 日	8	830	2 月 1 日	17	14 380	2 月 10 日	26	42 638
1 月 24 日	9	1 287	2 月 2 日	18	17 205	2 月 11 日	27	44 653

注：数据摘自腾讯新闻新冠疫情网站。

3.1.7　龚伯斯曲线函数模型

英国统计学家和数学家龚伯斯(Benjamin Gompertz)①于 1820 年提出龚伯斯曲线，最初提出把该曲线作为控制人口增长的一种数学模型。此模型也可用来描述一项新技术，一种新产品在市场中的发展过程。龚伯斯曲线的数学形式是

$$y_t = k\mathrm{e}^{-b\,\mathrm{e}^{-at}} \tag{3-41}$$

示意图见图 3-27，曲线的上限和下限分别为 k 和 0，当 $a>0$，$\operatorname{Lim}_{t\to\infty} y_t = k$，当 $a>0,b>0$，$\operatorname{Lim}_{t\to-\infty} y_t = 0$。曲线有拐点，坐标为$\left(\frac{\mathrm{Ln}b}{a},\frac{k}{\mathrm{e}}\right)$，但曲线不对称于拐点。

龚伯斯曲线的线性化也必须先给定 k 值。线性化过程如下：当 k 给定时，上式两侧同除 k

$$\frac{y_t}{k} = \mathrm{e}^{-b\,\mathrm{e}^{-at}}$$

对上式取倒数，并同时在两侧取自然对数，得

$$\mathrm{Ln}\left(\frac{k}{y_t}\right) = b\,\mathrm{e}^{-at}$$

再次取自然对数，得

$$\mathrm{LnLn}\,\frac{k}{y_t} = \mathrm{Ln}b - at$$

① 龚伯斯于 1820 年出版《略论估计寿命的分析方法》，提出龚伯斯曲线。

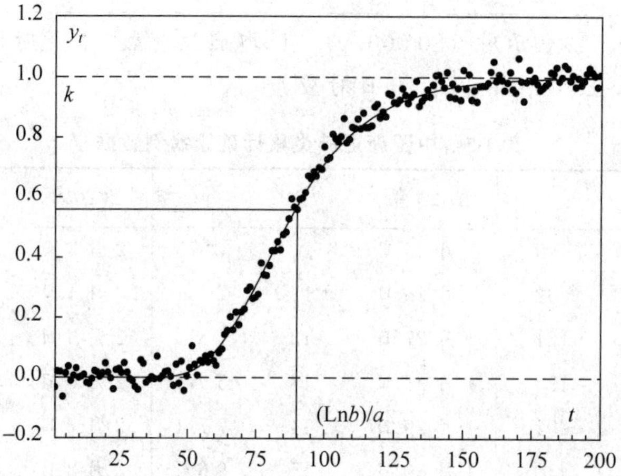

图 3-27　$y_t = k e^{-b e^{-at}}$

令 $y^* = \text{LnLn}(k/y_t)$，$\beta_0 = \text{Ln}b$，$\beta_1 = a$ 则

$$y^* = \beta_0 - \beta_1 t$$

y^* 和 t 已是线性关系。给出上式的回归模型形式，

$$y^* = \beta_0 - \beta_1 t + u_t \tag{3-42}$$

其中 β_0，β_1 为待估回归系数，u_t 表示随机误差项。只要 u_t 满足第1章给出的假定条件，那么就可以用最小二乘法估计 β_0，β_1。得到估计结果后，还原为龚伯斯曲线形式。

注意，式(3-42)等号右侧也可以写成多项式函数形式。实际中决定 $f(t)$ 用线性函数还是多项式函数形式的方法是用线性化被解释变量 $\text{LnLn}(k/y_t)$ 对时间 t 的序列图判断。若该序列图是线性的，则选择 $f(t) = \beta_0 - \beta_1 t$；若序列图是非线性的，则选择 $f(t) = \beta_0 + \beta_1 t + \beta_2 t^2 + \cdots + \beta_n t^n$。

【例 3-7】（数据见 EViews、STATA 文件：li 3-7）

意大利新冠肺炎累计确诊病例数分析

以2020年2月23日至6月14日意大利新冠肺炎累计确诊病例数序列 y_t 为例建立龚伯斯模型。意大利新冠肺炎累计确诊病例数序列 y_t 见图3-28，数据见 EViews 数据文件 li-3-7。y_t 的差分序列 Δy_t 是每日新增病例数序列。可以判断出3月22日是每日新增病例序列 Δy_t 的最大值，那么对应3月22日 y_t 的值53 578是序列 y_t 的拐点。序列 y_t 展现出S曲线变化特征。3月22日以前，每日新增病例数随时间越来越大；3月22日以后，每日新增病例数开始减少。曲线 y_t 明显存在不以拐点为对称的特征，所以尝试用 Gompertz 曲线拟合 y_t 序列。

依据数据和图3-28，设定 y_t 序列上限值为240 000例。进一步观察线性化被解释变量 $\text{LnLn}(240\,000/y_t)$ 与时间 t 的变化特征(图3-29)。$\text{LnLn}(240\,000/y_t)$ 与时间 t 近似有线性关系，所以用 $\text{LnLn}(240\,000/y_t)$ 对 t 进行线性回归即可。估计结果如下。

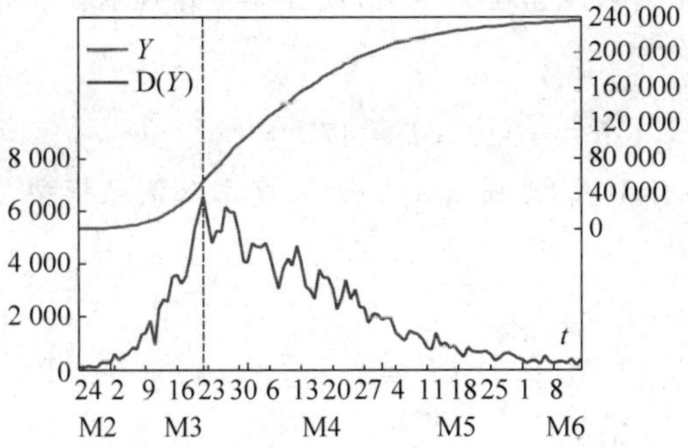

图 3-28　意大利累计确诊病例数序列 y_t 和其差分序列 Δy_t

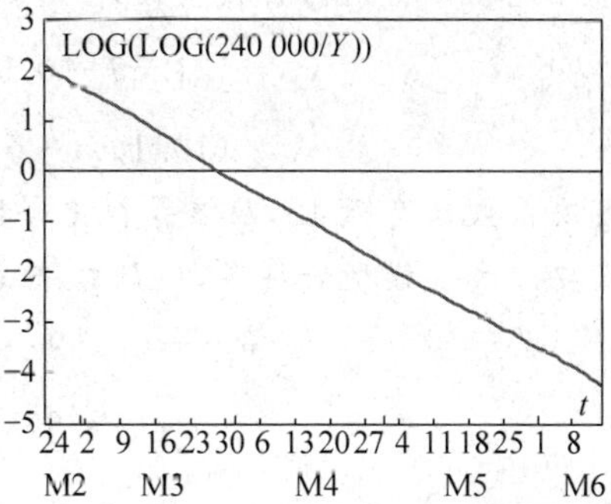

图 3-29　LnLn(240 000/y_t)与时间 t 关系

$$\widehat{\text{LnLn}}\left(\frac{240\,000}{y_t}\right)=2.071\,8-0.056\,2t \tag{3-43}$$

$$(199.7)\quad(-355.8)\qquad R^2=0.999\,1,\quad T=113$$

$R^2=0.999\,1$，拟合得非常好。还原成 Gompertz 回归模型形式，

$$\hat{y}_t=240\,000\exp(-\exp(2.071\,8-0.056\,2t))$$

其中 exp(・)表示以 e 为底的指数函数。

【本例的 EViews 估计命令】

在工作文件窗口单击 Quick 按钮，选 Estimate Equation 功能。以模型(3-43)为例，在随后打开的 Equation Estimation(方程估计)对话窗口中的 Equation specification(方程设定)选择区填写估计命令

```
log(log(240 000/y))  c  t
```

其中 log(log(240 000/y))表示对(240 000/y) 取两次自然对数。t 是时间变量，由@trend(2/22/2020)生成，且 2020 年 2 月 23 日对应 $t=1$。

3.2　可线性化的非线性模型综合案例

【案例 3-1】（数据见 EViews、STATA 文件：case 3-1）

硫酸透明度与铁杂质含量关系研究

某硫酸厂生产的硫酸的透明度一直达不到优质指标，经分析，透明度低与硫酸中金属杂质的含量太高有关系。影响透明度的主要金属杂质是铁、钙、铅、镁等。通过正交试验的方法发现铁是影响硫酸透明度的最主要原因。测量了 47 组样本值，得硫酸透明度(y_i)与铁杂质含量(x_i)的散点图见图 3-30，数据见表 3-6。

现在分析用何种模型估计 y_i 与 x_i 的关系最合理。显然,线性模型是最不合理的。

$$\hat{y}_i = 121.59 - 0.91x_i$$

$$(10.1)\ (-5.7) \qquad R^2 = 0.42, T = 47$$

可决系数只有0.42,应该寻找更合理的估计形式,见图3-31。如果建立双倒数模型,效果要比线性模型好得多,估计结果是

$$(1/\hat{y}_i) = 0.069 - 2.37(1/x_i)$$

$$(18.6)\quad (-11.9) \qquad R^2 = 0.76, T = 47$$

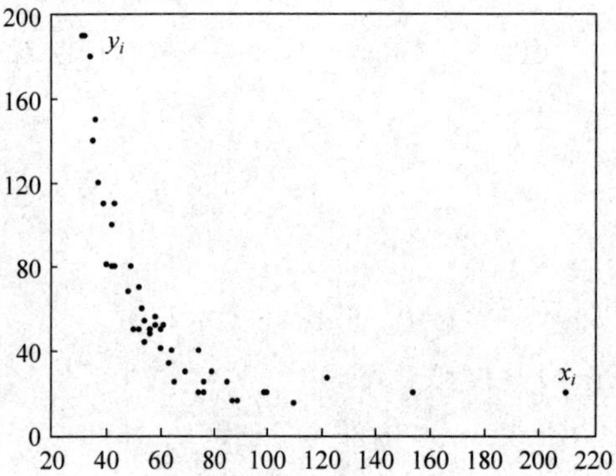

图3-30 y_i 与 x_i 的散点图

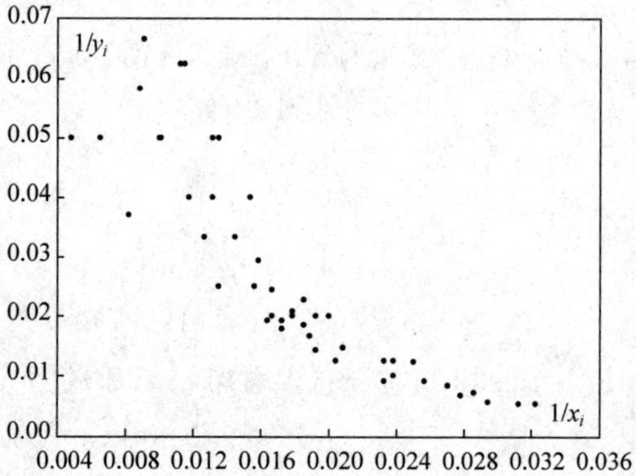

图3-31 $1/y_i$ 与 $1/x_i$ 的散点图

表3-6 硫酸透明度(y_i)与铁杂质含量(x_i)数据

i	硫酸透明度 y_i	铁杂质含量 x_i	i	硫酸透明度 y_i	铁杂质含量 x_i
1	190	31	16	70	52
2	190	32	17	50	52
3	180	34	18	60	53
4	140	35	19	44	54
5	150	36	20	54	54
6	120	37	21	48	56
7	110	39	22	50	56
8	81	40	23	56	58
9	100	42	24	52	58
10	80	42	25	50	60
11	110	43	26	41	60
12	80	43	27	52	61
13	68	48	28	34	63
14	80	49	29	40	64
15	50	50	30	25	65

续表

i	硫酸透明度 y_i	铁杂质含量 x_i	i	硫酸透明度 y_i	铁杂质含量 x_i
31	30	69	40	20	76
32	20	74	41	20	100
33	40	74	42	20	100
34	25	76	43	15	110
35	30	79	44	15	110
36	25	85	45	27	122
37	16	87	46	20	154
38	16	89	47	20	210
39	20	99			

资料来源：《数理统计与管理》1988年4期，第16页。

可决系数已经提高到0.76。还可以尝试一下另一种倒数模型形式(图3-32)，估计结果是

$$\hat{y}_i = -54.40 + 6\,524.83\,(1/x_i)$$
$$(-7.2)\quad(16.3)\qquad R^2 = 0.86, T = 47$$

拟合优度得到进一步提高。

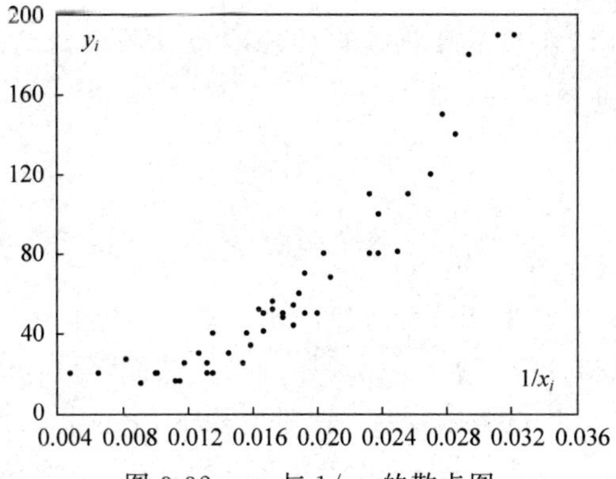

图3-32　y_i 与 $1/x_i$ 的散点图

再尝试对数模型形式，估计的结果不理想。那么，上式就是最好的估计结果了吗？不是。还可以尝试一下指数模型，并把指数写成倒数的形式，即

$$y_i = a e^{b(1/x_i) + u_i}$$

对上式的线性化是用 $\text{Ln}y_i$ 对 $1/x_i$ 回归。$\text{Ln}y_i$ 对 $1/x_i$ 的散点图见图3-33，估计结果是

$$\text{Ln}\hat{y}_i = 1.99 + 104.5(1/x_i)$$
$$(22.0)\quad(21.6)\qquad R^2 = 0.91, T = 47$$

这个结果是最好的。把上式还原为指数函数形式

$$\mathrm{Ln}\hat{y}_i = \mathrm{Ln}(7.33) + 104.5(1/x_i)$$

$$\hat{y}_i = 7.33\mathrm{e}^{104.5(1/x_i)} \tag{3-44}$$

用式(3-44)计算的拟合指数曲线见图3-34。也许读者要问，对于一个初学者来说，怎样才能找到如式(3-44)最佳的估计形式呢？当然要多练习、多实践，总结拟合经验。实际上，应记住，对于如图3-30类型的散点图，还有如式(3-44)形式的指数函数可供尝试。

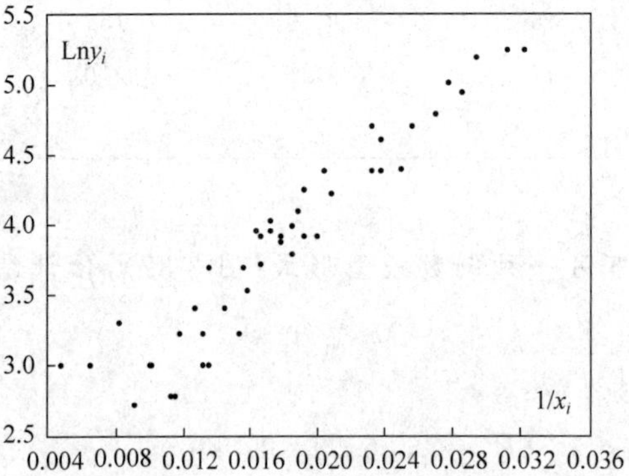

图3-33 Lny_i 与 $1/x_i$ 的散点图

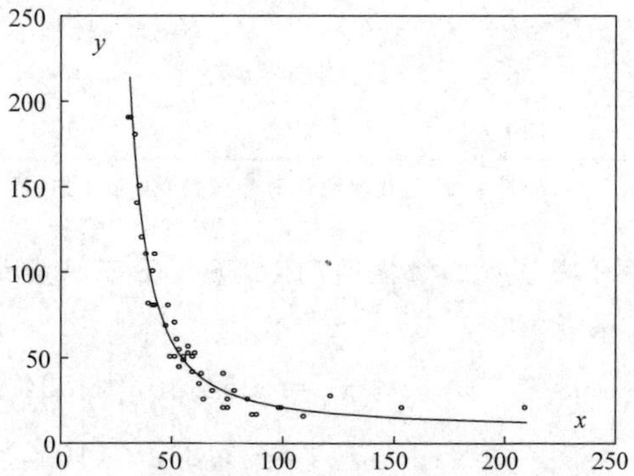

图3-34 拟合指数曲线

对这个例子，还可以采用不可线性化的纯非线性模型进行估计。EViews估计命令是直接给出具体的非线性模型形式。

估计结果如下：

$$\hat{y}_i = 8.30\mathrm{e}^{100.1(1/x_i)}, \quad R^2 = 0.96 \tag{3-45}$$

这个结果比式(3-44)还要好。

注意：在EViews中非线性模型的估计方法是直接写非线性函数的表达式。

【本例的EViews估计命令】

在工作文件窗口单击Quick按钮，选Estimate Equation功能。以模型(3-45)为例，在随后打开的Equation Estimation(方程估计)对话窗口中的Equation specification(方程设定)选择区填写估计命令(直接写非线性模型的表达式)

```
Y = C(1) * EXP(C(2) * (1/X))
```

其中，C(1)，C(2)表示两个被估回归系数，EXP(•)表示以e为底的指数函数，(1/X)表示X的倒数，*表示乘法运算。命令中不可去掉*符号。

【案例 3-2】（数据见 EViews、STATA 文件：case 3-2）

城镇人口比率和经济发展关系研究

这是一个联合使用非线性形式和虚拟变量的案例。城镇人口比率(R_t，单位是%)与国内生产总值(GDP_t)数据见表 3-7。散点图见图 3-35。

表 3-7　城镇人口比率(R_t)与国内生产总值(GDP_t)数据

年份	R_t(%)	GDP_t(万亿)	年份	R_t(%)	GDP_t(万亿)
1980	19.39	0.454 56	1994	28.51	4.819 79
1981	20.16	0.489 16	1995	29.04	6.079 37
1982	21.13	0.532 34	1996	30.48	7.117 66
1983	21.62	0.596 27	1997	31.91	7.897 30
1984	23.01	0.720 81	1998	33.35	8.440 23
1985	23.71	0.901 60	1999	34.78	8.967 71
1986	24.52	1.027 52	2000	36.22	9.921 46
1987	25.32	1.205 86	2001	37.66	10.965 52
1988	25.81	1.504 28	2002	39.09	12.033 27
1989	26.21	1.699 23	2003	40.53	13.582 28
1990	26.41	1.866 78	2004	41.76	15.987 83
1991	26.94	2.178 15	2005	42.99	18.386 79
1992	27.46	2.692 35	2006	43.90	21.087 10
1993	27.99	3.533 39			

资料来源：《中国统计年鉴-2007》，表 4-1、表 3-1。

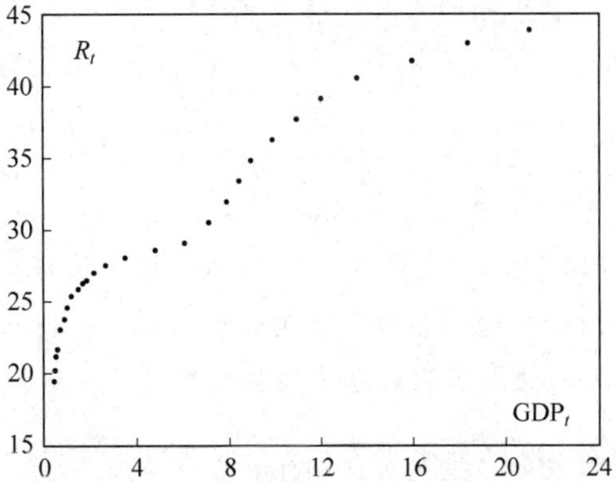

图 3-35　R_t 与 GDP_t 数据散点图

从图3-35可以看出,改革开放以后,中国的城市化进程具有两个特点:一个特点是明显分为两个阶段。其中1980—1995年为一个阶段,1996—2006年为另一个阶段。另一个特点就是在两个时期内城市化进程与GDP的关系都不是线性的。随着GDP的增加,两个阶段都表现为前半期城市化进程速度快,后半期城市化进程速度稍慢。之所以城镇人口比率的变化分为两个阶段,是因为改革开放初期和1995年国务院两次调整城镇居民落户政策,导致了城镇化进程的两次加快。

如果设定模型为线性回归,不但模型形式不合理,误差项还会存在严重的正自相关(图3-36)。

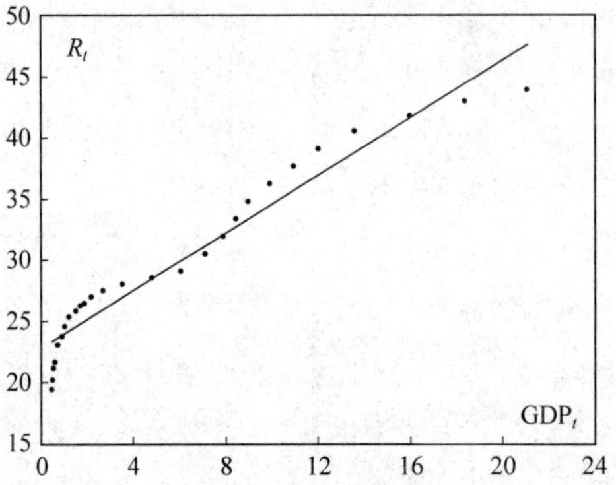

图3-36 R_t 与 GDP_t 数据散点图及线性拟合

描述城市化进程的常见模型有logistic模型、双S形曲线、时间序列模型、线性模型等形式。对于这组数据,建立分时段的非线性模型最合理。首先引入虚拟变量 D。

$$D=\begin{cases}0, & 1980—1995\\ 1, & 1996—2006\end{cases}$$

通过比较,两个时段各建立倒数模型最为合理。估计结果如下:

$$\hat{R}_t = 29.0909 + 22.0623D - 4.4379\frac{1}{GDP_t} - 144.0649\frac{1}{GDP_t}D \qquad (3\text{-}46)$$

$$(229.7) \qquad (70.8) \qquad (-40.8) \qquad (-48.7)$$

$$R^2 = 0.9986, T = 27, (1980—2006)$$

模型拟合优度达到0.9986。城镇人口比率(R_t)观测值与拟合值的比较见图3-37。经计算,样本范围内平均预测绝对值误差仅为0.76%。

按虚拟变量 D 定义的两个不同时期重写估计结果(3-46)如下:

$$\hat{R}_t = 29.0909 - 4.4379\frac{1}{GDP_t}, (1980—1995)$$

$$\hat{R}_t = 51.1532 - 148.5028\frac{1}{GDP_t}, (1996—2006) \qquad (3\text{-}47)$$

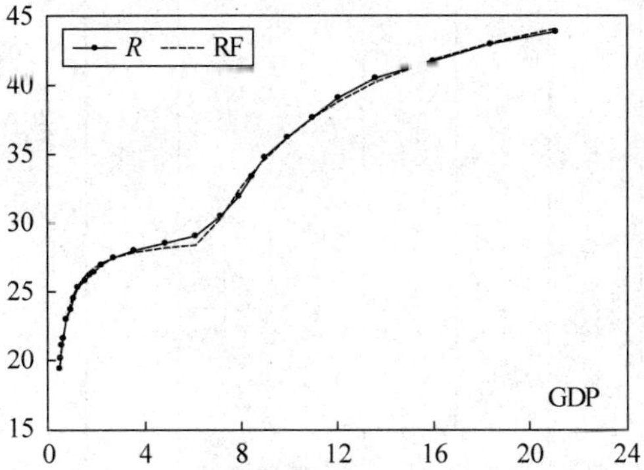

图 3-37　式(3-49)拟合值与实际值 R_t 比较

2006 年 $GDP_{2006}=21.0871$(万亿)，$R_{2006}=43.90(\%)$，求 2006 年城镇人口比率 R_{2006} 对 GDP_{2006} 的弹性系数和边际系数。

根据 3.1.4 小节中的弹性系数和边际系数的计算公式，$\dfrac{\mathrm{d}y_t}{y_t}\bigg/\dfrac{\mathrm{d}x_t}{x_t}=\dfrac{b}{-x_t y_t}$和$\dfrac{\mathrm{d}y_t}{\mathrm{d}x_t}=\dfrac{b}{-x_t^2}$，得结果如下：

$$R_{2006}\text{ 对 }GDP_{2006}\text{ 的弹性系数}=\frac{\hat{b}}{-x_t y_t}=\frac{-148.5028}{-43.9\times 21.0891}=0.1604$$

$$R_{2006}\text{ 对 }GDP_{2006}\text{ 的边际系数}=\frac{\hat{b}}{-x_t^2}=\frac{-148.5028}{-43.9^2}=0.0771$$

弹性系数的实际含义是在 2006 年若 GDP_{2006} 增加 1%，城镇人口比率 R_{2006} 将增加 0.160 4%，即增加至

$$43.9\times(1+0.1604)=50.94\%$$

边际系数实际含义是在 2006 年若 GDP_{2006} 增加 1 万亿元，城镇人口比率 R_{2006} 将增加 0.077 1(%)，即增加至

$$43.9+0.0771\times 1=43.9771\%$$

【式(3-46)的 EViews 估计命令】

```
R  c  D1  1/GDP  D1 * 1/GDP
```

其中 D1 表示式(3-46)中的虚拟变量 D，1/GDP 表示 GDP 的倒数，D1 * 1/GDP 表示式(3-46)中虚拟变量 D 与 GDP 的倒数的乘积项。

3.3　可线性化的非线性模型一览表

本章提出的 7 类可线性化的非线性模型总结见表 3-8。

表 3-8 可线性化的非线性模型及其边际系数、弹性系数一览表

	非线性函数名称	非线性函数式	线性化回归模型	边际系数，$\frac{dy_t}{dx_t}$	弹性系数，$\frac{dy_t/y_t}{dx_t/x_t}$
1	幂函数	$y_t=ax_t^b$	$\text{Ln}y_t=\text{Ln}a+b\text{Ln}x_t+u_t$	$b\frac{y_t}{x_t}$	b
2	指数函数	$y_t=ae^{bx_t}$	$\text{Ln}y_t=\text{Ln}a+bx_t+u_t$	by_t	bx_t
3	对数函数	$y_t=a+b\text{Ln}x_t$	$y_t=a+b\text{Ln}x_t+u_t$	b/x_t	b/y_t
4	对数变量的对数函数	$\text{Ln}y_t=a+b\text{Ln}(\text{Ln}x_t)$	$\text{Ln}y_t=a+b\text{Ln}(\text{Ln}x_t)+u_t$	$\frac{by_t}{x_t\text{Ln}x_t}$	$\frac{b}{\text{Ln}x_t}$
5	双曲线函数	$y_t=a+b\frac{1}{x_t}$	$y_t=a+b\frac{1}{x_t}+u_t$	$\frac{b}{-x_t^2}$	$\frac{b}{-x_ty_t}$
6	三次多项式函数	$y_t=b_0+b_1x_t+b_2x_t^2+b_3x_t^3$	$y_t=b_0+b_1x_t+b_2x_t^2+b_3x_t^3+u_t$	$b_1+2b_2x_t+3b_3x_t^2$	$(b_1+2b_2x_t+3b_3x_t^2)\frac{x_t}{y_t}$
7	二次多项式函数	$y_t=b_0+b_1x_t+b_2x_t^2$	$y_t=b_0+b_1x_t+b_2x_t^2+u_t$	$b_1+2b_2x_t$	$(b_1+2b_2x_t)\frac{x_t}{y_t}$
8	生长曲线	$y_t=\frac{k}{1+be^{-at}}$	$\left[\text{Ln}\left(\frac{k}{y_t}-1\right)\right]=\text{Ln}b-at+u_t$	$\frac{abe^{-at}y_t}{1+be^{-at}}$	$\frac{abe^{-at}t}{1+be^{-at}}$
9	龚伯斯曲线	$y_t=ke^{-be^{-at}}$	$\left\{\text{Ln}\left[\text{Ln}\left(\frac{k}{y_t}\right)\right]\right\}=\text{Ln}b-at+u_t$	$abe^{-at}y_t$	$abte^{-at}$

注：表中 y_t，x_t 表示变量，a，b 表示系数。Ln(·)表示取自然对数。

本章习题

第 4 章　特殊解释变量

第 1～3 章讨论了 x_{ti} 对 y_t 的影响。实际建模过程中，x_{ti} 的滞后项和 y_t 的滞后项都有可能对 y_t 存在影响。另外解释变量有可能是随机变量，也有可能与误差项 u_t 存在相关关系，有些定性因素也会对 y_t 产生影响。这一章集中讨论当这些变量出现在模型中时，相应的处理与参数估计方法。

本章主要讨论 4 种特殊的解释变量：虚拟变量、工具变量、滞后变量、随机解释变量。

4.1 虚拟变量

在实际建模过程中，被解释变量不但受定量变量影响，同时还有可能受定性因素影响。例如需要考虑性别、民族、不同历史时期、季节差异、地域差异、企业所有制性质不同等因素的影响。这些因素也应该包括在模型中。

由于定性变量通常表示的是某种特性的有和无，所以量化方法可采用取值为 1 或 0。这种变量称作虚拟变量，常用 D 表示(英文 Dummy 的字头)。虚拟变量应用于回归模型中，对其回归系数的估计与检验方法与定量变量相同。

4.1.1 测量截距移动

首先考虑用虚拟变量测量截距移动。设有模型

$$y_t=\beta_0+\beta_1 x_t+\beta_2 D+u_t \tag{4-1}$$

其中，y_t，x_t 为定量变量；D 为虚拟变量，表示影响 y_t 变化的某种定性因素。D 只含有两个类别。当 $D=0$ 或 1 时，上述模型可表达为

$$y_t=\begin{cases}\beta_0+\beta_1 x_t+u_t, & D=0\\ (\beta_0+\beta_2)+\beta_1 x_t+u_t, & D=1\end{cases} \tag{4-2}$$

$D=1$ 或 0 表示某种特征的有和无。若 β_2 不为零，在平面坐标系里模型(4-2)表示两个表达式的截距不同，见图 4-1。从图 4-1 可以看出，对应 $D=0$ 和 $D=1$ 的观测值明显分为两种类型。比如研究不同小麦品种的产量问题，用 D 表示两个不同的小麦品种，那么在不同的播种亩数条件下，小麦产量明显形成了两组不同的产量观测值。这时在模型中加入表示小麦品种的虚拟变量很有必要。

在引入虚拟变量过程中要注意以下几点。

(1) 若定性变量含有 m 个类别，则模型中最多只能引入 $m-1$ 个虚拟变量，否则当模型中含有截距项时，会导致解释变量数据矩阵 $\boldsymbol{X}$ 降秩，无法用最小二乘法估计回归系数。例如对于季节数据(有 4 个季节)，最多只能引入 3 个虚拟变量。当引入 4 个虚拟变量时，

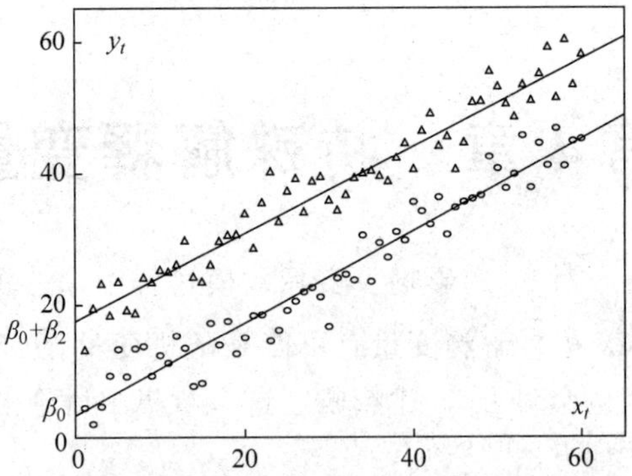

图 4-1 测量截距不同(假定 $\beta_2>0$)

就会导致多重共线性(详见第 7 章)。看表 4-1 数据,4 个虚拟变量定义为

$$D_1=\begin{cases}1, & 1\text{季度}\\0, & 2,3,4\text{季度}\end{cases},\quad D_2=\begin{cases}1, & 2\text{季度}\\0, & 1,3,4\text{季度}\end{cases}$$

$$D_3=\begin{cases}1, & 3\text{季度}\\0, & 1,2,4\text{季度}\end{cases},\quad D_4=\begin{cases}1, & 4\text{季度}\\0, & 1,2,3\text{季度}\end{cases}$$

则必有如下关系存在。

$$D_4=1-(D_1+D_2+D_3)$$

即 D_1、D_2、D_3、D_4 存在函数关系,当把 $D_1\sim D_4$ 同时引入回归模型中,$D_1\sim D_4$ 与单位列向量之间必然存在完全共线性。$D_1+D_2+D_3+D_4=1$ 与解释变量数据矩阵 $\boldsymbol{X}$ 的第 1 列(单位列向量)完全相同,从而导致 $\boldsymbol{X}$ 降秩,无法用最小二乘法估计回归系数。

表 4-1 x_t 和虚拟变量 D_1、D_2、D_3、D_4

t		x_t	D_1	D_2	D_3	D_4
1995.1	1	x_1	1	0	0	0
1995.2	1	x_2	0	1	0	0
1995.3	1	x_3	0	0	1	0
1995.4	1	x_4	0	0	0	1
1996.1	1	x_5	1	0	0	0
1996.2	1	x_6	0	1	0	0
1996.3	1	x_7	0	0	1	0
1996.4	1	x_8	0	0	0	1
1997.1	1	x_9	1	0	0	0
…	…	…	…	…	…	…

(2) 至于定性变量中的哪个类别取 0、哪个类别取 1,则是任意的。虽然这种互换会对回归系数的估计结果产生影响,但不会对回归系数的显著性检验和被解释变量的预测产生影响。

(3) 定性变量中取值为 0 所对应的类别称作基础类别。

下面举例说明虚拟变量的用法。

【例 4-1】（数据见 EViews、STATA 文件：li 4-1）

中国新冠肺炎累计确诊病例数序列分析

2020 年 1 月 16 日至 2 月 27 日中国新冠肺炎累计确诊病例数序列 y_t 见图 4-2，数据见表 4-2。y_t 的差分序列是每日新增病例数序列 Δy_t。可以判断出 2 月 4 日是每日新增病例序列 Δy_t 的最大值，那么 2 月 4 日的 y_t 对应值 24 324 例是 y_t 序列的拐点。

自 2 月 12 日起，湖北省更改统计口径，把疑似病例中具有肺炎影像学特征患者确定为新冠肺炎临床诊断病例，纳入确诊病例中进行统计，所以，2 月 12 日起，确诊病例中突然增加了 13 332 例。见图 4-2，定义一个阶跃虚拟变量 DL_t，

$$DL_t=\begin{cases}0, & 2\text{月}12\text{日之前}\\ 1, & 2\text{月}12\text{日及以后}\end{cases} \tag{4-3}$$

序列 y_t 呈 logistic 曲线变化特征。拐点以前，每日新增数越来越大；拐点过后，每日新增数越来越小。在 2 月 12 日，序列 y_t 出现一个水平阶跃变化，即突增 13 332 例。下面用含有虚拟变量 DL_t 的 logistic 函数拟合 y_t 序列。

设定上限值为 80 000 例。进一步观察线性化被解释变量 $\mathrm{Ln}(80\,000/y_t-1)$ 随时间 t 的变化特征(图 4-3)。$\mathrm{Ln}(80\,000/y_t-1)$ 与时间 t 不是线性关系，而是在 2 月 12 日带有阶跃突变的二次多项式函数关系。所以推定，拟合的模型中可能有 t^2 项。设定的模型是

$$\hat{\mathrm{Ln}}\left(\frac{80\,000}{y_t}-1\right)=\beta_0+\beta_1 t+\beta_2 t^2+\beta_3 DL_t+\beta_4 t DL_t+\beta_5 t^2 DL_t \tag{4-4}$$

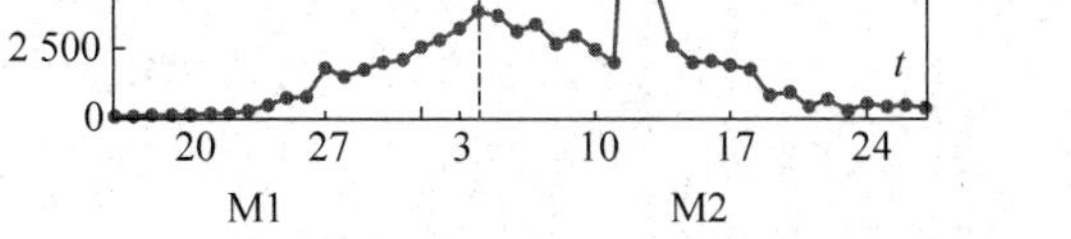

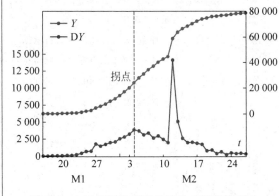

图 4-2　中国新冠肺炎累计确诊病例数序列 y_t

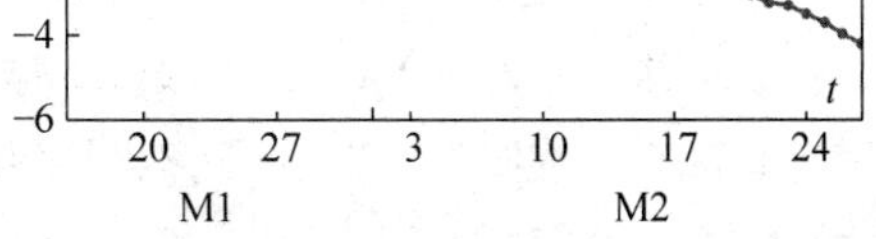

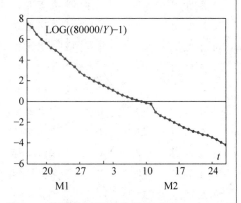

图 4-3　线性化被解释变量 $\mathrm{Ln}(80\,000/y_t-1)$

估计结果，$\beta_3 DL_t$ 项系数没有显著性，从模型中删除 $\beta_3 DL_t$ 项，得结果如下。

$$\mathrm{L\hat{n}}\left(\frac{80\,000}{y_t}-1\right)=8.0526-0.519t+0.0079t^2+0.1095t\mathrm{DL}_t-0.0049t^2\mathrm{DL}_t \quad (4\text{-}5)$$

$$(176.8)\ (-69.3)\ (30.3)\quad (16.1)\qquad (-18.9)$$

$$R^2=0.9996, T=43$$

回归函数拟合得非常好。还原成 logistic 函数回归形式

$$\hat{y}_t=\frac{80\,000}{1+\mathrm{e}^{-(-8.0526+0.519t-0.0079t^2-0.1095tD+0.0049t^2\mathrm{DL}_t)}} \quad (4\text{-}6)$$

样本内的预测平均绝对百分比误差是5%。(本例也可以用 Gompertz 曲线拟合)

【本例的 EViews 估计命令】

在工作文件窗口单击 Quick 按钮,选 Estimate Equation 功能。以模型(4-5)为例,在随后打开的 Equation Estimation(方程估计)对话窗口中的 Equation specification(方程设定)选择区填写估计命令

```
log(80 000/y—1)   c   t   t^2   DL * t   DL * t^2
```

其中,log(80 000/y—1)表示对[(80 000/y)—1]取自然对数。DL 是阶跃虚拟变量。t 是时间变量,由@trend(1/15/2020)生成,且2020年1月16日对应 $t=1$。

表 4-2 中国新冠肺炎累计确诊病例数据

2020 年	t	y_t	2020 年	t	y_t	2020 年	t	y_t
1月16日	1	45	1月31日	16	11 791	2月15日	31	68 500
1月17日	2	62	2月1日	17	14 380	2月16日	32	70 548
1月18日	3	121	2月2日	18	17 205	2月17日	33	72 436
1月19日	4	198	2月3日	19	20 438	2月18日	34	74 185
1月20日	5	291	2月4日	20	24 324	2月19日	35	75 002
1月21日	6	440	2月5日	21	28 018	2月20日	36	75 891
1月22日	7	571	2月6日	22	31 161	2月21日	37	76 288
1月23日	8	830	2月7日	23	34 546	2月22日	38	76 936
1月24日	9	1 287	2月8日	24	37 198	2月23日	39	77 150
1月25日	10	1 975	2月9日	25	40 171	2月24日	40	77 658
1月26日	11	2 744	2月10日	26	42 638	2月25日	41	78 064
1月27日	12	4 515	2月11日	27	44 653	2月26日	42	78 497
1月28日	13	5 974	2月12日	28	58 761	2月27日	43	78 824
1月29日	14	7 711	2月13日	29	63 851			
1月30日	15	9 692	2月14日	30	66 492			

注:数据摘自腾讯新闻新冠疫情网站。

【例 4-2】（数据见 EViews、STATA 文件：li 4-2）

建模过程中用虚拟变量处理季节数据

中国 2011 年 1 月至 2019 年 4 月季度 GDP 数据(GDP_t，亿元)见表 4-3，对数的季度 GDP 序列 $LnGDP_t$ 见图 4-4。由于受我国国情影响，每年第 1、2、3、4 季度的 GDP 值是逐季增加的，表现出有规律的变化特征。设定 3 个季节虚拟变量，

$$D_2=\begin{cases}1, & \text{第 2 季度}\\0, & \text{其他季度}\end{cases},\quad D_3=\begin{cases}1, & \text{第 3 季度}\\0, & \text{其他季度}\end{cases},\quad D_4=\begin{cases}1, & \text{第 4 季度}\\0, & \text{其他季度}\end{cases}$$

表 4-3　中国季度 GDP(GDP_t，亿元)数据

年·季度	GDP_t	t	D_2	D_3	D_4	年·季度	GDP_t	t	D_2	D_3	D_4
2011.1	104 469.9	1	0	0	0	2015.3	176 597.7	19	0	1	0
2011.2	118 895.9	2	1	0	0	2015.4	192 572.9	20	0	0	1
2011.3	126 562.2	3	0	1	0	2016.1	162 410.0	21	0	0	0
2011.4	138 012.1	4	0	0	1	2016.2	181 408.2	22	1	0	0
2012.1	117 357.6	5	0	0	0	2016.3	191 010.6	23	0	1	0
2012.2	131 320.6	6	1	0	0	2016.4	211 566.2	24	0	0	1
2012.3	138 089.6	7	0	1	0	2017.1	181 867.7	25	0	0	0
2012.4	151 812.0	8	0	0	1	2017.2	201 950.3	26	1	0	0
2013.1	129 449.6	9	0	0	0	2017.3	212 789.3	27	0	1	0
2013.2	143 518.7	10	1	0	0	2017.4	235 428.7	28	0	0	1
2013.3	152 222.7	11	0	1	0	2018.1	202 035.7	29	0	0	0
2013.4	167 772.3	12	0	0	1	2018.2	223 962.2	30	1	0	0
2014.1	140 759.8	13	0	0	0	2018.3	234 474.3	31	0	1	0
2014.2	156 489.6	14	1	0	0	2018.4	258 808.9	32	0	0	1
2014.3	165 484.7	15	0	1	0	2019.1	218 062.8	33	0	0	0
2014.4	180 828.9	16	0	0	1	2019.2	242 573.8	34	1	0	0
2015.1	151 137.9	17	0	0	0	2019.3	252 208.7	35	0	1	0
2015.2	168 549.7	18	1	0	0	2019.4	278 019.7	36	0	0	1

资料来源：国家统计局网站，季节数据栏目。

以时间 t 为解释变量(2011 年 1 季度取 $t=1$)得 $LnGDP_t$ 的估计模型如下，

$$L\hat{n}GDP_t = 11.5600 + 0.0220t + 0.0875D_2 + 0.1169D_3 + 0.1898D_4 \quad (4\text{-}7)$$
$$(2080.1)\quad(105.7)\quad(14.4)\quad(19.2)\quad(31.1)$$
$$R^2 = 0.9976,\ T = 36$$

季节虚拟变量 D_2、D_3、D_4 的回归系数都显著地不等于零。模型拟合得很好,拟合优度 $R^2=0.9976$。式(4-7)的实际意义是,当分别预测第 2、3、4 季度的 LnGDP_t 值时,应当在回归式 $\text{L}\hat{\text{n}}\text{GDP}_t=11.5600+0.0220t$ 基础上,分别加上常数值 0.0875、0.1169 和 0.1898。3 个季节虚拟变量定义对应的基础类别是第 1 季度。

【估计式(4-7)的 EViews 操作步骤】

首先通过 Quick,Generate Series 窗口分别定义变量 LnGDP_t、t、D_2、D_3、D_4。分别输入命令如下:

```
LnGDP=log(GDP),t=@trend(2010q4),D2=@seas(2),D3=@seas(3),D4=@seas(4)
```

在工作文件窗口单击 Quick 按钮,选 Estimate Equation 功能。在随后打开的 Equation Estimation(方程估计)对话窗口中的 Equation specification(方程设定)选择区填写估计命令

```
LnGDP  c  t  D2  D3  D4
```

单击"确定"按钮。即得到式(4-7)的估计结果。其中 t 表示时间变量,$t=1$ 对应 2011 年第 1 季度。虚拟变量 D_2 表示第 2 季度取 1,其他季度取 0。同理定义 D_3 和 D_4。

若不采用虚拟变量,用 LnGDP_t 直接对时间 t 回归,得结果如下,

$$\text{L}\hat{\text{n}}\text{GDP}_t=11.6457+0.0226t \tag{4-8}$$

$$(484.1)\quad(20.0)\quad R^2=0.9215,\quad T=36$$

LnGDP_t 对时间 t 的拟合直线见图 4-5。这条直线既对第 1 季度的数据拟合得不好,对第 2、3、4 季度的数据拟合得也不好。拟合优度 R^2 只达到 0.9215。式(4-8)与式(4-7)相比,可决系数 R^2 下降了 8%,拟合的效果较差。

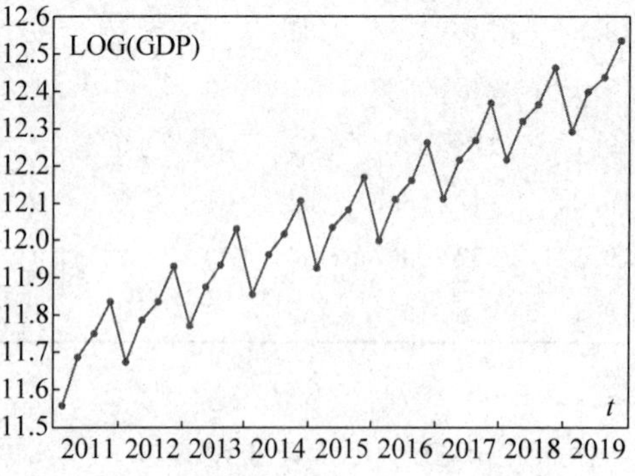

图 4-4 中国对数的季度 GDP 序列(GDP_t)

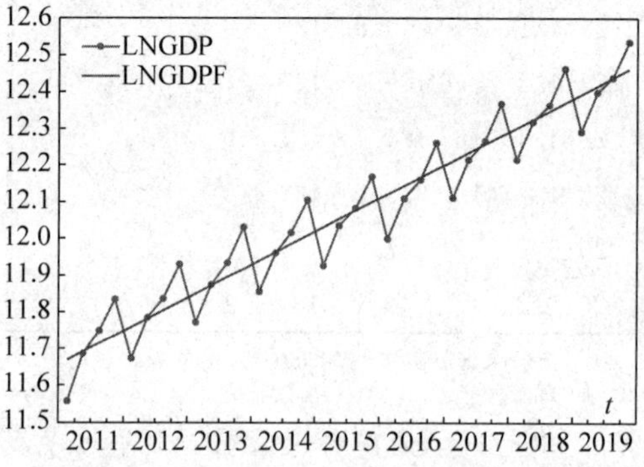

图 4-5 不加虚拟变量的回归拟合结果

4.1.2 测量斜率变化

以上只考虑定性变量影响截距,未考虑影响斜率,即回归系数发生变化。当需要考虑

斜率发生变化时，可在模型中加入定量变量与虚拟变量的乘积项，例如：

$$y_t = \beta_0 + \beta_1 x_t + \beta_2 D + \beta_3 x_t D + u_t$$

其中 x_t 为定量变量；D 为虚拟变量。当 $D=0$ 或 1 时，上述模型可表达为

$$y_t = \begin{cases} (\beta_0 + \beta_2) + (\beta_1 + \beta_3) x_t + u_t, & D = 1 \\ \beta_0 + \beta_1 x_t + u_t, & D = 0 \end{cases}$$

通过检验 β_2、β_3 是否为零，可判断模型斜率、截距是否发生显著性变化。两种截距和斜率都发生变化的示意图见图 4-6 和图 4-7（实际上属同一种情形）。下面举例说明。

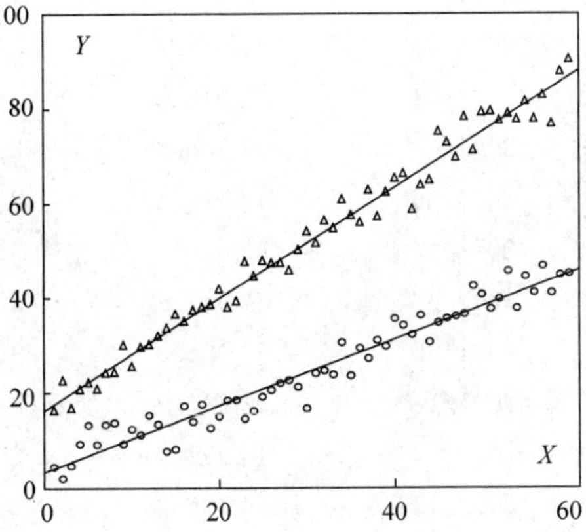

图 4-6　两组数据的截距和斜率都不同

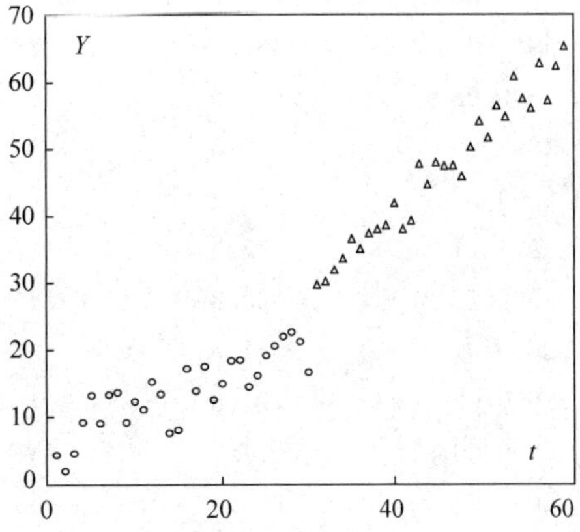

图 4-7　两组数据的截距和斜率都不同

【例 4-3】（数据见 EViews、STATA 文件：li 4-3）

中国移动电话用户数的预测

1999 年 1 月—2002 年 4 月中国移动电话用户数序列见图 4-8，数据见表 4-4。中国移动电话用户数的变化在这一时期明显分成两个时段。第 1 时段是 1999 年 1 月—2000 年 11 月，第 2 时段是 2000 年 12 月—2002 年 4 月。在 2000 年 12 月还出现了阶跃

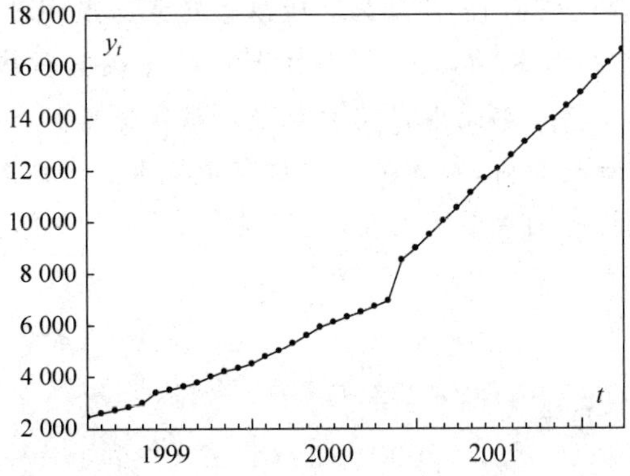

图 4-8　1999 年 1 月—2002 年 4 月中国移动电话用户数序列

表 4-4 1999年1月—2002年4月中国移动电话用户数数据 万户

年/月	移动电话用户数 y_t	t	年/月	移动电话用户数 y_t	t
1999/01	2 448.1	1	2000/09	6 505.7	21
1999/02	2 592.5	2	2000/10	6 723.0	22
1999/03	2 703.0	3	2000/11	6 939.4	23
1999/04	2 824.5	4	2000/12	8 526.0	24
1999/05	2 978.6	5	2001/01	8 975.9	25
1999/06	3 383.0	6	2001/02	9 490.7	26
1999/07	3 489.0	7	2001/03	10 031.4	27
1999/08	3 619.0	8	2001/04	10 519.8	28
1999/09	3 759.5	9	2001/05	11 108.0	29
1999/10	3 992.2	10	2001/06	11 676.1	30
1999/11	4 198.4	11	2001/07	12 060.5	31
1999/12	4 323.8	12	2001/08	12 577.4	32
2000/01	4 501.5	13	2001/09	13 091.0	33
2000/02	4 771.8	14	2001/10	13 601.9	34
2000/03	5 014.5	15	2001/11	13 992.2	35
2000/04	5 295.5	16	2001/12	14 481.2	36
2000/05	5 605.9	17	2002/01	14 990.9	37
2000/06	5 928.7	18	2002/02	15 585.5	38
2000/07	6 117.0	19	2002/03	16 150.0	39
2000/08	6 319.2	20	2002/04	16 648.0	40

资料来源：http://www.mii.gov.cn/mii/hyzw/tjxx.html。

性变化，移动电话用户数突然增加了1 586.6万户。两个时段移动电话用户数的增加随时间都是近似线性变化的，但变化的速度(斜率)明显不同。2000年12月以后每月的新增用户数比2000年12月以前增加很多。

经深入调查，发现2000年12月以后之所以移动电话用户数增长加快，是因为移动电话技术的进步(GSM,GPRS,3G)、国产手机上市以及联通和移动分为两家公司等使移动电话价格下降，从而导致移动电话用户数进一步快速增加。

这类问题，建立预测模型时，应该使用虚拟变量技术。考虑到截距和斜率都有可能发生变化，模型中在包括时间变量 t 的同时，还应该加入虚拟变量 D 和虚拟变量 D 与变量 t 的乘积项 $t\times D$。

定义虚拟变量

$$D=\begin{cases}0, & 1999\text{年}1\text{月—}2000\text{年}11\text{月}\\ 1, & 2000\text{年}12\text{月—}2002\text{年}4\text{月}\end{cases} \tag{4-9}$$

建立模型

$$y_t = \beta_0 + \beta_1 D + \beta_2 t + \beta_3 (t \times D) + u_t$$

其中令 1999 年 1 月对应 $t=1$，得估计结果，

$$\hat{y}_t = 1\,996.9 - 5\,590.0\,D + 210.5t + 294.2(t \times D) \tag{4-10}$$

$$(41.9) \quad (-30.4) \quad (60.5) \quad (45.3)$$

$$R^2 = 0.999\,4, T = 40, (1999{:}1—2002{:}4)$$

因为 D 与 $t \times D$ 项的系数都显著地不为零，说明移动电话用户数在增加过程中截距和斜率都发生了变化。

【式(4-9)的 EViews 估计命令】

```
Y  c  D1  @trend(1998m12)  D1*@trend(1998m12)
```

其中 D1 是用式(4-9)定义的虚拟变量 D。@trend(1998m12)表示时间变量 t，对应 1999 年 1 月，$t=1$，2 月，$t=2$，…，D1*@trend(1998m12)表示估计式中的($t \times D$)项。

按 1999 年 1 月—2000 年 11 月和 2000 年 12 月—2002 年 4 月两个时段分别表达上面的估计结果，得

$$\hat{y}_t = \begin{cases} 1\,996.9 + 210.5t, & 1999\text{ 年 1 月 —2000 年 11 月} \\ -3\,593.1 + 504.7t, & 2000\text{ 年 12 月 —2002 年 4 月} \end{cases}$$

估计结果说明，在 2000 年 12 月以前每月平均新增移动电话 210.5 万户；2000 年 12 月以后每月平均新增移动电话 504.7 万户。

令 $D=1$，$t=41$、42，预测 2002 年 5、6 月移动电话用户数。

$$Y_{2002,5} = -3\,593.1 + 504.7 \times 41 = 17\,099.6(\text{万户})$$

$$y_{2002,6} = -3\,593.1 + 504.7 \times 42 = 17\,604.3(\text{万户})$$

2002 年 5、6 月移动电话实际用户数分别是 17 138.0 和 17 616.9 万户。样本外两期的预测相对误差绝对值平均是

$$\begin{aligned} \text{MAPE} &= \frac{1}{2}\sum_{t=1}^{2}\left|\frac{\hat{y}_t - y_t}{y_t}\right| \\ &= \frac{1}{2}\left(\left|\frac{17\,099.6 - 17\,138.0}{17\,138.0}\right| + \left|\frac{17\,604.3 - 17\,616.9}{17\,616.9}\right|\right) \\ &= 0.001\,48 \end{aligned}$$

相对误差绝对值平均仅为 0.148%。

若不采用虚拟变量加入模型，模型的可决系数肯定会降低，预测误差也会很大。回归模型中加入虚拟变量和不加入虚拟变量的拟合对比图见图 4-9。其中 YF 是式(4-9)，加入虚拟变量的回归模型预测结果。YF1 是不加入虚拟变量的回归模型预测结果。显然，YF 比 YF1 预测得准确。

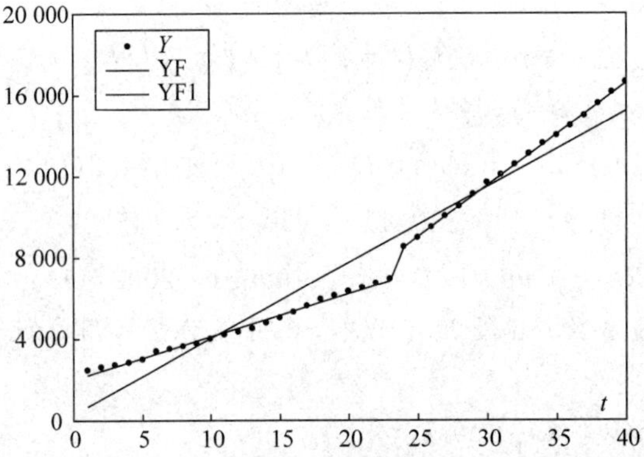

图 4-9　回归模型中加入虚拟变量和不加入虚拟变量的拟合对比图

4.2　工具变量

工具变量就是满足某种要求的替代变量。用工具变量替换模型中不能满足假定条件的解释变量是改善模型参数估计量性质的有效方法。如 4.4 节所讨论的，当解释变量是随机的，且与误差项相关时，回归参数的 OLS 估计量既是有偏的，也是不一致的。为了改进估计量性质，可以采用工具变量。采用工具变量的基本思路是，当解释变量 x_t 具有随机性，且与随机误差项 u_t 高度相关时，设法找到某个变量 z_t。条件是 z_t 既与 x_t 高度相关，又与 u_t 不相关，从而用 z_t 替换变量 x_t，估计模型参数，z_t 称为工具变量。此种估计方法称为工具变量法[或 IV(instrument variable)法]。下面分两种情形讨论。

4.2.1　工具变量在一元线性回归模型中的应用

给出一元线性回归模型如下：

$$y_t = \beta_0 + \beta_1 x_t + u_t$$

假设 x_t 为随机解释变量且与随机误差项 u_t 高度相关。此外 u_t 满足最小二乘法的其他假定条件 $E(u_t)=0, \mathrm{var}(u_t)=\sigma^2, \mathrm{cov}(u_i, u_j)=0, i \neq j, i, j=1,2,\cdots,T$。用工具变量法估计参数的步骤是

(1) 寻找工具变量 z_t。

z_t 应该满足以下条件：一是必须是有实际经济含义的变量；二是与随机解释变量 x_t 高度相关，同时与随机误差项 u_t 不相关。

(2) 替换正规方程中的随机解释变量 x_t。

把第 1 章中正规方程表达式(1-7)和式(1-8)重写如下：

$$\sum_{t=1}^{T}(y_t-\hat{\beta}_0-\hat{\beta}_1 x_t)=0 \tag{4-11}$$

$$\sum_{t=1}^{T}(y_t-\hat{\beta}_0-\hat{\beta}_1 x_t)x_t=0$$

用 z_t 替换上式括号外面的 x_t（相当于把 $\sum u_t x_t=0$ 换成 $\sum u_t z_t=0$），得

$$\sum_{t=1}^{T}(y_t-\hat{\beta}_0-\hat{\beta}_1 x_t)z_t=0 \tag{4-12}$$

解由式(4-11)和式(4-12)构成的方程组，得 β_1 的工具变量法估计式如下：

$$\hat{\beta}_{1(\mathrm{IV})}=\frac{\sum(z_t-\bar{z})(y_t-\bar{y})}{\sum(z_t-\bar{z})(x_t-\bar{x})} \tag{4-13}$$

其中 $\hat{\beta}_{1(\mathrm{IV})}$ 表示 β_1 的工具变量法估计量。β_0 的工具变量法估计式为

$$\hat{\beta}_{0(\mathrm{IV})}=\bar{y}-\hat{\beta}_{1(\mathrm{IV})}\bar{x}$$

工具变量法估计量 $\hat{\beta}_{1(\mathrm{IV})}$ 是相应回归参数的一致估计量。证明如下：由式(4-13)得

$$\hat{\beta}_{1(\mathrm{IV})}=\frac{\sum(z_t-\bar{z})[\beta_1(x_t-\bar{x})+u_t]}{\sum(z_t-\bar{z})(x_t-\bar{x})}=\beta_1+\frac{\sum(z_t-\bar{z})u_t}{\sum(z_t-\bar{z})(x_t-\bar{x})}$$

则

$$\operatorname*{plim}_{T\to\infty}\hat{\beta}_{1(\mathrm{IV})}=\beta_1+\frac{\operatorname*{plim}_{T\to\infty}\frac{1}{T}\sum(z_t-\bar{z})u_t}{\operatorname*{plim}_{T\to\infty}\frac{1}{T}\sum(z_t-\bar{z})(x_t-\bar{x})}$$

因为 z_t 和 u_t 不相关，或渐近不相关，$\mathrm{cov}(z_t,u_t)=0$，上式分子趋于零，于是

$$\operatorname{plim}\hat{\beta}_{1(\mathrm{IV})}=\beta_1$$

这说明工具变量法的参数估计量 $\hat{\beta}_{1(\mathrm{IV})}$ 是 β_1 的一致估计量。

类似可以证明 $\hat{\beta}_{0(\mathrm{IV})}$ 也是 β_0 的一致估计量。下面举例说明工具变量法在单一方程中的应用。

【例 4-4】（数据见 EViews、STATA 文件：li 4-4）

用工具变量法估计单一方程

1978—1998 年中国国内生产总值 Y_t、宏观消费 C_t、资本总额 K_t 数据见表 4-5。建立宏观消费模型

$$C_t=\beta_0+\beta_1 Y_t+u_t$$

得估计结果如下：

$$\hat{C}_t = 620.6414 + 0.5730Y_t \tag{4-14}$$

$$(6.6) \qquad (213.2) \qquad R^2 = 0.9996, \mathrm{DW} = 0.80, T = 21$$

表 4-5 1978—1998 年 Y_t(国内生产总值)、C_t(宏观消费)、K_t(资本总额)数据 亿元

年份	Y_t	C_t	K_t
1978	3 605.5	2 239.1	1 377.9
1979	4 073.9	2 619.4	1 474.2
1980	4 551.3	2 976.1	1 590.0
1981	4 901.4	3 309.1	1 581.0
1982	5 489.2	3 637.9	1 760.2
1983	6 076.3	4 020.5	2 005.0
1984	7 164.3	4 694.5	2 468.6
1985	8 792.1	5 773.0	3 386.0
1986	10 132.8	6 542.0	3 846.0
1987	11 784.0	7 451.2	4 322.0
1988	14 704.0	9 360.1	5 495.0
1989	16 466.0	10 556.5	6 095.0
1990	18 319.5	11 365.2	6 444.0
1991	21 280.4	13 145.9	7 517.0
1992	25 863.6	15 952.1	9 636.0
1993	34 500.6	20 182.1	14 998.0
1994	47 110.9	27 216.2	19 260.6
1995	58 510.5	33 635.0	23 877.0
1996	68 330.4	40 003.9	26 867.2
1997	74 894.3	43 579.4	28 457.6
1998	79 853.3	46 405.9	30 396.0

资料来源：国家统计局.新中国五十年统计资料汇编[M].北京：中国统计出版社,1999：6.

模型(4-14)中宏观消费 C_t 是随机变量。因为 C_t 是国内生产总值 Y_t 的一部分，所以 Y_t 也应该是随机变量。这就违反了模型中解释变量非随机的假定，而且 Y_t 也必然与 u_t 高度相关。估计结果还显示模型存在严重的自相关(自相关危害见第6章)。所以应该选择一个工具变量设法替代变量 Y_t。

资本形成总额 K_t 是 Y_t 的一部分，自然与 Y_t 高度相关。经计算模型(4-14)的残差与 K_t 的相关系数为-0.0328。这在一定程度上说明 K_t 与 u_t 不相关。基于上述理由，选择 K_t 做 Y_t 的工具变量。于是得

$$\hat{\beta}_{1(\mathrm{IV})}=\frac{\sum(K_t-\bar{K})(C_t-\bar{C})}{\sum(K_t-\bar{K})(Y_t-\bar{Y})}=0.5726$$

$$\hat{\beta}_{0(\mathrm{IV})}=\bar{C}-\hat{\beta}_{1(\mathrm{IV})}\bar{Y}=14984.05-0.5726\times25066.87=630.2961$$

即

$$\hat{C}_t=630.2961+0.5726Y_t \tag{4-15}$$

$$(6.7)\qquad(212.5)\qquad R^2=0.9996,\mathrm{DW}=0.81,T=21$$

由 DW=0.80 知，模型(4-14)存在严重的自相关。采用广义最小二乘估计得结果如下：

$$G\hat{C}_t=298.4254+0.5709GY_t$$

$$(3.8)\qquad(126.2)\qquad R^2=0.9989,\mathrm{DW}=2.07,T=21$$

其中 $GC_t=C_t-0.6C_{t-1}$，$GY_t=Y_t-0.6Y_{t-1}$，分别表示 C_t 和 Y_t 的广义差分变量。一般来说，广义最小二乘(GLS)估计结果 0.5709 要比最小二乘(OLS)估计结果 0.5730 更可信。从这一结果出发，模型(4-15)中回归参数工具变量估计值 0.5726 比最小二乘估计结果 0.5730 更好些。

【单方程工具变量估计的 EViews 操作】

从 EViews 主菜单中单击 Quick 按钮，选择 Estimate Equation 功能，从而打开 Equation Specification(模型设定)对话窗。单击 Method 选择框，选择 TSLS(两段最小二乘)估计方法。单击 OK 按钮，从而打开一个新的对话窗。以例 4-4 为例，若变量 C_t 在 EViews 工作文件中用 cons 表示，Y_t 用 gdp 表示，K_t 用 capi 表示，则在 Equation Specification 选择区输入命令

```
cons  c  gdp
```

“cons c gdp”表示原回归式 $C_t=\beta_0+\beta_1Y_t+u_t$。在 Instrument list(列写工具变量)选择区输入命令

```
c  capi
```

表示用 K_t(资本总额 capi)和 c(常数项)做工具变量(不写 c 也可以，EViews 会自动加入 c)。单击“确定”按钮。

工具变量估计法的 EViews 输出结果见图 4-10。输出结果上部第 6 行表明，估计过程中用到常数项 c 和变量 K_t 做了工具变量。

Dependent Variable: CT
Method: Two-Stage Least Squares
Date: 08/22/21 Time: 21:08
Sample: 1978 1998
Included observations: 21
Instrument specification: C KT

Variable	Coefficient	Std. Error	t-Statistic	Prob.
C	630.2961	94.61792	6.661488	0.0000
YT	0.572619	0.002694	212.5318	0.0000

R-squared	0.999582	Mean dependent var	14984.05
Adjusted R-squared	0.999560	S.D. dependent var	14470.05
S.E. of regression	303.6732	Sum squared resid	1752130.
F-statistic	45169.75	Durbin-Watson stat	0.804143
Prob(F-statistic)	0.000000	Second-Stage SSR	22208974
J-statistic	0.000000	Instrument rank	2

图 4-10 工具变量估计法的 EViews 输出结果

4.2.2 工具变量在多元线性回归模型中的应用

比如在多元线性回归模型中一组变量 $\boldsymbol{X}_1$ 与误差项 $\boldsymbol{u}$ 渐近不相关,而另一组变量 $\boldsymbol{X}_2$ 与 $\boldsymbol{u}$ 渐近相关,即

$$\boldsymbol{Y}=\boldsymbol{X}\boldsymbol{\beta}+\boldsymbol{u}=(\boldsymbol{X}_1\boldsymbol{X}_2)\boldsymbol{\beta}+\boldsymbol{u} \tag{4-16}$$

其中

$$\underset{T\to\infty}{\operatorname{plim}} T^{-1}(\boldsymbol{X}_1'\boldsymbol{u})=\boldsymbol{0} \tag{4-17}$$

$$\underset{T\to\infty}{\operatorname{plim}} T^{-1}(\boldsymbol{X}_2'\boldsymbol{u})\neq\boldsymbol{0}$$

假定 $\boldsymbol{u}\sim\boldsymbol{N}(\boldsymbol{0},\sigma^2\boldsymbol{I})$,若一组变量 $\boldsymbol{W}_2$ 有如下性质:

$$\underset{T\to\infty}{\operatorname{plim}} T^{-1}(\boldsymbol{W}_2'\boldsymbol{u})=\boldsymbol{0} \tag{4-18}$$

$$\underset{T\to\infty}{\operatorname{plim}} T^{-1}(\boldsymbol{W}_2'\boldsymbol{X}_2)\neq\boldsymbol{0}$$

即 $\boldsymbol{W}_2$ 与 $\boldsymbol{u}$ 渐近无关,但与 $\boldsymbol{X}_2$ 渐近相关,则全部工具变量可表示为

$$\boldsymbol{W}=(\boldsymbol{X}_1\boldsymbol{W}_2)$$

这里取 $\boldsymbol{X}_1$ 作为其本身的工具变量,而用 $\boldsymbol{W}_2$ 替代 $\boldsymbol{X}_2$。用 $\boldsymbol{W}'$ 左乘式(4-16)两侧并取概率极限,

$$\begin{aligned}\underset{T\to\infty}{\operatorname{plim}} T^{-1}(\boldsymbol{W}'\boldsymbol{Y})&=\underset{T\to\infty}{\operatorname{plim}} T^{-1}(\boldsymbol{W}'\boldsymbol{X})\boldsymbol{\beta}+\underset{T\to\infty}{\operatorname{plim}} T^{-1}(\boldsymbol{W}'\boldsymbol{u})\\&=\underset{T\to\infty}{\operatorname{plim}} T^{-1}(\boldsymbol{W}'\boldsymbol{X})\boldsymbol{\beta}\end{aligned}$$

推导中使用了式(4-17)和式(4-18)。根据上式,$\boldsymbol{\beta}$ 的工具变量估计量 $\hat{\boldsymbol{\beta}}_{(\mathrm{IV})}$ 的表达式为

$$\hat{\boldsymbol{\beta}}_{(\mathrm{IV})}=(\boldsymbol{W}'\boldsymbol{X})^{-1}(\boldsymbol{W}'\boldsymbol{Y}) \tag{4-19}$$

把式(4-16)代入上式,得

$$\hat{\boldsymbol{\beta}}_{(\mathrm{IV})}=(\boldsymbol{W}'\boldsymbol{X})^{-1}\boldsymbol{W}'(\boldsymbol{X}\boldsymbol{\beta}+\boldsymbol{u})=\boldsymbol{\beta}+(\boldsymbol{W}'\boldsymbol{X})^{-1}(\boldsymbol{W}'\boldsymbol{u})$$

移项整理，

$$\hat{\boldsymbol{\beta}}_{(\mathrm{IV})}-\boldsymbol{\beta}=(\boldsymbol{W}'\boldsymbol{X})^{-1}(\boldsymbol{W}'\boldsymbol{u})$$

则

$$\operatorname*{plim}_{T\to\infty}(\hat{\boldsymbol{\beta}}_{(\mathrm{IV})}-\boldsymbol{\beta})=\operatorname*{plim}_{T\to\infty}(T^{-1}\boldsymbol{W}'\boldsymbol{X})^{-1}\operatorname*{plim}_{T\to\infty}T^{-1}(\boldsymbol{W}'\boldsymbol{u})=\boldsymbol{0}$$

所以，$\hat{\boldsymbol{\beta}}_{(\mathrm{IV})}$是$\boldsymbol{\beta}$的一致估计量。而残差

$$\hat{\boldsymbol{u}}_{(\mathrm{IV})}-\boldsymbol{Y}-\boldsymbol{X}\hat{\boldsymbol{\beta}}_{(\mathrm{IV})}$$

也是 $\boldsymbol{u}$ 的一致估计量。注意，上式中用于计算的是 $\boldsymbol{X}$ 而不是 $\boldsymbol{W}$。

对于式(4-19)，若全部解释变量 $\boldsymbol{X}$ 满足模型假定条件，$\boldsymbol{W}$ 则与 $\boldsymbol{X}$ 完全相同，$\hat{\boldsymbol{\beta}}_{(\mathrm{IV})}$估计式则变成了$\boldsymbol{\beta}$的 OLS 估计式。

应该注意，虽然工具变量法是解决随机解释变量与随机项相关的一种比较简便的估计方法，但实际运用中很难找到这样的工具变量。即使能找到，因为工具变量的选择存在很大的随意性，使用不同工具变量得到的估计结果差别较大。

4.3　滞后变量

滞后变量就是从时间上看比当期变量滞后的变量。在计量经济模型中，有时需要用解释变量或被解释变量的滞后变量做模型中的解释变量。例如给出宏观消费模型如下：

$$y_t=\alpha_0+\alpha_1 y_{t-1}+\beta_1 x_t+\beta_2 x_{t-1}+u_t$$

其中 y_t 表示宏观消费，x_t 表示宏观收入。y_{t-1} 和 x_{t-1} 分别表示前一期的消费和收入。y_{t-1} 和 x_{t-1} 称作一阶滞后变量，上式称作动态分布滞后模型或自回归分布滞后模型。当回归模型中出现 m 阶滞后变量时，估计模型参数的样本容量减少到 $T-m$。

在涉及时间序列数据的回归模型中，如果解释变量中不仅包括其当期值，而且包括其滞后值，如：

$$y_t=\beta_0+\beta_1 x_t+\beta_2 x_{t-1}+u_t \tag{4-20}$$

则称其为分布滞后模型。如果解释变量中包括被解释变量的滞后变量，如

$$y_t=\alpha_0+\alpha_1 y_{t-1}+\beta_1 x_t+u_t \tag{4-21}$$

则称其为动态模型，或自回归模型。下面分别讨论这两种情形。

4.3.1　分布滞后模型

给出两个分布滞后模型如下：

$$y_t=\alpha_0+\beta_0 x_t+\beta_1 x_{t-1}+\beta_2 x_{t-2}+\cdots+\beta_m x_{t-m}+u_t \tag{4-22}$$

$$y_t=\alpha_0+\beta_0 x_t+\beta_1 x_{t-1}+\beta_2 x_{t-2}+\cdots+u_t \tag{4-23}$$

式(4-22)中滞后变量的最大滞后阶数是 m。m 是一个确定数，所以称式(4-22)为有限阶分布滞后模型。式(4-23)中的滞后变量有无限个，即滞后期无限，所以式(4-23)称为无限

阶分布滞后模型。在以上两个模型中,都假设 u_t 满足模型假定条件,$E(u_t)=0$,$\text{var}(u_t)=\sigma^2$,$\text{cov}(u_i,u_j)=0,i\neq j,i,j=1,2,\cdots,T$。

由于通常假定解释变量与随机误差项 u_t 无相关关系,所以滞后变量 $x_{t-1},x_{t-2},\cdots$ 也与随机误差项 u_t 不相关。因此,一般来说,可以用最小二乘法估计模型(4-22)和(4-23)。但是,当分布滞后模型中含有滞后变量时,有时会存在严重的多重共线性(第7章介绍)。下面介绍克服多重共线性的两种方法。

(1) 权数法。

权数法是从实际出发,利用先验信息为各阶滞后变量指定权数,从而把当期解释变量和其滞后变量合并成一个新的变量,起到避免多重共线性的作用。

例如,对4阶分布滞后模型

$$y_t=\alpha_0+\beta_0x_t+\beta_1x_{t-1}+\beta_2x_{t-2}+\beta_3x_{t-3}+\beta_4x_{t-4}+u_t \tag{4-24}$$

指定递减权数分别为1,1/2,1/3,1/4,1/5,则新变量 w_t 为

$$w_t=x_t+\frac{1}{2}x_{t-1}+\frac{1}{3}x_{t-2}+\frac{1}{4}x_{t-3}+\frac{1}{5}x_{t-4} \tag{4-25}$$

然后用 y_t 对 w_t 回归

$$y_t=\alpha_0+\alpha_1w_t+u_t \tag{4-26}$$

避免了原模型(4-24)的多重共线性问题。用OLS法估计上式。求出 $\hat{\alpha}_1$ 后,则各解释变量 $x_t\sim x_{t-4}$ 对应的回归参数分别为 $\hat{\alpha}_1,(1/2)\hat{\alpha}_1,(1/3)\hat{\alpha}_1,(1/4)\hat{\alpha}_1,(1/5)\hat{\alpha}_1$。这是一个权数递减的例子。

另外,还可以根据实际情况使用等权数滞后型和“倒V字形”等滞后形式。

(2) 变换为自回归模型。

对于前面给出的无限阶分布滞后模型(4-23),假设所有的回归系数都是正的,分布滞后变量的回归系数是按几何级数递减的,那么经过变换可以把无限分布滞后模型转换成自回归模型。

假设分布滞后变量的回归系数是按几何级数递减的,即

$$\beta_j=\beta_0\lambda^j,\quad j=0,1,2,\cdots \tag{4-27}$$

其中 $0<\lambda<1$,称作分布滞后衰减率。由此可以看出,解释变量的滞后阶数越高,对 y_t 的影响就越小。将式(4-27)代入式(4-23)得

$$y_t=\alpha_0+\beta_0x_t+\beta_0\lambda x_{t-1}+\beta_0\lambda^2x_{t-2}+\cdots+u_t \tag{4-28}$$

将式(4-28)滞后一期并乘以 λ,

$$\lambda y_{t-1}=\alpha_0\lambda+\beta_0\lambda x_{t-1}+\beta_0\lambda^2x_{t-2}+\cdots+\lambda u_{t-1} \tag{4-29}$$

式(4-28)和式(4-29)相减,得

$$y_t-\lambda y_{t-1}=\alpha_0(1-\lambda)+\beta_0x_t+(u_t-\lambda u_{t-1})$$

整理得

$$y_t=\alpha_0(1-\lambda)+\lambda y_{t-1}+\beta_0x_t+v_t \tag{4-30}$$

其中 $v_t=u_t-\lambda u_{t-1}$。式(4-30)称为柯依克(Koyck)变换模型。式(4-30)是一个自回归模型。

通过柯依克变换,把一个无限分布滞后模型转化为自回归模型。模型中除了包括 y_t 的一阶滞后变量 y_{t-1} 外,还包括 x_t。其中仅有 3 个回归系数,α_0,λ,β_0 需要估计。由模型变换可以看出,解释变量之间的多重共线性已大大减弱。但是,这种模型也会存在两个问题:①y_{t-1} 为随机变量;②由于

$$\begin{aligned}\operatorname{cov}(v_t,v_{t-1})&=E(v_tv_{t-1})=E[(u_t-\lambda u_{t-1})(u_{t-1}-\lambda u_{t-2})]\\&=E(-\lambda u_{t-1}^2)=-\lambda\sigma_u^2\end{aligned}$$

所以 v_t 存在自相关。

4.3.2　自回归模型

由前面的变换可知,柯依克变换模型,把一个无限阶的分布滞后模型变换为自回归模型。将式(4-30)写成一般形式

$$y_t=\alpha_0+\alpha_1y_{t-1}+\beta_1x_t+v_t \tag{4-31}$$

上式与式(4-21)相同。在上式中,等号右侧含有被解释变量的滞后变量 y_{t-1}。它与随机项 v_t 若具有相关关系,则用最小二乘法估计上式,参数估计量将是有偏的、不一致的。为了研究此类问题的估计方法,首先对随机项 v_t 分两种情形讨论。

(1) 随机项 v_t 无自相关。

当 y_t 存在一阶自相关时,y_t 与 y_{t-1} 相关。由于 y_t 与 v_t 高度相关,y_{t-1} 与 v_t 也存在较高的相关关系，用最小二乘法估计参数,其估计量是有偏的、一致的。常用的估计方法是工具变量法。

(2) 随机项 v_t 存在自相关。

对于柯依克变换模型(4-30),有 $v_t=u_t-\alpha u_{t-1},\alpha\neq0$。$v_t$ 与 v_{t-1} 的协方差为

$$\begin{aligned}\operatorname{cov}(v_t,v_{t-1})&=E(v_tv_{t-1})=E(u_t-\alpha u_{t-1})(u_{t-1}-\alpha u_{t-2})\\&=E(u_tu_{t-1}-\alpha u_{t-1}^2-\alpha u_tu_{t-2}+\alpha^2u_{t-1}u_{t-2})\end{aligned}$$

由假设 $\operatorname{cov}(u_i,u_j)=E(u_iu_j)=0,i\neq j$,得

$$\operatorname{cov}(v_t,v_{t-1})=E(-\alpha u_{t-1}^2)=-\alpha\sigma_u^2$$

因此柯依克变换模型的随机项 v_t 存在自相关。这种条件下回归参数的 OLS 估计量是有偏的、不一致的。此类模型所采用的估计方法是广义差分法(第 6 章介绍)和工具变量法。

4.4　随机解释变量

按照回归模型的假定条件,模型中的解释变量为非随机变量。它们与随机误差项 u_t 相互独立,$\operatorname{cov}(x_j,u_t)=0,j=1,2,\cdots,k$。解释变量的值是事先精确给定的,不存在测量误差。但是,在实际的经济活动中,这种假定常常是不成立的。比如,在消费模型中,若认为消费变量是随机的,就很难认为做解释变量的收入变量是非随机的。此外对解释变量的观测常常带有测量误差,有时一个方程也许是属于变量间带有随机反馈的联立方程组中的一个,这些因素都会导致解释变量具有随机性。

下面分两种情况讨论当解释变量为随机变量,同时仍然采用最小二乘法估计回归系数,其估计量将产生什么后果。

(1) 解释变量是随机的,与误差项相互独立,即

$$\operatorname{cov}(x_t,u_t)=E[(x_t-\mu)u_t]=E(x_t-\mu)E(u_t)=0$$

为简便,以一元线性回归模型为例讨论。

$$y_t=\beta_0+\beta_1x_t+u_t \tag{4-32}$$

$\hat{\beta}_1$ 的 OLS 估计式是

$$\hat{\beta}_1=\frac{\sum(x_t-\bar{x})(y_t-\bar{y})}{\sum(x_t-\bar{x})^2}=\frac{\sum(x_i-\bar{x})[\beta_1(x_i-\bar{x})+u_t]}{\sum(x_i-\bar{x})^2}$$

$$=\beta_1+\frac{\sum(x_t-\bar{x})u_t}{\sum(x_t-\bar{x})^2}$$

对上式两侧求期望,并根据假定 $E[(x_t-\mu)u_t]=0$,得

$$E(\hat{\beta}_1)=E(\beta_1)+\frac{E\left[\sum(x_t-\bar{x})u_t\right]}{\sum(x_t-\bar{x})^2}=\beta_1$$

$\hat{\beta}_1$ 具有无偏性。同理,$\hat{\beta}_0$ 也具有无偏性。此结论也可以向多元线性回归模型推广。

(2) 解释变量是随机的,与误差项相关,即

$$\operatorname{cov}(x_t,u_t)\neq 0$$

仍以一元线性回归模型(4-32)为例,当 $\operatorname{cov}(x_t,u_t)=E[(x_t-\mu)u_t]\neq 0$ 时,

$$E(\hat{\beta}_1)=\beta_1+\frac{E[(x_t-\bar{x})u_t]}{\sum(x_t-\bar{x})^2}\neq\beta_1 \tag{4-33}$$

$$\underset{T\to\infty}{\operatorname{plim}}\hat{\beta}_1=\beta_1+\frac{\underset{T\to\infty}{\operatorname{plim}}\dfrac{1}{T}\sum[(x_t-\bar{x})u_t]}{\underset{T\to\infty}{\operatorname{plim}}\dfrac{1}{T}\sum(x_t-\bar{x})^2}\neq\beta_1$$

(概率极限运算规则见附录 A3)。所以此条件下,$\hat{\beta}_1$ 既不是无偏估计量,也不是一致估计量。同理可证明 $\hat{\beta}_0$ 也不是无偏的、一致的估计量。同理对多元回归模型也有此结论存在。

当解释变量为随机变量时,最常见的是第(2)种情形,所以随机解释变量对模型参数估计的影响不容忽视。

本章习题

第5章 异 方 差

在第1章和第2章提出建模的假定条件。只有模型的全部假定条件都满足时，用OLS法得到的估计量才具有最佳线性、无偏特性。当一个或多个假定条件不成立时，OLS估计量将丧失上述特性。那么，在实际建模过程中怎样才能知道设定的模型满足这些假定条件？第4章已经涉及随机解释变量问题和解释变量与随机误差项相关问题。第5～7章继续讨论怎样检验其他假定条件是否成立，以及假定条件不成立时，对参数估计带来的影响以及相应的补救措施。

第5章讨论异方差，第6章讨论自相关，第7章讨论多重共线性。

注意，以下讨论都是在某一个假定条件被违反，而其他假定条件都成立的条件下进行。第5～7章的内容按如下5个步骤分析。

(1) 假定条件的回顾。

(2) 假定条件不成立时给模型参数估计带来的影响。

(3) 定性分析假定条件是否成立。

(4) 假定条件是否成立的检验(定量分析)。

(5) 假定条件不成立时的补救措施。

随着经济的不断发展，经济变量中常常存在递增型异方差，从而违反了建立计量模型的关于同方差的假定条件。本章集中处理这一问题，共分6节，分别介绍模型的同方差假定，异方差的表现与来源，模型存在异方差的后果，异方差的两种检验方法，克服异方差的方法，并给出案例分析。

5.1 同方差假定

第1章给出关于方差的假定条件是 $\text{var}(u_t)=\sigma^2$，$(t=1,2,\cdots,T)$，即无论 t 固定在 $1,2,\cdots,T$ 中的哪一点，所对应的 u_t 分布的方差都是一个有限值常量 σ^2(示意见图5-1和图5-2)，称此性质为同方差性。当 u_t 表现为异方差时，

$$\text{var}(u_t)=\sigma_t^2,\quad (t=1,2,\cdots,T)$$

σ_t^2 的下标 t 表示 u_t 分布的方差是一个随解释变量变化的量(示意见图5-3和图5-4)。

在第2章，同方差假定是用矩阵形式给出的。模型的假定条件(1)给出 $\text{var}(\boldsymbol{u})$ 是一个对角矩阵，且 $\boldsymbol{u}$ 的方差协方差矩阵主对角线上的元素都是常数且相等，即每一误差项 u_t 的分布方差都是有限的相同值(同方差假定)，且非主对角线上的元素为零(非自相关假定，详见第6章)。

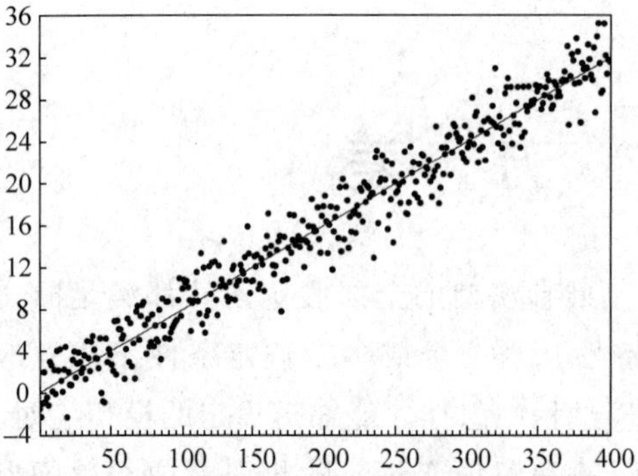

图 5-1　同方差情形

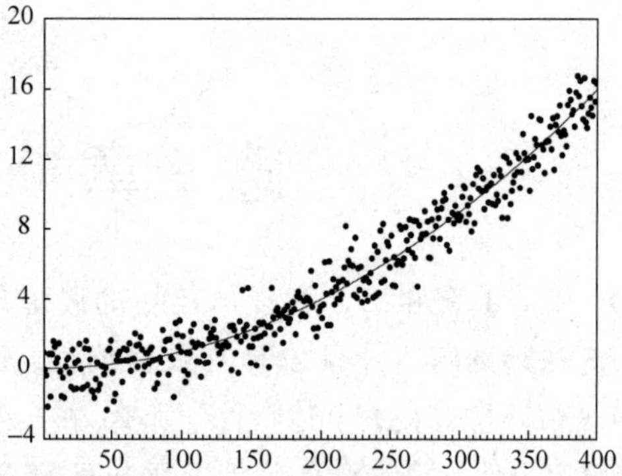

图 5-2　同方差情形

$$\operatorname{var}(\boldsymbol{u})=E(\boldsymbol{u}\boldsymbol{u}')=\sigma^2\boldsymbol{I}=\sigma^2\begin{bmatrix}1 & 0 & \cdots & 0\\ 0 & 1 & \cdots & 0\\ \cdots & \cdots & \cdots & \cdots\\ 0 & 0 & \cdots & 1\end{bmatrix}=\begin{bmatrix}\sigma^2 & 0 & \cdots & 0\\ 0 & \sigma^2 & \cdots & 0\\ \cdots & \cdots & \cdots & \cdots\\ 0 & 0 & \cdots & \sigma^2\end{bmatrix} \tag{5-1}$$

当假定式(5-1)不成立时,var($\boldsymbol{u}$)不再是一个纯量对角矩阵。

$$\operatorname{var}(\boldsymbol{u})=\sigma^2\boldsymbol{\Omega}=\sigma^2\begin{bmatrix}w_1 & 0 & \cdots & 0\\ 0 & w_2 & \cdots & 0\\ \cdots & \cdots & \cdots & \cdots\\ 0 & 0 & \cdots & w_T\end{bmatrix}\neq\sigma^2\boldsymbol{I} \tag{5-2}$$

当误差向量 $\boldsymbol{u}$ 的方差协方差矩阵主对角线上的元素 $w_t, t=1,2,\cdots,T$ 不相等时,即误差向量 $\boldsymbol{u}$ 中的元素 u_t,($t=1,2,\cdots,T$)的分布的方差不相同时,则称该随机误差序列存在异方差。

非主对角线上的元素表示误差项之间的协方差值。若$\boldsymbol{\Omega}$ 非主对角线上的部分或全部元素都不为零,误差项就是自相关的。式(5-2)设定的是$\boldsymbol{\Omega}$ 的非主对角线上的元素为零,即不存在自相关。

5.2　异方差的表现与来源

异方差通常有 3 种类型:递增型异方差、递减型异方差和条件自回归型异方差。

递增型异方差见图 5-3。图 5-3 是以散点图的方式展示随着 x_t 的增大,误差项 u_t 的分布方差逐步增大。宏观经济变量常表现为递增型异方差。

图 5-4 展现的是递减型异方差,即随着解释变量 x_t 的增大,误差项 u_t 的分布方差递减。在经济问题中很少有这种类型的异方差存在。原因是随着经济变量的增大,变化的差异性会越来越大,很难越来越小。

图 5-5 展现的是条件自回归型异方差。异方差的变化是以其滞后项方差为条件。金融领域的数据常表现为此种类型的异方差。

本章主要研究递增型异方差。递增型异方差的来源主要是因为随着解释变量值的增大，被解释变量取值的差异性增大。时间序列数据和截面数据中都有可能存在递增型异方差。

图 5-6 给出的是中国季度 GDP 序列(1992 年 1 季度至 2009 年 1 季度)。很明显，随着时间的推移，季度 GDP 序列表现出递增型异方差。对中国季度 GDP 序列剔除时间趋势后的序列见图 5-7。递增型异方差表现得更为明显。

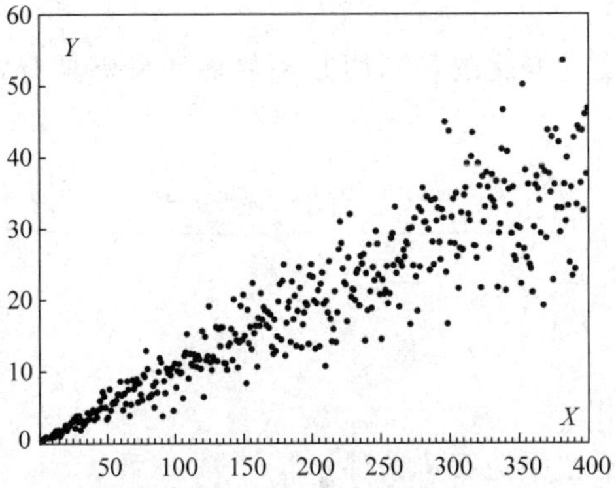

图 5-3　递增型异方差

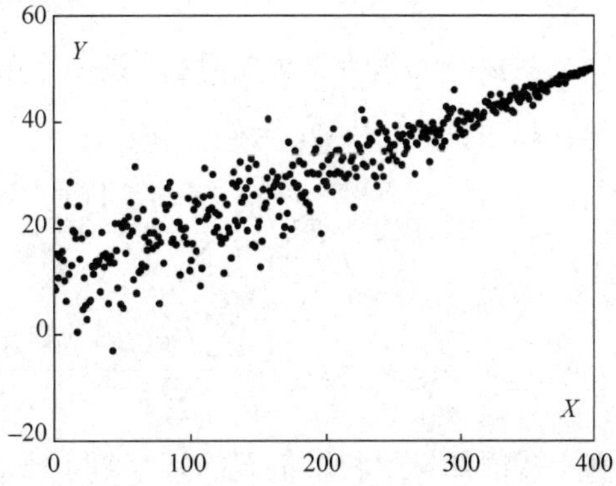

图 5-4　递减型异方差

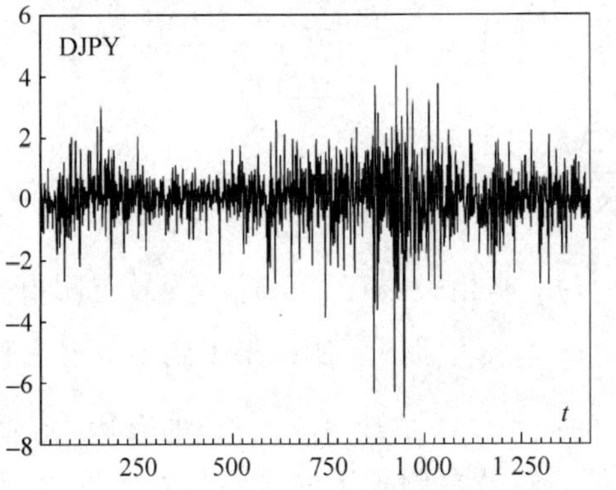

图 5-5　条件自回归型异方差

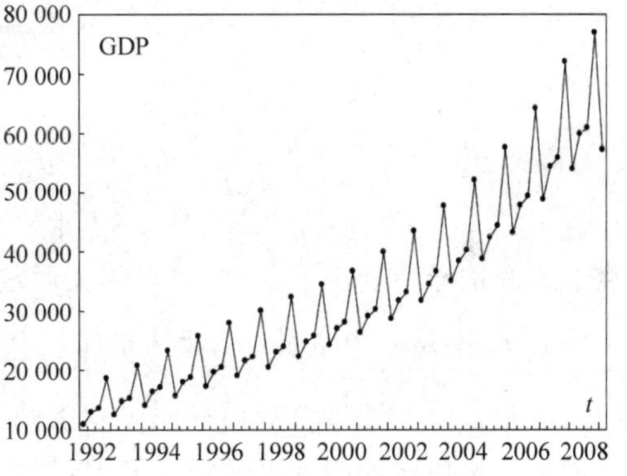

图 5-6　中国季度 GDP 序列

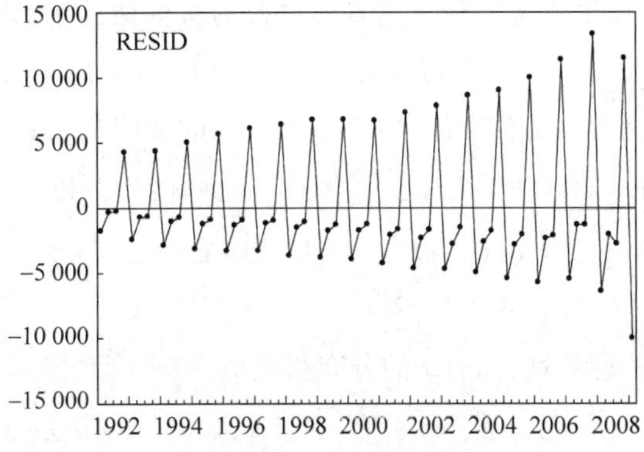

图 5-7　剔除趋势后的中国季度 GDP 序列

5.3 模型存在异方差的后果

下面以简单线性回归模型为例讨论模型随机误差项存在异方差对参数估计的影响。对模型

$$y_t=\beta_0+\beta_1 x_t+u_t$$

当 $\mathrm{var}(u_t)=\sigma_t^2$,为异方差时($\sigma_t^2$ 是一个随解释变量变化的量),回归系数估计量仍具有无偏性和一致性。以 $\hat{\beta}_1$ 为例:

$$E(\hat{\beta}_1)=E\left[\frac{\sum(x_t-\bar{x})(y_t-\bar{y})}{\sum(x_t-\bar{x})^2}\right]=E\left\{\frac{\sum(x_t-\bar{x})[\beta_1(x_t-\bar{x})+u_t]}{\sum(x_t-\bar{x})^2}\right\}$$

$$=\beta_1+\frac{\sum(x_t-\bar{x})E(u_t)}{\sum(x_t-\bar{x})^2}=\beta_1$$

在上式的推导中利用了 $E(u_t)=0$ 和 x_t 与 u_t 不相关的假定条件。

但是回归参数估计量不再具有有效性。仍以 $\hat{\beta}_1$ 为例,利用上式结论,

$$\mathrm{var}(\hat{\beta}_1)=E(\hat{\beta}_1-\beta_1)^2=E\left(\frac{\sum(x_t-\bar{x})u_t}{\sum(x_t-\bar{x})^2}\right)^2=E\left(\frac{\left(\sum(x_t-\bar{x})u_t\right)^2}{\left(\sum(x_t-\bar{x})^2\right)^2}\right)$$

$$=\frac{\sum(x_t-\bar{x})^2E(u_t)^2}{\left[\sum(x_t-\bar{x})^2\right]^2}=\frac{\sum(x_t-\bar{x})^2\sigma_t^2}{\left[\sum(x_t-\bar{x})^2\right]^2}\neq\frac{\sigma^2}{\sum(x_t-\bar{x})^2}$$

在上式的推导中利用了 u_t 的非自相关假定,x_t 与 u_t 非相关假定。上式不等号左侧项分子中的 σ_t^2 不是一个常量,不能从累加式 $\sum(x_t-\bar{x})^2\sigma_t^2$ 中提出,所以得不到不等号右侧项表达式。而不等号右侧项是同方差条件下 β_1 的最小二乘估计量 $\hat{\beta}_1$ 方差的表达式。因为最小二乘估计量的方差是最小方差,那么,既然不等号左侧表示的方差与右侧不等,则必然大于右侧方差,所以异方差条件下的 $\hat{\beta}_1$ 失去有效性。

另外,回归系数估计量方差的估计是真实方差的有偏估计量(证明略)。

$$E(\widehat{\mathrm{var}}(\hat{\beta}_1))\neq\mathrm{var}(\hat{\beta}_1)$$

下面用矩阵形式讨论。因为OLS估计量无偏性的证明只依赖于模型的一阶矩,所以当 $\mathrm{var}(\boldsymbol{u})$ 如式(5-2)所示时,OLS估计量 $\hat{\beta}$ 仍具有无偏性和一致性。

$$E(\hat{\boldsymbol{\beta}})=E[(\boldsymbol{X}'\boldsymbol{X})^{-1}\boldsymbol{X}'\boldsymbol{Y}]=E[(\boldsymbol{X}'\boldsymbol{X})^{-1}\boldsymbol{X}'(\boldsymbol{X}\boldsymbol{\beta}+\boldsymbol{u})]$$
$$=\boldsymbol{\beta}+(\boldsymbol{X}'\boldsymbol{X})^{-1}\boldsymbol{X}'E(\boldsymbol{u})=\boldsymbol{\beta}$$

但不具有有效性和渐近有效性,而且 $\hat{\boldsymbol{\beta}}$ 的分布将受到影响。

$$\mathrm{var}(\hat{\boldsymbol{\beta}})=E[(\hat{\boldsymbol{\beta}}-\boldsymbol{\beta})(\hat{\boldsymbol{\beta}}-\boldsymbol{\beta})']=E[(\boldsymbol{X}'\boldsymbol{X})^{-1}\boldsymbol{X}'\boldsymbol{u}\boldsymbol{u}'\boldsymbol{X}(\boldsymbol{X}'\boldsymbol{X})^{-1}]$$
$$=(\boldsymbol{X}'\boldsymbol{X})^{-1}\boldsymbol{X}'E(\boldsymbol{u}\boldsymbol{u}')\boldsymbol{X}(\boldsymbol{X}'\boldsymbol{X})^{-1}=\sigma^2(\boldsymbol{X}'\boldsymbol{X})^{-1}\boldsymbol{X}'\boldsymbol{\Omega}\boldsymbol{X}(\boldsymbol{X}'\boldsymbol{X})^{-1}$$

不等于 $\sigma^2(\boldsymbol{X}'\boldsymbol{X})^{-1}$，而 $\sigma^2(\boldsymbol{X}'\boldsymbol{X})^{-1}$ 是最小二乘估计量的方差，是最小方差，所以异方差条件下 $\hat{\boldsymbol{\beta}}$ 是非有效估计量。

同理，对多元线性回归模型中的回归系数估计量的特性也有相同结论。

下面通过蒙特卡洛模拟方法进一步分析异方差对模型回归系数估计量的影响。

思路是设计两个一元回归模型（当然也可以是多元回归模型），一个模型的误差项不存在异方差，其他模型假定条件都能满足；另一个模型的误差项存在异方差，但模型其他假定条件都能满足，从而比较回归系数估计量分布的差异。

(1) 设计一个误差项不存在异方差，全部假定条件都能满足的一元回归模型。具体做法是，设定样本容量 $T=100$ 的平稳序列，$x_t=3v_t$。其中 $v_t \sim \mathrm{IN}(0,1)$ 为相互独立服从标准正态分布的白噪声过程。设定 $y_t=0.2+0.8x_t+u_t$。其中 $u_t \sim \mathrm{IN}(0,1)$ 为白噪声过程，则 y_t，x_t 为平稳序列，且存在 0.8 为斜率的线性关系。按如上条件生成 y_t，x_t 序列，并按

$$y_t=\alpha_0+\alpha_1 x_t+u_t$$

估计 α_1。

(2) 设计一个误差项带有递增型异方差，而其他假定条件都能满足的一元回归模型。具体做法是，生成样本容量 $T=100$ 的平稳序列 x_t，其方法如第(1)步。再生成 $T=100$ 的平稳序列 $z_t=0.2+0.8x_t+u_t$。其中 $u_t=0.1t\,w_t$，$t=1,2,\cdots,100$，$w_t \sim \mathrm{IN}(0,1)$ 为白噪声序列。显然，u_t 随着时间 t 的增加而增加，所以形成递增型异方差。而且 $u_t=0.1tw_t$ 中 t 的系数越大，递增型异方差越严重。按下式

$$z_t=\beta_0+\beta_1 x_t+u_t$$

估计 β_1。其中 u_t 是误差项。

(3) 把第(1)步和第(2)步估计 $\hat{\alpha}_1$ 和 $\hat{\beta}_1$ 值的过程各模拟 1 万次，分别画 1 万个 $\hat{\alpha}_1$ 和 $\hat{\beta}_1$ 值的分布核密度图并比较，见图 5-8。

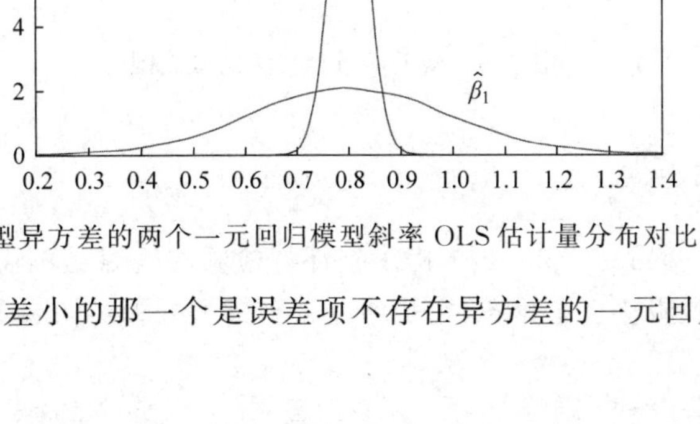

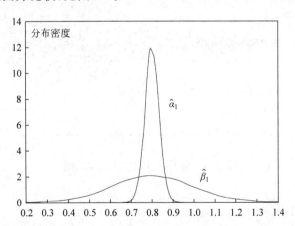

图 5-8　有无递增型异方差的两个一元回归模型斜率 OLS 估计量分布对比的模拟（$T=100$）

图 5-8 中分布方差小的那一个是误差项不存在异方差的一元回归模型回归系数 $\hat{\alpha}_1$

的分布密度函数的核估计结果。图5-8中分布方差大的那一个是误差项存在异方差的一元回归模型回归系数 $\hat{\beta}_1$ 的分布密度函数的核估计结果。

从图5-8看出,由于误差项存在递增型异方差,$\hat{\beta}_1$ 分布的方差大大超过不存在递增型异方差条件下 $\hat{\alpha}_1$ 分布的方差。因为 $\hat{\alpha}_1$ 具有最小方差性,所以 $\hat{\beta}_1$ 不再是有效估计量。而且随着 $u_t = 0.1t\ w_t$ 中系数值的增大,回归系数估计量 $\hat{\beta}_1$ 分布的方差也增大。另外,$\hat{\beta}_1$ 分布的均值指向0.8(斜率的真值是0.8),所以 $\hat{\beta}_1$ 仍具有无偏性(理论推导见上)。

5.4 异方差检验

先定性分析异方差,然后介绍两种检验异方差的常用方法:怀特(White)检验和戈列瑟(Glejser)检验。

5.4.1 定性分析异方差

在定性分析异方差中也分为3种方法。①对具体经济变量的分析有时就可以预知是否存在异方差。如一个国家的GDP序列、宏观消费序列、固定资产投资序列、商品零售额序列等通常都会存在递增型异方差。原因就是随着序列值的增加,取值的差异性也在增加。②利用时间序列图和散点图分析异方差。如见到图5-6那样的序列,明显表明存在异方差。③利用模型残差序列对解释变量的散点图分析异方差。比如一个模型的残差对解释变量的散点图见图5-9,那么,随机误差项中肯定存在异方差。

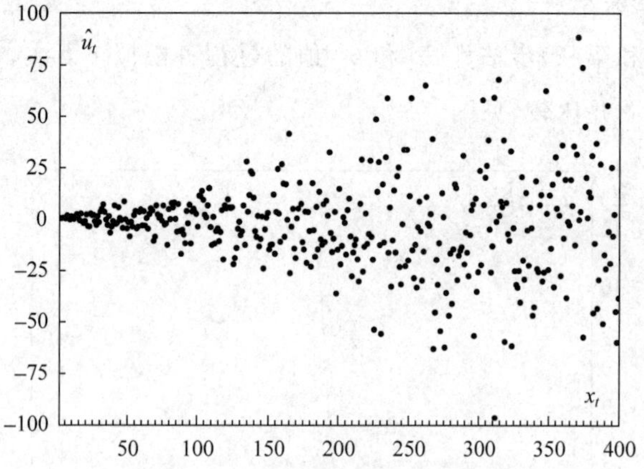

图5-9　残差对解释变量的散点图

5.4.2 怀特检验

怀特检验由H. White于1980年提出。怀特检验的优点是不需要对观测值排序,也不依赖于随机误差项服从正态分布,它是通过一个模型残差的方差是否与任何形式的原

解释变量存在回归关系的辅助回归式构造 χ^2 统计量进行异方差检验。以二元回归模型

$$y_t = \beta_0 + \beta_1 x_{t1} + \beta_2 x_{t2} + u_t \tag{5-3}$$

为例介绍怀特检验的具体步骤如下：

首先设定原假设和备择假设：

H_0：式(5-3)中的 u_t 具有同方差；

H_1：式(5-3)中的 u_t 存在异方差。

(1) 对式(5-3)进行 OLS 回归，求残差 $\hat{u}_t$。

(2) 建立如下辅助回归式

$$\hat{u}_t^2 = \alpha_0 + \alpha_1 x_{t1} + \alpha_2 x_{t2} + \alpha_3 x_{t1}^2 + \alpha_4 x_{t2}^2 + \alpha_5 x_{t1} x_{t2} + v_t \tag{5-4}$$

即用 $\hat{u}_t^2$ 对原回归式(5-3)中的各解释变量以及该解释变量的平方项、交叉乘积项进行 OLS 回归。注意，上式中要保留常数项。估计回归式(5-4)，并求可决系数 R^2 的值。

(3) 构造统计量 TR^2。可以证明(略)在原假设成立条件下，统计量

$$TR^2 \sim \chi^2(5)$$

其中 T 表示式(5-3)对应的样本容量，R^2 是辅助回归式(5-4)的 OLS 估计式的可决系数。自由度 5 表示辅助回归式(5-4)中解释变量个数(注意，不包括常数项)。TR^2 属于 LM 统计量(见第 9 章)。

判别规则是：

若用样本计算的 $TR^2 \leqslant \chi_\alpha^2(5)$，接受 H_0(u_t 具有同方差)；

若用样本计算的 $TR^2 > \chi_\alpha^2(5)$，拒绝 H_0(u_t 具有异方差)。

注意，怀特检验既可以检验递增型异方差，也可以检验递减型异方差。

5.4.3 戈列瑟检验

戈列瑟检验是一种直接拟合检验。直接检验 $|\hat{u}_t|$ 是否与解释变量 x_t 存在函数关系。若有，则说明存在异方差；若无，则说明不存在异方差。这种异方差与解释变量存在函数关系的检验可以通过 t 检验、F 检验和 TR^2 检验完成。通常应检验的几种形式是

$$|\hat{u}_t| = a_0 + a_1 x_t \tag{5-5}$$

$$|\hat{u}_t| = a_0 + a_1 x_t^2$$

$$|\hat{u}_t| = a_0 + a_1 \sqrt{x_t} \tag{5-6}$$

…

戈列瑟检验的特点是：

(1) 既可以检验递增型异方差，也可以检验递减型异方差。

(2) 一旦发现存在异方差，同时也就发现了异方差的具体表达式。

(3) 当原模型含有多个解释变量值时，可以把 $|\hat{u}_t|$ 拟合成多元回归形式。

5.5 克服异方差的方法

这一节介绍3种克服异方差的方法。先介绍实际中比较常用的方法,再介绍用戈列瑟方法直接拟合得到异方差的具体形式,进而通过变换克服异方差,以及通过取自然对数的形式克服异方差,最后给出克服异方差的矩阵描述。

5.5.1 用解释变量或解释变量的算术根除原回归式克服异方差

以一元回归模型

$$y_t = \beta_0 + \beta_1 x_t + u_t \tag{5-7}$$

为例介绍克服异方差。在实际问题的分析中,如果得到的残差对解释变量的散点图见图5-9,则表明随机误差项的方差与 x_t 成比例。

$$\operatorname{var}(u_t) = E(u_t)^2 = \sigma_t^2 = \sigma^2 x_t$$

克服异方差的方法是用 $\sqrt{x_t}$ 除模型(5-7)两侧,

$$\frac{y_t}{\sqrt{x_t}} = \frac{\beta_0}{\sqrt{x_t}} + \beta_1 \sqrt{x_t} + \frac{u_t}{\sqrt{x_t}} \tag{5-8}$$

上式误差项的方差是 $\operatorname{var}\left(\frac{u_t}{\sqrt{x_t}}\right) = \frac{\operatorname{var}(u_t)}{x_t} = \frac{\sigma^2 x_t}{x_t} = \sigma^2$。上式误差项具有同方差性。对式(5-8)进行OLS估计,得

$$\frac{\hat{y}_t}{\sqrt{x_t}} = \frac{\hat{\beta}_0}{\sqrt{x_t}} + \hat{\beta}_1 \sqrt{x_t}$$

对上式两侧同乘 $\sqrt{x_t}$,得

$$\hat{y}_t = \hat{\beta}_0 + \hat{\beta}_1 x_t \tag{5-9}$$

上式中的 $\hat{\beta}_0,\hat{\beta}_1$ 称作原回归式(5-7)的加权最小二乘(WLS)估计量。这种估计 $\hat{\beta}_0,\hat{\beta}_1$ 的方法称作加权最小二乘(WLS)法。

如果得到的残差对解释变量的散点图见图5-10,则表明随机误差项的方差与 x_t^2 成比例关系。

$$\operatorname{var}(u_t) = E(u_t)^2 = \sigma_t^2 = \sigma^2 x_t^2$$

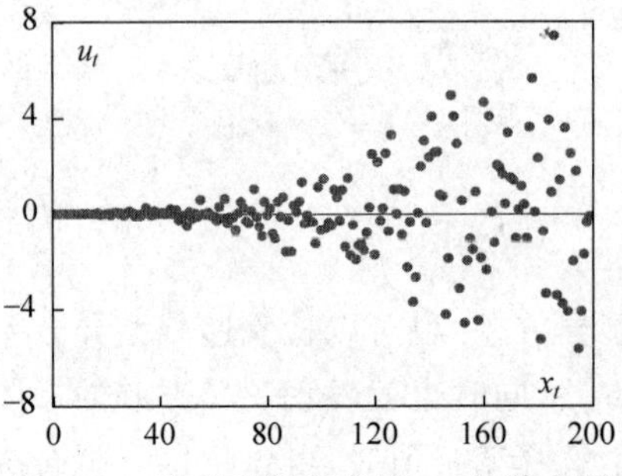

图5-10 残差对解释变量 x_t 的散点图

克服异方差的方法是用 x_t 除模型(5-7)两侧,得

$$\frac{y_t}{x_t}=\frac{\beta_0}{x_t}+\beta_1+\frac{u_t}{x_t} \tag{5-10}$$

上式误差项的方差是 $\operatorname{var}\left(\frac{u_t}{x_t}\right)=\frac{\operatorname{var}(u_t)}{x_t^2}=\frac{\sigma^2 x_t^2}{x_t^2}=\sigma^2$。式(5-10)误差项具有同方差性。对式(5-10)进行 OLS 估计,得

$$\frac{\hat{y}_t}{x_t}=\frac{\hat{\beta}_0}{x_t}+\hat{\beta}_1$$

对上式两侧同乘 x_t,得

$$\hat{y}_t=\hat{\beta}_0+\hat{\beta}_1 x_t \tag{5-11}$$

上式中的 $\hat{\beta}_0$,$\hat{\beta}_1$ 称作原回归式(5-7)的加权最小二乘估计量。

对式(5-8)和式(5-10)应用 OLS 法估计参数,求 $\sum(\hat{u}_t/\sqrt{x_t})^2$ 和 $\sum(\hat{u}_t/x_t)^2$ 最小。其实际意义是在求残差平方和最小的过程中给相应误差项分布方差小的观测值以更大的权数,给相应误差项分布方差大的观测值以较小的权数(以 $1/\sqrt{x_t}$ 和 $1/x_t$ 为权)。所以此法称为加权最小二乘法,是 GLS(广义最小二乘)估计法的一个特例。

5.5.2　用戈列瑟检验式克服异方差

比如戈列瑟检验结果是

$$|\hat{u}_t|=\hat{a}_0+\hat{a}_1 x_t$$

说明异方差形式是 $\operatorname{var}(u_t)=(\hat{a}_0+\hat{a}_1 x_t)^2\sigma^2$。用 $(\hat{a}_0+\hat{a}_1 x_t)$ 除原模型(5-7)各项,

$$\frac{y_t}{\hat{a}_0+\hat{a}_1 x_t}=\beta_0\frac{1}{\hat{a}_0+\hat{a}_1 x_t}+\beta_1\frac{x_t}{\hat{a}_0+\hat{a}_1 x_t}+\frac{u_t}{\hat{a}_0+\hat{a}_1 x_t} \tag{5-12}$$

则

$$\operatorname{var}\left(\frac{u_t}{\hat{a}_0+\hat{a}_1 x_t}\right)=\frac{1}{(\hat{a}_0+\hat{a}_1 x_t)^2}\operatorname{var}(u_t)=\frac{1}{(\hat{a}_0+\hat{a}_1 x_t)^2}(\hat{a}_0+\hat{a}_1 x_t)^2\sigma^2=\sigma^2$$

说明式(5-12)消除了异方差。对式(5-12)做 OLS 估计,把回归参数的估计值代入原模型(5-7)。

5.5.3　通过对数据取自然对数消除异方差

实际中用对经济变量取自然对数的方法也可以很好地克服异方差。比如图 5-11 给出的是中国季度 GDP 序列。序列明显存在递增型异方差。图 5-12 是对中国的季度 GDP 序列值取自然对数的结果。对数序列已经基本具有同方差性。

图 5-13 是中国进出口贸易额之差序列(1953—1998 年)。随着贸易额的扩大,变差幅度也变大,表现为递增型异方差。若对进出口贸易额序列先取自然对数,然后相减,得到如图 5-14 所示的序列,其中已经不含有异方差。

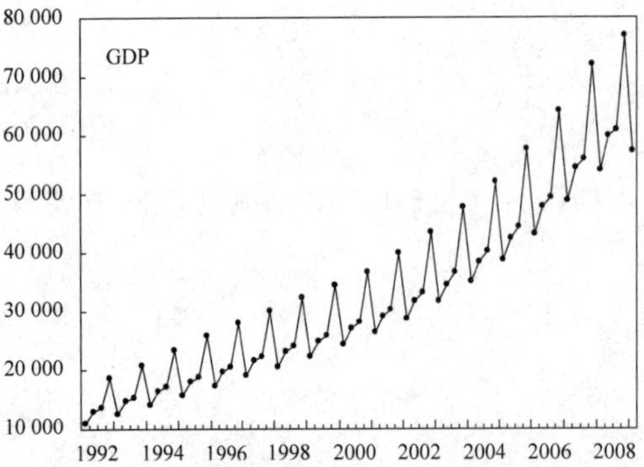

图 5-11　中国季度 GDP 序列

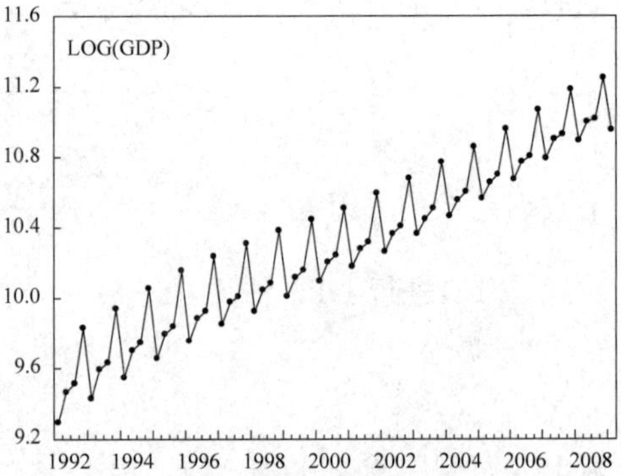

图 5-12　取自然对数的中国季度 GDP 序列

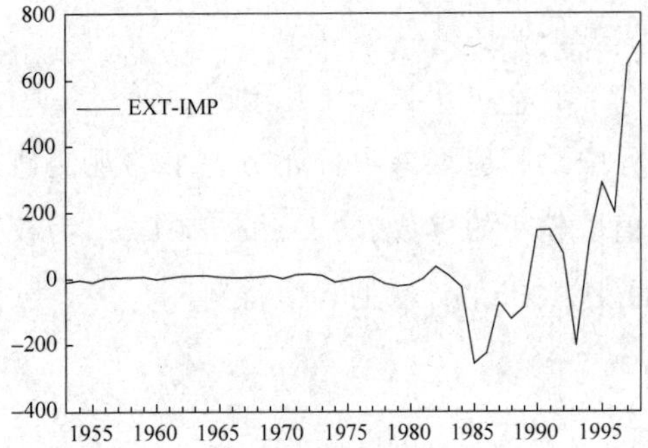

图 5-13　中国进出口贸易额之差序列（1953—1998 年）

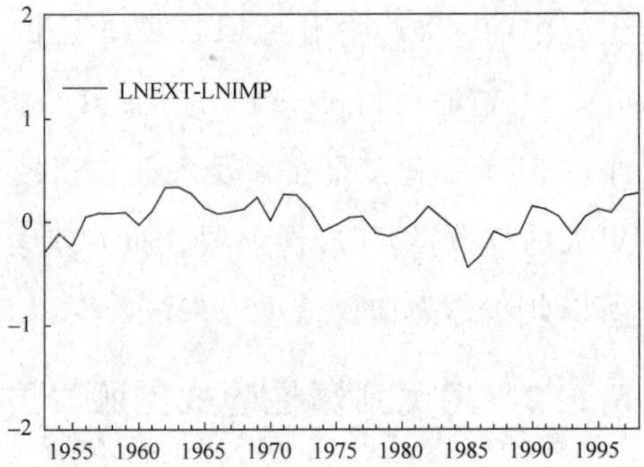

图 5-14　对数的中国进出口贸易额之差序列

5.5.4　克服异方差的矩阵描述

设模型为

$$\boldsymbol{Y}=\boldsymbol{X}\boldsymbol{\beta}+\boldsymbol{u}$$

其中 $E(\boldsymbol{u})=\boldsymbol{0}$，$\mathrm{var}(\boldsymbol{u})=E(\boldsymbol{u}\boldsymbol{u}')=\sigma^2\boldsymbol{\Omega}$。$\boldsymbol{\Omega}$ 已知，$\boldsymbol{\beta}$ 未知。因为 $\boldsymbol{\Omega}\neq\boldsymbol{I}$，违反了假定条件，所以应该对模型进行适当修正。

因为 $\boldsymbol{\Omega}$ 是一个 T 阶正定矩阵，所以必存在一个非退化 $T\times T$ 阶矩阵 $\boldsymbol{M}$ 使下式成立。

$$\boldsymbol{M}\boldsymbol{\Omega}\boldsymbol{M}'=\boldsymbol{I}_{T\times T}$$

从上式得

$$\boldsymbol{M}'\boldsymbol{M}=\boldsymbol{\Omega}^{-1}$$

用 $\boldsymbol{M}$ 左乘上述回归模型两侧得

$$\boldsymbol{M}\boldsymbol{Y}=\boldsymbol{M}\boldsymbol{X}\boldsymbol{\beta}+\boldsymbol{M}\boldsymbol{u}$$

取 $\boldsymbol{Y}^*=\boldsymbol{M}\boldsymbol{Y}$，$\boldsymbol{X}^*=\boldsymbol{M}\boldsymbol{X}$，$\boldsymbol{u}^*=\boldsymbol{M}\boldsymbol{u}$，上式变换为

$$\boldsymbol{Y}^*=\boldsymbol{X}^*\boldsymbol{\beta}+\boldsymbol{u}^* \tag{5-13}$$

则 $\boldsymbol{u}^*$ 的方差协方差矩阵为

$$\mathrm{var}(\boldsymbol{u}^*)=E(\boldsymbol{u}^*\boldsymbol{u}^{*\prime})=E(\boldsymbol{M}\boldsymbol{u}\boldsymbol{u}'\boldsymbol{M}')=\boldsymbol{M}\sigma^2\boldsymbol{\Omega}\boldsymbol{M}'=\sigma^2\boldsymbol{M}\boldsymbol{\Omega}\boldsymbol{M}'=\sigma^2\boldsymbol{I}$$

变换后模型的 $\mathrm{var}(\boldsymbol{u}^*)$是一个纯量对角矩阵。对变换后模型进行 OLS 估计，得到的是$\boldsymbol{\beta}$ 的最佳线性无偏估计量。这种估计方法称作广义最小二乘(GLS)法。$\boldsymbol{\beta}$ 的广义最小二乘估计量定义为

$$\begin{aligned}\hat{\boldsymbol{\beta}}_{(\mathrm{GLS})}&=(\boldsymbol{X}^{*\prime}\boldsymbol{X}^*)^{-1}\boldsymbol{X}^{*\prime}\boldsymbol{Y}^*=(\boldsymbol{X}'\boldsymbol{M}'\boldsymbol{M}\boldsymbol{X})^{-1}\boldsymbol{X}'\boldsymbol{M}'\boldsymbol{M}\boldsymbol{Y}\\&=(\boldsymbol{X}'\boldsymbol{\Omega}^{-1}\boldsymbol{X})^{-1}\boldsymbol{X}'\boldsymbol{\Omega}^{-1}\boldsymbol{Y}\end{aligned}$$

以异方差形式 $\mathrm{var}(u_t)=\sigma^2x_t$ 为例，

$$\sigma^2\boldsymbol{\Omega}=\sigma^2\begin{bmatrix}x_1&0&\cdots&0\\0&x_2&\cdots&0\\\cdots&\cdots&\ddots&\cdots\\0&0&\cdots&x_T\end{bmatrix}$$

定义

$$\boldsymbol{M}=\begin{bmatrix}1/\sqrt{x_1}&0&\cdots&0\\0&1/\sqrt{x_2}&\cdots&0\\\cdots&\cdots&\ddots&\cdots\\0&0&\cdots&1/\sqrt{x_T}\end{bmatrix}$$

从而使

$$\begin{aligned}\mathrm{var}(\boldsymbol{M}\boldsymbol{u})&=E(\boldsymbol{M}\boldsymbol{u}\boldsymbol{u}'\boldsymbol{M}')=\boldsymbol{M}\sigma^2\boldsymbol{\Omega}\boldsymbol{M}'=\sigma^2\boldsymbol{M}\boldsymbol{\Omega}\boldsymbol{M}'\\&=\sigma^2\begin{bmatrix}1/\sqrt{x_1}&0&\cdots&0\\0&1/\sqrt{x_2}&\cdots&0\\\cdots&\cdots&\ddots&\cdots\\0&0&\cdots&1/\sqrt{x_T}\end{bmatrix}\begin{bmatrix}x_1&0&\cdots&0\\0&x_2&\cdots&0\\\cdots&\cdots&\ddots&\cdots\\0&0&\cdots&x_T\end{bmatrix}\\&\quad\begin{bmatrix}1/\sqrt{x_1}&0&\cdots&0\\0&1/\sqrt{x_2}&\cdots&0\\\cdots&\cdots&\ddots&\cdots\\0&0&\cdots&1/\sqrt{x_T}\end{bmatrix}'=\sigma^2\boldsymbol{I}_{T\times T}\end{aligned}$$

即对于式(5-13)来说误差项已消除了异方差。

5.6 案例分析

【案例 5-1】（数据见 EViews、STATA 文件：case 5-1）

取1986年中国29个省区市农业产值 y_t(亿元)和农作物播种面积 x_t(万亩)数据见表5-1,散点图见图5-15。研究二者之间的关系。

表 5-1　1986 年中国 29 个省区市农业产值和农作物播种面积数据

t	农业产值 y_t(亿元)	播种面积 x_t(万亩)	t	农业产值 y_t(亿元)	播种面积 x_t(万亩)
1	16.31	907.5	16	183.65	17 729.2
2	17.14	873.2	17	146.79	11 061.5
3	125.24	13 159.2	18	129.63	11 304.7
4	42.24	5 928.1	19	154.28	9 166.2
5	40.28	6 834.4	20	61.24	6 821.7
6	84.47	5 495.5	21	206.50	17 779.6
7	70.70	6 055.2	22	44.37	4 701.3
8	101.67	12 694.6	23	51.79	6 036.1
9	16.83	1 018.5	24	3.53	316.5
10	211.51	12 770.9	25	59.45	7 016.5
11	101.00	6 542.7	26	37.29	5 252.5
12	155.87	12 244.3	27	6.33	761.7
13	49.72	3 601.5	28	10.07	1 235.2
14	69.70	8 158.1	29	44.78	4 275.1
15	255.92	16 564.5			

资料来源:《中国统计年鉴》1987,中国统计出版社。

图5-15显示农业产值 y_t 和农作物播种面积 x_t 呈线性关系,并有可能存在递增型异方差。拟建立线性回归模型如下:

$$y_t=\beta_0+\beta_1 x_t+u_t \tag{5-14}$$

用表5-1数据回归得OLS估计结果如下:

$$y_t=-5.6610+0.0123x_t+\hat{u}_t \tag{5-15}$$

$$(-0.6)\qquad(12.4)\qquad\qquad R^2=0.85,T=29$$

$\hat{u}_t$ 对 x_t 的散点图见图5-16,表现出递增型异方差特征。下面分别用怀特和戈列瑟方法检验异方差。

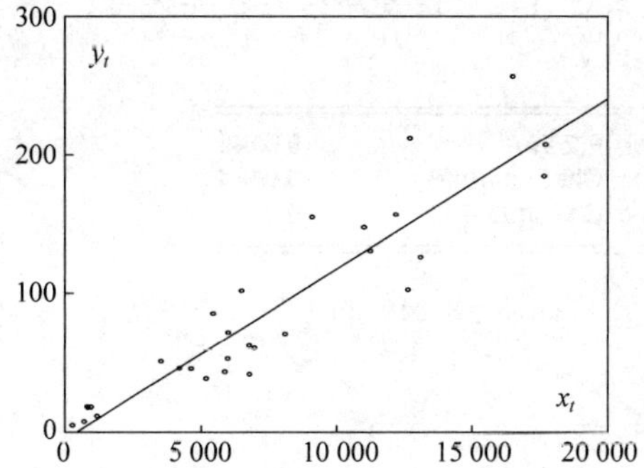

图 5-15　农作物产值 y_t 和播种面积 x_t

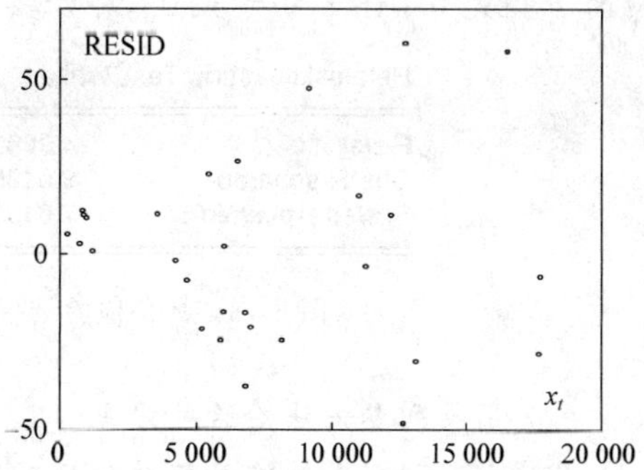

图 5-16　式(5-15)残差与 x_t 散点图

(1) 用怀特方法检验是否存在异方差。在式(5-15)基础上,做怀特检验。

建立原假设与备择假设:

H_0:式(5-14)随机误差项具有同方差;

H_1:式(5-14)随机误差项具有异方差。

用式(5-15)残差的平方项对该式中的 x_t, x_t^2 回归。怀特检验式的估计结果是

$$\hat{u}_t^2 = -219.70 + 0.1595x_t - 3.54\times 10^{-6}x_t^2$$

$$(0.5)\quad (1.5)\quad (-0.6)\qquad R^2 = 0.2765,\ T = 29$$

计算 White 统计量的值, $TR^2 = 0.2765\times 29 = 8.0185$, $\chi^2_{0.05}(2) = 6$。$P\{TR^2 > 8.0196\} = 0.0181$(图 5-17)。$TR^2 = 8.0196$ 位于 H_0 的拒绝域,结论是式(5-14)误差项存在异方差。

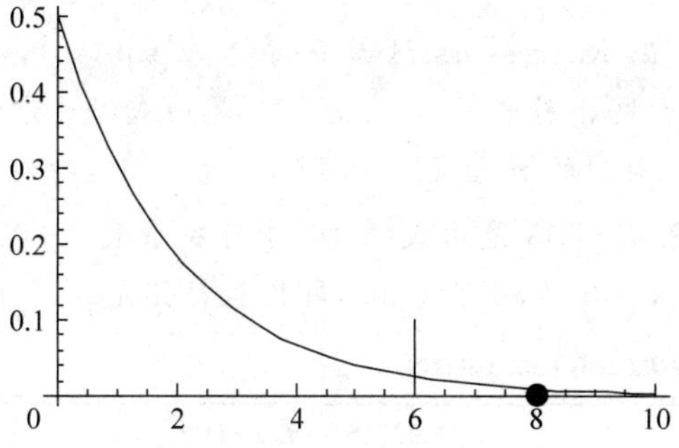

图 5-17　χ^2 检验示意图

【怀特(White)检验的 EViwes 操作】

在回归式(5-15)估计结果窗口中单击 View 按钮,选 Residual Diagnostics, Heteroskedasticity Tests 功能。在随后弹出的 Heteroskedasticity Tests 对话窗中选择 White,并单击 OK 按钮。

式(5-15)的怀特检验结果见图 5-18。图中 Obs * R-squared 即 $TR^2 = 8.0196$。对

应的 p 值是 0.018 1，小于 0.05，即检验结论是式(5-14)中误差序列存在异方差。

Heteroskedasticity Test: White

F-statistic	4.969152	Prob. F(2,26)	0.0149
Obs*R-squared	8.019599	Prob. Chi-Square(2)	0.0181
Scaled explained SS	7.015550	Prob. Chi-Square(2)	0.0300

图 5-18　怀特检验结果(Obs * R-squared=8.019 599)

(2) 用戈列瑟方法检验异方差。

用式(5-15)残差的绝对值做如下回归，

$$|\hat{u}_t| = 7.3998 + 0.0017x_t$$

$$(3.3) \qquad R^2 = 0.29, T = 29$$

$$|\hat{u}_t| = -1.9586 + 0.2786\sqrt{x_t} \tag{5-16}$$

$$(3.46) \qquad R^2 = 0.3075, T = 29$$

以上两式都通过回归系数的显著性检验，说明式(5-14)中随机误差项存在递增型异方差。两戈列瑟检验式中以式(5-16)拟合效果更好。

【戈列瑟检验的 EViwes 操作】

在回归式(5-15)估计结果窗口中单击 View 按钮，选 Residual Diagnostic，Heteroskedasticity Tests 功能。在随后弹出的 Heteroskedasticity Tests 对话窗选择 Glejser，并在下面新出现的 Regressors(回归因子)选择区给出解释变量的形式，如 x_t，$\sqrt{x_t}$，x_t^2(在 EViwes 中分别用 x，sqr(x)，x^2 表示)等，单击 OK 按钮。EViwes 给出的默认回归因子是 c　x。

以式(5-15)为例，在 Regressors 选择区填入 c sqr(x)，的检验式如式(5-16)。Glejser 检验结果见图 5-19。图中 F=11.987 16 是由式(5-16)中回归系数对应的 t 统计量的平方计算而来。对应的 p 值是 0.001 8，小于 0.05，即检验结论是式(5-15)存在异方差。图中 TR^2=8.916 463 是由式(5-16)中可决系数 0.307 5 乘以样本容量 29 计算而来，对应的 p 值是 0.002 8，小于 0.05，即检验结论是式(5-15)存在异方差。

Heteroskedasticity Test: Glejser

F-statistic	11.98716	Prob. F(1,27)	0.0018
Obs*R-squared	8.916463	Prob. Chi-Square(1)	0.0028
Scaled explained SS	9.008873	Prob. Chi-Square(1)	0.0027

图 5-19　戈列瑟检验结果

经怀特和戈列瑟 2 种检验方法，结论都是式(5-14)的随机误差项存在异方差。

下面用 3 种方法介绍怎样克服异方差。

(1) 直接用 x_t 除式(5-14)克服异方差。

观察图 5-16,假定随机误差项的异方差与 x_t^2 成比例关系。所以用 x_t 除式(5-14),得变换式如式(5-10)。用 OLS 法估计参数得

$$\frac{y_t}{x_t}=\frac{0.8239}{x_t}+0.0113+\frac{\hat{u}_t}{x_t} \tag{5-17}$$

$$(0.8) \qquad (13.8) \qquad R^2=0.02, T=29$$

$\hat{u}_t/x_t$ 对 x_t 的散点图见图 5-20。直接观察,残差中已经不存在异方差。下面通过做两种形式的戈列瑟检验,进一步判定式(5-17)的残差中是否仍残留异方差。两个戈列瑟检验结果如下:

$$|\hat{u}_t/x_t|=0.0029+0.7174(1/x_t)$$

$$(7.3) \qquad (1.4) \qquad R^2=0.124, T=29$$

$$|\hat{u}_t/x_t|=0.0031+81.7627(1/x_t)^2$$

$$(8.7) \qquad (0.4) \qquad R^2=0.007, T=29$$

上两式中回归系数 t 统计量的值 $t=1.4, 0.4$,说明回归系数都没有显著性。说明式(5-17)的残差不存在异方差。

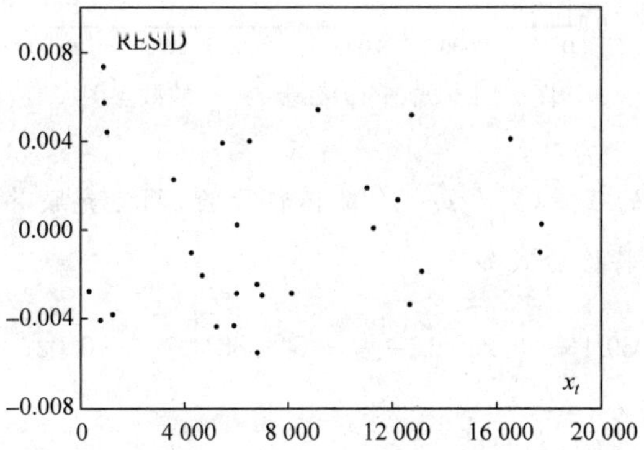

图 5-20 式(5-17)残差对 x_t 的散点图

用 x_t 乘式(5-17)两侧,得

$$y_t=0.8239+0.0113x_t+\hat{u}_t \tag{5-18}$$

0.011 3 是式(5-14)中 β_1 的加权最小二乘估计值。

回归系数 0.012 3 是式(5-15)最小二乘估计结果。比较式(5-18)和式(5-15),虽然回归系数 0.011 3 和 0.012 3 相差不多,但从估计原理分析,回归系数 0.011 3 比 0.012 3 有更大的可能性接近回归系数真值。经济含义是平均每 1 万亩耕地的农业产值是 113 万元人民币。

这个例子说明,在实际中直接用解释变量除原回归式的变换方法克服异方差是可

行的。实际中经常采用这种简便方法。

(2) 通过 Glejser 检验式克服异方差。

从上面的戈列瑟检验知式(5-16)的拟合效果最好,说明随机误差项的异方差与 x_t 成比例变化关系。所以用 $\sqrt{x_t}$ 除式(5-14)两侧,得变换式如式(5-8)。用 OLS 法估计参数得

$$\frac{y_t}{\sqrt{x_t}}=0.4542\frac{1}{\sqrt{x_t}}+0.0115\sqrt{x_t}+\frac{\hat{u}_t}{\sqrt{x_t}} \tag{5-19}$$

$$(0.1) \qquad (15.4) \qquad R^2=0.67, T=29$$

$\hat{u}_t\Big/\sqrt{x_t}$ 对 x_t 的散点图见图 5-21。

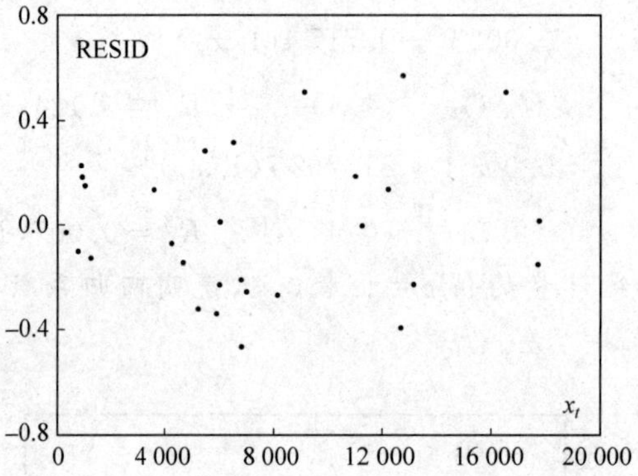

图 5-21 式(5-19)残差对 x_t 的散点图

下面用式(5-19)的残差$(\hat{u}_t\Big/\sqrt{x_t})^2$做怀特检验,判定克服异方差的式(5-19)中是否还残留异方差。怀特检验式如下:

$$\left(\frac{\hat{u}_t}{\sqrt{x_t}}\right)^2=-2.0594+59.2666\frac{1}{\sqrt{x_t}}-544.8649\frac{1}{x_t}+0.0271\sqrt{x_t}-0.0001x_t$$

$$R^2=0.20, T=29$$

计算 White 统计量的值,$TR^2=0.20\times 29=5.8$,$\chi^2_{0.05}(4)=9.5$。因为 $TR^2=5.8<9.5$,结论是式(5-19)的误差项已经不存在异方差。这说明采用对式(5-14)两侧同除$\sqrt{x_t}$的方法克服异方差是可行的。

用$\sqrt{x_t}$乘式(5-19)两侧,得

$$\hat{y}_t=0.4542+0.0115x_t \tag{5-20}$$

上式中回归系数 0.011 5 是式(5-14)中 β_1 的加权最小二乘估计值。回归系数 0.011 5 与前一种 WLS 估计结果 0.011 3 很近似。

(3) 对 y_t 和 x_t 同时取自然对数克服异方差。

对 y_t 和 x_t 取自然对数,得两个新变量 $\mathrm{Ln}y_t$ 和 $\mathrm{Ln}x_t$(散点图见图 5-22)。用 $\mathrm{Ln}y_t$

对 $\mathrm{Ln}x_t$ 回归，得

$$\mathrm{Ln}\hat{y}_t = -4.1801 + 0.9625\mathrm{Ln}x_t \tag{5-21}$$

$$(-8.5) \quad (16.9) \quad R^2 = 0.9136, T = 29$$

对式(5-21)的残差 $\hat{u}_t$ 做怀特检验，检验式如下：

$$\hat{u}_t^2 = -0.9098 + 0.2776\mathrm{Ln}x_t - 0.0184(\mathrm{Ln}x_t)^2$$

$$R^2 = 0.0890, T = 29$$

因为怀特检验统计量 $TR^2 = 0.089 \times 29 = 2.58$ 小于 $\chi^2_{0.05}(2) = 6.0$，所以结论是式(5-21)的误差项不存在异方差。式(5-21)残差与 x_t 散点图见图5-23。

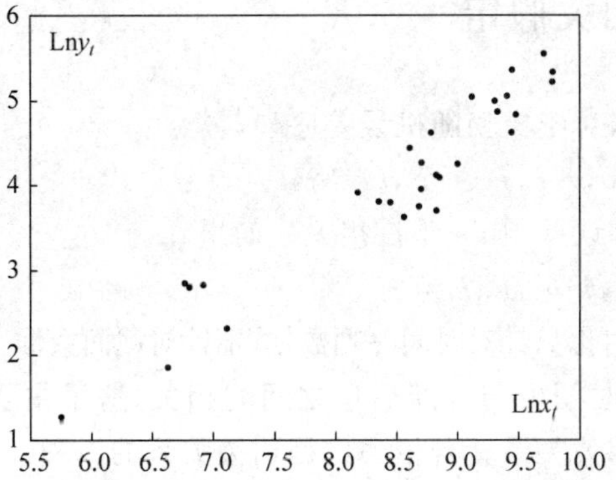

图5-22　$\mathrm{Ln}y_t$ 对 $\mathrm{Ln}x_t$ 的散点图

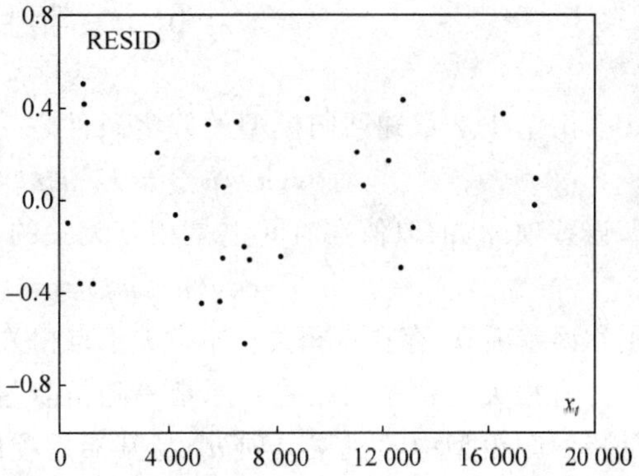

图5-23　式(5-21)残差对 x_t 的散点图

可见，在实际建模过程中采用对变量取对数的方式克服异方差也是一种非常有效的方法。当然，$\mathrm{Ln}y_t$ 和 $\mathrm{Ln}x_t$ 已经不是原来的变量 y_t 和 x_t。

【WLS估计的EViews操作】

在回归式估计结果窗口中单击Estimate按钮，激活Options选择页。在Weights选择区选Inverse std. di.（标准差倒数），并在其下的Weight Series选择区填入权数序列，例如选1/x。单击"确定"按钮，得到WLS(加权最小二乘)估计结果。

本章习题

第6章 自 相 关

经济时间序列以及计量经济模型中的随机误差序列常常存在自相关，从而违反了建立计量模型的关于非自相关的假定条件。本章集中处理这一问题，共分7节，介绍了非自相关假定、自相关的来源与后果、自相关检验、自相关的解决方法、克服自相关的矩阵描述、自相关系数的估计，最后给出案例分析。

6.1 非自相关假定

由第1、2章知回归模型的假定条件之一是，对于模型随机误差序列，

$$\operatorname{cov}(u_i,u_j)=E(u_iu_j)=0,\quad i,j\in T,i\neq j$$

即误差项 u_t 的取值在时间上是相互无关的。称误差项 u_t 非自相关。如果

$$\operatorname{cov}(u_i,u_j)\neq 0,\quad i,j\in T,i\neq j$$

则称误差项 u_t 存在自相关。本章关于自相关的讨论只针对时间序列数据，不针对截面数据。

自相关又称序列相关。原指一随机变量在时间上与其滞后项之间的相关，这里主要是指回归模型中随机误差项 u_t 与其滞后项的相关关系。自相关也是相关关系的一种。

自相关按形式可分为两类。

(1) 一阶自回归形式。

当误差项 u_t 只与其滞后一期项 u_{t-1} 有关时，即

$$u_t=f(u_{t-1})$$

称 u_t 具有一阶自回归形式。

(2) 高阶自回归形式。

若误差项 u_t 不仅与其滞后一期项 u_{t-1} 有关，而且与其滞后若干期的项都有关系时，即

$$u_t=\alpha_1u_{t-1}+\alpha_2u_{t-2}+\cdots+v_t$$

则称 u_t 具有高阶自回归形式。

因现实中经济变量通常与其一阶滞后变量关系最强，计量经济模型中自相关的最常见形式是一阶线性自回归形式，所以下面重点讨论误差项的一阶线性自回归形式，即

$$u_t=\alpha_1u_{t-1}+v_t \tag{6-1}$$

其中，α_1 是自回归系数，v_t 是随机误差项。v_t 满足通常假设

$$E(v_t)=0,\quad t=1,2,\cdots,T$$

$$\operatorname{var}(v_t)=\sigma_v^2,\quad t=1,2,\cdots,T$$

$$\operatorname{cov}(v_i,v_j)=0,\quad i\neq j,\quad i,j=1,2,\cdots,T$$

$$\operatorname{cov}(u_{t-1},v_t)=0,\quad t=1,2,\cdots,T$$

依据普通最小二乘法公式，式(6-1)中 α_1 的估计公式是

$$\hat{\alpha}_1=\frac{\sum_{t=2}^{T}u_t u_{t-1}}{\sum_{t=2}^{T}u_{t-1}^2} \tag{6-2}$$

[参见第 1 章 OLS 计算公式(1-10)]其中 T 是样本容量。若把 u_t，u_{t-1} 看作两个变量，则它们的相关系数计算公式[见式(1-58)]是

$$\hat{\rho}=\frac{\sum_{t=2}^{T}u_t u_{t-1}}{\sqrt{\sum_{t=2}^{T}u_t^2}\sqrt{\sum_{t=2}^{T}u_{t-1}^2}} \tag{6-3}$$

对于充分大的样本显然有

$$\sum_{t=2}^{T}u_t^2=\sum_{t=2}^{T}u_{t-1}^2 \tag{6-4}$$

把上式代入式(6-3)，并依据式(6-2)得

$$\hat{\rho}=\frac{\sum_{t=2}^{T}u_t u_{t-1}}{\sum_{t=2}^{T}u_{t-1}^2}=\hat{\alpha}_1$$

因而对于总体参数有 $\rho=\alpha_1$，即一阶线性自回归形式的自回归系数等于该两个变量的相关系数。因此原回归模型中误差项 u_t 的一阶自回归形式[见式(6-1)]可表示为

$$u_t=\rho u_{t-1}+v_t \tag{6-5}$$

由 1.12.2 小节知，相关系数 ρ 的取值范围是[-1,1]，所以对于一阶自回归形式的误差序列，当 $\rho>0$ 时，称 u_t 存在正自相关；当 $\rho<0$ 时，称 u_t 存在负自相关；当 $\rho=0$ 时，称 u_t 不存在自相关或非自相关。图 6-1(a)、(c)、(e)分别给出具有正自相关、负自相关和非自相关 3 个序列。为便于理解时间序列的正负自相关特征，图 6-1(b)、(d)、(f)分别给出图 6-1(a)、(c)、(e)中变量对其一阶滞后变量的散点图。正负自相关以及非自相关性展现得更为明了。

下面推导当误差项 u_t 为一阶线性自回归形式时，u_t 的期望、方差与协方差表达式。由式(6-5)有

$$E(u_t)=E(\rho u_{t-1}+v_t)=\rho E(u_{t-1})+E(v_t) \tag{6-6}$$

因为对于平稳序列有 $E(u_t)=E(u_{t-1})$，整理上式得

$$E(u_t)=E(v_t)/(1-\rho)=0 \tag{6-7}$$

$$\begin{aligned}\operatorname{var}(u_t)&=E(u_t)^2=E(\rho u_{t-1}+v_t)^2=E(\rho^2u_{t-1}^2+v_t^2+2\rho u_{t-1}v_t)\\&=\rho^2E(u_{t-1}^2)+E(v_t^2)+2\rho E(u_{t-1}v_t)\end{aligned} \tag{6-8}$$

因为 u_{t-1} 发生在 v_t 之前，与 v_t 不相关，所以上式中 $E(u_{t-1}v_t)=0$。因为 $E(u_{t-1}^2)=$

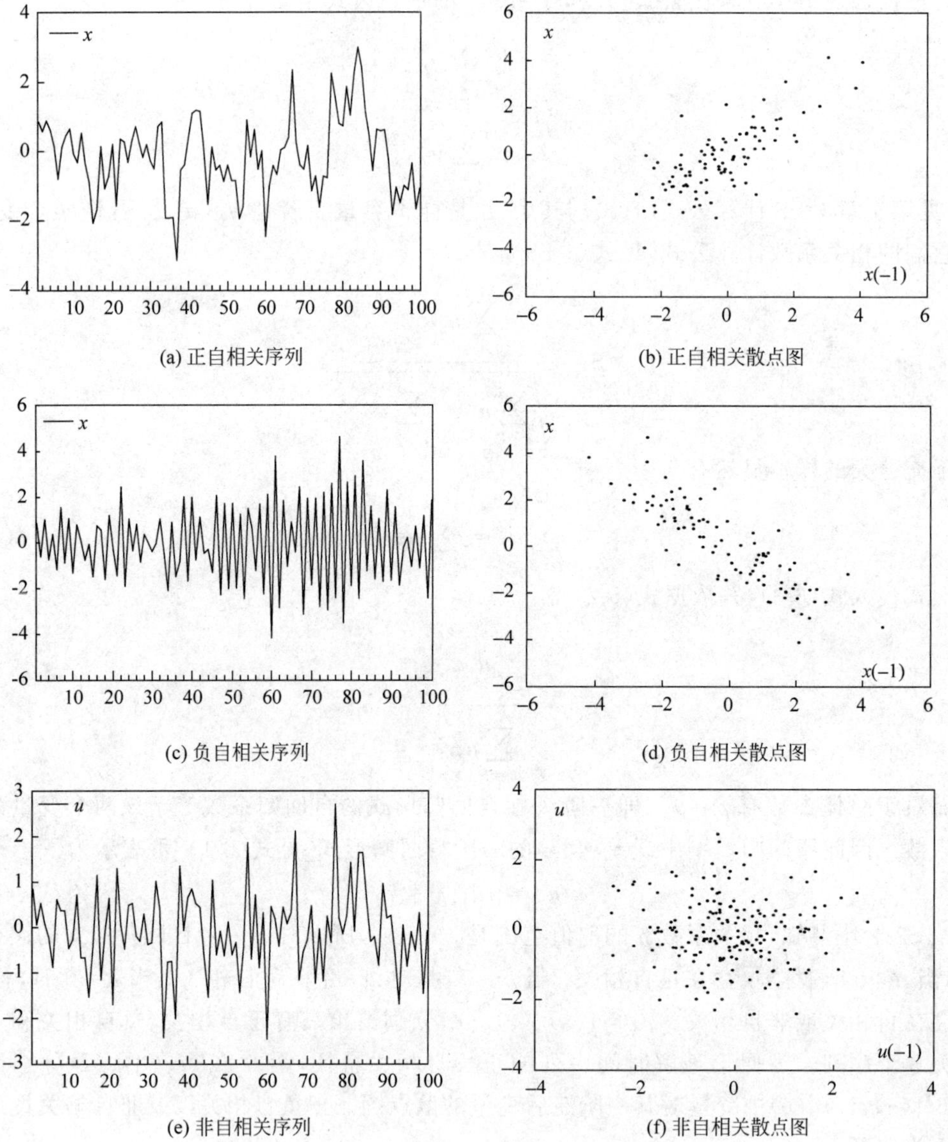

图 6-1　序列图与相应散点图比较

$\mathrm{var}(u_{t-1})=\mathrm{var}(u_t)$，代入式(6-8)得

$$\mathrm{var}(u_t)=\rho^2\,\mathrm{var}(u_t)+\sigma_v^2$$

整理上式得

$$\sigma_u^2=\mathrm{var}(u_t)=\sigma_v^2/(1-\rho^2) \tag{6-9}$$

其中 σ_u^2 表示 u_t 的方差。u_t，u_{t-1} 的协方差是

$$\begin{aligned}\mathrm{cov}(u_t,u_{t-1})&=E(u_tu_{t-1})=E[(\rho u_{t-1}+v_t)u_{t-1}]\\&=E(\rho u_{t-1}^2+u_{t-1}v_t)=\rho E(u_{t-1}^2)+E(u_{t-1}v_t)\end{aligned}$$

$$=\rho \mathrm{var}(u_{t-1})=\rho \mathrm{var}(u_t)=\rho\sigma_u^2 \tag{6-10}$$

上式的推导中利用了条件 $E(u_t)=0, E(u_t v_t)=0$。同理

$$\mathrm{cov}(u_t, u_{t-2})=\rho^2 \mathrm{var}(u_t)=\rho^2\sigma_u^2$$

一般地

$$\mathrm{cov}(u_t, u_{t-s})=\rho^s \mathrm{var}(u_t)=\rho^s\sigma_u^2, \quad (s\neq 0) \tag{6-11}$$

令

$$\boldsymbol{u}=(u_1 \quad u_2 \quad u_3 \quad \cdots \quad u_T)'$$

且 $\boldsymbol{u}$ 的方差协方差矩阵用 $\boldsymbol{\Omega}$ 表示。则由式(6-10)、式(6-11)得

$$E(\boldsymbol{uu}')=\boldsymbol{\Omega}=\sigma_u^2\begin{bmatrix} 1 & \rho & \rho^2 & \cdots & \rho^{T-1} \\ \rho & 1 & \rho & \cdots & \rho^{T-2} \\ \cdots & \cdots & \cdots & \cdots & \cdots \\ \rho^{T-1} & \rho^{T-2} & \rho^{T-3} & \cdots & 1 \end{bmatrix} \tag{6-12}$$

其中 $\sigma_u^2=\sigma_v^2/(1-\rho^2)$[见式(6-9)]。从而验证了当回归模型的误差项 u_t 存在一阶自回归形式时，$\mathrm{cov}(u_i, u_j)\neq 0$。同理也可证明当 u_t 存在高阶自回归形式时，仍有 $\mathrm{cov}(u_i, u_j)\neq 0$。

注意：①自相关只在时间序列数据中讨论。②经济问题中的自相关主要表现为正自相关(原因见 6.3.1 小节)。

6.2 自相关的来源与后果

模型误差项存在自相关，主要有如下几个原因。

(1) 模型的数学形式不妥。若所用的数学模型与变量间的真实关系不一致，误差项常表现出自相关。

例如对图 6-2 中的数据来说，显然用图中的曲线拟合是正确的。当错误地用直线(图中的虚直线)拟合时，必然使模型的误差项呈现正自相关。

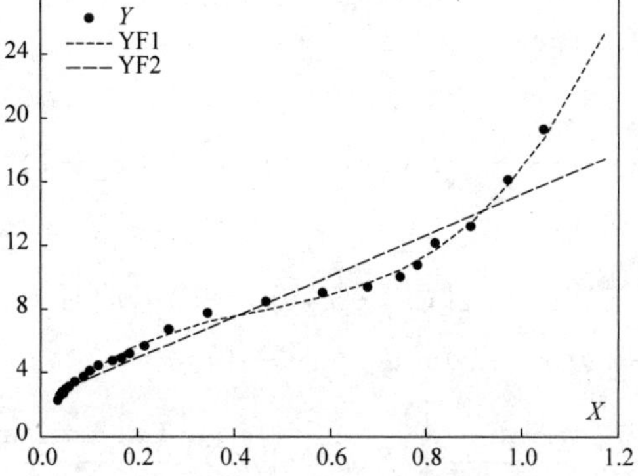

图 6-2 当用直线拟合数据时，误差项会呈现正自相关

由经济理论知,平均成本与产量呈抛物线关系,当用线性回归模型拟合时,误差项必存在自相关。

(2) 惯性。大多数经济时间序列都存在自相关。其本期值往往受滞后值影响。突出特征就是惯性与低灵敏度。如国民生产总值、固定资产投资、国民消费、物价指数等随时间缓慢地变化,从而建立模型时导致误差项自相关。

(3) 回归模型中略去了带有自相关的重要解释变量。若丢掉了应该列入模型的带有自相关的重要解释变量,那么它的影响必然归并到误差项 u_t 中,从而使误差项呈现自相关。当然略去多个带有自相关的解释变量也有可能因互相抵消并不使误差项呈现自相关。

当误差项 u_t 存在自相关时,模型参数的最小二乘估计量具有如下特性。

(1) 回归系数的最小二乘估计量 $\hat{\beta}_j$ 仍具有无偏性。以一元线性回归模型

$$y_t = \beta_0 + \beta_1 x_t + u_t, \quad (t = 1, 2, \cdots, T)$$

为例,

$$E(\hat{\beta}_1) = E\left\{\beta_1 + \left[\sum_{t=1}^{T}(x_t - \bar{x})u_t \Big/ \sum_{t=1}^{T}(x_t - \bar{x})^2\right]\right\}$$

$$= \beta_1 + \left[\sum_{t=1}^{T}(x_t - \bar{x})E(u_t) \Big/ \sum_{t=1}^{T}(x_t - \bar{x})^2\right] = \beta_1$$

同理可证

$$E(\hat{\beta}_0) = \beta_0$$

对于多元回归模型也有类似结果。可见,只要假定条件 $\text{cov}(x_{jt}, u_t) = 0, j = 1, 2, \cdots, k-1$ 成立,回归系数 $\hat{\beta}_j$ 仍具有无偏性。

(2) $\text{var}(\hat{\beta}_j)$不再具有最小方差性。用普通最小二乘法求到的 $\text{var}(\hat{\beta}_j)$将低估真实的方差。下面以一元线性回归模型中 $\hat{\beta}_1$ 的方差为例给予证明。

$$\text{var}(\hat{\beta}_1) = E\,(\hat{\beta}_1 - \beta_1)^2 = E\left[\sum_{t=1}^{T}(x_t - \bar{x})u_t \Big/ \sum_{t=1}^{T}(x_t - \bar{x})^2\right]^2$$

$$= \left[\frac{1}{\sum_{t=1}^{T}(x_t - \bar{x})^2}\right]^2 E[(x_1 - \bar{x})u_1 + (x_2 - \bar{x})u_2 + \cdots + (x_t - \bar{x})u_t]^2$$

$$= \left[\frac{1}{\sum_{t=1}^{T}(x_t - \bar{x})^2}\right]^2 E\{(x_1 - \bar{x})^2 u_1^2 + (x_2 - \bar{x})^2 u_2^2 + \cdots +$$

$$(x_t - \bar{x})^2 u_T^2 + 2[(x_1 - \bar{x})(x_2 - \bar{x})u_1 u_2 +$$

$$(x_1 - \bar{x})(x_3 - \bar{x})u_1 u_3 + \cdots + (x_{T-1} - \bar{x})(x_T - \bar{x})u_{T-1} u_T]\}$$

$$= \sum_{t=1}^{T}\left[\frac{x_t - \bar{x}}{\sum_{t=1}^{T}(x_t - \bar{x})^2}\right]^2 E(u_t^2) + 2\sum_{t<s}\frac{(x_t - \bar{x})(x_s - \bar{x})}{\left[\sum_{t=1}^{T}(x_t - \bar{x})^2\right]^2}E(u_t u_s)$$

$$=\frac{\operatorname{var}(u_t)}{\sum_{t=1}^{T}(x_t-\bar{x})^2}+2\sum_{t<s}\frac{(x_t-\bar{x})(x_s-\bar{x})}{\left[\sum_{t=1}^{T}(x_t-\bar{x})^2\right]^2}\operatorname{cov}(u_t,u_s) \tag{6-13}$$

当误差项 u_t 不存在自相关时，$\operatorname{cov}(u_t,u_s)=0, s>t$，所以式(6-13)变为

$$\operatorname{var}(\hat{\beta}_1)=\sigma_u^2\Big/\sum_{t=1}^{T}(x_t-\bar{x})^2 \tag{6-14}$$

当误差项 u_t 具有一阶自回归形式时，把式(6-11)的结果代入式(6-13)，则

$$\operatorname{var}(\hat{\beta}_1)=\sigma_u^2\Big/\sum_{t=1}^{T}(x_t-\bar{x})^2+2\sigma_u^2\sum_{t<s}\frac{(x_t-\bar{x})(x_s-\bar{x})}{\left[\sum_{t=1}^{T}(x_t-\bar{x})^2\right]^2}\rho^{s-t},\quad s>t \tag{6-15}$$

比较式(6-14)和式(6-15)，可以看出误差项 u_t 有无自相关，$\hat{\beta}_1$ 的方差大不相同。当 u_t，x_t 分别表现为正自相关时(对于经济变量常常如此)，上式右侧第 2 项是正的。在这种情形下，$\hat{\beta}_1$ 的方差将大于误差项不存在自相关时 $\hat{\beta}_1$ 的方差。这时若仍用普通最小二乘法计算 $\hat{\beta}_1$ 的方差[式(6-14)]，它只是真实方差[见式(6-15)]的一部分，所以将低估 $\hat{\beta}_1$ 的方差。

同理，在多元回归模型中，用普通最小二乘法得到的 $\hat{\beta}_j$ 的方差会低估真实的方差值。

(3) 有可能低估误差项 u_t 的方差。

当误差项 u_t 不存在自相关时，其方差的估计公式是

$$s_u^2=\left(\sum_{t=1}^{T}\hat{u}_t^2\right)\Big/(T-2) \tag{6-16}$$

可以证明(略)，当 u_t 存在一阶自相关时，若仍用上式估计 u_t 的方差，常会低估 u_t 的真实方差。

把式(6-16)代替式(6-15)中的 σ_u^2，计算 $\hat{\beta}_1$ 的样本方差，这将使对 $\operatorname{var}(\hat{\beta}_1)$ 的低估变得更为严重。低估回归系数估计量的方差，等于夸大了回归系数的抽样精度，过高地估计统计量 t 的值，从而有可能把不重要的解释变量保留在模型里，使显著性检验失去意义。

(4) 由于 u_t 存在自相关时，$\operatorname{var}(\hat{\beta}_1)$ 和 s_u^2 都变大，都不具有最小方差性。所以用依据普通最小二乘法得到的回归方程去预测，预测结果也不具有有效性。

下面通过蒙特卡洛模拟方法进一步验证，如果回归模型误差项存在自相关对回归系数估计量分布的影响。

思路是设计两个一元回归模型(当然也可以设计成多元回归模型)，一个模型的误差项不存在自相关，其他模型假定条件都能满足；另一个模型的误差项存在自相关，模型其他假定条件都能满足，从而比较回归系数估计量分布的差异。

(1) 设计一个误差项不存在自相关，且其他全部假定条件都能满足的一元回归模型。具体做法是，设定 x_t 为 $T=100$ 的平稳序列，$x_t=3v_t$，其中 $v_t \sim \mathrm{IN}(0,1)$ 为白噪声过程，

设定 $y_t = 0.2 + 0.8x_t + u_t$，其中 $u_t \sim \mathrm{IN}(0,1)$ 为白噪声过程，则 y_t，x_t 为平稳序列，且存在 0.8 为回归系数的线性关系。按如上条件生成 y_t，x_t 序列，并按

$$y_t = \alpha_0 + \alpha_1 x_t + w_t$$

估计 α_1。其中 w_t 是误差项。

(2) 设计一个误差项带有自相关，而其他假定条件都能满足的一元回归模型。具体做法是，生成样本容量 $T=100$ 的平稳序列 x_t，如第(1)步。再生成 $T=100$ 的平稳序列 $z_t = 0.2 + 0.8x_t + w_t$。其中 $w_t = 0.95w_{t-1} + u_t$，$u_t \sim I(0,1)$ 为白噪声序列。0.95 是 w_t 的自相关系数，w_{t-1} 的系数越接近 1，自相关越严重。按模型

$$z_t = \beta_0 + \beta_1 x_t + \varepsilon_t$$

估计 β_1。其中 ε_t 是误差项。因为序列 z_t 存在自相关，所以，这个回归模型的残差项中必然存在自相关。

(3) 把第(1)步和第(2)步估计的 $\hat{\alpha}_1$ 和 $\hat{\beta}_1$ 的值各模拟 1 万次，分别画这 1 万个 $\hat{\alpha}_1$ 和 $\hat{\beta}_1$ 值的分布核密度图并相比较，见图 6-3。

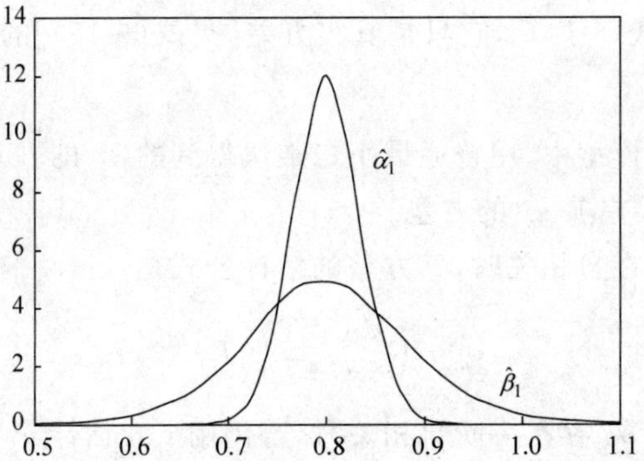

图 6-3　误差项有无自相关条件下估计的回归系数分布对比模拟

图 6-3 中分布方差小的那一个是误差项不存在自相关的一元回归模型 $\hat{\alpha}_1$ 的分布密度函数的核估计结果。图 6-3 中分布方差大的那一个是误差项存在自相关的一元回归模型 $\hat{\beta}_1$ 的分布密度函数的核估计结果。

从图 6-3 看出，由于误差项存在自相关，$\hat{\beta}_1$ 分布的方差大大超过模型不存在自相关时，$\hat{\beta}_1$ 分布的方差，即 $\hat{\beta}_1$ 丧失了有效性。而 $\hat{\alpha}_1$ 和 $\hat{\beta}_1$ 分布的均值都指向 0.8(斜率的真值是 0.8)，所以 $\hat{\beta}_1$ 仍具有无偏性(理论推导见上)。

6.3　自相关检验

下面介绍自相关的一种判别方法(图示法)和 3 种检验方法。

6.3.1　图示法

图示法就是依据残差 $\hat{u}_t$ 对时间 t 的序列图做出判断。由于残差 $\hat{u}_t$ 是对误差项 u_t

的估计，所以尽管误差项 u_t 观测不到，但可以通过 $\hat{u}_t$ 的变化判断 u_t 是否存在自相关。

图示法的具体步骤是：①用给定的样本估计回归模型，计算残差 $\hat{u}_t$，$(t=1,2,\cdots,T)$，绘制残差图。②分析残差图。若残差图与图 6-1(a)类似，则说明 u_t 存在正自相关；若与图 6-1(c)类似，则说明 u_t 存在负自相关；若与图 6-1(e)类似，则说明 u_t 不存在自相关。

由于存在惯性，经济变量，特别是宏观经济变量剔除趋势之后，不可能表现出图 6-1(c)那样的震荡式变化。其变化形式常与图 6-1(a)相类似（缓慢地穿越均值水平线），所以经济变量的变化常表现为正自相关。

6.3.2 DW 检验法

DW(Durbin-Watson)检验是杜宾-沃特森(J. Durbin 和 G. S. Watson)于 1950 年①、1951 年②提出的。它是利用残差 $\hat{u}_t$ 构成的统计量推断误差项 u_t 是否存在自相关。使用 DW 检验，应首先满足如下 3 个条件。

(1) 误差项 u_t 的自相关为一阶自回归形式。

(2) 因变量的滞后项 $y_{t-1}, y_{t-2}, \cdots$ 不能在回归模型中做解释变量。

(3) 样本容量应充分大($T>15$)。

DW 检验步骤如下：给出假设：

$H_0: \rho=0$ （u_t 不存在一阶自相关）；

$H_1: \rho \neq 0$ （u_t 存在一阶自相关）。

用残差值 $\hat{u}_t$ 计算统计量 DW。

$$\mathrm{DW}=\frac{\sum_{t=2}^{T}(\hat{u}_t-\hat{u}_{t-1})^2}{\sum_{t=1}^{T}\hat{u}_t^2} \tag{6-17}$$

其中分子是残差 $\hat{u}_t$ 的一阶差分平方和，分母是残差 $\hat{u}_t$ 的平方和。把上式展开，

$$\mathrm{DW}=\frac{\sum_{t=2}^{T}\hat{u}_t^2+\sum_{t=2}^{T}\hat{u}_{t-1}^2-2\sum_{t=2}^{T}\hat{u}_t\hat{u}_{t-1}}{\sum_{t=1}^{T}\hat{u}_t^2} \tag{6-18}$$

因为在样本容量充分大条件下有

$$\sum_{t=2}^{T}\hat{u}_t^2=\sum_{t=2}^{T}\hat{u}_{t-1}^2=\sum_{t=1}^{T}\hat{u}_t^2 \tag{6-19}$$

所以式(6-18)近似可以表示为

---

① DURBIN WATSON J G S. Testing for serial correlation in least squares regression Ⅰ[J]. Biometrika, 1950, 37: 409-428.

② DURBIN WATSON J G S. Testing for serial correlation in least squares regression Ⅱ[J]. Biometrika, 1951, 38: 159-178.

$$\mathrm{DW}=\frac{2\sum_{t=2}^{T}\hat{u}_{t-1}^{2}-2\sum_{t=2}^{T}\hat{u}_{t}\hat{u}_{t-1}}{\sum_{t=2}^{T}\hat{u}_{t-1}^{2}}=2\left(1-\frac{\sum_{t=2}^{T}\hat{u}_{t}\hat{u}_{t-1}}{\sum_{t=2}^{T}\hat{u}_{t-1}^{2}}\right)$$
$$=2(1-\hat{\rho}) \tag{6-20}$$

因为 ρ 的取值范围是$[-1,1]$,所以 DW 统计量的取值范围是$[0,4]$。ρ 与 DW 值的对应关系见表 6-1。

表 6-1 ρ 与 DW 值的对应关系

ρ	DW	u_t 的表现
$\rho=0$	DW$=2$	u_t 非自相关
$\rho=1$	DW$=0$	u_t 完全正自相关
$\rho=-1$	DW$=4$	u_t 完全负自相关
$0<\rho<1$	$0<$DW<2	u_t 有某种程度的正自相关
$-1<\rho<0$	$2<$DW<4	u_t 有某种程度的负自相关

实际中 DW$=0,2,4$ 的情形是很少见的。当 DW 值在$(0,2)$和$(2,4)$之间时,怎样判别误差项 u_t 是否存在自相关呢?推导统计量 DW 的精确抽样分布是困难的,因为 DW 是依据残差 $\hat{u}_t$ 计算的,而 $\hat{u}_t$ 的值又与 x_t 的形式有关。DW 检验与其他统计检验不同,它没有唯一的临界值用来制定判别规则。然而杜宾-沃特森根据样本容量和被估参数个数,在给定的显著性水平下,给出了检验用的上、下限两个临界值 d_U 和 d_L。判别规则如下。

(1) 若 DW 值在$(0,d_L)$之间,拒绝原假设 H_0,认为 u_t 存在一阶正自相关。

(2) 若 DW 值在$(4-d_L,4)$之间,拒绝原假设 H_0,认为 u_t 存在一阶负自相关。

(3) 若 DW 值在$(d_U,4-d_U)$之间,接受原假设 H_0,认为 u_t 非自相关。

(4) 若 DW 值在(d_L,d_U)或$(4-d_U,4-d_L)$之间,这种检验没有结论,即不能判别 u_t 是否存在一阶自相关。判别规则可用图 6-4 表示。

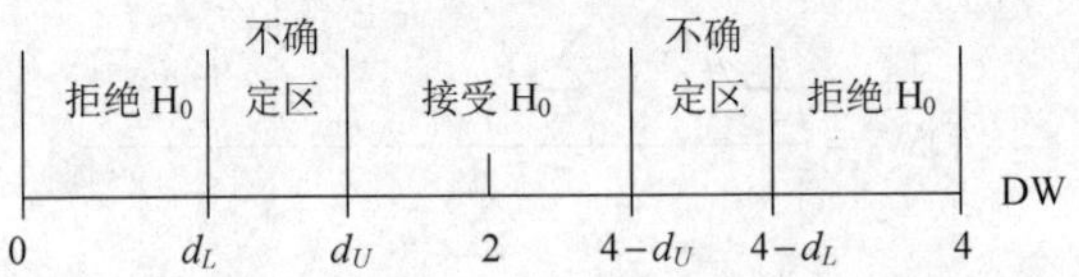

图 6-4 DW 统计量的取值范围示意图

当 DW 值落在"不确定"区域时,有两种处理方法。①加大样本容量或重新选取样本,重做 DW 检验。有时 DW 值会离开不确定区。②选用其他检验方法。

附表 6 给出检验水平 $\alpha=0.05$ 条件下 DW 检验临界值。DW 检验临界值与 3 个参数有关:检验水平 α、样本容量 T 和原回归模型中解释变量个数 k(不包括常数项)。

注意:

(1) 使用 DW 检验应满足前面提到的 3 个条件。

(2) EViews 的最小二乘回归输出结果中直接给出 DW 值。

6.3.3 LM 检验(亦称 BG 检验)法

DW 统计量只适用于一阶自相关检验,而对于高阶自相关检验并不适用。利用 LM 统计量可建立一个适用性更强的自相关检验方法,既可检验一阶自相关,也可检验高阶自相关。LM 检验由 Breusch-Godfrey 提出。LM 检验是通过一个辅助回归式完成的,具体步骤如下:

对于多元回归模型

$$y_t = \beta_0 + \beta_1 x_{1t} + \beta_2 x_{2t} + \cdots + \beta_k x_{kt} + u_t \tag{6-21}$$

考虑误差项为 n 阶自回归形式

$$u_t = \rho_1 u_{t-1} + \cdots + \rho_n u_{t-n} + v_t \tag{6-22}$$

其中 v_t 为随机误差项,符合各种假定条件。零假设为

$H_0: \rho_1 = \rho_2 = \cdots = \rho_n = 0$。

这表明 u_t 不存在 n 阶自相关。用估计式(6-21)得到的残差建立辅助回归式

$$\hat{u}_t = \hat{\rho}_1 \hat{u}_{t-1} + \cdots + \hat{\rho}_n \hat{u}_{t-n} + \beta_0 + \beta_1 x_{1t} + \beta_2 x_{2t} + \cdots + \beta_k x_{kt} + v_t \tag{6-23}$$

其中 $\hat{u}_t$ 是式(6-21)中 u_t 的估计值。用 OLS 法估计上式,并计算确定系数 R^2。构造 LM 统计量,

$$\mathrm{LM} = \mathrm{TR}^2 \tag{6-24}$$

其中 T 表示式(6-21)的样本容量。R^2 为式(6-23)的确定系数。在零假设成立条件下,LM 统计量渐近服从 $\chi^2(n)$分布。其中 n 为式(6-23)中自回归系数个数。如果原假设成立,式(6-23)的可决系数很小,导致 LM 统计量的值将很小,判别规则是:

若 $\mathrm{LM} = TR^2 \leqslant \chi^2(n)$,接受 H_0;

若 $\mathrm{LM} = TR^2 > \chi^2(n)$,拒绝 H_0。

【自相关 LM 检验的 EViews 操作】

单击最小二乘回归窗口中的功能按钮 View,选 Residual Diagnostics,Serial Correlation LM Test...,在随后弹出的滞后期对话窗中给出最大滞后期[式(6-23)中的 n]。单击 OK 按钮,即可得到自相关 LM 检验结果。

6.3.4 回归检验法

回归检验法的步骤如下:

(1) 用给定样本估计模型并计算残差 $\hat{u}_t$。

(2) 对残差序列 $\hat{u}_t$,($t = 1, 2, \cdots, T$)用普通最小二乘法进行不同形式的回归拟合。如:

$$\hat{u}_t = \rho \hat{u}_{t-1} + v_t$$

$$\hat{u}_t = \rho_1 \hat{u}_{t-1} + \rho_2 \hat{u}_{t-2} + v_t$$

$$\hat{u}_t = \rho \hat{u}_{t-1}^2 + v_t$$

$$\hat{u}_t = \rho \sqrt{\hat{u}_{t-1}} + v_t$$

…

(3) 对上述各种拟合形式进行显著性检验,若某个回归式的回归系数具有显著性(不为零),则说明误差项存在该种形式的自相关。否则不存在该种形式的自相关。

回归检验法的优点是:①适合于任何形式的自相关检验;②若结论是存在自相关,则同时提供出自相关的具体形式与自回归系数的估计值。

6.4 自相关的解决方法

如果模型的误差项存在自相关,首先应分析产生自相关的原因。如果自相关是由于错误地设定模型的数学形式所致,那么就应当修改模型的数学形式。怎样查明自相关是由于模型数学形式不妥造成的?一种方法是用残差 $\hat{u}_t$ 对解释变量的较高次幂进行回归,然后对新的残差做 DW 检验,如果此时自相关消失,则说明模型的数学形式不妥。另一种方法是直接分析散点图,看拟合的回归函数是否与散点图相匹配。

如果自相关是由于模型中省略了重要解释变量造成的,那么解决办法就是找出略去的解释变量,把它作为重要解释变量列入模型。怎样查明自相关是由于略去重要解释变量引起的?一种方法是用残差 $\hat{u}_t$ 对那些可能影响被解释变量,但又未单列入模型的解释变量回归,并做显著性检验,从而确定该解释变量的重要性。如果是重要解释变量,应该列入模型。

只有当以上两种引起自相关的原因都排除后,才能认为误差项 u_t 真正存在自相关。在这种情况下,解决办法是变换原回归模型,使变换后模型的随机误差项消除自相关,进而利用普通最小二乘法估计回归参数。这种估计方法称作广义最小二乘法。下面介绍这种方法。

设原回归模型是

$$y_t = \beta_0 + \beta_1 x_{1t} + \beta_2 x_{2t} + \cdots + \beta_k x_{kt} + u_t, \quad (t = 1, 2, \cdots, T) \tag{6-25}$$

其中 u_t 具有一阶自回归形式

$$u_t = \rho u_{t-1} + v_t$$

其中 v_t 满足通常的假定条件,把上式代入式(6-25),

$$y_t = \beta_0 + \beta_1 x_{1t} + \beta_2 x_{2t} + \cdots + \beta_k x_{kt} + \rho u_{t-1} + v_t \tag{6-26}$$

求模型(6-25)的$(t-1)$期关系式,并在两侧同乘 ρ,得

$$\rho y_{t-1} = \rho\beta_0 + \rho\beta_1 x_{1t-1} + \rho\beta_2 x_{2t-1} + \cdots + \rho\beta_k x_{kt-1} + \rho u_{t-1}$$

用式(6-26)与上式相减,得

$$y_t - \rho y_{t-1} = \beta_0(1-\rho) + \beta_1(x_{1t} - \rho x_{1t-1}) + \cdots + \beta_k(x_{kt} - \rho x_{kt-1}) + v_t \tag{6-27}$$

令

$$\mathrm{gdy}_t = y_t - \rho y_{t-1} \tag{6-28}$$

$$\mathrm{gdx}_{jt} = x_{jt} - \rho x_{jt-1}, \quad j = 1, 2, \cdots, k \tag{6-29}$$

$$\beta_0^* = \beta_0(1-\rho) \tag{6-30}$$

则模型(6-27)表示如下:

$$\text{gdy}_t = \beta_0^* + \beta_1 \text{gdx}_{1t} + \beta_2 \text{gdx}_{2t} + \cdots + \beta_k \text{gdx}_{kt} + v_t, \quad (t = 2, 3, \cdots, T) \tag{6-31}$$

上式中的误差项 v_t 是非自相关的，满足假定条件，所以可对模型(6-31)应用最小二乘法估计回归参数，所得估计量具有最佳线性无偏性。式(6-28)和式(6-29)的变换称作广义差分变换。gdy_t 和 gdx_{jt} 称作广义差分变量。

因为上式中的 $\beta_1, \cdots, \beta_k$ 就是原模型(6-25)中的 $\beta_1, \cdots, \beta_k$，而 β_0^* 与模型(6-25)中的 β_0 有如下关系

$$\beta_0 = \beta_0^* / (1 - \rho) \tag{6-32}$$

用 OLS 法估计式(6-31)得到的 $\hat{\beta}_0, \hat{\beta}_1, \cdots, \hat{\beta}_k$ 称作式(6-25)中相应回归系数的广义最小二乘估计量。

注意：

(1) 这种变换损失了一个观测值，样本容量由 T 变成 $(T-1)$。

(2) 当误差项 u_t 的自相关具有高阶自回归形式时，仍可用与上述相类似的方法进行广义差分变换。比如 u_t 具有二阶自回归形式

$$u_t = \rho_1 u_{t-1} + \rho_2 u_{t-2} + v_t$$

则变换过程应首先求出原模型 $(t-1)$ 期与 $(t-2)$ 期的两个关系式，然后利用与上述相类似的变换方法建立随机误差项符合假定条件的广义差分模型。若 u_t 具有 k 阶自回归形式，则首先求 k 个不同滞后期的关系式，然后通过广义差分变换使模型的误差项符合假定条件。需要注意的是对二阶自回归形式，做广义差分变换后，要损失两个观测值；对 k 阶自回归形式，做广义差分变换后，将损失 k 个观测值。

(3) 当用广义差分变量回归的结果中仍存在自相关时，可以对广义差分变量继续进行广义差分，直至回归模型中不存在自相关为止。

6.5　克服自相关的矩阵描述

下面用矩阵代数形式描述广义最小二乘法。对于线性回归模型

$$\boldsymbol{Y} = \boldsymbol{X}\boldsymbol{\beta} + \boldsymbol{u} \tag{6-33}$$

假定 $E(\boldsymbol{u}\boldsymbol{u}') = \sigma^2 \boldsymbol{I}$ 不成立。误差项 u_t 具有一阶自回归形式自相关，

$$u_t = \rho u_{t-1} + v_t \tag{6-34}$$

则 $\text{cov}(\boldsymbol{u})$ 由式(6-12)给出

$$\text{cov}(\boldsymbol{u}) = E(\boldsymbol{u}\boldsymbol{u}') = \boldsymbol{\Omega} = \sigma_u^2 \begin{bmatrix} 1 & \rho & \rho^2 & \cdots & \rho^{T-1} \\ \rho & 1 & \rho & \cdots & \rho^{T-1} \\ \cdots & \cdots & \cdots & \cdots & \cdots \\ \rho^{T-1} & \rho^{T-2} & \rho^{T-3} & \cdots & 1 \end{bmatrix} \tag{6-35}$$

其中 $\sigma_u^2 = \sigma_v^2 / (1 - \rho^2)$。令

$$
\boldsymbol{M}=\begin{bmatrix} \sqrt{1-\rho^2} & 0 & \cdots & 0 & 0 \\ -\rho & 1 & \cdots & 0 & 0 \\ 0 & 0 & \cdots & 0 & 0 \\ \cdots & \cdots & \cdots & \cdots & \cdots \\ 0 & 0 & \cdots & -\rho & 1 \end{bmatrix}
$$

则

$$
\boldsymbol{M\Omega M}'=\sigma_v^2\boldsymbol{I} \tag{6-36}
$$

用 $\boldsymbol{M}$ 左乘式(6-33)两侧,

$$
\boldsymbol{MY}=\boldsymbol{MX\beta}+\boldsymbol{Mu} \tag{6-37}
$$

令 $\boldsymbol{Y}^*=\boldsymbol{MY},\boldsymbol{X}^*=\boldsymbol{MX},\boldsymbol{u}^*=\boldsymbol{Mu}$,则式(6-37)表示为

$$
\boldsymbol{Y}^*=\boldsymbol{X}^*\boldsymbol{\beta}+\boldsymbol{u}^* \tag{6-38}
$$

其中

$$
\boldsymbol{Y}^*=\boldsymbol{MY}=\begin{bmatrix} Y_1\sqrt{1-\rho^2} \\ Y_2-\rho Y_1 \\ \cdots \\ Y_T-\rho Y_{T-1} \end{bmatrix}=\begin{bmatrix} Y_1^* \\ Y_2^* \\ \cdots \\ Y_T^* \end{bmatrix} \tag{6-39}
$$

$$
\boldsymbol{X}^*=\boldsymbol{MX}=\begin{bmatrix} X_{11}\sqrt{1-\rho^2} & X_{21}\sqrt{1-\rho^2} & \cdots & X_{k1}\sqrt{1-\rho^2} \\ X_{12}-\rho X_{11} & X_{22}-\rho X_{21} & \cdots & X_{k2}-\rho X_{k1} \\ \cdots & \cdots & \cdots & \cdots \\ X_{1T}-\rho X_{1T-1} & X_{2T}-\rho X_{2T-1} & \cdots & X_{kT}-\rho X_{kT-1} \end{bmatrix}
$$

$$
=\begin{bmatrix} X_{11}^* & X_{21}^* & \cdots & X_{k1}^* \\ X_{12}^* & X_{22}^* & \cdots & X_{k2}^* \\ \cdots & \cdots & \cdots & \cdots \\ X_{1T}^* & X_{2T}^* & \cdots & X_{kT}^* \end{bmatrix} \tag{6-40}
$$

$$
\boldsymbol{u}^*=\boldsymbol{Mu}=\begin{bmatrix} u_1\sqrt{1-\rho^2} \\ u_2-\rho u_1 \\ u_3-\rho u_2 \\ \cdots \\ u_T-\rho u_{T-1} \end{bmatrix}=\begin{bmatrix} u_1\sqrt{1-\rho^2} \\ v_2 \\ v_3 \\ \cdots \\ v_T \end{bmatrix} \tag{6-41}
$$

式(6-40)和式(6-41)中带 * 号变量的变换规则与式(6-28)和式(6-29)中相应带 * 号的变量变换规则相同,所以式(6-39)是广义差分变换模型的矩阵表达式。因为

$$
E(\boldsymbol{u}^*\boldsymbol{u}^{*\prime})=E(\boldsymbol{Muu}'\boldsymbol{M}')=\boldsymbol{M\Omega M}'=\sigma_v^2\boldsymbol{I}
$$

说明式(6-38)的误差项中不再有自相关。

由前面知,对于一阶自相关形式的误差项做广义差分变换时,损失了第一组观测值,

式(6-39)～式(6-41)中增加第一组观测值并按如下公式定义：

$$Y_1^* = Y_1\sqrt{1-\rho^2} \tag{6-42}$$

$$X_{j1}^* = X_{j1}\sqrt{1-\rho^2},\quad (j=1,2,\cdots,k) \tag{6-43}$$

$$u_1^* = u_1\sqrt{1-\rho^2}$$

其目的只有一个，即保持原样本容量 T 不变(补充第一组观测值)，同时使 $\boldsymbol{u}$ 的方差协方差矩阵满足 $\mathrm{var}(\boldsymbol{u}^*)=\sigma_v^2\boldsymbol{I}$。

做上述变换后，增加

$$u_1^* = u_1\sqrt{1-\rho^2}$$

则

$$\mathrm{var}(u_1^*) = (1-\rho^2)\mathrm{var}(u_1)$$

把式(6-9)代入上式，得

$$\mathrm{var}(u_1^*) = (1-\rho^2)[\sigma_v^2/(1-\rho^2)] = \sigma_v^2 \tag{6-44}$$

保持与其他随机误差项的方差相同。这种补充第一组观测值的方法由 K. R. Kadiyala 于 1968 年提出。

用普通最小二乘法估计式(6-38)中的 $\boldsymbol{\beta}$。

$$\hat{\boldsymbol{\beta}} = (\boldsymbol{X}^{*\prime}\boldsymbol{X}^*)^{-1}\boldsymbol{X}^{*\prime}\boldsymbol{Y}^* \tag{6-45}$$

则 $\hat{\boldsymbol{\beta}}$ 具有最佳线性无偏性。用上式计算的估计量 $\hat{\boldsymbol{\beta}}$ 是式(6-33)的广义最小二乘估计量。

把原数据代入式(6-45)

$$\begin{aligned}\hat{\boldsymbol{\beta}} &= [(\boldsymbol{MX})'(\boldsymbol{MX})]^{-1}(\boldsymbol{MX})'(\boldsymbol{MY}) \\ &= (\boldsymbol{X}'\boldsymbol{M}'\boldsymbol{MX})^{-1}\boldsymbol{X}'\boldsymbol{M}'\boldsymbol{MY} \\ &= (\boldsymbol{X}'\boldsymbol{\Omega}^{-1}\boldsymbol{X})^{-1}\boldsymbol{X}'\boldsymbol{\Omega}^{-1}\boldsymbol{Y}\end{aligned} \tag{6-46}$$

其中

$$\boldsymbol{\Omega}^{-1} = \boldsymbol{M}'\boldsymbol{M} = \begin{bmatrix} 1 & -\rho & 0 & \cdots & 0 & 0 & 0 \\ -\rho & 1+\rho^2 & -\rho & \cdots & 0 & 0 & 0 \\ \cdots & \cdots & \cdots & \cdots & \cdots & \cdots & \cdots \\ 0 & 0 & 0 & \cdots & -\rho & 1+\rho^2 & -\rho \\ 0 & 0 & 0 & \cdots & 0 & -\rho & 1 \end{bmatrix} \tag{6-47}$$

6.6　自相关系数的估计

6.5 节介绍了解决自相关的方法。这种方法的应用还有赖于知道 ρ 值。下面介绍两种估计 ρ 的方法。

(1) 如果随机误差项为一阶自相关形式，用 DW 统计量的值估计 ρ。由式(6-20)，得

$$\hat{\rho} = 1 - \frac{\mathrm{DW}}{2} \tag{6-48}$$

首先利用残差 $\hat{u}_t$ 求出 DW 统计量的值,目前计量经济学软件在 OLS 估计输出结果都会给出 DW 值,然后利用上式求出自相关系数 ρ 的估计值。注意,用此法时样本容量不宜过小。

(2) 用模型残差序列直接估计误差项的自相关系数值。

6.7 案例分析

【案例 6-1】 (数据见 EViews、STATA 文件: case 6-1)

天津市城镇居民人均消费与人均可支配收入关系分析

改革开放以来,天津市城镇居民人均消费性支出($cons_t$)、人均可支配收入($income_t$)以及消费价格指数($price_t$)数据(1978—2000 年)见表 6-2。现在研究人均消费性支出与人均可支配收入的关系。

表 6-2 天津市城镇居民人均消费性支出与人均可支配收入数据(1978—2000 年)

年份	城镇居民人均消费性支出($cons_t$,元/年)	城镇居民人均可支配收入($income_t$,元/年)	城镇居民消费价格指数($price_t$)
1978	344.88	388.32	1.000
1979	385.20	425.40	1.010
1980	474.72	526.92	1.062
1981	485.88	539.52	1.075
1982	496.56	576.72	1.081
1983	520.84	604.31	1.086
1984	599.64	728.17	1.106
1985	770.64	875.52	1.250
1986	949.08	1069.61	1.336
1987	1 071.04	1 187.49	1.426
1988	1 278.87	1 329.70	1.667
1989	1 291.09	1 477.77	1.912
1990	1 440.47	1 638.92	1.970
1991	1 585.71	1 844.98	2.171
1992	1 907.17	2 238.38	2.418
1993	2 322.19	2 769.26	2.844
1994	3 301.37	3 982.13	3.526
1995	4 064.10	4 929.53	4.066
1996	4 679.61	5 967.71	4.432
1997	5 204.29	6 608.56	4.569
1998	5 471.01	7 110.54	4.546
1999	5 851.53	7 649.83	4.496
2000	6 121.07	8 140.55	4.478

资料来源:《天津统计年鉴》2001,中国统计出版社。

先定义不变价格(1978=1)的人均消费性支出(y_t)和人均可支配收入(x_t)。令

$$y_t = \text{cons}_t / \text{price}_t \tag{6-49}$$

$$x_t = \text{income}_t / \text{price}_t$$

得关于 y_t 和 x_t 散点图见图 6-5。显然 y_t 和 x_t 服从线性关系。假定所建立的回归模型形式是

$$y_t = \beta_0 + \beta_1 x_t + u_t \tag{6-50}$$

(1) 估计线性回归模型并计算残差。

用普通最小二乘法求估计的回归方程,结果如下:

$$\hat{y}_t = 111.44 + 0.7118 x_t \tag{6-51}$$

$$(6.5) \quad (42.1)$$

$$R^2 = 0.9883, \text{DW} = 0.60, T = 23, (1978—2000)$$

回归方程拟合的效果比较好,但是 DW 值比较低。残差图见图 6-6。

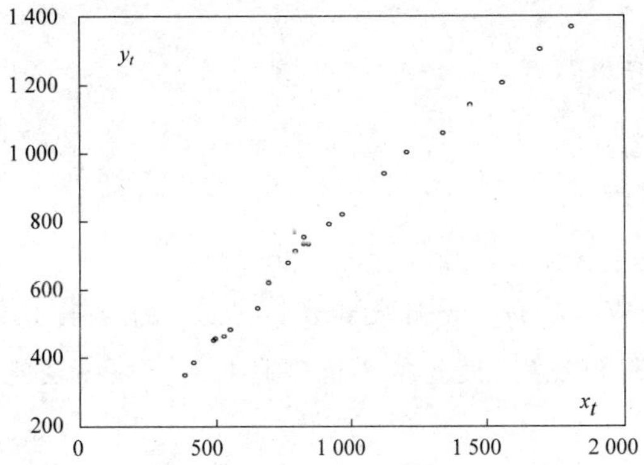

图 6-5 y_t 和 x_t 散点图

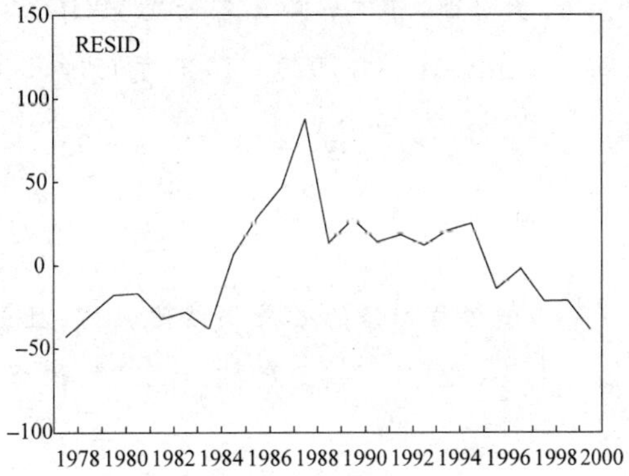

图 6-6 式(6-51)对应的残差图

(2) 分别用 DW、LM 统计量检验误差项 u_t 是否存在自相关。

已知 DW=0.60,若给定 $\alpha=0.05$,查附表 6,得 DW 检验临界值 $d_L=1.26$,$d_U=1.44$。因为 DW=0.60<1.26,依据判别规则,认为误差项 u_t 存在严重的一阶正自相关。

LM(BG)自相关检验辅助回归式估计结果是

$$\hat{u}_t = 0.6790\hat{u}_{t-1} + 3.1710 - 0.0047 x_t + v_t \tag{6-52}$$

$$(3.9) \qquad (0.2) \qquad (-0.4) \qquad R^2 = 0.43, \text{DW} = 2.00$$

$$\text{LM} = TR^2 = 23 \times 0.43 = 9.89$$

因为 $\chi^2_{0.05}(1) = 3.84$,LM=9.89>3.84,所以 LM 检验(详见第 9 章)结果也认为式(6-51)对应的误差项存在一阶正自相关。

(3) 用广义最小二乘法估计回归系数。

首先估计自相关系数 $\hat{\rho}$。由式(6-51)知,DW=0.6。依据式(6-48),

$$\hat{\rho}=1-\frac{\mathrm{DW}}{2}=1-\frac{0.60}{2}=0.70 \tag{6-53}$$

对原变量做广义差分变换。令

$$\mathrm{gdy}_t=y_t-0.70y_{t-1}$$
$$\mathrm{gdx}_t=x_t-0.70x_{t-1}$$

【生成广义差分变量的 EViews 操作】

打开工作文件,单击 Quick 按钮,选 Generate Series 功能。在弹出的 Generate Series By Equation 对话窗的 Enter Equation 对话框中输入

```
GDY=Y-0.7*Y(-1)
```

其中 Y(−1)表示 y_{t-1},GDY 是自己命名的,则在工作文件中就会生成广义差分变量 GDY_t。同理,可生成广义差分变量 GDX。

以 gdy_t,gdx_t(1979—2000 年)为样本再次回归,得

$$\widehat{\mathrm{gdy}}_t=45.2489+0.6782\mathrm{gdx}_t \tag{6-54}$$
$$(3.7)\qquad(20.0)$$
$$R^2=0.95,\mathrm{DW}=2.31,T=22,(1979—2000)$$

回归方程拟合的效果仍然比较好,且 DW=2.31。查附表 6,$d_L=1.26$,$d_U=1.43$。因为 DW=2.31<(4−1.43)=2.57,依据判别规则,误差项已消除自相关。残差图见图 6-7。

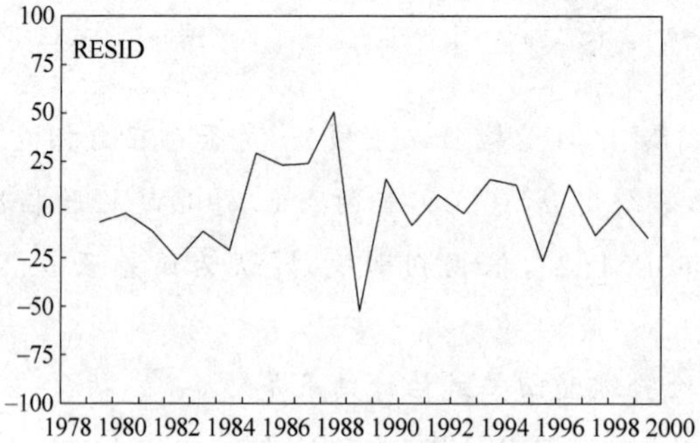

图 6-7 式(6-54)对应的残差图

由式(6-54),$\hat{\beta}_0^*=45.2489$。依据式(6-32),

$$\hat{\beta}_0=\hat{\beta}_0^*/(1-\hat{\rho})=45.2489/(1-0.70)=150.8297$$

则原模型(6-50)的广义最小二乘估计结果是

$$\hat{y}_t=150.8297+0.6782x_t$$

经济含义是天津市城镇居民人均消费性支出平均占人均可支配收入的 67.82%。

注意：

(1) 回归方程(6-54)与式(6-51)相比，R^2 值有所下降，不应该因此不相信式(6-54)的估计结果。原因是式(6-54)中的变量是广义差分变量，而不是原变量，两个回归式所用变量不同，所以不可以直接比较确定系数 R^2 的值。

(2) 式(6-54)中的回归系数与式(6-51)中的回归系数有差别。计量经济理论认为用广义差分变换模型得到的回归系数估计量的特性优于误差项存在自相关的模型。所以模型(6-54)中的回归系数的统计特性更好，0.678 2 应该比 0.711 8 更可信。从实际情形分析，特别是最近几年，天津市城镇居民人均收入的人均消费边际系数为 0.678 2 更可信，0.711 8 偏高。

【案例 6-2】（数据见 EViews、STATA 文件：case 6-2）

天津市保费收入和人口的回归关系分析

本案例主要用来展示当模型误差项存在二阶自回归形式的自相关时，怎样用广义差分法估计模型参数。1967—1998 年天津市的保险费收入 y_t(万元)和人口 x_t(万人)数据见表 6-3，散点图见图 6-8。y_t 与 x_t 的变化呈指数关系。对 y_t 取自然对数。$\mathrm{Ln}y_t$ 与 x_t 的散点图见图 6-9，可以在 $\mathrm{Ln}y_t$ 与 x_t 之间建立线性回归模型。

$$\mathrm{Ln}y_t = \beta_0 + \beta_1 x_t + u_t \tag{6-55}$$

表 6-3　天津市保险费收入 y_t(万元)和人口 x_t(万人)数据

年份	保费收入 y_t (万元)	人口 x_t (万人)	年份	保费收入 y_t (万元)	人口 x_t (万人)
1967	259	649.72	1983	5 357	785.28
1968	304	655.04	1984	6 743	795.52
1969	313	650.75	1985	8 919	804.80
1970	315	652.70	1986	14 223	814.97
1971	322	663.41	1987	19 007	828.73
1972	438	674.65	1988	23 540	839.21
1973	706	683.31	1989	29 264	852.35
1974	624	692.47	1990	34 327	866.25
1975	632	702.86	1991	39 474	872.63
1976	591	706.50	1992	49 624	878.97
1977	622	712.87	1993	67 412	885.89
1978	806	724.27	1994	100 561	890.55
1979	1 172	739.42	1995	123 655	894.67
1980	2 865	748.91	1996	171 768	898.45
1981	4 223	760.32	1997	243 377	899.80
1982	5 112	774.92	1998	271 654	905.09

资料来源：《天津统计年鉴》1999，中国统计出版社。

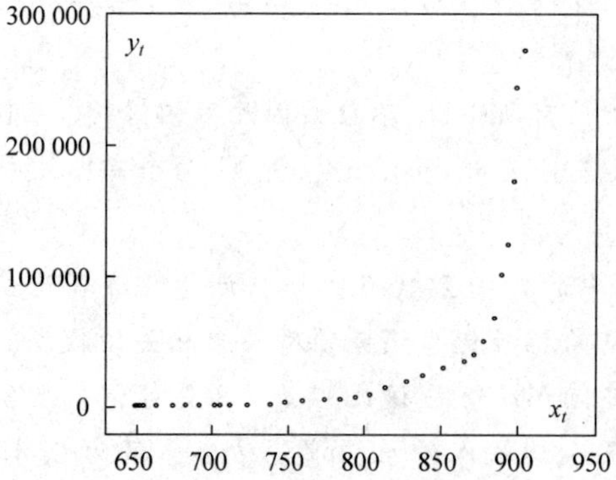

图 6-8　y_t 和 x_t 散点图

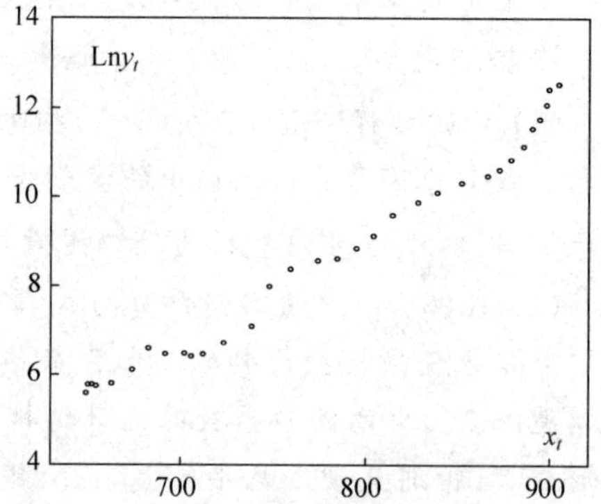

图 6-9　$\mathrm{Ln}y_t$ 和 x_t 散点图

(1) 估计线性回归模型并计算残差。

用普通最小二乘法求到的估计结果如下：

$$\mathrm{L\hat{n}}y_t = -11.18 + 0.025\,4x_t \tag{6-56}$$
$$(-20.9)\quad(37.2)$$
$$R^2 = 0.978\,8, \mathrm{DW} = 0.36, T = 32, (1967—1998)$$

回归方程拟合的效果比较好($R^2=0.978\,8$)，但是 DW 值很低。

(2) 检验误差项 u_t 是否存在自相关。

已知 DW=0.36，若给定 $\alpha=0.05$，查附表 6，$d_L=1.37$，$d_U=1.50$。因为 DW=0.36<1.37，依据判别规则，认为误差项 u_t 存在严重的正自相关。残差序列见图 6-10。

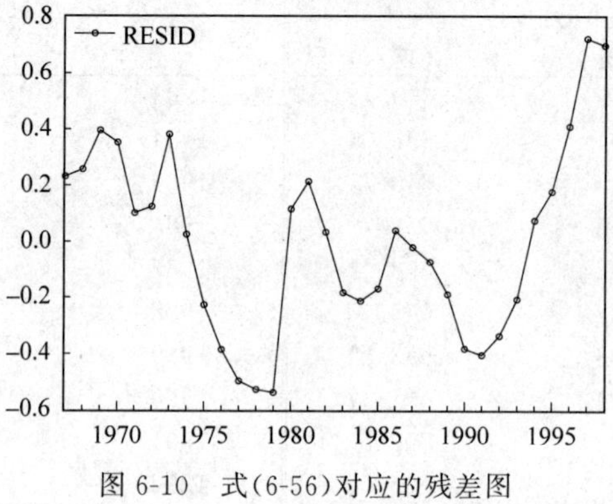

图 6-10　式(6-56)对应的残差图

对残差序列的拟合发现，u_t 存在二阶自相关。回归式如下：

$$\hat{u}_t = 1.186\hat{u}_{t-1} - 0.467\hat{u}_{t-2} + v_t \tag{6-57}$$
$$(6.9)\qquad(-2.5)$$
$$R^2 = 0.71, \mathrm{DW} = 1.97, T = 31, (1969—1998)$$

其中 $\hat{u}_t$ 表示式(6-56)对应的残差。因为 $\hat{u}_{t-1}$,$\hat{u}_{t-2}$ 的回归系数都显著地不为零,且式(6-57)的残差序列的 DW=1.97(不存在自相关),说明式(6-56)的误差项 u_t 具有二阶自回归形式的自相关。

(3) 用广义差分法消除自相关,估计回归系数。

首先推导二阶自相关 $u_t=\phi_1 u_{t-1}+\phi_2 u_{t-2}+v_t$ 条件下的广义差分变换式。设模型为

$$\mathrm{Ln}y_t=\beta_0+\beta_1 x_t+u_t \tag{6-58}$$

写出上式的滞后1期、2期表达式并分别乘以 ϕ_1、ϕ_2,得

$$\phi_1\mathrm{Ln}y_{t-1}=\phi_1\beta_0+\phi_1\beta_1 x_{t-1}+\phi_1 u_{t-1} \tag{6-59}$$

$$\phi_2\mathrm{Ln}y_{t-2}=\phi_2\beta_0+\phi_2\beta_1 x_{t-2}+\phi_2 u_{t-2} \tag{6-60}$$

用以上3式做如下运算:

$$\begin{aligned}&\mathrm{Ln}y_t-\phi_1\mathrm{Ln}y_{t-1}-\phi_2\mathrm{Ln}y_{t-2}\\&=\beta_0-\phi_1\beta_0-\phi_2\beta_0+\beta_1 x_t-\phi_1\beta_1 x_{t-1}-\phi_2\beta_1 x_{t-2}+u_t-\phi_1 u_{t-1}-\phi_2 u_{t-2}\end{aligned}$$

将二阶自相关关系式 $u_t=\phi_1 u_{t-1}+\phi_2 u_{t-2}+v_t$ 代入上式并整理,得

$$\begin{aligned}&(\mathrm{Ln}y_t-\phi_1\mathrm{Ln}y_{t-1}-\phi_2\mathrm{Ln}y_{t-2})\\&=\beta_0(1-\phi_1-\phi_2)+\beta_1(x_t-\phi_1 x_{t-1}-\phi_2 x_{t-2})+v_t\end{aligned} \tag{6-61}$$

所以,二阶广义差分变换应该是

$$\mathrm{gdLn}y_t=\mathrm{Ln}y_t-\phi_1\mathrm{Ln}y_{t-1}-\phi_2\mathrm{Ln}y_{t-2} \tag{6-62}$$

$$\mathrm{gd}x_t=x_t-\phi_1 x_{t-1}-\phi_2 x_{t-2} \tag{6-63}$$

以式(6-57)中系数值为例,$\mathrm{Ln}y_t$ 和 x_t 的广义差分变换应该是

$$\mathrm{gdLn}y_t=\mathrm{Ln}y_t-1.186\mathrm{Ln}y_{t-1}+0.467\mathrm{Ln}y_{t-2}$$

$$\mathrm{gd}x_t=x_t-1.186x_{t-1}+0.467x_{t-2}$$

广义最小二乘回归结果是

$$\begin{aligned}&\mathrm{gdL\hat{n}}y_t=-3.246+0.0259\mathrm{gd}x_t\\&\qquad\quad(-10.0)\quad(17.9)\\&\qquad R^2=0.92,\mathrm{DW}=1.99,T=30,(1969\text{—}1998)\end{aligned} \tag{6-64}$$

DW=1.99。说明式(6-64)不存在自相关。残差序列见图6-11。

比较式(6-61)和式(6-64)的截距项并利用 $\rho_1=1.186$,$\rho_2=-0.467$,有

$$\beta_0(1-\phi_1-\phi_2)=\beta_0(1-1.186+0.467)=-3.246$$

$$\beta_0=-3.246/(1-1.186+0.467)=-11.55$$

所以,原模型(6-55)的广义最小二乘估计结果是

$$\mathrm{L\hat{n}}y_t=-11.55+0.0259x_t \tag{6-65}$$

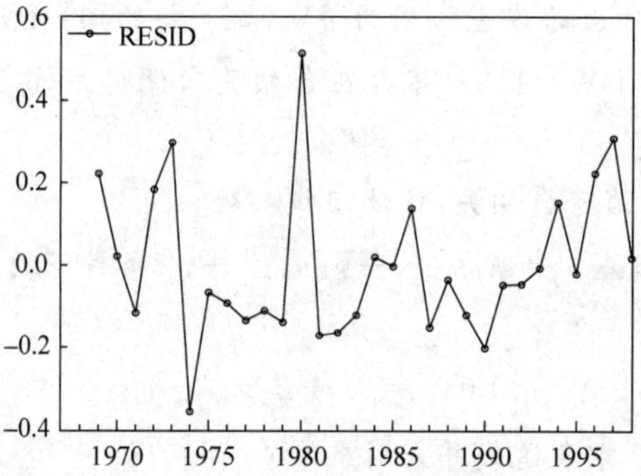

图 6-11 式(6-64)对应的残差图

比较式(6-56)与式(6-65),回归系数稍有差别。计量经济学理论认为广义最小二乘估计量的特性优于误差项存在自相关条件下的最小二乘估计量的特性。广义最小二乘估计值 0.025 9 比最小二乘估计值 0.025 4 值可信。

式(6-65)的经济含义是每增加 1 万人,保费收入增加 2.59%。

【生成二阶广义差分变量的 EViews 操作】

打开工作文件,单击 Quick 按钮,选 Generate Series 功能。在弹出的 Generate Series by Equation 对话窗的 Enter equation 对话框中输入

```
GDLny=log(y)-1.186*log(y(-1))+0.46*log(y(-2))
```

单击 OK 按钮,变量 GDLny 则出现在工作文件中。其中 GDLny 是操作者自行命名的广义差分变量名,log(y(-1))、log(y(-2))分别表示 y 取自然对数后滞后 1 期、2 期的项,* 号表示乘法运算。

同理生成 GDX=x-1.186*x(-1)+0.467*x(-2)。

本章习题

第7章　多重共线性

“多重共线性”一词由弗里希[①]于1934年提出，它原指模型的解释变量间存在线性关系，现在指解释变量间存在线性或接近线性的关系。

计量经济模型中的解释变量之间有时会出现多重共线性。本章讨论对多重共线性如何进行处理，共分8节。前7节讨论多重共线性，包括非多重共线性假定、多重共线性的来源、多重共线性的后果、多重共线性的检测、多重共线性的解决方法、案例分析以及多重共线性与解释变量的不正确剔除。最后一节讨论违反模型假定条件的其他几种情形。

7.1　非多重共线性假定

对于多元线性回归模型

$$y_t = \beta_0 + \beta_1 x_{t1} + \beta_2 x_{t2} + \cdots + \beta_{k-1} x_{tk-1} + u_t$$

的假定之一是解释变量间不存在多重共线性，即

$$|\rho_{x_{ti}x_{tj}}| \neq 1, \quad (i,j=1,2,\cdots,k-1, i \neq j) \tag{7-1}$$

或者

$$|\rho_{x_{ti}x_{tj}}| \text{不近似等于} 1, \quad (i,j=1,2,\cdots,k-1, i \neq j) \tag{7-2}$$

其中 $\rho_{x_{ti}x_{tj}}$ 表示 x_{ti}，x_{tj} 的相关系数。若用矩阵描述，则非多重共线性假定是

$$\mathrm{rk}(\boldsymbol{X}'\boldsymbol{X}) = \mathrm{rk}(\boldsymbol{X}) = k \tag{7-3}$$

其中，$\mathrm{rk}(\boldsymbol{X})$表示 $\boldsymbol{X}$ 的秩，k 表示 $\boldsymbol{X}$ 的列数。

在 $k-1$ 元回归模型中，就解释变量之间的关系而言，有3种可能。

(1) $\rho_{x_{ti}x_{tj}}=0$，$(i,j=1,2,\cdots,k-1, i\neq j)$。解释变量之间相互独立，是正交的。此时多元回归模型中的回归系数 β_j 都可以通过与之相对应的一元线性回归方程来估计。

(2) $|\rho_{x_{ti}x_{tj}}|=1$，$(i,j=1,2,\cdots,k-1, i\neq j)$。解释变量间存在完全的线性关系。这时模型参数是不稳定的。直观地分析，当两个解释变量按同一方式变化时，要分清每个解释变量对被解释变量的影响是非常困难的。若解释变量之间存在 $|\rho_{x_{ti}x_{tj}}|=1$，称解释变量完全共线性。

---

① 弗里希(R. Frisch，1895—1973)，挪威经济学家。1926年首先提出“计量经济学”一词。1930年与其他经济学家创建计量经济学会，并担任会长。1932年建立奥斯陆大学经济研究所，任所长。1933年创办《计量经济学》杂志，任主编。第二次世界大战后，曾任联合国经济顾问、经济与就业委员会主席。曾在印度和埃及工作多年。1969年，和荷兰经济学家丁伯根(Jan Tinbergen，1903—1994)共同获得第一届诺贝尔经济学奖。

(3) 实际中,上面两种情形是很少见的。常见的情形是

$$0<|\rho_{x_{ti}x_{tj}}|<1 \quad (i,j=1,2,\cdots,k-1,i\neq j)$$

即解释变量间存在一定程度的线性关系。随着共线性程度的加强,对回归参数估计的准确性和稳定性都会带来影响。若解释变量之间存在$|\rho_{x_{ti}x_{tj}}|$接近 1,称解释变量接近或近似完全共线性。

多重共线性包括完全共线性和近似完全共线性两类。实际中常见的是近似完全共线性情形。模型解释变量间存在完全共线性或近似完全共线性都会给回归参数的估计带来不良影响。由于完全共线性在实际中很少见,所以,实际中我们关心的不是有无多重共线性,而是多重共线性的程度。这两种情形都会给回归参数的估计带来不良影响。

7.2 多重共线性的来源

在实际经济问题中,多重共线性是一种普遍存在的现象。它主要来自两个方面。

(1) 经济变量在时间上有共同变化的趋势。当经济处于上升时期,如国民收入、固定资产投资、国民消费、就业率等都增长;当经济处于低迷时期,这些变量又都趋于下降。显然,当模型中选用了若干这样的变量做解释变量时,就会出现多重共线性。

图 7-1 给出的是香港季度 GDP 和季度宏观消费(CONS)两个序列。从图中可以看出,两个序列的变化方式类似。当用这两个序列画散点图时,见图 7-2,这两个序列高度相关的特征展示得更为明显,相关系数是 0.997。当在模型中用这两个变量做解释变量时,则有可能给回归模型带来多重共线性问题。

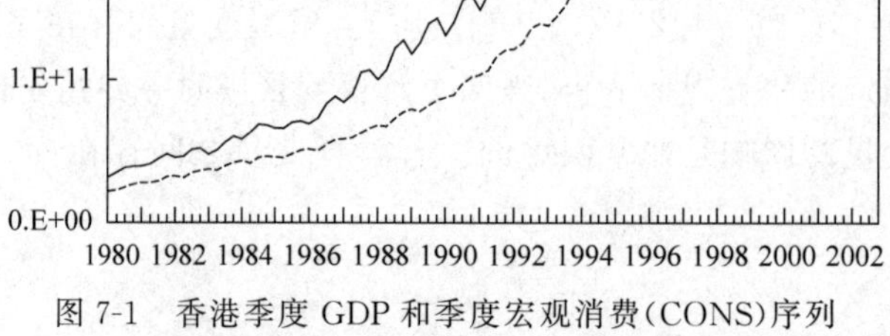

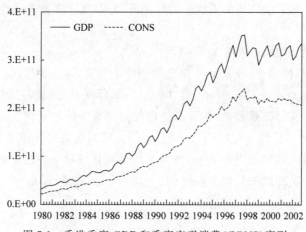

图 7-1 香港季度 GDP 和季度宏观消费(CONS)序列

(2) 有时出于需要,模型中考虑把某些解释变量的滞后项作为单独的解释变量加入模型。当期变量与其滞后变量作为两个变量自然是相关的,所以可以肯定,在含有当期变量与其滞后变量做解释变量的模型中有可能存在多重共线线性。如

$$\text{消费}_t = f(\text{收入}_t, \text{收入}_{t-1}) + u_t$$

$$\text{库存额}_t = f(\text{销售额}_t, \text{销售额}_{t-1}, \text{销售额}_{t-2}) + u_t$$

其中 $f(\cdot)$表示函数关系,这类模型中有可能存在多重共线性。

用图 7-1 给出的香港季度 GDP_t 与 GDP_{t-1} 做散点图见图 7-3,相关系数是 0.993,呈现高度相关特征。当在一个模型中用 GDP_t 与 GDP_{t-1} 同做解释变量,则有可能给模型带来多重共线性问题。

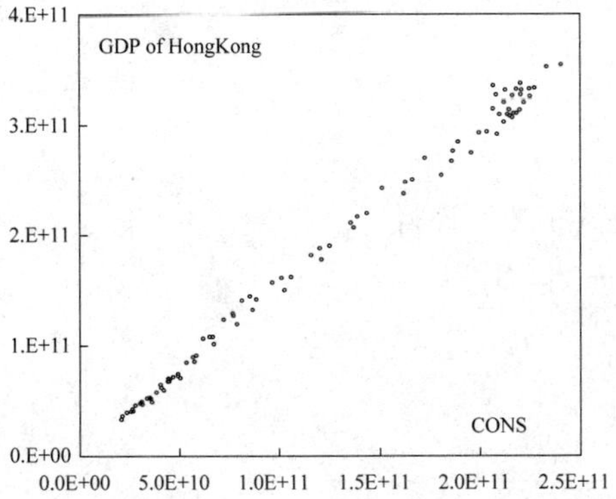

图 7-2　香港季度 GDP 与宏观消费散点图

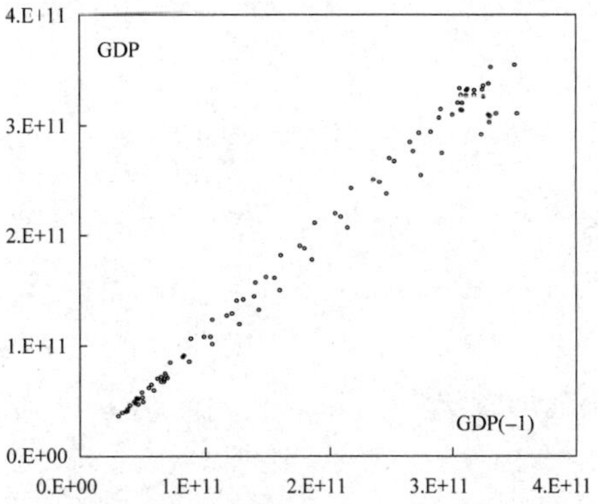

图 7-3　香港季度 GDP_t 与 GDP_{t-1} 散点图

7.3　多重共线性的后果

7.1 节介绍非多重共线性假定和多重共线性概念,其中包括两种情形:一种是解释变量间存在完全线性关系,称完全多重共线性;另一种是解释变量之间有近似的线性关系,称近似完全共线性。下面按这两种情形分别讨论多重共线性引起的后果。

7.3.1　完全多重共线性对参数估计的影响

(1) 回归系数估计量变得不稳定。以二元线性回归模型为例进行讨论。设模型为

$$y_t = \beta_0 + \beta_1 x_{t1} + \beta_2 x_{t2} + u_t \tag{7-4}$$

残差平方和表示为

$$\sum \hat{u}_t^2 = \sum (y_t - \hat{\beta}_0 - \hat{\beta}_1 x_{t1} - \hat{\beta}_2 x_{t2})^2 \tag{7-5}$$

为讨论方便,用变量的离差形式表示上式

$$\sum \hat{u}_t^2 = \sum [(y_t - \bar{y}) - \hat{\beta}_1 (x_{t1} - \bar{x}_1) - \hat{\beta}_2 (x_{t2} - \bar{x}_2)]^2 \tag{7-6}$$

因为根据 OLS 回归函数的性质有 $\bar{y} = \hat{\beta}_0 + \hat{\beta}_1 \bar{x}_1 + \hat{\beta}_2 \bar{x}_2$,即 $\bar{y} - \hat{\beta}_0 - \hat{\beta}_1 \bar{x}_1 - \hat{\beta}_2 \bar{x}_2 = 0$。用此式左侧减式(7-5)右侧就可以得到式(7-6)。用式(7-6)分别对 $\hat{\beta}_1$ 和 $\hat{\beta}_2$ 求偏导数并令其为零,得离差形式的正规方程如下:

$$\sum (x_{t1} - \bar{x}_1)(y_t - \bar{y}) = \hat{\beta}_1 \sum (x_{t1} - \bar{x}_1)^2 + \hat{\beta}_2 \sum (x_{t1} - \bar{x}_1)(x_{t2} - \bar{x}_2) \tag{7-7}$$

$$\sum(x_{t2}-\bar{x}_2)(y_t-\bar{y})=\hat{\beta}_1\sum(x_{t1}-\bar{x}_1)(x_{t2}-\bar{x}_2)+\hat{\beta}_2\sum(x_{t2}-\bar{x}_2)^2 \tag{7-8}$$

其中$\bar{x}_1=\frac{1}{T}\sum x_{t1}$,$\bar{x}_2=\frac{1}{T}\sum x_{t2}$,$\bar{y}=\frac{1}{T}\sum y_t$。令

$$S_{1y}=\sum(x_{t1}-\bar{x}_1)(y_t-\bar{y})$$

$$S_{2y}=\sum(x_{t2}-\bar{x}_2)(y_t-\bar{y})$$

$$S_{11}=\sum(x_{t1}-\bar{x}_1)^2$$

$$S_{22}=\sum(x_{t2}-\bar{x}_2)^2$$

$$S_{12}=\sum(x_{t1}-\bar{x}_1)(x_{t2}-\bar{x}_2)$$

用 S_{22} 乘式(7-7),用 S_{12} 乘式(7-8),并用二式做相减运算得

$$\hat{\beta}_1=\frac{S_{1y}S_{22}-S_{2y}S_{12}}{S_{11}S_{22}-S_{12}^2} \tag{7-9}$$

用类似的方法可求出

$$\hat{\beta}_2=\frac{S_{2y}S_{11}-S_{1y}S_{12}}{S_{11}S_{22}-S_{12}^2}$$

当 x_{t1} 与 x_{t2} 完全相关(完全共线性),即 $x_{t2}=k+\lambda x_{t1}$ 时(k,λ 为常数),离差形式的关系式是

$$(x_{t2}-\bar{x}_2)=\lambda(x_{t1}-\bar{x}_1) \tag{7-10}$$

把式(7-10)代入式(7-9),得

$$\hat{\beta}_1=\frac{S_{1y}\lambda^2 S_{11}-\lambda S_{1y}\lambda S_{11}}{\lambda^2 S_{11}^2-\lambda^2 S_{11}^2}=\frac{0}{0} \tag{7-11}$$

同理 $\hat{\beta}_2$ 也有类似结果。可见,当 $\rho_{x_{t1}x_{t2}}=1$ 时,$\hat{\beta}_1$,$\hat{\beta}_2$ 的值变得不稳定。

(2) 回归系数的方差变得无穷大。对于模型(7-4),

$$\mathrm{var}(\hat{\beta}_1)=\frac{S_{22}}{S_{11}S_{22}-S_{12}^2}\sigma^2,\text{(推导略)} \tag{7-12}$$

$$\mathrm{var}(\hat{\beta}_2)=\frac{S_{11}}{S_{11}S_{22}-S_{12}^2}\sigma^2,\text{(推导略)}$$

把式(7-10)代入式(7-12)

$$\mathrm{var}(\hat{\beta}_1)=\frac{S_{22}\sigma^2}{\lambda^2 S_{11}^2-\lambda^2 S_{11}^2}=\frac{S_{22}\sigma^2}{0}\to\infty \tag{7-13}$$

从而使 $\mathrm{var}(\hat{\beta}_1)$变为无穷大。同理 $\mathrm{var}(\hat{\beta}_2)$也变为无穷大。不难推证,以上结论对 $k-1$ 个解释变量的多元回归模型也适用。

7.3.2 近似共线性对参数估计的影响

完全共线性是一种不常见的极端情况。当解释变量间存在近似共线性时,仍以二元

线性回归模型为例，说明所导致的后果。

二解释变量 x_{t2}，x_{t1} 的关系表示如下：

$$x_{t2}=\lambda x_{t1}+v_t \tag{7-14}$$

其中 $\lambda \neq 0$，v_t 为随机误差项，$\operatorname{cov}(x_{t1},v_t)=0$（只要 $v_t\neq 0$，x_{t2}，x_{t1} 的相关系数就不等于 1）。把式(7-14)代入式(7-11)

$$\hat{\beta}_1=\frac{S_{1y}(\lambda^2 S_{11}-S_{vv})-(\lambda S_{1y}+S_{yv})\lambda S_{11}}{S_{11}(\lambda^2 S_{11}+S_{vv})-\lambda^2 S_{11}^2} \tag{7-15}$$

[上式的推导中利用了条件 $\operatorname{cov}(x_{t1},v_t)=0$]。同理也可推导出 $\hat{\beta}_2$ 的表达式。显然在不完全多重共线性条件下，$\hat{\beta}_1$，$\hat{\beta}_2$ 是可估计的。

下面分析 $\hat{\beta}_1$，$\hat{\beta}_2$ 的方差。由式(7-12)

$$\operatorname{var}(\hat{\beta}_1)=\frac{\sigma^2}{S_{11}\left(1-\dfrac{S_{12}^2}{S_{11}S_{22}}\right)}=\frac{\sigma^2}{S_{11}(1-\rho_{x_1x_2}^2)} \tag{7-16}$$

同理

$$\operatorname{var}(\hat{\beta}_2)=\frac{\sigma^2}{S_{22}(1-\rho_{x_1x_2}^2)} \tag{7-17}$$

从式(7-16)和式(7-17)可以看出，当 $|\rho_{x_{t1}x_{t2}}|$ 接近 1 时，即当解释变量间存在近似共线性时，$\hat{\beta}_1$，$\hat{\beta}_2$ 的方差越来越大；当 $|\rho_{x_{t1}x_{t2}}|=1$ 时，$\operatorname{var}(\hat{\beta}_1)$，$\operatorname{var}(\hat{\beta}_2)\to\infty$。

为对回归系数估计量的方差随解释变量的相关系数 $|\rho_{x_{t1}x_{t2}}|$ 的增加而增加的情形有所了解，看表 7-1。表中给出 $\operatorname{var}(\hat{\beta}_1)$ 随 $|\rho_{x_{t1}x_{t2}}|$ 增加而迅速增加的情形，当 $\rho_{x_{t1}x_{t2}}=0$ 时，$\operatorname{var}(\hat{\beta}_1)$ 计算公式(7-16)退化为简单线性回归模型 $\hat{\beta}_1$ 方差的计算公式。当 $\rho_{x_{t1}x_{t2}}=0.8$ 时，$\operatorname{var}(\hat{\beta}_1)$ 是 $\rho_{x_{t1}x_{t2}}=0$（非多重共线性）时相应方差的 2.78 倍。当 $\rho_{x_{t1}x_{t2}}=0.99$ 时，$\operatorname{var}(\hat{\beta}_1)$ 高达 50.25 倍[根据式(7-16)计算]。

表 7-1　$\operatorname{var}(\hat{\beta}_1)$、$\operatorname{var}(\hat{\beta}_2)$ 随 $\rho_{x_{t1}x_{t2}}$ 增加变化表

$\rho_{x_1x_2}$	$\operatorname{var}(\hat{\beta}_1)$	$\operatorname{var}(\hat{\beta}_2)$
0	$1.00(\sigma^2/S_{11})$	$1.00(\sigma^2/S_{22})$
0.50	$1.33(\sigma^2/S_{11})$	$1.33(\sigma^2/S_{22})$
0.80	$2.78(\sigma^2/S_{11})$	$2.78(\sigma^2/S_{22})$
0.90	$5.26(\sigma^2/S_{11})$	$5.26(\sigma^2/S_{22})$
0.95	$10.26(\sigma^2/S_{11})$	$10.26(\sigma^2/S_{22})$
0.98	$25.25(\sigma^2/S_{11})$	$25.25(\sigma^2/S_{22})$
0.99	$50.25(\sigma^2/S_{11})$	$50.25(\sigma^2/S_{22})$
1.00	∞	∞

从图7-4可以形象地看出,当解释变量之间的相关系数不超过0.9时,回归系数估计量的方差增加得并不快,不会对回归系数的估计造成太大影响。当解释变量之间的相关系数超过0.9时,回归系数估计量的方差快速增加,使回归系数估计量迅速失去有效性。

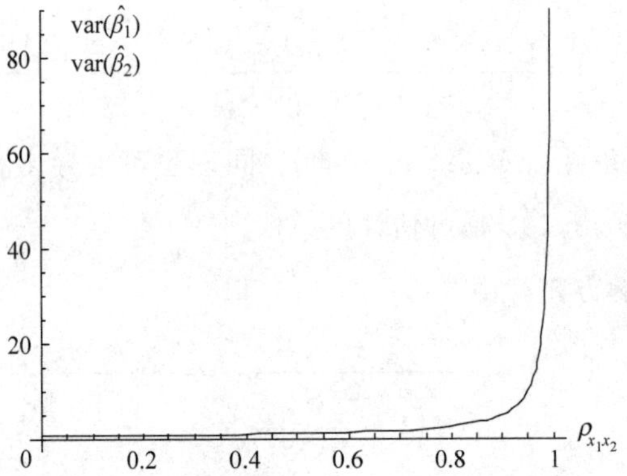

图7-4 二元线性回归模型解释变量间相关系数 $\rho_{x_1x_2}$ 与回归系数估计量方差的变化曲线

相似的结论可以向 $k-1$ 个解释变量的多元线性回归模型推广。回归系数估计量方差的快速增加导致回归系数估计量的抽样精度急剧下降,t 统计量的值变小,回归系数通不过显著性检验,使假设检验失去意义。

7.3.3 多重共线性后果的矩阵描述与蒙特卡洛模拟

(1) 当 $|\rho_{x_{ti}x_{tj}}|=1$,即解释变量间存在完全共线性时,$\boldsymbol{X}$ 为降秩矩阵,则 $(\boldsymbol{X}'\boldsymbol{X})^{-1}$ 不存在,$\hat{\boldsymbol{\beta}}=(\boldsymbol{X}'\boldsymbol{X})^{-1}\boldsymbol{X}'\boldsymbol{Y}$ 不可计算,$\hat{\text{var}}(\hat{\boldsymbol{\beta}})=\hat{\sigma}^2(\boldsymbol{X}'\boldsymbol{X})^{-1}$ 不可计算。

(2) 若 $|\rho_{x_{ti}x_{tj}}|\neq 1$,但 $|\rho_{x_{ti}x_{tj}}|$ 接近1,即解释变量间存在不完全多重共线性时,$\hat{\boldsymbol{\beta}}$ 仍具有无偏性。

$$
\begin{aligned}
E(\hat{\boldsymbol{\beta}}) &= E[(\boldsymbol{X}'\boldsymbol{X})^{-1}\boldsymbol{X}'\boldsymbol{Y}] = E[(\boldsymbol{X}'\boldsymbol{X})^{-1}\boldsymbol{X}'(\boldsymbol{X}\boldsymbol{\beta}+\boldsymbol{u})] \\
&= \boldsymbol{\beta} + (\boldsymbol{X}'\boldsymbol{X})^{-1}\boldsymbol{X}'E(\boldsymbol{u}) = \boldsymbol{\beta}
\end{aligned}
$$

推导中用到了 $\boldsymbol{X}$ 是非随机的假定条件和 $E(\boldsymbol{u})=0$。因为 $\boldsymbol{X}'\boldsymbol{X}$ 接近降秩矩阵,即 $|\boldsymbol{X}'\boldsymbol{X}|$ 接近0,$\hat{\text{var}}(\hat{\beta})=\hat{\sigma}^2(\boldsymbol{X}'\boldsymbol{X})^{-1}$ 变得很大,所以 $\hat{\boldsymbol{\beta}}$ 丧失有效性。

下面通过蒙特卡洛模拟方法进一步验证当回归模型存在多重共线性时对回归系数估计量分布的影响。

思路是设计两个二元回归模型(当然也可以是三元及以上回归模型)。一个模型不存在多重共线性,其他模型假定条件都能满足;另一个模型存在多重共线性,但模型其他假定条件都能满足,从而比较回归系数估计量分布的差异。

(1) 设计一个不存在多重共线性,模型全部假定条件都能满足的二元回归模型。具体做法是,设定 $x1_t$,$x2_t$ 为样本容量 $T=100$ 的平稳序列,$x1_t=3u_t$,$x2_t=3v_t$,其中 u_t,

$v_t \sim \mathrm{IN}(0,1)$为白噪声序列，且 u_t, v_t 相互独立。设定 $y_t = 0.2 + 0.8x1_t + 0.8x2_t + w_t$，其中 $w_t \sim \mathrm{IN}(0,1)$为白噪声序列，则 $y_t, x1_t, x2_t$ 都是平稳序列，且 y_t 与 $x1_t, x2_t$ 各存在斜率为 0.8 的线性关系。以样本容量 $T=100$ 按如上条件生成 $y_t, x1_t, x2_t$ 序列，并按

$$y_t = \alpha_0 + \alpha_1 x1_t + \alpha_2 x2_t + u_t$$

估计 α_1, α_2。

(2) 设计一个只存在多重共线性，模型其他全部假定条件都能满足的二元回归模型。具体做法是，设定平稳解释变量，$x1_t = 3v_t$，其中 $v_t \sim \mathrm{IN}(0,1)$为白噪声序列。设定解释变量 $x2_t = 0.95x1_t + 0.5u_t$，其中 $u_t \sim \mathrm{IN}(0,1)$为白噪声序列，则 $x1_t, x2_t$ 都是平稳序列，且存在高度线性相关关系。设定 $y_t = 0.2 + 0.8x1_t + 0.8x2_t + w_t$，其中 $w_t \sim \mathrm{IN}(0,1)$为白噪声序列，则 y_t 也是平稳序列。以样本容量 $T=100$ 按如上条件生成 $y_t, x1_t, x2_t$ 序列，并按

$$y_t = \beta_0 + \beta_1 x1_t + \beta_2 x2_t + w_t$$

估计 β_1, β_2，其中 w_t 表示误差序列。

(3) 把第(1)步和第(2)步估计的 α_1, α_2 和 β_1, β_2 的值各模拟 1 万次，分别画 1 万个 $\hat{\alpha}_1, \hat{\alpha}_2$ 和 $\hat{\beta}_1, \hat{\beta}_2$ 值的 4 条分布核密度曲线，并对比，见图 7-5。

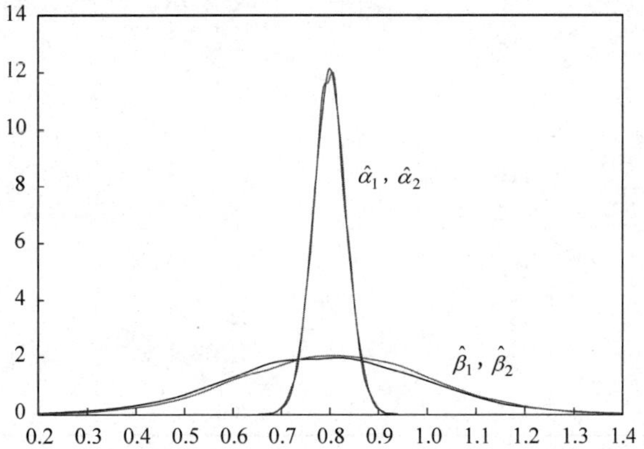

图 7-5 二元回归模型存在与不存在多重共线性的斜率 OLS 估计量分布对比的模拟

图 7-5 中分布方差小的是不存在多重共线性条件下的二元回归模型中 $\hat{\alpha}_1$ 和 $\hat{\alpha}_2$ 的分布(几乎重合在一起)。图 7-5 中分布方差大的那两条曲线是存在多重共线性条件下的二元回归模型中 $\hat{\beta}_1$ 和 $\hat{\beta}_2$ 的分布(几乎重合在一起)。

从图 7-5 看出，由于解释变量存在多重共线性，$\hat{\beta}_1$ 和 $\hat{\beta}_2$ 分布的方差大大超过不存在多重共线性条件下 $\hat{\alpha}_1$ 和 $\hat{\alpha}_2$ 分布的方差，即二元回归模型回归系数估计值 $\hat{\beta}_1$ 和 $\hat{\beta}_2$ 丧失有效性。但 $\hat{\alpha}_1, \hat{\alpha}_2$ 和 $\hat{\beta}_1, \hat{\beta}_2$ 分布的均值都指向 0.8(斜率的真值是 0.8)，所以存在多重共线性的二元回归模型回归系数估计量 $\hat{\beta}_1$ 和 $\hat{\beta}_2$ 仍具有无偏性(理论推导见上)。

7.4 多重共线性的检测

由于多重共线性是一个程度问题，而不是一个存在不存在的问题，所以下面给出的都是检测方法而不是检验方法。只介绍5种检测方法。

(1) 观察回归估计式。如果回归方程的拟合优度(可决系数)R^2很高，而回归系数估计量的t统计量的值却普遍很低(t检验通不过)，即$\hat{\beta}_j$的估计方差$\hat{\text{var}}(\hat{\beta}_j)$，$(j=1,2,\cdots,k-1)$都非常大，说明解释变量间存在严重的多重共线性。

举例说明如下：

【例7-1】（数据见EViews、STATA文件：li 7-1）

关于家庭人均消费y_t、家庭人均收入x_{t1}和家庭人均储蓄x_{t2}的数据见表7-2。

表7-2　家庭人均消费y_t、家庭人均收入x_{t1}和家庭人均储蓄x_{t2}的数据　　元

t	y_t	x_{t1}	x_{t2}
1	70	80	810
2	65	100	1 009
3	90	120	1 273
4	95	140	1 425
5	110	160	1 633
6	115	180	1 876
7	120	200	2 052
8	140	220	2 201
9	155	240	2 435
10	150	260	2 686

资料来源：科研调查数据。

得二元线性回归方程OLS估计结果如下：

$$\hat{y}_t=24.774\,7+0.941\,5x_{t1}-0.042\,4x_{t2} \tag{7-18}$$

$$(1.14)\qquad(-0.53)$$

$$R^2=0.96, F=92.4, T=10$$

其中括号内数字是相应t统计量的值。从结果看，可决系数$R^2=0.96$已相当高。x_{t1}，x_{t2}共同解释了家庭人均消费y_t变差的96%。$F=92.4$，说明F检验结果高度显著，但与$\hat{\beta}_1$，$\hat{\beta}_2$相应的t值却都很低，在$\alpha=0.05$甚至$\alpha=0.10$水平上都未能通过显著性检验。此外β_2估计值为负(−0.042 4)，也与常理和经济理论不符。以上现象说明解释变量x_{t1}，x_{t2}间存在严重的多重共线性。

考察 x_{t1} 与 x_{t2} 的相关系数，得 $r_{x_{t1}x_{t2}}=0.9979$，说明 x_{t1} 与 x_{t2} 几乎是完全共线性的。分别用 y_t 对 x_{t1}，x_{t2} 做简单线性回归，得

$$\hat{y}_t=24.4545+0.5091x_{t1}$$
$$(14.2)\qquad R^2=0.96,T=10$$
$$\hat{y}_t=24.3480+0.0498x_{t2}$$
$$(13.4)\qquad R^2=0.96,T=10$$

可见，x_{t1}，x_{t2} 都是 y_t 的重要解释变量。它们各自都能解释家庭人均消费 y_t 变差的 96%。但是，当用 x_{t1}，x_{t2} 做二元回归时[见式(7-18)]，两个回归系数估计量却都未能通过 t 检验。

(2) 观察解释变量间的简单相关系数。

对于多元线性回归模型

$$y_t=\beta_0+\beta_1x_{t1}+\cdots+\beta_{k-1}x_{tk-1}+u_t$$

如果解释变量间的简单相关系数 $r_{x_ix_j}$，$i,j=1,2,\cdots,k-1,i\neq j$ 很高，比如高过 0.8，则上述模型可能会存在多重共线性。但值得注意的是，这个标准并不十分可靠。有时相关系数比 0.8 低，同样有可能存在多重共线性；而当高过 0.8 时，也有可能不存在多重共线性。

【例 7-2】（数据见 EViews、STATA 文件：li 7-2）

用 1984—1998 年我国货运量 y_t（万吨）对第一产业产值 x_{t1}（亿元）、第二产业产值 x_{t2}（亿元）、第三产业产值 x_{t3}（亿元）数据（表 7-3）做三元线性回归，得估计结果如下：

$$\hat{y}_t=675173.9+90.2471x_{t1}-35.1508x_{t2}+26.8725x_{t3}\tag{7-19}$$
$$(9.1)\qquad(2.1)\qquad(-1.7)\qquad(1.1)$$
$$R^2=0.8961,F=31.6,T=15,(1984—1998)$$

3 个解释变量 x_{t1}，x_{t2}，x_{t3} 间的简单相关系数是

$$r_{x_{t1}x_{t2}}=0.9958,\quad r_{x_{t1}x_{t3}}=0.9921,\quad r_{x_{t2}x_{t3}}=0.9955$$

表 7-3　我国货运量、第一产业、第二产业、第三产业产值数据

年	我国货运量 y_t（万吨）	第一产业产值 x_{t1}（亿元）	第二产业产值 x_{t2}（亿元）	第三产业产值 x_{t3}（亿元）
1984	716 907	2 295.5	3 105.7	1 769.8
1985	745 763	2 541.6	3 866.6	2 556.2
1986	853 557	2 763.9	4 492.7	2 945.6
1987	948 229	3 204.3	5 251.6	3 506.6
1988	982 195	3 831.0	6 587.2	4 510.1
1989	988 435	4 228.0	7 278.0	5 403.2

续表

年	我国货运量 y_t (万吨)	第一产业产值 x_{t1} (亿元)	第二产业产值 x_{t2} (亿元)	第三产业产值 x_{t3} (亿元)
1990	970 602	5 017.0	7 717.4	5 813.5
1991	985 793	5 288.6	9 102.2	7 227.0
1992	1 045 899	5 800.0	11 699.5	9 138.6
1993	1 115 771	6 882.1	16 428.5	11 323.8
1994	1 180 273	9 457.2	22 372.2	14 930.0
1995	1 234 810	11 993.0	28 537.9	17 947.2
1996	1 296 200	13 844.2	33 612.9	20 427.5
1997	1 275 802	14 211.2	37 222.7	23 028.7
1998	1 264 361	14 599.6	38 691.8	26 104.3

资料来源：国家统计局.新中国五十年统计资料汇编[M].北京：中国统计出版社,1999.

相关系数的 EViews 的求法见 1.12.4 小节。

因为解释变量间的 3 个相关系数值都非常大(大过 0.992),远大过回归式(7-19)的确定系数 $R^2=0.8961$,所以解释变量间的多重共线性是严重的。

(3) 回归参数估计值的符号如果不符合经济理论,模型有可能存在多重共线性。

例如,回归式(7-18)和式(7-19)中 x_{t2} 的回归系数估计值为负,明显与经济理论不符,这是解释变量间存在多重共线性,从而导致回归系数估计量的分布方差变大所致。

(4) 增加或减少解释变量个数时,回归系数估计值变化很大,说明模型有可能存在多重共线性。

(5) 此外还有其他一些检验方法,如主成分分析法等(超出本书范围,不做介绍)。

7.5 多重共线性的解决方法

完全不存在多重共线性是一个很强的假定。实际中,经济变量随着经济形势的起伏,总要表现出某种程度的共同变化特征。当然,完全多重共线性在实际经济问题中亦很少见,所以多重共线性的一般表现形式是不完全多重共线性。当解释变量间存在不完全多重共线性时,主要是给模型回归系数的估计带来严重后果。尽管回归系数的普通最小二乘估计量仍具有无偏性,但由于回归系数估计量的方差变大,使回归系数估计量 $\hat{\beta}_j$ 的抽样精度下降,$\hat{\beta}_j$ 的值有可能远离真值 β_j,从而使回归系数估计值变得毫无意义。为克服模型中的多重共线性,下面介绍几种方法。

7.5.1　直接合并解释变量

当模型中存在多重共线性时，在不失去实际意义的前提下，可以把有关的解释变量直接合并，从而降低或消除多重共线性。

继续看【例 7-2】。如果研究的目的是预测我国货运量，那么可以把第一、第二、第三产业产值合并为总产值，从而使模型中的解释变量个数减少到 1 个，自然消除了多重共线性。

7.5.2　利用已知信息合并解释变量

通过经济理论及对实际问题的深刻理解，对发生多重共线性的解释变量引入附加条件，从而减弱或消除多重共线性。比如有二元回归模型

$$y_t=\beta_0+\beta_1 x_{t1}+\beta_2 x_{t2}+u_t \tag{7-20}$$

x_{t1} 与 x_{t2} 间存在多重共线性。如果依据经济理论或对实际问题的深入调查研究，能给出回归系数 β_1 与 β_2 的某种关系，例如

$$\beta_2=\lambda\beta_1 \tag{7-21}$$

其中 λ 为常数。把上式代入模型(7-20)，得

$$y_t=\beta_0+\beta_1 x_{t1}+\lambda\beta_1 x_{t2}+u_t=\beta_0+\beta_1(x_{t1}+\lambda x_{t2})+u_t \tag{7-22}$$

令

$$x_t=x_{t1}+\lambda x_{t2}$$

得

$$y_t=\beta_0+\beta_1 x_t+u_t \tag{7-23}$$

模型(7-23)是一元线性回归模型，所以不再有多重共线性问题。用普通最小二乘法估计模型(7-23)，得到 $\hat{\beta}_1$，然后再利用式(7-21)求出 $\hat{\beta}_2$。

下面以柯布-道格拉斯(Cobb-Douglass)生产函数模型为例，做进一步说明。

$$Y_t=\gamma L_t^{\alpha} C_t^{\beta} e_t^{u} \tag{7-24}$$

其中，Y_t 表示产出量，L_t 表示劳动力投入量，C_t 表示资本投入量。γ、α、β 是被估回归系数。两侧取自然对数后，

$$\mathrm{Ln}Y_t=\mathrm{Ln}\gamma+\alpha\,\mathrm{Ln}L_t+\beta\,\mathrm{Ln}C_t+u_t \tag{7-25}$$

因为劳动力(L_t)与资本(C_t)常常是高度相关的，所以 $\mathrm{Ln}L_t$ 与 $\mathrm{Ln}C_t$ 也高度相关，致使无法求出 α，β 的精确估计值。假如已知所研究的对象属于规模报酬不变型，即得到一个条件

$$\alpha+\beta=1$$

利用这一关系把模型(7-25)变为

$$\mathrm{Ln}Y_t=\mathrm{Ln}\gamma+\alpha\,\mathrm{Ln}L_t+(1-\alpha)\mathrm{Ln}C_t+u_t$$

整理后，

$$\mathrm{Ln}\left(\frac{Y_t}{C_t}\right)=\mathrm{Ln}\gamma+\alpha\,\mathrm{Ln}\left(\frac{L_t}{C_t}\right)+u_t \tag{7-26}$$

变成了 $\mathrm{Ln}(Y_t/C_t)$ 对 $\mathrm{Ln}(L_t/C_t)$ 的一元线性回归模型，自然消除了多重共线性。估计出 α 后，再利用关系式 $\alpha+\beta=1$，估计 β。

7.5.3 增加样本容量或重新抽取样本

这种方法主要适用于那些由测量误差而引起的多重共线性。当重新抽取样本时，克服了测量误差，自然也消除了多重共线性。另外，增加样本容量也可以减弱多重共线性的程度。

下面仍以二元线性回归模型为例说明这个道理。由式(7-16)和式(7-17)，有

$$\hat{\mathrm{var}}(\hat{\beta}_1)=\frac{\hat{\sigma}^2}{S_{11}(1-r_{x_{t1}x_{t2}}^2)}=\frac{\hat{\sigma}^2}{\sum(x_{t1}-\bar{x}_1)^2(1-r_{x_{t1}x_{t2}}^2)} \tag{7-27}$$

$$\hat{\mathrm{var}}(\hat{\beta}_2)=\frac{\hat{\sigma}^2}{S_{22}(1-r_{x_{t1}x_{t2}}^2)}=\frac{\hat{\sigma}^2}{\sum(x_{t2}-\bar{x}_2)^2(1-r_{x_{t1}x_{t2}}^2)} \tag{7-28}$$

当样本容量增大时，$\sum(x_{t1}-\bar{x}_1)^2$ 和 $\sum(x_{t2}-\bar{x}_2)^2$ 也增大，而 $r_{x_{t1}x_{t2}}$ 趋近于总体相关系数 $\rho_{x_{t1}x_{t2}}$，为某一个确定的值，所以 $\hat{\mathrm{var}}(\hat{\beta}_1)$ 与 $\hat{\mathrm{var}}(\hat{\beta}_2)$ 都趋于减小，从而提高了估计量 $\hat{\beta}_1$，$\hat{\beta}_2$ 的抽样精度。

7.5.4 合并截面数据与时间序列数据

这种方法属于约束最小二乘法(RLS)。其基本思想是，先由截面数据求出一个或多个回归系数的估计值，把它们代入原模型中，通过用因变量与上述已估计项相减从而得到新的因变量，然后建立新因变量对那些保留解释变量的回归模型，并利用时间序列样本估计回归系数。下面通过一个例子具体介绍合并数据法。

设有某种商品的销售量模型如下：

$$\mathrm{Ln}Y_t=\beta_0+\beta_1\mathrm{Ln}P_t+\beta_2\mathrm{Ln}I_t+u_t \tag{7-29}$$

其中 Y_t 表示销售量，P_t 表示平均价格，I_t 表示消费者收入，下标 t 表示时间。

在时间序列数据中，价格 P_t 与收入 I_t 一般高度相关，所以当用普通最小二乘法估计模型(7-29)的回归系数时，会遇到多重共线性问题。

首先利用截面数据估计收入弹性系数 β_2。因为在截面数据中，平均价格是一个常量，所以不存在对 β_1 的估计问题。

把用截面数据得到的收入弹性系数估计值 $\hat{\beta}_2$ 代入原模型(7-29)中，得

$$\mathrm{Ln}Y_t=\beta_0+\beta_1\mathrm{Ln}P_t+\hat{\beta}_2\mathrm{Ln}I_t+u_t$$

移项整理

$$\mathrm{Ln}Y_t-\hat{\beta}_2\mathrm{Ln}I_t=\beta_0+\beta_1\mathrm{Ln}P_t+u_t$$

变换后的因变量($\mathrm{Ln}Y_t-\hat{\beta}_2\mathrm{Ln}I_t$)用 Z_t 表示，则

$$Z_t=\beta_0+\beta_1\mathrm{Ln}P_t+u_t \tag{7-30}$$

这时已排除收入变量的影响。模型已变换为一元线性回归模型。利用时间序列数据对模型(7-30)做普通最小二乘(OLS)估计，求出 $\hat{\beta}_0$，$\hat{\beta}_1$。这样便求到相对于模型(7-29)的估计式

$$\mathrm{Ln}\hat{Y}_t=\hat{\beta}_0+\hat{\beta}_1\mathrm{Ln}P_t+\hat{\beta}_2\mathrm{Ln}I_t$$

其中 $\hat{\beta}_2$ 是用截面数据估计的，$\hat{\beta}_0$，$\hat{\beta}_1$ 是由时间序列数据估计的。

由于把估计过程分作两步，从而避免了多重共线性问题。显然这种估计方法默认了一种假设，即相对于时间序列数据各个时期截面数据所对应的收入弹性系数估计值都与第一步求到的 $\hat{\beta}_2$ 相同。当这种假设不成立时，这种估计方法会带来估计误差。

7.5.5　剔除引起多重共线性的变量

当模型中存在多重共线性时，可以剔除那些引起多重共线性的、相对不重要的解释变量，从而消除多重共线性。

比如 x_{t1} 和 x_{t2} 的高度相关是引起多重共线性的原因，那么，通过经济理论、对相关系数的分析和一元回归模型的分析决定 x_{t1} 和 x_{t2} 哪一个是影响被解释变量的更重要的解释变量。比如 x_{t1} 是更重要的解释变量，那么就把 x_{t2} 从模型中剔除出去。

值得注意的是，①从模型中剔除解释变量有可能引起模型设定误差（详细讨论见 7.8.4 小节），而针对这一具体问题，究竟是“多重共线性给模型带来的危害大”，还是“设定误差给模型带来的危害大”，很难做出准确评价。②如果模型只是用于预测的话，即便存在多重共线性，只要是模型可决系数很高，仍会得到不错的结果。

【例 7-3】（数据见 EViews、STATA 文件：li 7-3）

关于中国电信业务总量的计量经济模型

经初步分析，影响中国电信业务总量变化的主要因素是邮政业务总量、中国人口数、城镇人口占总人口的比率、人均 GDP、我国居民人均消费水平。1991—1999 年数据见表 7-4。通过散点图分析，电信业务总量（$\text{Ln}y_t$）分别与邮政业务总量（x_{t1}）、中国人口数（x_{t2}）、城镇人口占总人口的比率（x_{t3}）、人均 GDP（x_{t4}）、我国居民人均消费水平（x_{t5}）成指数函数关系（作者自己作图），应该建立中国电信业务总量的半对数多元回归模型。估计结果如下：

$$\text{Ln}\hat{y}_t = 24.94 + 2.16x_{t1} - 3.03x_{t2} + 33.7x_{t3} + 1.29x_{t4} - 2.03x_{t5} \tag{7-31}$$

$$(0.7)\quad(1.6)\quad(-0.8)\quad(1.0)\quad(1.5)\quad(-1.2)$$

$$R^2 = 0.9944, F = 106.3, \text{DW} = 3.4, T = 9, (1991\text{—}1999),$$

$$t_{0.05}(3) = 3.18$$

分析发现上式的可决系数（$R^2=0.9944$）非常高，但每个回归系数的 t 检验在统计上都不显著，按第一种检测方法，说明模型存在严重的多重共线性。

解释变量间的简单相关系数矩阵见表 7-5（相关系数矩阵的 EViews 求法见 1.12.4 小节）。因为所有的相关系数都在 0.96 以上，其中有一个简单相关系数高达 0.998 6，显示模型中存在严重的多重共线性。

经分析，中国人口数（x_{t2}）是影响电信业务总量（$\text{Ln}y_t$）变化的最重要解释变量。那么就应该根据 x_{t1}，x_{t2}，x_{t3}，x_{t4}，x_{t5} 之间的相关系数值，按 x_{t1}，x_{t5}，x_{t3}，x_{t4} 的顺序依次试着从模型中删除这些变量。在删除过程中，通过各种评价方法直至得到一个满意的估计结果。

表 7-4 1991—1999 年电信业务总量、邮政业务总量、中国人口数、市镇人口比重、人均 GDP、人均消费水平数据

年份	电信业务总量 y_t(亿元)	邮政业务总量 x_{t1}(亿元)	中国人口数 x_{t2}(亿人)	市镇人口比重 x_{t3}	人均 GDP x_{t4}(千元)	人均消费水平 x_{t5}(千元)
1991	1.516 3	0.527 5	11.582 3	0.263 7	1.879	0.896
1992	2.265 7	0.636 7	11.717 1	0.276 3	2.287	1.070
1993	3.824 5	0.802 6	11.851 7	0.281 4	2.939	1.331
1994	5.923 0	0.958 9	11.985 0	0.286 2	3.923	1.746
1995	8.755 1	1.133 4	12.112 1	0.290 4	4.854	2.236
1996	12.087 5	1.332 9	12.238 9	0.293 7	5.576	2.641
1997	12.689 5	1.443 4	12.362 6	0.299 2	6.053	2.834
1998	22.649 4	1.662 8	12.481 0	0.304 0	6.307	2.972
1999	31.323 8	1.984 4	12.590 9	0.308 9	6.534	3.143

资料来源:《中国统计年鉴》2000,中国统计出版社。

表 7-5 x_{t1}、x_{t2}、x_{t3}、x_{t4}、x_{t5} 的相关系数

	x_{t1}	x_{t2}	x_{t3}	x_{t4}	x_{t5}
x_{t1}	1.000 0				
x_{t2}	0.989 5	1.000 0			
x_{t3}	0.970 0	0.988 2	1.000 0		
x_{t4}	0.962 8	0.987 2	0.967 8	1.000 0	
x_{t5}	0.970 3	0.988 8	0.965 4	0.998 6	1.000 0

首先从回归式(7-31)中删除 x_{t1},

$$\hat{\text{Ln}y_t} = -30.73 + 2.45x_{t2} + 10.20x_{t3} + 0.33x_{t4} - 0.67x_{t5}$$
$$(-1.6)\quad(1.0)\quad(0.3)\quad(0.5)\quad(-0.4)$$
$$R^2 = 0.989\,6, F = 95.1, \text{DW} = 2.3, T = 9, (1991\text{—}1999),$$
$$t_{0.05}(4) = 2.78$$

回归结果依然不好,删除 x_{t5},

$$\hat{\text{Ln}y_t} = -25.26 + 1.76x_{t2} + 19.72x_{t3} + 0.07x_{t4}$$
$$(-2.0)\quad(1.2)\quad(0.9)\quad(0.4)$$
$$R^2 = 0.989\,2, F = 152.4, \text{DW} = 2.2, T = 9, (1991\text{—}1999),$$
$$t_{0.05}(5) = 2.57$$

再删除 x_{t3},进而删除 x_{t4},得

$$\hat{\text{Ln}y_t} = \quad 33.26 + 2.91x_{t2} \tag{7-32}$$
$$(-22.2)\quad(23.6)$$
$$R^2 = 0.987\,5, F = 555, \text{DW} = 1.7, T = 9, (1991\text{—}1999),$$
$$t_{0.05}(7) = 2.37$$

或者用解释变量之间相关系数值最小的 x_{t1} 和 x_{t4} 同做解释变量与 $\text{Ln}y_t$ 回归，得

$$\hat{\text{Ln}y_t} = -0.48 + 1.08x_{t1} + 0.28x_{t4} \qquad (7\text{-}33)$$
$$(-3.4) \quad (2.7) \quad (2.5)$$
$$R^2 = 0.98, F = 184, T = 9, t_{0.05}(6) = 2.45, (1991—1999)$$

7.6 案例分析

【案例 7-1】（数据见 EViews、STATA 文件：case 7-1）

1998 年农村居民人均食品支出分析

我国 1998 年 31 个省区市农村居民人均年食品支出 Food_t（元）、人均总支出 Ex_t（元）和人均年可支配收入 In_t（元）数据见表 7-6。Food_t 分别与 Ex_t 和 In_t 的散点图见图 7-6 和图 7-7。得二元线性回归模型 OLS 估计结果如下：

$$\hat{\text{Food}}_t = 278.6733 + 0.5077\text{Ex}_t - 0.1059\text{In}_t \qquad (7\text{-}34)$$
$$(9.0) \quad (9.2) \quad (-2.6) \quad R^2 = 0.9482, T = 31$$

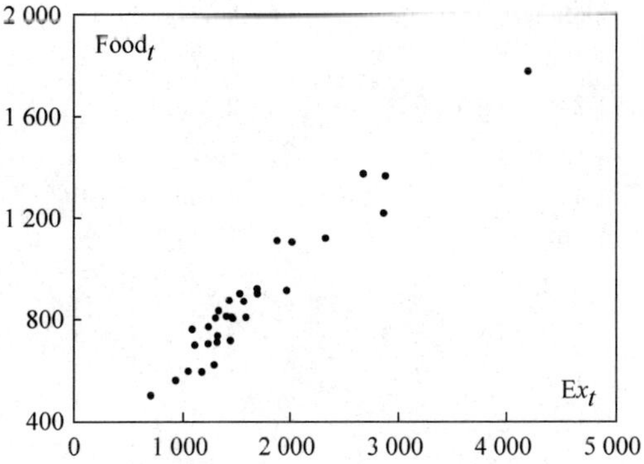

图 7-6　Food_t 与 Ex_t 散点图

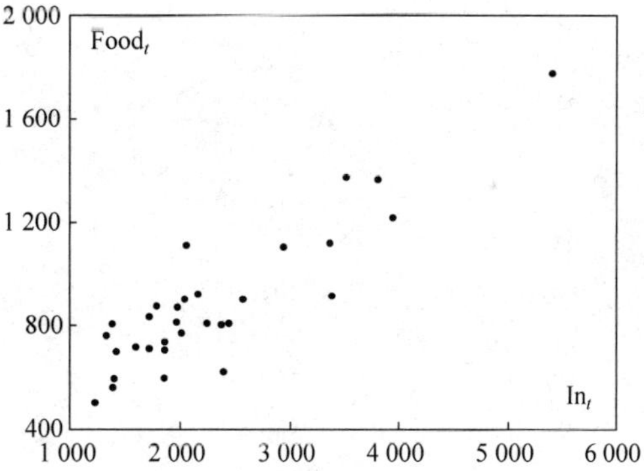

图 7-7　Food_t 与 In_t 散点图

由散点图 7-7 可知，Food_t 与 In_t 是正相关的（0.89），但估计结果回归系数却是负的。尽管通过了统计显著性检验，但符号显然与经济理论不符、与事实不符。原因是 Ex_t 和 In_t 之间的多重共线性（高度相关）所致。经计算 $r_{(\text{Ex},\text{In})} = 0.9537$ 很高，甚至大于式(7-34)的可决系数 0.948 2。如果用 Food_t 只对 In_t 回归，回归系数是正的。

$$\hat{\text{Food}}_t = 285.5945 + 0.2571\text{In}_t \qquad (7\text{-}35)$$
$$(4.7) \quad (10.5) \quad R^2 = 0.79, F = 110, T = 31$$

而不是式(7-34)中的负号。两个特征都说明上述二元回归结果中存在多重共线性。

表 7-6 1998 年农村居民人均食品支出、人均总支出和人均可支配收入数据

省序号	人均食品支出 $Food_t$(元)	人均支出 Ex_t(元)	人均可支配收入 In_t(元)
1	1 215.08	2 873.20	3 952.32
2	911.39	1 976.70	3 395.70
3	616.90	1 298.54	2 405.32
4	592.19	1 056.45	1 858.60
5	867.38	1 577.12	1 981.48
6	898.87	1 702.68	2 579.79
7	799.69	1 471.46	2 383.60
8	805.33	1 464.64	2 253.10
9	1 775.04	4 206.89	5 406.87
10	1 117.01	2 336.78	3 376.78
11	1 361.80	2 890.65	3 814.56
12	732.14	1 333.05	1 863.06
13	1 101.64	2 025.09	2 946.37
14	899.37	1 538.24	2 048.00
15	804.64	1 595.09	2 452.83
16	700.78	1 240.30	1 864.05
17	918.95	1 699.43	2 172.24
18	1 107.23	1 889.17	2 064.85
19	1 370.70	2 683.18	3 527.14
20	808.82	1 414.76	1 971.90
21	767.42	1 246.12	2 018.31
22	831.08	1 343.35	1 720.46
23	871.83	1 440.77	1 789.17
24	757.55	1 094.39	1 334.46
25	801.99	1 312.31	1 387.25
26	497.41	710.26	1 231.50
27	590.90	1 181.38	1 405.59
28	556.85	939.55	1 393.05
29	694.62	1 117.79	1 424.79
30	706.56	1 327.63	1 721.17
31	713.34	1 450.29	1 600.14

资料来源:《中国统计年鉴-1999》,中国统计出版社。

比较图 7-6 和图 7-7,$Food_t$ 和 Ex_t 的相关更强,从经济理论分析,人均年食品支出也应该与人均支出有更紧密的关系,所以处理多重共线性的方法是用 $Food_t$ 只对 Ex_t 回归,得

$$\hat{Food}_t = 258.4643 + 0.3729 Ex_t \tag{7-36}$$

$$(7.9) \qquad (20.6) \qquad R^2 = 0.94, T = 31$$

效果很好。

【案例 7-2】（数据见 EViews、STATA 文件：case 7-2）

中国家用汽车拥有量决定因素分析

1985—2002 年中国家用汽车拥有量以年增长率 23%、年均增长 55 万辆的速度飞速增长。序列见图 7-8。

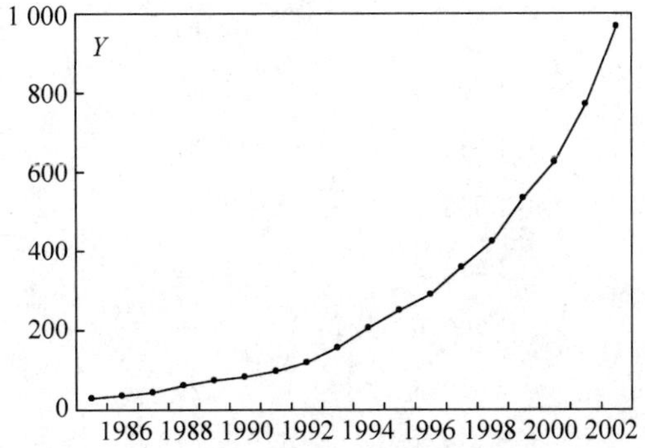

图 7-8　中国家用汽车拥有量序列

考虑在本例样本期间，农村家庭购买家用汽车的现象还很少，在建立中国家用汽车拥有量模型时，主要考虑如下因素：①城镇居民家庭人均可支配收入；②城镇总人口；③家用汽车产量；④公路交通完善程度；⑤家用汽车价格。

“城镇居民家庭人均可支配收入”“城镇总人口数”和“家用汽车产量”可以直接从统计年鉴上获得。“公路交通完善程度”用我国公路里程度量，也可以从统计年鉴上获得。由于国产家用汽车价格与进口家用汽车价格差距较大，而且家用汽车种类很多，统计分种类的家用汽车销售价格与销售量非常困难，所以“家用汽车价格”因素暂且略去不用。定义变量名如下：

y_t 表示中国家用汽车拥有量(万辆)；

x_{t1} 表示城镇居民家庭人均可支配收入(元)；

x_{t2} 表示我国城镇人口(亿人)；

x_{t3} 表示我国家用汽车产量(万辆)；

x_{t4} 表示我国公路长度(万公里)。

数据见表 7-7。y_t 与 x_{t1}、x_{t2}、x_{t3}、x_{t4} 散点图分别见图 7-9～图 7-12。建立四元线性回归模型，得估计结果如下：

$$\hat{y}_t = -925.6637 + 0.0057x_{t1} + 62.9428x_{t2} + 0.4116x_{t3} + 7.7293x_{t4}$$
$$(-5.7)\qquad(0.2)\qquad(0.7)\qquad(0.8)\qquad(5.0)\qquad\qquad(7\text{-}37)$$

$$R^2 = 0.9867, \mathrm{DW} = 1.4, F = 241.5, T = 18, (1985—2002)$$

表 7-7 中国轿车拥有量、城镇人均可支配收入、城镇人口、汽车产量、公路长度数据

年份	轿车拥有量 y_t(万辆)	城镇人均可支配收入 x_{t1}(元)	城镇人口 x_{t2}(亿人)	汽车产量 x_{t3}(万辆)	公路长度 x_{t4}(万公里)
1985	28.49	739.1	2.51	43.72	92.24
1986	34.71	899.6	2.64	36.98	96.28
1987	42.29	1 002.2	2.77	47.18	98.22
1988	60.42	1 181.4	2.87	64.47	99.96
1989	73.12	1 375.7	2.95	58.35	101.43
1990	81.62	1 510.2	3.02	51.40	102.83
1991	96.04	1 700.6	3.05	71.42	104.11
1992	118.20	2 026.6	3.24	106.67	105.67
1993	155.77	2 577.4	3.34	129.85	108.35
1994	205.42	3 496.2	3.43	136.69	111.78
1995	249.96	4 283.0	3.52	145.27	115.70
1996	289.67	4 838.9	3.73	147.52	118.58
1997	358.36	5 160.3	3.94	158.25	122.64
1998	423.65	5 425.1	4.16	163.00	127.85
1999	533.88	5 854.0	4.37	183.20	135.17
2000	625.33	6 280.0	4.59	207.00	140.27
2001	770.78	6 859.6	4.81	234.17	169.80
2002	968.98	7 702.8	5.02	325.10	176.52

资料来源:《中国统计年鉴》1986—2003,中国统计出版社。

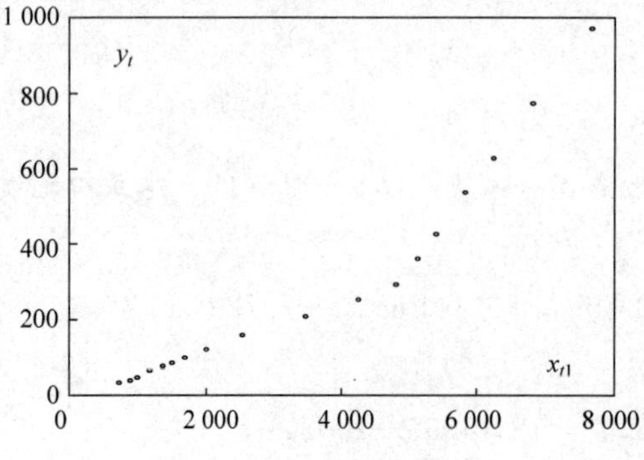

图 7-9 y_t 与 x_{t1} 散点图

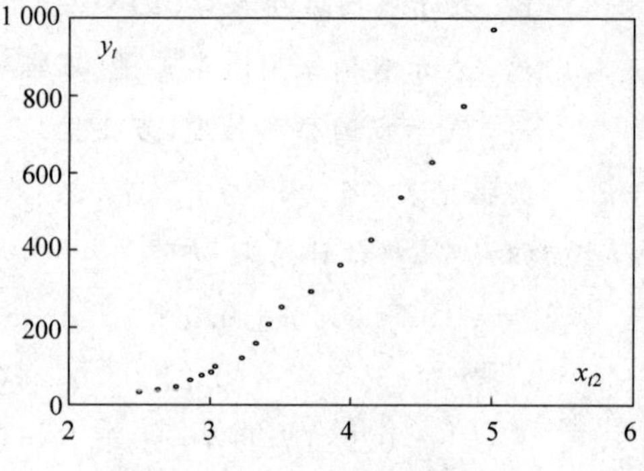

图 7-10 y_t 与 x_{t2} 散点图

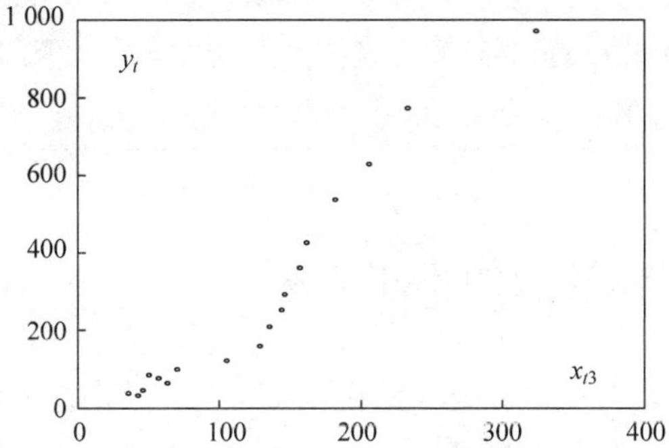

图 7-11　y_t 与 x_{t3} 散点图

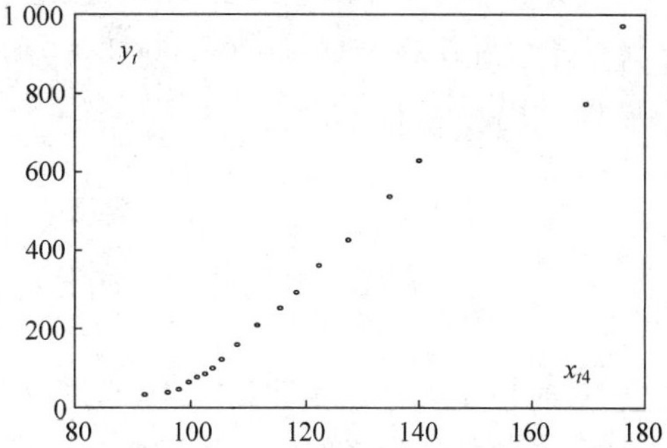

图 7-12　y_t 与 x_{t4} 散点图

$R^2=0.9867$,但是 4 个解释变量的回归系数中有 3 个通不过显著性检验。再分析 x_{t1}、x_{t2}、x_{t3}、x_{t4} 之间的相关系数(表 7-8),都在 0.92 以上,多数在 0.95 以上,这预示着解释变量之间存在多重共线性。

表 7-8　x_{t1}、x_{t2}、x_{t3}、x_{t4} 之间的相关系数

	x_{t1}	x_{t2}	x_{t3}	x_{t4}
x_{t1}	1.000 0			
x_{t2}	0.983 0	1.000 0		
x_{t3}	0.958 5	0.962 9	1.000 0	
x_{t4}	0.929 6	0.958 8	0.955 3	1.000 0

进一步分析散点图 7-9 和图 7-10,发现把 y_t 与 x_{t1}、x_{t2} 处理成线性关系似乎不妥。它们之间明显是抛物线关系。把模型形式改写为

$$y_t=\beta_0+\beta_1 x_{t1}+\beta_2 x_{t1}^2+\beta_3 x_{t2}+\beta_4 x_{t2}^2+\beta_5 x_{t3}+\beta_6 x_{t4}+u_t \tag{7-38}$$

得 OLS 估计结果如下:

$$\hat{y}_t= 244.82-0.02x_{t1}+5.95\times 10^{-6}x_{t1}^2-299.00x_{t2}+62.96x_{t2}^2+0.57x_{t3}+1.37x_{t4}$$

$$(1.0)\quad(-1.0)\quad(2.0)\quad(-2.0)\quad(3.0)\quad(4.4)\quad(2.3)$$

$$R^2=0.9993, F=2579.3, T=18, (1985—2002)$$

剔除不显著变量 x_{t1},得

$$\hat{y}_t=440.75+3.31\times 10^{-6}x_{t1}^2-429.41x_{t2}+80.79x_{t2}^2+0.56x_{t3}+1.48x_{t4}$$

$$(3.9)\quad(3.8)\quad(-9.0)\quad(9.4)\quad(4.4)\quad(2.5) \tag{7-39}$$

$$R^2=0.9992, \mathrm{DW}=1.9, F=3122.3, T=18, (1985—2002)$$

模型拟合优度进一步提高,各变量回归系数都通过显著性检验,模型既没有异方差,也没有自相关,是一个非常满意的估计结果。

从这个例子可以总结出,正确地选择模型形式也是克服多重共线性的有效方法。模型样本内最后3期(2000—2002年)的预测相对误差平均是0.8%,拟合的效果非常好。

7.7 多重共线性与解释变量的不正确剔除

有时模型虽存在多重共线性,但并不会给估计回归系数带来很大影响。多重共线性对回归系数估计带来的影响不仅取决于多重共线性的强弱,还取决于引起多重共线性的变量在模型中的重要程度。当解释变量相关类型保持不变时,即便用存在多重共线性的回归方程进行预测,依然能取得满意结果,这更为辨别多重共线性的危害带来困难。

有时为克服多重共线性影响,从模型中剔除一些不重要解释变量。但这势必影响到其他回归系数的估计值,从而产生设定误差(概念见7.8.4小节)。一个模型在某种情形下,是多重共线性给参数估计带来的危害大,还是设定误差带来的危害大,目前从理论上还没能给予证实。

下面以二元线性回归模型为例介绍,当从模型中不恰当地剔除解释变量后所带来的设定误差。

设模型为

$$y_t = \beta_0 + \beta_1 x_{t1} + \beta_2 x_{t2} + u_t \tag{7-40}$$

由于 x_{t1}, x_{t2} 存在多重共线性,因而从模型中剔除 x_{t2}。模型(7-40)变成

$$y_t = \beta_0 + \beta_1^* x_{t1} + u_t^* \tag{7-41}$$

显然 β_1 与 β_1^* 是不同的。β_1^* 的普通最小二乘估计量是

$$\hat{\beta}_1^* = \frac{\sum (x_{t1} - \bar{x}_1)(y_t - \bar{y})}{\sum (x_{t1} - \bar{x}_1)^2} \tag{7-42}$$

由式(7-40)估计 β_1 的正规方程之一用离差形式表示为

$$\sum (x_{t1} - \bar{x}_1)(y_t - \bar{y}) = \hat{\beta}_1 \sum (x_{t1} - \bar{x}_1)^2 + \hat{\beta}_2 \sum (x_{t1} - \bar{x}_1)(x_{t2} - \bar{x}_2)$$

[推导过程与式(7-7)相同]。上式两边同除 $\sum (x_{t1} - \bar{x}_1)^2$,得

$$\frac{\sum (x_{t1} - \bar{x}_1)(y_t - \bar{y})}{\sum (x_{t1} - \bar{x}_1)^2} = \hat{\beta}_1 + \hat{\beta}_2 \frac{\sum (x_{t1} - \bar{x}_1)(x_{t2} - \bar{x}_2)}{\sum (x_{t1} - \bar{x}_1)^2} \tag{7-43}$$

式(7-43)中与 $\hat{\beta}_2$ 相乘的因子正好是回归模型 $x_{t2} = \alpha_1 x_{t1} + v_t$ 中 α_1 的最小二乘估计式。把式(7-43)代入式(7-42)得

$$\hat{\beta}_1^* = \hat{\beta}_1 + \hat{\beta}_2 \hat{\alpha}_1 \tag{7-44}$$

则设定误差是

$$\beta_1^* - \beta_1 = E(\hat{\beta}_1^* - \hat{\beta}_1) = E(\hat{\beta}_2 \hat{\alpha}_1) = \beta_2 \alpha_1 \tag{7-45}$$

可见在剔除解释变量时，应该格外小心。

7.8　违反模型假定条件的其他几种情形

从第 4 章始，已经介绍了随机解释变量，解释变量与误差项相关，异方差、自相关和多重共线性问题。下面介绍其他 4 种违反假定条件的情形。

7.8.1　被解释变量存在测量误差

当被解释变量存在测量误差时，不会对回归系数估计量造成重大影响。以一元线性回归模型为例，假定真实的回归模型是

$$y_t=\beta_0+\beta_1x_t+u_t \tag{7-46}$$

但实际得到的 y_t 的观测值是

$$y_t^*=y_t+w_t$$

y_t^* 中含有测量误差 w_t。在式(7-46)两侧同加 w_t，得

$$y_t^*=\beta_0+\beta_1x_t+(u_t+w_t) \tag{7-47}$$

可见，若假定 $\text{cov}(x_t,w_t)=0$，$\text{cov}(x_t,u_t)=0$ 成立，当用带有测量误差的被解释变量 y_t^* 对 x_t 回归时，不会对 $\hat{\beta}_1$ 的无偏性产生影响。

$$\begin{aligned}E(\hat{\beta}_1)&=E\left[\frac{\sum(x_t-\bar{x})(y_t^*-\bar{y}^*)}{\sum(x_t-\bar{x})^2}\right]\\&=E\left[\frac{\beta_1\sum(x_t-\bar{x})^2+\sum(x_t-\bar{x})(u_t+w_t)}{\sum(x_t-\bar{x})^2}\right]\\&=\beta_1+E\left[\frac{\sum(x_t-\bar{x})(u_t+w_t)}{\sum(x_t-\bar{x})^2}\right]=\beta_1\end{aligned} \tag{7-48}$$

可见，如果测量误差 w_t 是随机的，当对式(7-47)进行估计时，$\hat{\beta}_1$ 仍具有无偏性。唯一受影响的是误差项的方差，由 $\text{var}(u_t)$ 变为 $\text{var}(u_t+w_t)$。如果测量误差 w_t 是常量，其结果只不过是使截距项由 β_0 变为(β_0+w_t)。综上所述，无论测量误差 w_t 属于哪种情况，都不会对 $\hat{\beta}_1$ 的无偏性和一致性产生影响。

7.8.2　被解释变量、解释变量同时存在测量误差

当被解释变量、解释变量同时存在测量误差时，将导致回归系数 OLS 估计量丧失一致性。仍以一元线性回归模型为例，假定 y_t，x_t 的真实关系是

$$y_t=\beta_0+\beta_1x_t+w_t \tag{7-49}$$

但观测到的变量却是

$$y_t^*=y_t+v_t,\quad v_t\sim N(0,\sigma_u^2) \tag{7-50}$$

$$x_t^* = x_t + u_t, \quad u_t \sim N(0, \sigma_v^2) \tag{7-51}$$

其中 u_t, v_t 表示测量误差,并假定都是随机的。把式(7-50)和式(7-51)代入式(7-49),得

$$y_t^* = \beta_0 + \beta_1 x_t^* + (v_t - \beta_1 u_t + w_t) \tag{7-52}$$

则 OLS 估计量 $\hat{\beta}_1$ 的表达式是

$$\hat{\beta}_1 = \frac{\sum (x_t^* - \bar{x}^*)(y_t^* - \bar{y}^*)}{\sum (x_t^* - \bar{x}^*)^2} = \frac{\sum (x_t + u_t - \bar{x})(y_t + v_t - \bar{y})}{\sum (x_t + u_t - \bar{x})^2} \tag{7-53}$$

这里不太容易分析 $\hat{\beta}_1$ 的偏差,原因是 u_t, v_t 都是随机的,而两个随机变量比的期望不等于各随机变量期望的比。但是可以分析一下 $\hat{\beta}_1$ 的渐近特性。由于假定 x_t, u_t, v_t, w_t 相互无关,则

$$\begin{aligned}
\underset{T\to\infty}{\text{plim}}\hat{\beta}_1 &= \underset{T\to\infty}{\text{plim}} \frac{\beta_1 \sum (x_t - \bar{x})^2}{\sum (x_t - \bar{x})^2 + \sum (u_t)^2} \\
&= \frac{\beta_1 \underset{t\to\infty}{\text{plim}} \frac{1}{T} \sum (x_t - \bar{x})^2}{\underset{t\to\infty}{\text{plim}} \frac{1}{T} \sum (x_t - \bar{x})^2 + \underset{t\to\infty}{\text{plim}} \frac{1}{T} \sum (u_t)^2} \\
&= \beta_1 \frac{\text{var}(x_t)}{\text{var}(x_t) + \sigma_u^2} < \beta_1
\end{aligned} \tag{7-54}$$

式(7-54)说明,当解释变量和被解释变量存在测量误差时,$\hat{\beta}_1$ 丧失一致性,而且是低估 β_1 的值。

同理可证明,当仅有解释变量存在测量误差时,估计量 $\hat{\beta}_1$ 也丧失一致性。

7.8.3 随机解释变量

为了知识的系统性,这里仍列出随机解释变量一节,对随机解释变量的详细讨论见 4.4 节。这里只给出结论。

若解释变量是随机的而且与误差项相互独立,则回归系数的 OLS 估计量具有无偏性。

若解释变量是随机的而且与误差项相关,则回归系数的 OLS 估计量既不是无偏估计量,也不是一致估计量。

7.8.4 模型的设定误差

模型的设定误差主要指 3 项内容:①重要的解释变量未包括在模型中;②模型中含有非重要解释变量;③模型的数学形式不妥。下面分别进行讨论。

(1) 当模型中丢失重要解释变量时,回归系数估计量是有偏的、不一致的。下面以简单的情形进行讨论。假定真正的模型是

$$y_t = \beta_0 + \beta_1 x_{t1} + \beta_2 x_{t2} + u_t \tag{7-55}$$

而实际采用的模型是

$$y_t=\beta_0^*+\beta_1^* x_{t1}+u_t^*$$

则 β_1^* 的 OLS 估计式是

$$\hat{\beta}_1^*=\frac{\sum(x_{t1}-\bar{x}_1)(y_t-\bar{y})}{\sum(x_{t1}-\bar{x}_1)^2}$$

将式(7-55)以及由式(7-55)得到的 $\bar{y}=\beta_0+\beta_1\bar{x}_1+\beta_2\bar{x}_2$ 代入上式，

$$\hat{\beta}_1^*=\frac{\beta_1\sum(x_{t1}-\bar{x}_1)^2+\beta_2\sum(x_{t1}-\bar{x}_1)(x_{t2}-\bar{x}_2)+\sum(x_{t1}-\bar{x}_1)u_t}{\sum(x_{t1}-\bar{x}_1)^2}$$

$$=\beta_1+\beta_2\frac{\sum(x_{t1}-\bar{x}_1)(x_{t2}-\bar{x}_2)}{\sum(x_{t1}-\bar{x}_1)^2}+\frac{\sum(x_{t1}-\bar{x}_1)u_t}{\sum(x_{t1}-\bar{x}_1)^2}$$

则

$$E(\hat{\beta}_1^*)=\beta_1+\beta_2\frac{\operatorname{cov}(x_{t1},x_{t2})}{\operatorname{var}(x_{t1})} \tag{7-56}$$

推导过程中利用了假定条件 $\operatorname{cov}(x_{t1},u_t)=0$。因为上式等号右侧第 2 项不一定为零，所以 $\hat{\beta}_1^*$ 是有偏的，而且这种偏倚不会随样本容量 T 的增大而减小。

$$\operatorname*{plim}_{T\to\infty}\hat{\beta}_1^*=\beta_1+\frac{\operatorname*{plim}\limits_{t\to\infty}\frac{1}{T}\sum(x_{t1}-\bar{x}_1)(x_{t2}-\bar{x}_2)}{\operatorname*{plim}\limits_{t\to\infty}\frac{1}{T}\sum(x_{t1}-\bar{x}_1)^2}$$

除非 $\operatorname{cov}(x_{t1},x_{t2})=0$，否则，$\hat{\beta}_1^*$ 也不是一致估计量。而在实际中，两个解释变量完全不相关的情形是非常少见的。

结论可以向多元回归模型推广，除非被丢失的解释变量与在模型中的解释变量都不相关，否则回归系数的 OLS 估计量不具有一致性。通过式(7-56)还可以估计 $\hat{\beta}_1^*$ 偏倚的正负。显然它是由 β_2 和 $\operatorname{cov}(x_{t1},x_{t2})$的符号决定的。

(2) 当模型中包括非重要解释变量时，主要是影响回归系数估计量的有效性，但不会影响估计量的无偏性和一致性。假定真实的模型是

$$y_t=\beta_0+\beta_1 x_{t1}+u_t \tag{7-57}$$

而实际估计的模型是

$$y_t=\beta_0^*+\beta_1^* x_{t1}+\beta_2^* x_{t2}+u_t^*$$

以 $\hat{\beta}_1^*$ 为例，则

$$\hat{\beta}_1^*=\frac{\sum(x_{t2}-\bar{x}_2)^2\sum(x_{t1}-\bar{x}_1)(y_t-\bar{y})-\sum(x_{t1}-\bar{x}_1)(x_{t2}-\bar{x}_2)\sum(x_{t2}-\bar{x}_2)(y_t-\bar{y})}{\sum(x_{t1}-\bar{x}_1)^2\sum(x_{t2}-\bar{x}_2)^2-\left[\sum(x_{t1}-\bar{x}_1)(x_{t2}-\bar{x}_2)\right]^2}$$

[证明与式(7-9)类似]。将式(7-57)以及由式(7-57)得到的 $\bar{y}=\beta_0+\beta_1\bar{x}_1$ 代入上式，

$$\hat{\beta}_1^*=\beta_1+\frac{\left[\sum(x_{t2}-\bar{x}_2)^2\right]\sum(x_{t1}-\bar{x}_1)u_t-\sum(x_{t1}-x_1)(x_{t2}-\bar{x}_2)\sum(x_{t2}-\bar{x}_2)u_t}{\sum(x_{t1}-\bar{x}_1)^2\sum(x_{t2}-\bar{x}_2)^2-\left[\sum(x_{t1}-\bar{x}_1)(x_{t2}-\bar{x}_2)\right]^2}$$

若 x_{t1},x_{t2} 符合非随机假设且与 u_t 无关,则 $E(\hat{\beta}_1^*)=\beta_1$。同理可证明,$E(\hat{\beta}_2^*)=\beta_2$。

这说明非重要解释变量进入模型,不会影响回归系数估计量的无偏性和一致性。因为非重要解释变量进入模型要引起自由度减小,而且 $\hat{\beta}_1^*$ 的方差要比 $\hat{\beta}_1$ 的大,所以非重要解释变量进入模型要影响回归系数估计量的有效性。

(3) 由模型数学形式的错误引起的设定误差将导致回归系数估计量丧失无偏性和一致性。假定模型形式是

$$y_t=\beta_0+\beta_1 x_t+\beta_2 x_t^2+\beta_3 x_t^3+u_t \tag{7-58}$$

而实际估计的模型是

$$y_t=\beta_0^*+\beta_1^* x_t+u_t^* \tag{7-59}$$

一个多项式模型(非线性模型)当作线性模型来估计。比较式(7-58)和式(7-59),这属于丢失重要变量的情形,所以回归系数估计量是有偏的、不一致的。

本章习题

第 8 章　联立方程模型

单一方程模型一般描述的是单向因果关系，即解释变量引起被解释变量变化。当两个变量之间存在双向因果关系时，用单一方程模型就不能完整地描述这两个变量之间的关系。另外，对于一个比较复杂的经济系统而言，只用单一方程模型进行描述显然是不全面的。例如，为某一地区的经济运行状况建立计量经济模型，要涉及工业、农业生产，基本建设投资，失业率，商品销售，居民生活等各个方面。这时应该用多个方程的组合形式来描述整个经济系统，从而引出联立方程模型的概念。

本章共分 5 节，分别介绍了联立方程模型的概念、分类、识别、估计方法，最后给出 3 个分析案例。

8.1　联立方程模型的概念

联立方程模型就是描述经济变量间联立依存性的方程体系。一个经济变量在某个方程中可能是被解释变量，而在另一个方程中却是解释变量。

在介绍联立方程模型之前，首先给出如下定义。

(1) 内生变量。由模型内变量所决定的变量称作内生变量。

(2) 外生变量。由模型外变量所决定的变量称作外生变量。

(3) 前定变量。外生变量、外生滞后变量、内生滞后变量统称为前定变量。

例如：$y_t=\alpha_0+\alpha_1 y_{t-1}+\beta_0 x_t+\beta_1 x_{t-1}+u_t$。$y_t$ 为内生变量；x_t 为外生变量；x_{t-1} 为外生滞后变量；y_{t-1} 为内生滞后变量；y_{t-1}, x_t, x_{t-1} 统称为前定变量。

注意：联立方程模型必须是完整的。所谓"完整"是指联立方程模型内的方程个数应该大于或等于内生变量个数。否则联立方程模型是不完整的，是无法估计的。

下面介绍联立方程模型的分类。

8.2　联立方程模型的分类

联立方程模型可以分为 3 种类型，即结构模型、简化型模型和递归模型。下面分别介绍。

8.2.1　结构模型

把内生变量表达为其他内生变量、前定变量与随机误差项的联立方程模型称作结构模型。

例如有如下简单的凯恩斯模型①

$$C_t = \alpha_0 + \alpha_1 Y_t + u_{1t} \tag{8-1}$$

$$I_t = \beta_0 + \beta_1 Y_t + \beta_2 Y_{t-1} + u_{2t} \tag{8-2}$$

$$Y_t = C_t + I_t + G_t \tag{8-3}$$

其中,C_t 为宏观消费;Y_t 为国民收入;I_t 为投资;G_t 表示政府支出。式(8-1)是消费函数,式(8-2)是投资函数,式(8-3)是国民收入恒等式。上述3个方程式构成了一个结构模型。$\alpha_0, \alpha_1, \beta_0, \beta_1, \beta_2$ 称为结构回归系数。式(8-1)、式(8-2)属于行为方程,特点是需要估计回归系数。式(8-3)是定义方程,定义方程是恒等式,不存在估计回归系数的问题。

模型中,式(8-1)~式(8-3)分别决定变量 C_t、I_t、Y_t,所以变量 C_t、I_t、Y_t 是内生变量。由于联立方程模型中没有决定 G_t 的方程,G_t 是由模型以外的变量所决定,所以 G_t 是外生变量,Y_{t-1} 是内生滞后变量。按上面的定义,G_t,Y_{t-1} 又称为前定变量。因模型中包括3个内生变量,含有3个方程,所以该模型是一个完整的联立方程模型。

注意:内生变量与外生变量的划分不是绝对的。随着新的行为方程的加入,外生变量可以转化为内生变量;随着行为方程的减少,内生变量也可以转化为外生变量。例如,该模型中如果加入一个说明政府支出 G_t 的方程式,则 G_t 由外生变量转化为内生变量。如果从该模型中去掉式(8-2),则投资 I_t 由内生变量转化为外生变量。

联立方程结构模型的最大问题是解释变量与随机误差项相关。当用 OLS 法估计模型中的回归系数时会产生联立方程偏倚,即所得回归系数的 OLS 估计量 $\hat{\beta}$ 是有偏的、不一致的。

仍以简单的凯恩斯模型中的消费方程(8-1)为例。假定 $E(u_{1t})=0$,$E(u_{1t}^2)=\sigma^2$,$E(u_{1t}u_{1t+j})=0$,$(j\neq 0)$,$\text{cov}(I_t, u_{1t})=0$,$\text{cov}(G_t, u_{1t})=0$,即满足经典回归模型通常的假定条件。但是,$Y_t$ 与 u_{1t} 仍然是相关的,并且 α_1 的 OLS 估计量 $\hat{\alpha}_1$ 是有偏的、非一致估计量。证明如下:

把式(8-1)代入式(8-3)得

$$Y_t = \alpha_0 + \alpha_1 Y_t + u_{1t} + I_t + G_t$$

整理得

$$Y_t = \frac{\alpha_0}{1-\alpha_1} + \frac{1}{1-\alpha_1} I_t + \frac{1}{1-\alpha_1} G_t + \frac{1}{1-\alpha_1} u_{1t} \tag{8-4}$$

则

$$E(Y_t) = \frac{\alpha_0}{1-\alpha_1} + \frac{1}{1-\alpha_1} I_t + \frac{1}{1-\alpha_1} G_t \tag{8-5}$$

式(8-4)减式(8-5)得

---

① 约翰·梅纳德·凯恩斯(John Maynard Keynes,1883—1946),现代西方经济学最有影响的经济学家之一。其主要著作有《就业、利息和货币通论》《货币论》《印度通货与金融》《概率论》等。1946年3月当选为世界银行第一任总裁。因其深厚学术造诣,曾长期担任《经济学杂志》主编和英国皇家经济学会会长,1929年被选为英国科学院院士。凯恩斯在《就业、利息和货币通论》中将整个经济的均衡用一组方程式表达出来,被称为凯恩斯模型。

$$Y_t - E(Y_t) = \frac{1}{1-\alpha_1} u_{1t}$$

求 Y_t 与 u_{1t} 的协方差，

$$\begin{aligned} \operatorname{cov}(Y_t, u_{1t}) &= E[(Y_t - E(Y_t))(u_{1t} - E(u_{1t}))] \\ &= \frac{1}{1-\alpha_1} E(u_{1t} u_{1t}) = \frac{\sigma^2}{1-\alpha_1} \neq 0 \end{aligned} \tag{8-6}$$

Y_t 与 u_{1t} 相关得证。

下面证明 α_1 的 OLS 估计量 $\hat{\alpha}_1$ 是有偏的、非一致估计量。由式(8-1)，

$$\hat{\alpha}_1 = \frac{\sum(C_t - \bar{C})(Y_t - \bar{Y})}{\sum(Y_t - \bar{Y})^2} = \frac{\sum[C_t(Y_t - \bar{Y}) - \bar{C}(Y_t - \bar{Y})]}{\sum(Y_t - \bar{Y})^2} = \frac{\sum C_t(Y_t - \bar{Y})}{\sum(Y_t - \bar{Y})^2}$$

用式(8-1)置换 C_t，得

$$\begin{aligned} \hat{\alpha}_1 &= \frac{\sum(\alpha_0 + \alpha_1 Y_t + u_{1t})(Y_t - \bar{Y})}{\sum(Y_t - \bar{Y})^2} \\ &= \frac{\sum[\alpha_0(Y_t - \bar{Y})] + \sum[\alpha_1 Y_t(Y_t - \bar{Y})] + \sum[u_{1t}(Y_t - \bar{Y})]}{\sum(Y_t - \bar{Y})^2} \end{aligned}$$

上式分子中第 1 项为零，第 2 项可以改写为 $\sum[\alpha_1(Y_t - \bar{Y})(Y_t - \bar{Y})] = \alpha_1 \sum(Y_t - \bar{Y})^2$。于是，

$$\hat{\alpha}_1 = \alpha_1 + \frac{\sum u_{1t}(Y_t - \bar{Y})}{\sum(Y_t - \bar{Y})^2} \tag{8-7}$$

对上式取期望，

$$E(\hat{\alpha}_1) = \alpha_1 + E\left[\frac{\sum u_{1t}(Y_t - \bar{Y})}{\sum(Y_t - \bar{Y})^2}\right] \neq \alpha_1 \tag{8-8}$$

OLS 估计量 $\hat{\alpha}_1$ 是 α_1 的有偏估计量。

对式(8-7)求概率极限，

$$\begin{aligned} \operatorname*{plim}_{T\to\infty}(\hat{\alpha}_1) &= \alpha_1 + \operatorname*{plim}_{T\to\infty}\left(\frac{\sum u_{1t}(Y_t - \bar{Y})}{\sum(Y_t - \bar{Y})^2}\right) \\ &= \alpha_1 + \operatorname*{plim}_{T\to\infty}\left(\frac{\sum u_{1t}(Y_t - \bar{Y})/T}{\sum(Y_t - \bar{Y})^2/T}\right) \\ &= \alpha_1 + \left(\frac{\operatorname*{plim}_{T\to\infty}\sum u_{1t}(Y_t - \bar{Y})/T}{\operatorname*{plim}_{T\to\infty}\sum(Y_t - \bar{Y})^2/T}\right) \end{aligned} \tag{8-9}$$

其中 T 表示样本容量。式(8-9)中分子是 Y_t 与 u_{1t} 的协方差[式(8-6)]。分母是 Y_t 的方差。

$$\underset{T\to\infty}{\text{plim}}(\hat{\alpha}_1)=\alpha_1+\frac{\sigma^2}{(1-\alpha_1)\sigma_Y^2}\neq\alpha_1 \tag{8-10}$$

其中 $\text{cov}(Y_t,u_{1t})=\sigma^2/(1-\alpha_1)$。$\sigma_{Y2}$ 表示 Y_t 的方差。可见,α_1 的 OLS 估计量 $\hat{\alpha}_1$ 不具有无偏性和一致性。

同理,结构模型中其他结构回归系数的 OLS 估计量也不具有无偏性和一致性,所以对于结构模型还应该寻找更好的估计方法。

8.2.2 简化型模型

联立方程模型的另一种表现形式是简化型模型。把内生变量只表示为前定变量与随机误差项函数的联立方程模型称作简化型模型。

重写简单的凯恩斯模型(8-1)～模型(8-3)如下(为简单,略去截距项。对数据进行中心化处理即可得到):

$$C_t=\alpha_1 Y_t+u_{1t} \tag{8-11}$$

$$I_t=\beta_1 Y_t+\beta_2 Y_{t-1}+u_{2t} \tag{8-12}$$

$$Y_t=C_t+I_t+G_t \tag{8-13}$$

模型中的前定变量有两个:Y_{t-1} 和 G_t。所以其简化型形式是

$$C_t=\pi_{11}Y_{t-1}+\pi_{12}G_t+v_{1t} \tag{8-14}$$

$$I_t=\pi_{21}Y_{t-1}+\pi_{22}G_t+v_{2t} \tag{8-15}$$

$$Y_t=\pi_{31}Y_{t-1}+\pi_{32}G_t+v_{3t} \tag{8-16}$$

其中,C_t,Y_t,I_t 为内生变量,Y_{t-1},G_t 为前定变量,π_{ij},$(i=1,2,3,j=1,2)$ 称作简化型模型回归系数。用矩阵符号表示该简化型模型如下:

$$\begin{bmatrix}C_t\\I_t\\Y_t\end{bmatrix}=\begin{bmatrix}\pi_{11}&\pi_{12}\\\pi_{21}&\pi_{22}\\\pi_{31}&\pi_{32}\end{bmatrix}\begin{bmatrix}Y_{t-1}\\G_t\end{bmatrix}+\begin{bmatrix}v_{1t}\\v_{2t}\\v_{3t}\end{bmatrix} \tag{8-17}$$

现在以模型(8-11)～模型(8-13)和模型(8-17)为例研究结构模型回归系数与简化型模型回归系数之间存在的关系。令

$$\boldsymbol{Y}=\begin{bmatrix}C_t\\I_t\\Y_t\end{bmatrix},\quad \boldsymbol{\Pi}=\begin{bmatrix}\pi_{11}&\pi_{12}\\\pi_{21}&\pi_{22}\\\pi_{31}&\pi_{32}\end{bmatrix},\quad \boldsymbol{X}=\begin{bmatrix}Y_{t-1}\\G_t\end{bmatrix},\quad \boldsymbol{v}=\begin{bmatrix}v_{1t}\\v_{2t}\\v_{3t}\end{bmatrix}$$

则式(8-17)写为

$$\boldsymbol{Y}=\boldsymbol{\Pi}\boldsymbol{X}+\boldsymbol{v} \tag{8-18}$$

把结构模型(8-11)～模型(8-13)中的内生变量全部移到方程等式的左边得

$$\begin{aligned}&C_t-\alpha_1 Y_t=u_{1t}\\&I_t-\beta_1 Y_t=\beta_2 Y_{t-1}+u_{2t}\\&-C_t-I_t+Y_t=G_t\end{aligned}$$

用矩阵形式表达

$$\begin{bmatrix}1 & 0 & -\alpha_1\\ 0 & 1 & -\beta_1\\ -1 & -1 & 1\end{bmatrix}\begin{bmatrix}C_t\\ I_t\\ Y_t\end{bmatrix}=\begin{bmatrix}0 & 0\\ \beta_2 & 0\\ 0 & 1\end{bmatrix}\begin{bmatrix}Y_{t-1}\\ G_t\end{bmatrix}+\begin{bmatrix}u_{t1}\\ u_{t2}\\ 0\end{bmatrix} \tag{8-19}$$

令

$$\boldsymbol{A}=\begin{bmatrix}1 & 0 & -\alpha_1\\ 0 & 1 & -\beta_1\\ -1 & -1 & 1\end{bmatrix},\quad \boldsymbol{Y}=\begin{bmatrix}C_t\\ I_t\\ Y_t\end{bmatrix},\quad \boldsymbol{B}=\begin{bmatrix}0 & 0\\ \beta_2 & 0\\ 0 & 1\end{bmatrix}$$

$$\boldsymbol{X}=\begin{bmatrix}Y_{t-1}\\ G_t\end{bmatrix},\quad \boldsymbol{u}=\begin{bmatrix}u_{t1}\\ u_{t2}\\ 0\end{bmatrix}$$

式(8-19)用矩阵符号表示为

$$\boldsymbol{AY}=\boldsymbol{BX}+\boldsymbol{u}$$

则

$$\boldsymbol{Y}=\boldsymbol{A}^{-1}\boldsymbol{BX}+\boldsymbol{A}^{-1}\boldsymbol{u} \tag{8-20}$$

比较简化型模型(8-18)和由结构模型(8-11)～模型(8-13)转化而来的模型(8-20)，结构回归系数和简化型回归系数有如下关系存在：

$$\boldsymbol{\Pi}=\boldsymbol{A}^{-1}\boldsymbol{B} \tag{8-21}$$

即

$$\begin{bmatrix}\pi_{11} & \pi_{12}\\ \pi_{21} & \pi_{22}\\ \pi_{31} & \pi_{32}\end{bmatrix}=\frac{1}{1-\alpha_1-\beta_1}\begin{bmatrix}1-\beta_1 & \alpha_1 & \alpha_1\\ \beta_1 & 1-\alpha_1 & \beta_1\\ 1 & 1 & 1\end{bmatrix}\begin{bmatrix}0 & 0\\ \beta_2 & 0\\ 0 & 1\end{bmatrix}$$

$$=\frac{1}{1-\alpha_1-\beta_1}\begin{bmatrix}\alpha_1\beta_2 & \alpha_1\\ \beta_2(1-\alpha_1) & \beta_1\\ \beta_2 & 1\end{bmatrix}_{3\times 2} \tag{8-22}$$

其中，$\boldsymbol{A}^{-1}=\dfrac{\text{adj}(\boldsymbol{A})}{|\boldsymbol{A}|}$。adj($\boldsymbol{A}$)表示 $\boldsymbol{A}$ 的伴随矩阵。adj($\boldsymbol{A}$)是 $\boldsymbol{A}$ 的代数余子式组成的矩阵的转置。

$$\text{adj}(\boldsymbol{A})=\begin{pmatrix}1-\beta_1 & \beta_1 & 1\\ \alpha_1 & 1-\alpha_1 & 1\\ \alpha_1 & \beta_1 & 1\end{pmatrix}'=\begin{pmatrix}1-\beta_1 & \alpha_1 & \alpha_1\\ \beta_1 & 1-\alpha_1 & \beta_1\\ 1 & 1 & 1\end{pmatrix}$$

$|\boldsymbol{A}|$表示 $\boldsymbol{A}$ 的行列式。

$$|\boldsymbol{A}|=\begin{vmatrix}1 & 0 & -\alpha_1\\ 0 & 1 & -\beta_1\\ -1 & -1 & 1\end{vmatrix}=1-\alpha_1-\beta_1$$

两个模型的随机误差项有如下关系存在：

$$v=\mathbf{A}^{-1}\boldsymbol{u}$$

即

$$\begin{bmatrix} v_{1t} \\ v_{2t} \\ v_{3t} \end{bmatrix}=\frac{1}{1-\alpha_1-\beta_1}\begin{bmatrix} 1-\beta_1 & \alpha_1 & \alpha_1 \\ \beta_1 & 1-\alpha_1 & \beta_1 \\ 1 & 1 & 1 \end{bmatrix}\begin{bmatrix} u_{t1} \\ u_{t2} \\ 0 \end{bmatrix} \tag{8-23}$$

由式(8-22)可以看到,结构回归系数和简化型回归系数具有确定的关系。每一个简化型回归系数都可以通过式(8-22)找到结构回归系数的表达式,比如 $\pi_{11}=\dfrac{\alpha_1\beta_2}{1-\alpha_1-\beta_2}$,所以简化型回归系数是结构回归系数的函数。

8.2.3 递归模型

联立方程模型的第 3 种形式是递归模型。如果在结构模型的方程体系中每个内生变量只是前定变量和比其序号低的内生变量的函数,则称这种模型为递归模型。形如

$$\begin{aligned}
&y_1=\beta_{11}x_1+\cdots+\beta_{1k}x_k+u_1\\
&y_2=\beta_{21}x_1+\cdots+\beta_{2k}x_k+\alpha_{21}y_1+u_2\\
&y_3=\beta_{31}x_1+\cdots+\beta_{3k}x_k+\alpha_{31}y_1+\alpha_{32}y_2+u_3\\
&\cdots\\
&y_m=\beta_{m1}x_1+\cdots+\beta_{mk}x_k+\alpha_{m1}y_1+\alpha_{m2}y_2+\cdots+\alpha_{m\,m-1}y_{m-1}+u_m
\end{aligned} \tag{8-24}$$

其中 $y_i,(i=1,2,\cdots,m)$ 和 $x_j,(j=1,2,\cdots,k)$ 分别表示内生变量和外生变量。其随机误差项应满足

$$E(u_1u_2)=E(u_1u_3)=\cdots=E(u_2u_3)=\cdots=E(u_{m-1}u_m)=0$$

8.3 联立方程模型的识别

8.3.1 识别概念

联立方程模型的识别指的是对模型回归系数的识别。不可识别的模型不可以估计回归系数。识别问题是完整的联立方程模型所特有的问题。识别问题不属于回归系数估计,但是回归系数估计的前提。下面举例说明识别的重要性。

假定有粮食需求供给模型如下:

$$D_t=\beta_0+\beta_1P_t+u_1 \quad (\text{需求函数}) \tag{8-25}$$

$$S_t=\alpha_0+\alpha_1P_t+u_2 \quad (\text{供给函数}) \tag{8-26}$$

$$S_t=D_t \quad (\text{市场平衡条件}) \tag{8-27}$$

其中,D_t 表示粮食需求量,S_t 表示粮食供给量,P_t 表示粮食价格,u_1,u_2 分别是两个行为方程的随机误差项。这是一个完整的联立方程模型。

当供给与需求在市场上达到平衡时,即 $D_t=S_t=Q_t$(粮食产量),在这种情形下,用收

集到的 Q_t，P_t 样本值（而无其他信息）估计回归系数时，则很快发现一个问题，即无法区别估计值是对 β_0，β_1 的估计还是对 α_0，α_1 的估计，从而引出联立方程模型的回归系数识别问题。

也许有人认为，若样本的散点图显示的是负斜率，则为需求函数；若是正斜率，则为供给函数。其实如果样本点所代表的只是不同需求与供给曲线的交点，那么，尽管斜率为负，也未必表示的就是需求函数。同理，尽管斜率为正，也未必表示的就是供给函数。

上面的粮食需求供给模型是不可识别模型或识别不足模型。不可识别的模型无法估计回归系数。

下面对粮食需求供给模型做进一步分析。把式（8-25）和式（8-26）分别代入式（8-27）得

$$\beta_0+\beta_1 P_t+u_1=\alpha_0+\alpha_1 P_t+u_2$$

整理上式，

$$P_t=\frac{\beta_0-\alpha_0}{\alpha_1-\beta_1}+\frac{u_{1t}-u_{2t}}{\alpha_1-\beta_1}=\pi_1+v_{1t} \tag{8-28}$$

把上式代入式（8-25）或式（8-26）都可以得到下式

$$Q_t=\frac{\alpha_1\beta_0-\alpha_0\beta_1}{\alpha_1-\beta_1}+\frac{\alpha_1 u_{1t}-\beta_1 u_{2t}}{\alpha_1-\beta_1}=\pi_2+v_{2t} \tag{8-29}$$

π_1，π_2 是相应简化型模型的回归系数。由上两式有

$$\pi_1=\frac{\beta_0-\alpha_0}{\alpha_1-\beta_1} \tag{8-30}$$

$$\pi_2=\frac{\alpha_1\beta_0-\alpha_0\beta_1}{\alpha_1-\beta_1} \tag{8-31}$$

这里结构模型回归系数有 4 个，简化型模型回归系数有 2 个。可见识别不足模型的相应简化型模型回归系数个数少于结构模型回归系数个数，自然无法找到结构回归系数与简化型回归系数的一一对应关系。

下面寻找识别回归系数的途径。显然为区别需求与供给曲线应进一步获得其他信息。例如消费者收入和偏好的变化会影响粮食需求曲线随时间变化产生位移，而对粮食供给曲线不会产生什么影响。所以这些观测点就会描绘出供给曲线的位置（图 8-1），也就是说供给曲线是可识别的。同理，耕种面积、气候条件等因素只会影响供给曲线，不会对需求曲线产生影响。在加入耕种面积等信息后测得的关于供给量的点能使需求曲线变得可识别（图 8-2）。可见一个方程的可识别性取决于它是否排除了联立模型中其他方程所包含的一个或几个变量。

现在考虑在需求函数（8-25）中加入消费者收入变量 I_t，在供给函数（8-26）中加入价格滞后变量 P_{t-1}，如下所示：

$$D_t=\beta_0+\beta_1 P_t+\beta_2 I_t+u_{1t} \quad \text{（需求函数）} \tag{8-32}$$

$$S_t=\alpha_0+\alpha_1 P_t+\alpha_2 P_{t-1}+u_{2t} \quad \text{（供给函数）} \tag{8-33}$$

$$S_t=D_t \quad \text{（平衡条件）} \tag{8-34}$$

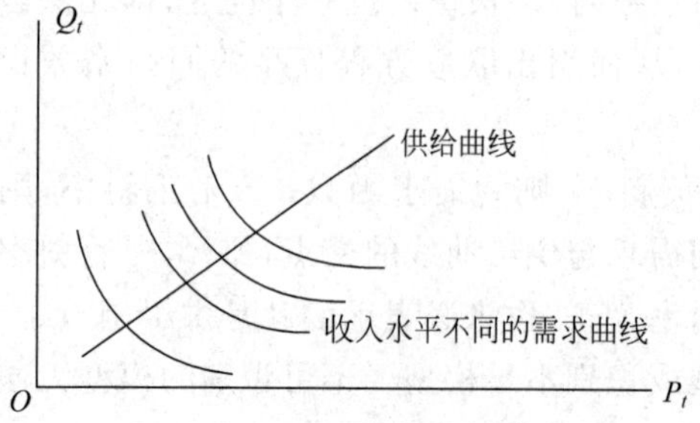

图 8-1 供给曲线被识别

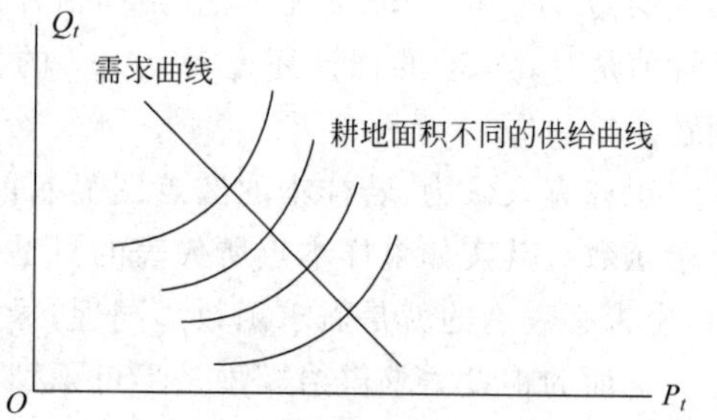

图 8-2 需求曲线被识别

于是需求函数和供给函数成为可识别方程。下面进一步进行数理分析。

当供给与需求在市场上达到平衡时($D_t = S_t = Q_t$)，由式(8-32)和式(8-33)得

$$\beta_0 + \beta_1 P_t + \beta_2 I_t + u_{1t} = \alpha_0 + \alpha_1 P_t + \alpha_2 P_{t-1} + u_{2t}$$

整理

$$\begin{aligned} P_t &= \frac{\beta_0 - \alpha_0}{\alpha_1 - \beta_1} + \frac{\beta_2}{\alpha_1 - \beta_1} I_t + \frac{-\alpha_2}{\alpha_1 - \beta_1} P_{t-1} + \frac{u_{1t} - u_{2t}}{\alpha_1 - \beta_1} \\ &= \pi_1 + \pi_2 I_t + \pi_3 P_{t-1} + v_{1t} \end{aligned} \tag{8-35}$$

把式(8-35)代入式(8-32)或式(8-33)都可以得到下式

$$\begin{aligned} Q_t &= \frac{\beta_0 \beta_1 - \alpha_0 \beta_1}{\alpha_1 - \beta_1} + \frac{\beta_1 \beta_2}{\alpha_1 - \beta_1} I_t + \frac{-\alpha_2 \beta_1}{\alpha_1 - \beta_1} P_{t-1} + \frac{\beta_1 (\alpha_1 u_{1t} - \beta_1 u_{2t})}{\alpha_1 - \beta_1} \\ &= \pi_4 + \pi_5 I_t + \pi_6 P_{t-1} + v_{2t} \end{aligned} \tag{8-36}$$

由上两式有

$$\pi_1 = \frac{\beta_0 - \alpha_0}{\alpha_1 - \beta_1}, \quad \pi_2 = \frac{\beta_2}{\alpha_1 - \beta_1}, \quad \pi_3 = \frac{-\alpha_2}{\alpha_1 - \beta_1}$$

$$\pi_4 = \frac{\beta_0 \beta_1 - \alpha_0 \beta_1}{\alpha_1 - \beta_1}, \quad \pi_5 = \frac{\beta_1 \beta_2}{\alpha_1 - \beta_1}, \quad \pi_6 = \frac{-\alpha_2 \beta_1}{\alpha_1 - \beta_1}$$

可识别模型的特点是结构回归系数个数与相应简化型模型的回归系数个数相等，即结构回归系数与简化型模型回归系数之间有一一对应关系。

当需求函数(8-32)中再加入一个外生变量 R_t(表示存款余额)时，

$$D_t = \beta_0 + \beta_1 P_t + \beta_2 I_t + \beta_3 R_t + u_{1t} \quad (\text{需求函数}) \tag{8-37}$$

按如上的推导过程，就可以得到8个简化型回归系数，而这时模型的结构回归系数个数是7个。若通过简化型回归系数计算结构回归系数时，解不是唯一的，这时模型为过度识别情形，这说明方程提供了"太多"的信息。换句话说，供给函数施加了过多的约束。

从代数意义上讲，当上述结构模型回归系数与相应简化型模型回归系数有一一对应关系时，结构模型是恰好识别的。当简化型模型回归系数多于结构模型回归系数时，结构模型是过度识别的。当结构模型回归系数多于简化型模型回归系数时，结构模型是识别不足的，或不可识别的。

由上可知，只有行为方程才存在识别问题。对于定义方程或恒等式不存在识别问题。

识别分为恰好识别和过度识别。联立方程模型的识别依赖于对其中每一个方程的识别。若有某一个方程是不可识别的，则整个联立方程模型是不可识别的。

8.3.2 结构模型的识别方法

上面提到联立方程模型的识别依赖于对其中每一个方程的识别。下面介绍结构模型中方程的两种识别方法：阶条件(order condition)和秩条件(rank condition)。

1. 阶条件

不包含在待识别方程中的变量，即

$$\text{被斥变量个数} \geqslant (\text{联立方程模型中的方程个数} - 1) \tag{8-38}$$

阶条件是必要条件但不充分。换句话说，不满足阶条件是不可识别的，但满足了阶条件也不一定是可识别的。

2. 秩条件

$$\text{待识别方程的被斥变量回归系数矩阵的秩} = (\text{联立方程模型中方程个数} - 1) \tag{8-39}$$

秩条件是充分必要条件。满足秩条件的待识别方程一定是可识别的，能保证待识别方程有别于其他方程。

识别的一般步骤是先考查阶条件，因为阶条件比秩条件判别起来简单。若待识别方程不满足阶条件，则待识别方程是不可识别的，识别到此为止。若待识别方程满足阶条件，则进一步考查秩条件。如果秩条件得到满足，说明待识别方程是可识别的；否则，是不可识别的。

秩条件只能判别模型的可识别性，但不能判别可识别模型是属于恰好识别还是属于过度识别。当待识别方程满足秩条件后，还要再次利用阶条件。若阶条件中的等式

$$\text{被斥变量个数} = (\text{方程个数} - 1)$$

成立，则方程是恰好识别的；若阶条件中的不等式

$$\text{被斥变量个数} > (\text{方程个数} - 1)$$

成立，则方程是过度识别的。识别分类如下：

- 方程的识别
  - 不可识别
  - 可识别
    - 恰好识别
    - 过度识别

【例 8-1】

利用阶条件和秩条件识别如下结构模型。

$$y_1 = \alpha_{12} y_2 + \beta_{11} x_1 + \beta_{12} x_2 + u_1 \tag{8-40}$$

$$y_2 = \alpha_{23} y_3 + \beta_{23} x_3 + u_2 \tag{8-41}$$

$$y_3 = \alpha_{31} y_1 + \alpha_{32} y_2 + \beta_{33} x_3 + u_3 \tag{8-42}$$

其中 y_1, y_2, y_3 表示内生变量，x_1, x_2, x_3 表示外生变量，试考查第 2、3 个方程的可识

性。由于结构模型有3个方程、3个内生变量,所以是完整的联立方程模型。

对于第2个方程,被斥变量有3个 y_1,x_1,x_2。(方程个数−1)=2,所以满足阶条件。下面考查秩条件。

把结构模型(8-40)~(8-42)改写如下:

$$y_1-\alpha_{12}y_2-\beta_{11}x_1-\beta_{12}x_2=u_1$$
$$y_2-\alpha_{23}y_3-\beta_{23}x_3=u_2$$
$$y_3-\alpha_{31}y_1-\alpha_{32}y_2-\beta_3 3x_3=u_3$$

结构模型的回归系数矩阵是

$$\begin{bmatrix} 1 & -\alpha_{12} & 0 & -\beta_{11} & -\beta_{12} & 0 \\ 0 & 1 & -\alpha_{23} & 0 & 0 & -\beta_{23} \\ -\alpha_{31} & -\alpha_{32} & 1 & 0 & 0 & -\beta_{33} \end{bmatrix} \tag{8-43}$$

从回归系数矩阵中画掉待识别方程,即第2个方程所包括的变量 y_2,y_3,x_3 的回归系数所在的行和列,得第2个方程的被斥变量回归系数矩阵如下:

$$\begin{bmatrix} 1 & -\alpha_{12} & 0 & -\beta_{11} & -\beta_{12} & 0 \\ 0 & 1 & -\alpha_{23} & 0 & 0 & -\beta_{23} \\ -\alpha_{31} & -\alpha_{32} & 1 & 0 & 0 & -\beta_{33} \end{bmatrix} \Rightarrow \begin{bmatrix} 1 & -\beta_{11} & -\beta_{12} \\ -\alpha_{31} & 0 & 0 \end{bmatrix} \tag{8-44}$$

因为

$$\begin{vmatrix} 1 & -\beta_{11} \\ -\alpha_{31} & 0 \end{vmatrix} \neq 0, \quad \begin{vmatrix} 1 & -\beta_{12} \\ -\alpha_{31} & 0 \end{vmatrix} \neq 0$$

被斥变量回归系数矩阵的秩是2。已知(方程个数−1)=2,所以第2个方程满足秩条件,是可识别的。当第2个方程满足秩条件后,返回来再用阶条件判断第2个方程是恰好识别的还是过度识别的。因为被斥变量个数是3,大于2,所以第2个方程是过度识别的。

现考查第3个方程的可识别性。对于第3个方程,被斥变量有2个:x_1 和 x_2,(方程个数−1)=2,所以满足阶条件。

从回归系数阵中划掉第3个方程的变量 y_1,y_2,y_3,x_3 的回归系数所在的相应行和列,得第3个方程的被斥变量回归系数阵如下:

$$\begin{bmatrix} 1 & -\alpha_{12} & 0 & -\beta_{11} & -\beta_{12} & 0 \\ 0 & 1 & -\alpha_{23} & 0 & 0 & -\beta_{23} \\ -\alpha_{31} & -\alpha_{32} & 1 & 0 & 0 & -\beta_{33} \end{bmatrix} \Rightarrow \begin{bmatrix} -\beta_{11} & -\beta_{12} \\ 0 & 0 \end{bmatrix} \tag{8-45}$$

因为

$$\begin{vmatrix} -\beta_{11} & -\beta_{12} \\ 0 & 0 \end{vmatrix} = 0$$

被斥变量回归系数矩阵的秩=1，已知（方程个数－1）=2，所以第 3 个方程是不可识别的。

用类似的方法可以证明第 1 个方程是恰好识别方程（读者自己做）。由于第 3 个方程是不可识别的，所以整个结构模型是不可识别的。

8.4　联立方程模型的估计方法

8.4.1　递归模型的估计方法

重写前面提到的递归模型一般表达形式如下：

$$y_1=\beta_{11}x_1+\cdots+\beta_{1k}x_k+u_1$$
$$y_2=\beta_{21}x_1+\cdots+\beta_{2k}x_k+\alpha_{21}y_1+u_2$$
$$y_3=\beta_{31}x_1+\cdots+\beta_{3k}x_k+\alpha_{31}y_1+\alpha_{32}y_2+u_3$$
$$\cdots$$
$$y_m=\beta_{m1}x_1+\cdots+\beta_{mk}x_k+\alpha_{m1}y_1+\alpha_{m2}y_2+\cdots+\alpha_{m\,m-1}y_{m-1}+u_m \tag{8-46}$$

其中

$$E(u_1u_2)=E(u_1u_3)=\cdots=E(u_2u_3)=\cdots=E(u_{m-1}u_m)=0$$

首先考虑第 1 个方程。因为方程右边只含有外生变量和随机误差项，且按通常的假定条件，外生变量和随机误差项不相关，所以该方程可以用 OLS 法估计。

接着考虑第 2 个方程。由于等号右边只含有一个内生变量 y_1，以及外生变量和随机项，根据假定 u_1 和 u_2 不相关，所以 y_1 和 u_2 不相关。对于 y_2 来说，y_1 是一个前定变量，因此可以用 OLS 法估计第 2 个方程。以此类推，可以用 OLS 法估计递归模型中的每一个方程。回归系数估计量具有无偏性和一致性。

在递归模型中，OLS 法可以用来依次估计每一个方程。原因是在递归模型中，内生变量不存在相互依存性。比如 y_1 是 y_2 的解释变量，但 y_2 不影响 y_1。y_1 和 y_2 可能同时影响 y_3，但 y_3 并不影响 y_1 和 y_2。因果关系是单向的。

8.4.2　简化型模型的估计方法

对于简化型模型，由于每个方程中的解释变量都是前定变量，自然与随机项无关，所以可以用 OLS 法估计回归系数。回归系数 OLS 估计量具有一致性，称这种估计方法为无约束最小二乘法（LSNR）。

8.4.3　结构模型的估计方法

对于结构模型有两类估计方法：一类为单一方程估计法，即有限信息估计法；另一类为方程组估计法，即系统估计法，或完全信息估计法。前者只考虑被估计方程的回归系数约束问题，而不过多地考虑方程组中其他方程所施加的回归系数约束，因此称为有限信息估计方法。后者在估计模型中的所有方程的同时,要考虑由于略去或缺少某些变量而对每个方程所施加的回归系数约束,因此称为完全信息估计法。

对于联立方程模型,理想的估计方法应当是完全信息估计法,例如完全信息极大似然法(FIML)。然而这种方法并不常用,因为:①这种方法计算量太大;②将导致在高度非线性的情况下确定问题的解,这常常是很困难的;③若模型中某个方程存在设定误差,这种误差将传播到其他方程中去。

因此对于联立方程模型,常用的一类估计方法是单一方程估计法。单一方程估计法中包括:①间接最小二乘法(ILS);②两段最小二乘法(2SLS);③有限信息极大似然法(LIML)。下面主要介绍间接最小二乘法和两段最小二乘法。

(1) ILS(间接最小二乘)法。ILS法只适用于恰好识别模型。具体估计步骤是先写出与结构模型相对应的简化型模型,然后利用OLS法估计简化型模型回归系数。因为简化型模型回归系数与结构模型回归系数存在一一对应关系,利用式(8-22)可以得到结构回归系数的唯一估计值。ILS估计量是有偏的,但具有一致性和渐近有效性。当结构方程为过度识别时,其相应简化型方程回归系数的OLS估计量是有偏的、不一致的。

采用ILS法时,简化型模型的随机项必须满足OLS法的假定条件。$v_i \sim N(0,\sigma^2)$,$\operatorname{cov}(v_i,v_j)=0$,$\operatorname{cov}(x_i,v_j)=0$。当不满足上述条件时,简化型回归系数的估计误差就会传播到结构回归系数中去。

(2) 2SLS(两段最小二乘)法。对于恰好识别和过度识别的结构模型都可以采用2SLS法估计回归系数。2SLS法即连续两次使用OLS法。使用2SLS法的前提是结构模型中的随机项和简化型模型中的随机项必须满足通常的假定条件,前定变量之间不存在多重共线性。2SLS估计量是有偏的、无效的、一致估计量。

以如下模型为例说明2SLS法的具体运算过程。

$$y_1=\alpha_1 y_2+\beta_1 x_1+u_1 \tag{8-47}$$

$$y_2=\alpha_2 y_1+\beta_2 x_2+u_2 \tag{8-48}$$

其中 $u_i \sim N(0,\sigma_i^2)$,$i=1,2$;$\operatorname*{plim}_{T\to\infty} T^{-1}(x_i u_j)=0$,$(i,j=1,2)$;$E(u_1u_2)=0$。

第一步(第一阶段),做如下OLS回归:

$$y_2=\hat{\pi}_{21}x_1+\hat{\pi}_{22}x_2+\hat{v}_2 \tag{8-49}$$

因为 $\hat{y}_2=\hat{\pi}_{21}x_1+\hat{\pi}_{22}x_2$ 是 x_1 和 x_2 的线性组合,而 x_1,x_2 与 u_1,u_2 无关,所以 $\hat{y}_2$ 也与 u_1,u_2 无关。$\hat{y}_2$ 是 y_2 的OLS估计量,自然与 y_2 高度相关。因此,用 $\hat{y}_2$ 作为 y_2 的工具变量。

第二步(第二阶段),用 $\hat{y}_2$ 代替方程(8-47)中的 y_2,得

$$y_1=\alpha_1\hat{y}_2+\beta_1 x_1+u_1 \tag{8-50}$$

用OLS法估计上式。α_1、β_1 的估计量称作2SLS估计量。定义 $\boldsymbol{W}=(\hat{y}_2 \quad \boldsymbol{x}_1)$,则 $\hat{\gamma}_1=(\hat{\alpha}_1,\hat{\beta}_1)'$ 的估计公式是

$$\hat{\gamma}_1=(\boldsymbol{W}'\boldsymbol{W})^{-1}(\boldsymbol{W}'\boldsymbol{y}_1) \tag{8-51}$$

其中 $\hat{y}_2,\boldsymbol{x}_1,\boldsymbol{y}_1$ 都是 $T\times 1$ 阶列向量。$\hat{\gamma}_1$ 为2SLS估计量。$\hat{\gamma}_1$ 是有偏的、无效的、一致估

计量。

同理，也可以求出 α_2，β_2 的 2SLS 估计量。可以证明当结构模型为恰好识别时，2SLS 估计值与 ILS 估计值相同。

8.5 联立方程模型举例

【案例 8-1】 美国电力需求模型[1]

通过这个例子，让读者体会一下过度识别模型的估计结果和实际含义解释。

这是一个研究美国民用电年平均销售量(Q)与民用电价格(P)关系的联立方程模型。模型估计结果如下：

$$\hat{\mathrm{Ln}Q} = -0.21 - 1.15\mathrm{Ln}P + 0.51\mathrm{Ln}Y + 0.04\mathrm{Ln}G - 0.02\mathrm{Ln}D$$

(−38.3)　(8.5)　(4.0)　(1.0)

$$+ 0.54\mathrm{Ln}J + 0.21\mathrm{Ln}R - 0.24\mathrm{Ln}H \tag{8-52}$$

(4.5)　(10.5)　(2.0)　$R^2 = 0.91$

$$\hat{\mathrm{Ln}P} = -0.57 - 0.60\mathrm{Ln}Q + 0.24\mathrm{Ln}L - 0.02\mathrm{Ln}K + 0.01\mathrm{Ln}F$$

(−20.0)　(6.0)　(2.0)　(3.3)

$$+ 0.03\mathrm{Ln}R - 0.12\mathrm{Ln}I + 0.004\mathrm{Ln}T \tag{8-53}$$

(3.0)　(12.0)　(1.3)　$R^2 = 0.97$

其中各变量的含义是：

Q 表示民用电年平均销售量；

P 表示民用电价格；

Y 表示人均年收入；

G 表示民用天然气价格；

D 表示取暖天数；

J 表示 7 月份平均气温；

R 表示农村人口比率；

H 表示平均家庭人口；

L 表示劳动力成本；

K 表示上市电力企业发电比重；

F 表示每度电平均成本；

I 表示工业用电与民用电销量比；

T 表示时间。

模型由两个方程组成。变量全部取了对数(用 Ln 表示)。LnQ 和 LnP 为内生变

① PINDYCK P S, RUBINFELD D L. Econometric models and economic forecasts [M]. NewYork: The McGraw-Hill Companies, 1998: 351-353.

量,并在对应的方程中互做解释变量。其他 11 个变量(LnY,LnG,…,LnT)为外生变量。此联立方程模型属于结构模型。两个方程共同含有一个外生变量“时间”(LnT)。每个方程中各有 5 个有别于另外一个方程的外生变量,由于此模型中包括两个方程,有两个内生变量,所以是一个完整的模型。因为有内生变量做解释变量,所以这是一个结构模型。因为每个方程各排斥 5 个相对方程中的外生变量,所以这是一个过度识别模型。

模型回归系数是用 2SLS 估计的。估计的步骤是:①用模型中每个内生变量对模型中全部外生变量进行最小二乘回归;②用得到的 LnQ 和 LnP 的估计值替代结构方程右侧的相应内生变量,再次进行最小二乘估计,从而得到上述结果。用的是 1961—1969 年美国 48 个州的时序与截面混合数据。

从第 1 个方程(8-52)看,与电销售量对其他变量的弹性系数值相比,只有电销量的价格弹性系数值(—1.15)的绝对值最大。这说明近年来,居民用电量的增长主要是电价下降的结果。

【案例 8-2】 1999 年度中国宏观经济计量模型

通过这个例子,让读者体会一下大型联立方程模型的结构和具体方程的估计结果。

1999 年度中国宏观经济计量模型框图[①]见图 8-3。该宏观经济计量模型分为 8 个模块(灰色椭圆区域),共 174 个方程。含 174 个内生变量(白色方框代表内生变量模块),

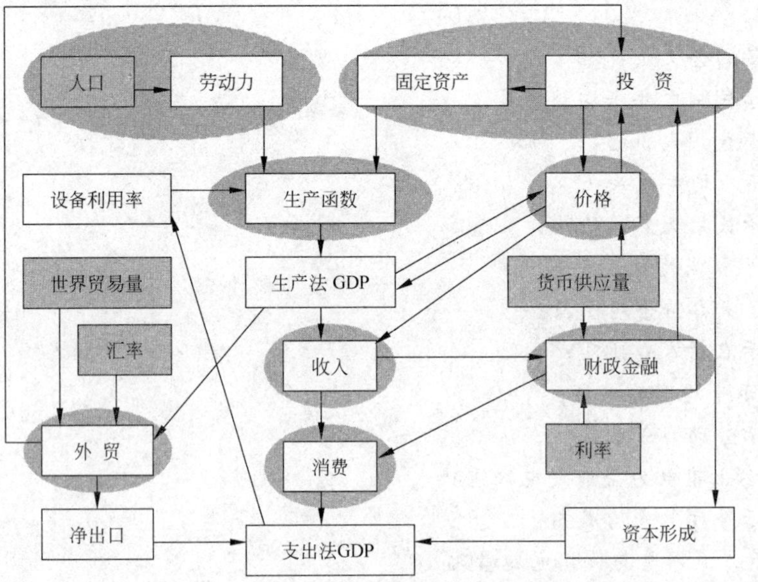

图 8-3 1999 年度中国宏观经济计量模型框图

① 汪同三,沈利生.中国社会科学院数量经济与技术经济研究所经济模型集[M].北京:社会科学文献出版社,2001:4.

37 个外生变量(灰色并只有外向箭头的方框代表外生变量模块)。其中,

(1) 生产模块,含 35 个方程。

(2) 劳动与人口模块,含 20 个方程。

(3) 居民收入模块,含 11 个方程。

(4) 消费模块,含 14 个方程。

(5) 投资模块,含 17 个方程。

(6) 财政模块,含 36 个方程。

(7) 价格模块,含 19 个方程。

(8) 外贸模块,含 22 个方程。

其中生产模块中回归方程编号为(1.31)~(1.34)的估计结果抄录如下:

(1.31)　NEXP:净出口(现价)

$$\begin{gathered}\text{NEXP}=49.51+0.77\text{NEXR}+216.95D_{94}\\ (1.23)\quad(11.84)\qquad(1.57)\\ R^2=0.956,\text{DW}=2.63,T=20,(1978—1997)\end{gathered}$$

其中 NEXP 是净出口(现价),NEXR 是外贸顺差(现价),D_{94} 是虚拟变量,1993 年以前取 0,1994 年以后取 1。

(1.32)　FIXA:固定资本形成总额(现价)

$$\begin{gathered}\text{FIXA}=227.36+0.13\text{FIXA}(-1)+0.90\text{II}-233.4D_{84}(-1)\\ (3.64)\quad(3.56)\qquad\qquad(27.8)\quad(-2.6)\\ R^2=0.999,\text{DW}=1.34,T=19,(1979—1997)\end{gathered}$$

其中 FIXA 是固定资本形成总额(现价),FIXA(-1)是 FIXA 的滞后 1 期变量,II 是全社会固定资产投资(现价);D_{84} 是虚拟变量,1983 年以前取 0,1984 年以后取 1。

(1.33)　GDPERR:支出法 GDP 与生产法 GDP 之差

$$\begin{gathered}\text{GDPERR}=-75.00+0.76\text{GDPERR}(-1)+579.08D_{92}(-1)\\ (-1.4)\quad(7.3)\qquad\qquad(5.6)\\ R^2=0.882,\text{DW}=1.81,T=19,(1979—1997)\end{gathered}$$

其中 GDPERR 是支出法与生产法 GDP 之差,GDPERR(-1)是 GDPERR 的滞后 1 期变量,D_{92} 是虚拟变量,1991 年以前取 0,1992 年以后取 1。

(1.34)　GDPCDIS:国内生产总值误差

$$\begin{gathered}\text{GDPCDIS}=0.84+0.89\ \text{GDPCDIS}(-1)-123.67D_{6768}\\ (0.1)\quad(22.3)\qquad\qquad(-3.4)\\ R^2=0.956,\text{DW}=1.57,T=33,(1965—1997)\end{gathered}$$

其中 GDPCDIS 是国内生产总值误差,GDPCDIS(-1)是 GDPCDIS 的滞后 1 期变量,D_{6768} 是虚拟变量,只在 1967、1968 年取 0,其他年份取 1。

模型的详细介绍见《中国社会科学院数量经济与技术经济研究所经济模型集》(汪同三、沈利生主编,社会科学文献出版社,2001)第 1~56 页。

【案例 8-3】（数据见 EViews、STATA 文件：case 8-3）

中国宏观经济模型

利用这个模型主要介绍 EViews 的估计方法。给出简单的中国宏观经济联立方程模型如下：

$$\text{消费方程：} CONS_t = \alpha_0 + \alpha_1 GDP_t + \alpha_2 CONS_{t-1} + u_{1t} \tag{8-54}$$

$$\text{投资方程：} INV_t = \beta_0 + \beta_1 GDP_t + \beta_2 GDP_{t-1} + u_{2t} \tag{8-55}$$

$$\text{收入方程；} GDP_t = CONS_t + INV_t + GOV_t \tag{8-56}$$

其中变量的定义是：

GDP_t：国内生产总值(亿元)；

$CONS_t$：居民宏观消费(亿元)；

INV_t：国内投资总额(亿元)；

GOV_t：政府支出(亿元)。

模型中 GDP_t，$CONS_t$，INV_t 是内生变量。GOV_t 是外生变量。$CONS_{t-1}$，GDP_{t-1} 是内生滞后变量。这是一个结构模型。含有两个行为方程。式(8-54)是消费方程，式(8-55)是投资方程。式(8-56)是定义方程。α_0，α_1，α_2，β_0，β_1，β_2 为结构回归系数。消费方程的被斥变量有 3 个：INV_t，GOV_t 和 GDP_{t-1}。投资方程的被斥变量有 3 个：$CONS_t$，GOV_t 和 $CONS_{t-1}$。所以，这是一个过度识别模型，可以用两段最小二乘法估计结构回归系数。选用的工具变量是 $CONS_{t-1}$，GDP_{t-1} 和 GOV_t。

用 1978—2000 年数据(表 8-1)得估计结果如下：

$$\text{消费方程：} CONS_t = \underset{(3.5)}{362.0544} + \underset{(17.0)}{0.3618}GDP_t + \underset{(4.9)}{0.2467}CONS_{t-1} + \hat{u}_{1t} \tag{8-57}$$

$$\text{投资方程：} INV_t = \underset{(-2.5)}{-400.3342} + \underset{(15.7)}{0.6268}GDP_t - \underset{(-6.2)}{0.2683}GDP_{t-1} + \hat{u}_{2t} \tag{8-58}$$

$$\text{收入方程：} GDP_t = CONS_t + INV_t + GOV_t \tag{8-59}$$

表 8-1 GDP_t、$CONS_t$、INV_t、GOV_t 数据 亿元

年份	GDP_t	$CONS_t$	INV_t	GOV_t
1978	3 605.6	1 759.1	1 377.9	480.0
1979	4 074.0	2 005.4	1 474.2	614.0
1980	4 551.3	2 317.1	1 590.0	659.0
1981	4 901.4	2 604.1	1 581.0	705.0
1982	5 489.2	2 867.9	1 760.2	770.0
1983	6 076.3	3 182.5	2 005.0	838.0

续表

年份	GDP_t	$CONS_t$	INV_t	GOV_t
1984	7 164.4	3 674.5	2 468.6	1 020.0
1985	8 792.1	4 589.0	3 386.0	1 184.0
1986	10 132.8	5 175.0	3 846.0	1 367.0
1987	11 784.7	5 961.2	4 322.0	1 490.0
1988	14 704.0	7 633.1	5 495.0	1 727.0
1989	16 466.0	8 523.5	6 095.0	2 033.0
1990	18 319.5	9 113.2	5 444.0	2 252.0
1991	21 280.4	10 315.9	7 617.0	2 830.0
1992	25 863.7	12 459.8	9 636.0	3 492.3
1993	34 500.7	15 682.4	14 998.0	4 499.7
1994	46 690.7	20 809.8	19 260.6	5 986.2
1995	58 510.5	26 944.5	23 877.0	6 690.5
1996	68 330.4	32 152.3	26 867.2	7 851.6
1997	74 894.2	34 854.6	28 457.6	8 724.8
1998	79 003.3	36 921.1	29 545.9	9 484.8
1999	82 673.1	39 334.4	30 701.6	10 388.3
2000	89 112.5	42 911.9	32 255.0	11 705.3

资料来源：《中国统计年鉴》2001，中国统计出版社。

相应的 EViews 输出结果见图 8-4。注意怎样由 EViews 输出结果(图 8-4)写出相应表达式(8-57)和式(8-58)。

利用上面的估计结果可以计算 $CONS_t$ 和 INV_t 的预测值。$CONS_t$、INV_t 和 GDP_t 分别与其预测值的比较见图 8-5～图 8-7。

【联立方程模型的两段最小二乘估计 EViews 操作步骤】

在打开工作文件窗口的基础上，单击主功能菜单上的 Object 按钮，选 New Object 功能，从而打开 New Object(新对象)选择窗。选择 System，并在 Name of Object(对象名)选择区为联立方程模型起名(默认显示为 Untitled)。然后单击 OK 按钮，从而打开 System(系统)窗口。在 System(系统)窗口中键入联立方程模型(8-54)～模型(8-56)，见图 8-8。其中 inst 是 instrument 的缩写，表示工具变量。

单击 System(系统)窗口上的 estimation(估计)按钮，立刻弹出 SystemEstimation(系统估计)窗口。共有 10 种估计方法可供选择，分别是 OLS、WLS、SUR(seemingly unrelated regression)、2SLS、WTSLS、3SLS、FIML、GMM(White 协方差矩阵，用于截面数据)、GMM(HAC 协方差矩阵，用于时间序列数据)和 ARCH。选择 2SLS 估计，单击“确定”按钮，就可以得到估计结果见图 8-4。估计结果表达式见式(8-57)～式(8-59)。

System: SYS01
Estimation Method: Two-Stage Least Squares
Date: 08/23/21 Time: 22:41
Sample: 1979 2000
Included observations: 22
Total system (balanced) observations 44

	Coefficient	Std. Error	t-Statistic	Prob.
C(1)	362.0544	102.2469	3.540980	0.0011
C(2)	0.361760	0.021253	17.02138	0.0000
C(3)	0.246656	0.049901	4.942910	0.0000
C(4)	-400.3342	161.9022	-2.472692	0.0180
C(5)	0.626752	0.040044	15.65153	0.0000
C(6)	-0.268253	0.043475	-6.170337	0.0000
Determinant residual covariance		1.46E+10		

Equation: CONS=C(1)+C(2)*GDP+C(3)*CONS(-1)
Instruments: CONS(-1) GDP(-1) GOV C
Observations: 22

R-squared	0.999510	Mean dependent var	15001.51
Adjusted R-squared	0.999458	S.D. dependent var	13906.89
S.E. of regression	323.7131	Sum squared resid	1991013.
Durbin-Watson stat	1.330722		

Equation: INV=C(4)+C(5)*GDP+C(6)*GDP(-1)
Instruments: CONS(-1) GDP(-1) GOV C
Observations: 22

R-squared	0.998373	Mean dependent var	11940.13
Adjusted R-squared	0.998202	S.D. dependent var	11402.53
S.E. of regression	483.5254	Sum squared resid	4442139.
Durbin-Watson stat	1.748510		

图 8-4 式(8-57)、式(8-58)的 EViews 输出结果

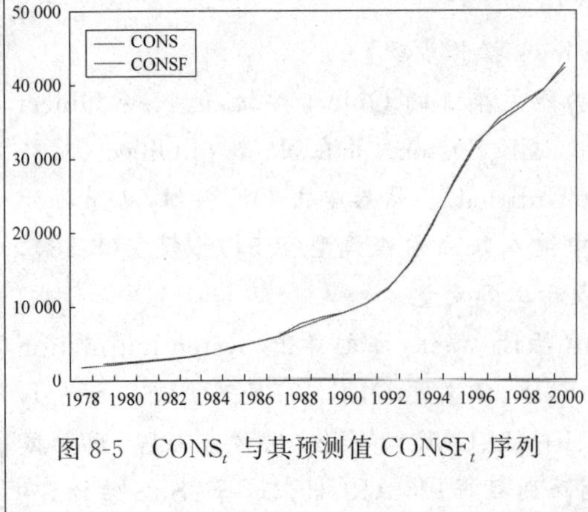

图 8-5 $CONS_t$ 与其预测值 $CONSF_t$ 序列

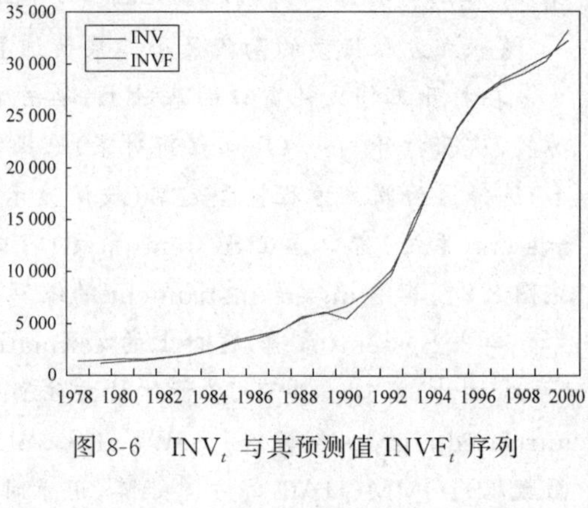

图 8-6 INV_t 与其预测值 $INVF_t$ 序列

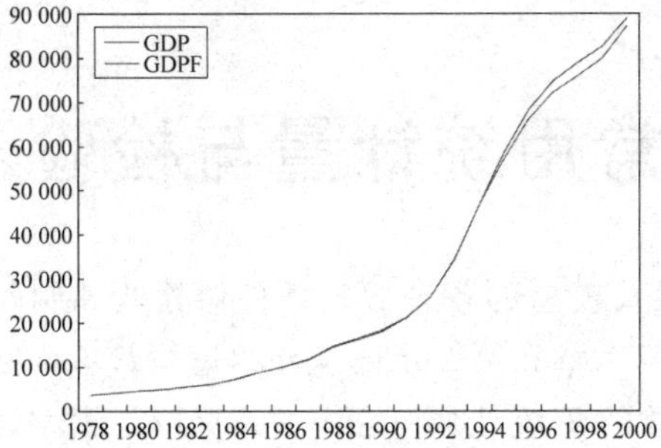

图 8-7　GDP_t 与其预测值 $GDPF_t$ 序列

```
cons=C(1)+C(2)*gdp+C(3)*cons(-1)
inv=C(4)+C(5)*gdp+C(6)*gdp(-1)
inst cons(-1) gdp(-1) gov
```

图 8-8　在 System(系统)窗口输入的估计命令

【联立方程模型样本内预测的 EViews 操作步骤】

单击 System(系统)窗口工具栏中的 Proc(处理)按钮,选择"Make Model"功能。

单击 Model(模型)窗口工具栏中的 Solve(求解)按钮,弹出 Model Solution(模型求解)对话窗(注意,此时样本容量为 1979—2000 年)。有两种求解方法。

(1) Dynamic solution(动态求解):对发生在第一个预测期之前的内生变量的滞后值使用其实际历史数据,对随后各预测期,内生变量则使用模型本身的预测值进行计算。

(2) Static solution(静态求解):使用所有滞后变量的实际发生值,即使它们是模型的内生变量。

选择静态求解,单击"确定"按钮,在工作文件中 CONS 和 INV 下边相应出现预测值序列 CONS_0 和 INV_0。

GDP_t 的预测值用定义方程 GDPF=CONS_0+INV_0+GOV 计算。

若做样本外预测,则需要先把工作文件的范围扩大到预测期。

本章习题

第 9 章 模型诊断常用统计量与检验

在建立模型过程中,要对模型回归系数以及模型的各种假定条件做检验和判断。这些检验和判断要通过运用统计量来完成。在第 1 章和第 2 章已经介绍过检验单个回归系数显著性的 t 统计量和检验模型参数总显著性的 F 统计量。在第 5 章介绍了模型误差项是否存在异方差的怀特检验和戈列瑟检验。在第 6 章介绍了模型误差项是否存在自相关的 DW 检验、BG 检验和直接回归检验。在第 10 章还将介绍检验序列非自相关性的 Q 统计量。

这一章再介绍 8 种模型诊断过程中常用统计量和 4 种常用检验方法。在建立模型过程中,首先应对初始模型的随机误差项进行异方差和自相关检验。对模型的其他检验都应建立在随机误差项满足假定条件基础之上。在检验模型回归系数约束条件是否成立的过程中逐步剔除不显著变量,化简模型,同时还要保持模型随机误差项的非自相关性和同方差性不被破坏。

为确保知识的完整性,本章开始先简要总结第 1、2 章已经介绍过的检验模型回归系数总显著性的 F 统计量和检验单个回归系数显著性的 t 统计量,然后再介绍其他 8 种常用统计量和 4 种常用检验方法。其中包括检验回归系数线性约束条件是否成立的 F 统计量,似然比(LR)统计量,检验回归系数线性约束与非线性约束条件是否成立的 Wald 统计量和拉格朗日乘子(LM)统计量,选择模型最优滞后期的 AIC(赤池)统计量、SC(施瓦茨)统计量、HQ(汉南-奎因)统计量,检验正态分布性的 JB 统计量,检验变量间因果关系的格兰杰(Granger)因果性检验,检验模型是否存在结构变化的邹(Chow)突变点检验和邹(Chow)稳定性检验以及递归分析等。

9.1 检验模型中全部解释变量都无解释作用的 F 统计量

以多元线性回归模型

$$y_t = \beta_0 + \beta_1 x_{t1} + \beta_2 x_{t2} + \cdots + \beta_{k-1} x_{tk-1} + u_t \tag{9-1}$$

为例,检验模型中全部解释变量都无解释作用的 F 检验的原假设与备择假设分别是:

$H_0: \beta_1 = \beta_2 = \cdots = \beta_{k-1} = 0$;

$H_1: \beta_j, (j = 1, 2, \cdots, k-1)$ 不全为零。

在原假设成立条件下,统计量

$$F = \frac{\mathrm{ESS}/(k-1)}{\mathrm{SSR}/(T-k)} \sim F(k-1, T-k) \tag{9-2}$$

服从第 1 个自由度为 $k-1$,第 2 个自由度为 $T-k$ 的 F 分布(精确分布)。其中 ESS 指回归平方和;SSR 指残差平方和;k 表示模型中被估回归系数个数;T 表示样本容量。对于一个回归结果，如果回归平方和占总平方和的比率越大，而残差平方和占总平方和的比率越小，则 F 统计量的值就越大，越容易推翻原假设。

判别规则是：

若用样本计算的 F 值 $\leqslant F_{\alpha}(k-1, T-k)$，则接受 H_0；

若用样本计算的 F 值 $> F_{\alpha}(k-1, T-k)$，则拒绝 H_0。

其中 α 指检验水平。

【全部解释变量都无解释作用的 F 检验的 EViews 操作】

按第 2 章介绍的 OLS 估计步骤操作，在线性回归的 EViews 输出结果的下部可找到 F 统计量的值及其对应的 p 值（F 统计量取值大于该 F 值的概率）。

9.2　检验单个回归系数显著性的 t 统计量

对于多元线性回归模型

$$y_t = \beta_0 + \beta_1 x_{t1} + \beta_2 x_{t2} + \cdots + \beta_{k-1} x_{tk-1} + u_t$$

如果 F 检验的结论是接受原假设，则检验止，说明模型中的全部解释变量对被解释变量 y_t 都没有解释作用。如果 F 检验的结论是拒绝原假设，说明模型中的全部或部分解释变量对被解释变量 y_t 有解释作用，应进一步做 t 检验，检验每一个回归系数是否显著地不为零，即检验模型中相应解释变量是否为模型重要解释变量。原假设与备择假设分别是：

$H_0: \beta_j = 0,\quad j = 1, 2, \cdots, k-1$；

$H_1: \beta_j \neq 0,\quad j = 1, 2, \cdots, k-1$。

注意：这表示做 $k-1$ 次 t 检验。

在原假设成立条件下，统计量

$$t = \frac{\hat{\beta}_j}{s(\hat{\beta}_j)} \sim t(T-k),\quad j = 1, 2, \cdots, k-1 \tag{9-3}$$

其中 $\hat{\beta}_j$ 是对 β_j 的估计，$s(\hat{\beta}_j), j = 1, 2, \cdots, k-1$ 是 $\hat{\beta}_j$ 的样本标准差。由 t 统计量定义(9-3)知，$\hat{\beta}_j$ 与 0 的差异性越大，则 $|t|$ 就越大，则越趋向于推翻原假设 $\hat{\beta}_j = 0$。

判别规则是：

若用样本计算的 $|t| \leqslant t_{\alpha}(T-k)$，则接受 H_0；

若用样本计算的 $|t| > t_{\alpha}(T-k)$，则拒绝 H_0。

其中 α 指检验水平。

【t 检验的 EViews 操作】

按第 1、2 章介绍的 OLS 估计步骤操作，在线性回归的 EViews 输出结果的中部可找到 t 统计量的值及其相应的 p 值（t 统计量作为随机变量取值大于该 $|t|$ 值的概率值的 2 倍）。

9.3 检验回归系数线性约束条件是否成立的 F 统计量

在分析回归模型时,有时需要对模型中若干回归系数同时给出的约束进行检验,如原假设是 $\beta_1=0$ 与 $\beta_2=0$。有时需要对模型回归系数之间是否存在某种约束进行检验。比如,柯布-道格拉斯生产函数中有时需要对资本和人力变量的回归系数是否存在规模报酬不变规律,即两个回归系数之和是否为 1 做出检验。比如对 $\beta_1+\beta_2=1.2$ 或者 $\beta_1/\beta_2=0.8$ 等是否成立进行检验。只要约束条件是线性的,就可以用下面定义的 F 统计量进行检验。

以 $k-1$ 元线性回归模型

$$y_t=\beta_0+\beta_1 x_{t1}+\beta_2 x_{t2}+\cdots+\beta_{k-1} x_{tk-1}+u_t \tag{9-4}$$

为例,比如要检验模型中最后 m 个回归系数是否为零。原假设 $\beta_{k-m}=\cdots=\beta_{k-1}=0$,则原假设成立条件下,模型表达式是

$$y_t=\beta_0+\beta_1 x_{t1}+\beta_2 x_{t2}+\cdots+\beta_{k-m-1} x_{tk-m-1}+u_t \tag{9-5}$$

式(9-4)称作无约束模型,即对回归参数未施加约束条件的模型。式(9-5)称作约束模型,即对后 m 个回归参数施加了零约束条件的模型。

原假设和备择假设分别是:

H_0: $\beta_{k-m}=\cdots=\beta_{k-1}=0$;

H_1: $\beta_{k-m},\cdots,\beta_{k-1}$ 不全为零。

在原假设 $\beta_{k-m}=\cdots=\beta_{k-1}=0$ 成立条件下,统计量

$$F=\frac{(\mathrm{SSR}_r-\mathrm{SSR}_u)/m}{\mathrm{SSR}_u/(T-k)} \sim F(m,T-k) \tag{9-6}$$

服从第 1 自由度为 m,第 2 自由度为 $T-k$ 的 F 分布(证明略)。其中 SSR_r 表示由估计约束模型(9-5)得到的残差平方和; SSR_u 表示由估计无约束模型(9-4)得到的残差平方和; m 表示约束条件个数; T 表示样本容量; k 表示无约束模型(9-4)中被估回归系数的个数。由式(9-6)F 统计量定义知,SSR_r 和 SSR_u 的差异越小,则越趋向于接受原假设。而该差异越大,则越趋向于推翻原假设。判别规则是:

若用样本计算的 $F \leqslant F_\alpha(m,T-k)$,则约束条件成立;

若用样本计算的 $F > F_\alpha(m,T-k)$,则约束条件不成立。

其中 α 指检验水平。

注意:

(1) 当把检验模型中一部分回归系数(m 个)为零扩展到检验模型全部解释变量的回归系数($k-1$ 个)为零时,式(9-6)定义的 F 统计量实际上就是式(9-2)定义的 F 统计量。

(2) F 检验只能检验线性约束条件。

再介绍一种情形。比如对模型

$$y_t=\beta_0+\beta_1 x_{t1}+\beta_2 x_{t2}+u_t \tag{9-7}$$

检验 $\beta_1+\beta_2=1$ 是否成立。则原假设和备择假设是:

$H_0: \beta_1 + \beta_2 = 1$;

$H_1: \beta_1 + \beta_2 \neq 1$。

原假设成立条件下的模型是

$$y_t = \beta_0 + \beta_1 x_{t1} + (1-\beta_1) x_{t2} + u_t$$

$$y_t - x_{t2} = \beta_0 + \beta_1 (x_{t1} - x_{t2}) + u_t \qquad (9\text{-}8)$$

式(9-7)称作无约束模型,式(9-8)称作约束模型。估计式(9-7)和式(9-8)得到的残差平方和分别是 SSR_u 和 SSR_r。用 SSR_u 和 SSR_r,就可以按式(9-6)计算 F 统计量的值进而做 F 检验。

【例 9-1】 (数据见 EViews、STATA 文件: li 9-1)

中国国债发行额模型中解释变量的重要性分析

首先分析中国国债发行额序列的特征(图 9-1)。1980 年国债发行额是 43.01 亿元,占 GDP 当年总量的 1%,2001 年国债发行额是 4 604 亿元,占 GDP 当年总量的 4.8%。以当年价格计算,21 年间(1980—2001 年)增长了 106 倍,平均年增长率是 24.9%。

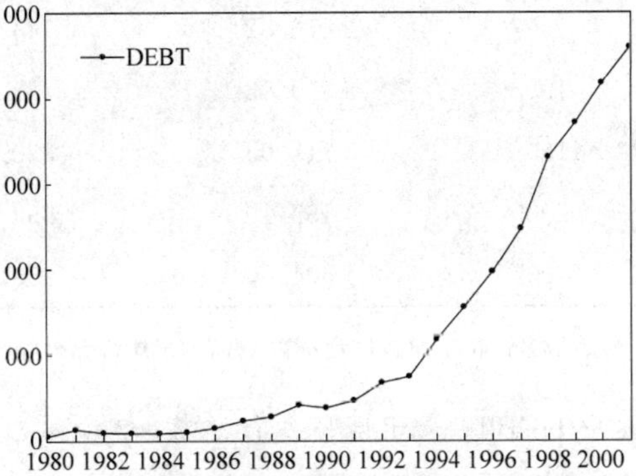

图 9-1　中国国债发行额序列(1980—2001 年)

中国在那个时期正处在社会主义市场经济体制逐步完善、宏观经济运行平稳阶段。国债发行总量应该与经济总规模、财政赤字的多少、每年的还本付息规模有关系。选择这 3 个因素做解释变量,即国内生产总值、财政赤字额、年还本付息额。数据见表 9-1。根据散点图(作者自己作)建立中国国债发行额模型如下:

$$DEBT_t = \beta_0 + \beta_1 GDP_t + \beta_2 DEF_t + \beta_3 REPAY_t + u_t$$

表 9-1　变量 $DEBT_t$、GDP_t、DEF_t 和 $REPAY_t$ 数据

年份	$DEBT_t$(亿元)	GDP_t(百亿元)	DEF_t(亿元)	$REPAY_t$(亿元)
1980	43.01	45.178	68.90	28.58
1981	121.74	48.624	−37.38	62.89
1982	83.86	52.947	17.65	55.52
1983	79.41	59.345	42.57	42.47
1984	77.34	71.710	58.16	28.90
1985	89.85	89.644	−0.57	39.56
1986	138.25	102.022	82.90	50.17
1987	223.55	119.625	62.83	79.83
1988	270.78	149.283	133.97	76.76

续表

年份	$DEBT_t$(亿元)	GDP_t(百亿元)	DEF_t(亿元)	$REPAY_t$(亿元)
1989	407.97	169.092	158.88	72.37
1990	375.45	185.479	146.49	190.07
1991	461.40	216.178	237.14	246.80
1992	669.68	266.381	258.83	438.57
1993	739.22	346.344	293.35	336.22
1994	1 175.25	467.594	574.52	499.36
1995	1 549.76	584.781	581.52	882.96
1996	1 967.28	678.846	529.56	1 355.03
1997	2 476.82	744.626	582.42	1 918.37
1998	3 310.93	783.452	922.23	2 352.92
1999	3 715.03	820.674	1 743.59	1 910.53
2000	4 180.10	894.422	2 491.27	1 579.82
2001	4 604.00	959.333	2 516.54	2 007.73

资料来源:《中国统计年鉴-2002》,中国统计出版社。

其中 $DEBT_t$ 表示国债发行总额(单位:亿元),GDP_t 表示年国内生产总值(单位:百亿元),DEF_t 表示年财政赤字额(单位:亿元),$REPAY_t$ 表示年还本付息额(单位:亿元)。用 1980—2001 年数据得 OLS 估计结果如下:

$$\hat{DEBT}_t = 4.31 + 0.35GDP_t + 1.00DEF_t + 0.88REPAY_t \qquad (9\text{-}9)$$
$$(0.2) \quad (2.2) \qquad (31.5) \qquad (17.8)$$
$$R^2 = 0.999, DW = 2.12, SSR_u = 48\,460.78, T = 22, (1980—2001)$$

由图 9-2 给出的 4 个变量的相关系数矩阵知,$DEBT_t$ 和 GDP_t 的相关性最强,达 0.967 8,那么是否可以从模型中删掉 DEF_t 和 $REPAY_t$ 两个解释变量呢?

Correlation

	DEBT	GDP	DEF	REPAY
DEBT	1.000000	0.967751	0.945247	0.944498
GDP	0.967751	1.000000	0.869643	0.954508
DEF	0.945247	0.869643	1.000000	0.787957
REPAY	0.944498	0.954508	0.787957	1.000000

图 9-2 变量 $DEBT_t$、GDP_t、DEF_t 和 $REPAY_t$ 的相关系数矩阵

可以用本节介绍的 F 统计量完成上述检验。原假设是:

$H_0: \beta_2 = \beta_3 = 0$。

（约束 DEF_t 和 $REPAY_t$ 的系数为零）。给出约束模型 OLS 估计结果如下：

$$\widehat{DEBT}_t = -388.40 + 4.49GDP_t \quad (9\text{-}10)$$
$$(-3.1) \qquad (17.2)$$
$$R^2 = 0.94, DW = 0.25, SSR_r = 2\,942\,679, T = 22, (1980—2001)$$

已知约束条件个数 $m=2$，无约束模型残差平方和 SSR_u 对应的自由度是 $T-k=18$。根据式(9-9)、式(9-10)，$SSR_u=48\,460.78$，$SSR_r=2\,942\,679$。依照式(9-6)计算，

$$F=\frac{(SSR_r - SSR_u)/m}{SSR_u/(T-k)}=\frac{(2\,942\,679-48\,460.78)/2}{48\,460.78/(22-4)}=537.5$$

因为 $F=537.5$ 远远大于临界值 $F_{0.05}(2,18)=3.55$，所以拒绝原假设。检验结论是不能从模型中删除解释变量 DEF_t 和 $REPAY_t$。

【线性约束条件是否成立的 F 检验的 EViews 操作】

EViews 有 3 种途径可以完成上述检验。

(1) 在式(9-9)（无约束模型）输出结果窗口中单击 View 按钮，选 Coefficient Diagnostics，Wald Test，Coefficient Restrictions 功能（Wald 回归系数约束检验），在随后弹出的对话窗中填入 c(3)＝c(4)＝0［注意，EViews 对回归系数的编号是从 c(1) 开始］。单击 OK 按钮，可得图 9-3 计算结果。其中 $F=537.5$，与上面的计算结果相同。相应 p 值是 0.000 0，小于万分之一，所以强力推翻原假设 H_0。

Wald Test:
Equation: EQ01

Test Statistic	Value	df	Probability
F-statistic	537.5060	(2, 18)	0.0000
Chi-square	1075.012	2	0.0000

图 9-3　$\beta_2=\beta_3=0$ 的 F 检验的 EViews 输出结果

(2) 在式(9-9)（无约束模型）输出结果窗口中单击 View 按钮，选 Coefficient Diagnostics，Redundant Variables Test，Likelihood Ratio 功能（模型中是否存在多余的不重要解释变量），在随后弹出的对话窗中填入想要从模型中删除的解释变量名，DEF REPAY。单击 OK 按钮，可得如图 9-4 计算结果，同样是 $F=537.5$。

Redundant Variables Test
Null hypothesis: DEF REPAY are jointly insignificant
Equation: EQ01
Specification: DEBT C GDP DEF REPAY
Redundant Variables: DEF REPAY

	Value	df	Probability
F-statistic	537.5060	(2, 18)	0.0000
Likelihood ratio	90.33906	2	0.0000

图 9-4　$\beta_2=\beta_3=0$ 的 F 检验的 EViews 输出结果

(3) 在式(9-10)(约束模型)输出结果窗口中单击 View 按钮,选 Coefficient Diagnostics,Omitted Variables Test,Likelihood Ratio 功能(模型中是否丢了重要的解释变量),在随后弹出的对话窗中填入想要向模型中添加的解释变量名 DEF REPAY。单击 OK 按钮,可得到如图 9-5 的计算结果,同样是 $F=537.5$。

Omitted Variables Test
Null hypothesis: DEF REPAY are jointly significant
Equation: EQ02
Specification: DEBT C GDP
Omitted Variables: DEF REPAY

	Value	df	Probability
F-statistic	537.5060	(2, 18)	0.0000
Likelihood ratio	90.33906	2	0.0000

图 9-5　$\beta_2=\beta_3=0$ 的 F 检验的 EViews 输出结果

9.4　似然比统计量

下面 3 节介绍用极大似然估计法计算的 3 个统计量：似然比(LR)统计量、沃尔德(Wald)统计量(W)和拉格朗日乘子统计量。关于极大似然估计原理见第 10 章。LR 统计量只适用于模型回归系数线性约束的检验。

似然比检验的基本思路是如果约束条件成立则相应约束模型与非约束模型的对数似然函数极大值应该是近似相等的。用

$$\log L(\hat{\beta},\hat{\sigma}^2)=-\frac{T}{2}\log 2\pi\hat{\sigma}^2-\frac{\sum\hat{u}_t^2}{2\hat{\sigma}^2}$$

表示由估计非约束模型得到的对数似然函数极大值。其中$\hat{\boldsymbol{\beta}}$ 和 $\hat{\sigma}^2$ 分别是对$\boldsymbol{\beta}$(参数集合),σ^2(误差项方差)的极大似然估计。用

$$\log L(\tilde{\beta},\tilde{\sigma}^2)=-\frac{T}{2}\log 2\pi\tilde{\sigma}^2-\frac{\sum\tilde{u}_t^2}{2\tilde{\sigma}^2}$$

表示由估计约束模型得到的对数似然函数极大值。其中$\tilde{\boldsymbol{\beta}}$ 和 $\tilde{\sigma}^2$ 分别是对$\boldsymbol{\beta}$(参数集合)和 σ^2 的极大似然估计。似然比统计量定义为

$$\mathrm{LR}=-2\left[\log L(\tilde{\beta},\tilde{\sigma}^2)-\log L(\hat{\beta},\hat{\sigma}^2)\right] \tag{9-11}$$

其中括号内是两个对数似然函数之比(似然比检验由此而得名)。在原假设“约束条件成立”条件下

$$\mathrm{LR}\sim\chi^2(m)$$

渐近服从自由度为 m 的 χ^2 分布(证明略)。其中 m 表示约束条件个数。显然,两个对数似然函数值的差异越大,则 LR 值越大,越趋向于推翻原假设。

判别规则是：

若用样本计算的 LR $\leqslant \chi_{\alpha}^{2}(m)$，则接受零假设，约束条件成立；

若用样本计算的 LR $> \chi_{\alpha}^{2}(m)$，则拒绝零假设，约束条件不成立。

其中 α 表示检验水平。

【例 9-2】（数据见 EViews、STATA 文件：li 9-1）

仍以【例 9-1】为例。用 LR 统计量检验在式(9-12)中只保留 GDP_t 一个解释变量可否？即检验原假设 $\beta_2=\beta_3=0$ 是否成立。用 1980—2001 年数据得非约束模型估计结果如下：

$$\widehat{DEBT}_t = 4.31 + 0.35GDP_t + 0.99DEF_t + 0.88REPAY_t \qquad (9\text{-}12)$$

$$(0.2)\quad (2.2)\quad (31.5)\quad (17.8)$$

$$R^2 = 0.9990, \log L = -115.8888, DW = 2.12, T = 22, (1980—2001)$$

得约束模型估计结果如下：

$$\widehat{DEBT}_t = -388.40 + 4.49GDP_t \qquad (9\text{-}13)$$

$$(-3.1)\quad (17.2)$$

$$R^2 = 0.94, \log L = -161.0583, DW = 0.25, T = 22, (1980—2001)$$

按式(9-11)计算 LR 统计量的值，

$$LR = -2\left[\log L(\tilde{\beta}, \tilde{\sigma}^2) - \log L(\hat{\beta}, \hat{\sigma}^2)\right] = -2(-161.0583 + 115.8888) = 90.34$$

因为 LR=90.34$>\chi_{0.05}^{2}(2)=5.99$[这里约束条件有 2 个，$m=2$。临界值 $\chi_{0.05}^{2}(2)=5.99$ 可以从附表 4 查到]，所以推翻原假设。结论是不能从模型中删除解释变量 DEF_t 和 $REPAY_t$。检验结果与【例 9-1】中的 F 检验结论相一致。

【似然比检验的 EViews 操作】

似然比检验的 EViews 操作有两种途径。

(1) 在式(9-12)(非约束模型)估计结果窗口中单击 View，选 Coefficient Diagnostics，Redundant Variables Test，Likelihood Ratio 功能(模型中是否存在多余的不重要解释变量)，在随后弹出的对话窗中填入想要删除的解释变量 DEF 和 REPAY。单击 OK 按钮，可得计算结果，见图 9-4。其中 LR (likelihood ratio)=90.34，与上面的计算结果相同。

(2) 在式(9-13)(约束模型)估计结果窗口中单击 View，选 Coefficient Diagnostics，Omitted Variables Test，Likelihood Ratio 功能(模型中是否丢了重要的解释变量)，在随后弹出的对话窗中填入想要加入的解释变量 DEF 和 REPAY。单击 OK 按钮，可得计算结果，见图 9-5。其中 LR (likelihood ratio)=90.34，与上面的计算结果相同。

9.5 沃尔德统计量

沃尔德(Wald)统计量(以下简称 W)由沃尔德于1943年提出[①]。由9.3、9.4节知计算 F 和LR统计量需要估计非约束和约束两个模型,而沃尔德检验的优点是只需估计无约束一个模型。当约束模型的估计很困难时,此方法尤其适用。另外,F 和LR检验只适用于检验回归系数的线性约束条件。比如对模型回归系数做如下约束检验,$\beta_1\beta_2-\beta_3=0$,则 F 和LR统计量都无能为力。而沃尔德统计量既适用于线性约束条件的检验,也适用于非线性约束条件的检验。

沃尔德检验的原理是测量无约束估计量与约束估计量之间的距离。先举一个简单的例子说明检验原理。

比如对如下无约束模型

$$y_t=\beta_1x_{1t}+\beta_2x_{2t}+\beta_3x_{3t}+v_t \tag{9-14}$$

检验线性约束条件 $\beta_2=\beta_3$ 是否成立。则约束模型表示为

$$y_t=\beta_1x_{1t}+\beta_2(x_{2t}+x_{3t})+v_t$$

其中 β_2 也可以用 β_3 表示。因为对约束模型回归系数估计量 $\tilde{\beta}_2$ 和 $\tilde{\beta}_3$ 来说,必然有 $\tilde{\beta}_2-\tilde{\beta}_3=0$。

如果约束条件成立,则无约束估计量 $(\hat{\beta}_2-\hat{\beta}_3)$ 应该近似为零。如果约束条件不成立,则无约束估计量 $(\hat{\beta}_2-\hat{\beta}_3)$ 应该显著地不为零。关键是要找到一个统计量,从而检验 $\beta_2-\beta_3$ 是否不等于零。

首先需要知道 $(\hat{\beta}_2-\hat{\beta}_3)$ 的抽样分布。依据经典回归模型的假定条件,并在原假设 $\beta_2-\beta_3=0$ 成立条件下,$(\hat{\beta}_2-\hat{\beta}_3)$ 服从均值为 $\beta_2-\beta_3=0$,方差为 $\mathrm{var}(\hat{\beta}_2-\hat{\beta}_3)$ 的正态分布。定义 W 统计量为

$$W=\frac{(\hat{\beta}_2-\hat{\beta}_3)-(\beta_2-\beta_3)}{\sqrt{\mathrm{var}(\hat{\beta}_2-\hat{\beta}_3)}}=\frac{(\hat{\beta}_2-\hat{\beta}_3)}{\sqrt{\mathrm{var}(\hat{\beta}_2-\hat{\beta}_3)}}\sim N(0,1)$$

在约束条件成立条件下,W 统计量渐近服从 $N(0,1)$ 分布。通常 $\mathrm{var}(\hat{\beta}_2-\hat{\beta}_3)$ 是未知的,使用的是 $\mathrm{var}(\hat{\beta}_2-\hat{\beta}_3)$ 的样本估计量。由上述 W 统计量定义可知,沃尔德检验只需对无约束模型(9-14)进行估计。

下面讨论多个约束条件的情形。假定有若干约束条件是以联合检验的形式给出,

$$\boldsymbol{f}(\beta)=\mathbf{0}$$

其中 $\boldsymbol{f}(\beta)$ 表示由约束条件组成的列向量。用 $\tilde{\boldsymbol{\beta}}$ 表示施加约束条件后对回归系数集合

① WALD A. Test of statistical hypothesis concerning several parameters when the number of observations is large[J]. Transactions of the American Mathematical Society, 1943, 54: 426-482.

$\{\beta_1, \beta_2, \cdots, \beta_k\}$的估计。若把约束模型估计值$\tilde{\boldsymbol{\beta}}$ 代入上式,则上式一定成立。当把无约束模型回归系数估计值$\hat{\boldsymbol{\beta}}$ 代入上式时,通常上式不会成立。检验多个约束条件的 W 统计量定义如下:

$$W = \boldsymbol{f}(\hat{\beta})'_{(1\times m)} \mathbf{var}(\boldsymbol{f}(\hat{\beta}))^{-1}_{(m\times m)} \boldsymbol{f}(\hat{\beta})_{(m\times 1)} \tag{9-15}$$

其中 $\boldsymbol{f}(\hat{\beta})$是用非约束模型回归系数估计值 $\hat{\boldsymbol{\beta}}$ 代替 $\boldsymbol{\beta}$ 后的 $\boldsymbol{f}(\beta)$表达式; $\mathbf{var}(\boldsymbol{f}(\hat{\beta}))$是 $\boldsymbol{f}(\hat{\beta})$的估计的方差协方差矩阵。计算公式如下:

$$\mathbf{var}(\boldsymbol{f}(\hat{\beta})) = \left[\frac{\partial \boldsymbol{f}(\hat{\beta})}{\partial \hat{\beta}}\right]_{(m\times k)} \mathbf{var}(\hat{\beta})_{(k\times k)} \left[\frac{\partial \boldsymbol{f}(\hat{\beta})}{\partial \hat{\beta}}\right]'_{(k\times m)} \tag{9-16}$$

其中$\partial \boldsymbol{f}(\hat{\beta})/\partial \hat{\beta}$ 表示 $\boldsymbol{f}(\beta)$用无约束估计量 $\hat{\boldsymbol{\beta}}$ 代替后的偏导数矩阵,其中第 i 行第 j 列位置上的元素表示第 i 个约束条件对第 j 个无约束估计量的偏导数值; $\mathbf{var}(\hat{\beta})$为 $\hat{\beta}$ 的估计的方差协方差矩阵。

在约束条件 $\boldsymbol{f}(\beta) = \mathbf{0}$ 成立条件下,$W = \boldsymbol{f}(\hat{\beta})'[\mathbf{var}(\boldsymbol{f}(\hat{\beta}))]^{-1} \boldsymbol{f}(\hat{\beta})$渐近服从 $\chi^2(m)$分布(证明略)。

$$W = \boldsymbol{f}(\hat{\beta})'[\mathbf{var}(\boldsymbol{f}(\hat{\beta}))]^{-1} \boldsymbol{f}(\hat{\beta}) \sim \chi^2(m)$$

其中 m 表示被检验的约束条件个数。

举一个检验非线性约束条件的例子如下:假定对模型

$$y_t = \beta_1 x_{t1} + \beta_2 x_{t2} + \beta_3 x_{t3} + u_t$$

检验约束条件 $\beta_1\beta_2 = \beta_3$ 是否成立。用 $\hat{\beta}_1$,$\hat{\beta}_2$ 和 $\hat{\beta}_3$ 分别表示 β_1,β_2 和 β_3的非约束模型回归系数估计量。$\hat{\beta}_1$,$\hat{\beta}_2$ 和 $\hat{\beta}_3$ 既可以是极大似然估计量,也可以是最小二乘估计量。因为对于本例 $\boldsymbol{f}(\hat{\beta})$只含有一个约束条件,所以改用标量 $f(\hat{\beta})$表示,有

$$f(\hat{\beta}) = \hat{\beta}_1\hat{\beta}_2 - \hat{\beta}_3 \tag{9-17}$$

$$\frac{\partial f(\hat{\beta})}{\partial \hat{\beta}} = \left(\frac{\partial f(\hat{\beta})}{\partial \hat{\beta}_1} \quad \frac{\partial f(\hat{\beta})}{\partial \hat{\beta}_2} \quad \frac{\partial f(\hat{\beta})}{\partial \hat{\beta}_3}\right) = (\hat{\beta}_2 \quad \hat{\beta}_1 \quad -1) \tag{9-18}$$

$$\mathbf{var}(\hat{\beta}) = \begin{bmatrix} \mathrm{var}(\hat{\beta}_1) & \mathrm{cov}(\hat{\beta}_1\hat{\beta}_2) & \mathrm{cov}(\hat{\beta}_1\hat{\beta}_3) \\ \mathrm{cov}(\hat{\beta}_1\hat{\beta}_2) & \mathrm{var}(\hat{\beta}_2) & \mathrm{cov}(\hat{\beta}_2\hat{\beta}_3) \\ \mathrm{cov}(\hat{\beta}_1\hat{\beta}_3) & \mathrm{cov}(\hat{\beta}_2\hat{\beta}_3) & \mathrm{var}(\hat{\beta}_3) \end{bmatrix} \tag{9-19}$$

和

$$\mathbf{var}[f(\hat{\beta})] = (\hat{\beta}_2 \quad \hat{\beta}_1 \quad -1)\mathbf{var}(\hat{\beta}) \begin{bmatrix} \hat{\beta}_2 \\ \hat{\beta}_1 \\ -1 \end{bmatrix}$$

根据式(9-15),W 统计量的具体表达式是

$$W=\frac{(\hat{\beta}_1\hat{\beta}_2-\hat{\beta}_3)^2}{(\hat{\beta}_2\quad\hat{\beta}_1\quad -1)\mathbf{var}(\hat{\beta})\begin{bmatrix}\hat{\beta}_2\\ \hat{\beta}_1\\ -1\end{bmatrix}}$$

在原假设 $\beta_1\beta_2=\beta_3$ 成立条件下,W 统计量渐近服从 $\chi^2(1)$ 分布。

判别规则是:

若用样本计算的 $W\leqslant\chi^2_\alpha(1)$,则接受零假设,约束条件成立;

若用样本计算的 $W>\chi^2_\alpha(1)$,则拒绝零假设,约束条件不成立。

其中 α 表示检验水平。

【例 9-3】 (数据见 EViews、STATA 文件: li 9-3)

由案例 2-1 得中国客运总量模型估计结果如下(数据见表 9-2)。

$$\hat{y}_t=-19.8505+2.2975x1_t+0.7742x2_t \tag{9-20}$$

$$(-2.0)\qquad(2.6)\qquad(4.2)$$

$$R^2=0.9970, DW=2.0, T=13, (1990\sim 2002)$$

[见估计式(2-83)]。上式 3 个回归系数的真值分别用 β_1、β_2、β_3 表示。知 $\beta_2+\beta_3$ 的估计值之和是 3.0717。现在用 Wald 统计量检验 $\beta_2+\beta_3=5$ 是否成立。

变换约束条件 $\beta_2+\beta_3=5$ 为 $f(\beta)=0$ 形式,即

$$\beta_2+\beta_3-5=0$$

因为只有一个约束条件,所以 $\boldsymbol{f}(\beta)$ 变成标量。

$$\boldsymbol{f}(\beta)=f(\beta)=\beta_2+\beta_3-5$$

$$\frac{\partial f(\hat{\beta})}{\partial\hat{\beta}}=\left(\frac{\partial f(\hat{\beta})}{\partial\hat{\beta}_1}\quad\frac{\partial f(\hat{\beta})}{\partial\hat{\beta}_2}\quad\frac{\partial f(\hat{\beta})}{\partial\hat{\beta}_3}\right)=(0\quad 1\quad 1)$$

用 EViews 计算的 $\hat{\beta}$ 的方差协方差矩阵是

$$\mathbf{var}(\hat{\beta})=\begin{bmatrix}98.3829 & -8.7974 & 1.7935\\ -8.7974 & 0.7868 & -0.1606\\ 1.7935 & -0.1606 & 0.0332\end{bmatrix}$$

$$\mathbf{var}(\boldsymbol{f}(\hat{\beta}))=\left(\frac{\partial\boldsymbol{f}(\hat{\beta})}{\partial\hat{\beta}}\right)(\mathbf{var}(\hat{\beta}))\left(\frac{\partial\boldsymbol{f}(\hat{\beta})}{\partial\hat{\beta}}\right)'$$

$$=[0\quad 1\quad 1]\begin{bmatrix}98.3829 & -8.7974 & 1.7935\\ -8.7974 & 0.7868 & -0.1606\\ 1.7935 & -0.1606 & 0.0332\end{bmatrix}\begin{bmatrix}0\\1\\1\end{bmatrix}=0.4988$$

利用估计结果(9-20)和上式运算结果得

$$f(\hat{\beta})=f(\hat{\beta})=\beta_2+\beta_3-5=2.2975+0.7742-5=-1.9283$$

$$W=\boldsymbol{f}(\hat{\beta})'[\textbf{var}(\boldsymbol{f}(\hat{\beta}))]^{-1}\boldsymbol{f}(\hat{\beta})$$

$$=(-1.9283)\left(\frac{1}{0.4988}\right)(-1.9283)=\frac{(-1.9283)^2}{0.4988}=7.4546$$

因为 $W=7.4546>\chi^2_{0.05}(1)=3.8$,所以,约束条件 $\beta_2+\beta_3=5$ 被拒绝接受,即 $\beta_2+\beta_3$ 不等于 5。

【Wald(沃尔德)检验的 EViews 操作】

在式(9-20)估计结果窗口中单击 View 按钮,选 Coefficient Diognostics,Wald Test-Coefficient Restrictions 功能,并在随后弹出的对话窗中填入 C(2)+C(3)−5=0,输出结果见图 9-6。其中 Chi-square=7.453 735 即 W 统计量的值。

Wald Test:
Equation: EQ02

Test Statistic	Value	df	Probability
t-statistic	-2.730153	10	0.0212
F-statistic	7.453735	(1, 10)	0.0212
Chi-square	7.453735	1	0.0063

图 9-6　沃尔德检验的 EViews 输出结果

图 9-6 报告的 p 值是 $P(W>7.453735)=0.0063$,小于检验水平 0.05,说明统计量 W 的值位于原假设的拒绝域。结论是拒绝原假设(约束条件,$\beta_2+\beta_3=5$,不成立)。

表 9-2　中国客运总量、我国人口数、人均 GDP 数据

年份	中国客运总量 y_t(10 亿人次)	我国人口数 $x1_t$(亿人)	人均 GDP $x2_t$(千元)
1990	7.726 82	11.433 3	1.634 000
1991	8.060 48	11.582 3	1.879 000
1992	8.608 55	11.717 1	2.287 000
1993	9.966 34	11.851 7	2.939 000
1994	10.928 83	11.985 0	3.923 000
1995	11.725 96	12.112 1	4.854 000
1996	12.453 56	12.238 9	5.576 000
1997	13.260 94	12.362 6	6.054 000
1998	13.787 17	12.476 1	6.308 000
1999	13.944 13	12.578 6	6.551 000
2000	14.785 73	12.674 3	7.085 740
2001	15.341 22	12.762 7	7.651 437
2002	16.081 50	12.845 3	8.214 022
2003	15.874 97	12.922 7	9.084 038

资料来源:摘自《中国统计年鉴-2005》(中国统计出版社)表 3-1、表 4-1、表 16-4、表 16-6。

9.6 拉格朗日乘子统计量

与沃尔德检验不同的是拉格朗日(Lagrange)乘子检验只需估计约束模型。所以当施加约束条件后模型形式变得简单时,更适用于这种检验。LM 检验是由艾奇逊-西尔维(Aitchison-Silvey)①提出的,LM 检验另一种表达式是由拉奥(Rao)②提出的,称为得分(score)检验。LM 乘子检验可以检验线性约束,也可以检验非线性约束条件的原假设。

仍以多元线性回归模型(9-1)为例,首先给出其(非约束模型)对数似然函数

$$\log L(\beta,\sigma^2) \tag{9-21}$$

其中 β 表示模型回归系数的集合,σ^2 表示随机误差项的方差。对于非约束极大似然估计量 $\hat{\beta}_j$ 必然有

$$\frac{\partial \log L}{\partial \hat{\beta}_j}=0,\quad j=1,2,\cdots,k-1 \tag{9-22}$$

若约束条件成立,则施加约束条件下 β_j 的极大似然估计量 $\tilde{\beta}_j$ 应与不施加约束条件下 β_j 的极大似然估计量 $\hat{\beta}_j$ 非常接近,也就是说 $\partial \log L/\partial \tilde{\beta}_j$ 应近似为零。LM 检验的原理是如果 $\partial \log L/\partial \tilde{\beta}_j$ 显著地不为零,则约束条件不成立。LM 统计量定义为

$$\mathrm{LM}=\left(\frac{\partial \log L}{\partial \tilde{\beta}}\right)'[\boldsymbol{I}(\tilde{\beta})]^{-1}\left(\frac{\partial \log L}{\partial \tilde{\beta}}\right) \tag{9-23}$$

其中$(\partial \log L/\partial \tilde{\beta})$是以$(\partial \log L/\partial \beta_j)$为元素组成的列向量,同时用约束估计量 $\tilde{\beta}_j$ 替换了 β_j。$\boldsymbol{I}(\tilde{\beta})$称为信息矩阵,其逆矩阵是 $\tilde{\beta}$ 的方差协方差矩阵。在约束条件成立条件下,LM 渐近服从 $\chi^2(m)$分布(证明略)。

$$\mathrm{LM}\sim\chi^2(m)$$

其中 m 表示原假设中约束条件个数。

假定有两个约束条件 $f_1(\beta)=0$ 和 $f_2(\beta)=0$。为求这两个约束条件下的对数似然函数的极大似然估计量,应按拉格朗日乘子法则建立如下函数

$$\log L^*=\log L+\lambda_1 f_1(\beta)+\lambda_2 f_2(\beta) \tag{9-24}$$

其中 λ_1,λ_2 为拉格朗日乘子,求解约束极值问题应对所有的 j 都满足$\partial \log L^*/\partial \beta_j=0$,即

$$\frac{\partial \log L^*}{\partial \beta_j}=\frac{\partial \log L}{\partial \beta_j}+\lambda_1\frac{\partial f_1(\beta)}{\partial \beta_j}+\lambda_2\frac{\partial f_2(\beta)}{\partial \beta_j}=0,\quad \forall j$$

由上式得

① AITCHISON J, SILVEY S D. Maximum-likelihood estimation of parameters subject to restrictions[J]. Annals of mathematical statistics, 1958, 29: 813-828.

② RAO C R. Large sample tests of statistical hypotheses concerning several parameters with applications to problems of estimation[J]. Proceedings of the Cambridge Philosophical Society, 1947, 44: 50-57.

$$\frac{\partial \log L}{\partial \beta_j} = -\lambda_1 \frac{\partial f_1(\beta)}{\partial \beta_j} - \lambda_2 \frac{\partial f_2(\beta)}{\partial \beta_j}, \quad \forall j \tag{9-25}$$

当 β_j 用约束估计量 $\tilde{\beta}_j$ 代替后，如果上式显著地不为零，则约束条件不成立。根据上式，只有当 λ_1, λ_2 不为零时，$\partial \log L / \partial \tilde{\beta}_j$ 才显著地不为零。所以判别规则是如果 λ_1, λ_2 不为零，则拒绝约束条件（原假设）。因为在式(9-25)中拉格朗日乘子是 $\partial \log L / \partial \tilde{\beta}_j$ 的函数，而 $\partial \log L / \partial \tilde{\beta}_j$ 是 LM 统计量计算公式中的一部分，所以称 LM 为拉格朗日乘子统计量。

对于线性回归模型，通常并不是按式(9-23)，而是通过一个辅助回归式计算 LM 统计量的值。LM 统计量与辅助回归式的可决系数 R^2 有直接联系，而辅助回归式的形式直接与被检验的约束条件有关。

LM 检验的辅助回归式计算步骤如下：

(1) 确定 LM 辅助回归式的被解释变量 $\hat{u}_t$。假定模型约束条件个数为 m。用 OLS 法估计约束模型，计算残差序列 $\hat{u}_t$，并把 $\hat{u}_t$ 作为 LM 辅助回归式的被解释变量。

(2) 用求偏导数的方法确定 LM 辅助回归式的解释变量。例如非约束模型如下：

$$y_t = \beta_0 + \beta_1 x_{t1} + \beta_2 x_{t2} + \cdots + \beta_{k-1} x_{tk-1} + u_t \tag{9-26}$$

把上式改写成如下形式

$$u_t = y_t - \beta_0 - \beta_1 x_{t1} - \beta_2 x_{t2} - \cdots - \beta_{k-1} x_{tk-1} \tag{9-27}$$

则 LM 辅助回归式中的解释变量按如下形式确定。

$$-\frac{\partial u_t}{\partial \beta_j}, \quad j = 0, 1, \cdots, k-1$$

对于非约束模型(9-26)，LM 辅助回归式中的解释变量是 $1, x_{t1}, x_{t2}, \cdots, x_{tk-1}$。第一个解释变量 1 表明常数项应包括在 LM 辅助回归式中。

(3) 建立 LM 辅助回归式如下：

$$\hat{u}_t = \alpha_0 + \alpha_1 x_{t1} + \alpha_2 x_{t2} + \cdots + \alpha_{k-1} x_{tk-1} + v_t \tag{9-28}$$

其中 $\hat{u}_t$ 由第(1)步得到。

(4) 用 OLS 法估计上式并计算可决系数 R^2。

(5) 用第(4)步得到的 R^2 按下式计算 LM 统计量的值。

$$\mathrm{LM} = TR^2$$

其中 T 表示原线性回归模型对应的样本容量。由于上式计算的 LM 的值与式(9-23)定义的 LM 的值相等（证明略）。在零假设成立前提下，TR^2 渐近服从 m 个自由度的 $\chi^2(m)$ 分布，

$$\mathrm{LM} = TR^2 \sim \chi^2(m)$$

其中 m 表示约束条件个数。

判别规则是：

若用样本计算的 $\mathrm{LM} \leqslant \chi^2_\alpha(m)$，则接受零假设，约束条件成立；

若用样本计算的 $\mathrm{LM} > \chi^2_\alpha(m)$，则拒绝零假设，约束条件不成立。

其中 α 表示检验水平。

在EViews中没有关于LM检验的一般专用程序(但针对模型残差序列的自相关检验有一个专门的LM检验程序)。对于线性约束条件情形,读者可以利用回归的方法按上述步骤自己完成LM检验。

【例9-4】（数据见EViews、STATA文件：li 9-3)

仍以【例9-3】为例,对中国客运总量模型估计结果

$$\hat{y}_t = -19.8505 + 2.2975x1_t + 0.7742x2_t$$
$$(-2.0)\qquad(2.6)\qquad(4.2)$$
$$R^2 = 0.9970, DW = 2.0, T = 13, (1990—2002)$$

用LM统计量检验 $x2_t$ 的系数 $\beta_3=0$ 是否成立。因为 $\beta_3=0$ 是线性约束,所以,可以用本节介绍的辅助回归式方法进行LM检验。

(1) 用OLS法估计约束模型如下：

$$y_t = -61.6130 + 6.0373x1_{t1} + \hat{u}_t \tag{9-29}$$
$$(-30.1)\qquad(36.1)$$
$$R^2 = 0.99, F = 1300.1, T = 13, (1990—2002)$$

并计算残差序列值 $\hat{u}_t$。把 $\hat{u}_t$ 作为LM辅助回归式的被解释变量。因为约束条件只有 $\beta_3=0$,所以约束条件个数 $m=1$。

(2) 确定LM辅助回归式的解释变量。非约束模型如下式,

$$y_t = \beta_1 + \beta_2 x1_t + \beta_3 x2_t + u_t \tag{9-30}$$

把上式改写成如下形式：

$$u_t = y_t - \beta_1 - \beta_2 x1_t - \beta_3 x2_t$$

则LM辅助回归式中的解释变量按如下形式确定：

$$-\frac{\partial u_t}{\partial \beta_j},\quad j=1,2,3$$

对于非约束模型(9-30),用求偏导数的方法确定LM辅助回归式中的解释变量是1, $x1_t$, $x2_t$。第一个解释变量1表明常数项应包括在LM辅助回归式中。

(3) 建立LM辅助回归式如下：

$$\hat{u}_t = \alpha_0 + \alpha_1 x1_t + \alpha_2 x2_t + v_t$$

其中 $\hat{u}_t$ 由第(1)步中的式(9-29)得到。

(4) 用OLS法估计上式并计算可决系数 R^2。

$$\hat{u}_t = 41.7626 - 3.7398x1_t + 0.7742x2_t$$
$$(4.2)\qquad(-4.2)\qquad(4.2)$$
$$R^2 = 0.64, F = 9.0, \mathrm{DW} = 2.0, T = 13, (1990—2002)$$

(5) 用第(4)步得到的 R^2 按下式计算 LM 统计量的值。

$$\mathrm{LM}=TR^2=0.64\times13=8.3>\chi^2(1)=3.8$$

结论是原假设 $\beta_3=0$ 不成立。

【例 9-5】 证明在第 6 章介绍的检验自相关的 BG 统计量属于 LM 统计量。

以二元线性回归模型为例检验误差项中是否存在 1 阶自相关。非约束模型是

$$y_t=\beta_0+\beta_1x_{t1}+\beta_2x_{t2}+u_t,\quad u_t=\rho u_{t-1}+v_t$$

即

$$y_t=\beta_0+\beta_1x_{t1}+\beta_2x_{t2}+\rho u_{t-1}+v_t \tag{9-31}$$

约束模型是

$$y_t=\beta_0+\beta_1x_{t1}+\beta_2x_{t2}+u_t(\text{约束条件 }\rho=0) \tag{9-32}$$

其中 u_t 是误差项。用 OLS 法估计式(9-32),得到 $\hat{u}_t$ 作为 LM 辅助回归式中的解释变量。由非约束模型(9-31)知 LM 辅助回归式的解释变量是 $1,x_{t1},x_{t2},u_{t-1}$,所以 LM 辅助回归式是

$$\hat{u}_t=\alpha_0+\alpha_1x_{t1}+\alpha_2x_{t2}+\alpha_3\hat{u}_{t-1}+w_t$$

其中 w_t 是误差项。上式正是自相关 BG 检验式。从上式对应的估计式中提取 R^2 计算统计量 $\mathrm{LM}=TR^2$。

对 LR、Wald 和 LM 统计量的选择应以做实际计算时的难易程度而定。一般来说 Wald、LM 检验应优于 LR 检验,因为 Wald、LM 检验只需要估计一个模型即可,而 LR 检验需估计约束与非约束两个模型。对 Wald、LM 检验方法的选择应以约束模型与非约束模型哪个更容易估计而定。

以上是非计算机时代对上述 3 个统计量 LR、Wald 和 LM 的评价。在计量经济学专用软件普及的今天,上述计算的难易程度已经不是问题。

应该注意,即使 3 种检验方法都可使用,它们的计算结果通常也是不相同的。因为 3 个统计量只是渐近相同,对于线性回归模型,在小样本条件下 3 个统计量的值有如下关系成立。

$$\mathrm{LM}\leqslant\mathrm{LR}\leqslant\mathrm{Wald}$$

上式说明只有当 LM 检验的结果为拒绝原假设(约束条件不成立)或者 W 检验的结果为接受原假设(约束条件成立)时,3 种检验的结论才是一致的。所以实际中,3 种检验方法有可能得出相互不一致的结论。另外只有当用回归系数的样本估计值计算的约束条件完全成立时,即把回归系数估计值代入约束条件能准确成立时,上式中的 3 个统计量才有完全相等的关系。

以对数似然函数中只含有一个回归系数 β 为条件,LM、LR 和 Wald 3 个统计量的计

算公式可用图9-7表示。$\hat{\beta}$和$\tilde{\beta}$分别表示β的无约束和约束估计量。LR统计量是对似然函数纵向距离$\log L(\hat{\beta})-\log L(\tilde{\beta})$的测量。Wald统计量则是对回归系数估计值水平距离$(\hat{\beta}-\tilde{\beta})$的测量。而LM统计量计算的是对数似然函数在$\tilde{\beta}$点的斜率。因为这3个统计量都是渐近地服从$\chi^2(m)$分布,所以当样本比较小且约束条件为线性时,用$F$检验要比用上述3种检验更可靠。

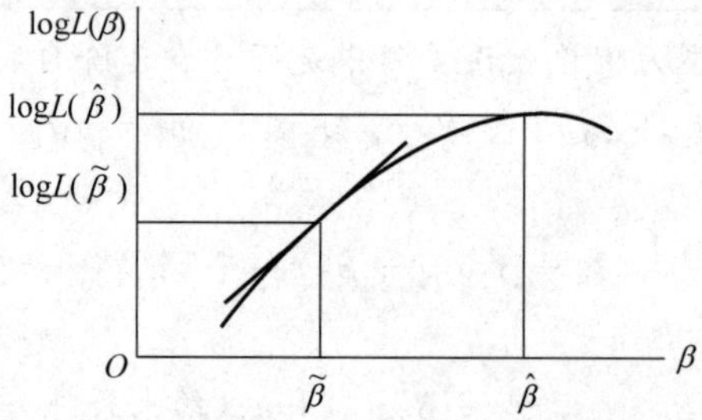

图9-7 LR、Wald和LM统计量计算公式的图形解释

9.7 赤池、施瓦茨和汉南-奎因统计量

确定自回归模型,AR模型(详见第10章)最优滞后阶数的方法除了用前面介绍的F统计量外,也可以采用赤池(Akaike)信息准则、施瓦茨(Schwartz)准则和汉南-奎因(Hannan-Quinn)信息准则进行判断。下面介绍这3个信息准则。

(1) 赤池信息准则由日本统计学家赤池弘次(Hirotugu Akaike)于1973年提出①。AIC统计量定义如下:

$$\text{AIC} = -2\log L + 2k \tag{9-33}$$

其中$\log L=-\dfrac{T}{2}\left[1+\log(2\pi)+\log\dfrac{\hat{\boldsymbol{u}}'\hat{\boldsymbol{u}}}{T}\right]$表示对数似然函数极大值,$T$是样本容量,$\hat{\boldsymbol{u}}'\hat{\boldsymbol{u}}$是用向量形式表示的残差平方和。$k$表示模型中变量的最大滞后期。

式(9-33)右侧第1项$-2\log L$是-2倍的对数似然函数极大值。见对数似然函数表达式,$\log L=-\dfrac{T}{2}\left[1+\log(2\pi)+\log\dfrac{\hat{\boldsymbol{u}}'\hat{\boldsymbol{u}}}{T}\right]$,随着$k$的增大(模型中解释变量个数的增多),残差平方和$\hat{\boldsymbol{u}}'\hat{\boldsymbol{u}}$变小,$\log L$变大,从而式(9-33)右侧第1项$-2\log L$变小。式(9-33)右侧第2项则随着$k$的增大而变大。随着$k$的变化,AIC有极小值存在。使用AIC准则的方法是通过连续增加变量滞后期数k直到AIC取得极小值,从而确定最优滞后期k。

EViews 6~12版本的计算公式是

① AKAIKE H. Information theory and an extension of the maximum likelihood principle[M]//International symposium on information theory. PETROV B N,CSAKI F Budapest: Akademiai Kaido,1973: 267-281.

$$\mathrm{AIC}=-2\left(\frac{\log L}{T}\right)+\frac{2k}{T}$$

其中各项的定义与式(9-33)相同。k 是模型中解释变量的个数，T 是样本容量。

(2) 施瓦茨准则，又称贝叶斯(Bayesian)信息准则(BIC)。SC 统计量定义如下：

$$\mathrm{SC}=-2\log L+k\log T \tag{9-34}$$

其中 $\log L$，T，k 的定义与式(9-33)相同。与 AIC 准则类似，SC 准则也随 k 的变化有极小值存在。使用 SC 准则的方法与 AIC 准则相类似。

EViews 6～12 版本的计算公式是

$$\mathrm{SC}=-2\left(\frac{\log L}{T}\right)+\frac{k\log T}{T}$$

其中各项的定义与式(9-33)相同。

(3) 汉南-奎因准则。

HQ 统计量定义如下：

$$\mathrm{HQ}=-2\,\frac{\log L}{T}+2k\,\frac{\mathrm{Ln}(\mathrm{Ln}T)}{T}$$

其中 $\log L$，T，k 的定义与式(9-33)相同。汉南-奎因准则的使用方法与赤池信息准则和施瓦茨准则相同，即式(9-34)右侧第 1 项随着 k 的增大而变小，第 2 项则随着 k 的增大而变大。随着 k 的变化，HQ 统计量有极小值存在。该极小值对应的 k 即是最优滞后期 k。

下面通过两个例子介绍 AIC、SC(BIC)和 HQ 准则的应用。用【例 9-6】介绍自回归模型最优滞后期的选择。用【例 9-7】介绍 AR(p)模型(见第 10 章)最优滞后期的选择。

【例 9-6】 (数据见 EViews、STATA 文件：li 9-6)

1999 年 1 月 4 日至 2001 年 10 月 15 日深证成指(SZ_t)序列(661 天)见图 9-8。

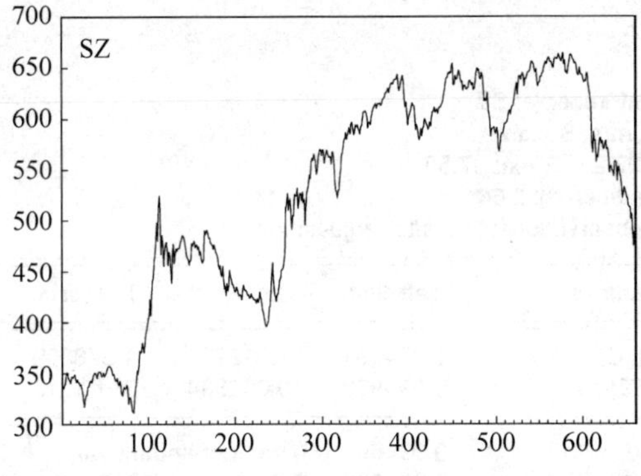

图 9-8　深证成指序列(1999 年 1 月 4 日至 2001 年 10 月 15 日)

下面用 AIC、SC 和 HQ 准则判定建立自回归模型的最优滞后期应该是多少。首先用 SZ_t 对常数项回归以及用 SZ_t 做 1～3 阶自回归估计。

$$SZ_t = \beta_0 + u_t$$

$$SZ_t = \beta_0 + \beta_1 SZ_{t-1} + u_t \tag{9-35}$$

$$SZ_t = \beta_0 + \beta_1 SZ_{t-1} + \beta_2 SZ_{t-2} + u_t$$

$$SZ_t = \beta_0 + \beta_1 SZ_{t-1} + \beta_2 SZ_{t-2} + \beta_3 SZ_{t-3} + u_t$$

根据 OLS 回归结果计算每一个估计式的 AIC、SC 和 HQ 值。因为 $k=1$ 对应的 AIC、SC 和 HQ 值分别在各自 4 个计算值中最小,所以 3 个统计量的结论都是应该建立 1 阶自回归模型最合理。在表 9-3 中用 * 号表示 3 个统计量分别在 $k=1$ 时得到最小值。

表 9-3 AIC,SC,HQ 值

滞后阶数	AIC	SC	HQ
0 阶自回归模型($k=0$)	12.148 1	12.154 9	12.150 7
1 阶自回归模型($k=1$)	6.909 3*	6.922 9*	6.914 6*
2 阶自回归模型($k=2$)	6.913 7	6.934 1	6.921 6
3 阶自回归模型($k=3$)	6.917 0	6.944 3	6.927 6

注:AIC、SC(BIC)和 HQ 的值可以在 EViews 回归输出结果中找到。

【计算 AIC、SC 和 HQ 统计量的 EViews 操作】

以式(9-35)为例,进行 OLS 估计。得输出结果见图 9-9。其中用矩形框围起来的 3 个值,即 AIC、SC 和 HQ 统计量的值。也见表 9-3 中"$k=1$"一行对应的 AIC、SC 和 HQ 统计量的值。1 阶自回归模型的 EViews 估计命令是

```
SZ  c  SZ(-1)
```

0 阶自回归模型的 EViews 估计命令是

```
SZ  c
```

Dependent Variable: SZ
Method: Least Squares
Date: 08/23/21 Time: 07:58
Sample (adjusted): 2 661
Included observations: 660 after adjustments

Variable	Coefficient	Std. Error	t-Statistic	Prob.
C	2.854051	1.519721	1.878009	0.0608
SZ(-1)	0.994999	0.002834	351.1213	0.0000

R-squared	0.994691	Mean dependent var	526.1273
Adjusted R-squared	0.994683	S.D. dependent var	104.8611
S.E. of regression	7.646171	Akaike info criterion	6.909313
Sum squared resid	38469.27	Schwarz criterion	6.922926
Log likelihood	-2278.073	Hannan-Quinn criter.	6.914589
F-statistic	123286.1	Durbin-Watson stat	2.003960
Prob(F-statistic)	0.000000		

图 9-9 按 1 阶自回归模型(9-35)估计得到的 AIC、SC(BIC)、HQ 统计量的值

【例 9-7】（数据见 EViews、STATA 文件：li 9-7）

1950—2000 年中国人口差分序列数据见 EViews、STATA 数据文件 li 9-7。这里用 AIC、SC 和 HQ 准则判断应该建立多少阶的 AR(p)模型为好[关于 AR(p)模型的概念见第 10 章]。0～4 阶 AR 模型对应的 AIC、SC 和 HQ 值见表 9-4。AIC、SC 和 HQ 值对滞后期 $k=0,1,\cdots,4$ 的折线图见图 9-10。因为 $k=1$ 对应的 AIC、SC 和 HQ 值最小，所以 3 个统计量的结论都是建立 AR(1)模型上最合理。

表 9-4　AIC、SC、HQ 值

滞后阶数	AIC	SC	HQ
$k=0$	−2.917 3	−2.879 4	−2.902 8
$k=1$	−3.343 8*	−3.267 3*	−3.314 7*
$k=2$	−3.320 9	−3.205 0	−3.276 9
$k=3$	−3.271 8	−3.115 9	−3.212 9
$k=4$	−3.206 6	−3.009 8	−3.132 6

注：带 * 号的值在各自列中最小。

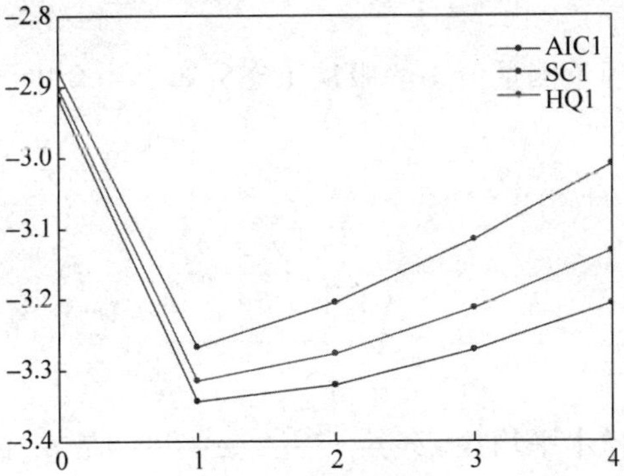

图 9-10　AIC、SC(BIC)、HQ 与滞后阶数 k 折线图

【AR(p)模型计算 AIC、SC 和 HQ 统计量的 EViews 操作】

打开工作文件 li 9-7，从主菜单上单击 Quick 按钮，选 Estimate Equation 功能。以 $k=2$ 的 AR(2)模型为例，在出现的 Specification（方程设定）对话框中输入

```
Y  c  AR(1)  AR(2)
```

单击“确定”按钮，即可得到 AIC、SC、HQ 3 个统计量的计算结果。其中 Y 表示中国人口差分序列。AR(1)、AR(2)分别代表 Y 的滞后 1 期和 2 期的项。在输出结果的与图 9-9 的相同位置可以看到上述的 3 个统计量的值分别是 −3.320 853、−3.205 027、−3.276 909。表 9-4 中 $k=2$ 的一行也给出了这 3 个值（读者自己练习操作）。

$k=0$ 的 AR(0)模型 EViews 估计命令是

```
SZ  c
```

9.8 检验正态分布性的 JB 统计量

在对模型的诊断过程中可以用 JB(Jarque-Bera)统计量检验模型误差项是否服从正态分布。实际上,JB 统计量可以检验任何随机变量是否服从正态分布。

在给出 JB 统计量的定义之前,先介绍偏度和峰度的定义。对于时间序列$(y_1,y_2,\cdots,y_T)$,偏度 S(skewness)定义为

$$S=\frac{1}{T}\sum_{t=1}^{T}\left[\frac{y_t-\bar{Y}}{\tilde{\sigma}}\right]^3 \tag{9-36}$$

其中 y_t 是观测值,$\bar{y}$ 是样本平均数,$\hat{\sigma}=\sqrt{\dfrac{\sum_{t=1}^{T}(y_t-\bar{Y})^2}{T}}$ 是 y_t 的标准差的有偏估计量。T 是样本容量。由公式知,若分布是以 $\bar{y}$ 对称的,则偏度值为零。所以若 y_t 服从正态分布,则偏度值为零。若分布是右偏倚的,则偏度值 $S>0$;若分布是左偏倚的,则偏度值 $S<0$。

生产线上产品的物理量测量值一般服从正态分布。当今中国家庭的收入值服从右偏分布。

峰度 K(kurtosis)定义为

$$K=\frac{1}{T}\sum_{t=1}^{T}\left[\frac{y_t-\bar{Y}}{\tilde{\sigma}}\right]^4 \tag{9-37}$$

其中 y_t 是观测值,$\bar{y}$ 是样本平均数,$\hat{\sigma}=\sqrt{\dfrac{\sum_{t=1}^{T}(y_t-\bar{y})^2}{T}}$ 是 y_t 的标准差的有偏估计量;T 为样本容量。峰度也称作峭度。可以证明,正态分布的峰度值为 3。如果一个分布的两侧尾部比正态分布的两侧尾部“厚”,则该分布的峰度 $K>3$,反之则 $K<3$。

用偏度和峰度定义检验正态分布性的 JB 统计量如下:

$$\mathrm{JB}=\frac{T}{6}\left[S^2+\frac{1}{4}(K-3)^2\right]\sim\chi^2(2) \tag{9-38}$$

其中 T 表示观测值个数,S 表示偏度,K 表示峰度。在原假设随机变量服从正态分布成立条件下,JB 统计量服从 2 个自由度的 χ^2 分布。判别规则是:

若用样本计算的 $\mathrm{JB}\leqslant\chi_{\alpha}^2(2)$,或相应 p 值大于检验水平 α,则接受原假设,该分布服从正态分布,其中 α 表示检验水平;

若用样本计算的 $\mathrm{JB}>\chi_{\alpha}^2(2)$,或相应 p 值小于检验水平 α,则拒绝原假设,该分布不服从正态分布。

【例 9-8】（数据见 EViews、STATA 文件：li 9-8）

文件 li 9-8 中变量 X 的数据是由计算机生成的，是服从标准正态分布的 10 000 个伪随机数值序列。关于 X 序列的 JB 正态分布性检验的 EViews 输出结果见图 9-11。因为 $JB=1.729\,841<\chi^2_{0.05}(2)=5.99$，JB 值位于原假设接受域。或用 p 值描述，$p\{JB>1.729\,841\}=0.421\,1>0.05$，JB 值位于原假设接受域。所以检验结论，$X$ 的分布为正态分布。从图 9-11 还可看到，X 序列的偏度值 S 近似为 0，峰度值近似为 3。

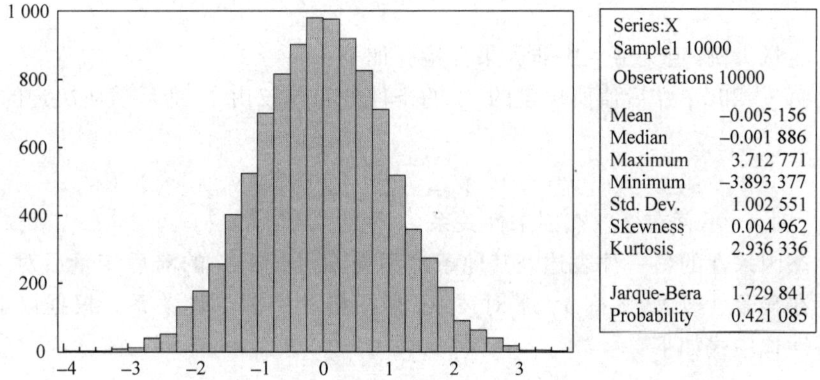

图 9-11　关于 X 序列 JB 正态分布性检验的 EViews 输出结果

文件 li 9-8 中变量 Y 的数据是由计算机生成的，是服从 5 个自由度的 χ^2 分布的 10 000 个伪随机数值序列。关于 Y 序列的 JB 正态分布性检验的 EViews 输出结果见图 9-12。因为 $JB=4\,026.74>\chi^2_{0.05}(2)=5.99$，JB 值位于原假设的拒绝域。或用 p 值描述，$P(JB>4\,026.74)=0.000\,0<0.05$，JB 值位于原假设的拒绝域。所以检验结论，$Y$ 不服从正态分布。从图 9-12 还可以看到，Y 序列的偏度值 $S=1.2$，说明 Y 是右偏分布（Y 服从 χ^2 分布，当然是右偏的）。

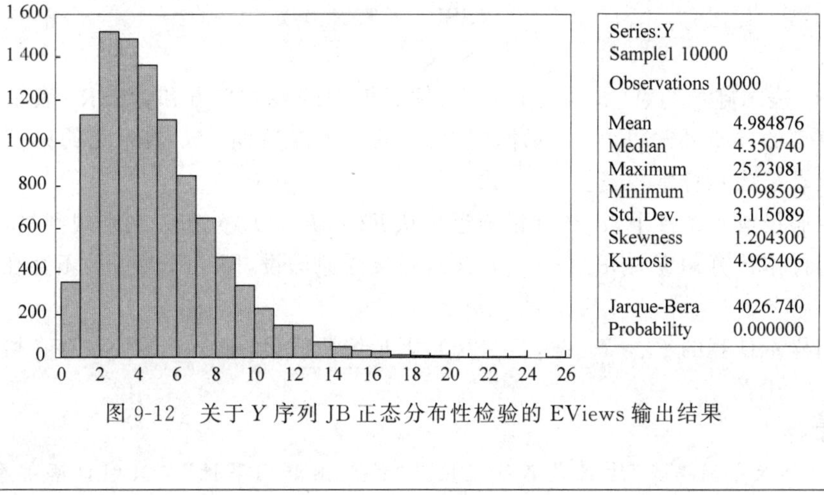

图 9-12　关于 Y 序列 JB 正态分布性检验的 EViews 输出结果

【计算 JB 统计量的 EViews 操作】

以 li 9-8 文件中的 X 序列为例,通过双击 X 序列打开 X 序列窗口。单击 View 按钮,选 Descriptive Statistics & Tests, Histogram and Stats 功能,或者单击 Quick 按钮,选 Series Statistics, Histogram and Stats 功能,就能得到图 9-11 中的计算结果。

9.9 格兰杰因果性检验

以二变量为例,定义格兰杰非因果性检验如下:

如果由 y_t 和 x_t 滞后值所决定的 y_t 的条件分布与仅由 y_t 滞后值所决定的条件分布相同,即

$$f(y_t \mid y_{t-1},\cdots,x_{t-i},\cdots)=f(y_t \mid y_{t-1},\cdots)$$

则称 x_{t-1} 对 y_t 不存在格兰杰因果性关系。

格兰杰因果性的另一种表述是其他条件不变,若加上 x_t 的滞后变量后对 y_t 的预测精度不存在显著性改善,则称 x_{t-1} 对 y_t 不存在格兰杰因果性关系。根据以上定义,格兰杰因果性检验式如下:

$$y_t=\sum_{i=1}^{k}\alpha_i y_{t-i}+\sum_{i=1}^{k}\beta_i x_{t-i}+u_{1t} \tag{9-39}$$

如有必要,常数项、季节虚拟变量等都可以包括在式(9-39)中。则检验 x_{t-1} 对 y_t 不存在格兰杰因果关系的原假设是

$$H_0:\beta_1=\beta_2=\cdots=\beta_k=0$$

显然经检验,如果式(9-39)中的 x_t 的滞后变量的回归系数 β_j 全部不存在异于零的显著性,则上述假设不能被拒绝。换句话说,如果 x_t 的任何一个滞后变量的回归系数存在异于零的显著性(不等于零),则结论应是 x_{t-1} 对 y_t 存在格兰杰因果关系。上述检验可用 F 统计量完成。

$$F=\frac{(\mathrm{SSR}_r-\mathrm{SSR}_u)/k}{\mathrm{SSR}_u/(T-2k)} \tag{9-40}$$

其中 SSR_r 表示施加约束(零假设成立)条件后模型的残差平方和。SSR_u 表示不施加约束条件模型的残差平方和。k 表示模型中 x_t 的最大滞后期;$2k$ 表示无约束模型中回归系数个数。T 表示样本容量。

在原假设成立条件下,F 统计量渐近服从 $F(k,T-2k)$分布。判别规则是:

若用样本计算的 $F\leqslant F_\alpha(k,T-2k)$,则接受原假设,即 x_{t-1} 对 y_t 不存在格兰杰因果关系;

若用样本计算的 $F>F_\alpha(k,T-2k)$,则拒绝原假设,即 x_{t-1} 对 y_t 存在格兰杰因果关系。

注意:

(1)“格兰杰因果性”的正式名称应该是“格兰杰非因果性”。只因口语都希望简单,

所以简称“格兰杰因果性”。

(2) 为简便，通常总是把 x_{t-1}（代表滞后项）对 y_t 存在（或不存在）格兰杰因果关系表述为 x_t（去掉下标－1）对 y_t 存在（或不存在）格兰杰因果关系（严格讲，这种表述是不正确的）。

(3) 格兰杰因果关系与哲学意义的因果关系还是有区别的。如果说“x_t 是 y_t 的格兰杰原因”只是表明“x_t 中包括了预测 y_t 的有效信息”。

(4) 这种检验首先由格兰杰（Granger）在 1969 年提出。西姆斯（Sims）在 1972 年也提出因果性定义。这两个定义是一致的。

(5) 只有平稳变量才可以用来进行格兰杰因果关系检验。

(6) 滞后期 k 的选取是任意的。实质上是一个判断性问题。以 x_t 和 y_t 为例，如果 x_{t-1} 对 y_t 存在显著性影响，则不必再做滞后期更长的检验。如果 x_{t-1} 对 y_t 不存在显著性影响，则应该再做滞后期更长的检验。一般来说要检验若干个不同滞后期 k 的格兰杰因果关系检验，且结论相同时，才可以最终下结论。

(7) 当作 x_t 是否为导致 y_t 变化的格兰杰原因检验时，如果 z_t 也是 y_t 变化的格兰杰原因，且 z_t 又与 x_t 相关，这时在 x_t 是否为导致 y_t 变化的格兰杰因果关系检验式的右端应加入 z_t 的滞后项。

(8) 不存在协整关系（详见第 13 章）的非平稳变量之间不能进行格兰杰因果关系检验。

【例 9-9】（数据见 EViews、STATA 文件：li 9-9）

以 661 天（1999 年 1 月 4 日至 2001 年 10 月 5 日）的上证综指（SH_t）和深证成指（SZ_t）数据为例，进行双向的格兰杰因果性分析。SH_t 和 SZ_t 的走势图见图 9-13。两个序列都是非平稳序列，但两个序列间存在长期的稳定性关系，那么两个序列间可能存在双向格兰杰因果关系，也可能存在单向格兰杰因果关系。

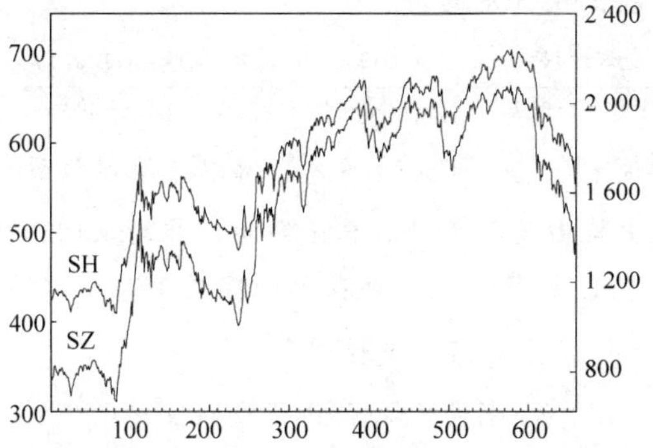

图 9-13　上证综指（SH_t）和深证成指（SZ_t）的走势图

首先做关于滞后 2 期的 SH_t 是否是 SZ_t 的格兰杰因果性原因的检验。估计非约束模型和约束模型两个回归式如下：

$$\hat{SZ}_t = 4.3186 + 1.0468\ SZ_{t-1} + 0.0056\ SZ_{t-2} - 0.0286 SH_{t-1} + 0.0105 SH_{t-2}$$

$$(2.6) \quad (19.7) \quad (0.1) \quad (-1.6) \quad (0.6)$$

$$R^2 = 0.995, SSR_u = 38153.33, T = 659$$

$$\hat{SZ}_t = 2.8977 + 0.9926\ SZ_{t-1} + 0.0023\ SZ_{t-2}$$

$$(1.9) \quad (25.4) \quad (0.1)$$

$$R^2 = 0.995, SSR_r = 38460.94, T = 659$$

依据式(9-40)计算 F 统计量的值

$$F = \frac{(SSR_r - SSR_u)/k}{SSR_u/(T-2k)} = \frac{(38460.94 - 38153.33)/2}{38153.33/(659-5)} = 2.6364$$

因为 $F=2.6364 < F_{0.05}(2,654)=3.00$,所以接受原假设。$SH_t$ 不是 SZ_t 变化的格兰杰原因。上式分母中自由度之所以减5是因为在非约束回归模型中被估计回归系数有5个。

下面做关于滞后2期的 SZ_t 是否是 SH_t 的格兰杰因果性原因的检验。分别估计非约束回归式和约束回归式如下:

$$\hat{SH}_t = 14.9303 + 0.5341 SH_{t-1} + 0.3464 SH_{t-2} + 1.9696\ SZ_{t-1} - 0.1600\ SZ_{t-2}$$

$$(3.1) \quad (10.7) \quad (7.3) \quad (-13.0) \quad (-10.1)$$

$$R^2 = 0.996, SSR_u = 308501.0, T = 659$$

$$\hat{SH}_t = 10.1411 + 0.9991 SH_{t-1} - 0.0045 SH_{t-2}$$

$$(2.0) \quad (25.5) \quad (-0.1)$$

$$R^2 = 0.995, SSR_r = 391044.3, T = 659$$

依据式(9-40)计算 F 统计量的值

$$F = \frac{(SSR_r - SSR_u)/k}{SSR_u/(T-2k)} = \frac{(391044.3 - 308501.0)/2}{308501.0/(659-5)} = 87.4929$$

因为 $F=87.4929 > F_{0.05}(2,654)=3.00$,所以拒绝原假设。$SZ_t$ 是 SH_t 变化的格兰杰原因。上式分母中自由度之所以减5是因为在非约束回归模型中被估计回归系数有5个。检验结论是 SH_t 和 SZ_t 之间存在单向因果关系。即 SZ_t 是 SH_t 变化的格兰杰原因,但 SH_t 不是 SZ_t 变化的格兰杰原因。

用滞后2、5、10、15、20、25期的检验式分别检验($\alpha=0.05$),结果见表9-5。结论都是上证综指不是深证成指变化的格兰杰原因,但深证成指是上证综指变化的格兰杰原因。本检验的实际含义是,在本样本期间深证成指可以用来预测上证综指的变化,但反过来不成立。

表 9-5 滞后 5、10、15、20、25 期的格兰杰因果关系检验结果($\alpha=0.05$)

原假设 H_0	F 值						结论
	$k=2$	$k=5$	$k=10$	$k=15$	$k=20$	$k=25$	
SH_t 不是 SZ_t 变化的格兰杰原因	2.63	1.08	1.36	1.21	1.29	1.40	接受
SZ_t 不是 SH_t 变化的格兰杰原因	87.5	43.9	23.4	15.9	12.6	10.3	拒绝

【Granger(格兰杰)因果性检验的 EViews 操作】

以 $k=2$ 为例,打开 SH_t 和 SZ_t 的数据组窗口,单击 View 按钮,选择 Granger Causality 功能。在随后打开的对话窗中填上滞后期数 2,单击 OK 按钮,即可得到检验结果,见图 9-14。

Pairwise Granger Causality Tests
Date: 08/22/21 Time: 23:35
Sample: 1 661
Lags: 2

Null Hypothesis:	Obs	F-Statistic	Prob.
SZ does not Granger Cause SH	659	87.4929	2.E-34
SH does not Granger Cause SZ		2.63647	0.0724

图 9-14 滞后期等于 2 的格兰杰因果性检验结果

图 9-14 中概率值 0.072 4 的定义是 $p\{F > 2.636\,47\}=0.072\,4$。

9.10 邹突变点检验

邹突变点检验由美籍华裔计量经济学家邹至庄(Gregory C Chow)于 1960 年提出。当研究同一问题在不同时段得到两个子样本时,需要考查两个不同时段的回归系数是否相同,即回归系数在不同时段是否稳定。当然这一检验也适用于两个截面样本的情形。

两个样本容量分别用 n_1 和 n_2 表示,并定义 $T=n_1+n_2$。假定所建立的多元回归模型形式为

$$y_t=\theta_0+\theta_1 x_{t1}+\cdots+\theta_k x_{tk-1}+u_t$$

以 T,n_1 和 n_2 为样本容量分别对上述模型进行估计,相应符号见表 9-6。

表 9-6 三次回归的相应符号

序号	样本容量	残差平方和	相应自由度	回归系数
1	T	SSR_T	$T-k$	$\theta_j, j=0,1,\cdots,k-1$
2	n_1	SSR_1	n_1-k	$\alpha_j, j=0,1,\cdots,k-1$
3	n_2	SSR_2	n_2-k	$\beta_j, j=0,1,\cdots,k-1$

注:三次回归的模型形式应相同。

原假设与备择假设：

$H_0: \alpha_j = \beta_j = \theta_j, j = 0, 1, \cdots, k-1$；

$H_1: \alpha_j, \beta_j$，不全对应相等。

则所用统计量定义为

$$F = \frac{[SSR_T - (SSR_1 + SSR_2)]/[T - k - (n_1 - k + n_2 - k)]}{(SSR_1 + SSR_2)/(n_1 - k + n_2 - k)}$$
$$= \frac{[SSR_T - (SSR_1 + SSR_2)]/k}{(SSR_1 + SSR_2)/(T - 2k)} \sim F(k, T - 2k) \tag{9-41}$$

其中 SSR_T 是样本容量为 T 的回归模型对应的残差平方和。SSR_1 和 SSR_2 是两个子样本对应的回归模型的残差平方和。k 表示回归模型中被估参数个数。用样本计算的 SSR_T 与($SSR_1 + SSR_2$)的值越接近，说明 α_j 和相应 β_j 的值越趋于相等，即没有结构变化，F 统计量的值应该小。

检验规则是：

若用样本计算的 $F \leqslant F_\alpha(k, T-2k)$，则接受 H_0（回归系数无显著性变化）；

若用样本计算的 $F > F_\alpha(k, T-2k)$，则拒绝 H_0（回归系数有显著性变化）。

其中 α 表示检验水平。

式(9-41)定义的 F 统计量与式(9-6)定义的 F 统计量在原理上是一样的，可以做如下理解。把以样本容量为 T 做的回归估计看作约束模型的估计结果。约束条件是 $\alpha_j = \beta_j = \theta_j, j = 0, 1, \cdots, k-1$。而把以样本容量为 n_1 和 n_2 做的回归估计看作非约束模型的估计结果，即允许相应 α_j, β_j 不相等。所以式(9-41)中的($SSR_1 + SSR_2$)相当于非约束模型对应的非约束残差平方和。SSR_T 是约束模型对应的残差平方和。($SSR_1 + SSR_2$)和 SSR_T 对应的自由度分别是 k 和 $T-2k$。如果令 $SSR_u = SSR_1 + SSR_2$，$SSR_r = SSR_T$，式(9-41)变为 $\dfrac{(SSR_r - SSR_u)/k}{SSR_u/(T-2k)}$ 形式上与式(9-6)相同。

下面给出两个例子。【例 9-10】研究的是截面数据中的结构突变检验。【例 9-11】研究的是时间序列数据中的结构突变检验。

【例 9-10】（数据见 EViews、STATA 文件：li 9-10）

我国居民对数的消费水平(LnY_t)时间序列(1952—1994 年)见图 9-15。从图中可以看出 1978 年改革开放以后，对数的居民消费水平增加速度明显高于改革开放之前。现在用邹突变点检验方法检验 1978 年是否为一个结构突变点，即 1978 年以后，对数的居民消费水平年增加速度是否明显高于改革开放之前。

用 1952—1977 年、1978—1994 年以及 1952—1994 年数据回归得到 3 个回归估计式如下：

$$L\hat{n}Y_t = 4.475\,2 + 0.027\,6\, t \tag{9-42}$$

$$(272.0) \quad (25.9)$$

$$R^2 = 0.97, SSR_1 = 0.039\,8, n_1 = 26, (1952—1977), 1952 \text{ 年 } t = 1$$

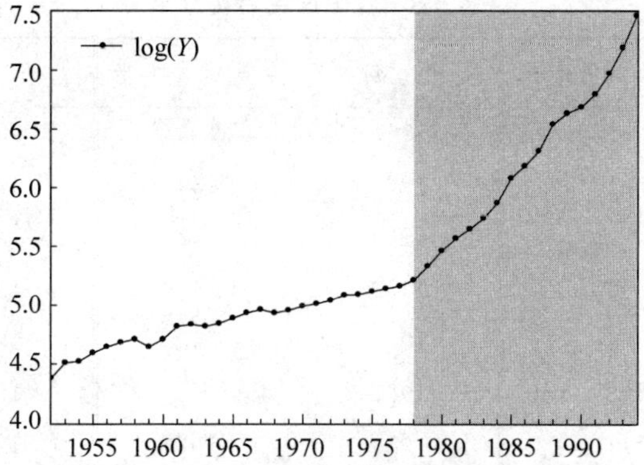

图 9-15　我国居民对数的消费水平时间序列(1952—1994 年)

$$\widehat{\mathrm{Ln}Y}_t = 1.5288 + 0.1340\,t$$
$$(12.2)\quad(37.8)$$
$$R^2=0.99,\ SSR_2=0.0767,\ n_2=17,\ (1978—1994),\ 1952\text{ 年 } t=1$$

$$\widehat{\mathrm{Ln}Y}_t = 4.0679 + 0.0601t \tag{9-43}$$
$$(42.2)\quad(15.8)$$
$$R^2=0.86,\ SSR_T=3.9492,\ T=43,\ (1952—1994),\ 1952\text{ 年 } t=1$$

用上面 3 个回归式中的 SSR(残差平方和)等数字整理见表 9-7。利用表 9-7 中数据,按式(9-41)计算 F 统计量的值。

表 9-7　三次回归的相应符号与结果

序号	样本容量	残差平方和	相应自由度	回归系数
1	$T=43$	$SSR_T=3.9492$	$T-k=41$	θ_1
2	$n_1=26$	$SSR_1=0.0399$	$n_1-k=24$	α_1
3	$n_2=17$	$SSR_2=0.0767$	$n_2-k=15$	β_1

注:三次回归的模型形式 $\mathrm{Lnoutput}_t=\beta_0+\beta_1\mathrm{Lnland}_t+u_t$。

$$F=\frac{[SSR_T-(SSR_1+SSR_2)]/k}{(SSR_1+SSR_2)/(T-2k)}$$
$$=\frac{[3.9492-(0.0398+0.0767)]/2}{(0.0398+0.0767)/39}$$
$$=641.5$$

因为 $F=641.5>F_{0.05}(2,39)=5.18$,所以推翻回归系数相等原假设。即 1978 年是结构突变点,改革开放以后,对数的居民消费水平年增加速度明显高于改革开放之前。EViews 输出结果见图 9-16。我国居民消费水平数据见表 9-8。

表 9-8 我国居民消费水平 人民币元

年份	居民消费水平	年份	居民消费水平	年份	居民消费水平
1952	80	1967	143	1982	284
1953	91	1968	139	1983	311
1954	92	1969	142	1984	354
1955	99	1970	147	1985	437
1956	104	1971	150	1986	485
1957	108	1972	155	1987	550
1958	111	1973	162	1988	693
1959	104	1974	163	1989	762
1960	111	1975	167	1990	803
1961	124	1976	171	1991	896
1962	126	1977	175	1992	1 070
1963	124	1978	184	1993	1 331
1964	127	1979	207	1994	1 746
1965	133	1980	236		
1966	139	1981	262		

资料来源：国家统计局.新中国五十年统计资料汇编[M].北京：中国统计出版社,1999：23.

【邹突变点检验的 EViews 操作】

在回归式(9-43)输出结果窗口中单击 View，选 Stability Diagnostics，Chow Breakpoint Test 功能，在随后弹出的对话窗中填入 1978(注意，对话窗口输入的样本点属于后一个子样本)，得结果见图 9-16。其中 $F=641.2$，与上面的计算结果相同(略有运算误差)。

Chow Breakpoint Test: 1978
Null Hypothesis: No breaks at specified breakpoints
Varying regressors: All equation variables
Equation Sample: 1952 1994

F-statistic	641.2290	Prob. F(2,39)	0.0000
Log likelihood ratio	151.4860	Prob. Chi-Square(2)	0.0000
Wald Statistic	1282.458	Prob. Chi-Square(2)	0.0000

图 9-16 邹突变点检验的 EViews 输出结果

9.11 回归系数稳定性的邹检验

在样本 T 基础上求出模型回归系数的估计值后，再增加 n 个观测值从而考察原回归系数估计值是否稳定时，可采用邹检验法(Chow Forecast Test)。

首先对同一形式模型(含 k 个被估参数)用样本容量为 T 和样本容量为 $T+n$ 的数据分别回归,相应符号见表 9-9,

表 9-9　两次回归的相应符号

序号	样本容量	残差平方和	相应自由度	回归系数
1	T	SSR_1	$T-k$	$\beta_j, j=0,1,\cdots,k-1$
2	$T+n$	SSR_2	$T+n-k$	$\alpha_j, j=0,1,\cdots,k-1$

注:两次回归的模型形式应相同。

原假设与备择假设:

$H_0: \beta_j=\alpha_j, \quad j=0,1,\cdots,k-1$;

$H_1: \beta_j$ 与 $\alpha_j, \quad j=0,1,\cdots,k-1$,不全对应相等。

则所用统计量定义为

$$F=\frac{(SSR_2-SSR_1)/[T+n-k-(T-k)]}{SSR_1/(T-k)}$$

$$=\frac{(SSR_2-SSR_1)/n}{SSR_1/(T-k)} \sim F(n,T-k) \tag{9-44}$$

其中 SSR_2 是样本容量 $T+n$ 对应的残差平方和。SSR_1 是样本容量 T 对应的残差平方和。k 表示回归模型中被估参数个数。n 表示增加的观测值个数。检验规则是:

若用样本计算的 $F \leqslant F_{\alpha}(n,T-k)$,则接受 H_0(回归系数无显著性变化);

若用样本计算的 $F > F_{\alpha}(n,T-k)$,则拒绝 H_0(回归系数有显著性变化)。

【例 9-11】 (数据见 EViews、STATA 文件:li 9-11)

中国对数货币流通量模型的稳定性检验(1952—1998 年)

这是一个使用邹检验与虚拟变量的联合案例。1952—1998 年中国货币流通量(M_t)与对数货币流通量($\mathrm{Ln}M_t$)数据见表 9-10(序列见图 9-17 中实线 $\mathrm{Ln}M_t$)。由图 9-17 看出,1978 年是该序列($\mathrm{Ln}M_t$)的一个结构突变点。经结构突变的邹检验也有结论,1978 年是 $\mathrm{Ln}M_t$ 序列的结构突变点(读者自己做)。现在用回归系数稳定性的邹统计量检验在 1952—1996 年数据建立的模型基础上,如果增加 1997 年和 1998 年数据,检验模型回归系数是否会发生显著性变化。

表 9-10　中国货币流通量(M_t,亿元)和对数的货币流通量($\mathrm{Ln}M_t$)数据

年份	M_t	$\mathrm{Ln}M_t$	年份	M_t	$\mathrm{Ln}M_t$
1952	27.50	3.314 186	1956	57.30	4.048 301
1953	39.40	3.673 766	1957	52.80	3.966 511
1954	41.20	3.718 438	1958	67.80	4.216 562
1955	40.30	3.696 351	1959	75.10	4.318 821

续表

年份	M_t	$\text{Ln}M_t$	年份	M_t	$\text{Ln}M_t$
1960	95.90	4.563 306	1980	346.20	5.847 017
1961	125.70	4.833 898	1981	396.30	5.982 172
1962	106.50	4.668 145	1982	439.10	6.084 727
1963	89.90	4.498 698	1983	529.80	6.272 500
1964	80.00	4.382 027	1984	792.10	6.674 688
1965	90.80	4.508 659	1985	987.80	6.895 480
1966	108.50	4.686 750	1986	1 218.40	7.105 294
1967	121.90	4.803 201	1987	1 454.50	7.282 417
1968	134.10	4.898 586	1988	2 134.00	7.665 753
1969	137.10	4.920 711	1989	2 344.00	7.759 614
1970	123.60	4.817 051	1990	2 644.00	7.880 048
1971	136.20	4.914 124	1991	3 177.80	8.063 944
1972	151.20	5.018 603	1992	4 336.00	8.374 708
1973	166.10	5.112 590	1993	5 864.70	8.676 707
1974	176.60	5.173 887	1994	7 288.60	8.894 067
1975	182.60	5.207 298	1995	7 885.30	8.972 756
1976	204.00	5.318 120	1996	8 802.00	9.082 734
1977	195.40	5.275 049	1997	10 177.60	9.227 945
1978	212.00	5.356 586	1998	11 204.20	9.324 044
1979	267.70	5.589 867			

资料来源:《中国金融统计年鉴》,1999。

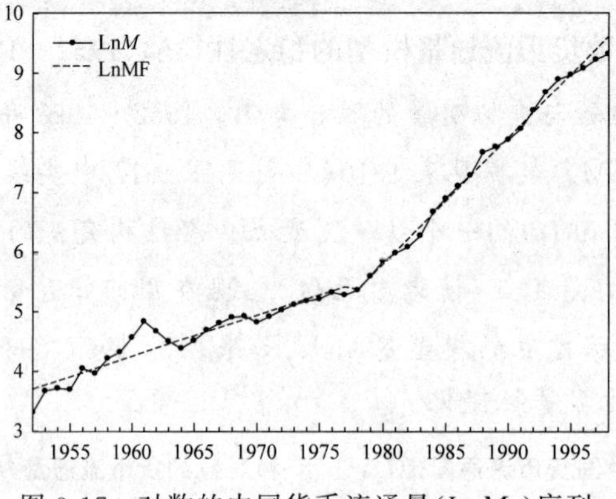

图 9-17 对数的中国货币流通量($\text{Ln}M_t$)序列

建立模型时应该使用虚拟变量描述1978年的结构变化。定义虚拟变量D如下:

$$D=\begin{cases}0, & t=1,\cdots,26,(1952—1977)\\1, & t=27,\cdots,46,(1978—1998)\end{cases}$$

用1952—1996年$\text{Ln}M_t$数据对时间t做OLS回归,得结果如下:

$$\hat{\operatorname{Ln}M_t} = 3.6383 + 0.0682\,t - 4.0951D + 0.1469\,tD$$
$$(59.8)\quad(17.3)\quad(-17.2)\quad(19.7)$$
$$R^2 = 0.9920,\ T = 45,\ (1952—1996),\ \mathrm{SSR}_1 = 0.9306$$

D 和 tD 项的回归系数都有显著性，说明在模型中加入这两项很有必要。用 1952—1998 年 $\operatorname{Ln}M_t$ 数据对时间 t 回归，结果如下：

$$\hat{\operatorname{Ln}M_t} = 3.6383 + 0.0683\,t - 3.8713D + 0.1401t\,D$$
$$(58.1)\quad(16.8)\quad(-17.7)\quad(20.3)$$
$$R^2 = 0.9926,\ T + n = 47,\ (1952—1998),\ \mathrm{SSR}_2 = 1.0347$$

把两次回归结果整理成表 9-11。

表 9-11　两次回归的相应符号与结果

序号	样本容量	残差平方和	相应自由度	回归系数
1	45	0.930 6	$T-k=41$	$\beta_j, j=0,1$
2	47	1.034 7	$T+n-k=43$	$\alpha_j, j=0,1$

结合本例 $n=2, k=4$，利用表 9-11 结果，按式(9-44)计算 F 统计量的值。

$$F = \frac{(\mathrm{SSR}_2 - \mathrm{SSR}_1)/n}{\mathrm{SSR}_1/(T-k)} = \frac{(1.0347 - 0.9306)/2}{0.9306/41} = 2.29$$

EViwes 计算结果见图 9-18。因为 $F = 2.29$ 对应的 p 值是 $P(F > 2.293) = 0.1137 > 0.05$，所以结论是，加入 1997 年和 1998 年数据后，1978—1998 年对应的回归系数与 1978—1996 年对应的回归系数相比，没有发生显著性变化。

Chow Forecast Test
Equation: EQ01
Specification: LOG(M0) C T D1 T*D1
Test predictions for observations from 1997 to 1998

	Value	df	Probability
F-statistic	2.293597	(2, 41)	0.1137
Likelihood ratio	4.984574	2	0.0827

图 9-18　回归系数稳定性的邹检验的 EViews 输出结果

也可以用 1952—1997 年数据估计模型，然后加入 1998 年数据检验模型的稳定性，估计过程与上类似，检验结果模型回归系数仍很稳定。

【邹回归系数稳定性检验的 EViews 操作】

在样本容量为 $T+n$ 的回归估计结果窗口中单击 View 按钮，选择 Stability Diagnostics，Chow Forecast Tests（邹预测检验）功能。在随后弹出的对话窗中填入 n 所对应的第一个年份值。对于本例应该键入 1997。含义是在增加 1997 年和 1998 两年数据基础上检验原模型回归系数是否发生显著性变化。单击 OK 按钮即可得到图 9-18 的输出结果。

9.12　递归分析

递归分析即采取逐次增加1期观测值的方法进行回归分析。注意：递归分析只适用于OLS估计的模型。递归分析需要计算递归残差和递归系数并计算若干评价统计量。

计算递归残差的过程是设模型

$$y_t = \beta_0 + \beta_1 x_{t1} + \beta_2 x_{t2} + \cdots + \beta_{k-1} x_{tk-1} + u_t \tag{9-45}$$

中含有 k 个被估回归系数，样本容量是 T。首先用样本的前 k 期观测值，$\{y_t, x_{t1}, x_{t2}, \cdots, x_{tk-1}\}$，$(t=1,\cdots,k)$ 作为第1个子样本估计模型。然后按顺序每次增加一期样本值进入子样本，$t=k+1,\cdots,T$，并估计模型，直至把样本范围扩大到 T。用每次得到的估计模型预测被解释变量在样本外第1期的值，并计算预测误差 e_t 和其标准差 se_t。按上述顺序得到的预测误差序列(共含有 $T-k$ 个预测误差值)称作递归残差(recursive residual)序列。标准化的递归残差序列是

$$e_t/\mathrm{se}_t, \quad t = k+1, \cdots, T$$

递归残差序列可用来评价模型预测能力的好坏以及模型回归系数的稳定性。如果残差值位于标准误差置信区间(正负两倍标准差)以外，说明模型的回归系数发生变化。用递归残差序列可以画递归残差序列图和其相应正负两倍标准误差的置信范围曲线。

递归系数是指按上面的逐步回归过程每次得到的回归系数估计值。把每次得到的回归系数估计值按顺序排成一个序列，称为递归系数序列。递归系数序列可以评价随样本观测值个数的逐期增加，回归系数的稳定性如何，回归系数估计值的变化特征与走势。

通过递归残差还可以计算若干用于递归分析的统计量，如累计递归残差统计量 W_t，累计递归残差平方统计量 S_t。

累计递归残差统计量定义如下：

$$W_t = \sum_{i=k+1}^{t} \frac{e_i}{\mathrm{se}_i}, \quad t = k+1, \cdots, T \tag{9-46}$$

其中 e_i 表示递归残差。se_i 表示用 $k+1,\cdots,T$ 个样本估计的预测误差 e_t 的标准差；统计量 W_t 是标准化的递归残差的累加和。随着时间的推移，如果模型回归系数具有稳定性，应该有

$$E(W_t) = 0$$

如果模型回归系数不稳定，W_t 将离开零均值线。在累计递归残差图中用一对95%的置信区间曲线评价 W_t 值的偏离。如果 W_t 值到了95%的置信区间曲线以外，预示着模型回归系数不稳定。

累计递归残差平方统计量 S_t 定义如下：

$$S_t = \sum_{i=k+1}^{t} e_i^2 \Big/ \sum_{i=k+1}^{T} e_i^2, \quad t = k+1, \cdots, T \tag{9-47}$$

其中 e_t 表示递归残差。在原假设"回归系数具有稳定性"成立前提下有

$$E(S_t)=\frac{t-k}{T-k}$$

在 S_k 对 t 的序列图中，这条直线从 $t=k$ 期的零点（$S_k=0$）开始，到 $t=T$ 期的 $S_T=1$ 结束。还可以计算 95%的置信区间。如果 S_k 值到了置信区间以外，预示着模型回归系数，或者说残差的方差不稳定。

【递归分析的 EViews 操作】

在 OLS 回归估计结果窗口中单击 View 按钮，选择 Stability Tests，Recursive Estimates（OLS only）功能。随即打开的对话窗中有 6 种分析，其中包括递归残差（Recursive Residuals）、累计递归残差检验（CUSUM Test）、累计递归残差平方检验（CUSUM Squares Test）和递归系数（Recursive Coefficients）分析功能，逐个选择即可。

【例 9-12】（数据见 EViews、STATA 文件：li 9-12）

我国城镇居民家庭 1980—2006 年人均消费性支出（y_t，元）与可支配收入（x_t，元）数据见表 9-12。散点图见图 9-19。y_t 与 x_t 明显呈线性关系。

表 9-12　我国城镇居民家庭人均消费性支出与可支配收入数据

年份	人均消费性支出（y_t，元）	可支配收入（x_t，元）	年份	人均消费性支出（y_t，元）	可支配收入（x_t，元）
1980	412.4	477.6	1994	2 851.3	3 496.2
1981	456.8	500.4	1995	3 537.6	4 283.0
1982	471.0	535.3	1996	3 919.5	4 838.9
1983	505.9	564.6	1997	4 185.6	5 160.3
1984	559.4	652.1	1998	4 331.6	5 425.1
1985	673.2	739.1	1999	4 615.9	5 854.0
1986	799.0	899.6	2000	4 998.0	6 280.0
1987	884.4	1 002.2	2001	5 309.0	6 859.6
1988	1 104.0	1 181.4	2002	6 029.9	7 702.8
1989	1 211.0	1 375.7	2003	6 510.9	8 472.2
1990	1 278.9	1 510.2	2004	7 182.1	9 421.6
1991	1 453.8	1 700.6	2005	7 942.9	10 493.0
1992	1 671.7	2 026.6	2006	8 696.6	11 759.5
1993	2 110.8	2 577.4			

资料来源：《新中国 55 年统计汇编 1949—2004》，中国国家统计局国民经济综合统计司，2005；《中国统计年鉴-2006》和《中国统计年鉴-2007》，中国国家统计局。

建立一元线性回归模型

$$y_t=\beta_0+\beta_1 x_t+u_t \tag{9-48}$$

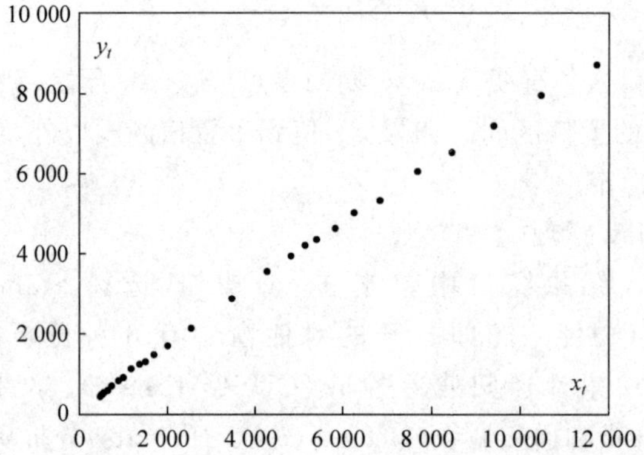

图 9-19 y_t 与 x_t 散点图

用样本容量分别为 2,3,…,25 的数据按式(9-48)做一元线性回归 24 次,即首先用 1980、1981 年两年数据按上式回归,然后依次加入一年的一组观测值,仍按上式回归,直至用到 1980—2006 年全部样本观测值按上式回归。

用 1980 年、1981 年数据($t=2$)得估计结果

$$\hat{y}_t = -517.6632 + 1.9474 x_t$$

1982 年的预测残差 $e_{1982} = -17.2202$。

用 1980 年、1981 年、1982 年数据($t=3$)得估计结果

$$\hat{y}_t = -39.9781 + 0.9649 x_t$$

1983 年的预测残差 $e_{1983} = 0.5973$。对应 1982 年递归斜率 $\beta_1 = 0.9649$。

用 1980 年、1981 年、1982 年、1983 年数据($t=4$)得估计结果

$$\hat{y}_t = -45.6280 + 0.9763 x_t$$

1984 年的预测残差 $e_{1984} = -13.8012$。对应 1983 年递归斜率 $\beta_1 = 0.9763$。

……

用 1980—2005 年数据($t=25$)得估计结果

$$\hat{y}_t = 140.6294 + 0.7588 x_t$$

2006 年的预测残差 $e_{2006} = -320.7881$。对应 2005 年递归斜率 $\beta_1 = 0.7588$。

用 1980—2006 年数据($t=26$)得估计结果

$$\hat{y}_t = 163.7000 + 0.7494 x_t$$

对应 2005 年递归斜率 $\beta_1 = 0.7494$。

全部的递归残差值 e_t、递归残差值的平方 e_t^2 和递归斜率 $\hat{\beta}_1$ 和递归截距 $\hat{\beta}_0$ 值见表 9-13。

画递归系数(包括递归斜率 $\hat{\beta}_1$ 和递归截距 $\hat{\beta}_0$)曲线、递归残差曲线、累计递归残差曲线、累计递归残差平方曲线见图 9-20～图 9-24。

表 9-13　我国城镇居民家庭人均消费性支出与可支配收入数据

年份	递归残差 e_t	递归残差平方 e_t^2	递归斜率 $\hat{\beta}_1$	递归截距 $\hat{\beta}_0$
1980	—	—	—	—
1981	—	—	—	—
1982	−17.220 20	296.535 3	0.964 868	−39.978 12
1983	0.597 349	0.356 825	0.976 280	−45.627 99
1984	−13.801 19	190.472 9	0.794 786	47.146 62
1985	21.531 83	463.619 5	0.920 233	−18.946 55
1986	−5.487 241	30.109 81	0.900 493	−8.040 607
1987	−6.798 637	46.221 47	0.887 881	−0.827 191
1988	38.441 86	1 477.777	0.939 125	−31.925 47
1989	−35.024 93	1 226.746	0.906 349	−10.843 55
1990	−60.783 92	3 694.685	0.867 882	14.977 50
1991	−29.140 07	849.143 7	0.853 488	25.247 30
1992	−64.031 75	4 100.065	0.826 305	46.373 89
1993	−47.803 35	2 285.160	0.808 664	61.547 11
1994	−25.770 11	664.098 5	0.800 854	69.065 11
1995	27.814 95	773.671 5	0.806 530	63.124 85
1996	−35.994 71	1 295.619	0.801 591	68.639 01
1997	−16.080 42	258.580 1	0.800 033	70.456 92
1998	−67.763 79	4 591.931	0.795 022	76.564 62
1999	−99.696 44	9 939.380	0.788 838	84.682 11
2000	−35.682 40	1 273.234	0.786 947	87.348 65
2001	−155.694 4	24 240.75	0.779 584	98.718 38
2002	−64.743 82	4 191.762	0.776 741	103.623 0
2003	−152.443 9	23 239.14	0.770 760	114.866 8
2004	−170.731 2	29 149.13	0.764 682	127.393 7
2005	−182.497 9	33 305.48	0.758 807	140.629 4
2006	−320.788 1	102 905.0	0.749 447	163.700 0

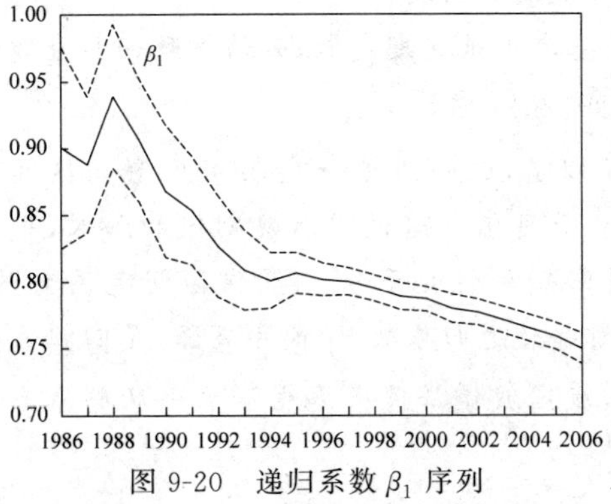

图 9-20　递归系数 β_1 序列

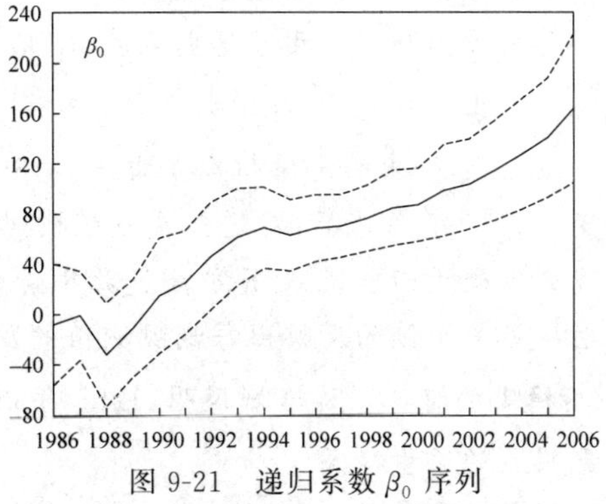

图 9-21　递归系数 β_0 序列

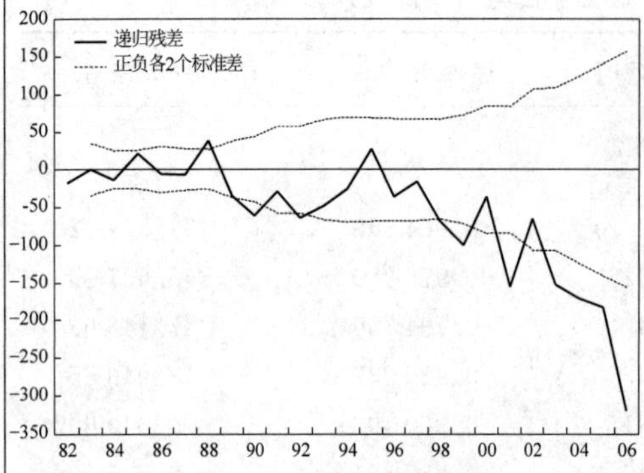

图 9-22 递归残差 e_t 序列

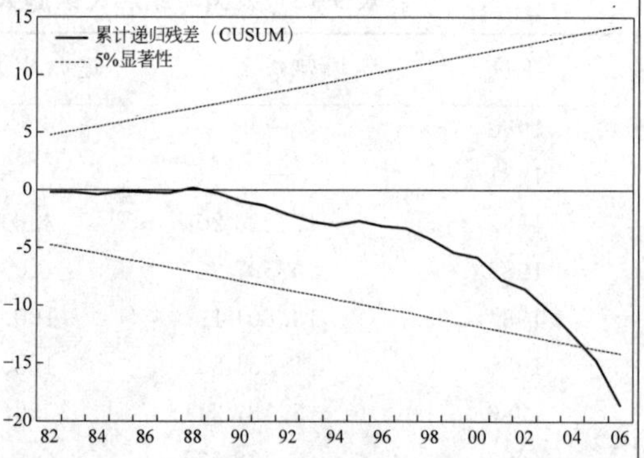

图 9-23 累计递归残差统计量 W_t 序列

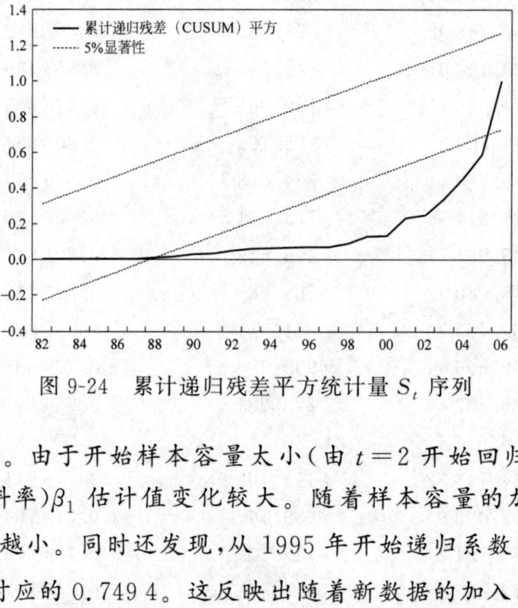

图 9-24 累计递归残差平方统计量 S_t 序列

首先分析图 9-20。由于开始样本容量太小(由 $t=2$ 开始回归),所以 1986—1990 年对应的递归系数(斜率)β_1 估计值变化较大。随着样本容量的加大,递归系数 β_1 估计值的起伏变得越来越小。同时还发现,从 1995 年开始递归系数 β_1 估计值从 0.806 5 逐年下降至 2006 年对应的 0.749 4。这反映出随着新数据的加入,递归系数 β_1 估计值一路走低,这说明我国城镇居民家庭年人均消费性支出占可支配收入的比值在一路走低。这是整体上城镇居民家庭生活水平在逐步提高的表现。

再来看图 9-21。由于递归系数 β_1 估计值基本上是逐期走低,必然导致回归直线的截距基本上逐期走高,即递归系数(截距)β_0 估计值逐期走高。

图 9-22 给出的是递归残差曲线。1994 年以前,递归残差一直在 95%置信区间范围变化。1995 年以后,对递归残差值的估计全是负值。这说明新观测值的加入,一直使观测点处于回归直线下方。多数年份的递归残差值处于 95%置信区间范围之外。这也从另一个侧面反映出每期观测值的加入都导致递归系数 β_1 逐年下降,是回归系数 β_1 不稳定的特征。这恰好说明,1995 年以后,我国城镇居民家庭生活水平从整体上有了更明显的逐步提高。

随着新样本值的加入，如果模型回归参数具有稳定性，W_t 应该在零均值线上下不大的范围内波动。如果模型回归系数不稳定，W_t 将离开零均值线。图 9-23 给出的是累计递归残差统计量 W_t 序列。从 1989 年开始累计递归残差值走低，并离开零均值线越来越远。这同样反映了递归系数 β_1 的不稳定(逐期走低)。

图 9-24 显示累计递归残差平方值 S_t 在样本前半期一直很小，只是在接近 2006 年时才迅速达到 1。这同样反映了递归系数 β_1 的不稳定。

本章习题

第 10 章　时间序列 ARIMA 模型

时间序列 ARIMA 模型分析方法是不同于回归模型的一种分析方法。时间序列 ARIMA 模型是伯克斯(G. E. P Box)和詹金斯(G. M. Jenkins)于 20 世纪 70 年代初系统提出的。目前这种方法已广泛应用于自然科学与社会科学领域的时间序列分析。

ARIMA 模型不同于回归模型的两个特点为：①这种建模方法不考虑其他解释变量的作用，不以经济理论为依据而是依据序列本身的变化规律，利用外推机制描述时间序列的变化。②明确考虑时间序列的非平稳性。当时间序列非平稳时，应首先通过差分运算使序列平稳后再建立 ARMA 模型。

对于给定的时间序列，ARIMA 模型形式的选择通常不是唯一的。在实际建立模型过程中经验越丰富，模型形式的选择就越准确、合理。

分析时间序列的目的基本有 5 个。

(1) 对时间序列进行统计分析，如分析各种特征数，观察序列的变化特征，分布特征，分析相关图、偏相关图，为建立 ARIMA 模型提供信息。

(2) 研究时间序列本身的变化规律，如序列属于何种结构、模型参数是多少、都含有何种成分、有无确定性趋势、有无单位根、有无季节性成分等。

(3) 用时间序列模型预测。这包括两种情形：第一种是单纯为建模序列将来的取值进行预测；第二种是为用时间序列构成的回归模型的解释变量首先用 ARIMA 模型进行预测，进而完成对回归模型被解释变量的预测。

(4) 对序列进行信号提取。在经济领域中主要是指从原序列中提取季节成分，并称此技术为季节调整。如果用带有季节性变化成分的经济序列计算环比增长率，就必须先对该经济序列进行季节调整。

(5) 非经典计量经济学既以回归分析为基础，也以时间序列 ARIMA 模型分析为基础。不掌握 ARIMA 模型分析方法就不能进一步学习 20 世纪 80 年代以来所形成的计量经济学知识体系。

本章共分 9 节。10.1 节介绍随机过程与时间序列定义，并给出白噪声过程和随机游走过程。10.2 节介绍 ARIMA 模型的分类。10.3 节介绍伍尔德分解定理。10.4 节、10.5 节介绍自相关函数、偏自相关函数及其估计。10.6 节介绍 ARIMA 模型的建立、估计过程与预测。10.7 节给出一个实际 ARIMA 模型建模案例。10.8 节介绍季节时间序列 ARIMA 模型。10.9 节介绍回归与 ARMA 组合模型。

10.1　随机过程与时间序列的定义

自然界中事物变化的过程可以分成两类。一类是具有确定形式的变化过程，即可以用时间 t 的确定函数描述的过程。例如，真空中的自由落体运动过程，电容器通过电阻的放电过程，太阳系行星的运动过程[开普勒(J. Kepler)三大定律]，等等。另一类是具有不确定形式的变化过程，即不能用一个(或几个)时间 t 的确定性函数描述一个事物的变化过程。换句话说，对事物变化全过程进行一次观测得到的结果是时间 t 的函数，但对同一事物变化过程独立、重复地进行多次观测而得到的结果是不相同的。

首先给出两个定义。

随机过程：由随机变量组成的一个有序序列称为随机过程。记为 $\{x(s,t),s\in S,t\in T\}$。对于每一个 $t,t\in T,x(\cdot,t)$ 是样本空间 S 中的一个随机变量。对于每一个 s，$s\in S,x(s,\cdot)$ 是随机过程在序数集 T 中的一次实现。随机过程简记为 $\{x_t\}$ 或 x_t。随机过程也常简称为过程。

时间序列：随机过程的一次观测结果称为时间序列。也用 $\{x_t,t\in T\}$ 表示，并简记为 $\{x_t\}$ 或 x_t。时间序列中的元素称为观测值。

时间序列可以看作随机过程的一次实现。

随机过程可分为两类：一类是离散型的，一类是连续型的。离散型随机过程指的是该过程在时间上是离散的；连续型随机过程指的是该过程在时间上是连续的。本书只考虑离散型随机过程，即随机变量是在相同时间间隔点上定义的。离散型随机过程即按等时间间隔点定义的随机变量组成的一个有序序列。

离散型时间序列可以通过两种途径获得。一种是抽样于连续变化的序列，比如某市每日中午观测到的气温值序列；另一种是计算一定时间间隔内的累积值，比如中国的年基本建设投资额序列、农作物年产量序列、工业增加值序列等。

随机过程可分为严平稳、宽平稳和非平稳 3 类。

严平稳过程：如果一个随机过程的性质不因时间起点的变化而变化，一个随机过程中若随机变量的任意子集的联合分布函数与时间无关，即无论对 T 的任何时间子集 $(t,t+1,\cdots,t+n)$ 以及任何实数 k，$(t+n+k)\in T$，$i=0,1,2,\cdots,n$ 都有

$$F(x_t,x_{t+1},\cdots,x_{t+n})=F(x_{t+k},x_{t+1+k},\cdots,x_{t+n+k})$$

成立，其中 $F(\cdot)$ 表示 $n+1$ 个随机变量的联合分布函数，则称其为严平稳过程或强平稳过程。

严平稳意味着随机过程所有存在的矩都不随时间的变化而变化。严平稳的条件是非常严格的。实际时间序列很难满足严平稳条件。对于一个随机过程，上述联合分布函数不便于分析和使用。因此希望给出不像强平稳那样严格的条件。若放松条件，则可以只要求分布的主要参数相同，如只要求从一阶到某阶的矩函数相同。这就引出了宽平稳概念。

如果一个过程 m 阶矩以下的矩的取值全部与时间无关，则称该过程为 m 阶平稳过程。比如

$$E(x_t)=E(x_{t+k})=\mu<\infty,\quad t+k\in T$$

$$\operatorname{var}(x_t)=\operatorname{var}(x_{t+k})=\sigma^2<\infty,\quad t+k\in T$$

$$\operatorname{cov}(x_i,x_j)=\operatorname{cov}(x_{i+k},x_{j+k})=\sigma_{ij}^2<\infty,\quad (i+k,j+k)\in T$$

其中，$E(\cdot)$ 表示期望，$\operatorname{var}(\cdot)$ 表示方差，$\operatorname{cov}(\cdot)$ 表示协方差。若 μ,σ^2 和 σ_{ij}^2 为常数，不随

$t,(t\in T)$; $k,[(i+k,j+k)\in T]$变化而变化,则称该过程$\{x_t\}$为二阶平稳过程(协方差平稳过程,二阶弱平稳过程)。

注意:以下所称平稳过程都是指二阶平稳过程,或满足弱条件的平稳过程。

如果一个过程$\{x_t,t\in T\}$随着$T\to\infty$,$\mathrm{var}(x_t)\to\infty$,则该过程为非平稳过程。

自然科学领域中的许多随机过程常常是平稳的,如工业生产中对液面、压力、温度的控制过程,某地的气温变化过程,某条河流的水位变化过程,等等。

经济领域中多数宏观经济时间序列常常是非平稳的,如一个国家的货币汇率序列、年GDP序列、年投资额序列、年进出口额序列等。

随机过程可分为单变量随机过程和向量随机过程两种。本章只研究单变量随机过程。

随机过程可分为正态的和非正态的两种。这里指随机过程中所含随机变量的分布是正态的或者是非正态的。本章只研究正态分布的随机过程。

随机过程可分为线性的和非线性的两种。这是按模型的最终形式分类的。线性形式指的是ARIMA模型,非线性形式指的是广义自回归模型、阈值模型以及平滑转移模型等。本章只研究线性过程,即ARIMA过程。

用时间序列方法研究自然科学领域中的时间序列和经济领域中时间序列的最大不同点是自然科学领域中的时间序列常常是可以重复实现的,而经济领域中的时间序列常常是不可以重复实现的。但这里仍然是假定经济时间序列的背后有一个生成机制,从而得到该经济时间序列。因此,当用时间序列ARIMA分析方法研究经济问题时,就要时刻牢记和评估该经济序列是否满足对随机过程设定的假定条件,否则会对分析结果产生影响。

为方便介绍ARIMA模型,首先给出差分、差分算子、滞后算子定义。

差分:时间序列变量的本期值与其滞后值相减的运算叫差分。差分分为一阶差分和高阶差分。

差分算子用Δ(也常用D)表示。滞后算子用L(也常用B)表示。对于时间序列x_t,一阶差分运算可表示为

$$\Delta x_t=x_t-x_{t-1}=(1-L)x_t=x_t-Lx_t \tag{10-1}$$

其中Δ称为一阶差分算子。L称为一阶滞后算子,其定义是

$$Lx_t=x_{t-1} \tag{10-2}$$

则k阶滞后定义为

$$L^k x_t=x_{t-k}$$

差分算子和滞后算子可以直接参与运算。

二次一阶差分表示为

$$\begin{aligned}\Delta^2 x_t&=\Delta(\Delta x_t)=\Delta x_t-\Delta x_{t-1}=(x_t-x_{t-1})-(x_{t-1}-x_{t-2})\\&=x_t-2x_{t-1}+x_{t-2}\end{aligned}$$

或

$$\Delta^2 x_t=(1-L)^2x_t=(1-2L+L^2)x_t=x_t-2x_{t-1}+x_{t-2}$$

k阶差分可表示为

$$x_t-x_{t-k}=\Delta_k x_t=(1-L^k)x_t=x_t-L^kx_t$$

k 阶差分常用于季节性数据的差分，如 4 阶差分（表示季度差分，属于高阶差分）

$$x_t - x_{t-4} = \Delta_4 x_t = (1-L^4)x_t = x_t - L^4 x_t$$

12 阶差分（表示月度差分）

$$x_t - x_{t-12} = \Delta_{12} x_t = (1-L^{12})x_t = x_t - L^{12} x_t$$

滞后算子有如下性质。

(1) 常数与滞后算子相乘等于常数，$Lc=c$。

(2) 滞后算子适用于分配率，$(L^i+L^j)x_t = L^i x_t + L^j x_t = x_{t-i} + x_{t-j}$。

(3) 滞后算子适用于结合率，$L^i L^j x_t = L^{i+j} x_t = x_{t-i-j}$。$(L^j)^2 x_t = L^{2j} x_t = x_{t-2j}$。

(4) 滞后算子的零次方等于 1，$L^0 x_t = x_t$。

(5) 滞后算子的负整数次方意味着超前，$L^{-i} x_t = x_{t+i}$。

下面介绍两种基本的随机过程：白噪声（white noise）过程和随机游走（random walk）过程。

白噪声过程：对于一个随机过程 $\{x_t, t \in T\}$，如果

$$E(x_t) = 0$$
$$\mathrm{var}(x_t) = \sigma^2 < \infty, \quad \forall t \in T$$
$$\mathrm{cov}(x_t, x_{t+k}) = 0, (t+k) \in T, \quad k \neq 0$$

其中，$E(\cdot)$ 表示期望，$\mathrm{var}(\cdot)$ 表示方差，$\mathrm{cov}(\cdot)$ 表示协方差，则称 $\{x_t\}$ 为白噪声过程。

白噪声是平稳的随机过程，其期望为零，方差为固定值。随机变量之间不相关。图 10-1 给出由白噪声过程产生的一个时间序列。白噪声过程的均值与方差都不随时间而变化。

白噪声的概念源于声学。因为白噪声过程的频率谱与可见光的频率谱相同，所以称上述过程为白噪声过程。

随机游走过程：对于下面的表达式

$$x_t = x_{t-1} + u_t, \quad u_t \sim \mathrm{IN}(0, \sigma_u^2) \tag{10-3}$$

其中 $\mathrm{IN}(\cdot)$ 表示独立正态分布。如果 u_t 为白噪声过程，则称 x_t 为随机游走过程。国内亦称此过程为随机游动或随机漫步过程。图 10-2 给出的是由随机游走过程产生的一个时间序列。

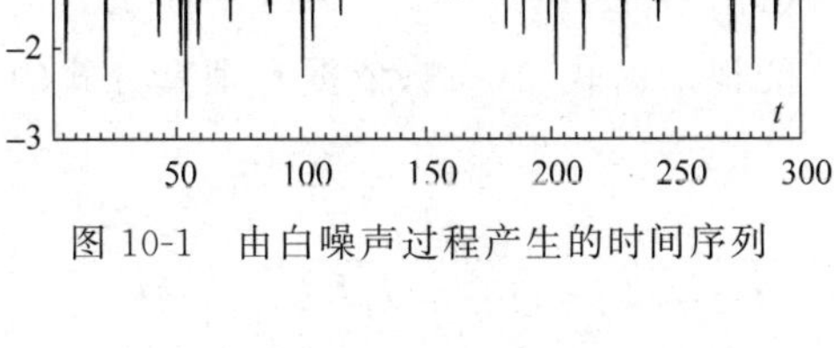

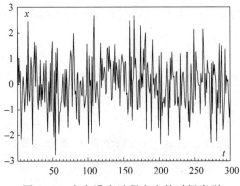

图 10-1　由白噪声过程产生的时间序列

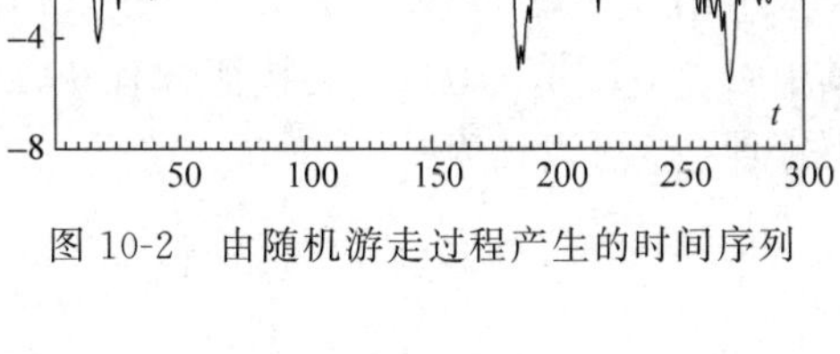

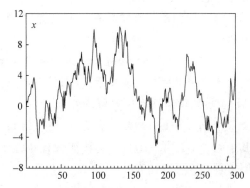

图 10-2　由随机游走过程产生的时间序列

"随机游走"一词首次出现于1905年"自然"(*Nature*)杂志第72卷皮尔逊(K. Pearson)和拉雷(L. Rayleigh)的一篇通信中。该信件的题目是"随机游走问题"。文中讨论寻找一个被放在野地中央的醉汉的最佳策略是从投放点开始搜索。

随机游走过程的均值为零,方差为无限大。对式(10-3)进行迭代推导,

$$x_t = x_{t-1} + u_t = (x_{t-2} + u_{t-1}) + u_t$$
$$= x_{t-2} + u_{t-1} + u_t = \cdots = u_t + u_{t-1} + u_{t-2} + \cdots$$
$$E(x_t) = E(u_t + u_{t-1} + u_{t-2} + \cdots) = 0,$$
$$\mathrm{var}(x_t) = \mathrm{var}(u_t + u_{t-1} + u_{t-2} + \cdots) = \sum_{-\infty}^{t} \sigma_u^2 \to \infty$$

因为 $\mathrm{var}(x_t) \to \infty$,所以随机游走过程是非平稳的随机过程。由随机游走过程定义(10-3)知,随机游走过程的差分过程是白噪声过程,即

$$x_t - x_{t-1} = \Delta x_t = u_t$$

经济领域中的汇率序列,股指序列常常属于随机游走序列。

10.2 ARIMA 模型的分类

表示随机过程的ARIMA模型一般分为4种类型,即自回归(AR)模型、移动平均(MA)模型、自回归移动平均(ARMA)模型和单整自回归移动平均(ARIMA)模型。

10.2.1 自回归模型

如果一个线性随机过程可表达为

$$x_t = \phi_1 x_{t-1} + \phi_2 x_{t-2} + \cdots + \phi_p x_{t-p} + u_t \tag{10-4}$$

其中,$\phi_i, i=1,\cdots,p$ 是自回归系数,u_t 是白噪声过程,则这个线性过程 x_t 称为 p 阶自回归过程,用AR(p)表示。它是由 x_t 的 p 个滞后变量的加权和 u_t 相加而成。式(10-4)可用滞后算子表示为

$$(1 - \phi_1 L - \phi_2 L^2 - \cdots - \phi_p L^p) x_t = \Phi(L) x_t = u_t \tag{10-5}$$

其中 $\Phi(L) = 1 - \phi_1 L - \phi_2 L^2 - \cdots - \phi_p L^p$ 称为自回归算子或特征多项式。

与自回归模型常联系在一起的是平稳性问题。对于自回归过程AR(p),如果特征方程

$$\Phi(L) = (1 - \phi_1 L - \phi_2 L^2 - \cdots - \phi_p L^p) = 0 \tag{10-6}$$

的所有根的绝对值都大于1,则该过程是一个平稳的过程。对于一般的自回归过程AR(p),特征多项式可分解为

$$\Phi(L) = 1 - \phi_1 L - \phi_2 L^2 - \cdots - \phi_p L^p = (1 - G_1 L)(1 - G_2 L)\cdots(1 - G_p L)$$

其中 $G_1^{-1}, G_2^{-1}, \cdots, G_p^{-1}$ 是特征方程 $\Phi(L) = 0$ 的根。由式(10-5),依据有理真分式的分解定理,x_t 可表达为

$$x_t = \Phi(L)^{-1} u_t = \left(\frac{k_1}{1 - G_1 L} + \frac{k_2}{1 - G_2 L} + \cdots + \frac{k_p}{1 - G_p L}\right) u_t \tag{10-7}$$

其中 $k_1, k_2, \cdots, k_p$ 是待定常数。x_t 具有平稳性的条件是 $\Phi(L)^{-1}$ 必须收敛，即应有 $|G_i|<1$，$i=1,2,\cdots,p$。而 $G_i^{-1}, i=1,2,\cdots,p$ 是特征方程 $\Phi(L)=0$ 的根，所以保证 AR(p)过程具有平稳性的条件是特征方程的全部根必须在单位圆（半径为 1）之外，即 $|1/G_i|>1$。

保证 AR(p)过程平稳的一个必要但不充分的条件是 p 个自回归系数之和小于 1，即

$$\sum_{i=1}^{p} \phi_i < 1$$

保证 AR(p)过程平稳的充分但不必要条件是 p 个自回归系数的绝对值之和要小于 1，即

$$\sum_{i=1}^{p} |\phi_i| < 1$$

最常见的是一阶自回归过程

$$x_t = \phi_1 x_{t-1} + u_t \tag{10-8}$$

和二阶自回归过程

$$x_t = \phi_1 x_{t-1} + \phi_2 x_{t-2} + u_t$$

取自 AR(1)过程的时间序列见图 10-3。对于一阶自回归过程(10-8)，保持其平稳的条件是特征方程

$$\Phi(L) = (1-\phi_1 L) = 0$$

的根的绝对值必须大于 1，即当 $|L|\leqslant 1$ 时，满足

$$|1/\phi_1| > 1$$

或

$$|\phi_1| < 1$$

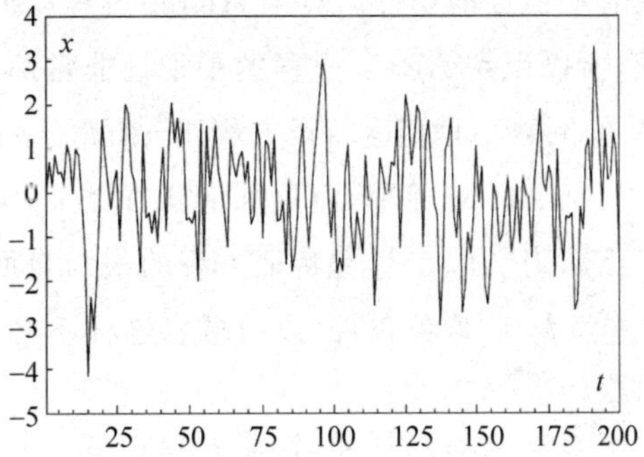

图 10-3　取自 AR(1)过程的时间序列

在 $|\phi_1|<1$ 条件下，一阶自回归过程(10-8)可写为

$$(1-\phi_1 L)x_t = u_t$$

$$x_t = (1-\phi_1 L)^{-1} u_t = [1 + \phi_1 L + (\phi_1 L)^2 + (\phi_1 L)^3 + \cdots] u_t = \left(\sum_{i=0}^{\infty} \phi_1^i L^i\right) u_t$$

可见若保证 AR(1)过程(10-8)具有平稳性，$\sum\limits_{i=0}^{\infty} \phi_1^i L^i$ 必须收敛，即一阶自回归系数 ϕ_1 必须满足 $|\phi_1|<1$。这是容易理解的，如果 $|\phi_1|\geqslant 1$，$(1-\phi_1 L)^{-1}$ 发散，于是 x_t 变成一个非平稳过程。

对 AR(1)过程(10-8)按上式展开，或做递推运算，得

$$\begin{aligned} x_t &= \phi_1(\phi_1 x_{t-2} + u_{t-1}) + u_t = u_t + \phi_1 u_{t-1} + \phi_1^2 x_{t-2} \\ &= \cdots = u_t + \phi_1 u_{t-1} + \phi_1^2 u_{t-2} + \cdots \end{aligned}$$

因为 u_t 是一个白噪声过程，所以对于平稳的AR(1)过程，

$$E(x_t)=E(u_t+\phi_1 u_{t-1}+\phi_1^2 u_{t-2}+\cdots)=0$$

$$\operatorname{var}(x_t)=\sigma_u^2+\phi_1^2\sigma_u^2+\phi_1^4\sigma_u^2+\cdots=\frac{1}{1-\phi_1^2}\sigma_u^2$$

其中 σ_u^2 表示 u_t 的方差。

也许用 $\operatorname{var}(x_t)$ 解释AR(1)过程平稳性的条件更容易理解。由 $\operatorname{var}(x_t)$ 的表达式 $\sigma_u^2/(1-\phi_1^2)$ 可以看出，当 $\phi_1=0$ 时，AR(1)过程退化为白噪声过程，x_t 的方差等于白噪声过程的方差 σ_u^2。只要 ϕ_1 满足 $|\phi_1|<1$，x_t 的方差就会大于白噪声过程的方差 σ_u^2。随着自回归强度的加强，即 $|\phi_1|\to 1$，x_t 的方差变得越来越大。当 $|\phi_1|=1$ 时，x_t 的方差就会变得无穷大，即序列发生质变，变成了一个非平稳过程。所以对于平稳的AR(1)过程，要求 $|\phi_1|$ 不能等于1(更不能大于)。

下面分析AR(2)过程：

$$x_t=\phi_1 x_{t-1}+\phi_2 x_{t-2}+u_t \tag{10-9}$$

具有平稳性的条件。对于AR(1)过程(10-8)，ϕ_1 的倒数恰巧是特征方程 $(1-\phi_1 L)=0$ 的根，所以识别AR(1)过程的平稳性非常简便。对于AR(2)过程(10-9)，自回归系数，ϕ_1，ϕ_2 的倒数不是相应特征方程 $1-\phi_1 L-\phi_2 L^2=0$ 的根，所以识别AR(2)过程的平稳性不如识别AR(1)简单，而且求特征方程 $1-\phi_1 L-\phi_2 L^2=0$ 的根要比AR(1)模型困难得多。下面利用AR(2)过程特征方程的根与自回归系数 ϕ_2，ϕ_1 的关系求保证AR(2)过程平稳的 ϕ_2，ϕ_1 的取值条件(或值域)，这样不必求根，只依据 ϕ_2，ϕ_1 的值就可以判断出AR(2)过程的平稳性。

对于AR(2)过程，特征方程式是

$$1-\phi_1 L-\phi_2 L^2=0$$

上式的两个根是

$$L_1, L_2=\frac{\phi_1\pm\sqrt{\phi_1^2+4\phi_2}}{-2\phi_2} \tag{10-10}$$

设 $\lambda=1/L$，则相应的特征方程是

$$\lambda^2-\phi_1\lambda-\phi_2=0$$

其两个根是

$$\lambda_1, \lambda_2=\frac{\phi_1\pm\sqrt{\phi_1^2+4\phi_2}}{2} \tag{10-11}$$

根 λ_1，λ_2 分别与 L_2，L_1 互为倒数关系。那么AR(2)模型具有平稳性的条件是 $|L_1|>1$，$|L_2|>1$(在单位圆外)即

$$|\lambda_1|<1 \tag{10-12}$$

$$|\lambda_2|<1 \tag{10-13}$$

求特征方程 $1-\phi_1 L-\phi_2 L^2=0$ 的根大于 1 与求 $|\lambda_1|,|\lambda_2|<1$ 是等价的。

由式(10-11)得

$$\lambda_1+\lambda_2=\frac{\phi_1+\sqrt{\phi_1^2+4\phi_2}}{2}+\frac{\phi_1-\sqrt{\phi_1^2+4\phi_2}}{2}=\phi_1 \tag{10-14}$$

$$\lambda_1\lambda_2=\frac{\phi_1^2}{4}-\frac{\phi_1^2+4\phi_2}{4}=-\phi_2 \tag{10-15}$$

利用式(10-14)、式(10-15)得

$$\phi_2+\phi_1=-\lambda_1\lambda_2+(\lambda_1+\lambda_2)=1-(1-\lambda_1)(1-\lambda_2)$$

$$\phi_2-\phi_1=-\lambda_1\lambda_2-(\lambda_1+\lambda_2)=1-(1+\lambda_1)(1+\lambda_2)$$

无论 λ_1,λ_2 为实数或共轭复数，由 $|\lambda_1|<1,|\lambda_2|<1$ 都有 $(1\pm\lambda_1)(1\pm\lambda_2)>0$，从而得

$$\phi_2+\phi_1<1 \tag{10-16}$$

$$\phi_2-\phi_1<1 \tag{10-17}$$

由式(10-12)、式(10-13)和式(10-15)得

$$-1<\phi_2<1 \tag{10-18}$$

式(10-16)、式(10-17)和式(10-18)是保证 AR(2)过程平稳，自回归系数 ϕ_2,ϕ_1 所应具有的条件。若式(10-16)、式(10-17)和式(10-18)成立，则特征方程 $1-\phi_1 L-\phi_2 L=0$ 的根必在单位圆之外。式(10-16)、式(10-17)和式(10-18)给出的区域是一个三角形区域，称为平稳域，如图 10-4 中三角区所示。

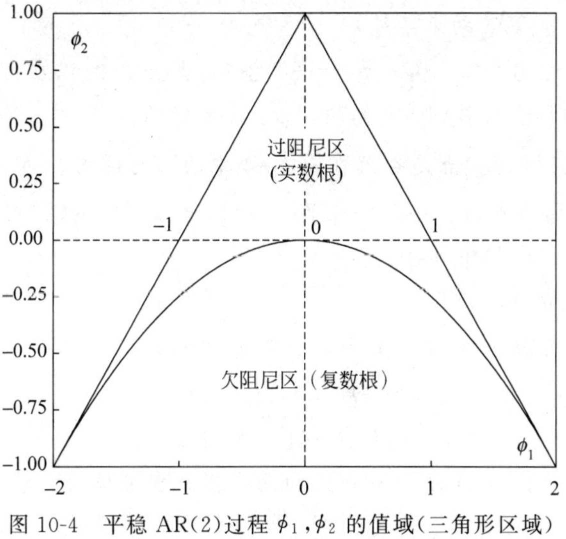

图 10-4　平稳 AR(2)过程 ϕ_1,ϕ_2 的值域(三角形区域)

自回归系数 ϕ_2,ϕ_1 的取值分 3 种情形讨论。见特征根表达式(10-10)，①当 $\phi_1^2+4\phi_2=0$ 时，有 $L_1=L_2$ 为相同实数根。ϕ_2,ϕ_1 的值落在图 10-4 三角形区域内的抛物线上，称为临界阻尼状态。②当 $\phi_1^2+4\phi_2>0$ 时，L_1,L_2 为不等实数根。ϕ_2,ϕ_1 的值位于该三角形区域内抛物线以上部分(称过阻尼区，序列的自相关函数呈指数函数衰减特

征,详见10.4节)。③当$\phi_1^2+4\phi_2<0$时,根为共轭复数根。ϕ_2,ϕ_1的值位于该三角形区域内抛物线以下部分(称欠阻尼区,序列的自相关函数呈正弦函数衰减特征,详见10.4节)。

【例10-1】

有AR(1)过程$x_t=0.6x_{t-1}+u_t$,判断其平稳性。

解:AR(1)过程写为

$$(1-0.6L)x_t=u_t$$

特征方程是$(1-0.6L)=0$。特征根$L=1/0.6=1.6667>1$,所以$x_t=0.6x_{t-1}+u_t$是平稳过程。

$$x_t=\frac{1}{1-0.6L}u_t=(1+0.6L+0.36L^2+0.216L^3+\cdots)u_t$$

$$=u_t+0.6u_{t-1}+0.36u_{t-2}+0.216u_{t-3}+\cdots$$

平稳的AR(1)过程变换成为无限阶的移动平均过程。

【例10-2】

有AR(2)模型$x_t=0.7x_{t-1}-0.1x_{t-2}+u_t$,试判别$x_t$的平稳性。

解:有3种判别方法。

方法1:(检查ϕ_1,ϕ_2约束条件)

由于$\phi_1+\phi_2=0.6<1,-\phi_1+\phi_2=-0.8<1,\phi_2=-0.1$,在区间$[-1,1]$内,满足条件(10-16)、(10-17)和条件(10-18),所以x_t是平稳的。

方法2:[观察(ϕ_1,ϕ_2)点是否落在图10-4中的三角区内]

从图10-4看,因为点$(\phi_1,\phi_2)=(0.7,-0.1)$落在了AR(2)过程的平稳域——三角区域内,所以$x_t$为平稳过程。

方法3:(因式分解求根)

由原式得$(1-0.7L+0.1L^2)x_t=u_t$。特征方程为

$$1-0.7L+0.1L^2=0$$

$$(1-0.2L)(1-0.5L)=0$$

特征方程的两个根是,$L_1=5,L_2=2$。因为两个根都在单位圆之外,所以x_t是平稳的。

【例10-3】

有AR(2)模型$x_t=0.6x_{t-1}-0.1x_{t-2}+u_t$,即$(1-0.6L+0.1L^2)x_t=u_t$。判断其平稳性。

解：其特征方程是$(1-0.6L+0.1L^2)=0$。把等式左侧因式分解，

$$[1-(0.3-0.1\,i)L\,][1-(0.3+0.1\,i)L\,]=0$$

特征方程的两个根是，$L_1,L_2=\dfrac{1}{0.3\pm 0.1i}=3\mp i$。两个根的模都等于$\sqrt{10}$大于 1，所以 x_t 是平稳的随机过程。

10.2.2　移动平均模型

如果一个线性随机过程可用下式表达

$$x_t=u_t+\theta_1 u_{t-1}+\theta_2 u_{t-2}+\cdots+\theta_q u_{t-q} \tag{10-19}$$

其中 $\theta_1,\theta_2,\cdots,\theta_q$ 是移动平均系数，u_t 是白噪声过程，则称上式为 q 阶移动平均过程，记为 MA(q)。之所以称"移动平均"，是因为 x_t 是由 $q+1$ 个 u_t 和 u_t 滞后项的加权和构造而成的。"移动"指 t 在时间上的推移，"平均"指加权和，其形式与求平均数形式相似。

式(10-19)可写为

$$x_t=(1+\theta_1 L+\theta_2 L^2+\cdots+\theta_q L^q)u_t=\Theta(L)u_t$$

其中

$$\Theta(L)=(1+\theta_1 L+\theta_2 L^2+\cdots+\theta_q L^q)$$

称作移动平均特征多项式或特征算子。由定义知任何一个 q 阶移动平均过程都是由 $q+1$ 个白噪声变量的加权和组成的，所以任何一个有限阶移动平均过程都是平稳过程。

与移动平均过程相联系的一个重要概念是可逆性。移动平均过程具有可逆性的条件是特征方程，

$$\Theta(L)=(1+\theta_1 L+\theta_2 L^2+\cdots+\theta_q L^q)=0$$

的全部根的绝对值必须都大于 1。由 $x_t=\Theta(L)u_t$ 有 $\Theta(L)^{-1}x_t=u_t$。由于特征多项式 $\Theta(L)$可表示为因子相乘形式

$$\Theta(L)=(1-H_1 L)(1-H_2 L)\cdots(1-H_q L)$$

其中 $H_1^{-1},H_2^{-1},\cdots,H_q^{-1}$ 是特征方程 $\Theta(L)=0$ 的根。则依据有理真分式的分解定理，可得

$$\begin{aligned}\Theta(L)^{-1}&=\frac{1}{(1-H_1 L)(1-H_2 L)\cdots(1-H_q L)}\\&=\left(\frac{m_1}{1-H_1 L}+\frac{m_2}{1-H_2 L}+\cdots+\frac{m_q}{1-H_q L}\right)\end{aligned} \tag{10-20}$$

其中 $m_1,m_2,\cdots,m_q$ 是待定常数。可见保证 MA(q)过程可以转换成一个无限阶自回归过程，即 MA(q)具有可逆性的条件是 $\Theta(L)^{-1}$ 收敛，则必须有$|H_j|<1$ 或$|H_j^{-1}|>1$，$j=1,2,\cdots,q$ 成立。而 H_j^{-1} 是特征方程 $\Theta(L)=0$ 的根，所以 MA(q)过程具有可逆性的条件是特征方程 $\Theta(L)=0$ 的根必须在单位圆之外。[因为 $x_t=\Theta(L)u_t$ 是平稳的，如果变换成 $\Theta(L)^{-1}x_t=u_t$ 后变得不平稳，显然失去可逆性。]

注意对于无限阶的移动平均过程

$$x_t=\sum_{i=0}^{\infty}(\theta_i u_{t-i})=u_t(1+\theta_1 L+\theta_2 L^2+\cdots)$$

其方差为

$$\operatorname{var}(x_t)=\sum_{i=0}^{\infty}(\theta_i^2\operatorname{var}(u_{t-i}))=\sigma_u^2\sum_{i=0}^{\infty}\theta_i^2$$

很明显,虽然有限阶移动平均过程都是平稳的,但对于无限阶移动平均过程还须另加约束条件才能保证其平稳性。这条件就是 $\{x_t\}$的方差必须为有限值,即

$$\sum_{i=0}^{\infty}\theta_i^2<\infty$$

最常见的是一阶移动平均过程,

$$x_t=(1+\theta_1 L)u_t \tag{10-21}$$

其具有可逆性的条件是$(1+\theta_1 L)=0$ 的根(绝对值)应大于 1,即$|1/\theta_1|>1$ 或$|\theta_1|<1$。当$|\theta_1|<1$ 时,MA(1)过程(10-21)变换为

$$\begin{aligned}u_t&=(1+\theta_1 L)^{-1}x_t=(1-\theta_1 L+\theta_1^2 L^2-\theta_1^3 L^3+\cdots)x_t\\&=x_t-\theta_1 x_{t-1}+\theta_1^2 x_{t-2}-\theta_1^3 x_{t-3}+\cdots\end{aligned}$$

这是一个无限阶的以几何衰减为权数的自回归过程。对于 MA(1)过程(10-21)有

$$E(x_t)=E(u_t)+E(\theta_1 u_{t-1})=0$$

$$\operatorname{var}(x_t)=\operatorname{var}(u_t)+\operatorname{var}(\theta_1 u_{t-1})=(1+\theta_1^2)\sigma_u^2$$

由 MA(1)过程生成的时间序列见图 10-5。

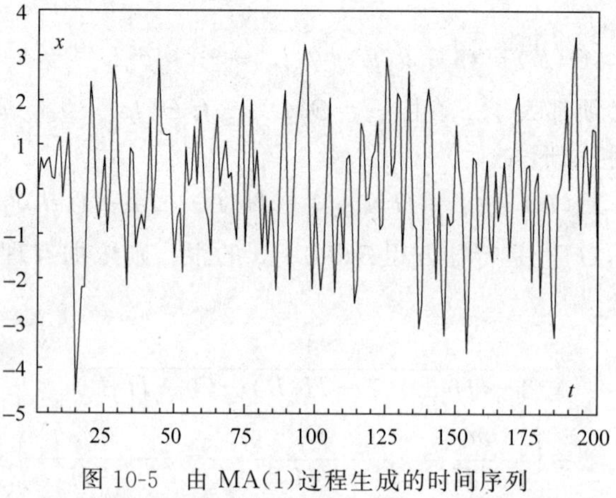

图 10-5 由 MA(1)过程生成的时间序列

自回归与移动平均过程的关系总结如下:

(1) 一个平稳的 AR(p)过程。

$$(1-\phi_1 L-\phi_2 L^2-\cdots-\phi_p L^p)x_t=\Phi(L)x_t=u_t$$

可以转换为一个无限阶的移动平均过程,

$$x_t=(1-\phi_1 L-\phi_2 L^2-\cdots-\phi_p L^p)^{-1}u_t=\Phi(L)^{-1}u_t$$

(2) 一个可逆的 MA(q)过程。

$$x_t = (1+\theta_1 L+\theta_2 L^2+\cdots+\theta_q L^q)u_t = \Theta(L)u_t$$

可转换成一个无限阶的自回归过程，

$$(1+\theta_1 L+\theta_2 L^2+\cdots+\theta_q L^q)^{-1}x_t = \Theta(L)^{-1}x_t = u_t$$

(3) 对于 AR(p)过程只需考虑平稳性问题，条件是 $\Phi(L)=0$ 的根(绝对值)必须大于 1。不必考虑可逆性问题。

(4) 对于有限阶 MA(q)过程，只需考虑可逆性问题，条件是 $\Theta(L)=0$ 的根必须位于单位圆之外，不必考虑平稳性问题。

10.2.3　自回归移动平均模型

由自回归和移动平均两部分共同构造的随机过程称为自回归移动平均过程，记为 ARMA(p,q)，其中 p,q 分别表示自回归和移动平均部分的最大滞后阶数。ARMA(p,q)的一般表达式是

$$x_t = \phi_1 x_{t-1}+\phi_2 x_{t-2}+\cdots+\phi_p x_{t-p}+u_t+\theta_1 u_{t-1}+\theta_2 u_{t-2}+\cdots+\theta_q u_{t-q} \tag{10-22}$$

或

$$(1-\phi_1 L-\phi_2 L^2-\cdots-\phi_p L^p)x_t = (1+\theta_1 L+\theta_2 L^2+\cdots+\theta_q L^q)u_t$$

$$\Phi(L)x_t = \Theta(L)u_t$$

其中 $\Phi(L)$和 $\Theta(L)$分别表示以 L 为变量的 p,q 阶特征多项式，分别称为自回归算子和移动平均算子。

ARMA(p,q)过程的平稳性只依赖于其自回归部分，即 $\Phi(L)=0$ 的全部根的值在单位圆之外。其可逆性则只依赖于移动平均部分，即 $\Theta(L)=0$ 的根的值应在单位圆之外。

实际中对于非季节序列，在 ARMA(p,q)模型中最常用的是 ARMA(1,1)模型，

$$x_t - \phi_1 x_{t-1} = u_t + \theta_1 u_{t-1} \tag{10-23}$$

或

$$(1-\phi_1 L)x_t = (1+\theta_1 L)u_t$$

很明显只有当 $-1<\phi_1<1$ 和 $-1<\theta_1<1$ 时，上述模型才是平稳的、可逆的。由 ARMA(1,1)过程生成的时间序列见图 10-6。

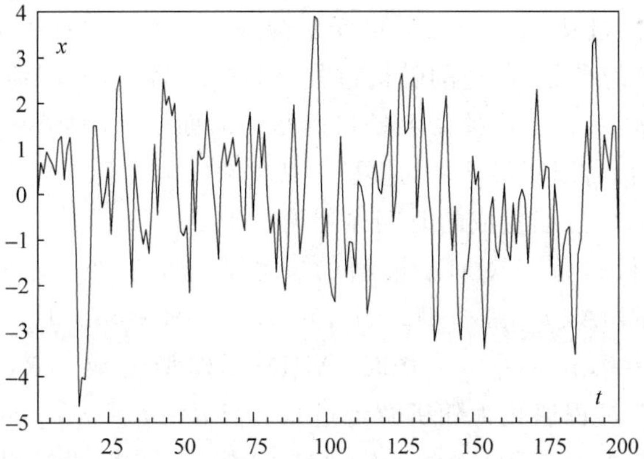

图 10-6　由 ARMA(1,1)过程生成的时间序列

10.2.4 单整自回归移动平均模型

以上介绍了3种平稳的随机过程模型。对于ARMA过程(包括AR过程),如果特征方程$\Phi(L)=0$的全部根取值在单位圆之外,则该过程是平稳的;如果若干个或全部根取值在单位圆之内或之上,则该过程是非平稳的。

首先看特征方程$\Phi(L)=0$的全部根取值在单位圆之内的情形。例如,有随机过程

$$x_t=1.3x_{t-1}+u_t \tag{10-24}$$

特征方程的根等于$1/1.3=0.77$,在单位圆之内,则x_t是一个强非平稳过程。之所以称为强非平稳,是因为对式(10-24)两侧同减x_{t-1}之后,

$$\Delta x_t=0.3x_{t-1}+u_t$$

仍是一个非平稳过程(Δx_t是非平稳过程x_t和白噪声过程u_t的加权和,所以Δx_t仍然是非平稳过程),并呈现爆炸式增长。

除此之外还有第3种情形,即特征方程的若干个根的值恰好在单位圆上,这种根称为单位根(unit root),该过程也是非平稳的。但该过程的特点是经过相应次差分之后可以转化为一个平稳过程。

伯克斯、詹金斯积数十年理论与实践的研究指出,时间序列的非平稳性是多种多样的,然而幸运的是,经济时间序列常常具有这种特殊的齐次非平稳特性。对于一个非季节性经济时间序列,常常可以用含有一个或多个单位根的随机过程模型描述。

下面介绍含有单位根的非平稳随机过程。假设一个随机过程含有d个单位根,则其经过d次差分之后可以变换成一个平稳的自回归移动平均过程。

考虑如下模型

$$\Phi(L)\Delta^d y_t=\Theta(L)u_t \tag{10-25}$$

其中$\Phi(L)$是平稳的自回归算子,$\Theta(L)$是可逆的移动平均算子。若取

$$x_t=\Delta^d y_t$$

则式(10-25)可表示为

$$\Phi(L)x_t=\Theta(L)u_t \tag{10-26}$$

说明y_t经过d次差分之后,可以用一个平稳的、可逆的ARMA模型表示。

随机过程y_t若经过d次差分之后可变换为一个以$\Phi(L)$为p阶自回归算子,$\Theta(L)$为q阶移动平均算子的平稳、可逆的随机过程,则称y_t为(p,d,q)阶单整自回归移动平均过程,记为ARIMA(p,d,q)。这种命名的目的是与后面介绍的协整概念相对应。ARIMA模型也称作求和(综合)自回归移动平均模型。其中$\Phi(L)\Delta^d$称为广义自回归算子。

由ARIMA(1,1,1)过程生成的时间序列见图10-7。

式(10-25)是随机过程ARIMA模型的一般表达式。当$p\neq0,d=0,q\neq0$时,式(10-25)退化为ARMA(p,q)模型;当$d=0,p=0,q\neq0$时,ARIMA模型退化为MA(q)模型;当$d=0,p\neq0,q=0$时,ARIMA模型变成AR(p)模型;当$d=1$,$p=q=0$时,ARIMA过程退化为随机游走过程;当$d=p=q=0$时,ARIMA过程退化为白噪声过程。由此可见,ARIMA(p,d,q)过程(10-25)是随机过程的一般表达式。

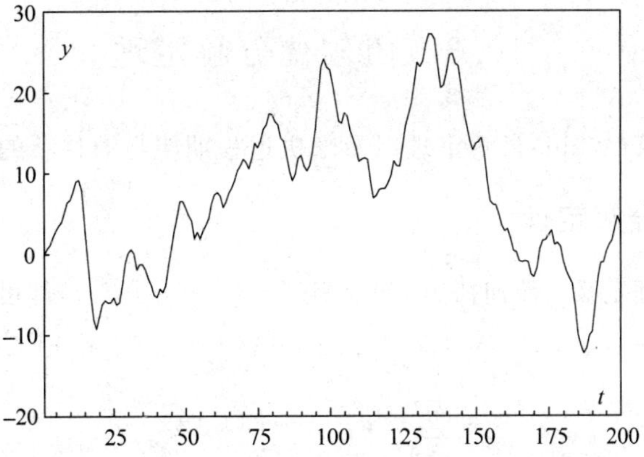

图 10-7　由 ARIMA(1,1,1)过程生成的时间序列

对于非季节经济时间序列，p，d，q 的值很少有大于 2 的情形。这些参数的常见取值是 0 和 1。

做 $\Delta^d y_t = x_t$ 的逆运算

$$y_t = S^d x_t \tag{10-27}$$

其中 S 是累加算子。当 $d=1$ 时，Sx_t 定义如下：

$$Sx_t = \sum_{i=0}^{t} x_i = (1 + L + L^2 + \cdots) x_t = (1 - L)^{-1} x_t = \Delta^{-1} x_t = y_t \tag{10-28}$$

则

$$S = (1 - L)^{-1} = \Delta^{-1} \tag{10-29}$$

可见 S 是 Δ 的逆运算。式(10-27)表明随机过程 x_t 经过 d 次无限累加之后可以得到 y_t。每次累加类似于连续函数的一次积分。这就是为什么称 ARIMA 过程为单整自回归移动平均过程。“单整”(integration)在这里就是积分的意思。

现在容易理解，随机游走过程(10-3)就是由白噪声过程累加一次而得到的。

给出若干具体的非平稳随机过程，熟悉一下模型符号与表达式的对应关系。

(1) AR1MA(0,1,1)模型

$$\Delta y_t = u_t + \theta_1 u_{t-1} = (1 + \theta_1 L) u_t$$

其中，$p=0$，$d=1$，$q=1$，$\Phi(L)=1$，$\Theta(L)=1+\theta_1 L$。

(2) ARIMA(1,1,0)模型

$$\Delta y_t - \phi_1 \Delta y_{t-1} = u_t$$

其中，$p=1$，$d=1$，$q=0$，$\Phi(L)=1-\phi_1 L$，$\Theta(L)=1$。

(3) ARIMA(1,1,1)模型

$$\Delta y_t - \phi_1 \Delta y_{t-1} = u_t + \theta_1 u_{t-1}$$

或

$$(1-\phi_1 L)\Delta y_t = (1+\theta_1 L) u_t$$

其中，$p=1$，$d=1$，$q=1$，$\Phi(L)=1-\phi_1 L$，$\Theta(L)=1+\theta_1 L$。

10.3 伍尔德分解定理

本节介绍伍尔德(Wold)分解定理以及随机过程期望与漂移项的关系。

10.3.1 伍尔德分解定理

伍尔德分解定理定义：任何协方差平稳过程 $x_t-(\mu+d_t)$，都可以被表示为

$$\begin{aligned} x_t-(\mu+d_t) &= (u_t+\psi_1 u_{t-1}+\psi_2 u_{t-2}+\cdots) \\ &= \sum_{j=0}^{\infty}\psi_j u_{t-j}=\Psi(L)u_t \end{aligned} \tag{10-30}$$

其中 μ 表示 x_t 的期望。d_t 表示 x_t 的确定性成分，如周期性成分、虚拟变量等，可以直接用 x_t 的滞后值预测。$\psi_0=1$，$\sum_{j=0}^{\infty}\psi_j^2<\infty$。$u_t$ 为白噪声过程。u_t 表示用 x_t 的滞后项预测 x_t 时的误差。

$$u_t=x_t-E(x_t \mid x_{t-1},x_{t-2},\cdots)$$

$\sum_{j=0}^{\infty}\psi_j u_{t-j}$ 称为 x_t 的线性非确定性成分。

伍尔德分解定理由伍尔德(H. Wold)在1938年提出。伍尔德分解定理只要求过程二阶平稳即可。从原理上讲，要得到随机过程的伍尔德分解，就必须知道无限个 ψ_j 参数，这对于一个有限样本时间序列来说是不可能的。实际中可以对 ψ_j 做另一种假定，即可以把 $\Psi(L)$ 看作2个有限阶特征多项式的商，

$$\Psi(L)=\sum_{j=0}^{\infty}\psi_j L^j=\frac{\Theta(L)}{\Phi(L)}=\frac{1+\theta_1 L+\theta_2 L^2+\cdots+\theta_q L^q}{1-\phi_1 L-\phi_2 L^2-\cdots-\phi_p L^p}$$

只要 x_t 满足二阶弱平稳(协方差平稳)条件，对于ARIMA模型，$\Phi(L)x_t=\Theta(L)u_t$，有

$$x_t=\frac{\Theta(L)}{\Phi(L)}u_t=(u_t+\psi_1 u_{t-1}+\psi_2 u_{t-2}+\cdots)=\sum_{j=0}^{\infty}\psi_j u_{t-j}=\Psi(L)u_t$$

注意：无论原序列中含有何种确定性成分，在前面介绍的模型种类和后面介绍的自相关函数、偏自相关函数中都假设在原序列中已经剔除了所有确定性成分，是一个纯的随机过程(过程中不含有任何确定性成分)。如果一个序列如下式：

$$x_t=\mu+d_t+u_t+\psi_1 u_{t-1}+\psi_2 u_{t-2}+\cdots$$

则所有研究都是在$(x_t-\mu-d_t)$的基础上进行。例如前面给出的各类模型中都不含有均值项、时间趋势项就是这个道理。

伍尔德分解定理为分析经济序列的脉冲响应函数奠定理论基础。

10.3.2 随机过程期望与漂移项的关系

前面介绍的4类ARIMA过程以及白噪声过程、随机游走过程都是以过程的期望等

于零为前提的。当随机过程的期望不等于零时，可以转化为零均值过程进行研究。

如果平稳的随机过程 x_t 的均值是 μ，不等于零，可以写成如下形式进行研究。

$$\Phi(L)(x_t-\mu)=\Theta(L)u_t \tag{10-31}$$

见图 10-8，已知 x_t 的均值是 8，那么过程 x_t 和 (x_t-8) 除了均值不同，过程的结构是完全一样的，所以，可以通过对零均值过程 (x_t-8) 建立 ARIMA 模型描述 x_t。对过程(10-31)也可以用另一种形式表达

$$\Phi(L)x_t=\alpha+\Theta(L)u_t \tag{10-32}$$

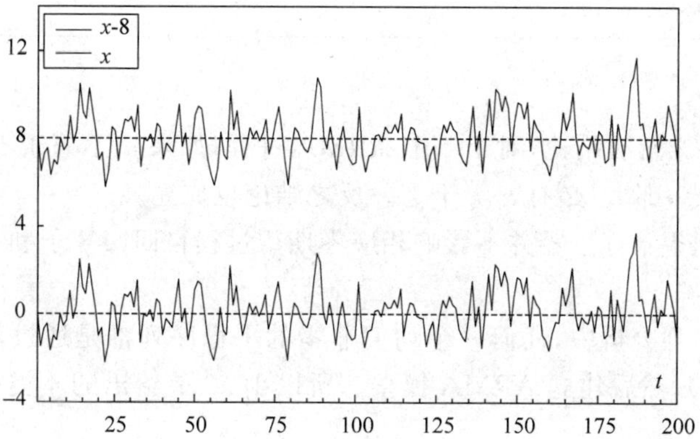

图 10-8　x_t 和 (x_t-8) 序列

其中 α 称作该过程 x_t 的漂移项。对比式(10-31)和式(10-32)，很容易得出均值 μ 和漂移项 α 的关系。打开式(10-31)的括号，得

$$\Phi(L)x_t-\Phi(L)\mu=\Theta(L)u_t$$

因为滞后算子与常数相乘等于常数本身，这相当于滞后算子等于 1，而过程的期望是常数，上式可以写成

$$\Phi(L)x_t-\Phi(1)\mu=\Theta(L)u_t$$

$$\Phi(L)x_t=\Phi(1)\mu+\Theta(L)u_t \tag{10-33}$$

对比式(10-32)和式(10-33)得过程(10-31)期望和漂移项的关系如下：

$$\Phi(1)\mu=\alpha \tag{10-34}$$

下面举例说明 ARMA 过程漂移项与期望的关系。

【例 10-4】

设有平稳的漂移项不等于零的 ARMA(2,1)过程如下：

$$x_t=0.05+0.2x_{t-1}+0.4x_{t-2}+u_t+0.3u_{t-1} \tag{10-35}$$

漂移项等于 0.05。对上式两侧求期望并移项整理

$$(1-0.2L-0.4L^2)E(x_t)=\Phi(L)E(x_t)=\Phi(1)\mu=0.05$$

则 x_t 的期望是

$$E(x_t)=\mu=0.05/\Phi(1)=0.05/(1-0.2-0.4)=0.05/0.4=0.125$$

其中 $\Phi(1)=(1-0.2-0.4)=0.4$ 是自回归特征多项式$(1-0.2L-0.4L^2)$当 $L=1$ 时的值。按式(10-31),也可以把过程 x_t 表示成先减期望的方式,

$$(x_t-0.125)=0.2(x_{t-1}-0.125)+0.4(x_{t-2}-0.125)+u_t+0.3u_{t-1}$$

这是因为上式化简后得

$$\begin{aligned}x_t&=0.125(1-0.2-0.4)+0.2x_{t-1}+0.4x_{t-2}+u_t+0.3u_{t-1}\\&=0.05+0.2x_{t-1}+0.4x_{t-2}+u_t+0.3u_{t-1}\end{aligned}$$

与式(10-35)相同。

得结论如下:

(1) 由式(10-34),有结论,对于一个 ARMA 过程,如果 μ 不等于零,那么 α 也不等于零。如果 μ 等于零,那么,必有 α 等于零。反之结论也成立。

(2) 过程的期望不等于零并不影响相应零期望过程自回归算子和移动平均算子的表达形式。

(3) 在时间序列分析中,任何一个均值非零的平稳序列都是通过对该过程先退均值(以及确定性成分),然后建立 ARMA 模型。所以 10.2 节给出的 4 类零均值 ARIMA 模型不失一般性。

注意:计量经济学软件 EViews 的 ARMA 模型输出结果都是针对零均值序列给出的。换句话说,如果序列有非零均值,那么,处理方式是从原序列中先减均值(以及确定性成分),然后对纯随机序列建立 ARMA 模型。

10.2 节从理论上分析了 ARIMA 模型的 4 种类型。从这一节知平稳随机过程是否存在确定性成分对模型特征多项式的分析不会产生影响。那么当得到一个时间序列后,如何判别其是属于何种类型的模型呢?要依靠对该序列自相关函数和偏自相关函数的分析。

10.4 自相关函数及其估计

实际中单凭对时间序列的观察很难确定其属于哪一种模型,而自相关函数、偏自相关函数是分析随机过程和识别模型类别的有力工具。

10.4.1 自相关函数

在给出自相关函数定义之前先介绍自协方差函数概念。由 10.1 节知随机过程 $\{x_t\}$ 中的每一个元素 $x_t, t=1,2,\cdots$ 都是随机变量。对于平稳随机过程,其期望为常数,用 μ 表示,即

$$E(x_t)=\mu,\quad t=1,2,\cdots$$

随机过程的取值以 μ 为中心上下变动。平稳随机过程的方差也是一个常量。

$$\mathrm{var}(x_t)=E[(x_t-E(x_t))^2]=E[(x_t-\mu)^2]=\sigma_x^2,\quad t=1,2,\cdots$$

σ_x^2 用来度量随机过程中变量取值对其均值 μ 的离散程度。

相隔 k 期的两个随机变量 x_t 与 x_{t+k} 的协方差，定义为

$$\gamma_k = \text{cov}(x_t, x_{t+k}) = E[(x_t - \mu)(x_{t+k} - \mu)]$$

自协方差序列

$$\gamma_k, \quad k = 0, 1, \cdots, K \tag{10-36}$$

称作随机过程 $\{x_t\}$ 的自协方差函数。当 $k=0$ 时，自协方差退化为方差。

$$\gamma_0 = \text{var}(x_t) = \sigma_x^2$$

自协方差 γ_k 是有量纲的，它的测量单位与变量的测量单位有关。为消除测量单位，给出更方便的自相关系数定义，

$$\rho_k = \frac{\text{cov}(x_t, x_{t+k})}{\sqrt{\text{var}(x_t)}\sqrt{\text{var}(x_{t+k})}} = \frac{E[(x_t - \mu)(x_{t+k} - \mu)]}{\sqrt{E[(x_t - \mu)^2]}\sqrt{E[(x_{t+k} - \mu)^2]}} \tag{10-37}$$

ρ_k 是无测量单位的统计量。

因为对于一个平稳过程有

$$\text{var}(x_t) = \text{var}(x_{t+k}) = \sigma_x^2$$

所以式(10-37)可以改写为

$$\rho_k = \frac{\text{cov}(x_t, x_{t+k})}{\sigma_x^2} = \frac{\gamma_k}{\sigma_x^2}$$

由于 $\gamma_0 = \sigma_x^2$，上式可表示为

$$\rho_k = \frac{\gamma_k}{\gamma_0}$$

当 $k=0$ 时，有 $\rho_0 = 1$。

以滞后期 k 为变量的自相关系数列

$$\rho_k, \quad k = 0, 1, \cdots, K \tag{10-38}$$

称为自相关函数(autocorrelation function)。因为 $\rho_k = \rho_{-k}$，自相关函数是以 $k=0$ 为对称的，因为 $\rho_0 = 1$，所以实际研究中只需给出自相关函数 $k \geqslant 1$ 的正半部分即可。

自相关函数是随机变量与其滞后变量的自相关系数列，用以考查随机过程中变量与其滞后变量的自相关强度。

10.4.2　自回归过程的自相关函数

(1) 平稳 AR(1)过程的自相关函数。

AR(1)过程如下：

$$x_t = \phi_1 x_{t-1} + u_t, \quad |\phi_1| < 1, \quad u_t \sim \text{IN}(0, \sigma_u^2) \tag{10-39}$$

用 x_{t-k} 同乘上式两侧

$$x_{t-k} x_t = \phi_1 x_{t-k} x_{t-1} + x_{t-k} u_t$$

两侧同取期望，

$$\gamma_k = \phi_1 \gamma_{k-1}$$

推导上式过程中用到了 $E(x_t)=0, E(x_{t-k}u_t)=0$。两侧同除 γ_0 得

$$\rho_k=\phi_1\rho_{k-1}=\phi_1\phi_1\rho_{k-2}=\cdots=\phi_1^k\rho_0$$

因为 $\rho_0=1$,所以有

$$\rho_k=\phi_1^k,(k\geqslant 1) \tag{10-40}$$

对于平稳序列有 $|\phi_1|<1$,所以当 ϕ_1 的值为正且小于1时,自相关函数按指数函数形式衰减[图10-9(a)],当 ϕ_1 的值为负且大于 -1(绝对值小于1)时,自相关函数正负交替地按指数函数形式衰减[图10-9(b)],称自相关函数这种衰减形式为拖尾特征。因为对于经济时间序列,ϕ_1 一般为正,所以第1种情形常见。指数衰减的表现形式说明AR(1)过程随着时间间隔的加长,变量之间的关系变得越来越弱。

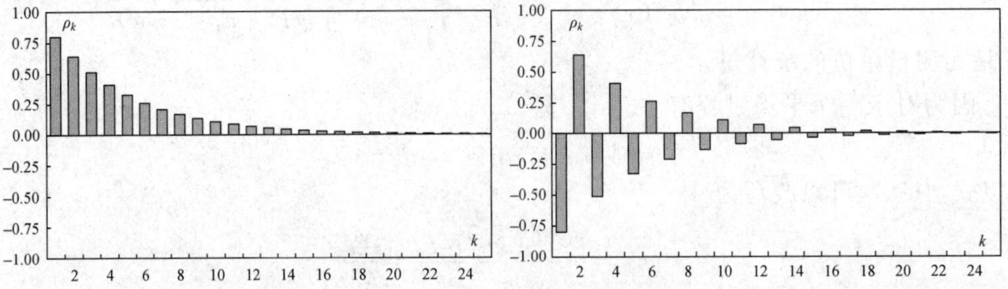

(a) $1>\phi_1>0$　　(b) $-1<\phi_1<0$

图10-9 AR(1)过程的自相关函数

$\phi_1=0$、0.4、0.8、1的AR(1)过程的序列图与相应的自相关函数见图10-10。$\phi_1=0$ 对应的是白噪声过程,$\phi_1=1$ 对应的是随机游走过程。随着AR(1)过程自回归系数 ϕ_1 的增大,序列的变化周期变得越来越长[见图10-10(a)、(b)、(c)、(d)左侧序列图],而相应自相关函数衰减得越来越慢[见图10-10(a)、(b)、(c)、(d)右侧自相关函数图],当 $\phi_1=1$ 时,自相关函数不再衰减。

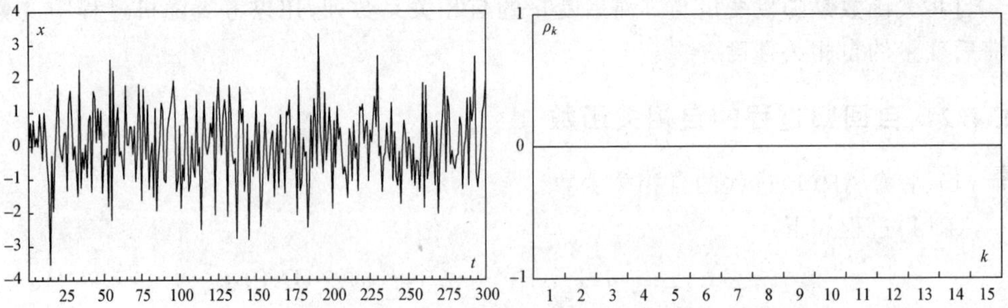

(a) $\phi_1=0$ 的AR(1)过程 $x_t=u_t$ 序列图与自相关函数

图10-10 不同自回归系数的AR(1)过程序列图与自相关函数比较

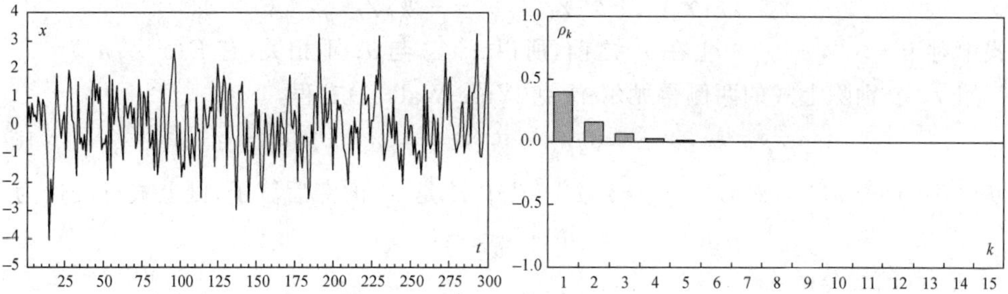

(b) $\phi_1 = 0.4$ 的AR(1) 过程序列图与自相关函数

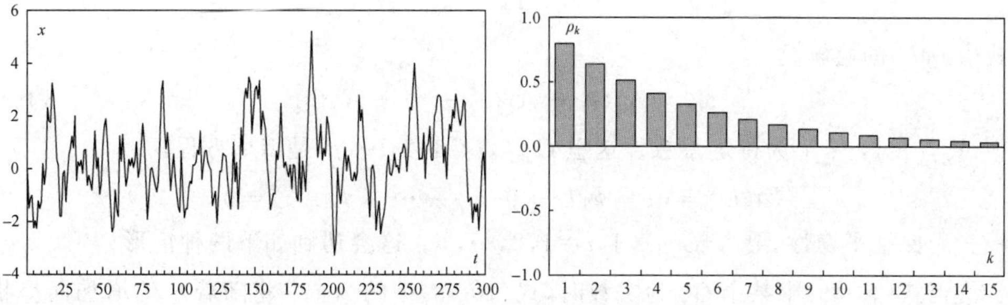

(c) $\phi_1 = 0.8$ 的AR(1) 过程序列图与自相关函数

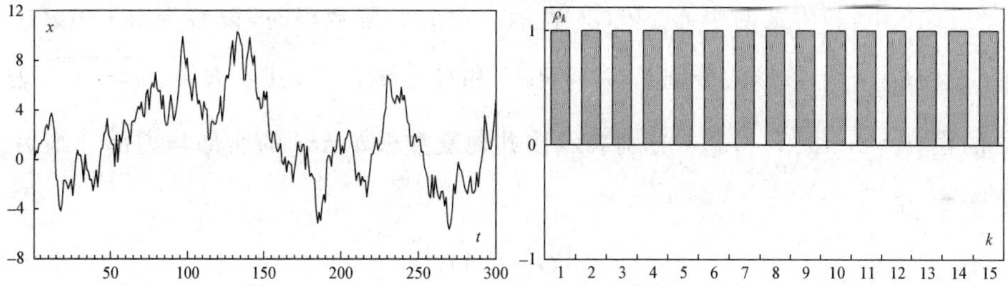

(d) $\phi_1 = 1$ 的AR(1) 过程 $x_t = x_{t-1} + u_t$ 序列图与自相关函数

图 10-10　(续)

(2) 对于 AR(p)过程，按特征方程根的取值不同，自相关函数有两种不同表现。①当特征方程的根为实数时，自相关函数将随着 k 的加大呈指数函数衰减。②当特征方程的根是共轭复根时，自相关函数将按正弦函数振荡形式衰减。高阶自回归过程 AR(p)的自相关函数常是由指数衰减和正弦函数衰减两部分混合而成。当特征方程的根取值远离单位圆时，k 不必很大，自相关函数就会衰减至零。当有一个或多个实数根接近 1 时，自相关函数将衰减得很慢。

用 x_{t-k}，($k>0$)同乘平稳的 p 阶自回归过程

$$x_t = \phi_1 x_{t-1} + \phi_2 x_{t-2} + \cdots + \phi_p x_{t-p} + u_t \tag{10-41}$$

的两侧，得

$$x_{t-k} x_t = \phi_1 x_{t-k} x_{t-1} + \phi_2 x_{t-k} x_{t-2} + \cdots + \phi_p x_{t-k} x_{t-p} + x_{t-k} u_t$$

对上式两侧分别求期望得

$$\gamma_k = \phi_1 \gamma_{k-1} + \phi_2 \gamma_{k-2} + \cdots + \phi_p \gamma_{k-p}, \quad k > 0$$

上式中对于 $k>0$,x_{t-k} 发生在 u_t 之前,所以 x_{t-k} 与 u_t 不相关,有 $E(x_{t-k}u_t)=0$。

用 γ_0 分别除上式的两侧得尤尔-沃克(Yule-Walker)方程,

$$\rho_k = \phi_1 \rho_{k-1} + \phi_2 \rho_{k-2} + \cdots + \phi_p \rho_{k-p}, \quad k > 0 \tag{10-42}$$

令 $\Phi(L)=(1-\phi_1 L-\phi_2 L^2-\cdots-\phi_p L^p)$其中 L 是 ρ_k 的滞后算子,则上式可表达为

$$\Phi(L)\rho_k = 0$$

因 $\Phi(L)$可因式分解为

$$\Phi(L) = \prod_{i=1}^{p}(1 - G_i L)$$

则式(10-42)的通解是

$$\rho_k = A_1 G_1^k + A_2 G_2^k + \cdots + A_p G_p^k \tag{10-43}$$

其中 $A_i, i=1,\cdots p$ 为待定系数。这里 $G_i^{-1}, i=1,2,\cdots,p$ 是特征方程,

$$\Phi(L) = (1 - \phi_1 L - \phi_2 L^2 - \cdots - \phi_p L^p) = 0$$

的根。为保证平稳性,要求$|G_i|<1, i=1,2,\cdots,p$。这会遇到如下两种情形。

①当式(10-43)中某个 G_i 为实数时,式(10-43)中的 $A_i G_i^k$ 将随着 k 的增加而呈指数函数衰减(称过阻尼情形)。

②当式(10-43)中某两个 G_i 和 G_j 表示一对共轭复数根时,设 $G_i=a+bi, G_j=a-bi$,则 G_i 和 G_j 的指数形式分别是 $G_i=R\mathrm{e}^{i\theta}$ 和 $G_j=R\mathrm{e}^{-i\theta}$,其中 $R=\sqrt{a^2+b^2}$,表示 G_i 和 G_j 的模,$\theta=\operatorname{arctg}\left(\frac{b}{a}\right)$,$a$、$b$ 分别表示该共轭复数根 $a\pm bi$ 的实部与虚部。则 $A_i G_i^k + A_j G_j^k$ 表示为

$$A G_i^k + \bar{A} G_j^k$$

由于 G_i 和 G_j 是共轭复数,所以,尽管 A,$\bar{A}$ 是任意数,但必须是共轭复数 $c+di$ 以保证式(10-43)是实数。令 $A=Be^{i\phi}$,$\bar{A}=Be^{-i\phi}$,其中 B 表示 A 和 $\bar{A}$ 的模,$B=\sqrt{c^2+d^2}$,$\phi=\operatorname{arctg}\left(\frac{d}{c}\right)$,$c$、$d$ 分别表示该共轭复数根的实部与虚部。于是有

$$A G_i^k + \bar{A} G_j^k = B\mathrm{e}^{i\phi} R^k \mathrm{e}^{ik\theta} + B\mathrm{e}^{-i\phi} R^k \mathrm{e}^{-ik\theta} = BR^k[\mathrm{e}^{i(k\theta+\phi)} + \mathrm{e}^{-i(k\theta+\phi)}]$$

由三角公式 $\mathrm{e}^{i\alpha}+\mathrm{e}^{-i\alpha}=2\cos\alpha$,上式得

$$A G_i^k + \bar{A} G_j^k = BR^k[\mathrm{e}^{i(k\theta+\phi)} + \mathrm{e}^{-i(k\theta+\phi)}] = 2BR^k\cos(k\theta + \phi)$$

其中 B,ϕ 是任意实数。ϕ 是初相角,用弧度表示。

对于平稳过程,必有$|G_i|<1$,即$|a\pm bi|<1$,模 $R<1$。见上式,随着 k 的增加,R^k 越来越小,角度 $k\theta$ 越来越大,即随着 k 的增大,自相关函数逆时针方向螺旋式朝着原点收敛。若以 k 为横轴展示自相关函数,则是一个震荡式衰减过程。

注意:当 B,ϕ 取值不同时,只分别改变自相关函数的幅度和初相角,但不改变衰减的形式[比较图 10-11(a)和图 10-11(b),相差 2 个弧度]。

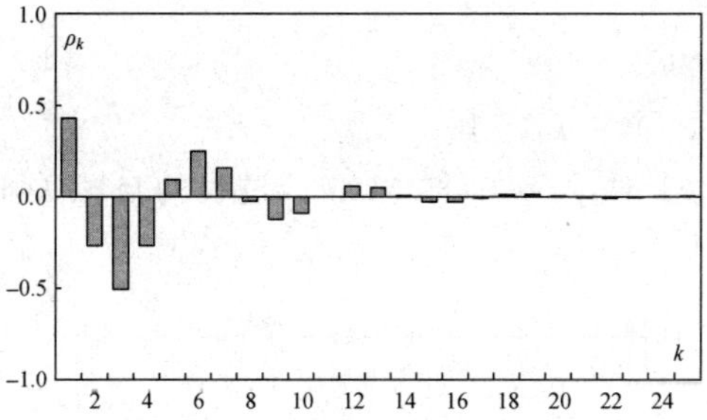

(a) 两个复根 $\rho_k=(0.8)^k\cos(t)$

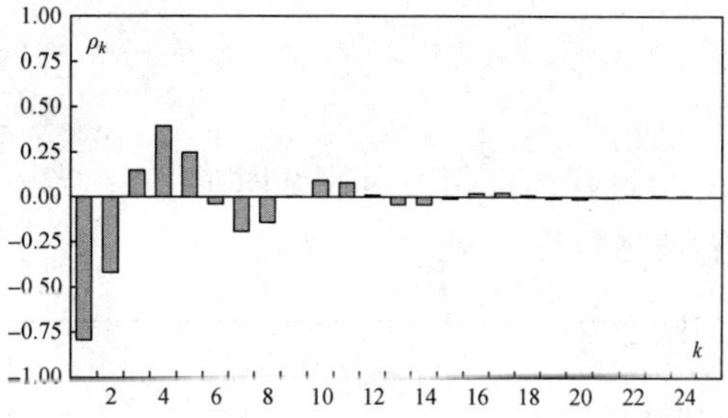

(b) 两个复根 $\rho_k=(0.8)^k\cos(t+2)$

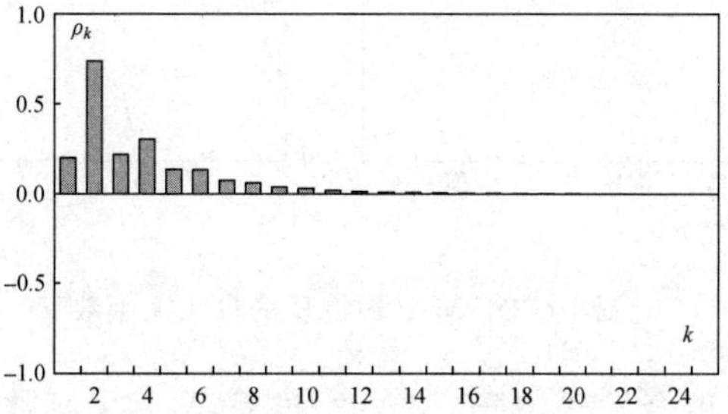

(c) 两个特征根为实根[$\rho_k=(0.7)^k+(-0.5)^k$]

图 10-11　AR(2)过程的自相关函数

图 10-11(c)给出的是两个实数根(1/0.7)和(1/(−0.5))叠加而成的自相关函数图。实际中由于平稳自回归过程的根可能同时包括实数根和复数根，所以，自相关函数常由指数衰减和正弦衰减两部分叠加而成。

从式(10-43)可以看出，当特征方程的根取值远离单位圆时，k 不必很大，自相关函数就会衰减至零。若有一个实数根或共轭复根的模接近 1，自相关函数将衰减得很慢。

10.4.3　移动平均过程的自相关函数

先看 MA(1)过程的自相关函数。对于 MA(1)过程

$$x_t=u_t+\theta_1u_{t-1}$$

有

$$\gamma_k=E(x_tx_{t-k})=E[(u_t+\theta_1u_{t-1})(u_{t-k}+\theta_1u_{t-k-1})]$$

当 $k=0$ 时，

$$\gamma_0=E(u_t^2+\theta_1u_tu_{t-1}+\theta_1u_tu_{t-1}+\theta_1^2u_{t-1}^2)=(1+\theta_1^2)\sigma_u^2$$

上面的推导中用到了 $E(u_tu_{t-1})=0$，即白噪声项的协方差等于零。当 $k=1$ 时

$$\gamma_1=E(u_tu_{t-1}+\theta_1u_{t-1}^2+\theta_1u_tu_{t-2}+\theta_1^2u_{t-1}u_{t-2})=\theta_1E(u_{t-1})^2=\theta_1\sigma_u^2$$

当 $k>1$ 时，

$$\gamma_k=0$$

综合以上两种情形，MA(1)过程自相关函数为

$$\rho_k = \frac{\gamma_k}{\gamma_0} = \begin{cases} \dfrac{\theta_1}{1+\theta_1^2}, & k=1 \\ 0, & k>1 \end{cases} \tag{10-44}$$

MA(1)过程的自相关函数见图10-12。当 $k>1$ 时，$\rho_k=0$，称MA(1)过程的自相关函数具有截尾特征。

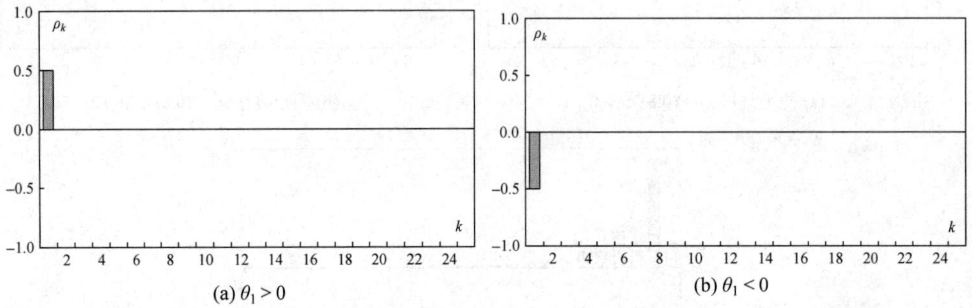

图10-12 MA(1)过程的自相关函数

用相似的方法推导就会发现，对于MA(2)过程，自相关函数(推导略)是

$$\rho_k = \begin{cases} \dfrac{\theta_1+\theta_1\theta_2}{1+\theta_1^2+\theta_2^2}, & k=1 \\ \dfrac{\theta_2}{1+\theta_1^2+\theta_2^2}, & k=2 \\ 0, & k>2 \end{cases}$$

具有截尾特征。

MA(q)过程(10-19)的自协方差函数是

$$\gamma_k = E[(u_t+\theta_1 u_{t-1}+\theta_2 u_{t-2}+\cdots+\theta_q u_{t-q})(u_{t-k}+\theta_1 u_{t-k-1}+\theta_2 u_{t-k-2}+\cdots+\theta_q u_{t-k-q})]$$

当 $k=0$ 时，

$$\gamma_0 = (1+\theta_1^2+\theta_2^2+\cdots+\theta_q^2)\sigma_u^2$$

当 $k=1,2,\cdots,q$，时，

$$\gamma_k = (\theta_k+\theta_1\theta_{k+1}+\theta_2\theta_{k+2}+\cdots+\theta_{q-k}\theta_q)\sigma_u^2$$

当 $k>q$，

$$\gamma_k = 0$$

MA(q)过程的自相关函数是

$$\rho_k = \begin{cases} \dfrac{\theta_k+\theta_1\theta_{k+1}+\theta_2\theta_{k+2}+\ldots+\theta_{q-k}\theta_q}{1+\theta_1^2+\theta_2^2+\cdots+\theta_q^2}, & k=1,2,\cdots,q \\ 0, & k>q \end{cases} \tag{10-45}$$

当 $k>q$ 时，$\rho_k=0$，说明 $\rho_k,k=1,\cdots$ 具有截尾特征。

10.4.4　ARMA 过程的自相关函数

用 x_{t-k} 乘 ARMA(p,q)过程(10-22)两侧，然后取期望得

$$\gamma_k = \phi_1\gamma_{k-1} + \phi_2\gamma_{k-2} + \cdots + \phi_p\gamma_{k-p} + \gamma_{(xu)k} + \theta_1\gamma_{(xu)k-1} + \cdots + \theta_q\gamma_{(xu)k-q} \tag{10-46}$$

其中 $\gamma_{(xu)k}=E(x_{t-k}u_t)$ 是相隔 k 期的 x_{t-k} 与 u_t 的协方差。因为 x_{t-k} 只与 u_{t-k} 及其以前的项有关，而与 u_t(当期)无关，所以，

$$\gamma_{(xu)k} = E(x_{t-k}u_t) = 0,\quad k>0$$

当 $k>q$ 时，式(10-46)右侧的 $q+1$ 项全部为零。

$$\gamma_{(xu)k} = \theta_1\gamma_{(xu)k-1} = \cdots = \theta_q\gamma_{(xu)k-q} = 0,\quad k>q$$

利用上式结果，当 $k>q$ 时，式(10-46)变为

$$\gamma_k = \phi_1\gamma_{k-1} + \phi_2\gamma_{k-2} + \cdots + \phi_p\gamma_{k-p}, k>q \tag{10-47}$$

用 γ_0 除式(10-47)两侧得

$$\rho_k = \phi_1\rho_{k-1} + \phi_2\rho_{k-2} + \cdots + \phi_p\rho_{k-p},\quad k>q \tag{10-48}$$

所以当 $k>q$ 时，ρ_k 可以用上式计算。当 $k<q$ 时，由式(10-46)知 $\rho_1,\cdots,\rho_q$ 的值既与移动平均参数 $\theta_i, i=1,\cdots,q$ 有关，也与自回归参数 $\phi_i, i=1,\cdots,p$ 有关。当 $q-p<0$ 时，自相关函数 $\rho_k, k=1,2,\cdots$ 的特征是指数衰减的和(或)正弦衰减的；当 $q-p\geqslant 0$ 时，ρ_k 的 $q-p+1$ 个初始值 $\rho_0,\rho_1,\cdots,\rho_{q-p}$ 不按上述形式衰减。

ARMA(1,1)过程的自相关函数(证明略)是

$$\rho_1 = \frac{\gamma_1}{\gamma_0} = \frac{(1+\theta_1\phi_1)(\phi_1+\theta_1)}{1+\theta_1^2+2\theta_1\phi_1} = \frac{(1+\theta_1\phi_1)(\phi_1+\theta_1)}{(\theta_1+\phi_1)^2+(1-\phi_1^2)} \tag{10-49}$$

$$\begin{aligned}\rho_k &= \gamma_k/\gamma_0 = \phi_1\gamma_{k-1}/\gamma_0 = \phi_1\rho_{k-1} = \phi_1^{k-1}\rho_1 \\ &= \phi_1^{k-1}\frac{(1+\theta_1\phi_1)(\phi_1+\theta_1)}{(\theta_1+\phi_1)^2+(1-\phi_1^2)},\quad k\geqslant 2\end{aligned} \tag{10-50}$$

ARMA(1,1)过程的自相关函数 ρ_k 从 ρ_1 开始指数衰减。ρ_1 的大小取决于 ϕ_1 和 θ_1，ρ_1 的符号取决于($\phi_1+\theta_1$)。若 $\phi_1>0$，$(\phi_1+\theta_1)>0$，自相关函数是正的、平滑的指数衰减；若 $\phi_1>0$，$(\phi_1+\theta_1)<0$，自相关函数是负的、平滑的指数衰减。若 $\phi_1<0$，自相关函数为正负交替式指数衰减，当($\phi_1+\theta_1$)为正数时，k 为奇数时，自相关系数为正；k 为偶数时，自相关系数为负。当($\phi_1+\theta_1$)为负时，k 为奇数时，自相关系数为负；k 为偶数时，自相关系数为正。

对于 ARMA(p,q)过程，$p,q\geqslant 2$ 时，自相关函数的表现形式比较复杂，根据特征根是实数根还是复数根，有可能呈指数衰减、正弦衰减或二者的混合衰减。

10.4.5　自相关函数的估计(相关图)

对于一个平稳的有限时间序列($x_1,x_2,\cdots,x_T$)用样本平均数

$$\bar{x}=\frac{1}{T}\sum_{t=1}^{T}x_t$$

估计总体均值(随机过程期望)μ,用样本方差

$$s^2=\frac{1}{T}\sum_{t=1}^{T}(x_t-\bar{x})^2$$

估计总体(随机过程)方差σ_x^2。(**注意:**s^2 是 σ_x^2 的有偏估计量。)

用样本计算的自相关函数估计随机过程(真实)的自相关函数,称其为相关图(correlogram)或估计的自相关函数,记为

$$r_k=\frac{C_k}{C_0},\quad k=0,1,2,\cdots,K \tag{10-51}$$

其中样本自相关系数 r_k 是对真实自相关函数 ρ_k 的估计。样本协方差

$$C_k=\frac{1}{T}\sum_{t=1}^{T-k}(x_t-\bar{x})(x_{t+k}-\bar{x}),\quad k=0,1,2,\cdots,K$$

是对真实协方差 γ_k 的估计(**注意:**C_k 是 γ_k 的有偏估计量)。样本方差

$$C_0=\frac{1}{T}\sum_{t=1}^{T}(x_t-\bar{x})^2 \tag{10-52}$$

是对真实方差 γ_0 的估计。T 是时间序列数据的样本容量。实际中 T 不应太小,对于非季节时间序列,最好大于60,而且 T 越大(序列充分长),相关图对序列自相关函数的估计效果就越好。计算非季节序列的相关图,一般取 $K=15$ 就足够了。

相关图是对自相关函数的估计。由于MA过程和ARMA过程中的MA分量的自相关函数具有截尾特性,所以通过相关图可以估计MA过程的阶数 q。

当识别时间序列的模型形式时,首先应确定自相关函数在 k 等于何值时开始为零(截尾),即估计MA过程参数 q。为此需要近似估计自相关系数估计量 r_k 的方差。因为理论的MA(q)过程的自相关系数在 $k>q$ 时有 $\rho_k=0$,所以当 $k>q$ 时,r_k 的方差按下式计算(Bartlett,1946)。

$$\operatorname{var}(r_k)=\frac{1}{T}[1+2(\rho_1^2+\rho_2^2+\cdots+\rho_q^2)],\quad k>q \tag{10-53}$$

并且用$\sqrt{\operatorname{var}(r_k)}$近似代替 r_k 的标准差 $s(r_k)$。安德森(Anderson,1942)指出,当 $k>q$ 时,$\rho_k=0$,r_k 近似服从正态分布。$r_k/s(r_k)$近似服从标准正态分布。

对于白噪声过程有 $\rho_k=0$,($k>0$),所以取 $q=0$,对于所有的滞后期由式(10-53)得

$$\operatorname{var}(r_k)=\frac{1}{T}$$

上式是(10-53)式的一个特例。

【例10-5】

由 $T=300$ 的时间序列计算得到的 r_k,$k=1,2,\cdots,10$ 的值见表10-1。相应的相关图见图10-13。首先假定该序列来自白噪声过程,则应有 $q=0$。对所有的滞后期有

$$\mathrm{var}(r_k)=\frac{1}{T}=\frac{1}{300}=0.0033,\quad k>0$$

$$s(r_k)=\sqrt{\mathrm{var}(r_k)}=\sqrt{0.0033}=0.06,\quad k>0$$

表 10-1　某序列($T=300$)的相关图 r_k

k	r_k	k	r_k
1	0.468	6	−0.076
2	0.004	7	0.017
3	0.010	8	0.096
4	−0.072	9	0.042
5	−0.101	10	−0.007

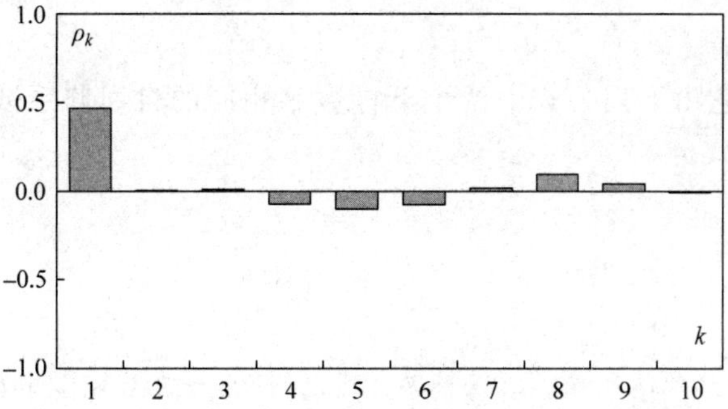

图 10-13　相关图

ρ_1 的 95%的置信区间是 $[r_1-1.96s(r_1), r_1+1.96s(r_1)]$。因为 $r_1\pm1.96s(r_1)=0.468\pm1.96\times0.06=0.35, 0.59$,所以该置信区间是$[0.35, 0.59]$。因为这个区间不包括零,结论是 $\rho_1\neq0$。

下一步检验 $q=1$,即当 $k\geqslant2$ 时,$\rho_k=0$[推断序列来自 MA(1)过程]。由式(10-53),

$$\mathrm{var}(r_2)=\frac{1}{300}[1+2\times(0.468)^2]=0.0048$$

$$s(r_2)=\sqrt{0.0048}=0.0692$$

ρ_2 的 95%的置信限是 $r_2\pm1.96s(r_2)=0.004\pm1.96\times0.0692=-0.13, 0.14$,所以 ρ_2 的 95%的置信区间是 $[-0.13, 0.14]$。因为这个区间包括零,所以检验结论是 $\rho_2=0$。由类似的检验可得结论 $\rho_3,\rho_4\cdots=0$。

综上,推断自相关函数,$\rho_1\neq0$,而对于 $k\geqslant2$,有 $\rho_k=0$,具有截尾特性,所以该时间序列不是来自白噪声过程,而是可能取自 MA(1)过程。

由上可见相关图是识别 MA 过程阶数和 ARMA 过程中 MA 分量阶数的一个重要方法。

一个随机过程的自相关函数通常是未知的。相关图是对自相关函数的估计。由于

MA 过程和 ARMA 过程中的 MA 分量的自相关函数具有截尾特性,所以通过相关图可以估计 MA 过程的阶数 q。

10.5 偏自相关函数及其估计

偏自相关函数(partial autocorrelation function)是描述随机过程时域特征的另一种方法。与自相关函数结合在一起识别时间序列的结构特征。

10.5.1 偏自相关函数的定义

用 ϕ_{kj} 表示 k 阶自回归式中第 j 个回归系数,则 k 阶自回归模型表示为

$$x_t = \phi_{k1} x_{t-1} + \phi_{k2} x_{t-2} + \cdots + \phi_{kk} x_{t-k} + u_t$$

其中 ϕ_{kk} 是最后一个自回归系数。若把 ϕ_{kk} 看作滞后期 k 的函数,则称

$$\phi_{kk}, \quad k = 1, 2, \cdots \tag{10-54}$$

为偏自相关函数。它由下列公式中两个下标数字相同的自回归系数 $\{\phi_{11}, \phi_{22}, \cdots, \phi_{kk}\}$ 组成。

$$\begin{aligned} &x_t = \phi_{11} x_{t-1} + u_t \\ &x_t = \phi_{21} x_{t-1} + \phi_{22} x_{t-2} + u_t \\ &\cdots \\ &x_t = \phi_{k1} x_{t-1} + \phi_{k2} x_{t-2} + \cdots + \phi_{kk} x_{t-k} + u_t \end{aligned}$$

因为偏自相关函数中每一个自回归系数 ϕ_{kk} 恰好表示 x_t 与 x_{t-k} 在排除了其中间变量 $x_{t-1}, x_{t-2}, \cdots, x_{t-k+1}$ 影响后的自相关系数,即

$$x_t - \phi_{k1} x_{t-1} - \phi_{k2} x_{t-2} - \cdots - \phi_{kk-1} x_{t-k+1} = \phi_{kk} x_{t-k} + u_t$$

所以偏自相关函数由此得名。

对于 AR(p)过程,当 $k \leqslant p$ 时,$\phi_{kk} \neq 0$,当 $k > p$ 时,$\phi_{kk} = 0$。偏自相关函数在滞后期 p 以后有截尾特性,因此可用此性质识别 AR(p)过程的阶数。

10.5.2 偏自相关函数的计算

实际中偏自相关函数是用自相关函数按如下方法计算的。用 ϕ_{kj} 换尤尔-沃克方程(10-42)中的 ϕ_j,得

$$\rho_j = \phi_{k1} \rho_{j-1} + \phi_{k2} \rho_{j-2} + \cdots + \phi_{kk} \rho_{j-k}, \quad j = 1, 2, \cdots, K$$

用矩阵形式表示上式,

$$\begin{bmatrix} \rho_1 \\ \rho_2 \\ \cdots \\ \rho_k \end{bmatrix} = \begin{bmatrix} 1 & \rho_1 & \rho_2 & \cdots & \rho_{k-1} \\ \rho_1 & 1 & \rho_1 & \cdots & \rho_{k-2} \\ \cdots & \cdots & \cdots & \cdots & \cdots \\ \rho_{k-1} & \rho_{k-2} & \rho_{k-3} & \cdots & 1 \end{bmatrix} \begin{bmatrix} \phi_{k1} \\ \phi_{k2} \\ \cdots \\ \phi_{kk} \end{bmatrix} \tag{10-55}$$

当一个序列的自相关函数已知时，将 $k=1,2,\cdots$ 代入上式连续求解，可求得偏自相关函数值。令 $k=1$，得

$$\phi_{11}=\rho_1$$

令 $k=2$，

$$\begin{bmatrix}\phi_{21}\\ \phi_{22}\end{bmatrix}=\begin{bmatrix}1 & \rho_1\\ \rho_1 & 1\end{bmatrix}^{-1}\begin{bmatrix}\rho_1\\ \rho_2\end{bmatrix}=\frac{\begin{bmatrix}1 & -\rho_1\\ -\rho_1 & 1\end{bmatrix}\begin{bmatrix}\rho_1\\ \rho_2\end{bmatrix}}{\begin{vmatrix}1 & \rho_1\\ \rho_1 & 1\end{vmatrix}}=\frac{\begin{bmatrix}\rho_1-\rho_1\rho_2\\ \rho_2-\rho_1^2\end{bmatrix}}{1-\rho_1^2}$$

其中

$$\phi_{22}=\frac{\rho_2-\rho_1^2}{1-\rho_1^2}$$

令 $k=3$，

$$\begin{bmatrix}\phi_{31}\\ \phi_{32}\\ \phi_{33}\end{bmatrix}=\begin{bmatrix}1 & \rho_1 & \rho_2\\ \rho_1 & 1 & \rho_1\\ \rho_2 & \rho_1 & 1\end{bmatrix}^{-1}\begin{bmatrix}\rho_1\\ \rho_2\\ \rho_3\end{bmatrix}$$

其中

$$\begin{aligned}\phi_{33}&=\begin{vmatrix}1 & \rho_1 & \rho_2\\ \rho_1 & 1 & \rho_1\\ \rho_2 & \rho_1 & 1\end{vmatrix}^{-1}\begin{vmatrix}1 & \rho_1 & \rho_1\\ \rho_1 & 1 & \rho_2\\ \rho_2 & \rho_1 & \rho_3\end{vmatrix}\\ &=\begin{vmatrix}1 & \rho_1 & \rho_2\\ \rho_1 & 1 & \rho_1\\ \rho_2 & \rho_1 & 1\end{vmatrix}^{-1}(\rho_3+\rho_1\rho_2^2+\rho_1^3-\rho_1\rho_2-\rho_1^2\rho_3-\rho_1\rho_2)\end{aligned}$$

令 $k=4,\cdots,k=p$。

对于 AR(p)过程，当 $k>p$ 时，$\phi_{kk}=0$。而对于无限期的 AR(∞)过程，偏自相关函数 ϕ_{kk} 永远不等于零。

10.5.3　AR、MA、ARMA 过程偏自相关函数特征

对于 AR(1)过程，$x_t=\phi_1 x_{t-1}+u_t$，按式(10-54)也可以表示为 $x_t=\phi_{11}x_{t-1}+u_t$。因为 ϕ_{11} 就是 x_t 和 x_{t-1} 的自相关系数，所以有 $\phi_{11}=\rho_1$。如果真实过程是 AR(1)的，当然写不出 AR(2)表达式，$x_t=\phi_{21}x_{t-1}+\phi_{22}x_{t-2}+u_t$，因为 $\phi_{22}=0$。同理，也写不出 AR(3)表达式，因为 $\phi_{33}=0$。也可以按式(10-55)计算验证上述结论。由式(10-55)有 $\phi_{11}=\rho_1$。根据式(10-40)，$\rho_1=\phi_1$，$\rho_2=\phi_1^2$。把 ρ_1，ρ_2 代入式(10-55)，得

$$\phi_{22}=\frac{\rho_2-\rho_1^2}{1-\rho_1^2}=\frac{\phi_1^2-\phi_1^2}{1-\phi_1^2}=0$$

所以 AR(1)过程的偏自相关函数特征是 $\phi_{11}\neq 0$；$k>1$ 时，$\phi_{kk}=0$。在 $k=1$ 有峰值

$(\phi_{11}=\rho_1)$然后呈截尾特征(图10-14)。

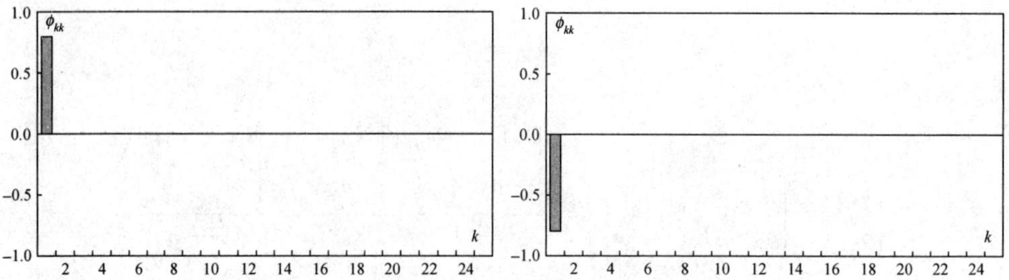

(a) $\phi_{11}>0$　　(b) $\phi_{11}<0$

图10-14　AR(1)过程的偏相关图

同理,对于AR(2)过程,当$k\leqslant 2$时,$\phi_{kk}\neq 0$; 当$k>2$时,$\phi_{kk}=0$。偏自相关函数在滞后期2以后有截尾特征。

对于AR(p)过程,当$k\leqslant p$时,$\phi_{kk}\neq 0$; 当$k>p$时,$\phi_{kk}=0$。偏自相关函数在滞后期p以后有截尾特征,因此可用估计的偏自相关函数识别AR(p)过程的阶数。

对于MA(1)过程$x_t=u_t+\theta_1 u_{t-1}$,根据式(10-44)有$\rho_1=\theta_1/(1+\theta_1^2)$; $\rho_2=0$。把ρ_1,ρ_2代入式(10-55),得

$$\phi_{11}=\rho_1=\frac{\theta_1}{1+\theta_1^2}$$

$$\phi_{22}=\frac{\rho_2-\rho_1^2}{1-\rho_1^2}=\frac{0-\left(\dfrac{\theta_1}{1+\theta_1^2}\right)^2}{1-\left(\dfrac{\theta_1}{1+\theta_1^2}\right)^2}=\frac{-\theta_1^2}{1+\theta_1^2+\theta_1^4}$$

因为可逆的MA(1)过程可以转化为无限阶的AR(∞)过程,根据式(10-55)知,当$k>3$时,一定也有$\phi_{kk}\neq 0$,所以MA(1)过程的偏自相关函数随着k的增大是一个拖尾过程。比较ϕ_{11}和ϕ_{22}的绝对值知,ϕ_{22}的绝对值小于ϕ_{11}的绝对值。同样,ϕ_{kk}的绝对值将越来越小,呈衰减拖尾特征。当移动平均系数$\theta_1>0$时,偏自相关函数ϕ_{kk}是正负交替的拖尾衰减; 当$\theta_1<0$时,偏自相关函数ϕ_{kk}的符号全是负的,负向拖尾衰减,见图10-15。

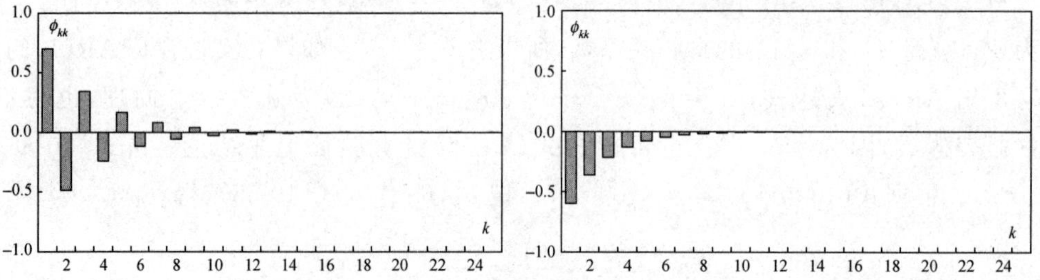

(a) $\theta_1>0$　　(b) $\theta_1<0$

图10-15　MA(1)过程的偏自相关函数

同理，MA(q)过程的偏自相关函数也呈拖尾衰减特征。

ARMA(p,q)过程可以转化为无限阶的 AR(∞)过程，所以根据式(10-55)，ARMA(p,q)过程的偏自相关函数也是拖尾的，其表现形式与 MA(q)过程的偏自相关函数相类似。根据模型中移动平均阶数 q 以及系数 θ_i 的不同，偏自相关函数的衰减拖尾特征也不同。

10.5.4　偏自相关函数的估计

对于时间序列数据，偏自相关函数通常是未知的。估计的偏自相关函数

$$\hat{\phi}_{kk}, \quad k=1,2,\cdots,K \tag{10-56}$$

称为偏相关图(partial correlogram)。其中 $\hat{\phi}_{kk}$ 是对式(10-54)中 ϕ_{kk} 的估计。偏相关图是对偏自相关函数的估计。因为 AR 过程和 ARMA 过程中 AR 分量的偏自相关函数具有截尾特性，所以可利用偏相关图估计自回归过程的阶数 p。实际中对于非季节性时间序列的偏相关图取 $k=15$ 就足可以了。

用偏相关图检验自回归阶数，还需计算 $\hat{\phi}_{kk}$ 的标准差。克努耶(Quenouille，1949)和詹金斯(Jenkins，1954，1956)指出在自回归过程阶数等于 p 的假设条件下，$p+1$ 以及更高阶偏自相关系数估计量 $\hat{\phi}_{kk}$，($k>p$)近似服从均值为零，方差为

$$\operatorname{var}(\hat{\phi}_{kk})=\frac{1}{T}, \quad k>p \tag{10-57}$$

的正态分布，其中 T 为时间序列样本容量。$\hat{\phi}_{kk}$ 的标准差为

$$s(\hat{\phi}_{kk})=\frac{1}{T^{1/2}}, \quad k>p \tag{10-58}$$

对于 $k>p$，在 $\hat{\phi}_{kk}=0$ 假设条件下，统计量 $\hat{\phi}_{kk}/s(\hat{\phi}_{kk})$ 近似服从标准正态分布。

【例 10-6】

由计算表 10-1 所用同一个序列($T=300$)得到的偏自相关系数估计值 $\hat{\phi}_{kk}$，$k=1,2,\cdots,10$，见表 10-2。偏相关图见图 10-16。已知 $T=300$，所以 $\hat{\phi}_{kk}$ 的标准差 $s(\hat{\phi}_{kk})=1/\sqrt{300}=0.06$。正负各两个标准差的水平虚线见图 10-16。因为 $k=1,\cdots,7$ 的 $\hat{\phi}_{kk}$ 都

表 10-2　某序列($T=300$)的偏相关图 $\hat{\phi}_{kk}$ 的值

k	$\hat{\phi}_{kk}$	k	$\hat{\phi}_{kk}$
1	0.468	6	−0.139
2	−0.276	7	0.184
3	0.190	8	−0.053
4	−0.239	9	0.035
5	0.099	10	−0.056

显著地不等于零，所以偏相关图具有拖尾特征。结合图10-13的相关图具有一阶截尾特征，推断该序列应该是来自一个MA(1)过程。

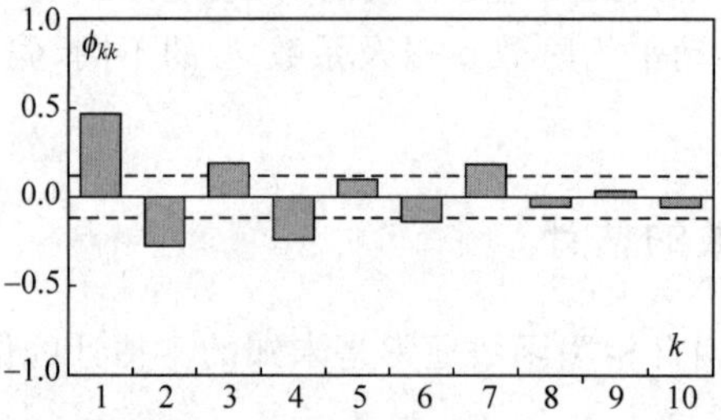

图10-16　偏相关图 $\hat{\phi}_{kk}$

10.5.5　ARIMA过程自相关函数和偏自相关函数特征总结

不同类型随机过程、不同参数所对应的自相关函数和偏自相关函数形式见表10-3。

表10-3　ARIMA过程的自相关函数和偏自相关函数特征

模　　型	自相关函数特征	偏自相关函数特征
ARIMA(0,1,0) $x_t=x_{t-1}+u_t$	不衰减	$\rho_1=1$ 而后呈截尾特征
AR(1) $x_t=\phi_1 x_{t-1}+u_t$	若 $\phi_1>0$，平滑地指数衰减。若 $\phi_1<0$，正负交替地指数衰减	若 $\phi_{11}>0$，$k=1$ 有正峰值，然后截尾。若 $\phi_{11}<0$，$k=1$ 有负峰值，然后截尾
MA(1) $x_t=u_t+\theta_1 u_{t-1}$	若 $\theta_1>0$，$k=1$ 有正峰值，然后截尾。若 $\theta_1<0$，$k=1$ 有负峰值，然后截尾	若 $\theta_1>0$，交替式指数衰减。若 $\theta_1<0$，负的平滑指数衰减
AR(2) $x_t=\phi_1 x_{t-1}+\phi_2 x_{t-2}+u_t$	指数或正弦函数衰减	$k=1,2$ 时有两个峰值，然后截尾
MA(2) $x_t=u_t+\theta_1 u_{t-1}+\theta_2 u_{t-2}$	$k=1,2$ 有两个峰值，然后截尾	指数或正弦函数衰减(拖尾)
ARMA(1,1) $x_t=\phi_1 x_{t-1}+u_t+\theta_1 u_{t-1}$	$k=1$ 有峰值，然后按指数衰减	$k=1$ 有峰值，然后按指数函数衰减(拖尾)
ARMA(2,1) $x_t=\phi_1 x_{t-1}+\phi_2 x_{t-2}+u_t+\theta_1 u_{t-1}$	$k=1$ 有峰值，然后按指数或正弦衰减(拖尾)	$k=1,2$ 有两个峰值，然后按指数衰减(拖尾)
ARMA(1,2) $x_t=\phi_1 x_{t-1}+u_t+\theta_1 u_{t-1}+\theta_2 u_{t-2}$	$k=1,2$ 有两个峰值，然后按指数衰减(拖尾)	$k=1$ 有峰值，然后按指数或正弦衰减(拖尾)
ARMA(2,2) $x_t=\phi_1 x_{t-1}+\phi_2 x_{t-2}+u_t+$ $\theta_1 u_{t-1}+\theta_2 u_{t-2}$	$k=1,2$ 有两个峰值，然后按指数或正弦函数衰减(拖尾)	$k=1,2$ 有两个峰值，然后按指数或正弦函数衰减(拖尾)

10.6　ARIMA 模型的建立与预测

ARIMA 模型用

$$\Phi(L)(\Delta^d y_t - \mu) = \Theta(L)u_t \tag{10-59}$$

或

$$\Phi(L)\Delta^d y_t = \alpha + \Theta(L)u_t \tag{10-60}$$

表示。其中 $\Delta^d y_t$ 表示平稳序列。如果 y_t 是平稳序列，则 $d=0$，直接用 y_t 建立 ARMA 模型。如果 y_t 是非平稳序列，则经过必要的 d 次差分，把 y_t 转化为一个平稳序列，$\Delta^d y_t$，然后用其建立 ARMA 模型。μ 是平稳序列的均值，α 表示漂移项[$\Phi(1)\mu=\alpha$]。$\Phi(L)$ 和 $\Theta(L)$ 分别是 p 阶自回归和 q 阶移动平均特征多项式。相应特征方程 $\Phi(L)=0$ 和 $\Theta(L)=0$ 的根都在单位圆之外。这是随机过程的一般表达式，它既包括了 AR、MA 和 ARMA 模型，也包括了 ARI、IMA 和 ARIMA 模型。

10.6.1　模型的识别

建立时间序列模型通常包括 3 个步骤：①模型识别；②模型参数估计；③模型诊断与检验，见图 10-17。

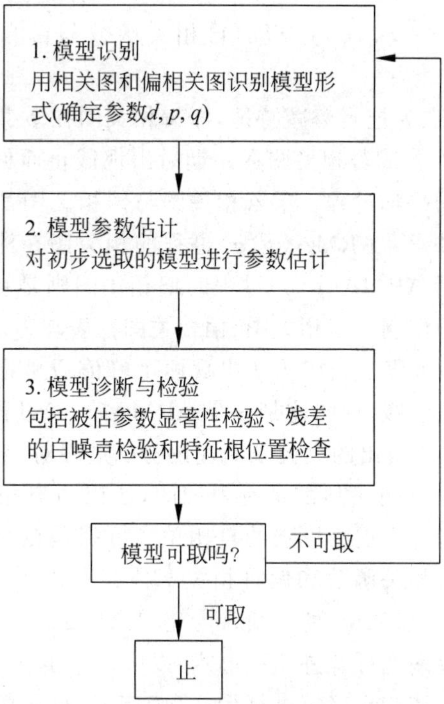

图 10-17　建立时间序列模型的步骤

模型的识别就是通过对时间序列相关图与偏相关图的分析，初步确定 ARIMA 模型参数 d, p, q 的值。

其中，首先要确定 d 的值(序列需要差分的次数)，即判断序列的平稳性。建立 ARIMA 模型要求必须在平稳序列的基础上进行。如果序列是非平稳的，则必须通过差分把非平稳序列转化为平稳序列后，再建立 ARIMA 模型。如果原序列是平稳的，则直接利用原序列建立 ARMA 模型。对于宏观经济序列，常常就是决定 d 等于 1(序列需要差分 1 次)还是等于 0(序列不需要差分)。判断序列是否平稳的方法有两种，一是观察序列的相关图，二是采用第 12 章介绍的单位根检验方法。

在这个过程中需要注意 3 点。①如果序列存在异方差，应该先对序列取自然对数，然后用经过自然对数变换的序列建立 ARIMA 模型。②防止过度差分，即防止在已经是平稳序列的基础上再次进行差分。判断序列是否被过度差分的方法是观察序列的方差。若序列经过差分后方差变大，则说明差分次数过多。③见表 10-3，一个含有单位根(非平稳)的无限期的随机过程的自相关函数是不衰减的。但是，对于一个有限长度的时间序列，其相关图依据样本容量 T 的大小会出现不同程度的近似线性衰减(理论推导见第 11 章)。样本容量越小，衰减得就越快。所以若一个有限时间序列的相关图呈近似线性衰减，说明这是一个非平稳序列(若相关图呈指数函数或正弦函数衰减，则说明这是一个平稳序列)。

在确定差分次数 d 之后，在 d 次差分平稳序列基础上通过相关图与偏相关图继续识别 p 和 q。各种 ARIMA(p, d, q) 过程的自相关函数与偏自相关函数的表现形式见表 10-3。

例如，①若相关图表现为拖尾衰减特征，而偏相关图在 p 期后出现截止特征，则该过程是一个 p 阶自回归过程。②若相关图在 q 期后出现截止而偏相关图呈拖尾衰减特征，则该过程是一个 q 阶移动平均过程。③若相关图与偏相关图都呈拖尾衰减特征，说明这是一个混合形式的随机过程。ARMA(p, q) 过程的相关图在滞后$(q-p)$期之后由指数衰减和正弦衰减组成。而 ARMA(p, q) 过程的偏相关图则是在滞后$(p-q)$期之后由指数衰减和(或)正弦衰减所控制。当相关图、偏相关图都表现为缓慢的衰减过程，说明这有可能是一个 ARMA(1,1)过程。当相关图出现两个峰值后呈指数衰减，而偏相关图出现一个峰值后呈指数或正弦衰减，说明这是一个 ARMA(1,2)过程。

需要说明的是，表 10-3 给出的是无限期理论随机过程对应的自相关函数与偏自相关函数特征。而实际所用的时间序列都是有限期的，所以与自相关函数、偏自相关函数相比，相关图具有较大方差，并表现为更强的自相关。特别是在小样本条件下，序列的相关图和偏相关图与理论的自相关函数和偏自相关函数存在较大差异。这给 p 和 q 的识别带来一定困难，所以就这一点来说，博克斯认为建立 ARIMA 模型是一门艺术。

在模型识别阶段可以多选择几种模型形式，以供进一步选择。

模型参数的估计就是待初步确定模型形式(确定 d, p, q 值)后对 ARIMA 模型参数进行估计。参数估计，当今时代，都是通过运行计算机专用软件完成的。估计原理详见 10.6.2 小节。

诊断与检验就是以样本为基础检验所拟合的 ARIMA 模型，以求发现某些不妥之处。如果建立的 ARIMA 模型中的某些系数估计值不能通过显著不等于零的检验，和(或者)自回归、移动平均特征方程的根不都在单位圆之外，和(或者)模型残差序列不能近似为一个白噪声序列，则应返回第一步，再次对模型的 d,p,q 进行识别。如果上述 3 种检验都无错误，就可以接受所建立的 ARIMA 模型。

10.6.2　模型参数的估计

在介绍 ARIMA 模型参数估计之前，首先介绍极大似然估计(MLE)法。

假设随机变量 x_t 的概率密度函数为 $f(x_t)$，其参数用 $\gamma=\{\gamma_1,\gamma_2,\cdots,\gamma_k\}$ 表示，则对于一组固定的参数 γ 来说，x_t 的每一个值都与一定的概率相联系，相反若参数 γ 未知，当得到一个观测值 x_t 后，估计参数 γ 的原则是使观测值 x_t 出现的可能性最大。似然函数定义为

$$L(\gamma \mid x_t)=f(x_t \mid \gamma)$$

似然函数 $L(\gamma|x_t)$ 与概率密度函数 $f(x_t|\gamma)$ 的表达形式相同。所不同的是在 $f(x_t|\gamma)$ 中参数 γ 是已知的，x_t 是未知的；而在 $L(\gamma|x_t)$ 中 x_t 是已知的观测值，参数 γ 是未知的。设一组随机变量 x_t，$(t=1,2,\cdots,T)$ 是相互独立的且服从正态分布，当得到一个样本 $(x_1,x_2,\cdots,x_T)$ 时，似然函数可表示为

$$\begin{aligned}L(\gamma \mid x_1,x_2,\cdots,x_T)&=f(x_1 \mid \gamma)f(x_2 \mid \gamma)\cdots f(x_T \mid \gamma)\\&=\prod_{t=1}^{T}f(x_t \mid \gamma)\end{aligned} \tag{10-61}$$

其中 $\gamma=(\gamma_1,\gamma_2,\cdots,\gamma_k)$ 是一组未知参数。γ 的极大似然估计值就是指确定一组参数值从而使上述样本出现的概率最大。式(10-61)取对数后计算更方便。对数似然函数是

$$\log L=\sum_{t=1}^{T}\log f(x_t \mid \gamma)$$

通过选择 γ 使上式达到最大，从而求出 γ 的极大似然估计值 $\tilde{\gamma}$。具体步骤是用上述对数似然函数对每个未知参数求偏导数并令其为零(k 个方程联立)，即

$$\begin{cases}\dfrac{\partial \log L}{\partial \gamma_1}=0\\ \cdots\\ \dfrac{\partial \log L}{\partial \gamma_k}=0\end{cases}$$

一般来说，似然函数是非线性的，必须采用迭代计算的方法求参数的极大似然估计值。极大似然估计量(MLE)具有一致性和渐近有效性。对于有限样本，极大似然估计量 $\tilde{\gamma}$ 服从以 γ 为均值，$[\boldsymbol{I}(\tilde{\gamma})]^{-1}$ 为方差协方差矩阵的渐近多元正态分布。

$$\tilde{\gamma} \sim \mathrm{N}[\gamma,(\boldsymbol{I}(\tilde{\gamma})^{-1})]$$

其中 γ 是参数向量；$\boldsymbol{I}(\tilde{\gamma})$ 是信息矩阵 $\boldsymbol{I}(\gamma)$ 中的 γ 用估计值 $\tilde{\gamma}$ 代替后的结果。信息矩阵 $\boldsymbol{I}(\gamma)$ 定义如下：

$$E\left(-\frac{\partial^2 \log L}{\partial\gamma\partial\gamma'}\right)$$

它是负的对数似然函数 $\log L$ 对 γ 的二阶偏导数矩阵的期望。

下面讨论怎样对如下线性回归模型

$$y_t=\beta_0+\beta_1 x_{t1}+\beta_2 x_{t2}+\cdots+\beta_{k-1}x_{tk-1}+u_t,\quad t=1,2,\cdots,T \tag{10-62}$$

进行极大似然估计。假定 $u_t \sim \mathrm{IN}(0,\sigma^2)$,则 y_t 也服从正态分布。

$$y_t \sim N[E(y_t),\sigma^2]$$

其中 $E(y_t)=\beta_0+\beta_1 x_{t1}+\beta_2 x_{t2}+\cdots+\beta_{k-1}x_{tk-1}$。若 y_t 是相互独立的,则对于样本 $(y_1,y_2,\cdots,y_T)$,似然函数是

$$L(\beta,\sigma^2 \mid y_1,y_2,\cdots,y_T)=f(y_1)f(y_2)\cdots f(y_T)$$

其中 β 表示未知参数 $\beta_0,\beta_1,\cdots,\beta_{k-1}$ 的集合。由式(10-62)每个 y_t 的概率密度函数为

$$f(y_t)=\frac{1}{(2\pi\sigma^2)^{1/2}}\exp\left[-\frac{(y_t-E(y_t))^2}{2\sigma^2}\right]$$

对于样本 $(y_1,y_2,\cdots,y_T)$,对数似然函数为

$$\begin{aligned}\log L&=\sum_{t=1}^{T}\log f(y_t)\\&=-\frac{T}{2}\log 2\pi-\frac{T}{2}\log\sigma^2-\frac{1}{2\sigma^2}\sum_{t=1}^{T}[y_t-E(y_t)]^2\end{aligned} \tag{10-63}$$

上式右侧前两项是常量。第3项的符号为负,所以对 $\log L$ 极大化等同于选择 $\tilde{\beta}$ 值从而使误差平方和 $\sum_{t=1}^{T}[y_t-E(y_t)]^2$ 极小化,即选择 $\tilde{\beta}$ 使

$$\sum_{t=1}^{T}(y_t-\tilde{\beta}_0-\tilde{\beta}_1 x_{t1}-\tilde{\beta}_2 x_{t2}-\cdots-\tilde{\beta}_{k-1}x_{tk-1})^2=\sum_{t=1}^{T}\tilde{u}_t^2$$

极小化。上式中 $\tilde{u}_t$ 表示残差。这种估计方法恰好与OLS法相同,所以在这个例子中 β 的MLE估计量 $\tilde{\beta}$ 与OLS估计量 $\hat{\beta}$ 完全相同,即 $\tilde{\beta}=\hat{\beta}$。与OLS法不同的是极大似然估计法在估计 $\tilde{\beta}$ 的同时,还得到 u_t 方差的估计量 $\tilde{\sigma}^2$。对式(10-63)求 σ^2 的偏导数并令其为零。

$$\frac{\partial \log L}{\partial\sigma^2}=-\frac{T}{2\sigma^2}+\frac{1}{2\sigma^4}\sum_{t=1}^{T}[y_t-E(y_t)]^2=0 \tag{10-64}$$

用 $\tilde{\beta}$ 代替上式中 $E(y_t)$ 中的 β 得

$$\tilde{\sigma}^2=T^{-1}\sum_{t=1}^{T}\tilde{u}_t^2$$

由上式知,用极大似然法得到的估计量 $\tilde{\sigma}^2$ 是真实方差 σ^2 的有偏估计量。

下面讨论怎样对时间序列模型的参数进行极大似然估计。对于非平稳过程 y_t,假定经过 d 次差分之后可以表达为一个零均值平稳、可逆的自回归移动平均过程 x_t,

$$\Phi(L)\Delta^{d}y_{t}=\Phi(L)x_{t}=\Theta(L)u_{t} \tag{10-65}$$

对于 y_t 假定可以观测到 $T+d$ 个观测值，即 $y_{-d+1},\cdots,y_0,y_1,\cdots,y_T$，则经过 d 次差分之后，x_t 的样本容量为 T。以 $(x_1,\cdots,x_T)$ 为样本估计 ARMA(p,q) 模型参数 $(\phi_1,\cdots,\phi_p,\theta_1,\cdots,\theta_q)$。对随机过程 x_t 的参数估计就如对回归模型的参数估计一样，目的是使 x_t 与其拟合值 $\hat{x}_t$ 的离差平方和

$$\sum_{t}(x_t-\hat{x}_t)^2=\sum_{t}\hat{u}_t^2$$

最小。把式(10-65)改写为

$$u_t=\frac{\Phi(L)}{\Theta(L)}x_t \tag{10-66}$$

若用 $\hat{\phi}_i,\hat{\theta}_i$ 和 $\hat{u}_t$ 分别表示对 ϕ_i,θ_i 和 u_t 的估计，应使下式最小：

$$\sum_{t}\hat{u}_t^2=S(\hat{\phi}_1,\cdots,\hat{\phi}_p,\hat{\theta}_1,\cdots,\hat{\theta}_q) \tag{10-67}$$

假定 $u_t\sim IN(0,\sigma_u^2)$，$t=1,\cdots,T$，且不存在自相关，则条件对数似然函数为

$$\log L=-\frac{T}{2}\log 2\pi-\frac{T}{2}\log\sigma_u^2-\left(\sum_{t}\hat{u}_t^2/(2\sigma_u^2)\right) \tag{10-68}$$

之所以称上式为条件对数似然函数，是因为 $\sum\hat{u}_t^2$ 依赖于过去的不可知观测值 x_0，$x_{-1},\cdots,x_{-p+1}$ 和 $u_0,u_{-1},\cdots,u_{-p+1}$。比如

$$u_1=x_1-\phi_1x_0-\phi_2x_{-1}-\cdots-\phi_px_{-p+1}-\theta_1u_0-\cdots-\theta_qu_{-q+1} \tag{10-69}$$

对式(10-68)求极大即等同于对 $\sum\hat{u}_t^2$ 求极小。对 $\sum\hat{u}_t^2$ 求极小时需要先确定 $x_0,x_{-1},\cdots,x_{-p+1}$ 和 $u_0,u_{-1},\cdots,u_{-p+1}$ 的值。此问题的一般处理方法是取这些变量等于它们的无条件期望值。$u_0,u_{-1},\cdots,u_{-p+1}$ 的无条件期望值为零，已假设模型(10-65)中不含有漂移项，则 $x_0,x_{-1},\cdots,x_{-p+1}$ 的无条件期望值也为零。当样本容量 T 与滞后长度 p,q 值相比充分大，且 $\phi_1,\cdots,\phi_p$ 的值不接近 1 时，这种近似非常理想。

若式(10-65)中不含有移动平均项，对于自回归参数来说式(10-66)是一个线性函数，可以用 OLS 法估计参数。如果式(10-65)中含有移动平均项，那么对于移动平均参数来说，式(10-66)是一个非线性函数。对式(10-66)必须采用非线性估计方法。

首先假定模型为纯自回归形式，

$$\Phi(L)x_t=u_t \tag{10-70}$$

或

$$x_t=\phi_1x_{t-1}+\cdots+\phi_px_{t-p}+u_t \tag{10-71}$$

这是一个线性自回归模型，用极大似然法估计与用 OLS 估计结果近似相同。模型(10-71)与模型(10-62)的区别在于 x_t，$t=1,2,\cdots,T$ 是相互非独立的。其联合密度函数由一系列条件概率密度函数构成。比如有两个随机变量 x_1 和 x_2 其联合密度函数是

$$f(x_2,x_1)=f(x_2\mid x_1)f(x_1)$$

其中 $f(x_2|x_1)$ 表示以 x_1 为条件的 x_2 的条件概率密度函数，$f(x_1)$ 表示 x_1 的无条件概

率密度函数。T 个随机变量的似然函数可用条件概率密度函数表示为

$$L(\gamma \mid x_1, x_2, \cdots, x_T) = f(x_T \mid x_{T-1}, x_{T-2}, \cdots, x_2, x_1) f(x_{T-1}, x_{T-2}, \cdots, x_2, x_1)$$

其中 γ 是待估参数集合。上式中无条件概率密度函数 $f(x_{T-1}, x_{T-2}, \cdots, x_2, x_1)$ 可进一步分解为条件概率密度函数 $f(x_{T-1} \mid x_{T-2}, \cdots, x_2, x_1)$ 和无条件概率密度函数 $f(x_{T-2}, \cdots, x_2, x_1)$ 的乘积。以此类推,

$$L(\gamma) = \left[\prod_{i=0}^{T-2} f(x_{T-i} \mid x_{T-1-i}, \cdots, x_2, x_1)\right] f(x_1)$$

两侧取自然对数,

$$\log L = \left[\sum_{i=0}^{T-2} \log f(x_{T-i} \mid x_{T-1-i}, \cdots, x_2, x_1)\right] + \log f(x_1)$$

下面以 AR(1)模型

$$x_t = \phi x_{t-1} + u_t, \quad u_t \sim N(0, \sigma^2)$$

为例求极大似然函数。以 x_{t-1} 为条件的 x_t 的概率分布是正态的,其均值为 ϕx_{t-1},方差为 σ^2,即

$$f(x_t \mid x_{t-1}, \cdots, x_2, x_1) \sim N(\phi x_{t-1}, \sigma^2)$$

则对数似然函数表达如下:

$$\log L = -\frac{T-1}{2}\log 2\pi - \frac{T-1}{2}\log\sigma^2 - \frac{1}{2\sigma^2}\sum_{t=2}^{T}(x_t - \phi x_{t-1})^2 + \log f(x_1) \quad (10\text{-}72)$$

若该随机过程是平稳的,x_1 的无条件分布是正态的,即

$$x_1 \sim N\left(0, \frac{\sigma^2}{1-\phi^2}\right)$$

其密度函数为

$$f(x_1) = \left(\frac{1-\phi^2}{2\pi\sigma^2}\right)^{1/2} \exp\left[-\frac{(1-\phi^2)x_1^2}{2\sigma^2}\right]$$

所以对数似然函数(10-72)可以进一步表达为

$$\log L = -\frac{T}{2}\log 2\pi - \frac{T}{2}\log\sigma^2 + \frac{1}{2}\log(1-\phi^2) -$$

$$\frac{(1-\phi^2)x_1^2}{2\sigma^2} - \frac{1}{2\sigma^2}\sum_{t=2}^{T}(x_t - \phi x_{t-1})^2$$

上式中参数的极大似然估计量不再是线性的。去掉上式右侧第3、4两项,ϕ 的极大似然估计量 $\tilde{\phi}$ 的大样本特性不会受到影响。在多数情况下极大似然估计值与最小二乘估计值非常接近。

当模型中含有移动平均成分时

$$u_t = \Theta^{-1}(L)\Phi(L)x_t$$

对于参数来说,模型是非线性的。由于计算机的出现,对于非线性模型,通常采用线性迭代法估计参数。介绍如下:

对任何非线性函数通常都可以按泰勒(Taylor)级数在 x_0 点展开。

$$f(x)=f(x_0)+f'(x_0)(x-x_0)+\cdots=f(x_0)-f'(x_0)x_0+f'(x_0)x+\cdots$$

首先为参数选一组初始值($\gamma_{1,0},\cdots,\gamma_{p+q,0}$)。其中下标零表示初始值(怎样确定初始值并不重要)。然后将 $x_t=f(x_{t-1},\cdots,x_{t-p})$ 按泰勒级数在($\gamma_{1,0},\cdots,\gamma_{p+q,0}$)点展开。

$$x_t=f(x_{t-1},\cdots,x_{t-p},\gamma_{1,0},\cdots,\gamma_{p+q,0})+\sum_{i=1}^{p+q}\left(\frac{\partial f}{\partial\gamma_i}\right)_0(\gamma_i-\gamma_{i,0})+$$
$$\frac{1}{2}\sum_{i=1}^{p+q}\sum_{j=1}^{p+q}\left(\frac{\partial^2 f}{\partial\gamma_i\gamma_j}\right)_0(\gamma_i-\gamma_{i,0})(\gamma_j-\gamma_{j,0})+\cdots \tag{10-73}$$

其中偏导数的下标记为零表示偏导数在 $\gamma_1=\gamma_{1,0},\cdots,\gamma_{p+q}=\gamma_{p+q,0}$ 时的值。取上式右侧的前两项对原非线性函数 x_t 进行近似。把右侧第 3 项及以后各项归并入误差项 u_t 得

$$x_t-f(x_{t-1},\cdots,x_{t-p},\gamma_{1,0},\cdots,\gamma_{p+q,0})+\sum_{i=1}^{p+q}\gamma_{i,0}\left(\frac{\partial f}{\partial\gamma_i}\right)_0=\sum_{i=1}^{p+q}\gamma_i\left(\frac{\partial f}{\partial\gamma_i}\right)_0+u_t \tag{10-74}$$

上式是线性回归模型形式。等号左侧是已知量,右侧含有一组未知量 $\gamma_i,i=1,\cdots,p+q$。利用 OLS 法对上式进行估计。设所得估计值用($\gamma_{1,1},\cdots,\gamma_{p+q,1}$)表示,以此作为第 2 组估计值,对非线性函数再一次线性化,从而得到一个新的线性方程。

$$x_t-f(x_{t-1},\cdots,x_{t-p},\gamma_{1,1},\cdots,\gamma_{p+q,1})+\sum_{i=1}^{p+q}\gamma_{i,1}\left(\frac{\partial f}{\partial\gamma_i}\right)_1=\sum_{i=1}^{p+q}\gamma_i\left(\frac{\partial f}{\partial\gamma_i}\right)_1+u_t \tag{10-75}$$

对上式再次应用 OLS 法估计参数,并把($\gamma_{1,2},\cdots,\gamma_{p+q,2}$)作为待估参数的第 3 组估计值。重复上述过程,直至满足如下要求为止。

$$\left|\frac{\gamma_{i,j+1}-\gamma_{i,j}}{\gamma_{i,j}}\right|<\delta,\quad i=1,\cdots,p+q \tag{10-76}$$

其中,i 表示参数序号,j 表示迭代次数。δ 是预先给定的精度标准。

如果最后一次的参数估计值用($\gamma_{1,k},\cdots,\gamma_{p+q,k}$)表示,并且($\gamma_{1,k},\cdots,\gamma_{p+q,k}$)能以足够的精度接近真值($\gamma_1,\cdots,\gamma_{p+q}$),则必有

$$\sum_{i=1}^{p+q}\gamma_{i,k}\left(\frac{\partial f}{\partial\gamma_i}\right)_k=\sum_{i=1}^{p+q}\gamma_i\left(\frac{\partial f}{\partial\gamma_i}\right)_k$$

所以有

$$x_t=f(x_{t-1},\cdots,x_{t-p},\gamma_{1,k},\cdots,\gamma_{p+q,k})+\hat{u}_t \tag{10-77}$$

($\gamma_{1,k},\cdots,\gamma_{p+q,k}$)是对($\gamma_1,\cdots,\gamma_{p+q}$)的最终估计。这种迭代计算一般都是通过计算机完成的。

评价线性模型的一些统计量如 F,t 等都不能直接用于评价非线性模型。原因是尽管 u_t 是正态分布的且均值为零,但残差

$$\hat{u}_t=x_t-\hat{x}_t=x_t-f(x_{t-1},\cdots,x_{t-p},\gamma_{1,k},\cdots,\gamma_{p+q,k})$$

不服从正态分布,则 $\sum\hat{u}_t^2$ 不服从 χ^2 分布。参数估计量不服从正态分布,所以不能使用

F 和 t 检验。然而对迭代中的最后一步估计结果可以进行 F,t 检验。如果估计量 $\tilde{\gamma}_i = \gamma_{i,k}$,$(i=1,\cdots,p+q)$以满意的精度接近真值 γ_i,那么 F,t 检验将会对非线性模型有很满意的解释作用。

10.6.3 模型的诊断与检验

完成模型的识别与参数估计后,对估计结果进行诊断与检验,以求发现所选用的模型是否满足要求。若不满足,应该知道下一步怎样修改模型。

需要做的诊断是:一是检验模型系数估计值是否显著性地不等于零;二是检验残差序列的白噪声性;三是观察特征根的位置是否在单位圆以外。系数估计值的显著性检验是通过 t 统计量完成的,而模型拟合的优劣以及残差序列白噪声性的检验是用 Ljung 和 Box 提出的 Q 统计量完成的。

若拟合的模型合理,即误差序列为白噪声过程,统计量

$$Q = T(T+2)\sum_{k=1}^{K}\frac{r_k^2}{T-k} \sim \chi^2(K-p-q) \tag{10-78}$$

渐近服从 $\chi^2(K-p-q)$分布。其中 T 表示序列的样本容量,r_k 表示用残差序列计算的自相关系数值,K 表示自相关系数的个数(自相关函数的前 K 项),p 表示模型中自回归系数个数,q 表示移动平均系数个数。统计量 Q 称作堆积统计量,因为它是由模型残差序列的 K 个自相关系数(统计量)值(r_k,$k=1,2,\cdots,K$)计算而成的。

原假设(H_0)是

$$\rho_1=\rho_2=\cdots\rho_k=0,(\text{误差序列为白噪声过程})$$

用残差序列计算自相关系数 r_k 值,进而计算 Q 统计量的值。若拟合的模型的自回归和移动平均项数少于实际情形,残差序列中必残留有规律的变化成分,导致自相关系数 r_k 值很大,Q 值很大;反之,Q 值很小。判别规则是:

若用样本计算的 $Q \leqslant \chi_{\alpha}^2(K-p-q)$,则接受 H_0;

若用样本计算的 $Q > \chi_{\alpha}^2(K-p-q)$,则拒绝 H_0。

其中,α 表示检验水平,K 表示相关图最大滞后期数,p 表示模型中被估自回归系数个数,q 表示模型中被估移动平均系数个数。附表 4 给出 χ^2 检验临界值表。

由 Q 统计量定义式(10-78)知,检验模型误差项的白噪声性不是对每一期的自相关系数 r_k 单个进行检验,而是把若干个自相关系数累加在一起,即自相关函数作为一个整体进行检验。实际中,对于非季节时间序列,一般从检验 $Q(1)\sim Q(15)$就可以了。

10.6.4 ARIMA 模型预测

下面以 ARMA(1,1)模型为例介绍样本外预测方法。其他形式时间序列模型的预测方法与此类似。

假设一时间序列样本$\{x_t\}$,$t=1,2,\cdots,T$ 的真实模型是

$$x_t = \phi_1 x_{t-1} + u_t + \theta_1 u_{t-1} \tag{10-79}$$

则理论上 $T+1$ 期 x_t 的值应按下式计算：

$$x_{T+1}=\phi_1 x_T+u_{T+1}+\theta_1 u_T \tag{10-80}$$

用样本估计的参数 $\hat{\phi}_1,\hat{\theta}_1$ 和 $\hat{u}_T$ 分别代替上式中的 ϕ_1,θ_1 和 u_T。上式中 x_T（样本最后一期观测值）是已知的，u_{T+1} 是未知的，但知 $E(u_{T+1})=0$，所以取 $u_{T+1}=0$。对 x_{T+1} 的预测按下式进行。

$$\hat{x}_{T+1}=\hat{\phi}_1 x_T+\hat{\theta}_1\hat{u}_T \tag{10-81}$$

仿照式(10-80)，理论上 x_{T+2} 的预测式是

$$x_{T+2}=\phi_1 x_{T+1}+u_{T+2}+\theta_1 u_{T+1}$$

取 $u_{T+1}=0, u_{T+2}=0$，则 x_{T+2} 的实际预测式是

$$\hat{x}_{T+2}=\hat{\phi}_1\hat{x}_{T+1} \tag{10-82}$$

其中 $\hat{x}_{T+1}$ 是上一步预测[式(10-81)]得到的预测值。以此类推 x_{T+3} 的预测式是

$$\hat{x}_{T+3}=\hat{\phi}_1\hat{x}_{T+2} \tag{10-83}$$

由上可知，随着预测期的加长，预测式(10-80)中移动平均部分逐期退出预测模型，预测式变成了纯自回归形式。

若上面所用的 x_t 是一个差分变量，设 $\Delta y_t=x_t$，则得到的预测值 $\hat{x}_t$ 相当于 $\Delta\hat{y}_t$，$(t=T+1,\ T+2,\cdots)$。因为

$$y_t=y_{t-1}+\Delta y_t=y_{t-1}+x_t$$

所以原序列 $T+1$ 期预测值应按下式计算：

$$\hat{y}_{T+1}=y_T+\Delta\hat{y}_{T+1}=y_T+\hat{x}_{T+1} \tag{10-84}$$

对于 $t>T+1$，预测式是

$$\hat{y}_t=\hat{y}_{t-1}+\Delta\hat{y}_t,\quad t=T+2,T+3,\cdots \tag{10-85}$$

其中 $\hat{y}_{t-1}$ 是相应上一步的预测结果。

在预测过程中，如果预测式等号右侧的变量用实际值代入，称此类预测为静态预测；如果预测式等号右侧的变量用模型上一期的预测值代入，称此类预测为动态预测。

下面讨论 AR(1)、MA(1)和 ARIMA(1,1,0)序列的预测误差。更高阶 ARIMA 序列的预测误差可类推。

对于 AR(1)序列，$x_t=\alpha+\phi_1 x_{t-1}+u_t, u_t\sim \mathrm{IN}(0,\sigma_u^2)$，$x_t$ 的预测式是

$$\hat{x}_{T+1}=E(x_{T+1}\mid\{x_1,x_2,\cdots,x_T\})=E(\alpha+\phi_1 x_T+u_{T+1})=\alpha+\phi_1 x_T$$

则 x_t 的 $T+1$ 期预测误差是

$$e_{T+1}=x_{T+1}-\hat{x}_{T+1}=(\alpha+\phi_1 x_T+u_{T+1})-(\alpha+\phi_1 x_T)=u_{T+1} \tag{10-86}$$

x_t 的 $T+2$ 期预测误差是

$$\begin{aligned}e_{T+2}&=x_{T+2}-\hat{x}_{T+2}=(\alpha+\phi_1 x_{T+1}+u_{T+2})-(\alpha+\phi_1\hat{x}_{T+1})\\&=(\alpha+\alpha\phi_1+\phi_1^2 x_T+\phi_1 u_{T+1}+u_{T+2})-(\alpha+\alpha\phi_1+\phi_1^2 x_T)\\&=u_{T+2}+\phi_1 u_{T+1}\end{aligned} \tag{10-87}$$

同理,x_t 的 $T+k$ 期预测误差是

$$e_{T+k}=x_{T+k}-\hat{x}_{T+k}=u_{T+k}+\phi_1 u_{T+k-1}+\cdots+\phi_1^{k-1}u_{T+1} \tag{10-88}$$

则预测误差的方差是

$$E(e_{T+k})^2=(1+\phi_1^2+\cdots+\phi_1^{2(k-1)})\sigma_u^2 \tag{10-89}$$

AR(1)序列预测误差的方差随预测期 k 的增加而增加。这种增加在初期比较显著,当 k 充分大时,增加越来越慢(呈指数函数形式增加)。AR(1)序列预测期内±2 个标准差(95%)的置信区间示意图见图 10-18。

对于 MA(1)序列,$x_t=\mu+u_t+\theta_1 u_{t-1}$, $u_t\sim \mathrm{IN}(0,\sigma_u^2)$预测误差是

$$e_{T+1}=x_{T+1}-\hat{x}_{T+1}=u_{T+1}$$
$$e_{T+k}=x_{T+k}-\hat{x}_{T+k}=u_{T+k}+\theta_1 u_{T+k-1},\quad k\geqslant 2$$

MA(1)序列预测误差的方差是

$$E(e_{T+1})^2=\sigma_u^2$$
$$E(e_{T+k})^2=(1+\theta_1^2)\sigma_u^2,\quad k\geqslant 2 \tag{10-90}$$

$k=1$ 时,MA(1)序列预测误差的方差是 σ_u^2。$k\geqslant 2$ 时,预测误差的方差是$(1+\theta_1^2)\sigma_u^2$。x_{T+k} 的置信区间等宽。MA(1)序列预测期内±2 个标准差(95%)的置信区间示意图见图 10-19。

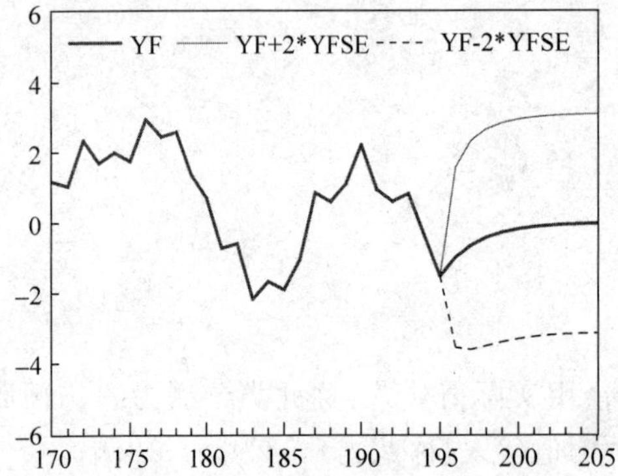

图 10-18 AR(1)序列点预测与区间预测示意图

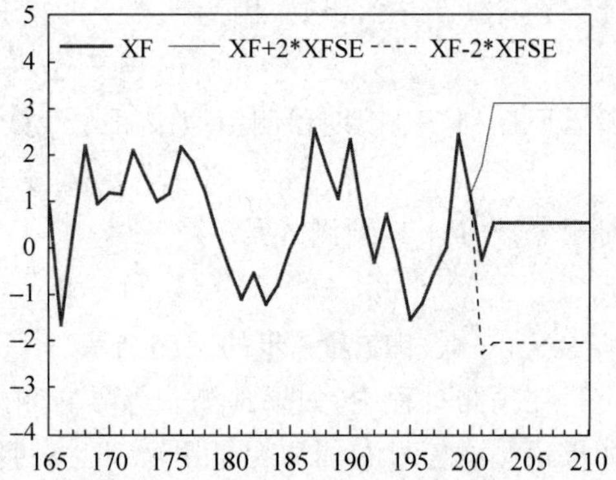

图 10-19 MA(1)序列点预测与区间预测示意图

对于 ARIMA(1,1,0)序列,$\Delta y_t=\alpha+\phi_1\Delta y_{t-1}+u_t$,$y_t$ 的 $T+1$ 期预测误差是

$$e_{T+1}=y_{T+1}-\hat{y}_{T+1}=y_T+\Delta y_{T+1}-(y_T+\Delta\hat{y}_{T+1})=u_{T+1}$$

$T+2$ 期预测误差是

$$\begin{aligned}e_{T+2}&=y_{T+2}-\hat{y}_{T+2}=(y_{T+1}+\Delta y_{T+2})-(\hat{y}_{T+1}+\Delta\hat{y}_{T+2})\\&=(y_T+\Delta y_{T+1}+\Delta y_{T+2})-(y_T+\Delta\hat{y}_{T+1}+\Delta\hat{y}_{T+2})\\&=(\Delta y_{T+1}-\Delta\hat{y}_{T+1})+(\Delta y_{T+2}-\Delta\hat{y}_{T+2})\end{aligned}$$

同理,y_t 的 $T+k$ 期预测误差是

$$e_{T+k}=(\Delta y_{T+1}-\Delta\hat{y}_{T+1})+(\Delta y_{T+2}-\Delta\hat{y}_{T+2})+\cdots$$

$$+(\Delta y_{T+k}-\Delta\hat{y}_{T+k}) \tag{10-91}$$

因为对于 Δy_t 来说，$\Delta y_t=\alpha+\phi_1\Delta y_{t-1}+u_t$，是一个 AR(1)序列，所以，仿照推导结果式(10-86)～式(10-89)，得 Δy_t 序列的预测误差

$$e_{T+1}=\Delta y_{T+1}-\Delta\hat{y}_{T+1}=u_{T+1}$$
$$e_{T+2}=\Delta y_{T+2}-\Delta\hat{y}_{T+2}=u_{T+2}+\phi_1 u_{T+1}$$
$$e_{T+k}=\Delta y_{T+k}-\Delta\hat{y}_{T+k}=u_{T+k}+\phi_1 u_{T+k-1}+\cdots+\phi_1^{k-1}u_{T+1}$$

把上述结论代入式(10-91)，y_t 的 $T+k$ 期预测误差是

$$\begin{aligned}e_{T+k}&=u_{T+1}+(u_{T+2}+\phi_1 u_{T+1})+\cdots+(u_{T+k}+\phi_1 u_{T+k-1}+\cdots+\phi_1^{k-1}u_{T+1})\\&=(1+\phi_1+\phi_1^2+\cdots+\phi_1^{k-1})u_{T+1}\\&\quad+(1+\phi_1+\cdots+\phi_1^{k-2})u_{T+2}+\cdots+(1+\phi_1)u_{T+k-1}+u_{T+k}\\&=\sum_{i=1}^{k}u_{T+i}\sum_{j=0}^{k-i}\phi_1^j\end{aligned}$$

y_t 的 $T+k$ 期预测误差 e_{T+k} 的方差是

$$\begin{aligned}E(e_{T+k})^2&=(1+\phi_1+\phi_1^2+\cdots+\phi_1^{k-1})^2E(u_{T+1})^2\\&\quad+(1+\phi_1+\cdots+\phi_1^{k-2})E(u_{T+2})^2\\&\quad+\cdots+(1+\phi_1)E(u_{T+k-1})^2+E(u_{T+k})^2\\&=\sigma_u^2\left[\sum_{i=1}^{k}\left(\sum_{j=0}^{k-i}\phi_1^j\right)^2\right]\end{aligned}$$

y_{T+k} 的预测误差是 $\Delta y_{T+1},\Delta y_{T+2},\cdots,\Delta y_{T+k}$ 的预测误差的累加。所以 y_{T+k} 的置信区间随 k 的增加变得越来越大，见图 10-20。

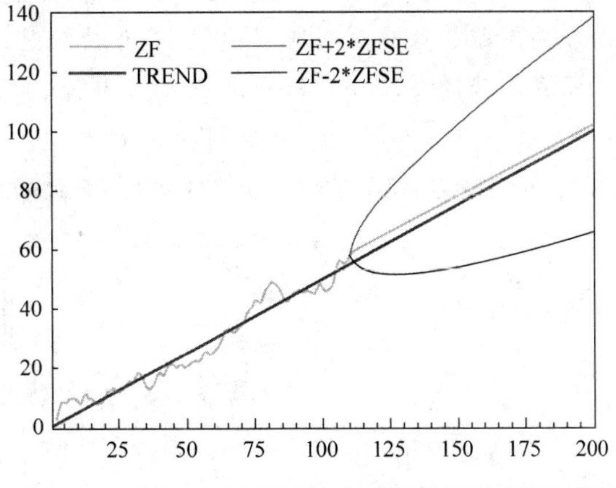

图 10-20　ARI(1,1,0)序列的点预测与区间预测示意图

预测值对于平稳序列而言越来越接近序列的均值(图 10-18 和图 10-19)，而对非平稳序列而言，则越来越接近序列的趋势(图 10-20)。

通过上面的分析可以得出结论，预测期不要离开样本范围太远。预测期离样本范围

近时,预测值的置信区间小,即预测精度相对较高。ARIMA模型做样本外短期预测效果很好。实际中预测期 k 最好不要大于模型参数 $p+q$。当时间序列有了 $T+1, T+2, \cdots$ 期观测值后应及时吸收到样本中来,用增加观测值后的样本重新估计模型,重新向样本外预测,将会使预测效果更好。

注意:预测并不能消除未来时期的高度不确定性。预测的最大价值在于向决策者提供了如果按过去和现在的变化规律发展下去或假定了某些变化条件的前提下时间序列将会导致何种结果。对预测的过低评价和过高期待都是有失偏颇的。

10.7　ARIMA模型建模案例

【案例10-1】(数据见EViews、STATA文件:case 10-1)

人民币兑美元汇率序列建模

这个案例介绍怎样建立ARIMA模型。

2019年7月15日至2020年12月31日($T=361$)人民币兑美元(100美元)汇率序列 y_t 数据见EViews文件case 10-1。y_t 序列见图10-21。可以看出上述期间人民币兑美元汇率序列的走势可分为两个时期。从2019年7月15日序列起始点A至B点(对应日期是2020年5月29日)是第一时期。y_t 序列呈随机震荡特征。第二时期是从B点至C点,对应日期是从5月29日至12月31日。2020年1月初武汉市突发新冠肺炎疫情导致1月23日武汉封城。疫情的快速传播致使2、3月份经济指标快速下滑。经济的不确定性是导致第一时期后半段人民币兑美元汇率值上升(人民币贬值)的主要原因。至3月上旬新冠肺炎疫情在我国范围内已经得到控制。随着主要经济指标的迅速回升,经济形势越来越好。反观美国,从3月上旬开始新冠肺炎疫情急剧恶化。至4月初每日确诊病例数已经达到3.5万例规模,并持续恶化,导致美国主要经济指标迅速下滑。中美经济形势的对比使人民币兑美元汇率值(y_t)开始持续走低(人民币升值)。这种趋势一直延续至2020年底,见序列B至C段。汇率值从B点的713.16元陆续下降至12月31日的652.49元(人民币升值区间)。下面分析如何建模。

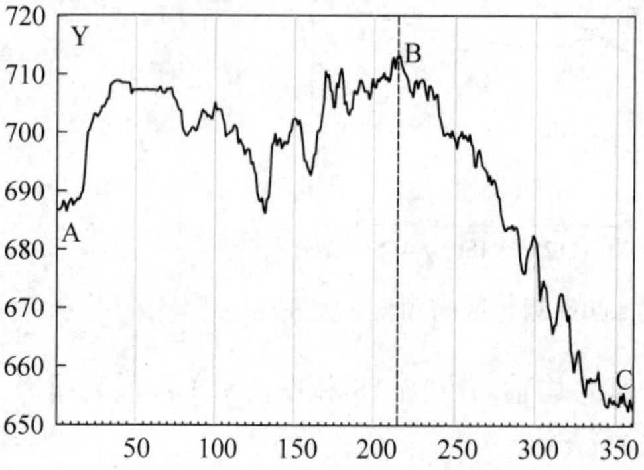

图10-21　人民币兑美元汇率序列 y_t

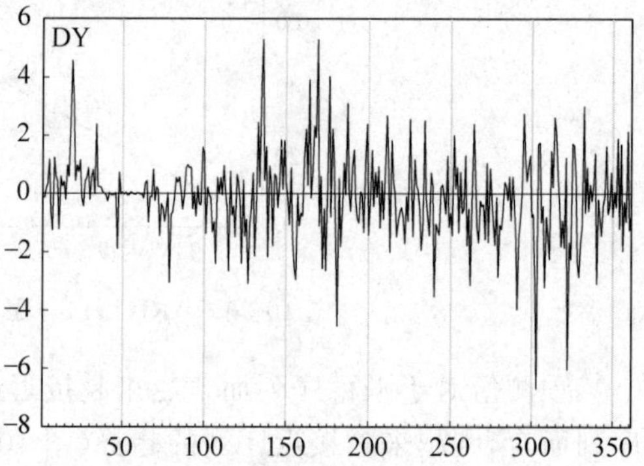

图10-22　人民币兑美元汇率差分序列 Δy_t

序列 y_t 显然是一个非平稳序列。下面通过对序列 y_t 和其差分序列 Δy_t（图 10-22）的相关图，偏相关图判别 y_t，Δy_t 序列平稳性以及识别 ARIMA 模型结构。

$K=10$ 的 y_t 序列相关图见图 10-23。因为相关图（估计的自相关函数）近似线性衰减，偏相关图呈截尾特征，所以 y_t 是非平稳序列。

Date: 01/18/21　Time: 22:04
Sample: 1 361
Included observations: 361

Autocorrelation	Partial Correlation		AC	PAC	Q-Stat	Prob
		1	0.988	0.988	355.01	0.000
		2	0.974	-0.045	701.42	0.000
		3	0.960	-0.027	1038.9	0.000
		4	0.946	-0.039	1367.1	0.000
		5	0.931	0.017	1686.3	0.000
		6	0.917	0.004	1997.0	0.000
		7	0.905	0.036	2299.8	0.000
		8	0.891	-0.031	2594.7	0.000
		9	0.879	0.029	2882.1	0.000
		10	0.865	-0.058	3161.6	0.000

图 10-23　y_t 序列的相关图，偏相关图

$K=10$ 的差分序列 Δy_t 相关图见图 10-24。因为相关图和偏相关图呈震荡式衰减，说明人口差分序列 Δy_t 是平稳序列。应该用 Δy_t 序列建立 ARMA 模型。

Date: 01/18/21　Time: 22:05
Sample: 1 361
Included observations: 360

Autocorrelation	Partial Correlation		AC	PAC	Q-Stat	Prob
		1	0.160	0.160	9.3150	0.002
		2	0.136	0.114	16.090	0.000
		3	-0.009	-0.048	16.117	0.001
		4	-0.012	-0.020	16.168	0.003
		5	-0.032	-0.021	16.545	0.005
		6	-0.053	-0.044	17.592	0.007
		7	-0.022	-0.003	17.777	0.013
		8	-0.052	-0.040	18.791	0.016
		9	0.047	0.063	19.612	0.020
		10	-0.014	-0.022	19.684	0.032

图 10-24　Δy_t 的相关图，偏相关图

通过图 10-24 推断，自相关系数 ρ_1、ρ_2 和偏自相关系数 ϕ_1、ϕ_2 都明显不等于零。当 $k>2$，自相关系数 ρ_k 和偏自相关系数 ϕ_k 都与零没有显著性差异。如果把偏自相关函数看成是 $k>2$ 时呈截尾特征，自相关函数看成是拖尾特征，那么，Δy_t 应该是一个 AR(2) 过程。估计结果如下：

$$(\Delta y_t + 0.0963) = 0.1417(\Delta y_{t-1} + 0.0963) + 0.1134(\Delta y_{t-2} + 0.0963) + u_t \quad (10\text{-}92)$$

$$(-0.9) \qquad (3.2) \qquad\qquad (2.3)$$

$$\mathrm{DW} = 1.99, T = 360$$

其中-0.0963是对Δy_t均值的估计(图10-26 EViews输出结果中c的估计值)。虽然Δy_t估计的均值-0.0963没有显著性,但因为-0.0963与-0.095222(把Δy_t作为样本计算的平均数,见图10-26下部右侧第一个统计量值-0.095222)非常接近,所以在AR(2)式(10-92)中仍保留了该值。

下面检查模型是否满足要求。①以0.05为检验水平,两个自回归系数0.1417和0.1134都显著地不等于零。②模型(10-92)对应的特征方程的两个根的倒数分别是0.42和-0.27,满足特征根大于1的要求。③观察式(10-92)相应残差序列的相关图,见图10-25。$k=3,\cdots,10$的Q统计量值对应的p值都大于0.05($k>10$也是如此),所以模型残差序列满足非自相关的假定条件。综上,建立时间序列模型的3个条件都已经得到满足。AR(2)模型(10-92)的EViews输出结果见图10-26。

Date: 01/17/21 Time: 14:43
Sample: 1 300
Included observations: 299
Q-statistic probabilities adjusted for 2 ARMA terms

Autocorrelation	Partial Correlation		AC	PAC	Q-Stat	Prob
		1	-0.002	-0.002	0.0009	
		2	0.005	0.005	0.0073	
		3	-0.058	-0.058	1.0335	0.309
		4	-0.043	-0.043	1.5955	0.450
		5	-0.045	-0.045	2.2192	0.528
		6	-0.055	-0.059	3.1615	0.531
		7	-0.021	-0.027	3.3010	0.654
		8	-0.062	-0.070	4.4717	0.613
		9	0.042	0.030	5.0132	0.658
		10	-0.054	-0.065	5.9230	0.656

图10-25 模型(10-92)残差序列的相关图

Dependent Variable: D(Y)
Method: ARMA Maximum Likelihood (OPG - BHHH)
Date: 01/18/21 Time: 18:00
Sample: 2 361
Included observations: 360
Convergence achieved after 11 iterations
Coefficient covariance computed using outer product of gradients

Variable	Coefficient	Std. Error	t-Statistic	Prob.
C	-0.096293	0.101943	-0.944577	0.3455
AR(1)	0.141717	0.044935	3.153850	0.0017
AR(2)	0.113447	0.048721	2.328534	0.0204
SIGMASQ	2.050533	0.110107	18.62308	0.0000

R-squared	0.038327	Mean dependent var	-0.095222
Adjusted R-squared	0.030223	S.D. dependent var	1.462257
S.E. of regression	1.439990	Akaike info criterion	3.578343
Sum squared resid	738.1919	Schwarz criterion	3.621522
Log likelihood	-640.1017	Hannan-Quinn criter.	3.595512
F-statistic	4.729442	Durbin-Watson stat	1.987378
Prob(F-statistic)	0.002999		

Inverted AR Roots	.42	-.27

图10-26 EViews输出结果

进一步整理式(10-92)得

$$\Delta y_t = -0.0717 + 0.1417\Delta y_{t-1} + 0.1134\Delta y_{t-2} + u_t \quad (10\text{-}93)$$

其中-0.0717是模型的漂移项。上模型的实际意义是，样本区间内人民币兑美元汇率收益值直接受其前两天收益值的影响。影响强度分别是 0.1417 和 0.1134。

注意：

(1) EViews 的输出结果表示的是，对序列($\Delta y_t + 0.0963$)(零均值序列)建立 AR(2)模型，而不是对序列 Δy_t(均值非零序列)建立 AR(2)模型。

(2) 输出结果中的-0.0963是 Δy_t 的均值。-0.0963 的实际含义是在上述样本期间内人民币兑美元汇率平均收益值。Δy_t 的均值之所以是负值，与 y_t 序列后半段(B 至 C 段)人民币兑美元汇率一直升值(y_t 值变小)有关。

(3) 模型漂移项是-0.0717。对式(10-93)两侧求期望，就会求出

$$E(\Delta y_t) = \mu = 0.0717/(1 - 0.1417 - 0.1134) = -0.0963$$

【估计 ARIMA 模型的 EViews 操作】

从 EViews 主选单中单击 Quick 按钮，选择 Estimate Equation 功能。随即会弹出 Equation specification 对话窗。给出均值不等于零的 AR(2)模型估计命令(C 表示均值)如下：

```
D(Y)  C  AR(1)  AR(2)
```

注意：

(1) 不能把命令中的 AR(1)写成 D(Y(-1))[写成 D(Y(-1))意味着做 OLS 回归估计]。AR(2)同理。

(2) 滞后 2 期的移动平均项分别用 MA(1)和 MA(2)表示。以此类推。

(3) 命令写成 D(Y)的好处是 EViews 可以直接对 Y、D(Y)，即 y_t、Δy_t 进行预测。

(4) 时间序列模型不评价 R^2。

(5) 见图 10-26，EViews 输出结果下部给出的是特征根的倒数值。

下面利用式(10-93)对 y_{362} 进行预测。首先求样本外预测 Δy_{362} 值。已知 $\Delta y_{361} = -0.76$，$\Delta y_{360} = -1.26$，

$$\begin{aligned}\Delta y_{362} &= -0.0717 + 0.1417\Delta y_{361} + 0.1134\Delta y_{360} \\ &= -0.0717 + 0.1417 \times (-0.76) ++ 0.1134 \times (-1.26) = -0.3223(\text{元})\end{aligned}$$

$$y_{362} = y_{361} + \Delta y_{362} = 652.49 - 0.3223 = 652.1677$$

已知 y_{362}(对应 2021 年 1 月 4 日)人民币兑美元汇率值是 654.08 元。预测相对误差是

$$\eta = \left|\frac{652.17 - 654.08}{654.08}\right| = 0.0029$$

EViews 给出的预测值是 652.1676。经计算，2019 年 7 月 15 日至 2020 年 12 月

31日($T=361$)间模型预测相对误差绝对值平均值是0.0014。

【ARIMA模型预测的EViews操作】

在图10-26,即EViews输出结果窗口中,单击功能条中的预测(Forecast)按钮。在预测对话窗中做出相应选择(可直接预测 y_t,也可直接预测 Δy_t。可以做动态预测和静态预测,样本内预测和样本外预测),单击OK按钮,可得到 y_t 和 Δy_t 的点估计值及其分布的标准差估计值。图10-27是 y_t 样本内静态预测结果。

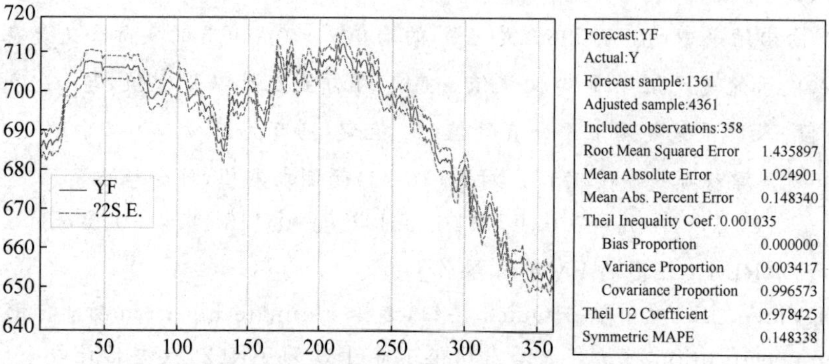

图10-27　EViews样本内静态预测结果

对本例数据也可以建立MA(2)模型。见图10-24,Δy_t 序列相关图和偏自相关图。如果把自相关函数看成是 $k>2$ 时呈截尾特征,偏自相关函数看成是拖尾特征,那么,Δy_t 应该是一个MA(2)过程。得估计结果如下:

$$\Delta y_t = -0.0965 + u_t + 0.1472u_{t-1} + 0.1432u_{t-2}$$
$$(-1.0)\qquad (3.2)\qquad (3.0)\qquad DW=2.0,\ T=360$$

模型两个移动平均系数都显著地不等于零;两个特征根都在单位圆以外;残差序列通过Q检验。y_t 全样本静态预测相对误差绝对值平均是0.0015。

由上可知,对于一个时间序列,所建立的ARIMA模型形式不是唯一的。

10.8　季节时间序列ARIMA模型

在某些时间序列中,存在明显的周期性变化。这种周期是由季节性变化(包括季度、月度、周度等变化)或其他一些固有因素引起。这类序列称为季节性序列。经济领域中,季节性时间序列更是常见,如季度时间序列、月度时间序列、周度时间序列等。这里主要研究的是季度和月度时间序列。

中国季度GDP序列(GDP_t,10亿元人民币,1993年第1季度至2014年第4季度)见

图 10-28。序列明显存在以 4 个季度为周期的变化。由于在每年的第 1 季度中包括新年和春节假日，工作天数减少，所以第 1 季度的 GDP_t 值是 4 个季度中最小的。每年的第 4 季度由于即将到年终，加班加点赶任务，所以第 4 季度的 GDP_t 值远大于其他 3 个季度的 GDP_t 值。

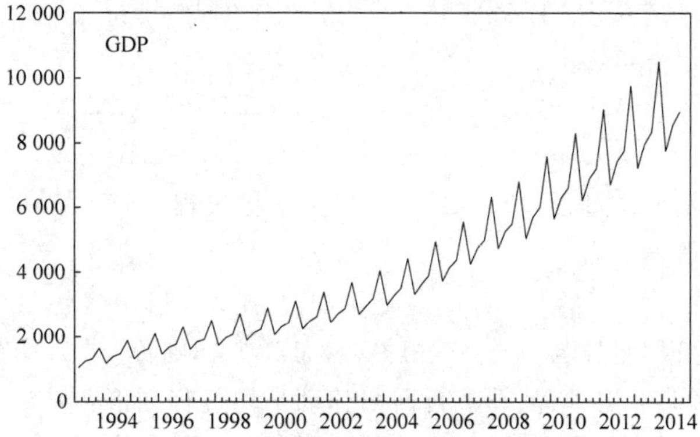

图 10-28　中国季度 GDP 序列

描述这类序列的模型称作季节时间序列模型，也称作季节 ARIMA 模型（seasonal ARIMA model）；或称作乘积季节 ARIMA 模型（multiplicative seasonal ARIMA model），因为该模型的最终形式是用特征多项式因子相乘的形式表示的。

10.8.1　季节时间序列模型定义

季节性序列的变化周期用 s 表示。对于月度序列，$s=12$；对于季度序列，$s=4$。首先定义季节差分（seasonal deference）算子

$$\Delta_s = 1 - L^s$$

若季节性时间序列用 y_t 表示，则一次季节差分表示为

$$\Delta_s y_t = y_t - y_{t-s} = (1 - L^s) y_t$$

对于季度序列，y_t 的季度差分运算是，$\Delta_4 y_t = y_t - y_{t-4} = (1-L^4) y_t$；对于月度序列，$y_t$ 的月度差分运算是，$\Delta_{12} y_t = y_t - y_{t-12} = (1-L^{12}) y_t$。若原序列长度用 T 表示，经过一次季节差分，序列将丢失 s 个观测值，序列长度变为 $T-s$。

对于非平稳季节性时间序列，进行有限次的季节差分和非季节差分，总可以转换成一个平稳的序列。

先看一个纯季节差分的例子。比如有季节随机游走过程

$$y_t = z_t + u_t, \quad \text{其中 } z_t = z_{t-s} + v_t$$

u_t 和 v_t 都是白噪声过程，而且 σ_v 远小于 σ_u。因为 z_t 是非平稳过程，所以 y_t 也是非平稳过程。对上式做季节差分一次

$$\Delta_s y_t = \Delta_s z_t + \Delta_s u_t = v_t + \Delta_s u_t$$

因为 v_t 和 $\Delta_s u_t$ 都是平稳过程，所以经过季节差分运算，$\Delta_s y_t$ 也是一个平稳过程。

进一步分析，如果一个过程由一个季节随机游走和一个非季节随机游走两部分组成

$$y_t = z_t + x_t + u_t, \text{其中 } z_t = z_{t-s} + v_t, \quad x_t = x_{t-1} + w_t$$

u_t、v_t 和 w_t 都是白噪声过程,而且 σ_v、σ_w 远小于 σ_u。z_t 和 x_t 都是非平稳的,所以 y_t 也是非平稳的。对 y_t 做 s 阶季节差分和一阶差分各一次

$$\begin{aligned}\Delta\Delta_s y_t &= \Delta\Delta_s(z_t + x_t + u_t) = \Delta(\Delta_s z_t + \Delta_s x_t + \Delta_s u_t)\\ &= \Delta(v_t + \Delta_s x_{t-1} + \Delta_s w_t + \Delta_s u_t)\\ &= \Delta(v_t + x_{t-1} - x_{t-s-1} + \Delta_s w_t + \Delta_s u_t)\\ &= \Delta v_t + \Delta x_{t-1} - \Delta x_{t-s-1} + \Delta\Delta_s w_t + \Delta\Delta_s u_t\\ &= \Delta v_t + w_{t-1} - w_{t-s-1} + \Delta\Delta_s w_t + \Delta\Delta_s u_t\end{aligned}$$

等号右侧每一项都是平稳过程,所以 $\Delta\Delta_s y_t$ 也是平稳过程。

若一个随机过程表示为

$$y_t = \alpha_1 y_{t-s} + u_t,\quad |\alpha_1| < 1$$

其中 u_t 是白噪声过程,而且与 y_{t-s} 不相关,$s=12$ 或 4,则称 y_t 为季节自回归过程。同理,可以定义季节移动平均过程、季节自回归移动平均过程如下:

$$y_t = u_t + \beta_1 u_{t-s}$$

$$y_t = \alpha_1 y_{t-s} + u_t + \beta_1 u_{t-s}$$

其中 s 表示变化周期,u_t 是白噪声过程;α_1、β_1 分别表示季节自回归和季节移动平均系数。类似也可以定义高阶季节 AR 过程、高阶季节 MA 过程和高阶季节 ARMA 过程。

周期为 s 的季节时间序列模型的一般表达式如下:

$$\begin{aligned}&(1-\phi_1 L - \cdots - \phi_p L^p)(1-\alpha_1 L^s - \cdots - \alpha_P L^{Ps})(\Delta^d \Delta_s^D y_t)\\ &= (1+\theta_1 L + \cdots + \theta_q L^q)(1+\beta_1 L^s + \cdots + \beta_Q L^{Qs})u_t\end{aligned}$$

或表示为

$$\Phi_p(L) A_P(L^s)(\Delta^d \Delta_s^D y_t) = \Theta_q(L) B_Q(L^s) u_t \tag{10-94}$$

其中 Δ,Δ_s 分别表示非季节和季节性 s 期差分。d,D 分别表示非季节和季节性差分次数,用以保证把 y_t 转换为一个平稳的时间序列。$u_t \sim \mathrm{IN}(0,\sigma^2)$是服从独立同正态分布的白噪声过程。

$$\Phi_p(L) = (1-\phi_1 L - \phi_2 L^2 - \cdots - \phi_p L^p)$$

称作非季节自回归算子或非季节自回归特征多项式。注意,自回归系数前用的是负号。

$$A_P(L^s) = (1-\alpha_1 L^s - \alpha_2 L^{2s} - \cdots - \alpha_P L^{Ps})$$

称作季节自回归算子或季节自回归特征多项式。注意,自回归系数前用的是负号。

$$\Theta_q(L) = (1+\theta_1 L + \theta_2 L^2 + \cdots + \theta_q L^q)$$

称作非季节移动平均算子或非季节移动平均特征多项式。

$$B_Q(L^s) = (1+\beta_1 L^s + \beta_2 L^{2s} + \cdots + \beta_Q L^{Qs})$$

称作季节移动平均算子或季节移动平均特征多项式。下标 p,P,q,Q 分别表示非季节、季节、自回归、移动平均算子的最大滞后阶数。模型(10-94)用季节 ARIMA$(p,d,q)\times(P,D,Q)_s$ 表示。对于季度序列,$s=4$;对于月度序列,$s=12$。

注意:因为 $\Phi_p(L)$和 $A_P(L^s)$,$\Theta_q(L)$和 $B_Q(L^s)$分别是相乘关系,所以此季节时间序列模型也称作乘积季节模型(模型两侧的最终形式都是特征多项式相乘关系)。

序列($\Delta^d\Delta_s^D y_t$)具有平稳性的条件是 $\Phi_p(L)A_P(L^s)=0$ 的根必须在单位圆以外。序列($\Delta^d\Delta_s^D y_t$)具有可逆性的条件是 $\Theta_q(L)B_Q(L^s)=0$ 的根都必须在单位圆以外。

例如，对于乘积季节 ARIMA$(1,1,1)\times(1,1,1)_{12}$ 模型

$$(1-\phi_1 L)(1-\alpha_1 L^{12})\Delta\Delta_{12} y_t=(1+\theta_1 L)(1+\beta_1 L^{12})u_t$$

$\Delta\Delta_{12}y_t$ 具有平稳性的条件是$(1-\phi_1 L)(1-\alpha_1 L^{12})=0$ 的根在单位圆外。$\Delta\Delta_{12}y_t$ 具有可逆性的条件是$(1+\theta_1 L)(1+\beta_1 L^{12})=0$ 的根在单位圆外。

对于乘积季节时间序列模型(10-94)来说，自回归部分的最高滞后阶数是 $p+Ps$。移动平均部分的最高滞后阶数是 $q+Qs$，但并不是每一个滞后期都有对应的滞后项在模型中存在。自回归特征多项式仅由 $p+P$ 个自回归系数决定；移动平均特征多项式仅由 $q+Q$ 个移动平均系数决定，模型中 $p+P+q+Q$ 将远远小于 $p+Ps+q+Qs$，因此会得到一个非常简洁的模型。

以乘积季节 ARIMA$(1,1,1)\times(1,1,1)_{12}$ 模型为例，$p+P+q+Q=4$，而如果特征多项式中每一个滞后期都有滞后项存在，则模型将包括 $p+Ps+q+Qs=26$ 个系数。

在实际研究中，通常是先对经济序列取对数，以消除可能存在的异方差。经济 ARIMA 模型中，d,D,p,P,q,Q 的值都不会很大，通常取 0 和 1 即可满足要求。

当 $P=D=Q=0$ 时，乘积季节 ARIMA$(p,d,q)\times(P,D,Q)_s$ 模型退化为 ARIMA 模型。从这个意义上说，ARIMA 模型是季节 ARIMA 模型的特例。当 $P=D=Q=p=q=d=0$ 时，乘积季节 ARIMA 模型退化为白噪声过程。

建立季节 ARIMA 模型，首先要确定 d,D。通过差分和季节差分把原序列变换为一个平稳序列。令 $x_t=\Delta^d\Delta_s^D y_t$，然后用 x_t 建立 $\Phi_p(L)A_P(L^s)(x_t-\mu)=\Theta_q(L)B_Q(L^s)u_t$ 模型，其中 μ 是平稳序列 x_t 的期望。

可以看出乘积季节 ARIMA$(p,d,q)\times(P,D,Q)_s$ 模型也可以表示为 ARIMA$(p+PS+DS,d,q+QS)$模型。

举一个简单的例子，对于乘积季节模型

$$\Delta\Delta_{12}\mathrm{Ln}y_t=(1+\theta_1 L)(1+\beta_1 L^{12})u_t$$

可以写成

$$\Delta\Delta_{12}\mathrm{Ln}y_t=u_t+\theta_1 u_{t-1}+\beta_1 u_{t-12}+\theta_1\beta_1 u_{t-13}$$

若用 ARIMA 模型表示 $\Delta\Delta_{12}\mathrm{Ln}y_t$，则

$$\Delta\Delta_{12}\mathrm{Ln}y_t=u_t+\theta_1 u_{t-1}+\theta_{12} u_{t-12}+\theta_{13} u_{t-13}$$

与乘积季节模型唯一不同点是，上式对 u_{t-13} 的系数 θ_{13} 没有约束，而对乘积季节模型来说，相当于增加了一个约束条件，$\theta_{13}=\theta_1\beta_1$。

模型 $\Delta\Delta_{12}\mathrm{Ln}y_t=(1+\theta_1 L)(1+\beta_1 L^{12})u_t$ 也称作航线模型(air line model)，首次被博克斯(G. E. P. Box)用于描述美国航空旅客人数。在实际建模中，航线模型是一种非常实用的模型。

对乘积季节模型的季节阶数，即周期长度 s 的识别可以通过对实际问题的分析、时间序列图，时间序列的相关图、偏相关图和谱图分析得到(谱图是从频率域分析时间序列的

一种方法)。

10.8.2 季节随机过程的自相关函数和偏自相关函数

首先把描述季节随机过程的模型划分成纯季节模型(seasonal model)和乘积季节模型(multiplicative seasonal model)两类。式(10-94)是乘积季节模型。式(10-94)中若去掉非季节自回归因子和非季节移动平均因子则称其为纯季节模型。纯季节模型是乘积季节模型的特例。区别纯季节模型和乘积季节模型主要是为更容易理解其对应的自相关函数和偏自相关函数变化特征。

本节内容按如下顺序介绍。先讨论纯季节模型,再讨论乘积季节模型;先讨论自回归模型,再讨论移动平均模型;先讨论自相关函数,再讨论偏自相关函数。

为方便展示自相关函数和偏自相关函数特征,本节以季度随机过程为例进行讨论。讨论的顺序是:①纯季度自回归过程的自相关函数和偏自相关函数;②纯季度移动平均过程的自相关函数和偏自相关函数;③乘积季度自回归过程的自相关函数和偏自相关函数;④乘积季度移动平均过程的自相关函数和偏自相关函数。

月度随机过程的自相关函数和偏自相关函数特征与季度随机过程的结论类似。

1. 纯季节自回归过程的自相关函数和偏自相关函数

首先以 ARIMA$(0,0,0)\times(1,0,0)_4$ 纯季度自回归过程

$$x_t=\alpha_1 x_{t-4}+u_t,\quad |\alpha_1|<1,\quad u_t\sim \mathrm{IN}(0,\sigma_u^2) \tag{10-95}$$

为例研究其自相关函数和偏自相关函数变化特征。求 x_t 的期望

$$(1-\alpha_1 L^4)E(x_t)=0$$

$$E(x_t)=0$$

对式(10-95)两侧同乘 x_{t-k},并求期望

$$\gamma_k=E(x_t x_{t-k})=E((\alpha_1 x_{t-4}+u_t)x_{t-k})=E(\alpha_1 x_{t-4}x_{t-k}+u_t x_{t-k})=\alpha_1\gamma_{k-4}$$

推导中利用了结论 $E(u_t x_{t-k})=0$。对上式两侧同除 γ_0,得

$$\rho_k=\alpha_1\rho_{k-4},\quad k\geqslant 1 \tag{10-96}$$

当 $k=4$,有 $\rho_4=\alpha_1\rho_0=\alpha_1$,当 $k=8$,有 $\rho_8=\alpha_1\rho_4=\alpha_1^2$。同理,

$$\rho_{4j}=\alpha_1^j,\quad j=1,2,\cdots$$

自相关函数在周期 4 的整倍数时点上呈指数函数衰减特征。令式(10-96)中,$k=1$ 和 3,得

$$\rho_1=\alpha_1\rho_{-3}=\alpha_1\rho_3$$

$$\rho_3=\alpha_1\rho_{-1}=\alpha_1\rho_1$$

若 $\alpha_1\neq 0$(否则 x_t 退化为白噪声),还要保持以上两式同时成立,只能有结论 $\rho_1=\rho_3=0$。

令式(10-96)中,$k=2$,则

$$\rho_2=\alpha_1\rho_{-2}$$

若 $\alpha_1\neq 0$,还要保持 $\rho_2=\alpha_1\rho_{-2}$ 成立,则只能有 $\rho_2=0$。

利用上述结论很容易证明,当 $k\geqslant 5$,但不等于 4 的整倍数期时,有 $\rho_k=0$。类似可证,

除了在相隔 4,8,12,…,期之外,都有 $\rho_k=0$。

总结以上结论,纯季度自回归过程(10-95)的自相关函数是

$$\rho_k=\begin{cases}\alpha_1^j, & k=4,8,12,\cdots=4j,j=1,2,\cdots\\ 0, & k\geqslant 1 \text{ 但 } k\neq 4,8,12,\cdots\end{cases}\tag{10-97}$$

自相关函数在周期 4 的整倍数期呈指数函数衰减特征(拖尾),在周期 4 非整倍数期等于零。

【例 10-7】

由季度自回归过程,$x_t=0.8x_{t-4}+u_t$ 生成的时间序列见图 10-29。依据式(10-97),该过程的自相关函数是

$$\rho_k=\begin{cases}0.8^j, & k=4,8,12,\cdots=4j,j=1,2,\cdots\\ 0, & k\geqslant 1 \text{ 但 } k\neq 4,8,12,\cdots\end{cases}$$

见图 10-30(a)。

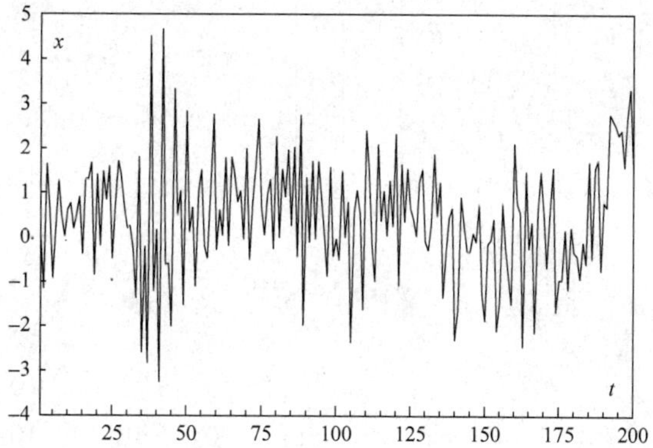

图 10-29　由季节自回归过程 $x_t=0.8x_{t-4}+u_t$ 生成的时间序列

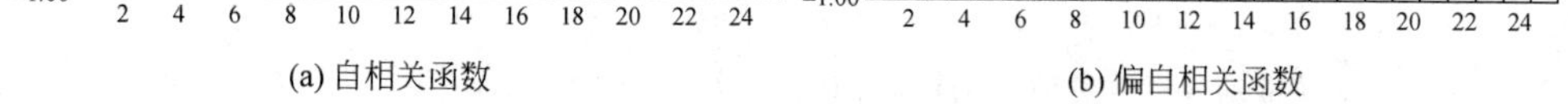

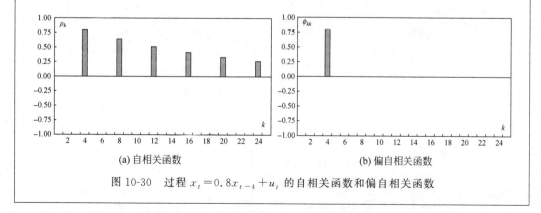

图 10-30　过程 $x_t=0.8x_{t-4}+u_t$ 的自相关函数和偏自相关函数

关于纯季度自回归过程 $x_t=\alpha_1x_{t-4}+u_t$ 的偏自相关函数,ϕ_{kk},$k=1,2$ …很显然,只有 $\phi_{44}=\alpha_1$ 不等于零,其余 ϕ_{kk} 都等于零,即

$$\phi_{kk}=\begin{cases}\alpha_1, & k=4\\ 0, & k\geqslant 1\text{但}k\neq 4\end{cases}\tag{10-98}$$

过程 $x_t=\alpha_1 x_{t-4}+u_t$ 的偏自相关函数在 $k>4$ 时具有截尾特征。

证明：

尤尔-沃克(Yule-Walker)方程(10-42)应用于纯季度自回归过程 $x_t=\alpha_1 x_{t-4}+u_t$，得

$$\rho_j=\phi_{k1}\rho_{j-1}+\phi_{k2}\rho_{j-2}+\phi_{k3}\rho_{j-3}+\phi_{k4}\rho_{j-4},\quad j=1,\cdots,k,k=1,2,3,4$$

仿照式(10-55)，用矩阵形式表示上式，

$$\begin{bmatrix}\rho_1\\ \rho_2\\ \rho_3\\ \rho_4\end{bmatrix}=\begin{bmatrix}1 & \rho_1 & \rho_2 & \rho_3\\ \rho_1 & 1 & \rho_1 & \rho_2\\ \rho_2 & \rho_1 & 1 & \rho_1\\ \rho_3 & \rho_2 & \rho_1 & 1\end{bmatrix}\begin{bmatrix}\phi_{k1}\\ \phi_{k2}\\ \phi_{k3}\\ \phi_{k4}\end{bmatrix},\quad j=1,\cdots,k,k=1,2,3,4$$

用上式中 4×4 方阵的逆左乘上式两侧，得

$$\begin{bmatrix}\phi_{k1}\\ \phi_{k2}\\ \phi_{k3}\\ \phi_{k4}\end{bmatrix}=\begin{bmatrix}1 & \rho_1 & \rho_2 & \rho_3\\ \rho_1 & 1 & \rho_1 & \rho_2\\ \rho_2 & \rho_1 & 1 & \rho_1\\ \rho_3 & \rho_2 & \rho_1 & 1\end{bmatrix}^{-1}\begin{bmatrix}\rho_1\\ \rho_2\\ \rho_3\\ \rho_4\end{bmatrix},\quad j=1,\cdots,k,k=1,2,3,4$$

在关于 ARIMA$(0,0,0)\times(1,0,0)_4$ 纯季度自回归过程自相关函数的讨论中已知，$\rho_1=\rho_2=\rho_3=0$，所以，当 $k=1$ 时，得

$$\phi_{11}=\rho_1=0$$

当 $k=2$ 时，

$$\begin{bmatrix}\phi_{21}\\ \phi_{22}\end{bmatrix}=\begin{bmatrix}1 & \rho_1\\ \rho_1 & 1\end{bmatrix}^{-1}\begin{bmatrix}\rho_1\\ \rho_2\end{bmatrix}=\begin{bmatrix}1 & 0\\ 0 & 1\end{bmatrix}^{-1}\begin{bmatrix}0\\ 0\end{bmatrix}=\begin{bmatrix}1 & 0\\ 0 & 1\end{bmatrix}\begin{bmatrix}0\\ 0\end{bmatrix}=\begin{bmatrix}0\\ 0\end{bmatrix}$$

其中 $\phi_{22}=0$。

当 $k=3$ 时，

$$\begin{bmatrix}\phi_{31}\\ \phi_{32}\\ \phi_{33}\end{bmatrix}=\begin{bmatrix}1 & \rho_1 & \rho_2\\ \rho_1 & 1 & \rho_1\\ \rho_2 & \rho_1 & 1\end{bmatrix}^{-1}\begin{bmatrix}\rho_1\\ \rho_2\\ \rho_3\end{bmatrix}=\begin{bmatrix}1 & 0 & 0\\ 0 & 1 & 0\\ 0 & 0 & 1\end{bmatrix}^{-1}\begin{bmatrix}0\\ 0\\ 0\end{bmatrix}=\begin{bmatrix}0\\ 0\\ 0\end{bmatrix}$$

其中 $\phi_{33}=0$。

当 $k=4$ 时，

$$\begin{bmatrix}\phi_{41}\\ \phi_{42}\\ \phi_{43}\\ \phi_{44}\end{bmatrix}=\begin{bmatrix}1 & 0 & 0 & 0\\ 0 & 1 & 0 & 0\\ 0 & 0 & 1 & 0\\ 0 & 0 & 0 & 1\end{bmatrix}^{-1}\begin{bmatrix}0\\ 0\\ 0\\ \rho_4\end{bmatrix}=\begin{bmatrix}1 & 0 & 0 & 0\\ 0 & 1 & 0 & 0\\ 0 & 0 & 1 & 0\\ 0 & 0 & 0 & 1\end{bmatrix}\begin{bmatrix}0\\ 0\\ 0\\ \rho_4\end{bmatrix}=\begin{bmatrix}0\\ 0\\ 0\\ \rho_4\end{bmatrix}$$

其中 $\phi_{44}=\rho_4$。根据式(10-96)，有 $\rho_4=\alpha_1$，所以得

$$\phi_{44}=\alpha_1$$

当 $k>4$ 时，

$$\phi_{kk}=0$$

因此，x_t 的偏自相关函数是式(10-98)。　　得证。

过程 $x_t=0.8x_{t-4}+u_t$，$|\alpha_1|<1$，$u_t \sim \mathrm{IN}(0,\sigma_u^2)$ 的偏自相关函数是

$$\phi_{kk}=\begin{cases}0.8, & k=4\\ 0, & k\geqslant 1 \text{ 但 } k\neq 4\end{cases}$$

见图 10-30(b)。

【例 10-8】

由纯季度自回归过程，$x_t=-0.8x_{t-4}+u_t$ 生成的时间序列见图 10-31。该过程自相关函数和偏自相关函数表达式分别是

$$\rho_k=\begin{cases}(-0.8)^j, & k=4j, j=1,2,\cdots\\ 0, & k\neq 4j, j=1,2,\cdots\end{cases}$$

$$\phi_{kk}=\begin{cases}-0.8, & k=4\\ 0, & k\geqslant 1 \text{ 但 } k\neq 4\end{cases}$$

见图 10-32。

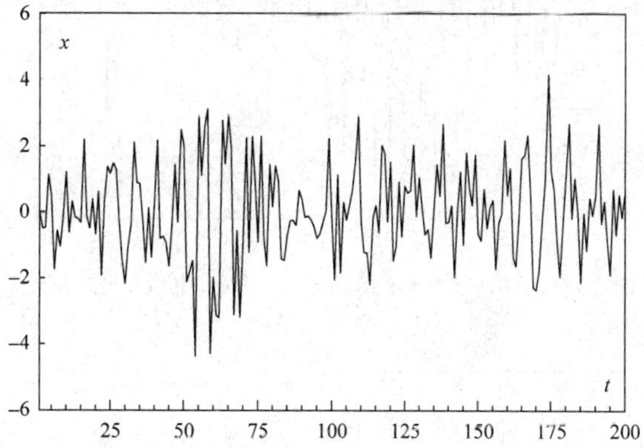

图 10-31　由季节自回归过程 $x_t=-0.8x_{t-4}+u_t$ 生成的时间序列图

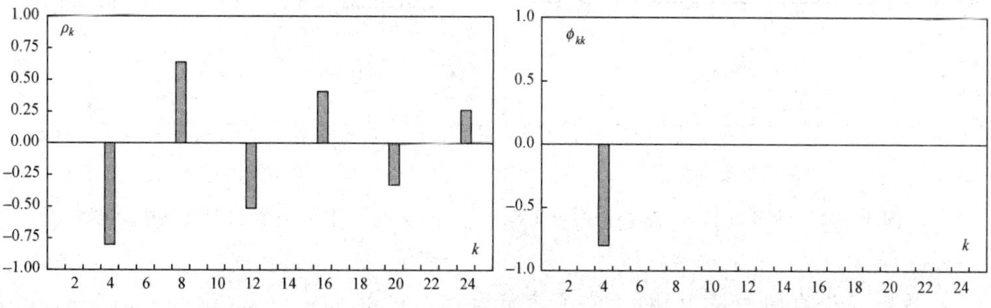

(a) 自相关函数　　(b) 偏自相关函数

图 10-32　过程 $x_t=-0.8x_{t-4}+u_t$ 的自相关函数和偏自相关函数

同理，纯月度自回归过程 $x_t=\alpha_1 x_{t-12}+u_t$ 的自相关函数是

$$\rho_k=\begin{cases}\alpha_1^j, & k=12j,j=1,2,\cdots \\ 0, & k\geqslant 1 \text{ 但 } k\neq 12j,j=1,2,\cdots\end{cases} \tag{10-99}$$

自相关函数在周期 12 的整倍数时点呈指数衰减特征，在周期 12 的非整数倍时点等于零。

纯月度自回归过程 $x_t=\alpha_1 x_{t-12}+u_t$ 的偏自相关函数是

$$\phi_{kk}=\begin{cases}\alpha_1, & k=12 \\ 0, & k\geqslant 1 \text{ 但 } k\neq 12\end{cases}$$

在 $k>12$ 呈截尾特征。

【例 10-9】

由纯月度自回归过程 $x_t=0.8x_{t-12}+u_t$ 生成的时间序列见图 10-33。该过程的自相关函数和偏自相关函数见图 10-34。

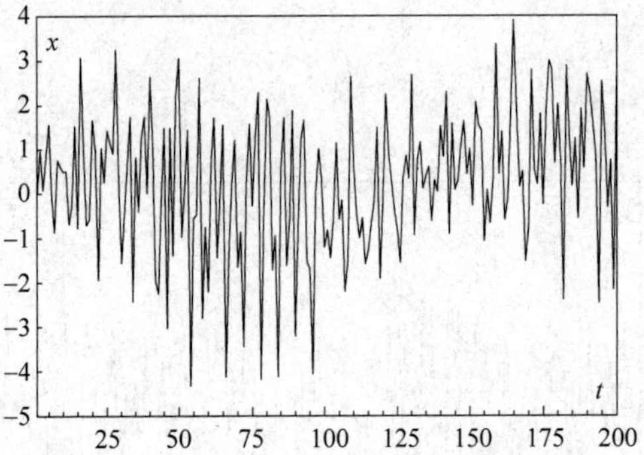

图 10-33 由过程 $x_t=0.8x_{t-12}+u_t$ 生成的时间序列

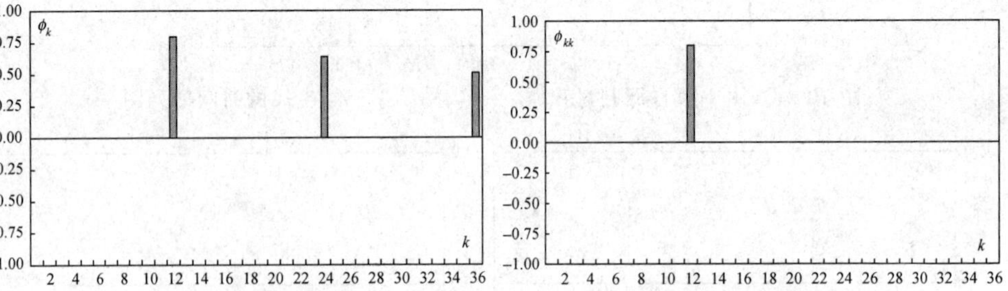

(a) 自相关函数 (b) 偏自相关函数

图 10-34 纯月度自回归过程 $x_t=0.8x_{t-12}+u_t$ 的自相关函数和偏自相关函数

扩展到高阶自回归情形，对于高阶季节自回归过程

$$x_t=\alpha_1 x_{t-s}+\alpha_2 x_{t-2s}+\cdots+\alpha_P x_{t-Ps}+u_t \tag{10-100}$$

其自相关函数只在 s 整倍数滞后期 $s,2s,3s,\cdots$ 有非零的 ϕ_j 值。其自相关函数变化特征依据特征根是实数根还是复数根呈指数函数衰减或(和)正弦函数衰减。其偏自相关函数仅在滞后 $s,2s,\cdots,Ps$ 期处有非零的值,之后呈截尾特征。

【例 10-10】

分析纯季度自回归过程,$x_t=0.8x_{t-4}-0.6x_{t-8}+u_t$ 的自相关函数和偏自相关函数特征。

因为该过程对应的特征方程 $1-0.8L^4+0.6L^8=0$ 的根全部在单位圆以外,所以该过程是平稳的(由该过程生成的时间序列见图 10-35)。因为该过程对应的特征方程的根全部是复数根,所以其自相关函数在 4 的整倍数期呈正弦函数叠加的衰减特征(拖尾),见图 10-36(a)。其偏自相关函数在 $k=4,8$ 处有非零的值,之后呈截尾特征,在 $k=1\sim3,5\sim7$ 时等于零,见图 10-36(b)。

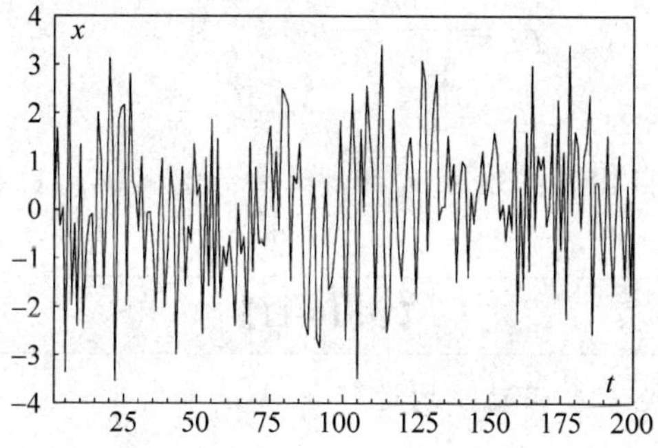

图 10-35　由过程 $x_t=0.8x_{t-4}-0.6x_{t-8}+u_t$ 生成的时间序列

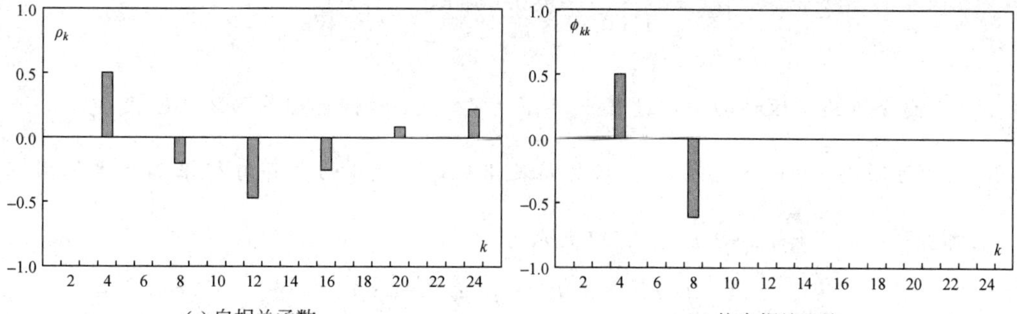

图 10-36　纯季度自回归过程 $x_t=0.8x_{t-4}-0.6x_{t-8}+u_t$ 的自相关函数和偏自相关函数

2. 纯季节 MA 过程的自相关函数和偏自相关函数

先以纯季度移动平均过程

$$x_t=u_t+\beta_1 u_{t-4},\quad u_t\sim \mathrm{IN}(0,\sigma^2)$$

为例研究其自相关函数和偏自相关函数特征。其中 u_t 服从独立同正态分布。对上式求协方差，

$$\begin{aligned}\gamma_k &= E(x_t x_{t-k}) = E[(u_t + \beta_1 u_{t-4})(u_{t-k} + \beta_1 u_{t-k-4})] \\ &= E(u_t u_{t-k} + \beta_1 u_{t-4} u_{t-k} + \beta_1 u_t u_{t-k-4} + \beta_1^2 u_{t-4} u_{t-4-k})\end{aligned}$$

令 $k=0$，

$$\gamma_0 = E(u_t^2 + \beta_1 u_{t-4} u_t + \beta_1 u_t u_{t-4} + \beta_1^2 u_{t-4}^2) = (1+\beta_1^2)\sigma^2$$

令 $k=1$，

$$\gamma_1 = E(u_t u_{t-1} + \beta_1 u_{t-4} u_{t-1} + \beta_1 u_t u_{t-5} + \beta_1^2 u_{t-4} u_{t-5}) = 0$$

令 $k=4$，

$$\gamma_4 = E(u_t u_{t-4} + \beta_1 u_{t-4}^2 + \beta_1 u_t u_{t-8} + \beta_1^2 u_{t-4} u_{t-8}) = \beta_1 \sigma^2$$

在上面的推导中利用了 $E(u_i u_j)=0, i \neq j$。同理可证，$\gamma_2=\gamma_3=0$；$\gamma_k=0, k\geqslant 5$。用 γ_0 分别除 $\gamma_1, \gamma_2, \gamma_3, \gamma_4, \gamma_k, k \geqslant 5$，得自相关函数如下：

$$\rho_k = \begin{cases} 0, & k=1,2,3 \\ \dfrac{\beta_1}{1+\beta_1^2}, & k=4 \\ 0, & k \geqslant 5 \end{cases} \tag{10-101}$$

纯季度移动平均过程的自相关函数是 $\rho_1, \rho_2, \rho_3 = 0, \rho_4 \neq 0, \rho_k = 0, k \geqslant 5$。从 $k=5$ 开始呈截尾特征。

【例 10-11】

根据式(10-101)，纯季度移动平均过程 $x_t = u_t + 0.8\, u_{t-4}$ 的自相关函数是

$$\rho_k = \begin{cases} 0, & k=1,2,3 \\ \dfrac{0.8}{1+0.8^2} = 0.4878, & k=4 \\ 0, & k \geqslant 5 \end{cases}$$

下面分析纯季度移动平均过程 $x_t = u_t + \beta_1 u_{t-4}$ 的偏自相关函数。过程 $x_t = u_t + \beta_1 u_{t-4}$ 可写成 $\dfrac{1}{1+\beta_1 L^4} x_t = u_t$。只要满足 $1+\beta_1 L^4 = 0$ 的全部特征根都在单位圆以外，那么，过程 $x_t = u_t + \beta_1 u_{t-4}$ 可以表示为

$$(1 - \beta_1 L^4 + \beta_1^2 L^8 - \beta_1^3 L^{12} + \cdots) x_t = u_t$$

$$x_t = \beta_1 x_{t-4} - \beta_1^2 x_{t-8} + \beta_1^3 x_{t-12} - \cdots + u_t$$

按式(10-42)和10.5.2小节求偏自相关系数公式即可求出 ϕ_{kk} 的值。

因为可逆的纯季度 MA 过程 $x_t = u_t + \beta_1 u_{t-4}$ 可以转换为无限阶的纯季度 AR 过程，所以该过程的偏自相关函数在季度周期的整倍数期呈拖尾衰减特征。

当 $\beta_1 > 0$ 时，偏自相关系数 ϕ_{kk} 的符号在 $k=4j, j=1,2,\cdots$ 期是正负交替的；当

$\beta_1<0$ 时，偏自相关系数的符号全是负的。

由纯季度移动平均过程 $x_t=u_t+0.8u_{t-4}$ 生成的时间序列见图 10-37，其自相关函数和偏自相关函数见图 10-38。

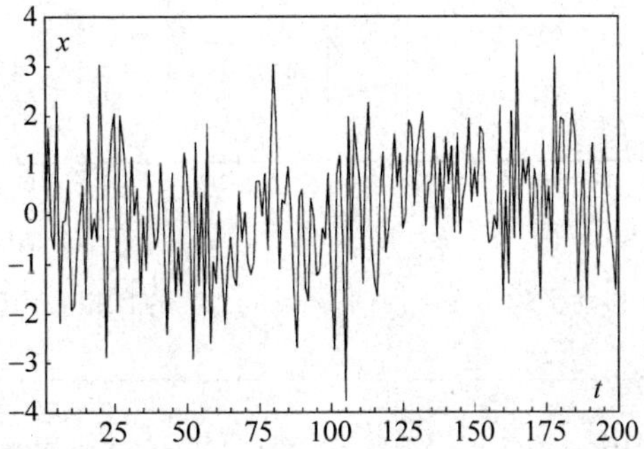

图 10-37　由过程 $x_t=u_t+0.8u_{t-4}$ 生成的时间序列

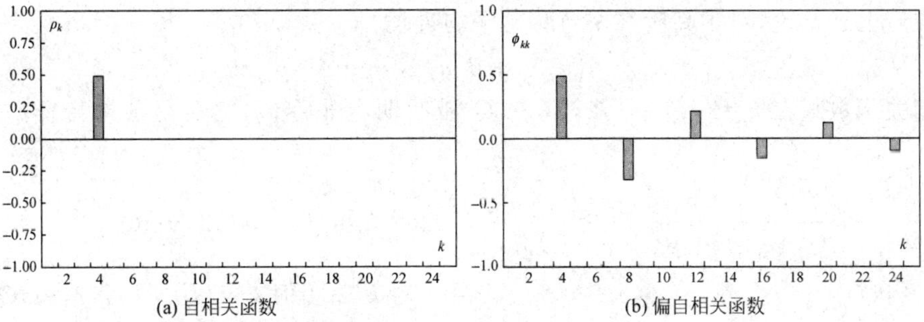

图 10-38　纯季度移动平均过程 $x_t=u_t+0.8u_{t-4}$ 的自相关函数与偏自相关函数

【例 10-12】

由纯季度移动平均过程 $x_t=u_t-0.8u_{t-4}$ 生成的时间序列见图 10-39，其自相关函数和偏自相关函数见图 10-40。

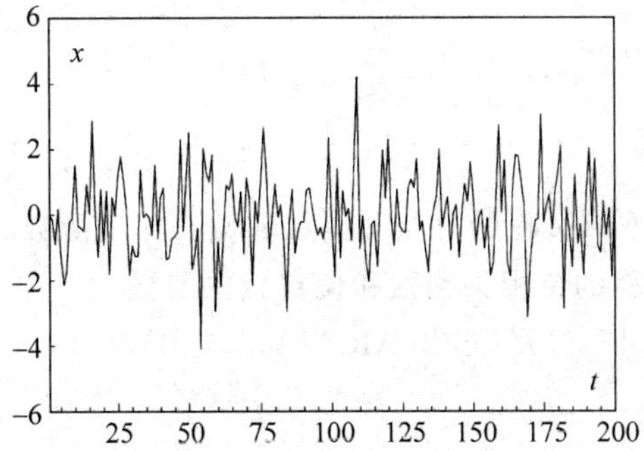

图 10-39　由纯季度移动平均过程 $x_t=u_t-0.8u_{t-4}$ 生成的时间序列

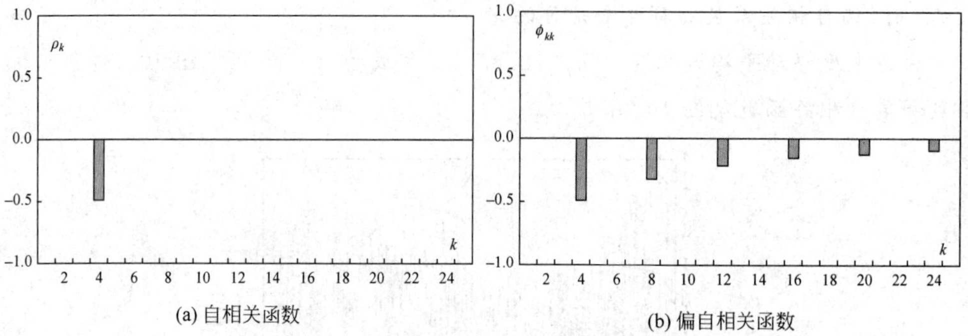

图 10-40 纯季度移动平均过程 $x_t=u_t-0.8u_{t-4}$ 的自相关函数与偏自相关函数

同理,纯月度移动平均过程 $x_t=u_t+\beta_1 u_{t-12}$ 的自相关函数,$\rho_1,\cdots,\rho_{11}=0,\rho_{12}\neq 0$,在 $k=12$(相隔 12 期)时才有非零的自相关系数值,之后呈截尾特征,$\rho_k=0,k\geqslant 13$。

推广上述结论,对于高阶纯季节移动平均过程

$$x_t=u_t+\beta_1 u_{t-s}+\beta_2 u_{t-2s}+\cdots+\beta_Q u_{t-Qs}$$

其自相关函数只在 $k=sj,j=1,2,3,\cdots,Q$ 滞后期有非零值,之后呈截尾特征。计算公式是

$$\rho_k=\begin{cases}\dfrac{\beta_1+\beta_1\beta_{k+1}+\beta_2\beta_{k+2}+\cdots+\beta_{Q-k}\beta_Q}{1+\beta_1^2+\beta_2^2+\cdots+\beta_Q^2}, & k=sj,j=1,2,\cdots,Q\\ 0, & k\geqslant 1 \text{ 但 } k\neq sj,j=1,2,\cdots,Q\end{cases} \tag{10-102}$$

高阶纯季节移动平均过程的自相关函数在周期 s 的整倍数期至 SQ 期呈非零特征,在非整倍数期等于零。在 $k>SQ$ 期等于 0,呈截尾特征。

以有两个滞后期的纯季度移动平均过程,$y_t=u_t+\beta_1 u_{t-4}+\beta_2 u_{t-8}$,为例,其自相关函数是

$$\rho_k=\begin{cases}\dfrac{(\beta_1+\beta_1\beta_2)}{(1+\beta_1^2+\beta_2^2)}, & k=4\\ \dfrac{\beta_2}{(1+\beta_1^2+\beta_2^2)}, & k=8\\ 0, & k\geqslant 1 \text{ 但 } k\neq 4,8\end{cases}$$

下面分析两类乘积季节过程的自相关函数和偏自相关函数。

3. 乘积季节 AR 过程的自相关函数和偏自相关函数

首先以乘积季度自回归过程,季节 $\text{ARIMA}(1,0,0)\times(1,0,0)_4$

$$(1-\phi_1 L)(1-\alpha_1 L^4)x_t=u_t$$

为例研究其自相关函数和偏自相关函数特征。

把上式展开，

$$(1-\phi_1 L-\alpha_1 L^4+\phi_1\alpha_1 L^5)x_t=u_t$$

$$x_t=\phi_1 x_{t-1}+\alpha_1 x_{t-4}-\phi_1\alpha_1 x_{t-5}+u_t$$

求 $x_t x_{t-k}$ 的协方差

$$\gamma_k=E(x_t x_{t-k})=E[(\phi_1 x_{t-1}+\alpha_1 x_{t-4}-\phi_1\alpha_1 x_{t-5}+u_t)x_{t-k}]$$
$$=\phi_1\gamma_{k-1}+\alpha_1\gamma_{k-4}-\phi_1\alpha_1\gamma_{k-5},\quad k\geqslant 1$$

用 γ_0 除上式，得

$$\rho_k=\phi_1\rho_{k-1}+\alpha_1\rho_{k-4}-\phi_1\alpha_1\rho_{k-5},\quad k\geqslant 1$$

令 $k=1,2,3,4$，

$$\begin{cases}\rho_1=\phi_1+\alpha_1\rho_3-\phi_1\alpha_1\rho_4\\ \rho_2=\phi_1\rho_1+\alpha_1\rho_2-\phi_1\alpha_1\rho_3\\ \rho_3=\phi_1\rho_2+\alpha_1\rho_1-\phi_1\alpha_1\rho_2\\ \rho_4=\phi_1\rho_3+\alpha_1-\phi_1\alpha_1\rho_1\end{cases}$$

解上方程组，可求出 $\rho_1,\rho_2,\rho_3,\rho_4$。进而用 ρ_k 表达式可求出 $\rho_5,\cdots$。自相关函数呈拖尾特征。

求乘积季度自回归过程，$(1-\phi_1 L)(1-\alpha_1 L^4)x_t=u_t$ 的偏自相关函数。上面已求得 Yule-Walker 方程，

$$\rho_k=\phi_1\rho_{k-1}+\alpha_1\rho_{k-4}-\alpha_1\phi_1\rho_{k-5},\quad k\geqslant 1$$

用 ϕ_{kj} 换尤尔-沃克(Yule-Walker)方程中的系数，得

$$\rho_j=\phi_{k1}\rho_{j-1}+\phi_{k2}\rho_{j-2}+\phi_{k3}\rho_{j-3}+\phi_{k4}\rho_{j-4}+\phi_{k5}\rho_{j-5},\quad j=1,\cdots,k,\quad k=1,2,3,4,5$$

用矩阵形式表示上式，

$$\begin{bmatrix}\rho_1\\ \rho_2\\ \rho_3\\ \rho_4\\ \rho_5\end{bmatrix}=\begin{bmatrix}1&\rho_1&\rho_2&\rho_3&\rho_4\\ \rho_1&1&\rho_1&\rho_2&\rho_3\\ \rho_2&\rho_1&1&\rho_1&\rho_2\\ \rho_3&\rho_2&\rho_1&1&\rho_1\\ \rho_4&\rho_3&\rho_2&\rho_1&1\end{bmatrix}\begin{bmatrix}\phi_{k1}\\ \phi_{k2}\\ \phi_{k3}\\ \phi_{k4}\\ \phi_{k5}\end{bmatrix},\quad j=1,\cdots,k,\quad k=1,2,3,4,5$$

用上式中 5×5 方阵的逆左乘上式两侧，得

$$\begin{bmatrix}\phi_{k1}\\ \phi_{k2}\\ \phi_{k3}\\ \phi_{k4}\\ \phi_{k5}\end{bmatrix}=\begin{bmatrix}1&\rho_1&\rho_2&\rho_3&\rho_4\\ \rho_1&1&\rho_1&\rho_2&\rho_3\\ \rho_2&\rho_1&1&\rho_1&\rho_2\\ \rho_3&\rho_2&\rho_1&1&\rho_1\\ \rho_4&\rho_3&\rho_2&\rho_1&1\end{bmatrix}^{-1}\begin{bmatrix}\rho_1\\ \rho_2\\ \rho_3\\ \rho_4\\ \rho_5\end{bmatrix},\quad j=1,\cdots,k,\quad k=1,2,3,4,5$$

偏自相关函数 $\phi_{11},\phi_{22},\cdots,\phi_{55}$ 由上式求出。其在 $k>5$ 时呈截尾特征。

【例 10-13】

乘积季度自回归过程,$(1-0.5L)(1-0.6L^4)x_t=u_t$ 生成的时间序列见图 10-41,其自相关函数和偏自相关函数见图 10-42。乘积季度自回归过程 x_t 的自相关函数呈拖尾特征。而偏自相关函数在 $k\geqslant 6$ 期呈截尾特征。

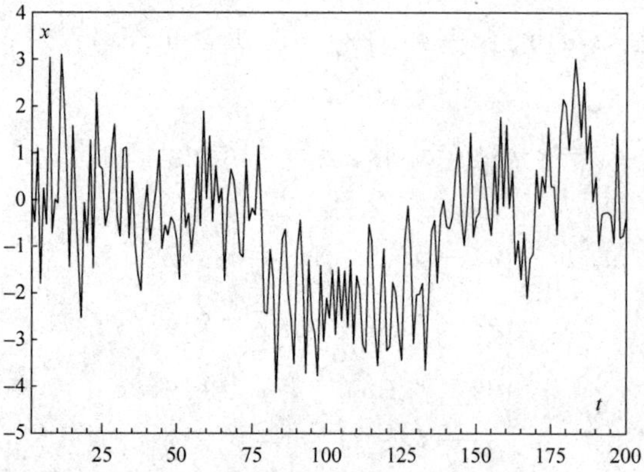

图 10-41　由乘积季度自回归过程 $(1-0.5L)(1-0.6L^4)x_t=u_t$ 生成的时间序列

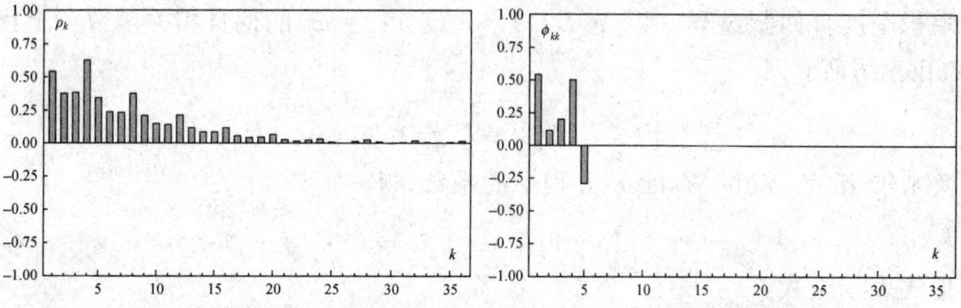

图 10-42　乘积季度自回归过程 $(1-0.5L)(1-0.6L^4)x_t=u_t$ 的自相关函数和偏自相关函数

比较纯季度自回归过程 $(1-0.8L^4)x_t=u_t$ 和乘积季度自回归过程 $(1-0.5L)(1-0.6L^4)x_t=u_t$ 的自相关函数和偏自相关函数,见图 10-30 和图 10-42,发现纯季度自回归过程的自相关函数是在 4 的整倍数期呈拖尾特征,而乘积季度自回归过程是在 $k>0$ 的所有期呈拖尾特征。纯季度自回归过程的偏自相关函数是在 $k>4$ 呈截尾特征,而该乘积季度自回归过程的偏自相关函数在 $k>5$ 呈截尾特征。

4. 乘积季节移动平均模型

下面分析乘积季度移动平均过程,季度 ARIMA$(0,0,1)\times(0,0,1)_4$

$$x_t=(1+\theta_1 L)(1+\beta_1 L^4)u_t$$

的自相关函数。把表达式展开，

$$x_t=(1+\theta_1 L)(1+\beta_1 L^4)u_t=u_t+\theta_1 u_{t-1}+\beta_1 u_{t-4}+\theta_1\beta_1 u_{t-5}$$

求 x_t 的协方差，

$$\begin{aligned}\gamma_0&=\operatorname{var}(x_t)=E(x_t^2)=E(u_t^2+\theta_1^2u_{t-1}^2+\beta_1^2u_{t-4}^2+\theta_1^2\beta_1^2u_{t-5}^2)\\&=(1+\theta_1^2+\beta_1^2+\theta_1^2\beta_1^2)\sigma^2=[(1+\theta_1^2)+\beta_1^2(1+\theta_1^2)]\sigma^2\\&=(1+\theta_1^2)(1+\beta_1^2)\sigma^2\\\gamma_1&=E(x_tx_{t-1})\\&=E[(u_t+\theta_1u_{t-1}+\beta_1u_{t-4}+\theta_1\beta_1u_{t-5})(u_{t-1}+\theta_1u_{t-2}+\beta_1u_{t-5}+\theta_1\beta_1u_{t-6})]\\&=E(\theta_1u_{t-1}^2+\theta_1\beta_1^2u_{t-5}^2)=\theta_1(1+\beta_1^2)\sigma^2\end{aligned}$$

在上面的推导中利用了白噪声条件 $E(u_iu_j)=0,i\neq j$。

$$\rho_1=\frac{\gamma_1}{\gamma_0}=\frac{\theta_1(1+\beta_1^2)\sigma^2}{(1+\theta_1^2)(1+\beta_1^2)\sigma^2}=\frac{\theta_1}{1+\theta_1^2}$$

类似可证：$\rho_2=0,\rho_3=\rho_5=\dfrac{\theta_1\beta_1}{(1+\theta_1^2)(1+\beta_1^2)},\rho_4=\dfrac{\beta_1}{(1+\beta_1^2)},\rho_k=0,k\geqslant 6$。乘积季节移动平均过程的自相关函数呈截尾特征。

$$\rho_k=\begin{cases}\dfrac{\theta_1}{(1+\theta_1^2)}, & k=1\\0, & k=2\\\dfrac{\theta_1\beta_1}{(1+\theta_1^2)(1+\beta_1^2)}, & k=3\\\dfrac{\beta_1}{(1+\beta_1^2)}, & k=4\\\dfrac{\theta_1\beta_1}{(1+\theta_1^2)(1+\beta_1^2)}, & k=5\\0, & k>5\end{cases}\tag{10-103}$$

因为乘积季节 MA 过程可以转换为无限阶的 AR 过程，依据尤尔-沃克方程(10-42)和 10.5.2 小节求偏自相关系数公式，该过程的偏自相关函数呈拖尾衰减特征。

【例 10-14】

乘积季度移动平均过程 $x_t=(1+0.5L)(1+0.8L^4)u_t$ 生成的时间序列见图 10-43，其自相关函数和偏自相关函数见图 10-44。

比较季度移动平均过程 $x_t=(1+0.8L^4)u_t$ 和乘积季度移动平均过程 $x_t=(1+0.5L)(1+0.8L^4)u_t$ 的自相关函数和偏自相关函数，见图 10-38 和图 10-44，发现纯季度移动平均过程的自相关函数是在 $k>4$ 呈截尾特征，而乘积季度移动平均过程的自

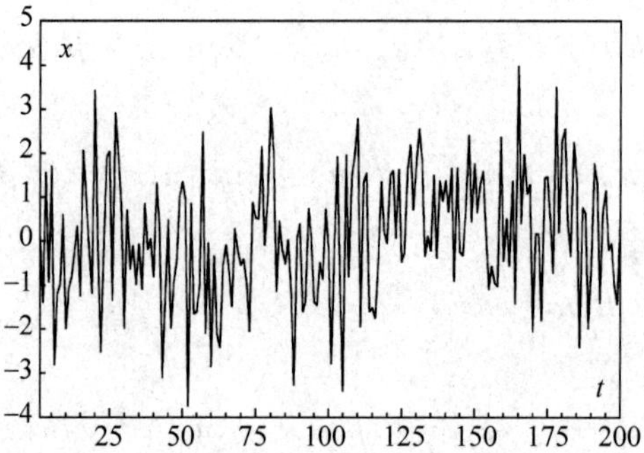

图 10-43 乘积季节移动平均过程 $x_t=(1+0.5L)(1+0.8L^4)u_t$ 生成的时间序列

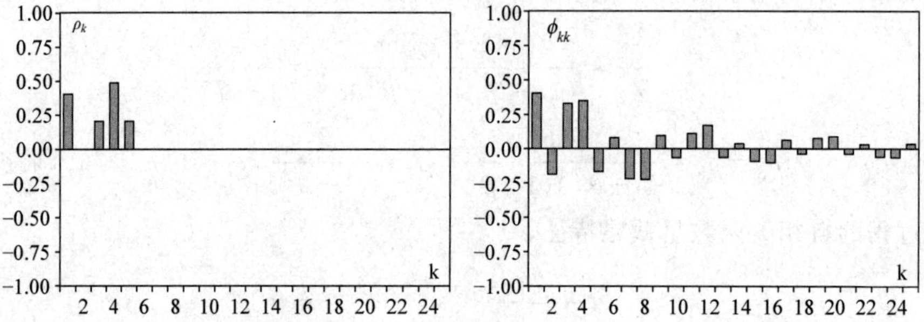

(a) 自相关函数 (b) 偏自相关函数

图 10-44 乘积季度移动平均过程 $x_t=(1+0.5L)(1+0.8L^4)u_t$ 的自相关函数和偏自相关函数

相关函数在 $k>5$ 呈截尾特征。纯季度移动平均过程的偏自相关函数是在 4 的整倍数期呈拖尾特征,而乘积季度移动平均过程是在 $k>0$ 的所有期呈拖尾特征。

对于乘积月度移动平均过程

$$x_t=(1+\theta_1 L)(1+\beta_1 L^{12})u_t=u_t+\theta_1 u_{t-1}+\beta_1 u_{t-12}+\theta_1\beta_1 u_{t-13}$$

$$\begin{aligned}\gamma_0&=\operatorname{var}(x_t)=E({}_t^2)=E(u_t^2+\theta_1^2 u_{t-1}^2+\beta_1^2 u_{t-12}^2+\theta_1^2\beta_1^2 u_{t-13}^2)\\&=(1+\theta_1^2+\beta_1^2+\theta_1^2\beta_1^2)\sigma^2=(1+\theta_1^2)+\beta_1^2(1+\theta_1^2)\sigma^2\\&=(1+\theta_1^2)(1+\beta_1^2)\sigma^2\end{aligned}$$

$$\begin{aligned}\gamma_1&=E(x_t x_{t-1})\\&=E[(u_t+\theta_1 u_{t-1}+\beta_1 u_{t-12}+\theta_1\beta_1 u_{t-13})(u_{t-1}+\theta_1 u_{t-2}\\&\quad+\beta_1 u_{t-13}+\theta_1\beta_1 u_{t-14})]\\&=E(\theta_1 u_{t-1}^2+\theta_1\beta_1^2 u_{t-13}^2)=\theta(1+\beta_1^2)\sigma^2\end{aligned}$$

$$\rho_1=\frac{\gamma_1}{\gamma_0}=\frac{\theta_1(1+\beta_1^2)\sigma^2}{(1+\theta_1^2)(1+\beta_1^2)\sigma^2}=\frac{\theta_1}{1+\theta_1^2}$$

类似可证:$\rho_2,\cdots,\rho_{10}=0,\rho_{11}=\rho_{13}=\dfrac{\theta_1\beta_1}{(1+\theta_1^2)(1+\beta_1^2)},\rho_{12}=\dfrac{\beta_1}{(1+\beta_1^2)}$。乘积季节移动平

均过程 x_t 的自相关函数在 $k=13$ 期以后呈截尾特征。而偏自相关函数呈拖尾特征。

【例 10-15】

由乘积月度移动平均过程 $x_t=(1+0.8L)(1+0.6L^{12})u_t$ 生成的时间序列见图 10-45，其自相关函数和偏自相关函数见图 10-46。

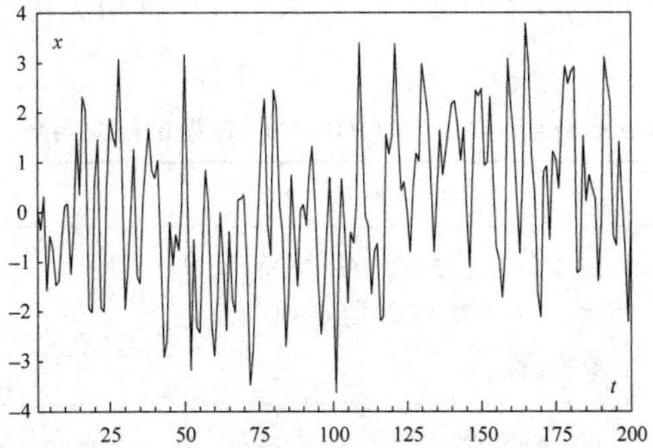

图 10-45　由乘积月度移动平均过程 $x_t=(1+0.8L)(1+0.6L^{12})u_t$ 生成的时间序列

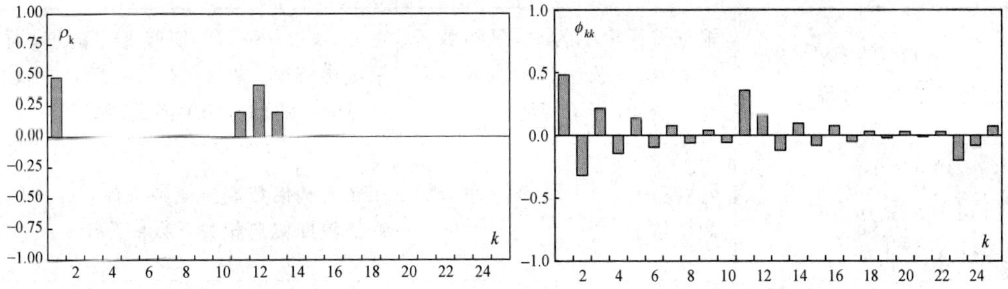

(a) 自相关函数　　(b) 偏自相关函数

图 10-46　乘积月度移动平均过程 $x_t=(1+0.8L)(1+0.6L^{12})u_t$ 的自相关函数和偏自相关函数

总结：

(1) $(1-\alpha_1 L^s)x_t=u_t$，$(1-\alpha_1 L^s-\alpha_2 L^{2s})x_t=u_t$，$x_t=(1+\beta_1 L^s)u_t$ 和 $x_t=(1+\beta_1 L^s+\beta_2 L^{2s})u_t$ 是纯季节模型，但不是乘积季节模型，因为特征多项式未形成因子相乘形式。

(2) $(1-\phi_1 L)(1-\alpha_1 L^s)x_t=u_t$，$x_t=(1+\theta_1 L)(1+\beta_1 L^s)u_t$ 和 $(1-\phi_1 L)(1-\alpha_1 L^s)x_t=(1+\theta_1 L)(1+\beta_1 L^s)u_t$ 是乘积季节模型。

(3) 纯季节自回归过程的自相关函数和季节移动平均过程的偏自相关函数都是在 s 的整倍数期呈拖尾特征。而乘积季节自回归过程的自相关函数和乘积季节移动平均过程的偏自相关函数都是在 $k\geqslant 1$ 的所有期呈拖尾特征。这是区别纯季节模型和乘积季节模型的重要特征。

(4) 纯季节自回归过程的偏自相关函数在 $k>Ps$ 期呈截尾特征，而乘积季节自回归过程的偏自相关函数在 $k>p+Ps$ 期呈截尾特征。纯季节移动平均过程的自相关函数在 $k>Qs$ 期呈截尾特征,而乘积季节移动平均过程的自相关函数在 $k>q+Qs$ 期呈截尾特征。这是区别纯季节模型和乘积季节模型的重要特征。

(5) 高阶乘积季节 ARIMA$(p,d,q)\times(P,D,Q)_s$ 过程的自相关函数和偏自相关函数表现得非常复杂(幸运的是实际中很少用到)。

(6) 乘积季节 ARIMA$(p,0,q)\times(P,0,Q)s$ 过程自相关函数、偏自相关函数特征见表 10-4。

表 10-4　乘积季节 ARIMA$(p,0,q)\times(P,0,Q)s$ 过程自相关函数、偏自相关函数特征

模　型	自相关函数	偏自相关函数
$(0,0,0)\times(1,0,0)_4$ $(1-\alpha_1 L^4)x_t=u_t$ 纯季度 AR 过程	在 4 的整倍数期呈拖尾特征。在 4 的非整倍数期自相关系数值等于 0	$\phi_{11},\phi_{22},\phi_{33},=0,\phi_{44}\neq 0$,而后呈截尾特征
$(0,0,0)\times(1,0,0)_S$ $(1-\alpha_1 L^S)x_t=u_t$ 纯季节 AR 过程	在 s 的整倍数期呈拖尾特征。在 s 的非整倍数期自相关系数值等于 0	$\phi_{11},\cdots,\phi_{s-1,s-1}=0,\phi_{ss}\neq 0$,而后呈截尾特征
$(0,0,0)\times(P,0,0)_S$ 高阶纯季节 AR 过程	根据特征根的性质,呈指数函数衰减,正弦函数衰减或二者叠加衰减(拖尾特征)	在 $k=s,2s,\cdots,Ps$ 期有非零的值,而后呈截尾特征。在 $k<Ps$ 期,且 $k\neq s,2s,\cdots,Ps$ 期的偏自相关系数值等于 0
$(0,0,0)\times(0,0,1)_4$ $x_t=(1+\beta_1 L^4)u_t$ 纯季度 MA 过程	$\rho_1,\rho_2,\rho_3,=0,\rho_4\neq 0$,而后呈截尾特征	在 4 的整倍数期呈拖尾特征。在 4 的非整倍数期偏自相关系数值等于 0
$(0,0,0)\times(0,0,1)_S$ $x_t=(1+\beta_1 L^s)u_t$ 纯季节 MA 过程	$\rho_1,\cdots,\rho_{s-1}=0,\rho_s\neq 0$,而后呈截尾特征	在 s 的整倍数期呈拖尾特征。在 s 的非整倍数期偏自相关系数值等于 0
$(0,0,0)\times(0,0,Q)_S$ 高阶纯季节 MA 过程	在 $k=s,2s,3s,\cdots,Qs$ 期有非零的值,之后呈截尾特征。在 $k<Qs$,且 $k\neq s,2s,\cdots,Qs$ 时自相关系数值等于 0	在 s 的整倍数期呈拖尾衰减特征
$(1,0,0)\times(1,0,0)_S$ 乘积季节 AR 过程	呈拖尾衰减特征	在 $k=s+1$ 期以后呈截尾特征
$(0,0,1)\times(0,0,1)_S$ 乘积季节 MA 过程	在 $k=s+1$ 期以后呈截尾特征	呈拖尾衰减特征
$(1,0,1)\times(1,0,1)_S$ 乘积季节 ARMA 过程	呈拖尾衰减特征	呈拖尾衰减特征
$(p,0,q)\times(P,0,Q)_S$ 高阶乘积季节 ARMA 过程	呈拖尾衰减特征。表现非常复杂	呈拖尾衰减特征。表现非常复杂

注意：表 10-4 给出的是各类随机过程的自相关函数和偏自相关函数特征。而对于一个有限样本的时间序列来说，计算出的相关图和偏相关图是对真实(理论)自相关函数和偏自相关函数的估计。与理论自相关函数和偏自相关函数相比，相关图(估计的自相关函数)和偏相关图(估计的偏自相关函数)具有较大的方差，并表现为更高的自相关。特别在小样本条件下，相关图和偏相关图不能清晰地反映出真实(理论)自相关函数和偏自相关函数的特征，从而给模型的识别带来困难。

图 10-47(a)给出的是 $T=500$ 的 $(1-0.5L)(1-0.9L^4)x_t=u_t$ 序列相关图和偏相关图。可以清晰地看到，偏相关图在 $k>5$ 期以后呈截尾特征，相关图呈拖尾特征，立刻就可以识别出这是一个乘积季度自回归模型。图 10-47(b)给出的是图 10-47(a)所用序列的前 40 个观测值构成序列的相关图和偏相关图。可以发现当样本容量 T 减小到 40 时，与图 10-47(a)相比，相关图和偏相关图发生了很大变化，基本上展现不出真实过程的自相关函数和偏自相关函数特征。从这个意义上说，在估计季节时间序列模型时，样本容量要尽量大一些。

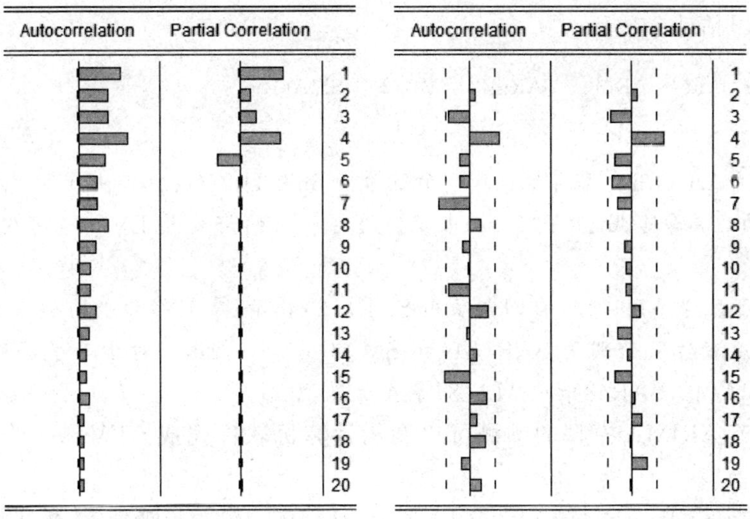

(a) T=500条件下相关图和偏相关图　　(b) T=40条件下相关图和偏相关图

图 10-47　$(1-0.5L)(1-0.9L^4)x_t=u_t$ 序列相关图和偏相关图

10.8.3 季节 ARIMA 模型的识别、拟合、检验与预测

对乘积季节 ARIMA$(p,d,q)\times(P,D,Q)_s$ 模型的识别、拟合、检验与前面介绍的对 ARIMA(p,d,q)模型的识别、拟合和检验的原理是一样的。步骤如下：

(1) 通过观察原始序列图，分析序列基本的变化特征。通过观察序列的相关图和偏相关图判定序列是否是平稳序列，是否是季节平稳序列(识别 d,D)。如果是非平稳季节序列，则通过季节差分和非季节差分，把原序列转化为平稳序列，然后建立季节时间序列模型。

(2) 通过观察平稳序列的相关图和偏相关图,参考表10-4,识别、确定季节ARIMA模型参数 p,P,q,Q 的值。

(3) 对初步确定的模型结构用极大似然估计法估计模型系数 $\phi_j,\theta_j,\alpha_j,\beta_j$。这一步通过专用计算机软件完成。

(4) 对模型估计结果进行检验,包括模型系数估计值的 t 检验、误差序列的 Q 检验以及判别模型特征根值的位置。若3类检验都能获得通过,则模型建立完毕。如果有哪一方面通不过检验,则重新识别模型参数 p,P,q,Q 的值,再次估计,直至3类检验都能获得通过为止。

(5) 如果模型建立起来,接着就可以用模型对序列进行分析和预测。

【估计乘积季节ARIMA模型的EViews操作步骤】

从EViews主菜单中单击Quick按钮,选择Estimate Equation功能。随即会弹出Equation specification对话框。以乘积季节ARIMA模型

$$(1-\phi_1 L)(1-\alpha_1 L^{12})\Delta\Delta_{12}\mathrm{Ln}y_t=(1+\theta_1 L)(1+\beta_1 L^{12})u_t$$

为例,EViews估计命令是

```
DLOG(Y,1,12)   AR(1)   SAR(12)   MA(1)   SMA(12)
```

注意:

(1) 序列 $\Delta\Delta_{12}\mathrm{Ln}y_t$ 在EViews中的运算命令用DLOG(Y,1,12)表示。$\Delta\Delta_{12}y_t$ 在EViews中的运算命令用D(Y,1,12)表示。这样表示的好处是EViews可以直接预测到原序列 y_t。

(2) 对于月度序列,季节自回归项用SAR(12)表示,季节移动平均项用SMA(12)表示。高阶月度滞后项分别用SAR(24)和SMA(24),…表示。对于季度序列,则分别用SAR(4),SMA(4),SAR(8)和SMA(8)等表示。

关于季节ARIMA模型的预测可以利用计算机软件完成。EViews的操作方法见10.7节。

下面推导季节ARIMA$(0,1,1)\times(0,1,1)_{12}$ 模型(航线模型)$\Delta\Delta_{12}\mathrm{Ln}y_t=(1+\theta_1 L)(1+\beta_1 L^{12})u_t$ 的点预测式。其他类型季节ARIMA模型的预测式推导与此类似。把航线模型

$$\Delta\Delta_{12}\mathrm{Ln}y_t=(1+\theta_1 L)(1+\beta_1 L^{12})u_t$$

展开,

$$\Delta(\mathrm{Ln}y_t-\mathrm{Ln}y_{t-12})=u_t+\theta_1 u_{t-1}+\beta_1 u_{t-12}+\theta_1\beta_1 u_{t-13}$$

$$\Delta\mathrm{Ln}y_t-\Delta\mathrm{Ln}y_{t-12}=u_t+\theta_1 u_{t-1}+\beta_1 u_{t-12}+\theta_1\beta_1 u_{t-13}$$

用于预测的模型形式是

$$\mathrm{Ln}y_t=\mathrm{Ln}y_{t-1}+\mathrm{Ln}y_{t-12}-\mathrm{Ln}y_{t-13}+u_t+\theta_1 u_{t-1}+\beta_1 u_{t-12}+\theta_1\beta_1 u_{t-13}$$

10.8.4　季节 ARIMA 模型建模案例

【案例 10-2】（数据见 EViews、STATA 文件：case 10-2）

中国月度日用类商品零售额序列建模分析

中国 2001 年 2 月至 2011 年 1 月日用类商品零售额月度(y_t,亿元人民币)序列见图 10-48,数据见表 10-5 与 EViews、STATA 文件 case 10-2。序列明显存在以 12 个月为周期的变化,在每年的 1 月份或 2 月份,由于受新年和春节的影响,日用类商品零售额比其他月份要增加很多。y_t 与时间呈指数关系且存在递增型异方差。

表 10-5　中国月度日用类商品零售额(y_t)数据　　亿元人民币

年-月	y_t	年-月	y_t	年-月	y_t	年-月	y_t
2001-2	42.1	2003-8	43.3	2006-2	68.0	2008-8	105.7
2001-3	31.9	2003-9	45.3	2006-3	67.7	2008-9	111.1
2001-4	32.0	2003-10	47.2	2006-4	62.5	2008-10	108.7
2001-5	33.2	2003-11	45.3	2006-5	66.2	2008-11	103.7
2001-6	32.0	2003-12	48.6	2006-6	65.6	2008-12	112.1
2001-7	31.4	2004-1	59.2	2006-7	66.6	2009-1	141.1
2001-8	32.5	2004-2	49.7	2006-8	69.3	2009-2	122.9
2001-9	36.6	2004-3	44.9	2006-9	70.6	2009-3	117.5
2001-10	37.2	2004-4	44.0	2006-10	75.9	2009-4	114.3
2001-11	36.4	2004-5	47.9	2006-11	71.1	2009-5	125.0
2001-12	38.3	2004-6	45.9	2006-12	79.2	2009-6	129.7
2002-1	40.5	2004-7	46.8	2007-1	81.5	2009-7	126.4
2002-2	46.5	2004-8	48.0	2007-2	98.0	2009-8	135.8
2002-3	37.0	2004-9	50.5	2007-3	84.2	2009-9	139.2
2002-4	33.4	2004-10	52.3	2007-4	77.1	2009-10	144.8
2002-5	35.8	2004-11	48.8	2007-5	83.4	2009-11	137.8
2002-6	36.1	2004-12	54.9	2007-6	84.4	2009-12	153.3
2002-7	36.5	2005-1	57.1	2007-7	83.5	2010-1	148.9
2002-8	37.4	2005-2	61.1	2007-8	87.5	2010-2	168.2
2002-9	40.5	2005-3	55.0	2007-9	94.2	2010-3	155.9
2002-10	42.0	2005-4	51.3	2007-10	96.7	2010-4	147.6
2002-11	39.7	2005-5	55.3	2007-11	93.4	2010-5	167.5
2002-12	41.7	2005-6	54.2	2007-12	101.2	2010-6	156.5
2003-1	48.8	2005-7	56.2	2008-1	104.5	2010-7	167.0
2003-2	48.0	2005-8	59.3	2008-2	113.0	2010-8	169.7
2003-3	40.1	2005-9	61.7	2008-3	97.7	2010-9	183.3
2003-4	41.0	2005-10	63.2	2008-4	93.7	2010-10	192.4
2003-5	40.1	2005-11	61.4	2008-5	98.5	2010-11	175.8
2003-6	42.5	2005-12	70.4	2008-6	99.0	2010-12	197.1
2003-7	41.6	2006-1	78.0	2008-7	99.7	2011-1	225.1

资料来源：国家统计局网站。

取对数变换的月度日用类商品零售额($\mathrm{Ln}y_t$)序列见图 10-49。因为 $\mathrm{Ln}y_t$ 可以有效地克服 y_t 序列异方差问题，所以，下面用 $\mathrm{Ln}y_t$ 进行季节 ARIMA 建模研究。

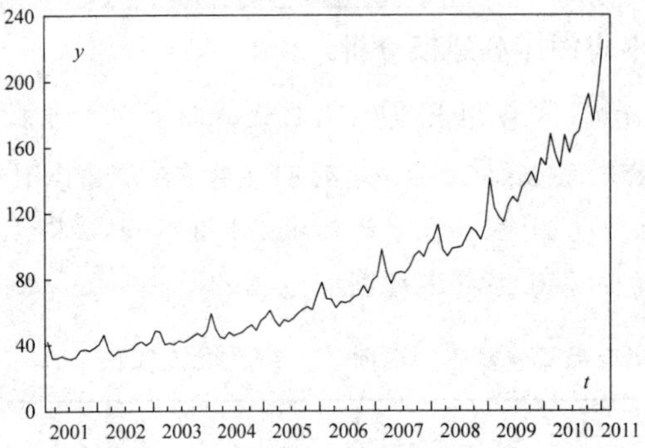

图 10-48　日用类商品零售额月度(y_t)序列

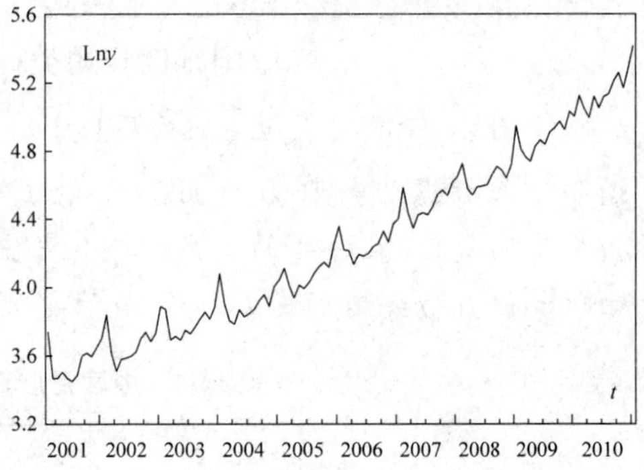

图 10-49　取对数变换的月度日用类商品零售额($\mathrm{Ln}y_t$)序列

通过图 10-49 可以直观地看到 $\mathrm{Ln}y_t$ 是一个带有月度变化特征的非平稳序列。$\mathrm{Ln}y_t$ 的相关图、偏相关图见图 10-50。$\mathrm{Ln}y_t$ 的相关图呈近似线性衰减特征，也表明 $\mathrm{Ln}y_t$ 是一个非平稳序列[本来不应该衰减，衰减特征是因为样本容量有限所致($T=120$)，解释见 11.3 节]。这就需要先对 $\mathrm{Ln}y_t$ 序列差分，待转化为平稳序列后再建立模型。

Sample: 2001M02 2011M02
Included observations: 120

Autocorrelation	Partial Correlation		AC	PAC	Q-Stat	Prob
		1	0.962	0.962	113.93	0.000
		2	0.928	0.020	220.66	0.000
		3	0.902	0.115	322.56	0.000
		4	0.876	-0.026	419.33	0.000
		5	0.845	-0.052	510.23	0.000
		6	0.815	-0.021	595.45	0.000
		7	0.793	0.097	676.97	0.000
		8	0.774	0.023	755.22	0.000
		9	0.749	-0.057	829.12	0.000
		10	0.728	0.054	899.73	0.000
		11	0.714	0.055	968.28	0.000
		12	0.694	-0.079	1033.6	0.000
		13	0.669	-0.049	1094.8	0.000
		14	0.636	-0.149	1150.7	0.000
		15	0.610	0.043	1202.6	0.000
		16	0.585	-0.002	1250.8	0.000

图 10-50　$\mathrm{Ln}y_t$ 的相关图和偏相关图

对于宏观经济序列，通常都是用 $\Delta\Delta_{12}\mathrm{Ln}y_t$(用经过一次季节和一次非季节差分运算的 $\mathrm{Ln}y_t$ 序列)建立季节时间序列模型。$\Delta\Delta_{12}\mathrm{Ln}y_t$ 序列见图 10-51。

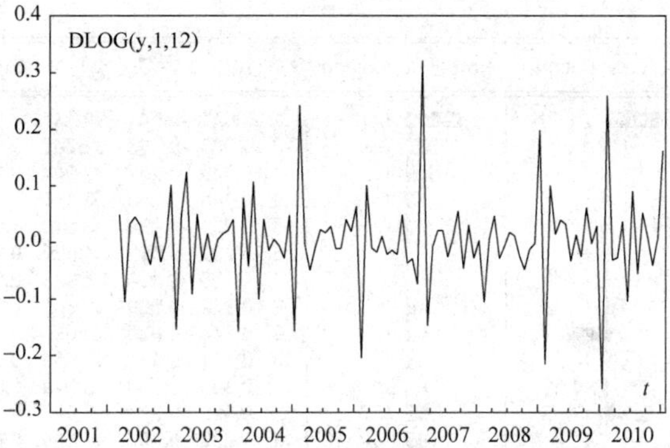

图 10-51　$\Delta\Delta_{12}\mathrm{Lny}_t$ 序列

如果对 Lny_t 只做一次季节差分，见图 10-52，$\Delta_{12}\mathrm{Lny}_t$ 序列的季节性特征确实削弱很多，但是序列的平稳性并没有得到改善（仍存在线性趋势）。如果对 Lny_t 只做一次非季节差分运算，见图 10-53，$\Delta\mathrm{Lny}_t$ 的平稳性得到改善，但是序列的季节性特征基本上没有得到削弱。所以用 $\Delta_{12}\mathrm{Lny}_t$ 或者 $\Delta\mathrm{Lny}_t$ 建立季节时间序列模型都是不正确的。

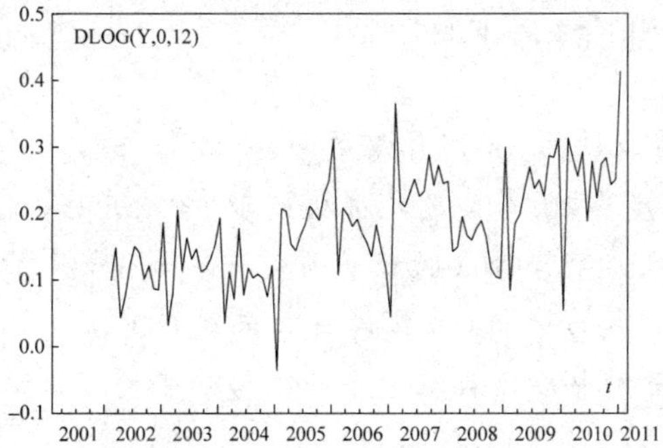

图 10-52　$\Delta_{12}\mathrm{Lny}_t$ 序列

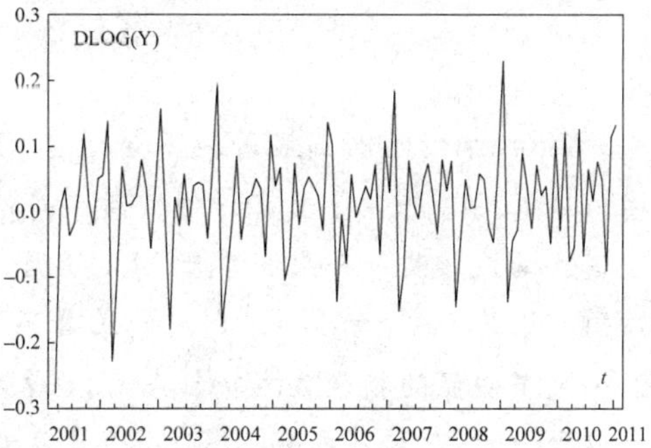

图 10-53　$\Delta\mathrm{Lny}_t$ 序列

下面介绍怎样用 $\Delta\Delta_{12}\mathrm{Lny}_t$ 序列建立季节时间序列模型。$\Delta\Delta_{12}\mathrm{Lny}_t$ 序列的相关图、偏相关图见图 10-54。

从 $\Delta\Delta_{12}\mathrm{Lny}_t$ 的相关图（见图 10-54 左侧图）看，序列呈指数函数或正弦函数衰减特征，$\Delta\Delta_{12}\mathrm{Lny}_t$ 应该是平稳序列，可以以 $\Delta\Delta_{12}\mathrm{Lny}_t$ 为基础建立季节 ARIMA 模型。这一步相当于识别出 $d=D=1$。

因为 r_{12} 显著地不等于零[$r_{12}=-0.495$ 处于 4 个标准差的置信区间外（两条虚线之外）]，说明序列中有月度变化成分，相隔 12 期高度相关，应该用 $\Delta\Delta_{12}\mathrm{Lny}_t$ 建立季节时间序列模型。

通过对 $\Delta\Delta_{12}\mathrm{Lny}_t$ 序列相关图、偏相关图的观察，偏相关图似具有拖尾特征，而相关图似呈现截尾特征。这显示应该建立季节 MA 模型。

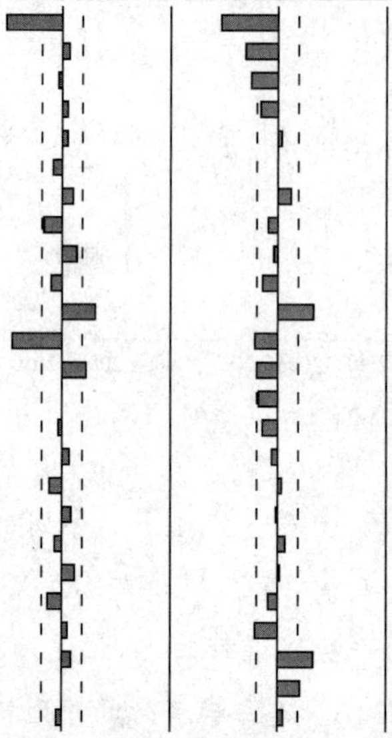

	AC	PAC	Q-Stat	Prob
1	-0.541	-0.541	32.243	0.000
2	0.068	-0.318	32.763	0.000
3	-0.040	-0.257	32.944	0.000
4	0.045	-0.156	33.170	0.000
5	0.064	0.034	33.640	0.000
6	-0.092	-0.002	34.623	0.000
7	0.106	0.126	35.923	0.000
8	-0.177	-0.089	39.605	0.000
9	0.144	-0.034	42.080	0.000
10	-0.111	-0.141	43.556	0.000
11	0.319	0.350	55.949	0.000
12	-0.495	-0.214	86.007	0.000
13	0.222	-0.190	92.096	0.000
14	0.007	-0.176	92.101	0.000
15	-0.030	-0.142	92.212	0.000
16	0.066	-0.055	92.770	0.000
17	-0.117	0.027	94.529	0.000
18	0.092	-0.018	95.641	0.000
19	-0.070	0.077	96.284	0.000
20	0.117	0.023	98.110	0.000
21	-0.147	-0.092	101.05	0.000
22	0.054	-0.217	101.45	0.000
23	0.088	0.351	102.54	0.000
24	0.003	0.217	102.54	0.000
25	-0.065	0.064	103.13	0.000

图 10-54 $\Delta\Delta_{12}\text{Ln}y_t$ 序列的相关图、偏相关图

因为 $r_{13}=0.222$，显著地不等于零[在虚线区间(95%置信区间)以外]，说明相关图似从 $k>13$ 开始呈截尾特征。该序列是月度序列，而截尾特征从大于13期开始，说明建立的应该是一个乘积季节MA模型，而且非季节MA特征多项式中只含有一个滞后项。因为 $r_1=-0.541$ 是一个显著不等于零的峰值，而且偏自相关函数在 $k=1,2,\cdots$ 期呈明显的指数衰减特征来看，也表明模型中应该存在一个一阶移动平均项。综合以上分析，应该建立航线模型，季节 $\text{ARIMA}(0,1,1)\times(0,1,1)_{12}$，

$$\Delta\Delta_{12}\text{Ln}y_t=(1+\theta_1 L)(1+\beta_1 L^{12})u_t$$

这一步设定了模型参数 $p=P=0, q=Q=1$。按航线模型估计，得结果如下：

$$(\Delta\Delta_{12}\text{Ln}y_t-0.0016)=(1-0.8429L)(1-0.7986L^{12})u_t \qquad (10\text{-}104)$$

$$(4.4) \qquad (-15.3) \qquad (-7.6)$$

$$Q(25)=24.957, \chi^2_{0.05}(23)=35.2, T=107, (2002\text{-}3—2011\text{-}1)$$

EViews输出结果见图10-55。模型均值(0.001 584)和移动平均系数估计值全部有显著性(t 统计量的值都大于2)，13个特征根的值都在单位圆之外(图10-55下部，注意，给出的是特征根的倒数值)。见图10-56，$K=1\sim25$ 对应的25个 Q 值的 χ^2 分布概率 p 值都大于检验水平0.05，满足检验要求。式(10-104)可以被认为是最终建立的模型。

通过季节时间序列相关图和偏相关图识别模型结构比用非季节时间序列相关图和偏相关图识别模型结构要困难很多，需要有丰富的识别经验。

Dependent Variable: DLOG(Y,1,12)
Method: ARMA Maximum Likelihood (OPG - BHHH)
Date: 08/23/21 Time: 22:53
Sample: 2002M03 2011M01
Included observations: 107
Convergence achieved after 31 iterations
Coefficient covariance computed using outer product of gradients

Variable	Coefficient	Std. Error	t-Statistic	Prob.
C	0.001584	0.000364	4.348935	0.0000
MA(1)	-0.842880	0.055115	-15.29319	0.0000
SMA(12)	-0.798644	0.104828	-7.618629	0.0000
SIGMASQ	0.002129	0.000287	7.424610	0.0000

R-squared	0.697384	Mean dependent var	0.002933
Adjusted R-squared	0.688570	S.D. dependent var	0.084279
S.E. of regression	0.047033	Akaike info criterion	-3.113102
Sum squared resid	0.227845	Schwarz criterion	-3.013183
Log likelihood	170.5509	Hannan-Quinn criter.	-3.072596
F-statistic	79.12191	Durbin-Watson stat	2.091734
Prob(F-statistic)	0.000000		

Inverted MA Roots	.98	.85+.49i	.85-.49i	.84
	.49+.85i	.49-.85i	-.00-.98i	-.00+.98i
	-.49-.85i	-.49+.85i	-.85+.49i	-.85-.49i
	-.98			

图 10-55　EViews 输出结果(其中 SIGMASQ 是对极大似然函数中方差的估计)

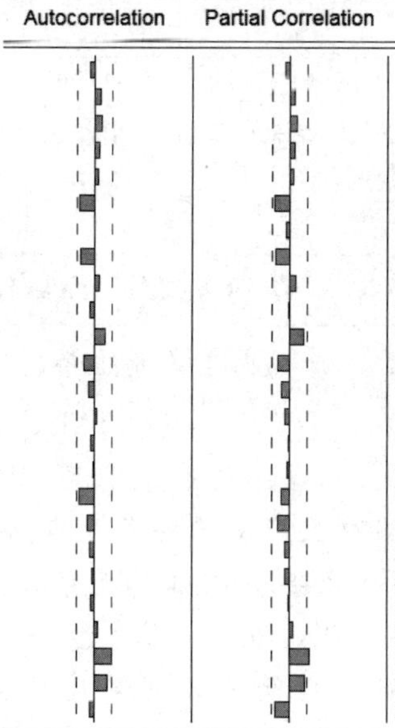

	AC	PAC	Q-Stat	Prob
1	0.051	-0.051	0.2913	
2	0.059	0.057	0.6782	
3	0.066	0.072	1.1609	0.281
4	0.043	0.047	1.3727	0.503
5	0.040	0.037	1.5581	0.669
6	-0.159	-0.167	4.4815	0.345
7	-0.006	-0.036	4.4858	0.482
8	-0.153	-0.150	7.2453	0.299
9	0.049	0.058	7.5258	0.376
10	-0.053	-0.013	7.8639	0.447
11	0.108	0.149	9.2758	0.412
12	-0.118	-0.130	10.996	0.358
13	-0.062	-0.086	11.478	0.404
14	0.028	-0.052	11.575	0.480
15	-0.038	-0.009	11.759	0.548
16	-0.012	-0.029	11.778	0.624
17	-0.163	-0.095	15.229	0.435
18	-0.069	-0.129	15.849	0.464
19	-0.056	-0.048	16.259	0.506
20	-0.024	-0.057	16.336	0.569
21	-0.034	-0.011	16.495	0.624
22	0.033	0.041	16.645	0.676
23	0.192	0.220	21.781	0.412
24	0.140	0.157	24.522	0.320
25	-0.055	-0.154	24.957	0.353

图 10-56　模型(10-104)残差序列 Q 检验结果

把估计结果式(10-104)展开

$$\Delta\Delta_{12}\text{Ln}y_t = 0.0016 + (1 - 0.8429L)(1 - 0.7986L^{12})u_t \tag{10-105}$$

$$\begin{aligned}\Delta\text{Ln}y_t - \Delta\text{Ln}y_{t-12} &= 0.0016 + u_t - 0.8429u_{t-1} \\ &\quad - 0.7986u_{t-12} + 0.6731u_{t-13}\end{aligned}$$

继续变换,$\text{Ln}y_t$ 的预测式是

$$\text{Ln}y_t = 0.0016 + \text{Ln}y_{t-1} + \text{Ln}y_{t-12} - \text{Ln}y_{t-13} + u_t - 0.8429u_{t-1} - 0.7986u_{t-12} + 0.6731u_{t-13}$$

y_t 的预测式是

$$y_t = \exp(0.0016 + \text{Ln}y_{t-1} + \text{Ln}y_{t-12} - \text{Ln}y_{t-13} + u_t - 0.8429u_{t-1} - 0.7986u_{t-12} + 0.6731u_{t-13})$$

其中 exp(.)表示以 e 为底的指数函数。y_t 的样本内静态预测结果和实际序列 y_t 的比较见图 10-57。样本内平均预测相对误差是 3.5%。

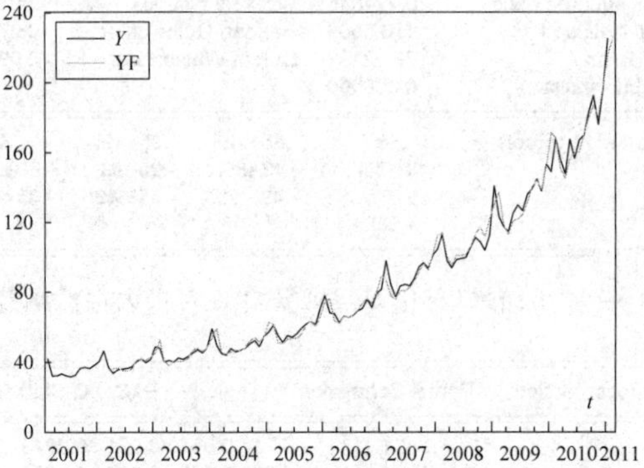

图 10-57 y_t 的样本内静态预测结果与实际序列 y_t 的比较

【案例 10-3】(数据见 EViews、STATA 文件:case 10-3)

中国 1992 年第 1 季度至 2014 年第 3 季度国内生产总值序列(GDP_t,亿元人民币,年内季度累积值)见图 10-58,数据见表 10-6 与 EViews 和 STATA 数据文件 case 10-3。序列明显存在以 4 个季度为周期的变化。在每年的第 4 季度,由于受年末需要加班加点完成生产计划的影响,第 4 季度的国内生产总值要高于其他 3 个季度的国内生产总值。而第 1 季度含有新年和春节两个假期,导致工作天数减少,所以第 1 季度的国内生产总值与其他 3 个季度相比历年都是最低的。但从整个趋势看,中国国内生产总值呈连年增长态势。GDP_t 与时间呈指数函数关系且存在明显的递增型异方差。

取对数的季度国内生产总值序列(LnGDP_t)序列见图 10-59。因为 LnGDP_t 序列可以有效地克服 GDP_t 序列异方差问题,所以,下面用 LnGDP_t 序列进行季节 ARIMA 建模研究。

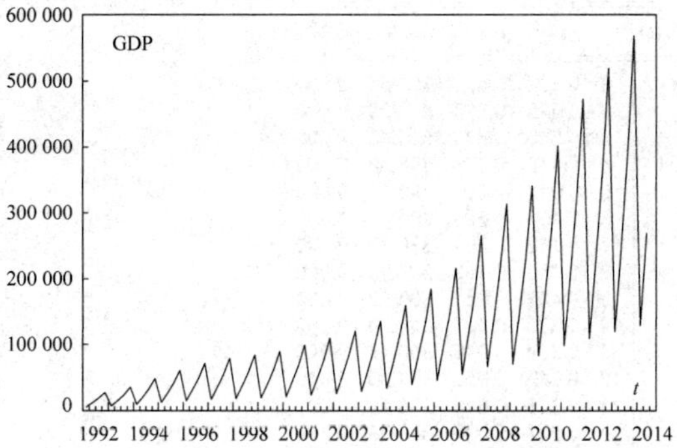

图 10-58　季度 GDP_t 序列

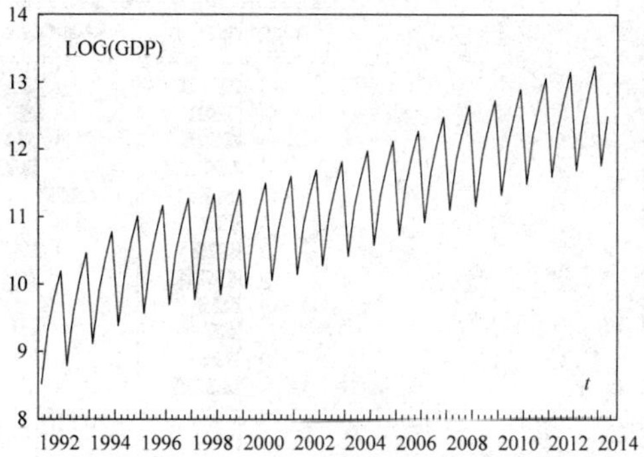

图 10-59　季度 $LnGDP_t$ 序列

表 10-6　中国季度国内生产总值序列数据　　亿元人民币

年-季度	GDP_t	年-季度	GDP_t	年-季度	GDP_t	年-季度	GDP_t
1992-1	4 974.33	1997-4	78 973.03	2003-3	93 329.32	2009-2	148 203.60
1992-2	11 332.12	1998-1	17 501.31	2003-4	135 822.76	2009-3	231 303.33
1992-3	18 451.47	1998-2	37 222.72	2004-1	33 420.65	2009-4	340 902.81
1992-4	26 923.48	1998-3	57 595.24	2004-2	70 405.89	2010-1	82 613.39
1993-1	6 500.50	1998-4	84 402.28	2004-3	109 967.57	2010-2	174 878.83
1993-2	14 543.54	1999-1	18 789.68	2004-4	159 878.34	2010-3	272 626.74
1993-3	23 591.51	1999-2	39 554.88	2005-1	39 117.43	2010-4	401 512.8
1993-4	35 333.92	1999-3	61 414.22	2005-2	81 912.57	2011-1	97 479.54
1994-1	9 064.73	1999-4	89 677.05	2005-3	126 657.04	2011-2	206 488.11
1994-2	20 149.73	2000-1	20 646.96	2005-4	184 937.37	2011-3	322 344.67
1994-3	32 596.65	2000-2	43 748.22	2006-1	45 315.83	2011-4	473 104.05
1994-4	48 197.86	2000-3	68 087.50	2006-2	95 428.52	2012-1	108 471.97
1995-1	11 858.47	2000-4	99 214.55	2006-3	147 341.26	2012-2	228 003.09
1995-2	25 967.57	2001-1	23 299.54	2006-4	216 314.43	2012-3	353 741.55
1995-3	41 502.56	2001-2	48 950.86	2007-1	54 755.89	2012-4	519 470.10
1995-4	60 793.73	2001-3	75 818.19	2007-2	115 998.89	2013-1	118 862.08
1996-1	14 261.22	2001-4	109 655.17	2007-3	180 101.06	2013-2	248 024.45
1996-2	30 861.78	2002-1	25 375.69	2007-4	265 810.31	2013-3	387 100.24
1996-3	48 533.06	2002-2	53 341.01	2008-1	66 283.78	2013-4	568 845.21
1996-4	71 176.59	2002-3	83 056.71	2008-2	140 477.82	2014-1	128 212.70
1997-1	16 256.68	2002-4	120 332.69	2008-3	217 026.14	2014-2	269 044.10
1997-2	34 954.31	2003-1	28 861.81	2008-4	314 045.43		
1997-3	54 102.36	2003-2	59 868.87	2009-1	69 816.92		

资料来源：国家统计局网站。

从图 10-59 可以直观地看到 $LnGDP_t$ 序列是一个带有季度变化特征的非平稳序列（有时间趋势）。$LnGDP_t$ 的相关图、偏相关图见图 10-60。$LnGDP_t$ 的相关图呈近似线性衰减特征，也表明 $LnGDP_t$ 是一个非平稳序列。4 的整倍数期的自相关系数明显大于非 4 整倍数期的自相关系数值，说明这是一个季度序列，应该建立季度时间序列模型。

Autocorrelation	Partial Correlation		AC	PAC	Q-Stat	Prob
		1	0.622	0.622	35.957	0.000
		2	0.523	0.223	61.739	0.000
		3	0.569	0.304	92.548	0.000
		4	0.876	0.776	166.38	0.000
		5	0.514	-0.596	192.12	0.000
		6	0.420	-0.021	209.49	0.000
		7	0.462	0.054	230.76	0.000
		8	0.755	0.167	288.28	0.000
		9	0.411	-0.161	305.53	0.000
		10	0.323	-0.025	316.30	0.000
		11	0.364	0.010	330.17	0.000
		12	0.645	0.052	374.35	0.000
		13	0.319	-0.049	385.28	0.000
		14	0.237	-0.020	391.38	0.000
		15	0.277	-0.003	399.86	0.000
		16	0.547	0.010	433.32	0.000

图 10-60 LnGDP_t 的相关图、偏相关图

如在【案例 10-2】中论述的一样,对于宏观经济序列,通常是用经过一次季节和一次非季节差分运算的 LnGDP_t 序列建立季节时间序列模型。如果对 LnGDP_t 只做一次季节差分,见图 10-61,$\Delta_4\mathrm{LnGDP}_t$ 序列的季节性特征确实削弱很多,但是序列的平稳性并没有得到改善。如果对 LnGDP_t 只做一次非季节差分运算,见图 10-62,$\Delta\mathrm{LnGDP}_t$ 的平稳性得到改善,但是序列的季节性特征基本上没有得到削弱。所以用 $\Delta_4\mathrm{Ln}y_t$ 或者 $\Delta\mathrm{LnGDP}_t$ 建立季节时间序列模型都是不正确的。本例应该用 $\Delta\Delta_4\mathrm{LnGDP}_t$ 序列建立季节时间序列模型。

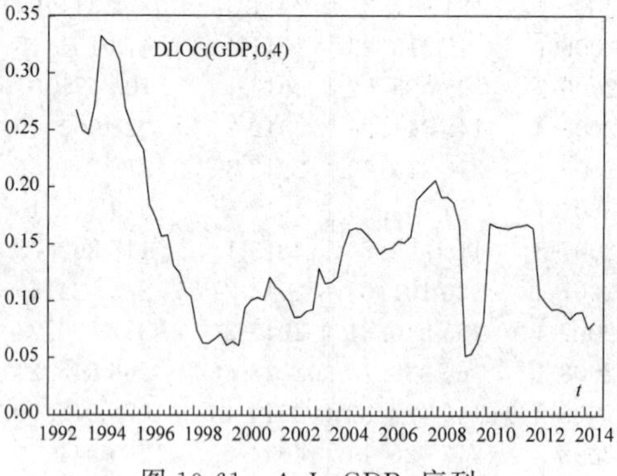

图 10-61 $\Delta_4\mathrm{LnGDP}_t$ 序列

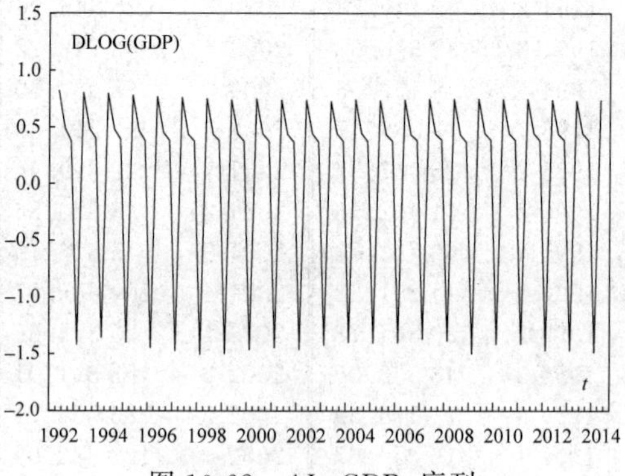

图 10-62 $\Delta\mathrm{LnGDP}_t$ 序列

$\Delta\Delta_4\mathrm{LnGDP}_t$ 序列见图 10-63。$\Delta\Delta_4\mathrm{LnGDP}_t$ 序列的相关图、偏相关图见图 10-64。从 $\Delta\Delta_4\mathrm{LnGDP}_t$ 序列的相关图看,$\Delta\Delta_4\mathrm{LnGDP}_t$ 序列应该是平稳序列,可以以 $\Delta\Delta_4\mathrm{LnGDP}_t$ 为基础建立季节 ARIMA 模型。这一步相当于识别出 $d=D=1$。

因为在 4、8、12 季度周期上估计的自相关系数值 $\rho_4, \rho_8, \rho_{12}$ 大于非季度周期对应的自相关系数值,所以,建立的模型中应该包含季节项。

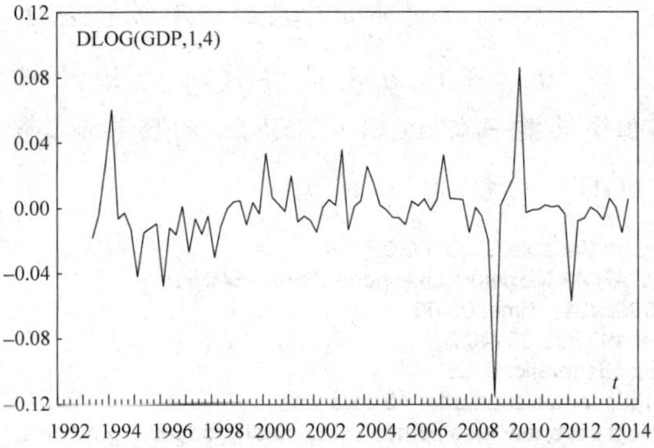

图 10-63　$\Delta\Delta_4 \mathrm{LnGDP}_t$ 序列

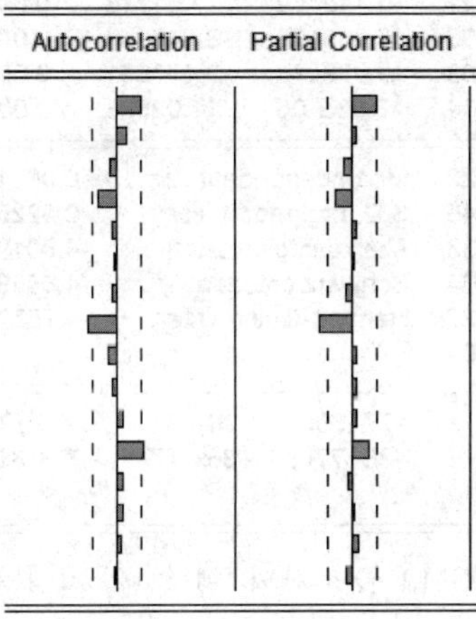

	AC	PAC	Q-Stat	Prob
1	0.212	0.212	3.9563	0.047
2	0.082	0.039	4.5609	0.102
3	-0.052	-0.081	4.8028	0.187
4	-0.162	-0.147	7.2056	0.125
5	-0.037	0.036	7.3313	0.197
6	-0.008	0.013	7.3377	0.291
7	-0.033	-0.054	7.4386	0.385
8	-0.250	-0.281	13.456	0.097
9	-0.075	0.037	14.000	0.122
10	-0.032	0.027	14.098	0.169
11	0.061	0.038	14.466	0.208
12	0.233	0.137	19.943	0.068
13	0.058	-0.037	20.286	0.088
14	0.043	0.024	20.479	0.116
15	0.031	0.054	20.582	0.151
16	-0.020	-0.050	20.626	0.193

图 10-64　$\Delta\Delta_4 \mathrm{LnGDP}_t$ 序列的相关图、偏相关图

见图 10-64，$\Delta\Delta_4 \mathrm{LnGDP}_t$ 序列的偏相关图更像是截尾特征，$\Delta\Delta_4 \mathrm{LnGDP}_t$ 序列的相关图更像是拖尾特征，所以识别的结果是对 $\Delta\Delta_4 \mathrm{LnGDP}_t$ 序列建立乘积季节自回归模型。鉴于 $\hat{\phi}_{88}$ 的值显著地不等于零，考虑设定两个季节自回归项，设定待估计的模型形式是乘积季度自回归 $\mathrm{ARIMA}(1,1,0)\times(2,1,0)_4$ 模型，

$$(1-\phi_1 L)(1-\alpha_1 L^4-\alpha_2 L^8)\Delta\Delta_4 \mathrm{LnGDP}_t = u_t$$

按上式估计模型，得结果如下：

$$(1-0.2268L)(1+0.1974L^4+0.2764L^8)\Delta\Delta_4 \mathrm{LnGDP}_t = u_t \qquad (10\text{-}106)$$

$$(2.1) \qquad (-3.3) \qquad (-3.5)$$

$$Q(16)=4.2,\chi^2_{0.05}(13)=22.4,T=85,(1993 \text{ 年 } 2 \text{ 季度}—2014 \text{ 年 } 2 \text{ 季度})$$

EViews 输出结果见图 10-65，模型自回归系数全部有显著性，9 个特征根的值都在单位圆之外（见图 10-65 下部）。见图 10-66，式(10-106)对应的残差序列相关图的 16 个

Q 值全部小于相应 $\chi^2_{0.05}$ 临界值(Q 统计量对应的概率 p 值都远大于检验水平 0.05)，满足检验要求。式(10-106)可认为是最终建立的估计模型。估计结果表明 $\Delta\Delta_4 \text{LnGDP}_t$ 的值不但受其前一期 $\Delta\Delta_4 \text{LnGDP}_{t-1}$ 的值影响，而且还受其在季度周期上及其附近期 $\Delta\Delta_4 \text{LnGDP}_t$ 的影响。

Dependent Variable: DLOG(GDP,1,4)
Method: ARMA Maximum Likelihood (OPG - BHHH)
Date: 08/23/21 Time: 09:08
Sample: 1993Q2 2014Q2
Included observations: 85
Convergence achieved after 45 iterations
Coefficient covariance computed using outer product of gradients

Variable	Coefficient	Std. Error	t-Statistic	Prob.
AR(1)	0.226821	0.110552	2.051713	0.0434
SAR(4)	-0.197436	0.059108	-3.340248	0.0013
SAR(8)	-0.276408	0.079474	-3.477981	0.0008
SIGMASQ	0.000434	3.93E-05	11.02583	0.0000

R-squared	0.139322	Mean dependent var	-0.002191
Adjusted R-squared	0.107445	S.D. dependent var	0.022581
S.E. of regression	0.021333	Akaike info criterion	-4.801946
Sum squared resid	0.036864	Schwarz criterion	-4.686998
Log likelihood	208.0827	Hannan-Quinn criter.	-4.755711
Durbin-Watson stat	2.027801		

Inverted AR Roots	.77+.36i	.77-.36i	.36-.77i	.36+.77i
	.23	-.36-.77i	-.36+.77i	-.77+.36i
	-.77-.36i			

图 10-65　EViews 输出结果(其中 SIGMASQ 是对极大似然函数中方差的估计)

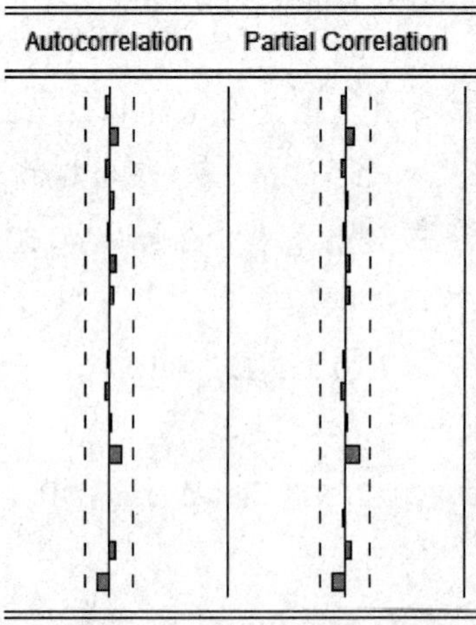

	AC	PAC	Q-Stat	Prob
1	-0.033	-0.033	0.0977	
2	0.081	0.080	0.6760	
3	-0.038	-0.033	0.8040	
4	0.032	0.024	0.8966	0.344
5	-0.023	-0.016	0.9474	0.623
6	0.042	0.036	1.1163	0.773
7	0.026	0.034	1.1823	0.881
8	0.005	-0.002	1.1846	0.946
9	-0.011	-0.012	1.1969	0.977
10	-0.035	-0.036	1.3158	0.988
11	0.014	0.014	1.3355	0.995
12	0.109	0.116	2.5407	0.980
13	0.002	0.003	2.5413	0.990
14	0.000	-0.016	2.5413	0.996
15	0.055	0.061	2.8647	0.996
16	-0.112	-0.112	4.2108	0.989

图 10-66　估计式(10-106)残差序列相关图与偏相关图

把估计式(10-109)展开,

$$(1-0.2268L)(1+0.1974L^4+0.2764L^8)(\Delta \text{LnGDP}_t-\Delta \text{LnGDP}_{t-4})=u_t$$

继续展开,LnGDP_t 的预测式是

$$\begin{aligned}\text{LnGDP}_t=&1.2268\,\text{LnGDP}_{t-1}-0.2268\,\text{LnGDP}_{t-2}\\&+0.8026\,\text{LnGDP}_{t-4}-0.9846\text{LnGDP}_{t-5}\\&+0.182\,\text{LnGDP}_{t-6}-0.079\,\text{LnGDP}_{t-8}\\&+0.0969\,\text{LnGDP}_{t-9}-0.0179\,\text{LnGDP}_{t-10}\\&+0.2764\,\text{LnGDP}_{t-12}-0.3391\,\text{LnGDP}_{t-13}\\&+0.0627\,\text{LnGDP}_{t-14}\end{aligned}$$

将表 10-7 中的数据代入,可得到 2014 年第 3 季度的 GDP 预测值为 420 423.05 亿元。

GDP_t 样本内静态预测结果和实际 GDP_t 序列比较见图 10-67,两条线几乎重叠在一起。样本内预测相对误差绝对值平均是 1.23%。

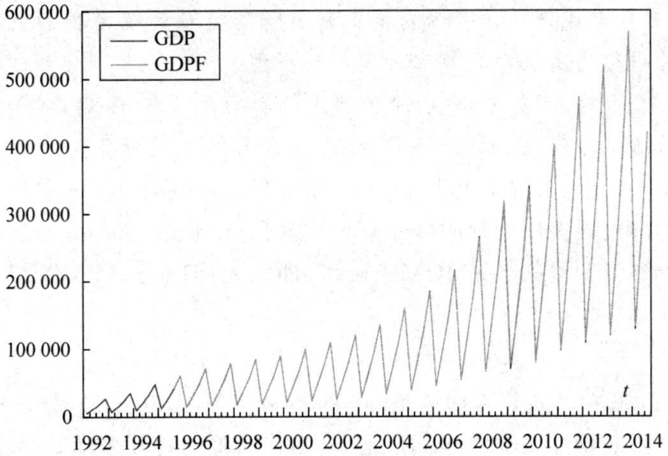

图 10-67　GDP_t 样本内静态预测结果和实际 GDP_t 序列比较

10.9　回归与 ARMA 组合模型

如果能把回归模型的误差项进一步建立成时间序列模型,称这种模型为回归与 ARMA 组合模型,用 regARIMA(regression models with ARIMA errors)表示。

10.9.1　回归与 ARMA 组合模型定义

有回归模型

$$y_t=\beta_0+\beta_1 x_t+u_t \tag{10-107}$$

其中 x_t 是解释变量,y_t 是被解释变量,u_t 是随机误差项。上述模型的估计式是

$$y_t=\hat{\beta}_0+\hat{\beta}_1 x_t+\hat{u}_t$$

令 $\hat{u}_t=0$，用上式可预测 y_t 的值。$\hat{u}_t$ 是一个平稳的、非自相关的残差序列。当 $\hat{u}_t$ 存在自相关时，时间序列分析的一个有效应用是对残差序列 $\hat{u}_t$ 建立 ARMA 模型，然后将上式中的残差项用 ARMA 模型替换。这种回归与时间序列相结合的模型形式是

$$y_t=\hat{\beta}_0+\hat{\beta}_1 x_t+\Phi^{-1}(L)\Theta(L)v_t \tag{10-108}$$

其中 $\hat{u}_t=\Phi^{-1}(L)\Theta(L)v_t$，或写成 $\Phi(L)\hat{u}_t=\Theta(L)v_t$。$v_t$ 是满足一般回归模型全部假定条件的误差项。v_t 的方差一般与 $\hat{u}_t$ 不一样。这种回归与时间序列相组合的模型称作回归与时间序列组合模型，用 regARIMA 表示，也称作转换(变换)函数模型(transfer function model)，或多元(多变量)自回归移动平均模型，简称 MARMA 模型。

注意：

(1) 如果式(10-107)中的 u_t 是一个 AR(1)过程，则回归与 ARMA 组合模型表达的就是误差项为一阶自相关的经典回归模型。

(2) 对组合模型(10-108)可以从两个方面理解。如果从回归模型的角度理解，则是用时间序列模型进一步描述不符合假定条件的残差序列；如果从时间序列模型的角度理解，则是把回归部分看成是从被解释变量中剔除解释变量的确定性影响后对一个不含任何确定性成分的平稳的随机序列建立时间序列模型。

以式(10-107)为例，即在 y_t 中剔除了确定性影响 $\beta_0+\beta_1 x_t$ 后，对一个不含任何确定性成分的平稳的随机序列 $y_t-\beta_0-\beta_1 x_t=u_t$ 建立时间序列模型。

回归与 ARMA 组合模型也可以由被解释变量及其滞后项，一个或多个解释变量及其滞后项和描述随机误差序列的时间序列模型 3 部分组成。

只含有一个解释变量的 regARIMA 模型，即一元回归与 ARMA 组合模型的一般形式是

$$A(L)y_t=B(L)x_t+\Phi^{-1}(L)\Theta(L)v_t$$

其中 $u_t=\Phi^{-1}(L)\Theta(L)v_t$。$A(L)$ 是 y_t 的特征多项式，$B(L)$ 是 x_t 的特征多项式。$\Phi(L)$ 是 u_t 的自回归特征多项式，$\Theta(L)$ 是 u_t 的移动平均特征多项式。在实际应用中，回归与 ARMA 组合模型的回归部分可以利用经济理论和计量经济分析方法得到，而其误差序列部分(u_t)可以通过时间序列模型的分析方法得到。

10.9.2 回归与 ARMA 组合模型案例分析

【案例 10-4】 (数据见 EViews、STATA 文件：case 10-4)

中国移动电话用户数序列分析

1999 年 1 月至 2004 年 4 月中国移动电话用户数序列见图 10-68，数据见表 10-7 与 EViews 和 STATA 数据文件 case 10-4。中国移动电话用户数的变化在这一时期明显分成两个阶段。第 1 阶段是从 1999 年 1 月至 2000 年 11 月，第 2 阶段是从 2000 年 12 月至 2004 年 4 月。两个阶段移动电话用户数的增加随时间都是近似线性变化的，但变化的斜率明显不同，并且在 2000 年 12 月还出现一个阶跃变化。

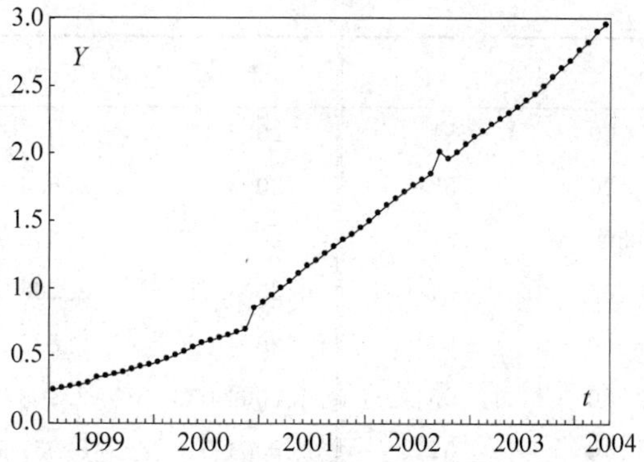

图 10-68　1999 年 1 月至 2004 年 4 月中国移动电话用户数序列

表 10-7　中国移动电话用户数序列数据　亿户

年-月	y_t	t	年-月	y_t	t
1999-01	0.244 810	1	2001-02	0.949 070	26
1999-02	0.259 250	2	2001-03	1.003 140	27
1999-03	0.270 300	3	2001-04	1.051 980	28
1999-04	0.282 450	4	2001-05	1.110 800	29
1999-05	0.297 860	5	2001-06	1.167 610	30
1999-06	0.338 300	6	2001-07	1.206 050	31
1999-07	0.348 900	7	2001-08	1.257 740	32
1999-08	0.361 900	8	2001-09	1.309 100	33
1999-09	0.375 950	9	2001-10	1.360 190	34
1999-10	0.399 220	10	2001-11	1.399 220	35
1999-11	0.419 840	11	2001-12	1.448 120	36
1999-12	0.432 380	12	2002-01	1.499 090	37
2000-01	0.450 150	13	2002-02	1.558 550	38
2000-02	0.477 180	14	2002-03	1.615 000	39
2000-03	0.501 450	15	2002-04	1.664 800	40
2000-04	0.529 550	16	2002-05	1.713 800	41
2000-05	0.560 590	17	2002-06	1.761 690	42
2000-06	0.592 870	18	2002-07	1.803 180	43
2000-07	0.611 700	19	2002-08	1.848 550	44
2000-08	0.631 920	20	2002-09	2.010 010	45
2000-09	0.650 570	21	2002-10	1.958 330	46
2000-10	0.672 300	22	2002-11	2.005 190	47
2000-11	0.693 940	23	2002-12	2.066 160	48
2000-12	0.852 600	24	2003-01	2.124 302	49
2001-01	0.897 590	25	2003-02	2.163 900	50

续表

年-月	y_t	t	年-月	y_t	t
2003-03	2.214 900	51	2003-10	2.569 380	58
2003-04	2.257 100	52	2003-11	2.634 780	59
2003-05	2.300 500	53	2003-12	2.686 930	60
2003-06	2.344 700	54	2004-01	2.768 020	61
2003-07	2.394 590	55	2004-02	2.823 200	62
2003-08	2.441 180	56	2004-03	2.903 020	63
2003-09	2.499 740	57	2004-04	2.957 500	64

资料来源：国家工信部网站，http://www.miit.gov.cn/。

经深入分析，发现2000年12月以后之所以移动电话用户数增长加快，并出现阶跃变化(2000年12月比上月增加15 866万部，远大于之前平均每月增加204万部的水平)，主要有两个原因，一是国产手机在2000年12月前后开始上市，价格比国外进口手机便宜；二是1999年2月中国联通公司根据国务院决定进行公司重组，2000年4月20日，中国移动通信集团公司正式成立，联通和移动分为两家公司后打破了通信市场的垄断，导致移动电话费用下降，从而移动电话用户数进一步快速增加。

这类问题，建立计量经济模型时，应该使用虚拟变量技术。考虑到截距和斜率都有可能发生变化，模型中在包括时间变量 t 的同时，还应该加入虚拟变量 D 和虚拟变量 D 与变量 t 的乘积项 $t\times D$。

定义虚拟变量

$$D=\begin{cases}0, & 1999\text{ 年 1 月至 2000 年 11 月}\\ 1, & 2000\text{ 年 12 月至 2004 年 4 月}\end{cases}$$

对如下模型进行 OLS 估计，

$$Y_t=\beta_0+\beta_1 D+\beta_2 t+\beta_3(t\times D)+u_t$$

其中 t 表示时间，1999年1月对应 $t=1$。得估计结果

$$\hat{Y}_t=0.199\,7-0.586\,9\,D+0.021\,1\,t+0.030\,2(t\times D) \tag{10-109}$$

$$(20.3)\quad(-34.7)\qquad(29.3)\qquad(38.8)$$

$$R^2=0.999\,3\text{，1999 年 1 月对应 }t=1,\ T=64,\ (1999\text{-}1\text{—}2004\text{-}4),$$

$$\mathrm{DW}=0.88$$

因为 D 与 $t\times D$ 项的系数都显著地不为零，说明移动电话用户数在随时间增加过程中截距和斜率从2000年12月都发生了变化。按1999年1月至2000年11月和2000年12月至2004年4月两个时段分别表达，式(10-109)写为

$$Y_t=\begin{cases}0.199\,7+0.021\,1\,t, & 1999\text{ 年 1 月至 2000 年 11 月}\\ -0.387\,2+0.051\,3\,t, & 2000\text{ 年 12 月至 2004 年 4 月}\end{cases} \tag{10-110}$$

估计结果表明，在 2000 年 12 月以前平均每月新增移动电话用户 211 万户；2000 年 12 月以后每月平均新增移动电话 513 万户。

2000 年 12 月至 2004 年 4 月样本内平均预测相对误差是 1.56%。

2004 年 4 月移动电话用户数，

$$\hat{y}_{2004,4} = -0.387\,168 + 0.051\,262 \times 64 = 2.893\,6$$

2004 年 4 月相对误差绝对值 η，

$$\eta = \left| \frac{\hat{y}_{2004,4} - y_{2004,4}}{y_{2004,4}} \right| = \left| \frac{2.893\,6 - 2.957\,5}{2.957\,5} \right| = 2.16\%$$

2004 年 4 月的预测相对误差是 2.16%。

式(10-109)的 DW = 0.88，说明模型残差序列中存在自相关。为了克服残差序列中的自相关，并提高回归系数估计量的有效性，可以进一步建立组合模型，即在式(10-109)基础上，进一步把残差序列建成 ARMA 模型。

式(10-109)残差序列相关图见图 10-69。残差序列是一个 AR(1)过程。

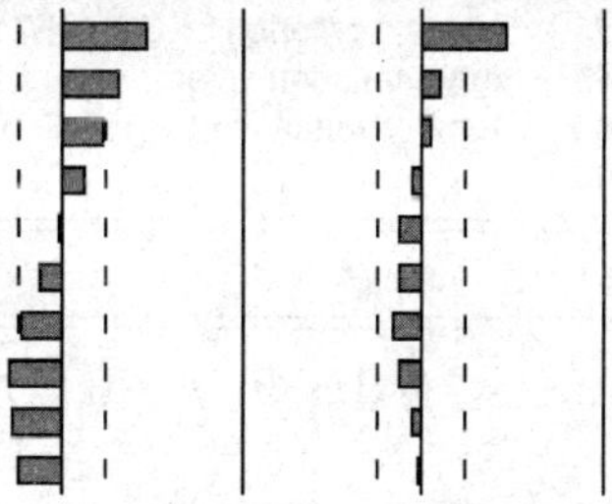

	AC	PAC	Q-Stat	Prob
1	0.485	0.485	15.778	0.000
2	0.314	0.103	22.488	0.000
3	0.232	0.060	26.210	0.000
4	0.115	-0.050	27.144	0.000
5	-0.021	-0.121	27.176	0.000
6	-0.130	-0.128	28.405	0.000
7	-0.245	-0.167	32.844	0.000
8	-0.300	-0.119	39.639	0.000
9	-0.290	-0.051	46.083	0.000
10	-0.256	-0.021	51.198	0.000

图 10-69　式(10-109)残差序列相关图

建立如下组合模型

$$Y_t = \beta_0 + \beta_1 D + \beta_2 t + \beta_3 (t \times D) + u_t, u_t = \phi_1 u_{t-1} + v_t$$

得组合模型估计结果如下：

$$\hat{Y}_t = 0.204\,6 - 0.602\,0\,D + 0.020\,7\,t + 0.030\,8(t \times D) + 0.568\,4\hat{u}_{t-1}$$

$$(8.0) \qquad (-12.2) \qquad (9.1) \qquad (12.4) \qquad (6.6)$$

(10-111)

$R^2 = 0.999\,5$，$T = 64$，(1999 年 2 月至 2004 年 4 月)，DW = 2.15

按 1999 年 1 月至 2000 年 11 月和 2000 年 12 月至 2002 年 4 月两个时段写表达式如下：

$$\hat{Y}_t = \begin{cases} 0.204\,6 + 0.020\,7t + 0.568\,4\hat{u}_{t-1}, & \text{1999 年 1 月至 2000 年 11 月} \\ -0.397\,4 + 0.051\,5t + 0.568\,4\hat{u}_{t-1}, & \text{2000 年 12 月至 2004 年 4 月} \end{cases}$$

(10-112)

在式(10-111)中残差 $\hat{u}_{t-1}$ 若参与预测，称此预测为非结构预测。如果在式(10-111)中残差 $\hat{u}_{t-1}$ 不参与预测，则称此预测为结构预测。式(10-111)的 EViews 输出结果见图 10-70。

Dependent Variable: Y
Method: ARMA Maximum Likelihood (OPG - BHHH)
Date: 08/23/21 Time: 09:13
Sample: 1999M01 2004M04
Included observations: 64
Convergence achieved after 53 iterations
Coefficient covariance computed using outer product of gradients

Variable	Coefficient	Std. Error	t-Statistic	Prob.
C	0.204574	0.025441	8.041090	0.0000
D1	-0.602026	0.049233	-12.22808	0.0000
@TREND(1998M12)	0.020732	0.002272	9.125002	0.0000
D1*@TREND(1998M12)	0.030806	0.002484	12.40121	0.0000
AR(1)	0.568414	0.086591	6.564335	0.0000
SIGMASQ	0.000351	4.32E-05	8.139011	0.0000

R-squared	0.999502	Mean dependent var	1.359448
Adjusted R-squared	0.999459	S.D. dependent var	0.846152
S.E. of regression	0.019689	Akaike info criterion	-4.922323
Sum squared resid	0.022485	Schwarz criterion	-4.719928
Log likelihood	163.5143	Hannan-Quinn criter.	-4.842589
F-statistic	23258.88	Durbin-Watson stat	2.153620
Prob(F-statistic)	0.000000		

Inverted AR Roots	.57

图 10-70　EViews 输出结果(其中 SIGMASQ 是对极大似然函数中方差的估计)

比较式(10-112)和式(10-110)，回归模型(10-110)得到的两个子时期的回归系数分别是 0.021 1 和 0.051 3；组合模型(10-112)得到的两个子时期的回归系数分别是 0.020 7 和 0.051 5。虽然数值差别不大，但是从统计推断意义上看组合模型(10-112)得到的回归系数估计值的统计特性要优于回归模型(10-110)得到的回归系数估计值，因为组合模型(10-112)对应的残差序列不存在序列自相关。前面已经给出 1999 年 1 月至 2000 年 12 月平均每月增加 204 万部手机用户，回归模型(10-110)估计结果是平均每月增加 211 万部手机用户，而组合模型(10-112)估计结果是平均每月增加 207 万部估计值离真值更近。

根据式(10-112)估计结果，在 2000 年 12 月以前平均每月新增移动电话用户 207 万户；2000 年 12 月以后每月平均新增移动电话 515 万户。后一时期每月移动电话用户增加量是前一时期的 2.49 倍。

用组合模型估计式(10-112)对 Y_t 做样本内非结构预测，相对误差绝对值平均是 1%。用组合模型估计结果(10-112)对 $Y_{2004,4}$ 进行预测，

$$\hat{y}_{2004,4} = -0.3974 + 0.0515 \times 64 + 0.5684 \times 0.0607 = 2.9331$$

2004 年 4 月相对误差绝对值 η，

$$\eta=\left|\frac{\hat{y}_{2004,4}-y_{2004,4}}{y_{2004,4}}\right|=\left|\frac{2.9331-2.9575}{2.9575}\right|=0.83\%$$

因为组合模型的拟合优度要优于单纯的回归模型，所以从预测角度评价，组合模型的非结构预测结果要优于回归模型预测结果。

注意：建立组合模型一定要对用回归模型残差序列所建立的 ARMA 模型正确识别。如果 ARMA 模型结构识别不正确，不但不能做到进一步提高回归系数的估计量的有效性，反而会给回归系数的估计带来危害。

本章习题

第 11 章　虚 假 回 归

本章共分 4 节，主要内容是分析平稳序列和非平稳序列的统计特征，讨论相互独立的非平稳序列之间的虚假相关和虚假回归问题，并给出研究虚假相关和虚假回归的两个计算机蒙特卡洛模拟运行程序。

11.1　问题的提出

回顾在第 2 章多元线性回归模型的假定(4)中规定，对于时间序列数据，当 $T\to\infty$ 时，$T^{-1}\boldsymbol{X}'\boldsymbol{X}$ 趋近于一个有限值的非退化矩阵。其含义是当用时间序列数据进行最小二乘估计时，时间序列变量应该具有平稳性。下面解释为什么这个假定意味着序列应该具有平稳性。把 $T^{-1}\boldsymbol{X}'\boldsymbol{X}$ 用矩阵元素表示：

$$T^{-1}\boldsymbol{X}'\boldsymbol{X}=T^{-1}\begin{bmatrix} T & \sum_{t=1}^{T}x_{t1} & \cdots & \sum_{t=1}^{T}x_{tk-1} \\ \sum_{t=1}^{T}x_{t1} & \sum_{t=1}^{T}x_{t1}^{2} & \cdots & \sum_{t=1}^{T}x_{t1}x_{tk-1} \\ \cdots & \cdots & \cdots & \cdots \\ \sum_{t=1}^{T}x_{tk-1} & \sum_{t=1}^{T}x_{tk-1}x_{t1} & \cdots & \sum_{t=1}^{T}x_{tk-1}^{2} \end{bmatrix}$$

$$=\begin{bmatrix} 1 & \bar{x}_{1} & \cdots & \bar{x}_{k-1} \\ \bar{x}_{1} & \frac{1}{T}\sum_{t=1}^{T}x_{t1}^{2} & \cdots & \frac{1}{T}\sum_{t=1}^{T}x_{t1}x_{tk-1} \\ \cdots & \cdots & \cdots & \cdots \\ \bar{x}_{k-1} & \frac{1}{T}\sum_{t=1}^{T}x_{tk-1}x_{t1} & \cdots & \frac{1}{T}\sum_{t=1}^{T}x_{tk-1}^{2} \end{bmatrix}$$

可以看出上式矩阵中主对角线上除了第一个元素 1 之外，其余 $k-1$ 个元素都代表的是方差。如果 x_{tj} 是中心化数据(已经减过均值的数据)，则主对角线上那些元素代表方差很好理解。如果 x_{tj} 代表的是原始观测值，那么一个形如上式中的矩阵一定能够从用原始数据中心化表示的 $T^{-1}\boldsymbol{X}'\boldsymbol{X}$ 表达式中推导出来。

如果当 $T\to\infty$ 时，$T^{-1}\boldsymbol{X}'\boldsymbol{X}$ 不趋近于一个有限值的非退化矩阵，则意味着 x_{tj}，$j=1,2,\cdots,k-1$ 的方差趋近于无穷大。也就是说，解释变量 x_{tj}，$j=1,2,\cdots,k-1$ 都是非平稳变量。这从根本上违反了上述假定条件(4)。这将导致回归系数的 OLS 估计量的所有渐近特性都不存在。

虽然经济变量，特别是某些宏观经济变量的非平稳特征早就为人所知，但人们仍然用非平稳时间序列数据构建经济模型。作为传统的计量经济理论，特别是联立方程模型，在20世纪五六十年代度过了其最辉煌的时期。一些大型宏观经济联立方程模型的预测效果不很理想，自20世纪70年代以来人们对这种计量经济分析方法持越来越多的怀疑态度。

1974年，格兰杰(C. W. J. Granger)和纽博尔德(P. Newbold)首先提出计量经济学中的虚假回归问题。他们指出，当用非平稳时间序列进行OLS估计时，回归系数估计量将丧失最佳线性无偏特性，同时回归系数的t检验也变得毫无意义。进入20世纪80年代以后，计量经济工作者对如何用非平稳变量建立计量经济模型进行了大量研究，并以协整理论的提出为标志取得了丰富成果。

自1970年以来，时间序列分析方法开始影响计量经济模型。在预测精度方面简单的时间序列模型常常优于那些历时多年、建立在深入研究基础之上的耗资巨大的计量经济模型。

1972年，库珀(Cooper)对关于美国经济的若干计量联立方程模型与简单的时间序列自回归模型的超前预测效果做了比较研究，发现在多数情况下简单的时间序列模型的预测效果优于那些传统的计量经济模型。虽然1977年格兰杰-纽博尔德的比较研究表明在许多方面计量经济模型也优于时间序列模型，但起码在预测精度方面，时间序列模型完全可以与耗资较多的大型计量经济模型平分秋色，从而促使计量经济学者开始探讨用非平稳变量建立计量经济模型的更好方法。

11.2 单整性的定义

在第10章已经知道如果一个序列中含有单位根，那么该序列一定是一个非平稳序列。

单整性：对于随机序列$\{x_t\}$，如果必须经过d次差分之后才能变换成一个平稳的、可逆的ARMA序列，而当进行$d-1$次差分后仍是一个非平稳序列，则称此序列具有d次单整性，记为$x_t \sim I(d)$。其中I表示单整(integration)，d表示单整次数(或称阶数)。

例如，一个非平稳随机序列经过一次差分之后可变为一个平稳的序列，则称此序列为1次单整序列，记为$I(1)$。如果差分一次后仍不平稳，第二次差分后才是一个平稳序列，则称该序列为2次单整序列，用$I(2)$表示。

若$x_t \sim I(1)$，令$\Delta x_t = z_t$，则$z_t \sim I(0)$。x_t可用z_t表示为$x_t = S z_t$[其中S是累加算子，见定义(10-29)]。

根据定义，平稳序列的单整次数为零，记为$I(0)$。注意，单整序列主要是指单整次数大于零的序列，即非平稳序列。

对于一个d次单整随机序列$x_t \sim I(d)$可用ARIMA模型表示为

$$\Phi(L)(1-L)^d x_t = \Theta(L) u_t \tag{11-1}$$

其中 L 是滞后算子，$\Phi(L)=\sum_{i=0}^{p}\phi_i L^i$ 和 $\Theta(L)=\sum_{i=0}^{q}\theta_i L^i$ 分别是以 L 为滞后变量的自回归和移动平均特征多项式，u_t 是白噪声序列，d 表示差分次数。

在广义自回归特征方程

$$\Phi(L)(1-L)^d=0 \tag{11-2}$$

中显然含有 d 个等于1的根，即 d 个单位根。这就是为什么把时间序列单整性或非平稳性检验经常称为单位根检验(详见第12章)。

两个不同次数的单整序列相加，所得过程的单整次数应与原两个序列中单整次数高的一个相同。设 $x_t \sim I(d)$，$y_t \sim I(c)$，其中 $c>d$。x_t 和 y_t 的线性组合的时间序列 z_t 表示如下：

$$z_t=ax_t+by_t \tag{11-3}$$

若将 z_t 差分 d 次，得

$$\Delta^d z_t=a\Delta^d x_t+b\Delta^d y_t \tag{11-4}$$

因为 $x_t \sim I(d)$，上式中 $a\Delta^d x_t$ 是平稳的，但 $b\Delta^d y_t$ 则是非平稳的。因为 $y_t \sim I(c)$，且 $c>d$。y_t 需要进一步差分才能变得平稳。作为一个平稳序列与一个非平稳序列之和的 $\Delta^d z_t$ 仍然是一个非平稳序列。若对 z_t 继续差分至 c 次，即

$$\Delta^c z_t=a\Delta^c x_t+b\Delta^c y_t \tag{11-5}$$

其中 $a\Delta^c x_t$ 是 $a\Delta^d x_t$ 继续差分 $c-d$ 次的结果。因对平稳序列差分得到的仍是一个平稳序列，所以 $a\Delta^c x_t$ 是平稳序列。$b\Delta^c y_t$ 是 $b\Delta^d y_t$ 继续差分 $c-d$ 次的结果。因为 $y_t \sim I(c)$，所以 $b\Delta^c y_t$ 是平稳序列。作为两个平稳序列之和的 $\Delta^c z_t$ 也一定是平稳序列。以上说明当任何两个随机序列相加时，所得过程的单整次数与原被加过程中单整次数较高的一个序列的次数相同，即

$$z_t \sim I(\max\{d,c\}) \tag{11-6}$$

虽然上述讨论只涉及两个随机序列，但结论很容易向3个或更多个序列的情形推广。

对于两个或多个单整次数相同的随机序列的线性组合，一般来说，其单整次数与原随机序列的单整次数相同。但也有例外的情形，即若干个同次非平稳序列的线性组合序列的单整次数低于原非平稳序列的单整次数，这说明在该若干个同次非平稳序列之间存在协整关系。这种情形将在第13章中讨论。

对于具有 N 个分量的随机序列向量 $\boldsymbol{x}_t$，如果每个分量都具有 d 次单整性，$x_{it} \sim I(d)$，$(i=1,2,\cdots,N)$，则称随机序列向量 $\boldsymbol{x}_t$ 具有 d 次单整性，记为 $\boldsymbol{x}_t \sim I(d)$。这个概念将为学习向量自回归模型做准备。

11.3　单整序列的统计特征

随机游走序列是一种最简单的单整(非平稳)序列。下面以随机游走序列和AR(1)序列为代表比较非平稳序列和平稳序列的统计特征。随机游走序列表示为

$$x_t = x_{t-1} + u_t,\quad x_0 = 0,\quad u_t \sim \mathrm{IN}(0, \sigma_u^2) \tag{11-7}$$

其中 u_t 是白噪声序列，$\mathrm{IN}(0,\sigma_u^2)$ 表示 u_t 服从均值为零，方差为 σ_u^2 且相互独立的正态分布。由式(11-7)有

$$x_t = x_{t-2} + u_{t-1} + u_t = \cdots = \sum_{i=1}^{t} u_i$$

x_t 是本期以及全部前期随机误差项的总和。当 $t \to \infty$ 时，每个误差项的影响都会保留在该和式中，所以，x_t 具有永久记忆能力。x_t 的均值与方差分别是

$$E(x_t) = \sum_{i=1}^{t} E(u_i) = 0$$

$$\mathrm{var}(x_t) = \sum_{i=1}^{t} \mathrm{var}(u_i) = t\sigma_u^2$$

上式推导中用到了 $\mathrm{cov}(u_i, u_j) = 0, i \neq j$。随着 $t \to \infty$，x_t 的方差趋于无穷大，使其均值变得毫无意义。随机游走序列 x_t 返回其均值的期望时间为无穷大。

下面求 x_t 的自相关函数 ρ_k。先求 x_t 和 x_{t-k} 的协方差 $\mathrm{cov}(x_t, x_{t-k})$，

$$\mathrm{cov}(x_t, x_{t-k}) = E(x_t x_{t-k}) = E\left(\sum_{i=1}^{t} u_i \sum_{i=1}^{t-k} u_i\right) = E\left(\sum_{i=1}^{t-k} u_i^2\right) = (t-k)\sigma_u^2$$

$$\rho_k = \frac{\mathrm{cov}(x_t, x_{t-k})}{\sqrt{\mathrm{var}(x_t)}\sqrt{\mathrm{var}(x_{t-k})}} = \frac{(t-k)\sigma_u^2}{\sqrt{t\sigma_u^2}\sqrt{(t-k)\sigma_u^2}} = \sqrt{\frac{t-k}{t}} = \sqrt{1-\frac{k}{t}}$$

对于非季节序列，一般取 $k=15$ 观察自相关函数 ρ_k。当 $t \to \infty$ 时，$\rho_k \to 1, k=1,2,\cdots,15$，特征是不衰减。但当 t 较小时，即小样本条件下，随着滞后期 k 的增加，自相关函数有近似线性衰减特征。这正是在第 10 章中看到的现象。

图 11-1 给出时间序列样本容量分别是 50、100、500、1 000 条件下自相关函数的特征。可以清楚地看到，样本容量越小，则随着 k 的增加，自相关函数衰减得越快。但这种衰减与平稳序列自相关函数的衰减有着本质的不同。一次单整过程自相关函数的衰减是由于时间序列样本容量小导致的，而平稳过程自相关函数的衰减与该时间序列根的位置有关。特征根的值越远大于 1，自相关函数衰减得就越快。

对于平稳的 AR(1)序列，

$$y_t = \phi_1 y_{t-1} + v_t,\quad |\phi_1| < 1,\quad y_0 = 0,\quad v_t \sim \mathrm{IN}(0, \sigma_v^2) \tag{11-8}$$

有

$$y_t = \phi_1 y_{t-1} + v_t = \phi_1^2 y_{t-2} + v_t + \phi_1 v_{t-1} = \cdots = \sum_{i=0}^{t-1} \phi_1^i v_{t-i} \tag{11-9}$$

当 i 增大时 $\phi_1^i v_{t-i}$ 将变小，则对 y_t 的影响也变小，所以 y_t 只具有有限记忆能力。

$$E(y_t) = E\left(\sum_{i=0}^{t-1} \phi_1^i v_{t-i}\right) = 0$$

$$\mathrm{var}(y_t) = E[y_t - E(y_t)]^2 = E\left(\sum_{i=0}^{t-1} \phi_1^i v_{t-i}\right)^2 = \frac{\sigma_v^2}{1-\phi_1^2}$$

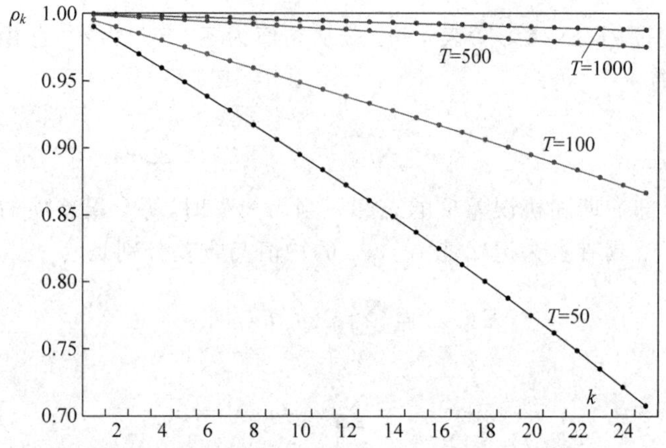

图 11-1　随机游走 $T=50,100,500,1\,000$ 的自相关函数

随着 t 的增加，y_t 将不时地返回均值点，并以零均值为中心上下波动。所以平稳过程的特征之一是随着 t 的增加，y_t 不断地回到均值点或来回不断地穿越均值点。

AR(1)序列的自相关函数 $\rho_k=\phi_1^k, k=1,2,\cdots$，推导见式(10-40)。随着 t 的加大，AR(1)序列自相关函数按指数函数衰减。

随机游走序列(11-7)与AR(1)序列(11-8)的统计特征比较见表 11-1。

表 11-1　随机游走序列和 AR(1)序列的统计特征比较

项　目	随机游走序列(11-7)	AR(1)序列(11-8)
方差	$t\sigma_u^2$，(无限大)	$\sigma_v^2/(1-\phi_1^2)$，(有限值)
自相关函数	$\rho_k=\sqrt{1-(k/t)}\to 1, \forall k, t\to\infty$	$\rho_k=\phi_1^k$
穿越零均值点的期望时间	无限	有限
记忆性	永久	暂时

随机游走序列和AR(1)序列的自相关函数图分别见图 11-1 和图 11-2。长度 $T=50,100,500,1\,000$ 的随机游走序列的自相关函数见图 11-1。因为自相关函数 $\rho_k=\sqrt{1-(k/t)}$，所以在 k 为定值条件下，序列长度 t 越小，自相关函数就衰减得越快，且表现为近似线性衰减。$\phi_1=0.4,0.6,0.8,0.9$ 的 AR(1)序列自相关函数见图 11-2。AR(1)序列自回归系数 ϕ_1 越小(特征根越远大于 1)，自相关函数衰减得就越快。但与随机游走序列不同的是，无论自回归系数 ϕ_1 多大，这种衰减都是指数函数衰减特征[对于高阶 AR 过程，自相关函数则按指数函数和(或)正弦函数联合衰减]，而随机游走序列自相关函数的衰减是近似线性衰减(这是用自相关函数判别序列平稳性的重要特征)。

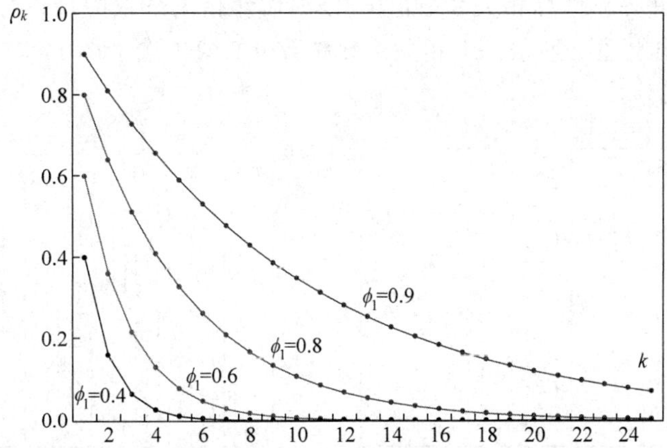

图 11-2　$\phi_1=0.4, 0.6, 0.8, 0.9$ 的 AR(1)自相关函数

11.4　虚 假 回 归

尤尔(Yule)是第一个(1926)研究虚假相关的学者，而格兰杰-纽博尔德(Grange-Newbold,1974)首先提出虚假回归问题。

当检验两个相互独立的非平稳时间序列的相关系数是否等于零时，常常得到相关系数显著不为零的结论。当用两个相互独立的非平稳时间序列建立回归模型时，常常得到回归系数显著不等于零的结论。分别称此为虚假相关和虚假回归。

下面通过蒙特卡洛模拟方法分别研究两个相互独立的 $I(0)$, $I(1)$, $I(2)$序列的相关系数、回归系数的 t 统计量和 DW 统计量的概率分布特征，以及对这些分布进行对比分析。

具体的研究方法如下。首先用计算机生成两个长度为 100 的、相互独立的 $I(0)$时间序列 u_t 和 v_t。接着用这两个时间序列计算简单线性相关系数 r。把这样的过程反复运行 10 000 次，然后画关于相关系数 r 值的频数分布直方图。采用与上面相同的方法研究两个相互独立的 $I(1)$时间序列的相关系数 r 值的概率分布和相互独立的两个 $I(2)$时间序列的相关系数 r 值的频数分布。这种方法称作蒙特卡洛(Monte Carlo)模拟法。

首先生成两个相互独立的白噪声序列[$I(0)$序列]u_t 和 v_t($T=100$)。u_t 和 v_t 都服从正态分布。设定的参数是 $E(x_t)=E(y_t)=0$, $\text{var}(x_t)=\text{var}(y_t)=1$。显然 u_t 和 v_t 是不相关的。对 u_t 和 v_t 分别累加一次和两次，从而得到两个相互独立的 $I(1)$序列 x_t, y_t 和两个相互独立的 $I(2)$序列 p_t, q_t。定义如下：

$$x_t = x_{t-1} + u_t$$
$$y_t = y_{t-1} + v_t$$
$$p_t = p_{t-1} + x_t$$
$$q_t = q_{t-1} + y_t$$

则有 $u_t, v_t \sim I(0)$；$x_t, y_t \sim I(1)$；$p_t, q_t \sim I(2)$。生成序列对(u_t, v_t), (x_t, y_t), $(p_t$,

q_t)各 10 000 次,并各自计算相关系数值 r,分别估计相关系数的理论分布。图 11-3(a)、(b)和(c)分别给出上述三种条件下相关系数频数分布直方图。图 11-3 的 EViews 模拟程序见本章最后表 11-3。

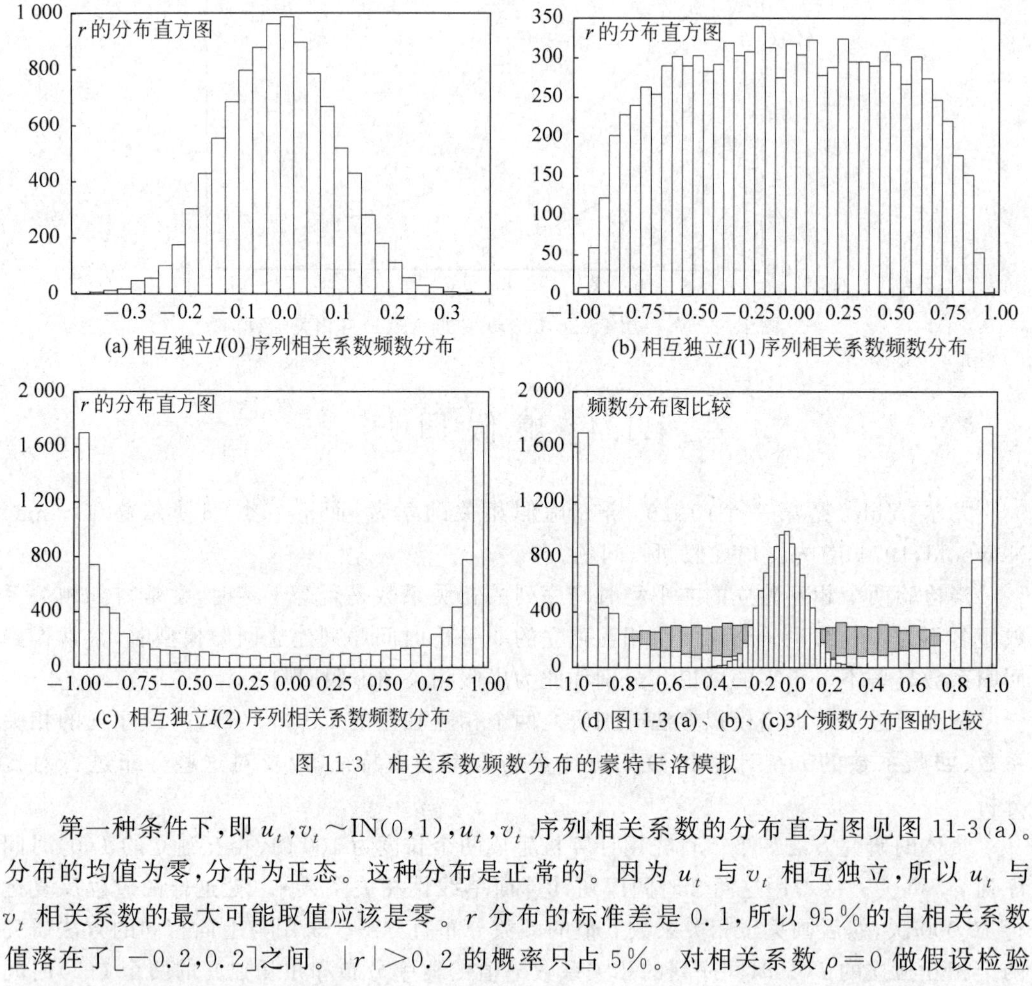

(a) 相互独立$I(0)$序列相关系数频数分布　(b) 相互独立$I(1)$序列相关系数频数分布

(c) 相互独立$I(2)$序列相关系数频数分布　(d) 图11-3 (a)、(b)、(c)3个频数分布图的比较

图 11-3　相关系数频数分布的蒙特卡洛模拟

第一种条件下,即 $u_t, v_t \sim \text{IN}(0,1)$,$u_t, v_t$ 序列相关系数的分布直方图见图 11-3(a)。分布的均值为零,分布为正态。这种分布是正常的。因为 u_t 与 v_t 相互独立,所以 u_t 与 v_t 相关系数的最大可能取值应该是零。r 分布的标准差是 0.1,所以 95%的自相关系数值落在了[−0.2,0.2]之间。$|r|>0.2$ 的概率只占 5%。对相关系数 $\rho=0$ 做假设检验时,将以 95%的概率接受原假设。

第二种条件下,即两个相互独立 $I(1)$序列 x_t 与 y_t(差分后为白噪声序列)的相关系数值的频数分布直方图见图 11-3(b)。相关系数值 r 为倒 U 字形分布。尽管这种条件下真实的相关系数 ρ 仍然为零,但从模拟的结果看,检验结论为 $\rho=0$ 的可能性与图 11-3(a)相比大大减小,而检验结论为 $\rho \neq 0$ 的概率却大大增加,相关系数取值范围已平铺在 ±1 之间。如果此时仍以 ±0.2 为 5%检验水平临界值,那么,推翻真实相关系数 $\rho=0$ 的概率就会大大增加,即检验结论常常是真实相关系数 $\rho \neq 0$,因此导致虚假相关。导致虚假相关的原因并不是序列 x_t 与 y_t 真的有关系,而是由于序列的非平稳性所致。

第三种情形,即两个相互独立 $I(2)$序列 p_t 与 q_t(差分两次后为白噪声序列)的相关系数的分布见图 11-3(c)。分布呈 U 字形。由两个非相关二次单整序列计算的相关系数的最大可能取值为±1！虽然序列 p_t 与 q_t 的真实相关系数仍然是 $\rho=0$，但此时若仍以±0.2 为临界值进行检验，则推翻 $\rho=0$ 的概率几乎等于 1！导致虚假相关。虚假相关并不是因为序列 p_t 与 q_t 真的相关，而是由于序列的非平稳性质所致。两个相互独立的非平稳序列的单整次数越大，则检验结论为存在相关性的概率就越大。这就是尤尔(Yule)所说的虚假相关问题。

下面考察虚假回归。分别用成对相互独立的 $I(0)$ 和 $I(1)$ 序列回归，然后分析回归系数的 t 统计量的分布特征。给定数据生成系统如下：

$$x_t = x_{t-1} + u_t,\quad u_t \sim \mathrm{IN}(0,1) \tag{11-10}$$

$$y_t = y_{t-1} + v_t,\quad v_t \sim \mathrm{IN}(0,1) \tag{11-11}$$

$$E(u_i v_j) = 0,\quad \forall i, j \tag{11-12}$$

其中，v_t 和 u_t 是分别服从独立正态分布的白噪声序列，则 x_t 和 y_t 是两个不相关的随机游走序列。建立两个回归模型如下：

$$u_t = \alpha_0 + \alpha_1 v_t + w_t \tag{11-13}$$

$$y_t = \beta_0 + \beta_1 x_t + w_t \tag{11-14}$$

其中 w_t 是随机误差项，从而考察 $t(\hat{\alpha}_1)$ 和 $t(\hat{\beta}_1)$ 的分布特征[因为 $t(\hat{\alpha}_1)$ 和 $t(\hat{\beta}_1)$ 是检验 $\alpha_1=0, \beta_1=0$ 的 t 统计量]。因为 u_t, v_t 是平稳序列且相互独立，所以 $\alpha_1=0$。因为 x_t 与 y_t 也是相互独立的，所以也应该有 $\beta_1=0$。但是由于 $x_t, y_t \sim I(1)$，所以检验结论却常常是 $\beta_1 \neq 0$！

以式(11-10)～式(11-12)为数据生成系统(设定序列长度 $T=100$)，按式(11-13)和式(11-14)进行回归估计。各模拟 10 000 次，用各自 10 000 个 $t(\hat{\alpha}_1)$ 和 $t(\hat{\beta}_1)$ 的值画概率分布核密度图见图 11-4。

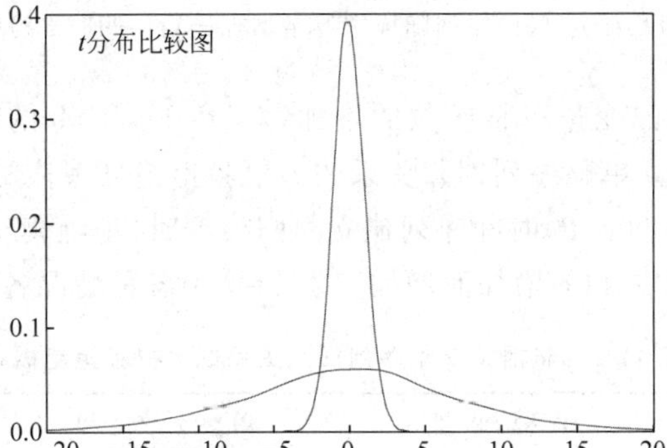

图 11-4　模型(11-13)、模型(11-14)中 $t(\hat{\alpha}_1)$ 和 $t(\hat{\beta}_1)$ 分布的蒙特卡洛模拟结果

图 11-4 中方差较小的那一条是 $t(\hat{\alpha}_1)$ 的概率密度分布曲线。模拟结果显示 $t(\hat{\alpha}_1)$ 服从 t 分布，其均值为零，标准差为 1(模拟结果)。图 11-4 中方差较大的那一条是 $t(\hat{\beta}_1)$ 的概率密度分布曲线。统计量 $t(\hat{\beta}_1)$ 不服从 t 分布。其均值为零，但方差是 54.76(模拟结果)，远远大于 t 分布的方差。若在 5%的检验水平上仍使用 1.98 作为 t 检验临界值，那

么，致使 $|t(\hat{\beta}_1)| \geq 1.98$ 的概率大大增加，即推翻零假设 $\beta_1=0$ 的概率大大增加。$\beta_1=0$ 是真实的，但检验结论却常常是 $\beta_1 \neq 0$。这就是格兰杰-纽博尔德所说的虚假回归问题。图 11-4 的 EViews 模拟程序见本章最后表 11-4。

下面通过不断加大 $I(1)$ 序列长度研究式(11-14)估计式中 $t(\hat{\beta}_1)$ 的概率分布特征。

图 11-5 给出相对于不同样本容量拒绝 $\beta_1=0$ 的概率值折线。用样本容量分别为 10，20，30，…，200 的成对的相互独立的 $I(1)$ 序列按式(11-14)回归，并计算 $t(\hat{\beta}_1)$ 值以及 $|t(\hat{\beta}_1)| \geq 2$ 的概率值。把这 20 个概率值连成折线见图 11-5，拒绝 $\beta_1=0$ 的概率值随样本容量的增大而增大。每个样本容量条件下各模拟 10 000 次。当样本容量 $T=10$ 时，$|t(\hat{\beta}_1)| \geq 2$ 的概率为 0.36。这已经是正常概率值(约为 0.05)的 7 倍多。随着样本容量 T 的增大，问题变得更加严重。拒绝 $\beta_1=0$ 的比率随 T 的增大而增大。当样本容量大于 150 时，拒绝的概率已超过 0.8。这个结果说明，仍用通常的 t 临界值做假设检验，随着样本容量 T 的增大，导致错误结论的可能性会越来越大。

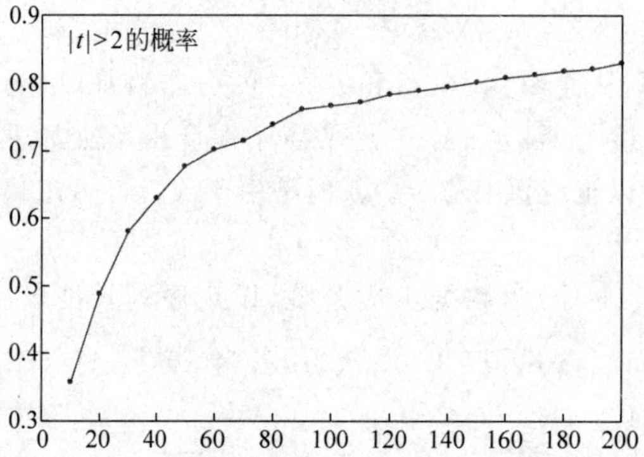

图 11-5　两个相互独立 $I(1)$ 序列随样本容量增加进行回归时 t 检验拒绝比率曲线

再来考察，随着回归变量单整次数的增加，对 $|t(\hat{\beta}_1)| \geq 2$ 的概率会产生什么影响。$T=100$ 条件下相互独立单整序列回归关系的 t 检验拒绝概率表见表 11-2。当混合使用相互独立的 $I(0)$，$I(1)$ 和 $I(2)$ 时间序列建立回归模型时，拒绝真实关系 $\beta_1=0$ 的概率随两个时间序列单整次数之和的增加而增加。表 11-2 中各种情况各模拟 10 000 次。

表 11-2　非相关单整序列回归关系的 t 检验拒绝概率

被解释变量	解 释 变 量	单整次数之和	$P\{\|t(\hat{\beta}_1)\| \geq 2\}$
$I(0)$	$I(0)$	0	0.045
$I(0)$	$I(1)$	1	0.040
$I(1)$	$I(0)$	1	0.044
$I(1)$	$I(1)$	2	0.770
$I(2)$	$I(1)$	3	0.837
$I(1)$	$I(2)$	3	0.865
$I(2)$	$I(2)$	4	0.943

注：每种条件下的回归各模拟 10 000 次。

见表 11-2，当用两个平稳序列回归时，单整次数之和等于零，$|t(\hat{\beta}_1)|\geqslant 2$ 的概率是 0.045，与理论值 0.05 很接近。当用两个 $I(1)$序列回归时，单整次数之和等于 2，$|t(\hat{\beta}_1)|\geqslant 2$ 的概率增加到 0.77，造成虚假回归。当用两个 $I(2)$序列回归时，单整次数之和等于 4，$|t(\hat{\beta}_1)|\geqslant 2$ 的概率增加到 0.943。真实的关系是 $\beta_1=0$，但却以 94.3%的概率得出结论 $\beta_1\neq 0$！

下面进一步考察由于回归因子的非平稳特征对回归模型 DW 统计量分布的影响。图 11-6 给出相应式(11-13)和式(11-14)的 DW 统计量分布的蒙特卡洛模拟结果。在 $T=100$ 条件下各自模拟 10 000 次。其中 DW0 的分布是对应回归式(11-13)的 DW 统计量的频数分布直方图。DW1 的分布是对应于式(11-14)的 DW 统计量的频数分布直方图。DW0 的分布是对称的，其均值是 2，标准差是 0.2(模拟结果)。这意味着若对式(11-13)的误差序列进行非自相关检验，检验结论常常是误差序列非自相关(与真实情形相符)。DW1 的分布严重右偏，其分布的均值是 0.175，标准差是 0.1(模拟结果)。DW1 的大部分值小于 0.4，这意味着若对式(11-14)的误差序列进行非自相关检验，检验结论常常是误差序列存在严重的自相关。真实情形是 DW=2(非自相关)，但检验结论几乎是 DW<0.4！式(11-14)对应的误差序列存在虚假自相关。

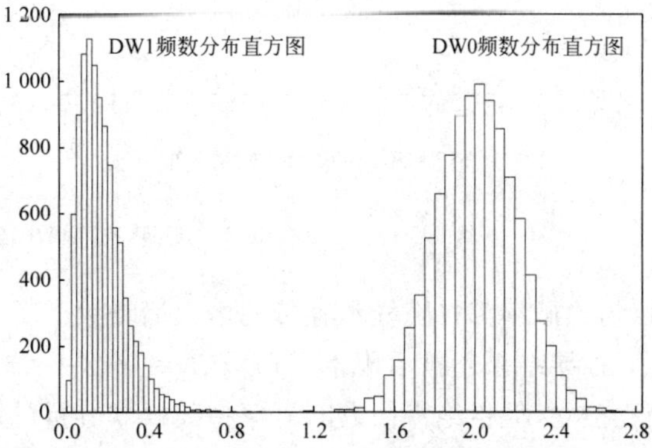

图 11-6 两种条件下 DW 分布的蒙特卡洛模拟结果

读者可能有经验，当用宏观经济变量(常常是非平稳序列)回归时，回归估计式的 DW 值常常很小。通过图 11-6 知，这很可能是由于回归因子的非平稳性所导致。

最后再考察当 $t\to\infty$时，式(11-14)中 $t(\hat{\beta}_1)$和 DW 统计量的分布将怎样变化。图 11-7(a)给出的是 $T=50$ 和 100 条件下，对应式(11-14)的 $t(\hat{\beta}_1)$分布的核密度图。$T=100$ 条件下，$t(\hat{\beta}_1)$分布的方差大于 $T=50$ 条件下 $t(\hat{\beta}_1)$分布的方差。这说明随着序列长度 T 的加大，$t(\hat{\beta}_1)$分布的方差也不断变大，那么推翻 $\beta_1=0$ 的概率也越来越大。图 11-7(b)给出的是 $T=50$ 和 100 条件下，DW 分布的核密度图。$T=100$ 条件下，DW 分布的均值、方差比 $T=50$ 条件下，DW 分布的均值、方差更小。这说明随着序列长度(T)的加大，DW 分布的均值和方差不断变小。事实是随着 $t\to\infty$，DW 统计量依概率收敛于零。

菲利普斯(Phillips，1986)利用泛函中心极限定理从理论上对虚假回归问题进行了分析。以式(11-10)～式(11-12)为数据生成系统，但对误差序列 u_t 和 v_t 的要求更宽松(允许存在暂时的自相关和异方差，称为弱条件)。用 OLS 法估计模型(11-14)所得结果不能用通常的假设检验给予解释。按常规计算的 $t(\hat{\beta}_0)$和 $t(\hat{\beta}_1)$统计量不服从 t 分布。随着样本容量 T 的增加，也不存在正态的极限分布。$t(\hat{\beta}_1)$的分布是发散的，对任何固定的临界

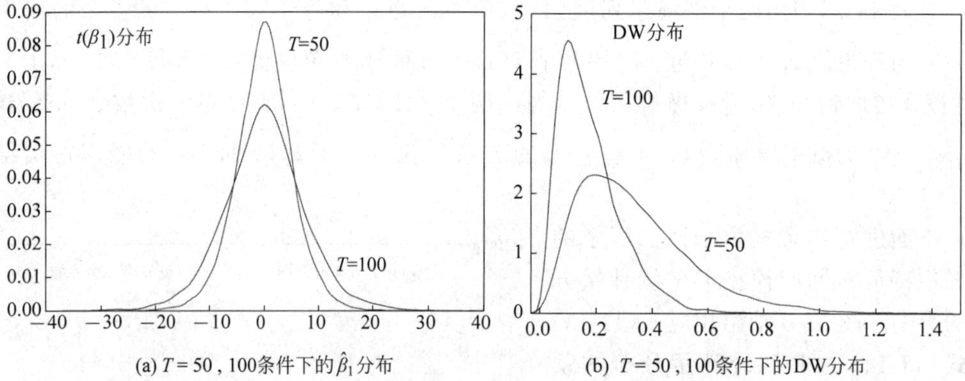

图 11-7 模型(11-14)中 $\hat{\beta}_1$,DW 分布比较

值,拒绝概率都将随样本容量的增大而增大。

推导结果还显示用于零假设 $\beta_1=0$ 的 F 统计量的分布也是发散的。尽管 x_t 与 y_t 相互独立,但拒绝零假设的概率将随样本容量的增加而增大。

菲利普斯还证明当 $t\to\infty$ 时,相应于回归式(11-14)的 DW 统计量的分布趋近于零。当两个时间序列相关时,DW 统计量收敛于一个非零的值。DW 统计量的值可用来作为区别真假回归的一个方法。

菲利普斯的分析结果有助于理解上述模拟结果。模拟和理论分析的结果都说明用常规方法对非平稳时间序列进行统计推断存在严重问题,常导致错误结论。实际中若所估计的回归模型的 DW 值非常小,而表示模型拟合优度的多重确定系数 R^2 的值又非常大,说明所拟合的回归模型是有问题的。如果想了解菲利普斯推导的详细内容,可以阅读其论文(Phillips,1986)和张晓峒的《计量经济分析》(经济科学出版社,2000)。

通过以上分析知,序列的非平稳性会给回归分析带来虚假回归问题,导致对回归系数真值的误判,对建模造成极大危害,所以判断序列的平稳性就成了一个重要问题。在第 12 章将专门讨论序列非平稳性的检验,即单位根检验。

表 11-3 虚假相关的蒙特卡洛模拟程序

EViews 程序	语句解释
'成对 I(0),I(1),I(2)序列相关系数分布模拟	
!N=10000	'模拟 10000 次。
workfile G11_1 u 1 !N	'生成一个容量为 1 万的非时序工作文件 G11_1。
series corruv	'定义序列 corruv。
series corrxy	'定义序列 corrxy。
series corrpq	'定义序列 corrpq。
for !i=1 to !N	'设定循环运算从 1 至 10000。
'用两个相互独立 I(0)序列计算 r。	
smpl 1 100	'设定序列长度 100。

续表

EViews 程序	语句解释
series u=@nrnd	'生成白噪声序列 u_t。
series v=@nrnd	'生成白噪声序列 v_t。
u(1)=0	'设定 u_t 第一个观测值=0。
v(1)=0	'设定 v_t 第一个观测值=0。
scalar r1=@cor(u,v)	'把用 u_t,v_t 计算的相关系数值用 r1 表示。
corruv(!i)=r1	'把 r1 装入序列 corruv。
'用两个相互独立 I(1)序列计算 r。	
series x	'定义序列 x_t。
series y	'定义序列 y_t。
x(1)=0	'设定 x_t 第一个观测值等于 0。
y(1)=0	'设定 y_t 第一个观测值等于 0。
smpl 2 100	'设定样本范围 2～100。
x=x(-1)+u	'生成 I(1)序列 x_t。
y=y(-1)+v	'生成 I(1)序列 y_t。
smpl 1 100	'设定样本范围 1～100。
scalar r2=@cor(x,y)	'把用 x_t,y_t 计算的相关系数值用 r2 表示。
corrxy(!i)=r2	'把 r2 值装入序列 corrxy。
'用两个相互独立 I(2)序列计算 r。	
series p	'定义序列 p_t。
series q	'定义序列 q_t。
p(1)=0	'设定 p_t 第一个观测值等于 0。
q(1)=0	'设定 q_t 第一个观测值等于 0。
smpl 2 100	'设定样本范围 2～100。
p=p(-1)+x	'生成 I(2)序列 p_t。
q=q(-1)+y	'生成 I(2)序列 q_t。
smpl 1 100	'设定样本范围 1～100。
scalar r3=@cor(p,q)	'把用 p_t,q_t 计算的相关系数值用 r3 表示。
corrpq(!i)=r3	'把 r3 值装入序列 corrpq。
next	'设定循环运算至 10000 次结束。
smpl 1 !N	'恢复样本容量 10000。
corruv. hist	'用 corruv 序列(r1 值)画直方图。
corrxy. hist	'用 corrxy 序列(r2 值)画直方图。
corrpq. hist	'用 corruv 序列(r3 值)画直方图。

注：运行 EViews 程序的操作方法：打开 EViews 软件，单击 File 按钮，选 New，Program 功能，从而打开 Program 窗口。把表 11-1 的程序输入 Program 窗口中。单击 Program 窗口中的 Run 按钮，在随即打开的 Run Program 选择框中选择 Quiet 方式，单击 OK 按钮，即可得到模拟结果。循环运算 10 000 次只需不足 10 s 时间。

表 11-4 虚假回归的蒙特卡洛模拟程序

EViews 程序	语句解释
'两个独立 I(1)变量虚假回归模拟(T=100)	
!N=10000	'模拟 10000 次。
workfile G11_4 u 1 !N	'生成一个容量为 1 万的非时序工作文件 G11_4。
series t0	'定义序列 t0。
series t1	'定义序列 t1。
for !i=1 to !N	'设定循环运算从 1 至 10000。
smpl 1 100	'设定样本范围 100。
series u=@nrnd	'生成白噪声序列 u_t。
series v=@nrnd	'生成白噪声序列 v_t。
u(1)=0	'设定 u_t 第一个观测值等于 0。
v(1)=0	'设定 v_t 第一个观测值等于 0。
series x	'定义序列 x_t。
series y	'定义序列 y_t。
x(1)=0	'设定 x_t 第一个观测值等于 0。
y(1)=0	'设定 y_t 第一个观测值等于 0。
smpl 2 100	'设定样本范围 2～100。
x=x(-1)+u	'生成 I(1)序列 x_t。
y=y(-1)+v	'生成 I(1)序列 y_t。
smpl 1 100	'设定样本范围 1～100。
equation eq1.ls u c v	'u_t 对 v_t 回归。
t0(!i)=@tstats(2)	'把 t(α)值装入序列 t0。
equation eq2.ls y c x	'y_t 对 x_t 回归。
t1(!i)=@tstats(2)	'把 t(β)值装入序列 t1。
next	'设定循环运算至结束。
smpl @all	'恢复样本容量 10000。
group groupt t0 t1	'定义数据组 groupt(由 t0、t1 组成)。
groupt.distplot(s)kernel	'用 t0、t1 画概率分布核密度图。

注：运行 EViews 程序的操作方法：打开 EViews 软件，单击 File 按钮，选 New，Program 功能，从而打开 Program 窗口。把表 11-2 的程序输入 Program 窗口中。单击 Program 窗口中的 Run 按钮，在随即打开的 Run Program 选择框中选择 Quiet 方式，单击 OK 按钮，即可得到模拟结果。循环运算 10 000 次只需不足 10 s 时间。

本章习题

第 12 章 单位根检验

在第 11 章已经介绍,用非平稳时间序列建立计量经济模型会带来虚假回归问题。那么如何判断时间序列的平稳性,避免虚假回归就成了面临的问题。在第 10 章已经知道,时间序列的平稳性与是否存在单位根紧密相连。检验时间序列平稳性就是检验序列中是否存在单位根。而判断时间序列平稳性的工具是时间序列的相关图。这是因为在 1970 年伯克斯(G. E. P. Box)和詹金斯(G. M. Jenkins)系统提出 ARIMA 建模方法时,判别时间序列平稳性的单位根检验方法还没有提出来。

1976 年,迪基(D. A. Dickey)在他的博士论文中提出检验时间序列平稳性的单位根检验方法;富勒(W. A. Fuller,1976)在他的著作《统计时间序列入门》也给出单位根检验方法。3 年后,迪基和富勒(Dickey,Fuller,1979)发表论文,正式提出单位根检验方法,并给出模拟的单位根检验临界值表。后来人们用他们二人名字的字头命名这种检验方法为 DF 检验法。1987 年,迪基和富勒又提出 ADF 检验。菲利普斯(P. C. B. Phillips)在 1987 年和菲利普斯-皮荣(P. C. B. Phillips,P. Perron)在 1988 年用泛函中心极限定理和维纳过程推导出了 3 个 DF 检验式中 DF 统计量的极限分布,从而为 DF 单位根检验理论画上完美句号。

自 1976 年以来,已经提出多种单位根检验方法。其中,包括:DF、ADF 检验,DF-GLS 检验,PP 检验,NP 检验,ERS 点最优检验与 KPSS 检验等。1989 年,皮荣(Perron)等提出了序列存在结构突变条件下的单位根检验方法。1991 年,麦金农(MacKinnon)用蒙特卡洛模拟方法给出协整检验(包括单位根检验)临界值表。

因为其他单位根检验方法多数是从 DF、ADF 检验方法中派生出来的,所以本章重点介绍 DF、ADF 检验法。关于统计量的分布特征是通过蒙特卡洛模拟方法进行分析,而其极限分布则只给出表达式,不给出详细的理论推导。

本章先介绍 4 种典型的非平稳时间序列类型,然后用模拟的方法给出 DF、$T(\hat{\beta}-1)$ 及一些其他统计量的分布特征。进而介绍 DF、ADF、$T(\hat{\beta}-1)$ 检验方法,并给出单位根检验案例。最后介绍皮荣提出的结构突变序列的单位根检验方法。

12.1 4 种典型的非平稳过程

在讨论单位根检验之前先介绍 4 种典型的非平稳过程,其中 3 种含有单位根,1 种不含有单位根。

12.1.1 随机游走过程

$$y_t = y_{t-1} + u_t, \quad y_0 = 0, \quad u_t \sim \mathrm{IN}(0, \sigma_u^2) \tag{12-1}$$

其中 IN(•)表示相互独立的正态分布。由第 10 章知,$E(y_t)=0$,$\mathrm{var}(y_t)=t\sigma_u^2$,其方差随着时间的推移越来越大。随机游走过程(12-1)含有单位根。图 12-1 给出的是由计算机生成的两个随机游走序列。金融领域中的股指序列和汇率序列常表现为随机游走。

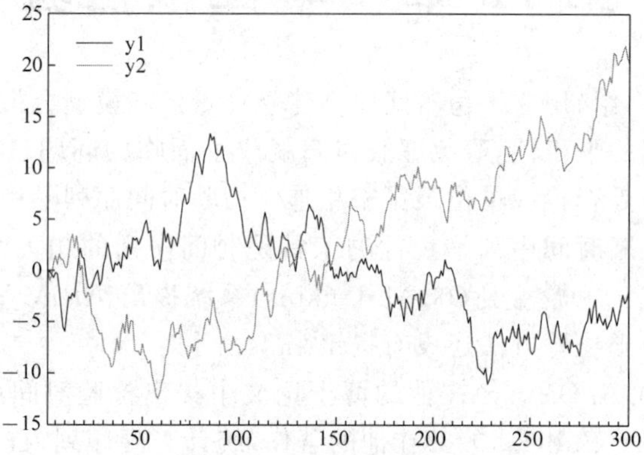

图 12-1 随机游走序列

12.1.2 随机趋势过程

如果一个随机过程可以用下式表示:

$$y_t=\alpha+y_{t-1}+u_t,\quad y_0=0,\quad u_t\sim \mathrm{IN}(0,\sigma_u^2) \tag{12-2}$$

其中 IN(•)表示相互独立的正态分布,α 是漂移项(位移项)。u_t 是白噪声过程,则称式(12-2)为随机趋势过程。由上式知,$E(y_1)=\alpha$ (y_t 初始值的期望等于 α)。做迭代变换,

$$\begin{aligned} y_t&=\alpha+y_{t-1}+u_t=\alpha+(\alpha+y_{t-2}+u_{t-1})+u_t \\ &=\cdots=\alpha t+y_0+\sum_{i=1}^{t}u_i=\alpha t+\sum_{i=1}^{t}u_i \end{aligned}$$

y_t 由 αt 和 $\sum_{i=1}^{t}u_i$ 两部分组成。其中 αt 是确定性时间趋势项;$\sum_{i=1}^{t}u_i$ 是随机游走过程。可以把 $\sum_{i=1}^{t}u_i$ 看作随机的截距项。每个冲击 u_t 都表现为截距的移动。每个冲击 u_t 对截距项的影响都是持久的,导致序列的条件均值发生变化,所以称这样的过程为随机趋势过程(stochastic trend process),或有漂移项的非平稳过程(non-stationary process with drift),有漂移项的随机游走过程(random walk with drift)。虽然趋势项斜率不变,但随机游走过程围绕趋势项上下游动。

由式 $y_t=\alpha t+\sum_{i=1}^{t}u_i$ 还可以看出,α 是确定性时间趋势项的系数(过程 y_t 的增长速度)。α 为正时,y_t 趋势向上;α 为负时,y_t 趋势向下。随机趋势过程生成的序列见图 12-2。图 12-2(a)、(b)分别按 $\alpha>0$ 和 $\alpha<0$ 各给出两条时间序列。

因为对 y_t 进行一次差分运算后,过程就平稳了,

$$\Delta y_t=y_t-y_{t-1}=\alpha+u_t$$

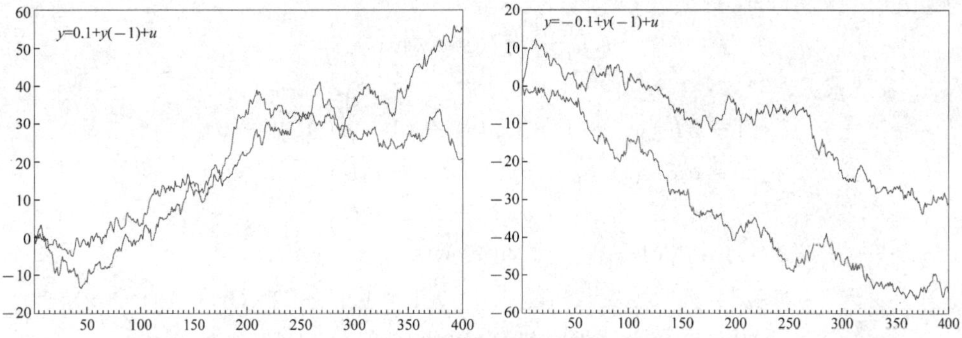

(a) 随机趋势序列 $y_t = 0.1 + y_{t-1} + u_t$, ($\alpha > 0$)　(b) 随机趋势序列 $y_t = -0.1 + y_{t-1} + u_t$, ($\alpha < 0$)

图 12-2　随机趋势过程生成的序列

所以也称 y_t 为差分平稳过程(difference-stationary process)。α 也是 Δy_t 序列的均值。随机趋势过程(12-2)含有单位根。某些经过对数变换的宏观经济序列常表现为随机趋势序列。

12.1.3　趋势平稳过程

如果一个随机过程可以用下式表示，

$$y_t = \beta_0 + \beta_1 t + u_t, \quad u_t = \rho u_{t-1} + v_t, \quad (|\rho| < 1, v_t \sim \mathrm{IN}(0, \sigma_v^2)) \tag{12-3}$$

其中 t 是时间趋势项，u_t 是 AR(1)过程，v_t 是白噪声过程，则称式(12-3)为趋势平稳过程(trend stationary process)。趋势平稳过程属于非平稳过程，但不含有单位根。趋势平稳过程生成的序列见图 12-3。某些经过对数变换的宏观经济序列常表现为趋势平稳序列。

因为 u_t 是平稳的，y_t 只会暂时背离趋势。y_{t+k} 的长期预测值将趋近于趋势线 $\beta_0 + \beta_1(t+k)$。所以称其为趋势平稳过程。趋势平稳过程由确定性时间趋势 $\beta_1 t$ 主导。

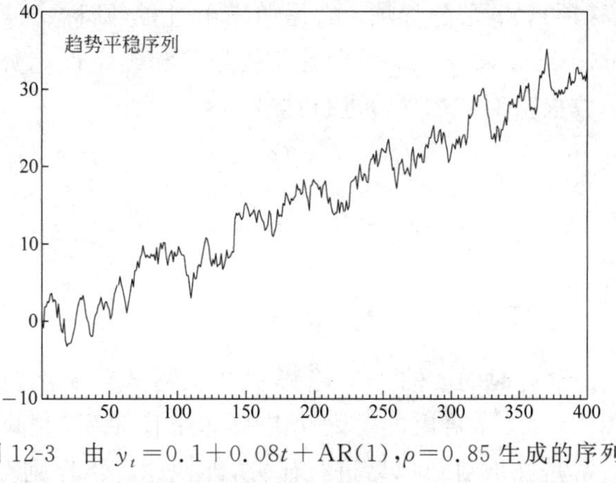

图 12-3　由 $y_t = 0.1 + 0.08t + \mathrm{AR}(1)$，$\rho = 0.85$ 生成的序列

趋势平稳过程也称为退势平稳过程，因为减去趋势后，其为平稳过程，$y_t - \beta_1 t = \beta_0 + u_t$。

整理式(12-3)，可以得到趋势平稳过程的另一种表达形式。把 $u_t = \rho u_{t-1} + v_t$ 改

写为

$$u_t = v_t/(1-\rho L)$$

代入 y_t 表达式(12-3),得

$$(1-\rho L)y_t = (1-\rho L)\beta_0 + (1-\rho L)\beta_1 t + v_t$$

$$y_t = \rho y_{t-1} + \beta_0 - \rho\beta_0 + \beta_1 t - \rho\beta_1(t-1) + v_t$$

$$y_t = \rho y_{t-1} + \beta_0 + \rho(\beta_1 - \beta_0) + \beta_1(1-\rho)t + v_t$$

令 $\alpha=\beta_0+\rho(\beta_1-\beta_0)$,$\gamma=\beta_1(1-\rho)$,上式可表示为

$$y_t = \alpha + \gamma t + \rho y_{t-1} + v_t \quad [|\rho|<1, v_t \sim \mathrm{IN}(0,\sigma_v^2)]$$

当$|\rho|<1$时,必然有$\gamma\neq 0$,y_t 为退势平稳过程;若 $\rho=1$ 时,必然有 $\gamma=0$,$\alpha=\beta_1$,上式变为

$$y_t = \beta_1 + y_{t-1} + v_t$$

y_t 成为随机趋势过程。若 $\rho=0$ 时,$\gamma=\beta_1$,$\alpha=\beta_0$,式(12-3)变为 $y_t=\beta_0+\beta_1 t+v_t$,$y_t$ 变成确定性趋势过程。

趋势平稳过程(12-3)的差分过程是过度差分过程。

$$\Delta y_t = \Delta\beta_0 + \beta_1\Delta t + \Delta u_t = \beta_1 + u_t - u_{t-1}$$

移动平均特征方程$(1-L)=0$ 中含有单位根,所以对趋势平稳过程(12-3)应该用退势的方法获得平稳过程,$y_t-\beta_1 t=\beta_0+u_t$,而不是采用差分的方法。

趋势平稳过程(12-3)中的 u_t 是 AR(1)过程。u_t 也可以进一步放宽为 ARMA(p,q)过程。

12.1.4　趋势非平稳过程

如果一个随机过程可以用下式表示:

$$y_t = \alpha + \gamma t + y_{t-1} + u_t, \quad y_0 = 0, \quad u_t \sim \mathrm{IN}(0,\sigma_u^2) \tag{12-4}$$

其中 α 是漂移项(位移项),γt 是趋势项,u_t是白噪声过程,则称式(12-4)为趋势非平稳过程(trend nonstationary process)。y_t 是含有随机趋势和确定性趋势的混合随机过程,是非平稳过程并含有单位根。对式(12-4)进行迭代运算:

$$\begin{aligned} y_t &= \alpha + \gamma t + y_{t-1} + u_t = \alpha + \gamma t + (\alpha + \gamma(t-1) + y_{t-2} + u_{t-1}) + u_t \\ &= \cdots = y_0 + \alpha t + \gamma[t + (t-1) + \cdots + 2 + 1] + \sum_{i=1}^{t} u_i \\ &= y_0 + \alpha t + \frac{\gamma}{2}(1+t)t + \sum_{i=1}^{t} u_i = \left(\alpha + \frac{\gamma}{2}\right)t + \frac{\gamma}{2}t^2 + \sum_{i=1}^{t} u_i \end{aligned}$$

趋势非平稳过程(12-4)含有时间 t 的 1 次趋势和 2 次趋势。显然,在这个过程中,t 的 2 次趋势项起主导作用。图 12-4 给出的是两个趋势非平稳序列,时间趋势项都是 2 次的。由于宏观经济序列通常是在取对数以后进行研究,即便原经济序列存在 2 次趋势,经过对数变换也已经转化为线性趋势,所以,趋势非平稳过程很少用来描述取自然对数后的实际经济序列。因此,对于对数的宏观经济序列,随机趋势过程(12-2)和退势平稳过程(12-3)是两种最常用的理论模型。

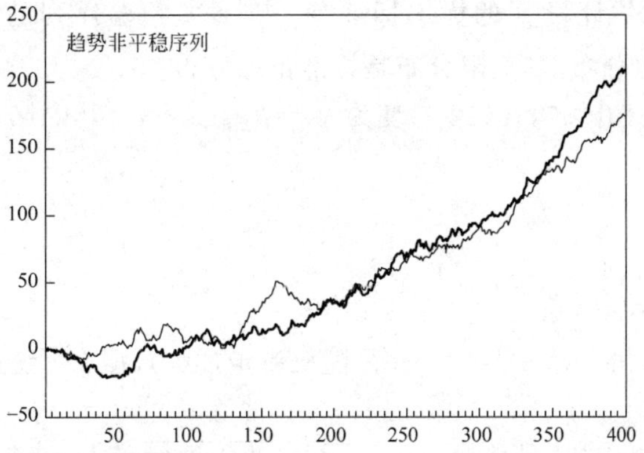

图 12-4　由 $y_t=0.01+0.01t+y_{t-1}+u_t, u_t \sim \mathrm{IN}(0,1)$生成的 2 个序列

12.2　DF, $T(\hat{\beta}-1)$统计量的分布特征

本节分别以式(12-1)、式(12-2)和式(12-3)为真实数据生成过程，研究自回归系数估计量的 t 统计量的分布特征。在此基础上提出 DF 统计量概念，并给出其极限分布表达式以及有限样本条件下 DF 分布蒙特卡洛模拟结果和百分位数表。而在下一节给出 DF 和 $T(\hat{\beta}-1)$单位根检验方法。

12.2.1　DF 统计量的分布特征

首先以随机游走过程(12-1)为数据生成过程，研究自回归系数估计量的 t 统计量的分布特征。

重写随机游走过程(12-1)如下：

$$y_t = y_{t-1} + u_t, \quad y_0 = 0, \quad u_t \sim \mathrm{IN}(0, \sigma_u^2)$$

当检验自回归系数是否等于 1 时，即序列是否存在单位根时，有可能用到如下 3 个检验式(估计式)：

$$y_t = \beta y_{t-1} + u_t \tag{12-5}$$

$$y_t = \alpha + \beta y_{t-1} + u_t \tag{12-6}$$

$$y_t = \alpha + \gamma t + \beta y_{t-1} + u_t \tag{12-7}$$

从而检验 β 是否等于 1。

首先讨论用回归式(12-5)检验序列是否含有单位根($\beta=1$)。这里检验用的统计量是 $t_{(\hat{\beta})}$ 统计量。

回顾以前已经掌握的假设检验知识，如果真实情形是 $\beta=0$，那么式(12-1)变为 $y_t=u_t$，当用式(12-5)进行估计时，

$$t_{(\hat{\beta})} = \frac{\hat{\beta}}{s_{(\hat{\beta})}} \sim t(T-1)$$

其中 $s_{(\hat{\beta})}$ 是回归系数估计量 $\hat{\beta}$ 的样本标准差。T 是被检验序列的样本容量。$t_{(\hat{\beta})}$ 服从 $(T-1)$ 个自由度的 t 分布,其极限分布是标准正态分布。

如果真实情形是 $|\beta|<1$,式(12-1)变为 $y_t=\beta y_{t-1}+u_t$,其中 $|\beta|<1$。当用式(12-5)进行估计时,统计量

$$t_{(\hat{\beta})}=\frac{\hat{\beta}-\beta}{s_{(\hat{\beta})}}\sim N(0,1)$$

渐近服从标准正态分布。

现在面临的真实情形是 $\beta=1$ (y_t 是随机游走过程),那么 t 统计量

$$t_{(\hat{\beta})}=\frac{\hat{\beta}-1}{s_{(\hat{\beta})}}=\frac{\hat{\beta}-1}{\hat{\sigma}_u\Big/\sqrt{\sum_{t=1}^{T}y_{t-1}^2}} \tag{12-8}$$

服从什么分布呢?其中 $s_{(\hat{\beta})}$ 是回归系数估计量 $\hat{\beta}$ 的样本标准差,$\hat{\sigma}_u$ 是用式(12-5)回归的残差序列的标准差。迪基和富勒首先在 1976 年发现上述 $t_{(\hat{\beta})}$ 统计量不再服从 t 分布,并给出 $\beta=1$ 条件下,$t_{(\hat{\beta})}$ 统计量(12-8)的分布百分位数表。

菲利普斯在 1987 年用泛函中心极限定理和维纳过程推导出上述 $t_{(\hat{\beta})}$ 统计量的极限分布。因为在 $\beta=1$ 条件下,$t_{(\hat{\beta})}$ 统计量不再服从 t 分布,所以学术界后来把 $\beta=1$ 条件下的 $t_{(\hat{\beta})}$ 统计量(12-8)称作 DF 统计量[用迪基和富勒名字的字头联合命名],即

$$\mathrm{DF}=t_{(\hat{\beta})}=\frac{\hat{\beta}-1}{s_{(\hat{\beta})}}$$

下面分 3 种情形讨论 DF 统计量的分布。第一种情形是以式(12-1)为数据生成过程,($\beta=1$,y_t 是单位根过程),以式(12-5)为估计式。第二种情形是以式(12-1)为数据生成过程,以式(12-6)为估计式。第三种情形是以式(12-1)或式(12-2)为数据生成过程,以式(12-7)为估计式分析 DF 统计量的分布。

第一种情形。

以式(12-1),$y_t=y_{t-1}+u_t$,$y_0=0$,$u_t\sim \mathrm{IN}(0,\sigma_u^2)$,为数据生成过程($\beta=1$,$y_t$ 是单位根过程)。以式(12-5),$y_t=\beta y_{t-1}+u_t$,为估计式。

富勒(1976)用蒙特卡洛方法给出的 DF 统计量分布的百分位数表见附表 7(a)部分。表中给出了样本容量 $T=25,50,100,250,500$ 和∞条件下的百分位数值。

菲利普斯在 1987 年给出证明,当 $T\to\infty$时,

$$\mathrm{DF}=\frac{(\hat{\beta}-1)}{s_{(\hat{\beta})}}\Rightarrow\frac{(1/2)[W(1)^2-1]}{\left(\int_0^1 W(i)^2di\right)^{1/2}} \tag{12-9}$$

其中 $\Rightarrow$表示弱收敛于,$W(i)$表示标准的维纳过程。上式表明当 $T\to\infty$ 时,DF 统计量收敛于维纳过程的泛函。式(12-9)是 DF 统计量的极限分布。该极限分布不依赖于白噪声 u_t 的分布标准差 σ_u。

由于该极限分布无法用解析的方法求解,通常是用蒙特卡洛模拟和数值计算的方法

研究 DF 统计量的分布特征。

设定样本容量 $T=100$，以式(12-1)为数据生成过程，以式(12-5)为估计式，模拟 10 000 次，得 $\hat{\beta}$ 和 DF 统计量的分布直方图见图 12-5 和图 12-6。见图 12-5，虽然真值是 $\beta=1$，但是其估计值 $\hat{\beta}$ 却大部分小于 1。$\hat{\beta}$ 的分布呈左偏态。见图 12-6，DF 统计量的分布不再服从 t 分布，不再以零为均值。以均值(−0.42)为标志，DF 分布沿横轴向左(负方向)移动 0.42。DF 的大多数值小于零。分布呈右偏态，而且这种分布也不随 T 的增大有明显变化。DF 分布的百分位数小于相应 t 分布的百分位数。

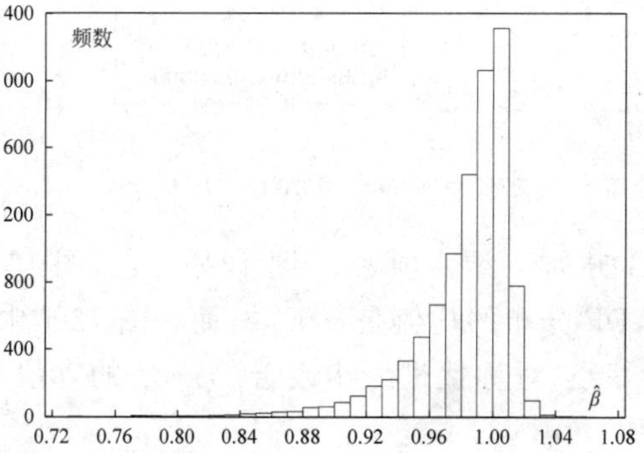

图 12-5　估计式(12-5)中 $\hat{\beta}$ 的分布直方图

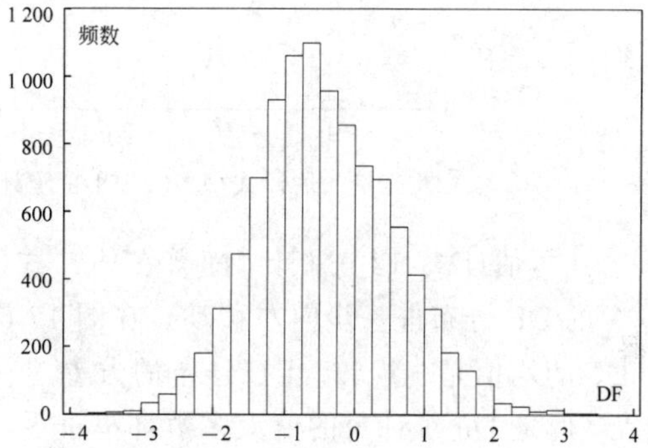

图 12 6　估计式(12-5)中 DF 统计量分布直方图

第二种情形。

以式(12-1)，$y_t=y_{t-1}+u_t$，$y_0=0$，$u_t \sim \mathrm{IN}(0,\sigma_u^2)$，为数据生成过程($\beta=1$，$y_t$ 是单位根过程)。以式(12-6)，$y_t=\alpha+\beta y_{t-1}+u_t$，为估计式。

为什么考虑用式(12-6)做估计式呢？因为若用式(12-5)做估计式，等于认为数据生成过程(12-1)中 $E(y_1)=0$，或 $E(\Delta y_t)=0$。问题是当面对一个序列时，根本不知道真实数据生成过程是否是 $E(y_1)=0$。为了保证检验式能够嵌套住 $E(y_1)\neq 0$ 的情况，要考虑用估计式(12-6)检验单位根。

富勒(1976)用蒙特卡洛方法给出的 DF 统计量分布百分位数表见附表 7(b)部分。表中给出了样本容量 $T=25,50,100,250,500$ 和∞条件下的百分位数值。

菲利普斯-皮荣(1988)给出证明，以式(12-1)为真实数据生成过程，以式(12-6)为估计式，当 $T\to\infty$ 时，

$$\mathrm{DF}=\frac{\hat{\beta}-1}{s_{(\hat{\beta})}}\Rightarrow \frac{\dfrac{1}{2}\{[W(1)]^2-1\}-W(1)\displaystyle\int_0^1 W(i)\,\mathrm{d}i}{\sqrt{\displaystyle\int_0^1 [W(i)]^2\,\mathrm{d}i-\left[\int_0^1 W(i)\,\mathrm{d}i\right]^2}} \tag{12-10}$$

其中⇒表示弱收敛于，$W(i)$是标准的维纳过程。式(12-10)表明，当 $T\to\infty$ 时，DF 统计量的极限分布收敛于维纳过程的泛函。该极限分布不依赖于白噪声 u_t 的分布标准差 σ_u。该极限分布无法用解析的方法求解。

设定样本容量 $T=100$，以式(12-1)为数据生成过程($\beta=1$)，以式(12-6)为估计式，

模拟 10 000 次,得 DF 统计量的分布直方图见图 12-7。

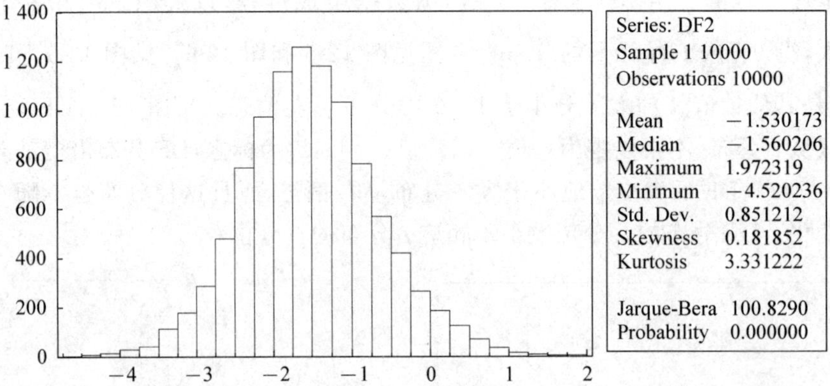

图 12-7 估计式(12-6)中 DF 统计量分布直方图($T=100$,模拟 10 000 次)

与估计式(12-5)相比,随着在估计式(12-6)中加入漂移项 α,与图 12-6 相比,图 12-7 中的 DF 分布进一步向左移动。在图 12-6 中,DF 分布的均值是 -0.42,而在图 12-7 中,DF 的均值是 -1.53。DF 分布的方差进一步缩小,对称性进一步改善。$\beta-1$ 的真值是零,但是 DF 统计量的值大多数都小于零。

第三种情形。

以式(12-1),$y_t=y_{t-1}+u_t$,$y_0=0$,$u_t\sim \mathrm{IN}(0,\sigma_u^2)$,或者式(12-2),$y_t=\alpha+y_{t-1}+u_t$,$y_0=0$,$u_t\sim \mathrm{IN}(0,\sigma_u^2)$,为数据生成过程($\beta=1$,$y_t$ 是单位根过程),以式(12-7),$y_t=\alpha+\gamma t+\beta y_{t-1}+u_t$,为估计式。

为什么考虑用式(12-7)检验单位根呢?因为假定数据生成过程是式(12-1),但是实际中若数据生成过程是式(12-2)或式(12-3),则估计式(12-5)就不能够嵌套住式(12-2)或式(12-3)两种情形,所以有必要用估计式(12-7)作为单位根检验式。

富勒(1976)用蒙特卡洛模拟方法给出 DF 统计量分布的百分位数表,见附表 7(c)部分。表中给出了样本容量 $T=25,50,100,250,500$ 和∞条件下的百分位数值。

在推导 DF 统计量极限分布过程中,为防止 α 不为零时从而使估计式(12-7)引入时间趋势项,导致解释变量间的多重共线性,实际使用的等价的 OLS 估计式是

$$y_t=\alpha^*+\beta^* y_{t-1}{}^*+\gamma^* t+u_t$$

其中 $\alpha^*=(1-\beta)\alpha$,$\beta^*=\beta$,$\gamma^*=\gamma+\beta\alpha$,$y_{t-1}^*=y_{t-1}-\alpha t+\alpha$。皮荣(1988)给出证明,当 $T\to\infty$ 时,

$$\mathrm{DF}=t_{(\hat{\beta})}=\frac{\hat{\beta}-1}{s_{(\hat{\beta})}}\Rightarrow\frac{\sqrt{12}\,F_2}{\sqrt{|\boldsymbol{A}|}}$$

其中

$$F_2=\left\{\frac{1}{6}W(1)\int_0^1 W(i)\mathrm{d}i-\frac{1}{2}W(1)\int_0^1 iW(i)\mathrm{d}i+\frac{1}{24}(W(1)^2-1)\right.$$
$$\left.+\int_0^1 W(i)\mathrm{d}i\int_0^1 iW(i)\mathrm{d}i-\frac{1}{2}\left[\int_0^1 W(i)\mathrm{d}i\right]^2\right\}$$

$$|\boldsymbol{A}| = \begin{vmatrix} 1 & \int_0^1 W(i)\mathrm{d}i & 1/2 \\ \int_0^1 W(i)\mathrm{d}i & \int_0^1 W(i)^2\mathrm{d}i & \int_0^1 iW(i)\mathrm{d}i \\ 1/2 & \int_0^1 iW(i)\mathrm{d}i & 1/3 \end{vmatrix}$$

DF 统计量的极限分布不依赖于白噪声 u_t 的分布标准差 σ_u。该极限分布无法用解析的方法求解。

设定样本容量 $T=100$，以式(12-1)为数据生成过程($\beta=1$，y_t 是单位根过程)，以式(12-7)为估计式，模拟 10 000 次，得 DF 统计量的分布直方图见图 12-8。

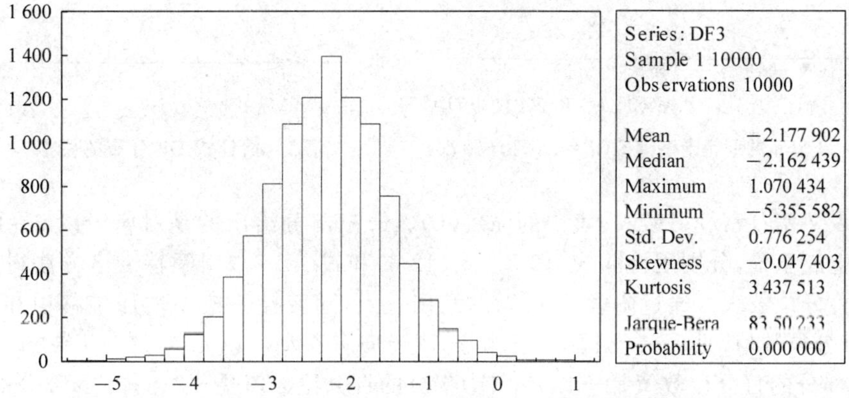

图 12-8　估计式(12-7)中 DF 统计量分布直方图($T=100$，模拟 10 000 次)

与估计式(12-6)相比，随着在估计式(12-7)中加入时间趋势项 γt，与图 12-7 相比，DF 分布进一步向左移动。在图 12-7 中，DF 的均值是 −1.53，而在图 12-8 中，DF 分布的均值是 −2.18。虽然真值是 $\beta-1=0$，但是，DF 统计量的值几乎全部小于 0。DF 分布的对称性变得更好，DF 分布的方差更小。

设定样本容量 $T=100$，以式(12-1)为数据生成过程($\beta=1$，y_t 是单位根过程)，以式(12-5)、式(12-6)和式(12-7)为估计式，模拟 10 000 次得到 3 个 $\hat{\beta}$ 的概率分布核密度估计见图 12-9。其中 $\hat{\beta}_1$，$\hat{\beta}_2$，$\hat{\beta}_3$ 分别表示由式(12-5)、式(12-6)和式(12-7)估计得到的 $\hat{\beta}$ 的概率分布核密度估计。通过对比看到，随着检验式中确定性项(α，γt)的加入，$\hat{\beta}$ 的概率分布越来越向左移，而且方差变得越来越大。尽管 β 的真值是 1，但是对于 $\hat{\beta}_3$ 分布来说，几乎全部的估计值都小于 1。

设定样本容量 $T=100$，以式(12-1)为数据生成过程($\beta=1$，y_t 是单位根过程)，以式(12-5)、式(12-6)和式(12-7)为估计式，各模拟 10 000 次得到 3 个 DF 统计量的概率分布核密度估计见图 12-10。其中 DF1、DF2、DF3 分别表示由式(12-5)、式(12-6)和式(12-7)估计得到的 DF 的概率分布核密度估计。通过对比看到，随着检验式中确定性项(α，γt)的增加，DF 的概率分布越来越向左移，而且方差变得越来越小。尽管 DF 统计量的分子

是 $\beta-1=0$,但是对于 DF3 分布来说,几乎全部的估计值都小于 0。图 12-10 中还给出了标准正态分布概率密度曲线的位置,可以看到 3 个 DF 统计量的分布都处于标准正态分布的左侧。所以导致 DF 检验临界值小于相应标准正态分布和 t 分布临界值。

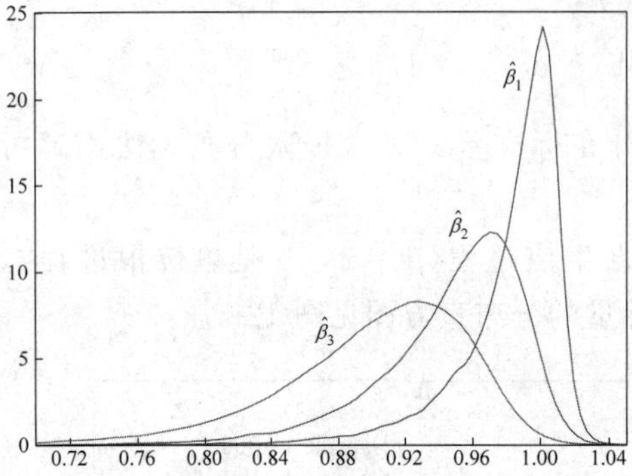

图 12-9　估计式(12-5)、式(12-6)和式(12-7)中 $\hat{\beta}$ 分布的蒙特卡洛模拟($T=100$,10 000 次)

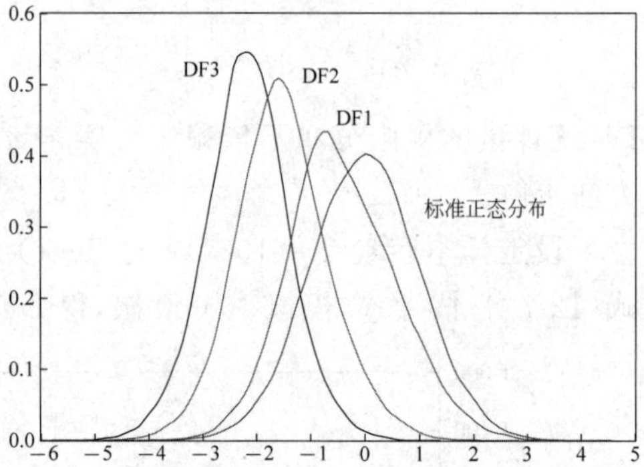

图 12-10　以式(12-5)、式(12-6)、式(12-7)为估计式 DF 分布的模拟

附表 7 摘自富勒(1976),表中的(a)、(b)、(c)三部分给出的是对应于以 $\beta=1$ 为条件的数据生成系统,分别用检验式(12-5)、式(12-6)和式(12-7),用蒙特卡洛方法得到的 DF 分布的百分位数表。通过附表 7,可以总结出一点,随着检验式中增加位移项和趋势项,DF 的百分位数值[见(a)、(b)、(c)三部分]逐步向左移动。以 $\alpha=0.05$,$T=100$ 为例,附表 7(a)部分的百分位数值是-1.95;(b)部分的百分位数值是-2.89;(c)部分的百分位数值是-3.45。

因为 DF 分布与 t 分布截然不同,所以检验单位根($\beta=1$)不应该用 t 分布临界值,应该用 DF 分布临界值。

除了附表 7 之外,附表 15 也可以用来检验单位根。附表 15 是协整检验临界值表,但当变量个数 N 等于 1 时,协整检验退化为单位根检验。附表 7 用来检验单位根时只给出了样本容量 $T=25,50,100,250,500$ 和∞ 6 种条件下的临界值。用附表 15 检验单位根时,是通过响应面函数以样本容量为解释变量计算临界值,所以附表 15 的优点是任何样本容量对应的临界值都可以计算出来。附表 15 由 Mackinnon(1991)给出。举例如下。

【例 12-1】

已知 $N=1$,$T=100$,$\alpha=0.05$,检验式中无常数项 μ,无趋势项 t,用附表 15 计算临界值。

查附表 15 中 $N=1$,无常数项,无趋势项,$\alpha=0.05$,对应的行,得 $\phi_\infty=-1.939\,3$,$\phi_1=-0.398$,$\phi_2=0$。已知 $T=100$。把 ϕ_∞,ϕ_1,ϕ_2,T 的值代入临界值计算公式(响应面函数,见附表 15 下面的注释 1)得

$$C_{0.05}=\phi_\infty+\phi_1T^{-1}+\phi_2T^{-2}$$
$$=-1.939\,3-(0.398/100)-(0/100^2)=-1.94 \tag{12-11}$$

12.2.2　AR(p)含单位根过程的 DF 统计量分布特征

以上定义的数据生成过程(12-1)对于研究实际经济变量太严格,即不会是所有的经济序列对应的真实过程都是(12-1)过程,应该进一步放宽限制。讨论在 AR(p)含单位根过程条件下,DF 统计量的分布特征。对于 AR(p)过程,

$$y_t = \phi_1 y_{t-1} + \phi_2 y_{t-2} + \cdots + \phi_p y_{t-p} + u_t \tag{12 12}$$

当 y_t 中含有单位根时,可以通过如下变换,研究 $\beta = 1$ 条件下统计量 DF 的分布特征。

$$y_t = \beta y_{t-1} + \sum_{j=1}^{p-1} \phi_j^* \Delta y_{t-j} + u_t \tag{12-13}$$

其中,

$$\beta = \sum_{i=1}^{p} \phi_i$$

$$\phi_j^* = -\sum_{i=j+1}^{p} \phi_i, \quad j = 1, 2, \cdots, p-1$$

$\phi_i, i = 1, 2, \cdots, p$ 是式(12-12)中的自回归系数。为什么可以通过式(12-13)研究 AR(p)序列(12-12)的平稳性呢?解释如下。把式(12-12)用自回归算子表示为

$$\Phi(L) y_t - u_t$$

若 y_t 存在一个单位根,上式可以表示为

$$\Phi(L)^* (1-L) y_t = \Phi(L)^* \Delta y_t = u_t \tag{12-14}$$

其中 $\Phi(L)^*$ 表示从 p 阶自回归特征多项式 $\Phi(L)$ 中分离出因子$(1-L)$后所得的 $p-1$ 阶自回归特征多项式。式(12-14)可以进一步写为

$$\Delta y_t = \phi_1^* \Delta y_{t-1} + \phi_2^* \Delta y_{t-2} + \cdots + \phi_{p-1}^* \Delta y_{t-p+1} + u_t$$

$$y_t = y_{t-1} + \phi_1^* \Delta y_{t-1} + \phi_2^* \Delta y_{t-2} + \cdots + \phi_{p-1}^* \Delta y_{t-p+1} + u_t \tag{12-15}$$

可见,对于式(12-12)进行单位根检验就等价于对式(12-15)进行单位根检验。式(12-15)是 Δy_t 的 AR($p-1$)模型。所以可以利用式(12-13)中 β 对应的 DF 统计量的分布分析 AR(p)过程(12-12)的非平稳性。

下面以 AR(3)过程

$$y_t = \phi_1 y_{t-1} + \phi_2 y_{t-2} + \phi_3 y_{t-3} + u_t \tag{12-16}$$

为例做进一步验证。式(12-16)右侧同时加减 $\phi_2 y_{t-1}, \phi_3 y_{t-1}, \phi_3 y_{t-2}$ 然后合并同类项,

$$\begin{aligned} y_t &= \phi_1 y_{t-1} + \phi_2 y_{t-1} + \phi_3 y_{t-1} - \phi_2 y_{t-1} + \phi_2 y_{t-2} \\ &\quad - \phi_3 y_{t-1} - \phi_3 y_{t-2} + \phi_3 y_{t-2} + \phi_3 y_{t-3} + u_t \\ &= (\phi_1 + \phi_2 + \phi_3) y_{t-1} - \phi_2 \Delta y_{t-1} - \phi_3 \Delta y_{t-1} - \phi_3 \Delta y_{t-2} + u_t \\ &= (\phi_1 + \phi_2 + \phi_3) y_{t-1} - (\phi_2 + \phi_3) \Delta y_{t-1} - \phi_3 \Delta y_{t-2} + u_t \end{aligned}$$

$$=\beta y_{t-1}-\phi_1^*\Delta y_{t-1}-\phi_2^*\Delta y_{t-2}+u_t$$

$$=\beta y_{t-1}-\sum_{j=1}^{2}\phi_j^*\Delta y_{t-j}+u_t \tag{12-17}$$

其中,

$$\beta=\sum_{i=1}^{3}\phi_i$$

$$\phi_j^*=\sum_{i=j+1}^{3}\phi_i,\quad j=1,2$$

事实上,式(12-13)中相对于β的DF统计量的分布与式(12-5)中DF统计量的分布渐近相同。式(12-13)中的差分项Δy_{t-j},$j=1,2,\cdots,p-1$之所以不会对DF统计量的分布渐近产生影响,是因为当$y_t\sim I(1)$时,则全部$\Delta y_{t-j}\sim I(0)$。在OLS估计过程中,y_{t-1}与Δy_{t-j}的交叉积项渐近被忽略。从而使式(12-13)中β的DF统计量的分布与式(12-5)中β的DF统计量的分布渐近相同。单位根检验临界值仍可以从附表7中(a)部分查找。

当模型(12-13)中含有位移项α和趋势项γt时,相应于β的DF统计量的分布则分别与模型(12-6)和(12-7)中的DF统计量的分布渐近相同。这种条件下的单位根检验临界值仍可以从附表7中(b)和(c)部分查找。

12.2.3 误差项为ARMA形式的$I(1)$过程DF分布特征

现在进一步放宽对y_t的限制。考虑y_t可以用如下AR(1)过程描述:

$$y_t=\beta y_{t-1}+u_t,\quad u_t\sim \text{ARMA}(p,q) \tag{12-18}$$

同时允许随机项u_t是一个ARMA(p,q)过程,甚至参数p,q的值也可以是未知的,则可以用下式研究β和DF统计量的分布:

$$y_t=\hat{\beta}y_{t-1}+\sum_{i=1}^{k}\hat{\gamma}_i\Delta y_{t-i}+\hat{v}_t \tag{12-19}$$

其中k表示Δy_t滞后项个数。若$\beta=1$,上式是关于Δy_t的AR(k)过程。加入Δy_t滞后项的目的是吸收式(12-18)误差项u_t中的自相关。u_t的自相关项对于模型(12-18)来说是移动平均项,所以Δy_t滞后项的加入可以吸收之。因为可逆的移动平均过程可以转化为一个无限阶的自回归过程,所以对u_t而言的移动平均项v_{t-i},$i=1,\cdots,q$,完全可以通过增加u_t的滞后项而吸收,进而被足够的Δy_{t-i}项所吸收,使$\hat{v}_t$近似为一个白噪声序列。实际估计时k选择多少,应该以保证$\hat{v}_t$成为白噪声序列为准则。

式(12-19)中$\hat{\beta}$的DF统计量的分布与式(12-5)中β的DF统计量的分布渐近相同。当式(12-19)中加入位移项α和趋势项γt时,DF分布分别与式(12-6)和式(12-7)中β的DF分布渐近相同。知道了DF统计量的分布,就可以利用它进行单位根检验。这种条件下的单位根检验临界值仍可以从附表7中查找。

估计式(12-5)和式(12-13)、式(12-19)都是用来检验H_0:$\beta=1$的,但是式(12-13)和

式(12-19)比式(12-5)多了若干个 Δy_t 的滞后项，为了区别式(12-5)和式(12-13)、式(12-19)中的单位根检验统计量，把式(12-13)和(12-19)中检验 $H_0: \beta=1$ 的 $t_{(\hat{\beta})}$ 统计量称作 ADF(augmented DF)统计量或增广的 DF 统计量。“增广”显然是指在检验式(12-13)和式(12-19)中比式(12-5)多了若干个 Δy_t 的滞后项。式(12-13)和式(12-19)自然称作 ADF 检验式。

12.2.4　DF 检验式中 $t_{(\hat{\alpha})}$,$t_{(\hat{\gamma})}$ 和 F 统计量的分布特征

以上讨论了式(12-5)、式(12-6)和式(12-7)中 DF 统计量的分布特征，式(12-13)和式(12-19)中 ADF 统计量的分布特征。那么，在 $\beta=1$ 的条件下估计式(12-6)中的 $t_{(\hat{\alpha})}$ 和估计式(12-7)中的 $t_{(\hat{\alpha})}$ 和 $t_{(\hat{\gamma})}$ 服从什么分布呢？张晓峒、攸频(2006)对此进行研究，发现这些统计量也不服从 t 分布，其极限分布也是维纳过程的泛函。

真实过程是式(12-1)，当用式(12-6)进行估计时，随着 $T\to\infty$，统计量 $t_{(\hat{\alpha})}$ 的极限分布是

$$t_{(\hat{\alpha})}=\frac{\hat{\alpha}}{s_{(\hat{\alpha})}}\Rightarrow\frac{W(1)\int_0^1(W(i))^2\mathrm{d}i-\frac{1}{2}[(W(1))^2-1]\int_0^1W(i)\mathrm{d}i}{\sqrt{\left\{\int_0^1(W(i))^2\mathrm{d}i-\left[\int_0^1W(i)\mathrm{d}i\right]^2\right\}\int_0^1(W(i))^2\mathrm{d}i}}$$

当用式(12-7)进行估计时，随着 $T\to\infty$，统计量 $t_{(\hat{\alpha})}$ 和 $t_{(\hat{\gamma})}$ 的极限分布是

$$t_{(\hat{\alpha})}\Rightarrow\frac{L_1}{\sqrt{|\boldsymbol{A}|}\sqrt{\frac{1}{3}\int_0^1(W(i))^2\mathrm{d}i-\left[\int_0^1W(i)\mathrm{d}i\right]^2}}$$

$$t_{(\hat{\gamma})}\Rightarrow\frac{L_3}{\sqrt{|\boldsymbol{A}|}\sqrt{\int_0^1(W(i))^2\mathrm{d}i-\left[\int_0^1W(i)\mathrm{d}i\right]^2}}$$

其中，

$$|\boldsymbol{A}|=\left|\begin{bmatrix}1 & \int_0^1W(i)\mathrm{d}i & 1/2\\ \int_0^1W(i)\mathrm{d}i & \int_0^1W(i)^2\mathrm{d}i & \int_0^1iW(i)\mathrm{d}i\\ 1/2 & \int_0^1iW(i)\mathrm{d}i & 1/3\end{bmatrix}\right|$$

估计式(12-6)中的 $t_{(\hat{\alpha})}$ 分布临界值表见附表 8。估计式(12-7)中的 $t_{(\hat{\alpha})}$ 和 $t_{(\hat{\gamma})}$ 的分布临界值表分别见附表 10 和附表 11[摘自张晓峒、攸频(2006)]。

给定序列长度 $T=100$，真实的过程是式(12-1)，按估计式(12-6)模拟 10 000 次，得 $t_{(\hat{\alpha})}$ 的分布直方图见图 12-11。如果真实过程是平稳的($|\beta|<1$)，$t_{(\hat{\alpha})}$ 应该渐近服从标准正态分布。当真实过程是单位根过程($\beta=1$)时，$t_{(\hat{\alpha})}$ 的分布是双峰的！其分布标准差是 1.7，远大于标准正态分布的标准差 1，所以检验 $H_0:\alpha=0$ 应该从附表 8 查找临界值。

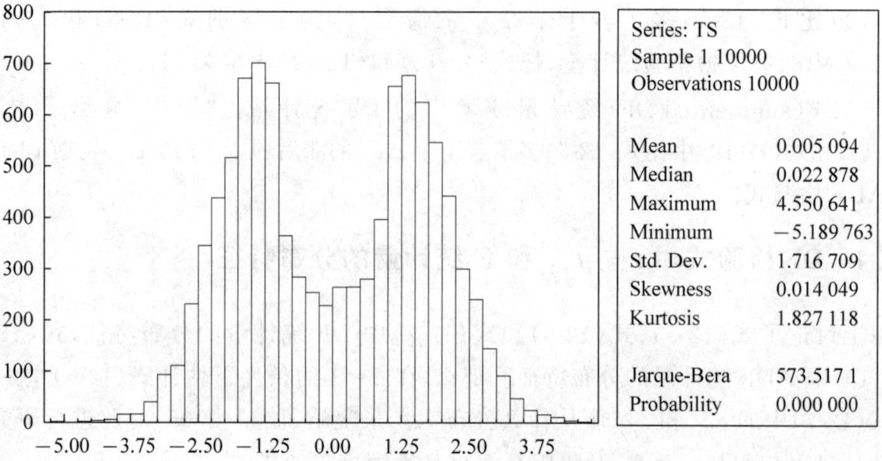

图 12-11 式(12-6)中 $t_{(\hat{\alpha})}$ 分布的蒙特卡洛模拟($T=100$,模拟 10 000 次)

给定序列长度 $T=100$,真实的过程是式(12-1),按估计式(12-7)模拟 10 000 次,得 $t_{(\hat{\alpha})}$ 和 $t_{(\hat{\gamma})}$ 的概率分布核密度曲线见图 12-12。$t_{(\hat{\alpha})}$ 和 $t_{(\hat{\gamma})}$ 的分布是高台式的,近似相同。$t_{(\hat{\alpha})}$ 和 $t_{(\hat{\gamma})}$ 分布的标准差是 1.8,远大于标准正态分布的标准差 1。所以在估计式(12-7)中检验 $\alpha=0$ 和 $\gamma=0$ 应该从附表 10 和附表 11 中查找临界值。

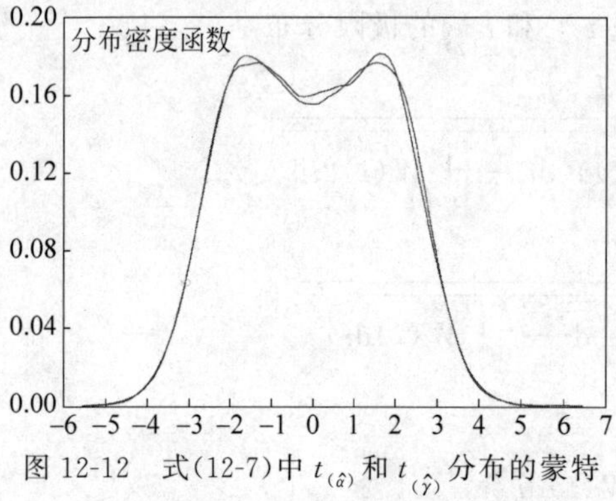

图 12-12 式(12-7)中 $t_{(\hat{\alpha})}$ 和 $t_{(\hat{\gamma})}$ 分布的蒙特卡洛模拟($T=100$,模拟 10 000 次)

迪基和富勒在 1979 年和 1981 年还研究了估计式(12-6)中检验 $\beta-1=\alpha=0$ 条件下 F 统计量的分布。发现该 F 统计量不再服从 F 分布。迪基和富勒给出 F 检验临界值表(见附表 9)。

给定序列长度 $T=100$,真实过程是式(12-1),按估计式(12-6)模拟 10 000 次,得 $\beta-1=\alpha=0$ 条件下 F 统计量的分布直方图见图 12-13(图中用 $F2$ 表示)。同时图 12-13 中还给出了 $F(2,97)$ 的分布直方图(图中用 F 表示)。$F2$ 本来应该服从 $F(2,97)$ 分布,但从图中看到 $F2$ 的方差比 $F(2,97)$ 分布的方差大很多。因此,检验 $\beta-1=\alpha=0$ 不能再使用 $F(2,97)$ 分布的临界值,而应该查附表 9。

迪基和富勒在 1979 年和 1981 年还研究了估计式(12-7)在检验 $\beta-1=\gamma=0$ 条件下 F 统计量的分布。这种条件下的 F 统计量不再服从 F 分布。迪基和富勒给出 F 检验临界值表(见附表 12)。

给定序列长度 $T=100$,真实过程是式(12-1),按估计式(12-7)模拟 10 000 次,得 $\beta-1=\gamma=0$ 条件下 F 统计量的分布直方图见图 12-14(图中用 $F3$ 表示)。同时图 12-14 中还给出了 $F(2,96)$ 的分布直方图(图中用 F 表示)。$F3$ 本来应该服从 $F(2,96)$ 分布,但从图中看到 $F3$ 的方差比 $F(2,96)$ 分布的方差大很多,所以 $\beta-1=\gamma=0$ 时不能再使用

$F(2,96)$的临界值，应该查附表 12 获得临界值。

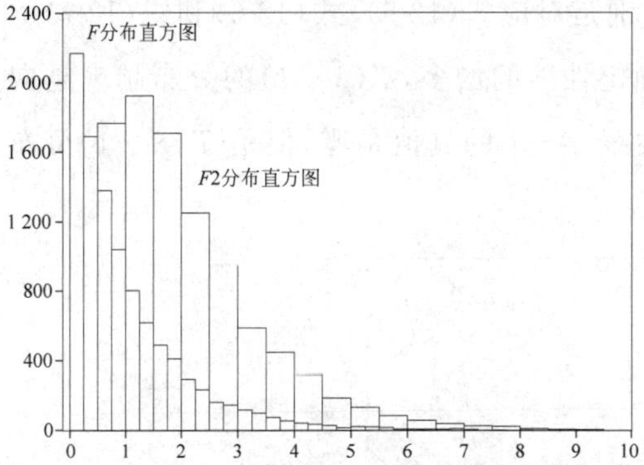

图 12-13　式(12-6)检验 $\beta-1=\alpha=0$ 的 F 分布直方图(用 $F2$ 表示，$T=100$，模拟 10 000 次)

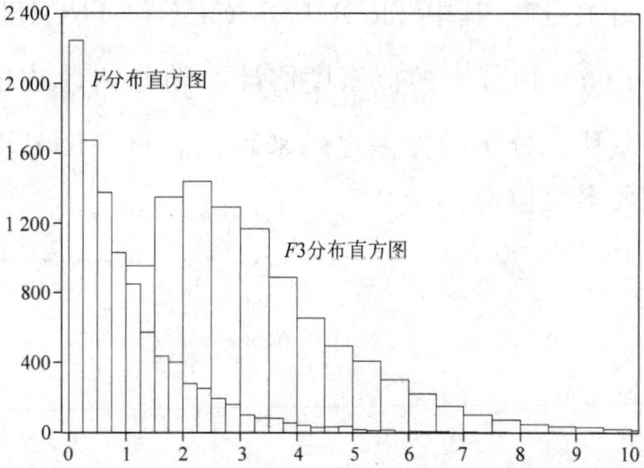

图 12-14　式(12-7)检验 $\beta-1=\gamma=0$ 的 F 分布直方图(用 $F3$ 表示，$T=100$，模拟 10 000 次)

12.2.5　$T(\hat{\beta}-1)$统计量的分布特征

迪基(1976)，富勒(1976)和迪基和富勒(1979)还提出过检验单位根的另一个统计量 $T(\hat{\beta}-1)$。推导出以式(12-1)为数据生成过程，以式(12-5)、式(12-6)和式(12-7)为估计式的统计量 $T(\hat{\beta}-1)$的极限分布，并用蒙特卡洛模拟方法给出统计量 $T(\hat{\beta}-1)$的有限样本分布百分位数表。科威特和菲利普斯(1990)采用数值计算方法得到 $T(\hat{\beta}-1)$的有限样本分布。富勒(1976)给出的 $T(\hat{\beta}-1)$分布的百分位数表见附表 13。若用 $T(\hat{\beta}-1)$检验单位根，应该从附表 13 查找临界值。

以式(12-5)、式(12-6)和式(12-7)为估计式的统计量 $T(\hat{\beta}-1)$的极限分布表达式如下：

$$T(\hat{\beta}-1)\Rightarrow\frac{\frac{1}{2}[(W(1))^2-1]}{\int_0^1(W(i))^2\mathrm{d}i}$$

$$T(\hat{\beta}-1)\Rightarrow\frac{\frac{1}{2}[(W(1))^2-1]-W(1)\int_0^1 W(i)\mathrm{d}i}{\int_0^1(W(i))^2\mathrm{d}i-\left[\int_0^1 W(i)\mathrm{d}i\right]^2}$$

$$T(\hat{\beta}^*-1)\Rightarrow\frac{1}{2}[(W(1))^2-1]\begin{bmatrix}1 & \int_0^1 W(i)\mathrm{d}i & \frac{1}{2}\\ \int_0^1 W(i)\mathrm{d}i & \int_0^1 W(i)^2\mathrm{d}i & \int_0^1 iW(i)\mathrm{d}i\\ \frac{1}{2} & \int_0^1 iW(i)\mathrm{d}i & \frac{1}{3}\end{bmatrix}^{-1}$$

给定序列长度 $T=100$,模拟 10 000 次得到的 $T(\hat{\beta}-1)$统计量分布的核密度估计见图 12-15。其中 TROU1、TROU2 和 TROU3 分别是对应式(12-5)、式(12-6)和式(12-7)的 $T(\hat{\beta}-1)$分布的核密度估计。随着估计式中确定性项的增多,$T(\hat{\beta}-1)$的分布越来越向左移。分布的方差也越来越大。见 TROU3 曲线,$\beta-1$ 的真值是零,但是 $T(\hat{\beta}-1)$分布大多数值都小于 0。

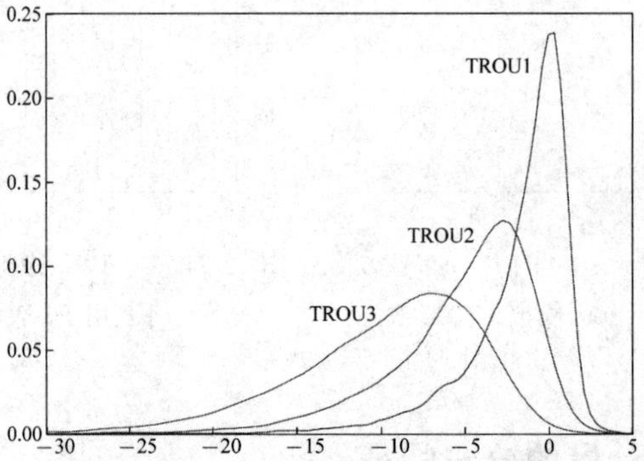

图 12-15　估计式(12-5)、估计式(12-6)、估计式(12-7)中 $T(\hat{\beta}-1)$分布的蒙特卡洛模拟

12.2.6　趋势过程中 t 统计量的分布特征

分两种情形讨论。如果数据生成过程是式(12-3)

$$y_t=\beta_0+\beta_1 t+u_t,\quad u_t\sim \mathrm{IN}(0,\sigma_v^2)$$

而估计式与此相同,那么,$t_{(\hat{\beta}_1)}$ 服从 t 分布,渐近服从标准正态分布。如果 u_t 不服从独立正态分布,$t_{(\hat{\beta}_1)}$ 也将渐近服从标准正态分布。(理论推导见 Hamilton 1994 第 16 章)

如果数据生成过程是式(12-4),y_t 中含有时间趋势项,当用式(12-7)

$$y_t=\alpha+\gamma t+\beta y_{t-1}+u_t$$

进行估计,由于时间趋势项在 y_t 中起主导作用,所以 $t_{(\hat{\gamma})}$ 和 $t_{(\hat{\beta})}$ 都渐近服从标准正态分布。

12.3　单位根检验

本节先介绍单位根检验原理,然后介绍单位根检验的实际步骤。

12.3.1　单位根检验原理

如果以式(12-1)为数据生成过程,对于时间序列 y_t 可用如下自回归式检验单位根。

$$y_t=\beta y_{t-1}+u_t \tag{12-20}$$

原假设和备择假设分别是

H_0:$\beta=1$,(y_t 序列有单位根);

$H_1: \beta < 1$，(y_t 序列无单位根)。

用 DF 统计量检验单位根。在零假设成立条件下，

$$DF = \frac{\hat{\beta} - 1}{s(\hat{\beta})} = \frac{\hat{\beta} - 1}{s_{(\hat{u})} \Big/ \sqrt{\sum_{t=2}^{T} y_{t-1}^2}} \tag{12-21}$$

服从 DF 分布，其百分位数如附表 7 中(a)部分。式(12-21)中，

$$s_{(\hat{u})} = \sqrt{\frac{1}{T-1} \sum_{t=2}^{T} \hat{u}_t^2}$$

是残差 $\hat{u}_t$ 的标准差。

若用样本计算的 DF 值≥DF 临界值，则接受 H_0；

若用样本计算的 DF 值<DF 临界值，则拒绝 H_0。

注意：

(1) 因为用 DF 统计量做单位根检验，所以此检验称作 DF 检验。

(2) DF 检验采用的是普通最小二乘估计。

(3) 根据原假设和备择假设，DF 检验是左单端检验。$\beta<1$ 意味着 y_t 是平稳序列。当接受 $\beta < 1$，拒绝 $\beta=1$ 时，自然也就拒绝 $\beta>1$。$\beta>1$ 意味着 y_t 序列强非平稳。

上述 DF 检验还可用另一种形式表达。从式(12-20)两侧同减 y_{t-1}，得

$$\Delta y_t = (\beta - 1) y_{t-1} + u_t$$

令 $\rho=\beta-1$，代入上式，

$$\Delta y_t = \rho y_{t-1} + u_t \tag{12-22}$$

与上述零假设和备择假设相对应，用于单位根检验式(12-22)的零假设和备择假设是

$H_0: \rho = 0$，(y_t 序列有单位根)；

$H_1: \rho < 0$，(y_t 序列无单位根)。

这种变换并不影响 DF 统计量的计算。证明如下。

对于检验式

$$y_t = \hat{\beta} y_{t-1} + \hat{u}_t$$

$$DF = \frac{\hat{\beta} - 1}{s_{(\hat{\beta})}}$$

对于检验式

$$\Delta y_t = \hat{\rho} y_{t-1} + \hat{u}_t$$

$$DF = \frac{\hat{\rho} - 0}{s_{(\hat{\rho})}}$$

因为 $\rho=\beta-1$，$s_{(\hat{\rho})} = s_{(\hat{\beta}-1)} = s_{(\hat{\beta})}$。所以两个 DF 表达式相同。所以判别规则仍然是

若用样本计算的 DF 值≥DF 临界值，则接受 H_0；

若用样本计算的 DF 值<DF 临界值，则拒绝 H_0。

式(12-22)是 DF 检验的常用形式。

在进行单位根检验时应注意如下几点。

(1) 式(12-22)中 Δy_t 和 y_{t-1} 的下标分别为 t 和 $t-1$,计算时不要用错。

(2) 在实际检验中,若 H_0 不能被拒绝,说明 y_t 是单位根序列(起码为一阶非平稳序列)。接下来应该继续检验 Δy_t 序列是否含有单位根,即做如下 DF 检验,

$$\Delta^2 y_t = \rho \Delta y_{t-1} + v_t \tag{12-23}$$

直至检验结论为平稳为止。从而获知 y_t 为多少次单整序列。

(3) 在模型(12-22)中如有必要也可以加入常数项 α 和趋势项 γt。

$$\Delta y_t = \alpha + \rho y_{t-1} + u_t \tag{12-24}$$

$$\Delta y_t = \alpha + \gamma t + \rho y_{t-1} + u_t \tag{12-25}$$

这时所用临界值应分别从附表 7 的(b)、(c)部分中查找。

(4) 以上方法只适用于 AR(1)序列的单位根检验。当单位根检验估计式的 DW 值很低,即被检验序列是一个高阶 AR(p)序列时,应该采用式(12-19)检验单位根。

$$\Delta y_t = \hat{\rho} y_{t-1} + \sum_{i=1}^{k} \hat{\lambda}_i \Delta y_{t-i} + \hat{v}_t \tag{12-26}$$

因为上式中含有 Δy_t 的滞后项,所以对 y_t 的单位根检验(H_0:$\rho=0$)称作增广 DF 检验或 ADF 检验。模型(12-13)、(12-19)研究的就是 AR(p)条件下 ADF 统计量的分布。

做 ADF 检验时要注意以下几点。

(1) 式(12-26)中,Δy_t 滞后项个数 k 的选择准则是:首先要充分大,以消除 $\hat{v}_t$ 内的自相关;其次应尽量小,以保持检验式具有更大的自由度。实际中以检验式 DW 值合格为标准,也有文献主张用 AIC、SC 准则决定 Δy_t 的滞后项个数。

(2) 前面已经说明,上式中检验单位根的统计量渐近服从 DF 分布,所以检验用临界值仍然从附表 7 的(a)部分中查找。

(3) 当式(12-26)中有必要加入漂移项 α 和趋势项 γt 时,相应检验用临界值应分别从附表 7 的(b)、(c)部分中查找。

因为实际的经济时间序列通常不会是一个简单的 AR(1)序列,常表现为 AR(p)序列,所以 ADF 检验(增项 DF 检验)是实际中最常用的单位根检验方法。

若用 $T(\hat{\beta}-1)$统计量进行单位根检验,也有如上类似分析。

12.3.2 单位根检验步骤

对于一个待检验序列,应该使用式(12-22)、式(12-24)和式(12-25),即式(12-5)、式(12-6)和式(12-7)中的哪一个检验式检验单位根呢?见图 12-10,因为式(12-25)对应的 DF 分布处于 3 个 DF 分布的最左侧且方差最小,并能嵌套住数据生成过程中含有常数项和趋势项的情形,所以建议从附带确定性项(时间趋势项和常数项)多的检验式,即式(12-25)开始检验单位根,其次用检验式(12-24),最后用检验式(12-22)。

当然还要结合对实际序列特征的分析。比如一个国家的失业率序列、利息率序列,一般是不会存在 2 次时间趋势的,所以在做单位根检验时就不必一定要从式(12-25)开始,

而是从式(12-24)开始即可。比如检验一个明显带时间趋势的序列,甚至是有 2 次时间趋势的序列,则最好是从式(12-25)开始检验。前面已经介绍过,对于取对数的宏观经济学列,若有趋势,一般是线性的,所以,进行单位根检验时,可以从式(12-24)开始。这也是 EViews 单位根检验程序中把只包含常数项的检验式[式(12-24)]作为默认选项的原因。

如果一个检验式的 DW 值通不过自相关检验,说明被检验序列是一个高阶自回归过程。应该在检验式中加入被检验序列的差分滞后项,即采用 ADF 检验式。

对于单位根检验式(12-25),

$$\Delta y_t = \alpha + \gamma t + \rho y_{t-1} + u_t$$

原假设是 $H_0: \rho-0$。检验结果会出现 4 种可能。

(1) $\rho=0, \gamma\neq0$。y_t 序列有单位根。检验结束。

(2) $\rho=0, \gamma=0$。从检验式中去掉 γt 项,继续用式(12-24)检验单位根。

(3) $\rho\neq0, \gamma\neq0$。y_t 序列无单位根有时间趋势,是趋势平稳过程。既然没有单位根,而且时间趋势项应该保留,那么单位根检验结束。

(4) $\rho\neq0, \gamma=0$。y_t 序列无单位根。因为式(10-25)对应的 DF 分布在 3 个 DF 分部的最左侧(图 12-10),所以检验结束。

对于 $H_0: \rho=0$,临界值查附表 7(c)部分。对于 $H_0: \alpha=0$,检验用临界值从附表 10 中查找。对于 $H_0: \gamma=0$,临界值从附表 11 中查找。对于检验 $H_0: \rho=\gamma=0$,临界值从附表 12 中查找。

如果上面的结果(2)出现,说明检验式中不应该有时间趋势项存在,所以继续用检验式(12-24),

$$\Delta y_t = \alpha + \rho y_{t-1} + u_t$$

检验单位根。检验 $H_0: \rho = 0$,结果会有 4 种可能。

(1) $\rho=0, \alpha\neq0$。y_t 序列有单位根,有漂移项,是随机趋势序列。检验结束。

(2) $\rho=0, \alpha=0$。从检验式中去掉 α 项,继续用式(12-22)检验单位根。

(3) $\rho\neq0, \alpha\neq0$。y_t 序列无单位根,有漂移项,是 AR(1)序列。检验结束。

(4) $\rho\neq0, \alpha=0$。y_t 序列无单位根,无漂移项,是 AR(1)序列。检验结束。

对于 $H_0: \rho=0$,临界值应从附表 7(b)部分查找。对于 $H_0: \alpha=0$,临界值从附表 8 中查找。对于 $H_0: \rho=\alpha=0$,临界值从附表 9 中查找。

如果上面的结果(2)出现,说明检验式中不应该有常数项存在,所以继续用式(12-22),

$$\Delta y_t = \rho y_{t-1} + u_t$$

检验单位根。检验 $H_0: \rho=0$,有两种可能。

(1) $\rho=0$。y_t 序列有单位根,是随机游走序列。检验结束。

(2) $\rho\neq0$。y_t 序列无单位根,是 AR(1)序列。检验结束。

对于 $H_0: \rho=0$,临界值从附表 7(a)部分中查找。

总结以上检验步骤,给出单位根检验综述。首先从式(12-25)开始。若检验结果为拒绝原假设 $\rho=0$(无单位根),检验结束。若不能拒绝原假设,且趋势项和漂移项为零,则逐步剔除趋势项和漂移项继续检验单位根,直至最终拒绝原假设为止。若一直不能拒绝原假设,说明原序列是一个单位根序列。

若用 $T(\hat{\beta}-1)$统计量进行单位根检验,步骤与上面介绍的 DF 检验过程类似。

在 12.2.6 小节讨论了当真实过程含有时间趋势项,或者是一个时间趋势的确定性过程,而估计式与之相同时,$t_{(\hat{\gamma})}$ 和 $t_{(\hat{\beta})}$ 都渐近服从标准正态分布。然而,在讨论单位根检验步骤时,为什么不讨论这种情形?这是因为,当面对一个序列时,无法知道数据生成过程中是属于式(12-1)、式(12-2)、式(12-4),还是一个纯时间趋势过程(12-3)。如果用标准正态分布临界值检验单位根,则有可能把一个单位根过程误判为一个平稳过程。为稳妥起见,还是按上面给出的步骤检验单位根。

12.3.3 DF(ADF)统计量的检验功效

选择准确的 ADF 检验式是实际单位根检验中应注意的问题。做过 ADF 检验的人一定有感受,即在单位根检验式中加入差分滞后项的个数不同,常导致单位根检验的结论不同。这其实是和单位根检验的功效与尺度有关,与 ADF 统计量的小样本性质有关。

对于 AR(1)过程,当自回归系数越来越接近于 1,但不等于 1 时称此过程为近似单位根过程。对于近似单位根过程,当用 DF(ADF)统计量检验单位根时,能检验出该过程没有单位根的概率变得越来越小,即检验功效越来越低。

以 AR(1)过程

$$y_t = \phi_0 + \phi_1 y_{t-1} + u_t, \quad |\phi_1| < 1$$

为例,按 $\phi_1 = 0.8, 0.9, 0.95, 0.99$ 分别生成 $T=100$ 的平稳序列各 10 000 次。然后用

$$\Delta y_t = \phi_0 + \rho y_{t-1} + u_t$$

其中 $\rho = \phi_1 - 1$,计算拒绝 $\rho = 0$(即 $\phi_1 = 1$,y_t 有单位根)的次数,结果见表 12-1。随着 ϕ_1 值的增加,能够正确拒绝单位根过程的比率则越来越小。

表 12-1 AR(1)过程检验功效的蒙特卡洛模拟结果

ϕ_1	10%水平拒绝单位根比率(%)	5%水平拒绝单位根比率(%)	1%水平拒绝单位根比率(%)
0.80	95.9	87.4	51.4
0.90	52.1	33.1	9.0
0.95	23.4	12.7	2.6
0.99	10.5	5.8	1.3

同样用 DF(ADF)统计量区别趋势平稳过程和随机趋势单位根过程的检验功效同样很低。

实际中正确区分近似单位根过程和单位根过程比较困难。能够做出正确判断还应考虑对实际问题的分析。

实践证明,在有限样本条件下,趋势平稳序列可以用一个随机趋势(单位根)序列很好地近似;反过来,一个随机趋势(单位根)序列也可以用一个趋势平稳序列很好地近似。

12.4　单位根检验的 EViews 操作

在工作文件(Work File)中打开单序列数据(Series)窗口。单击 View 按钮,选 Unit Root Tests,Standard Unit Root Test 功能。这时会弹出一个单位根检验对话窗。EViews 12 的对话窗见图 12-16,EViews 早期版本对话窗与图 12-16 相同。其中有 4 项选择。

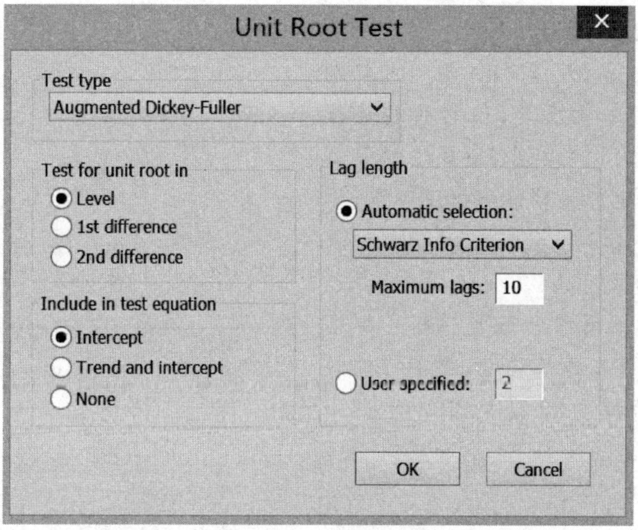

图 12-16　EViews 单位根检验对话窗

(1) Test type(选择做哪一种检验,是 ADF 检验还是其他检验)。EViews 包括 5 种检验,默认的方法是 ADF(包括 DF)检验。

(2) Test for unit root in(检验哪个序列)有 3 种选择:Level(当前序列),1st difference(其一次差分序列),2nd difference(二次差分序列)。默认位置是 Level(当前序列)。

(3) Include in test equation(检验式中应包括的确定性项)。有 3 种选择:Intercept(加常数项),Trend and intercept(加时间趋势项和常数项),None(无确定性项)。默认的选择是 Intercept(加常数项)。选择 None 对应的是检验式(12-22);选择 Intercept 对应的是检验式(12-24),选择 Trend and intercept 对应的是检验式(12-25)。

(4) Lag length(检验式中加入差分滞后项的个数)。EViews 中分自动选择和用户自己选择两种。若选择"自动",则单击 Autmatic Selection 即可。若选择"用户自己选择",还要用户自己给出差分滞后项个数(在 User specified 后面的小方块给出滞后项个数)。EViews 的默认位置是"自动选择"。差分滞后项个数若选 0,则对应的是 DF 检验;差分滞后项个数若不是 0,则对应的是 ADF 检验。

12.5 单位根检验案例分析

【案例 12-1】(数据见 EViews、STATA 文件:case 12-1)

铜现货价格(Y_t)序列单位根检验

通过这个例子展示检验单位根的全过程。数据来自 Wind 咨询金融终端。2009 年 4 月 1 日到 2012 年 5 月 28 日铜现货价格(Y_t)序列共有 764 个观测值。

序列走势见图 12-17。2009 年 4 月 1 日的铜现货价格是 35 425 元/吨。随后铜现货价格虽经过一次反复,但总的趋势是一路攀升。于 2011 年 2 月 15 日达到最高点的 74 900 元/吨。然后价格出现下滑,于 2012 年 5 月 28 日以 56 650 元/吨价格结束序列。

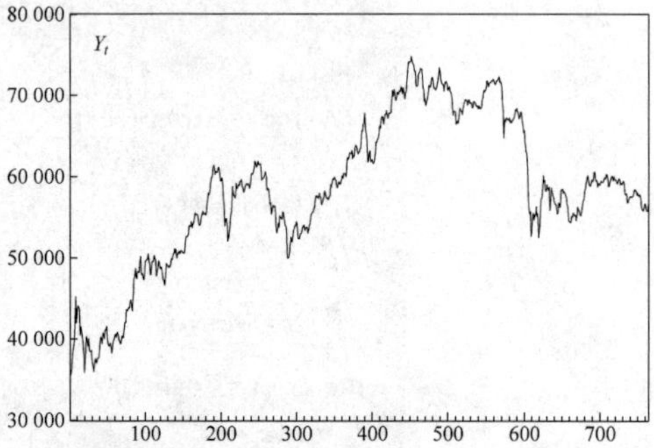

图 12-17 中国铜现货价格序列(Y_t)

首先用 DF 统计量检验单位根。观察这个序列,不像存在线性趋势,更不可能存在 2 次趋势。为稳妥,还是先用式(12-25)检验单位根,得出结果如下:

$$\Delta\hat{Y}_t = 443.2200 - 0.0770t - 0.0066Y_{t-1} \tag{12-27}$$

$$(2.2) \qquad (-0.5) \qquad (-1.6)^*$$

$$R^2 = 0.0083, DW = 1.86,$$

$$T = 763, (2009 \text{ 年 } 4 \text{ 月 } 2 \text{ 日 —2012 年 } 5 \text{ 月 } 28 \text{ 日})$$

其中 2009 年 4 月 2 日对应 $t=1$。带星号括号内的值是 DF 统计量的值。不带星号括号内的值是 t 统计量的值。因为 DF$=-1.6 > -3.41$[临界值来自附表 7(c)部分],所以检验结论是序列 Y_t 有单位根。检验式中 DW$=1.86$,说明检验式(12-27)的误差序列中不存在自相关,不必在检验式(12-27)中加入 ΔY_t 滞后项。正如和上面分析的一样,序列中时间趋势项的回归系数对应的 $t=-0.5$,说明时间趋势项的系数与零没有显著性差异,所以检验式(12-27)不合理,应该从检验式中去掉时间趋势项$-0.0770t$,用式(12-24)继续对 Y_t 进行单位根检验。得检验结果如下:

$$\Delta\hat{Y}_t = 481.0144 - 0.0078Y_{t-1} \tag{12-28}$$

$$(2.6) \qquad (-2.5)^*$$

$$R^2 = 0.0080, DW = 1.85,$$

$$T = 763, (2009 \text{ 年 } 4 \text{ 月 } 2 \text{ 日 —2012 年 } 5 \text{ 月 } 28 \text{ 日})$$

其中带星号括号内的值是 DF 统计量的值。因为 DF$=-2.5 > -2.86$[临界值来自附

表7(b)部分]，所以检验结论是序列有单位根。因为检验式中 DW=1.85，说明误差序列中不存在自相关，所以不必在检验式(12-28)中加入 ΔY_t 滞后项。检验式(12-28)中常数项对应的 t 值是2.6。如果与双端 t 检验临界值1.96做比较，$t=2.6>1.96$，常数项是显著地不等于零。但是在12.2.4小节已经分析过，检验式(12-28)中常数项对应的 t 统计量并不服从 t 分布，应该从附表8查找临界值。经查临界值是2.8。因为 $t=2.6<2.8$，所以检验式(12-28)中常数项与零没有显著性差异。去掉常数项，继续用式(12-22)检验单位根。估计式如下：

$$\Delta \hat{Y}_t = 0.000\,28 Y_{t-1} \tag{12-29}$$

(0.56)* DW=1.85，$T=763$，(2009年4月2日—2012年5月28日)

其中带星号括号内的值是DF统计量的值。因为 DF=0.56>−1.95[临界值来自附表7(a)部分]，所以检验结果是序列有单位根。因为检验式中 DW=1.85，说明误差序列中不存在自相关，所以不必在检验式(12-29)中加入 ΔY_t 滞后项。

式(12-27)、式(12-28)和式(12-29)都是单位根检验式，因为式(12-27)和式(12-28)中都有统计检验不显著的项，所以式(12-29)是最合理的检验式。而式(12-29)的检验结论是 Y_t 序列含有单位根。所以 Y_t 序列实际上是一个随机游走序列。

下面用统计量 $T(\hat{\beta}-1)$ 检验单位根。由式(12-22)知 $\hat{\rho}=(\hat{\beta}-1)$，所以在检验式(12-27)、式(12-28)和式(12-29)中直接用回归系数估计值乘以样本容量 T 就是统计量 $T(\hat{\beta}-1)$ 的值。

以检验式(12-27)为例：

$$T(\hat{\beta}-1) = T\hat{\rho} = 763 \times 0.006\,6 = 5.035\,8$$

查附表13(c)部分，5%检验水平临界值是−21.6。因为 $T(\hat{\beta}-1)=5.035\,8>-21.6$，所以检验结论是 Y_t 序列有单位根。

以检验式(12-28)为例：

$$T(\hat{\beta}-1) = T\hat{\rho} = 763 \times 0.007\,8 = 5.951\,4$$

查附表13(b)部分，5%检验水平临界值是−14.0。因为 $T(\hat{\beta}-1)=5.951\,4>-14.0$，所以检验结论是 Y_t 序列有单位根。

对于检验式(12-29)：

$$T(\hat{\beta}-1) = T\hat{\rho} = 763 \times 0.000\,28 = 0.213\,6$$

查附表13(a)部分，5%检验水平临界值是−8.0。因为 $T(\hat{\beta}-1)=0.213\,6>-8.0$，所以检验结论是 Y_t 序列有单位根。

以上3个 $T(\hat{\beta}-1)$ 值以检验式(12-29)计算的 $T(\hat{\beta}-1)$ 值最合理，因为检验式(12-27)和检验式(12-28)中都有不显著的确定性项存在。

用统计量 $T(\hat{\beta}-1)$ 检验单位根的结论与用DF统计量检验单位根的结论相同。

对于检验式(12-27)也可以用 F 统计量检验是否存在时间趋势项,对于检验式(12-28)也可以用 F 统计量检验是否存在常数项。

对于检验式(12-27),原假设 $H_0: \rho=\gamma=0$。因为根据检验式(12-27)的DF检验已经得到结论,Y_t 序列有单位根,即 $\rho=0$,那么,F 检验的结果如果是接受原假设 H_0,即意味着 $\gamma=0$(无时间趋势项)。检验结果如果是拒绝原假设 H_0,则结论应该是 $\gamma\neq 0$(有时间趋势项)。经计算 $SSR_u=4.83\times10^8$,$SSR_r=4.87\times10^8$。把 SSR_u 和 SSR_r 的值与 $m=2$,$T-k=763-3=760$,代入下式:

$$F=\frac{(SSR_r-SSR_u)/m}{SSR_u/(T-k)}=\frac{(4.87\times10^8-4.83\times10^8)/2}{4.83\times10^8/760}=3.15$$

因为 F 统计量不服从 F 分布,所以临界值应该从附表12中查找。查附表12,5%水平临界值是6.28。因为 $F=3.15<6.28$,所以,检验结论是接受原假设 $H_0: \rho=\gamma=0$,即再次确认 $\gamma=0$。对回归系数 γ 的 F 检验结果与上面用 t 检验给出的结论相同。

对于检验式(12-28),原假设 $H_0: \rho=\alpha=0$。因为根据检验式(12-28)的DF检验结果已经得出结论 $\rho=0$(Y_t 序列有单位根),那么,F 检验的结果如果是接受原假设 H_0,即意味着接受 $\alpha=0$(无漂移项)。检验结果如果是拒绝原假设 H_0,则意味着接受 $\alpha\neq 0$(有漂移项)。经计算 $SSR_u=4.83\times10^8$,$SSR_r=4.872\times10^8$。把 SSR_u 和 SSR_r 的值与 $m=2$,$T-k=763-2=761$,代入下式:

$$F=\frac{(SSR_r-SSR_u)/m}{SSR_u/(T-k)}=\frac{(4.872\times10^8-4.83\times10^8)/2}{4.83\times10^8/761}=3.31$$

因为 F 统计量不服从 F 分布,所以临界值应该从附表9中查找。查附表9,5%水平临界值是4.60。因为 $F=3.31<4.60$,所以,检验结论是接受原假设 $H_0: \rho=\alpha=0$。再次确认了 $\alpha=0$。对回归系数 α 的检验结果与上面用 t 统计量给出的检验结论相同。序列 Y_t 中不存在漂移项。F 检验的结果也说明 Y_t 是一个随机游走序列。关于时间趋势项和漂移项的 t 检验结论与 F 检验的结论是一样的。

根据以上结论,因为 Y_t 是单位根序列,所以,检验没有做完,应该继续对序列 ΔY_t 进行单位根检验。ΔY_t 序列见图12-18。因为对 Y_t 序列最合理的单位根检验式是式(12-29),所以对 ΔY_t 序列进行单位根检验就没有必要再从带时间趋势项 t 和常数项 α 的检验式做起,可以直接用不带时间趋势项和常数项的检验式回归。得结果如下:

$$\Delta^2\hat{Y}_t=-0.9267\Delta Y_{t-1} \tag{12-30}$$

$$(-25.6)^*$$

$$DW=2.0, T=762, \text{(2009年4月3日至2012年5月28日)}$$

其中带星号括号内的值是DF统计量的值。因为 $DF=-25.6<-1.95$[5%水平临界值来自附表7(a)部分],所以检验结论是序列无单位根,即 ΔY_t 是平稳序列。那么,

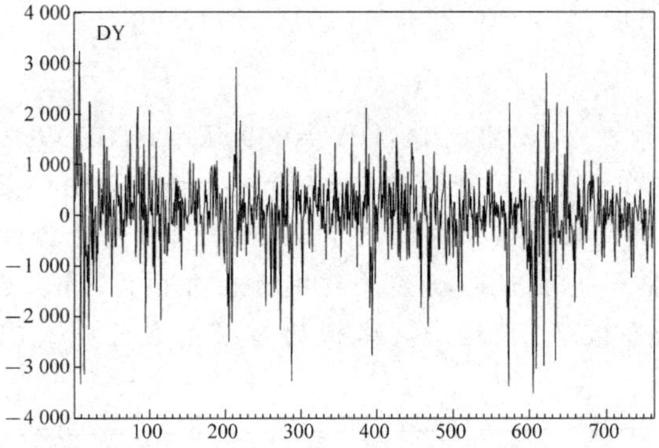

图 12-18　ΔY_t 序列

Y_t 是 $I(1)$序列，有一个单位根。因为检验式(12-30)中 DW=2.0，说明误差序列中不存在自相关，所以不必在该检验式中加入 $\Delta^2 Y_t$ 的滞后项。最后的结论是 Y_t 是一个随机游走序列。

【案例 12-2】（数据见 EViews、STATA 文件：case 12-2）

中国年度 GDP 序列的单位根检验

这个例子展示 ADF 检验全过程。

中国 GDP_t 序列见图 12-19。为克服递增型异方差，一般都用对数序列建模和预测。下面，对 GDP_t 序列取对数(用 $LnGDP_t$ 表示)并检验单位根。

首先用 DF 统计量对 $LnGDP_t$ 序列检验单位根。观察这个序列(图 12-20)，有可能存在线性趋势，但不像存在 2 次趋势。前面已经讨论过，取对数以后的经济序列一般不会存在 2 次趋势，所以直接采用式(12-24)检验单位根，不必再从式(12-25)开始检验。按式(12-24)得检验结果如下：

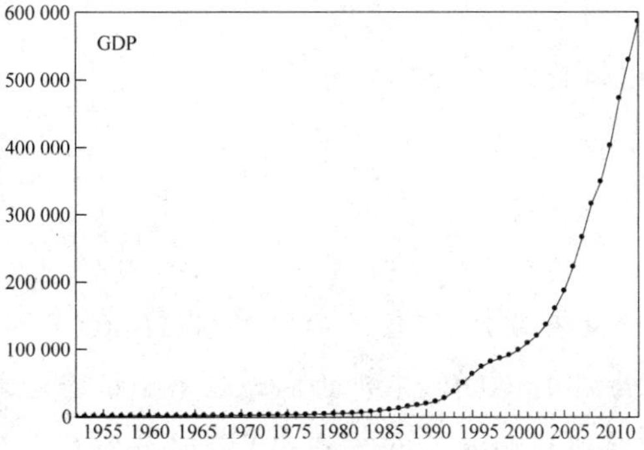

图 12-19　中国 GDP_t 序列

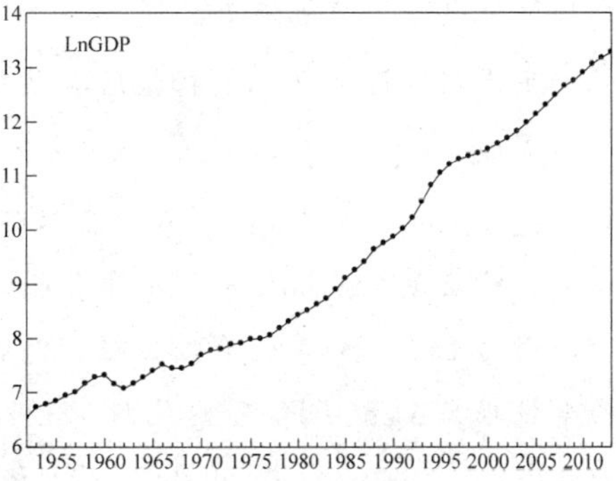

图 12-20　$LnGDP_t$ 序列

$$\Delta \text{Ln}\hat{\text{G}}\text{DP}_t = -0.0229 + 0.0144\text{LnGDP}_{t-1} \quad (12\text{-}31)$$

$$(-0.5) \quad (3.1)^*$$

$$R^2 = 0.14, \text{DW} = 0.9, T = 61, (1953—2013)$$

其中带星号括号内的值是DF统计量的值,不带星号括号内的值是相应t统计量的值。因为DF=3.1>-2.91[临界值来自附表7(b)部分],所以检验结论是序列有单位根。检验式(12-31)中DW=0.9,说明误差序列中存在自相关,所以应该在检验式(12-31)中加入ΔY_t滞后项,即做ADF检验。尝试的结果是在检验式(12-31)中加一个滞后项,估计结果如下:

$$\Delta \text{Ln}\hat{\text{G}}\text{DP}_t = -0.0135 + 0.0066\text{LnGDP}_{t-1} + 0.5450\Delta \text{LnGDP}_{t-1} \quad (12\text{-}32)$$

$$(-0.4) \quad (1.5)^* \quad (5.0)$$

$$R^2 = 0.42, \text{DW} = 1.58, T = 60, (1954—2013)$$

其中DW=1.58,说明检验式(12-32)的误差序列中不再有自相关,只加入$\Delta \text{LnGDP}_{t-1}$一个滞后项是合理的。式(12-31)和式(12-32)中的常数项都无显著性,所以检验式(12-32)仍不是合理的检验式,应该去掉常数项,按式(12-26)继续对LnGDP_t序列进行单位根检验。

$$\Delta \text{Ln}\hat{\text{G}}\text{DP}_t = 0.0065\text{LnGDP}_{t-1} + 0.7415\Delta \text{LnGDP}_{t-1} - 0.2837\Delta \text{LnGDP}_{t-2}$$

$$(3.9)^* \quad (5.9) \quad (-2.3) \quad (12\text{-}33)$$

$$R^2 = 0.48, \text{DW} = 1.96, T = 59, (1955—2013)$$

其中DW=1.96,因为检验式中有ΔLnGDP_t两个滞后项,所以带星号括号内的值是ADF统计量的值,此检验是ADF检验。因为ADF=3.9>-1.95[临界值来自附表7(a)部分],所以检验结论是LnGDP_t序列有单位根。

式(12-31)、式(12-32)和式(12-33)都是单位根检验式,因为式(12-31)和式(12-32)中都有统计检验不显著的项,而且式(12-31)的误差序列存在自相关,所以式(12-33)是最合理的检验式。式(12-33)的检验结果是LnGDP_t序列含有单位根。所以LnGDP_t序列实际上是一个随机游走序列。

下面用统计量$T(\hat{\beta}-1)$检验单位根。以检验式(12-33)为例:

$$T(\hat{\beta}-1) = T\hat{\rho} = 59 \times 0.0065 = 0.38$$

查附表13(a)部分,5%检验水平临界值是-7.8。因为$T(\hat{\beta}-1) = 0.38 > -7.8$,所以检验结论是$\text{LnGDP}_t$序列有单位根。

因为LnGDP_t序列有单位根,所以,检验没有做完,应该继续对序列ΔLnGDP_t检验单位根。ΔLnGDP_t序列见图12-21。因为对LnGDP_t序列的最合理单位根检验式是式(12-33),所以对ΔLnGDP_t序列进行单位根检验就没有必要采用带常数项和趋势项的检验式,可以直接采用不带时间趋势项和常数项的检验式回归。得结果如下:

$$\Delta^2 \text{Ln}\widehat{\text{GDP}}_t = -0.1356\,\Delta \text{LnGDP}_{t-1} \tag{12-34}$$

$$(-2.2)^{*} \qquad \text{DW}=1.78, T=60, (1954\text{—}2013)$$

因为 DF＝－2.2＜－1.95[5％水平临界值来自附表 7(a)部分]，所以检验结论是 ΔLnGDP_t 序列没有单位根，是平稳序列。那么，LnGDP_t 是 $I(1)$ 序列，有一个单位根。因为检验式中 DW＝1.78，说明式(12-34)误差序列中不存在自相关，所以不必在检验式中加入 $\Delta^2 \text{LnGDP}_t$ 的滞后项。最后的结论是 LnGDP_t 是一个随机游走序列。

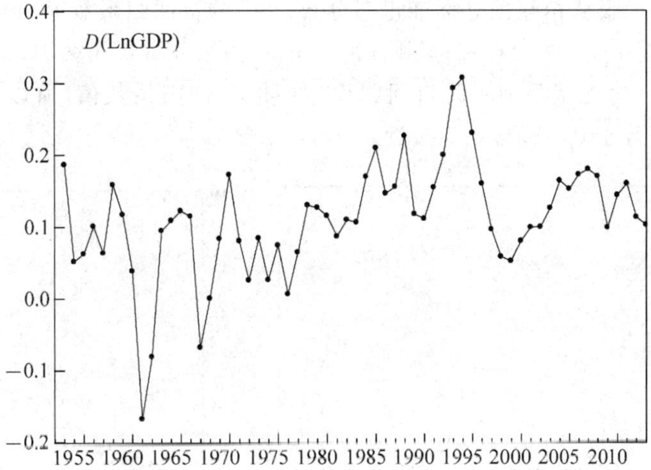

图 12-21　ΔLnGDP_t 序列

12.6　结构突变序列单位根检验

经济序列中，也包括中国的经济序列中有时会存在结构性变化。对于趋势或常数项存在结构变化的序列来说，如果不考虑这种变化，当用 DF、ADF 统计量检验单位根时，常会把一个带结构变化(包括趋势变化或常数项变化)的平稳过程误判为单位根过程。进行单位根检验时若不考虑这种结构变化，将导致检验功效降低。皮荣(Perron，1989)对此进行了专门研究，提出关于带有结构突变序列的单位根检验方法。这一节介绍的主要是皮荣的方法。

时间序列的结构变化主要分为 3 类，即脉冲变化、水平变化和趋势变化。从单位根检验式看又可分为加性离群值(AO)检验式(即结构突变型检验式)和新息离群值(IO)检验式(即结构渐变型检验式)。

序列中单点突变、水平突变和趋势突变等结构变化常用虚拟变量描述。结构突变序列和结构渐变序列则通过单位根检验式设定。

序列突变点可以是已知的，也可以是未知的。若序列突变点未知，可以与单位根检验一起推断。

下面分 6 小节论述。先提出结构突变序列单位根检验问题，介绍描述 3 种结构突变的虚拟变量,定义结构突变和结构渐变序列,进而介绍结构突变序列和渐变序列单位根检验步骤并举例,最后给出总结。

12.6.1 结构突变序列单位根检验问题

下面以存在均值结构变化的平稳自回归过程为例直观地解释为什么检验结果却认为是单位根过程。

图 12-22(a)给出用 $x_t=0.5x_{t-1}+u_t$, $u_t \sim \mathrm{IN}(0,1)$生成的 $T=200$ 的时间序列图,其中 IN(0,1)表示服从相互独立标准正态分布。x_t 的自回归系数等于 0.5,所以 x_t 是平稳序列。用 x_t 对 x_{t-1} 画散点图,见图 12-22(b)。由第 6 章自相关知,x_t 与 x_{t-1} 的自相关系数值等于 x_t 的无截距项 1 阶自回归模型中的自回归系数值,所以图 12-22(b)的自相关系数估计值等于 0.51,与 0.5 接近。

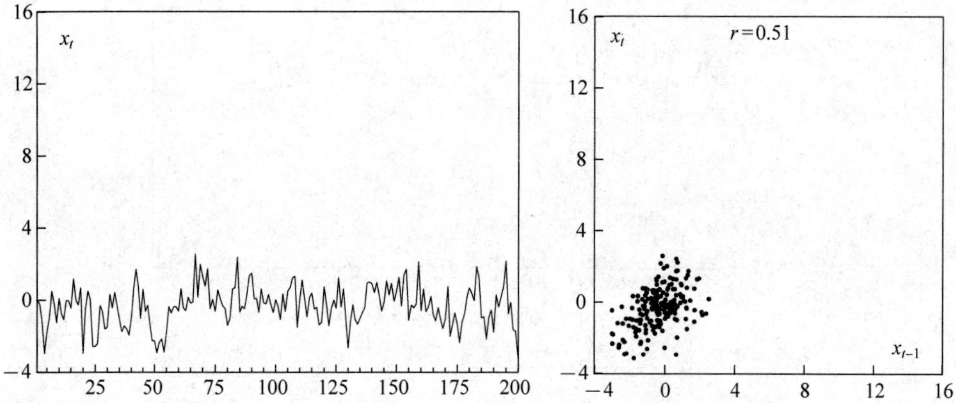

(a) x_t的序列图　　(b) x_t对x_{t-1}的散点图

图 12-22　平稳自回归过程,$x_t=0.5x_{t-1}+u_t$,$u_t \sim N(0,1)$

仍使用 x_t 序列,但设计成当 $t=101\sim200$ 时,把序列均值从原来的 0 改变为 10。把这个带有均值突变的序列用 y_t 表示,见图 12-23(a)。其相应散点图见图 12-23(b)。由于

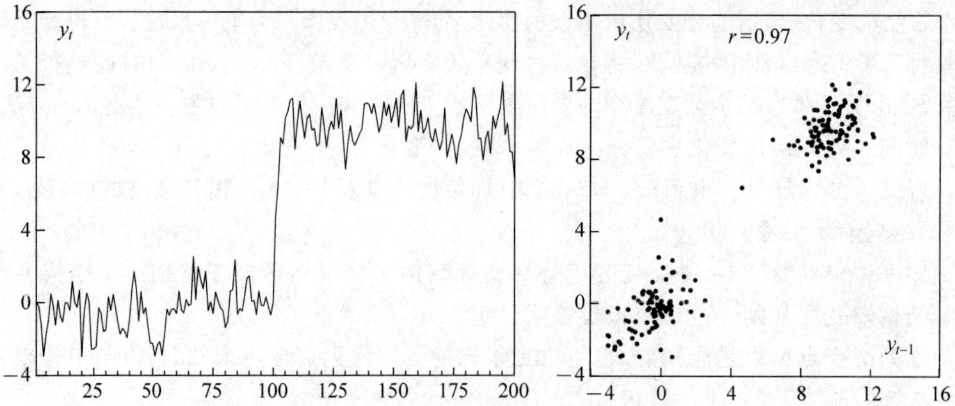

(a) y_t的时间序列图　　(b) y_t对y_{t-1}的散点图

图 12-23　均值突变的平稳自回归过程 $y_t=0.5y_{t-1}+5D_t+u_t$,$u_t \sim N(0,1)$,($T=200$)

均值的改变，散点图由原来的一组分裂为明显的两组。由 y_t 序列计算的相关系数是0.97。那么图12-23(a)含均值突变序列的自回归系数估计值也必然近似等于0.97，所以单位根检验的结论必然是存在单位根。由图12-23还可以看出，序列均值改变得越大，两组散点图相距越远，用散点图计算的相关系数越接近1，y_t 的一阶自回归系数估计值越接近1。从而导致一个带有均值突变的平稳序列被误判为单位根序列。

见图12-23，y_t 序列表达式是

$$y_t = 0.5y_{t-1} + 5D_t + u_t,\quad u_t \sim N(0,1)$$

其中 D_t 是用于生成均值突变的虚拟变量。定义如下：

$$D_t = \begin{cases} 0, & 0 \leqslant t \leqslant 100 \\ 1, & 101 \leqslant t \leqslant 200 \end{cases}$$

下面对 y_t 序列做单位根检验。若不考虑 y_t 存在均值突变，直接对 y_t 进行单位根检验，估计结果是

$$\begin{aligned} \Delta\hat{y}_t &= -0.0046y_{t-1} - 0.1945\Delta y_{t-1} \\ &\quad\ (-0.4)^* \qquad\quad (-2.8) \\ R^2 &= 0.04, \mathrm{DW} = 2.02, \mathrm{ADF}_{(0.05)} = -1.95, T = 200 \end{aligned}$$

其中带星号的括号内数字是ADF统计量的值。5%水平ADF临界值是-1.95。因为ADF$=-0.4>-1.95$。检验结果认为 y_t 是单位根过程。导致检验功效降低的原因是未考虑序列中存在均值结构突变。

现在考虑均值突变因素，把虚拟变量 D_t 加入ADF检验式中，得估计结果如下：

$$\begin{aligned} \Delta\hat{y}_t &= -0.5124y_{t-1} + 5.2212\,D_t \\ &\quad\ (-10.6)^* \qquad (10.6) \\ R^2 &= 0.37, \mathrm{DW} = 2.0, \mathrm{ADF}_{0.05} = -1.95, T = 100 \end{aligned} \tag{12-35}$$

虚拟变量 D_t 的系数有极高的显著性，所以检验式中应该保留虚拟变量 D_t。因为ADF$=-10.6<-1.95$，所以，检验结论是 y_t 为带有均值结构突变的平稳序列。

12.6.2　描述序列结构变化的3种虚拟变量

为了分析结构变化序列单位根检验，首先定义3种常用虚拟变量：①脉冲虚拟变量；②阶跃虚拟变量；③趋势虚拟变量。

(1) 以 $T=100$，且在 $t=51$ 发生突变为例，脉冲虚拟变量 DP_t 定义如下，序列见图12-24。

$$\mathrm{DP}_t = \begin{cases} 0, & 1 \leqslant t \leqslant 100, \text{但 } t \neq 51 \\ 1, & t = 51 \end{cases} \tag{12-36}$$

(2) 以 $T=100$，且在 $t=51$ 发生突变为例，阶跃虚拟变量 DL_t 定义如下，序列见图12-25。

$$\mathrm{DL}_t = \begin{cases} 0, & 1 \leqslant t \leqslant 50 \\ 1, & 51 \leqslant t \leqslant 100 \end{cases} \tag{12-37}$$

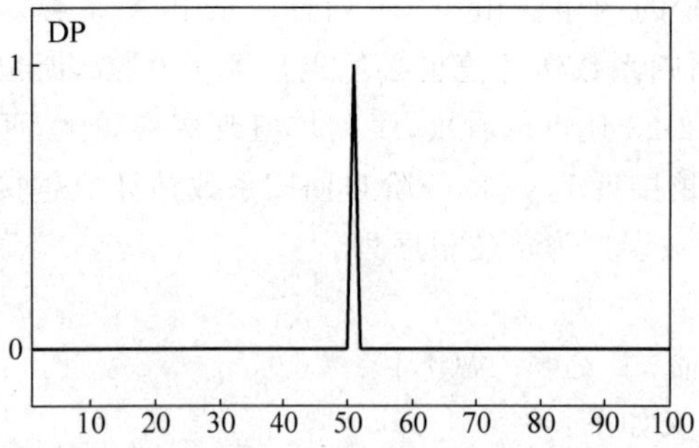

图12-24　脉冲虚拟变量

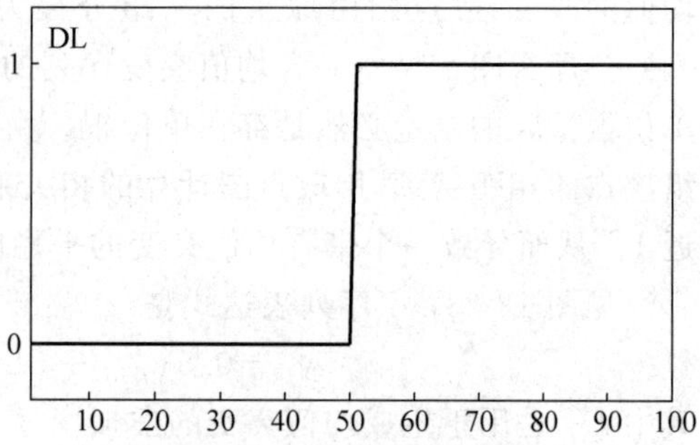

图12-25　阶跃虚拟变量

(3) 以 $T=100$，且在 $t=51$ 发生突变为例，趋势虚拟变量 DT_t 定义如下：

$$\mathrm{DT}_t=\begin{cases}0, & 1\leqslant t\leqslant 50\\ t-50, & 51\leqslant t\leqslant 100\end{cases} \tag{12-38}$$

序列见图12-26。

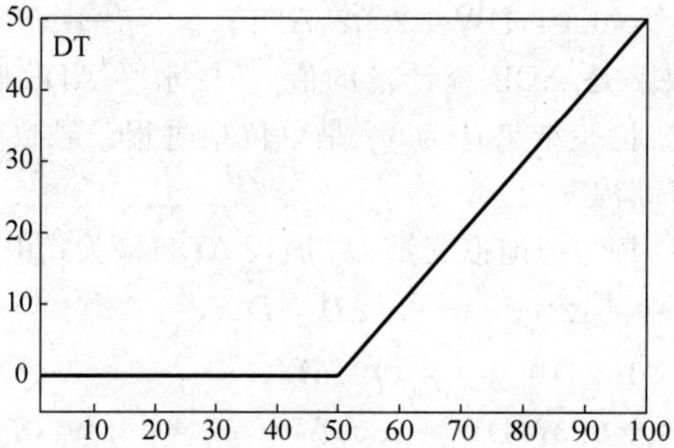

图12-26　趋势虚拟变量

12.6.3　结构突变和结构渐变序列

Perron(1989)把随机序列的结构变化分为突变型和渐变型两种。突变型序列所用虚拟变量称加性离群值或外生虚拟变量；渐变型序列所用虚拟变量称新息离群值或内生虚拟变量。

下面用脉冲、阶跃和趋势3类虚拟变量(DP_t，DL_t，DT_t)构造序列的脉冲变化，水平变化和趋势变化。为了容易理解，每一类虚拟变量都分4个步骤分析，即先用虚拟变量定义结构变化函数式(用 x_t 表示)，然后分析结构变化随机序列(用 y_t 表示)。先分析突变序列，后分析渐变序列。

脉冲、水平、趋势结构变化函数和随机序列的定义和画图都是以样本容量 $T=100$，突变点 $t_b=51$ 设定的。当推导脉冲、水平、趋势渐变函数和随机序列的递推表达式时，给出的是推广到样本容量为 T、突变点为 t_b 的一般形式。

1. 用脉冲虚拟变量(DP_t)描述结构变化

(1) 脉冲突变函数。

定义脉冲结构突变函数，

$$x_t = \alpha DP_t,\quad (1 \leqslant t \leqslant 100)$$

其中 DP_t 定义见式(12-36)，α 是系数。脉冲突变冲击 DP_t 只在 $t=51$ 时有变化，当 $\alpha=1$ 时，如图 12-24。

(2) 脉冲突变序列。

在脉冲突变函数等号右侧加上随机误差项(新息)u_t，得脉冲突变随机序列，

$$y_t = \alpha DP_t + u_t,\quad u_t \sim IN(0,\sigma^2),(1 \leqslant t \leqslant 100) \tag{12-39}$$

其中 DP_t 定义见式(12-36)，α 是系数。因为 DP_t 直接施加在 y_t 上，所以称 DP_t 为加性离群值。

【例 12-2】

以 $\alpha=20$ 为例，脉冲突变序列

$$y_t = 20DP_t + u_t,\quad u_t \sim IN(0,1),\quad (1 \leqslant t \leqslant 100)$$

其中 u_t 是白噪声项。见图 12-27。y_t 只在 $t=51$ 时出现一个离群值，之后仍按白噪声序列变化。

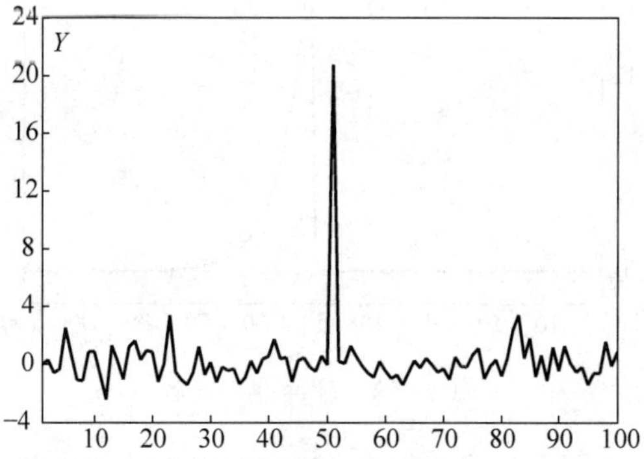

图 12-27　脉冲突变序列

(3) 脉冲渐变函数。

脉冲渐变函数定义是

$$x_t = \phi_1 x_{t-1} + \alpha DP_t,\quad (0 < \phi_1 < 1), x_0 = 0,\quad (1 \leqslant t \leqslant 100)$$

其中 DP_t 定义见式(12-36)，α 是系数。对上式进行递推运算，

当 $t=1,\cdots,50$，因为 $DP_t=0$，得，$x_1,\cdots,x_{50}=0$。

$$x_{51} = \phi_1 x_{50} + \alpha DP_{51} = \alpha$$

$$x_{52} = \phi_1 x_{51} + \alpha DP_{52} = \phi_1 \alpha + 0 = \alpha\phi_1$$

$$x_{53} = \phi_1 x_{52} + \alpha DP_{53} = \phi_1(\alpha\phi_1) + 0 = \alpha\phi_1^2$$

当 $t \geqslant 51$ 时,$x_t = \alpha\phi_1^{t-51}$。

总结递推规律,用 t_b 表示突变时点,并把样本容量扩大到 T,得

$$x_t = \begin{cases} 0, & 1 \leqslant t < t_b \\ \alpha\phi_1^{(t-t_b)}, & t_b \leqslant t \leqslant T \end{cases} \tag{12-40}$$

因为已知($0 < \phi_1 < 1$),当 $t \geqslant t_b$ 时,x_t 是指数衰减函数。

【例 12-3】

设定 $\phi_1 = 0.8$,$\alpha = 20$,$T = 100$,脉冲渐变函数为

$$x_t = 0.8\, x_{t-1} + 20\mathrm{DP}_t, \quad x_0 = 0, \quad (1 < t < 100)$$

按式(12-40),有

$$x_t = \begin{cases} 0, & 1 \leqslant t < 51 \\ 20 \times 0.8^{(t-51)}, & 51 \leqslant t \leqslant 100 \end{cases}$$

函数见图 12-28。由此而知,当 $t \geqslant 51$ 时,$x_t = 20 \times 0.8^{t-51}$,是一个指数函数。把脉冲函数设计成动态形式就能达到渐变效果。

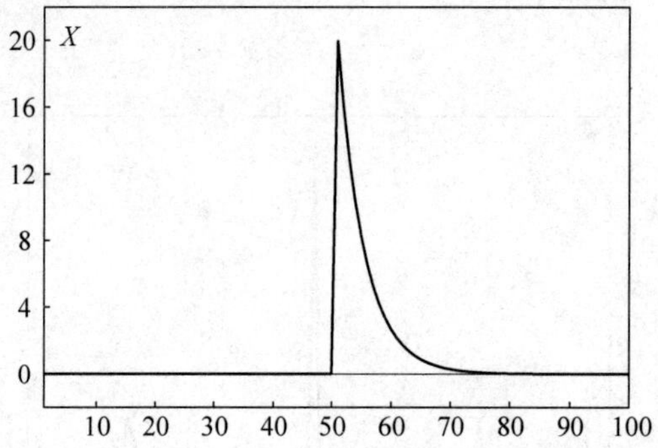

图 12-28 脉冲渐变函数

半衰期概念。

为保证脉冲渐变函数具有衰减特征,ϕ_1 取值范围必须是($0 < \phi_1 < 1$)。随着 $t \to \infty$,$x_t \to 0$。当 $x_t = \alpha\phi_1^{(t-51)} = 0.5\alpha$(衰减至 α 的一半)时,即 $\phi_1^{(t-51)} = 0.5$,得

$$(t - 51) = \frac{\mathrm{Ln}(0.5)}{\mathrm{Ln}(\phi_1)}$$

函数 x_t 衰减到 x_t 最初突变值 α 的一半,称作脉冲渐变函数的半衰期。

由上式可知,ϕ_1 越接近 1,半衰期就越长。半衰期越长,该函数衰减的就越慢,见表 12-2。半衰期($t^* = t - 51$)是考查衰减变化的一个常用指标。从表 12-2 中知,当 $\phi_1 > 0.9$ 时,半衰期 t^* 大于 7 期,渐变特征才比较明显。当 $\phi_1 < 0.8$ 时,半衰期 t^* 小于 3 期,虽然理

论上也属于渐变序列，但实际上渐变特征与突变特征已无太大区别。

表 12-2　脉冲结构渐变函数的半衰期

ϕ_1	0.4	0.6	0.8	0.9	0.95	0.97	0.98	0.99	1
半衰期 t^*	0.76	1.46	3.11	6.58	13.51	22.76	34.31	68.97	∞

(4) 脉冲渐变序列。

在脉冲渐变函数中加入随机误差项(新息)u_t，以 $T=100$，定义脉冲渐变序列，

$$y_t = \phi_1 y_{t-1} + \alpha \mathrm{DP}_t + u_t, u_t \sim \mathrm{IN}(0,\sigma^2), y_0 = 0, (0 < \phi_1 < 1) \tag{12-41}$$

其中 DP_t 定义见式(12-36)，α 是系数。用上式做递推运算，

$$y_1 = \phi_1 y_0 + \alpha \mathrm{DP}_1 + u_1 = u_1, (\mathrm{DP}_1 = 0)$$

$$y_2 = \phi_1 y_1 + \alpha \mathrm{DP}_2 + u_2 = \phi_1 u_1 + u_2, (\mathrm{DP}_2 = 0)$$

$$y_3 = \phi_1 y_2 + \alpha \mathrm{DP}_3 + u_2 = \phi_1(\phi_1 u_1 + u_2) + u_3 = \phi_1^2 u_1 + \phi_1 u_2 + u_3, \quad (\mathrm{DP}_3 = 0)$$

…

$$y_{51} = \phi_1 y_{50} + \alpha \mathrm{DP}_{51} + u_{51} = \phi_1^{50} u_1 + \phi_1^{49} u_2 + \cdots + \phi_1 u_{50} + u_{51} + \alpha, \quad (\mathrm{DP}_{51} = 1)$$

$$y_{52} = \phi_1 y_{51} + \alpha \mathrm{DP}_{52} + u_{52} = \phi_1^{51} u_1 + \phi_1^{50} u_2 + \cdots + \phi_1 u_{51} + u_{52} + \alpha\phi_1, \quad (\mathrm{DP}_{52} = 0)$$

$$y_{53} = \phi_1 y_{52} + \alpha \mathrm{DP}_{53} + u_{53} = \phi_1^{52} u_1 + \phi_1^{51} u_2 + \cdots + \phi_1 u_{52} + u_{53} + \alpha\phi_1^2, \quad (\mathrm{DP}_{53} = 0)$$

总结递推规律，渐变发生时点用 t_b 表示，样本容量扩展到 T，得

$$y_t = \begin{cases} (\phi_1^{t-1} u_1 + \phi_1^{t-2} u_2 + \cdots + \phi_1 u_{t-1} + u_t), & t < t_b \\ \alpha\phi_1^{(t-t_b)} + (\phi_1^{t-1} u_1 + \phi_1^{t-2} u_2 + \cdots + \phi_1 u_{t-1} + u_t), & t \geqslant t_b \end{cases} \tag{12-42}$$

突变点 t_b 之前，y_t 由 t 个白噪声项 $u_1,\cdots,u_t$ 的加权和构成(u_t 与其近期滞后项起主导作用)；脉冲突变发生后，y_t 由指数函数 $\alpha\phi_1^{(t-t_b)}$ 与 t 个白噪声项 $u_1,\cdots,u_t$ 的加权和的和构成。

【例 12-4】

以脉冲渐变序列

$$y_t = 0.8\, y_{t-1} + 20\mathrm{DP}_t + u_t, u_t \sim \mathrm{IN}(0,1), y_0 = 0, (1 < t < 100), t_b = 51$$

为例，由式(12-42)得

$$y_t = \begin{cases} (0.8^{t-1} u_1 + 0.8^{t-2} u_2 + \cdots + 0.8 u_{t-1} + u_t), & t < 51 \\ 20 \times 0.8^{(t-51)} + (0.8^{t-1} u_1 + 0.8^{t-2} u_2 + \cdots + 0.8 u_{t-1} + u_t), & t \geqslant 51 \end{cases}$$

见图 12-29。当 $t<51$，x_t 是 t 个白噪声项的加权和。当 $t\geqslant 51$，x_t 由一个指数函数和 t 个白噪声项的加权和构成，DP_t 影响一直存在。

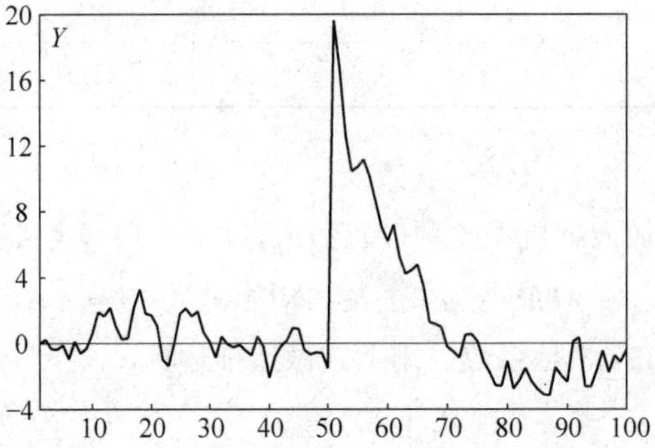

图 12-29 脉冲渐变序列

式(12-41)可以写为 $(1-\phi_1 L)y_t=(\alpha DP_t+u_t)$，即 $y_t=(\alpha DP_t+u_t)/(1-\phi_1 L)$。$DP_t$ 的作用直接施加在新息 u_t 上，所以称 DP_t 为新息离群值。

式(12-42)是式(12-41)的递推式。当 $0<\phi_1<1$ 时，脉冲渐变序列 y_t 是一个带有脉冲虚拟变量的退结构平稳序列。

比较图 12-27 和图 12-29，如果序列单点发生突变[见式(12-39)和图 12-27]并对随后发生的值不再产生影响，则称该序列为脉冲突变序列。如果序列发生单点突变后趋势表现为指数衰减特征(图 12-29)，则称该序列为脉冲渐变序列。

注意：当 $\phi_1=1$ 时，式(12-42)变为

$$y_t=\begin{cases}(u_1+u_2+\cdots+u_{t-1}+u_t), & t<t_b\\ \alpha+(u_1+u_2+\cdots+u_{t-1}+u_t), & t\geqslant t_b\end{cases}\tag{12-43}$$

当 $t\to\infty$，脉冲渐变序列 y_t 变成带有水平突变的退结构单位根序列。DP_t 的作用变成了 DL_t。这个结论很重要，在后面单位根 AOADF、IOADF 检验式设定中还要用到。

实际序列中是否存在脉冲突变或渐变结构，可以通过检验 DP_t 的回归系数 α 的估计量是否显著不等于零来决定。

2. 用阶跃虚拟变量(DL_t)描述结构变化

(1) 水平突变函数。

定义水平突变函数，

$$x_t=\alpha DL_t,\quad T=100$$

其中 DL_t 定义见式(12-37)，α 是系数。水平突变冲击 DL_t 在 $t\geqslant 51$ 时起作用。

(2) 水平突变序列。

在水平突变函数中加入白噪声项(新息)u_t，以 $T=100$ 为例，定义水平突变序列，

$$y_t=\alpha DL_t+u_t,\quad u_t\sim IN(0,\sigma^2)$$

其中 DL_t 定义见式(12-37)，α 是系数。

【例 12-5】

以 $T=100, t_b=51, \alpha=20$ 为例，水平突变序列，

$$y_t = 20\mathrm{DL}_t + u_t, \quad u_t \sim \mathrm{IN}(0,1)$$

见图 12-30，其中 u_t 是白噪声项。当 $t \geqslant 51$，y_t 水平发生突变。DL_t 直接施加在 y_t 上，所以称 DL_t 为加性离群值。

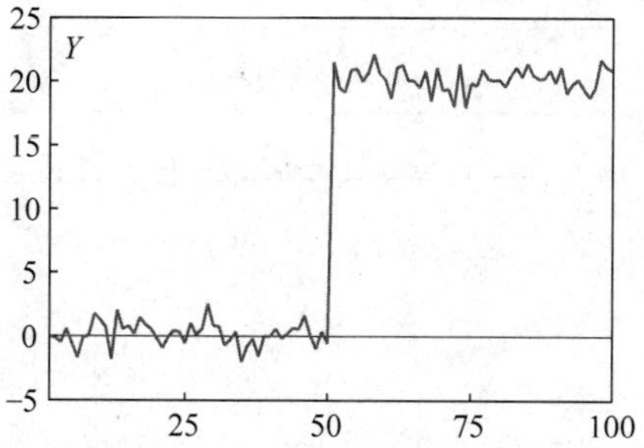

图 12-30　阶跃突变序列

(3) 水平渐变函数。

定义水平渐变函数，

$$x_t = \phi_1 x_{t-1} + \alpha \mathrm{DL}_t, \quad x_0 = 0, \quad (0 < \phi_1 < 1), T = 100$$

其中 DL_t 定义见式(12-37)，ϕ、α 是系数。用上式做递推运算。

当 $t=1,\cdots,50$ 时，因为 $\mathrm{DL}_t=0$，得，$x_1,\cdots,x_{50}=0$。

$$x_{51} = \phi_1 x_{50} + \alpha \mathrm{DL}_{51} = \alpha, \quad (\mathrm{DL}_{51}=1)$$

$$x_{52} = \phi_1 x_{51} + \alpha \mathrm{DL}_{52} = \alpha\phi_1 + \alpha = \alpha(\phi_1 + 1), \quad (\mathrm{DL}_{52}=1)$$

$$x_{53} = \phi_1 x_{52} + \alpha \mathrm{DL}_{53} = \phi_1(\alpha\phi_1 + \alpha) + \alpha = \alpha(\phi_1^2 + \phi_1 + 1), \quad (\mathrm{DL}_{53}=1)$$

…

总结递推规律，渐变发生时刻用 t_b 表示，样本容量为 T。

$$x_t = \phi_1 x_{t-1} + \alpha \mathrm{DL}_t = \alpha(\phi_1^{t-t_b} + \cdots + \phi_1 + 1), \quad (t \geqslant t_b)$$

$$x_t = \begin{cases} 0, & 1 \leqslant t < t_b \\ \alpha(\phi_1^{t-t_b} + \cdots + \phi_1 + 1), & t_b \leqslant t \leqslant T \end{cases} \tag{12-44}$$

水平渐变函数 x_t 是一个动态函数，当 $t \geqslant t_b$，DL_t 起到累加作用。根据因式分解定理，

$$(1-\phi_1^k) = (1-\phi_1)(\phi_1^{k-1} + \cdots + \phi_1 + 1)$$

$$(\phi_1^{k-1} + \cdots + \phi_1 + 1) = (1-\phi_1^k)/(1-\phi_1)$$

令 $t-t_b$ 代替上式中的 $k-1$，得

$$(\phi_1^{t-t_b} + \cdots + \phi_1 + 1) = (1-\phi_1^{t-t_b+1})/(1-\phi_1)$$

把上式结论代入式(12-44)的第2式,得

$$x_t=\begin{cases}0 \\ \alpha\left(\dfrac{1-\phi_1^{(t-t_b+1)}}{1-\phi_1}\right)\end{cases}=\begin{cases}0, & 1\leqslant t<t_b \\ \dfrac{\alpha}{1-\phi_1}(1-\phi_1^{(t-t_b+1)}), & t_b\leqslant t\leqslant T\end{cases} \tag{12-45}$$

当 $t\geqslant t_b$,x_t 是一个按指数函数缓慢增加的过程。当 $t\to\infty$,x_t 朝着渐近值 $\alpha/(1-\phi_1)$ 逼近。自回归系数 ϕ_1 越大,则增长过程越缓慢。

【例 12-6】

以 $T=100$,$\phi_1=0.8$,$\alpha=20$,$t_b=51$ 为例,水平渐变函数

$$x_t=0.8\,x_{t-1}+20\mathrm{DL}_t,\quad x_0=0$$

由式(12-45)得递推式,

$$x_t=\begin{cases}0 \\ \dfrac{\alpha}{1-\phi_1}(1-\phi_1^{(t-50)})\end{cases}=\begin{cases}0, & 1\leqslant t<51 \\ \dfrac{20}{1-0.8}(1-0.8^{(t-50)}), & 51\leqslant t\leqslant 100\end{cases}$$

见图 12-31。当 $t\to\infty$,$x_t\to$ 渐近值 $20/(1-0.8)=100$。

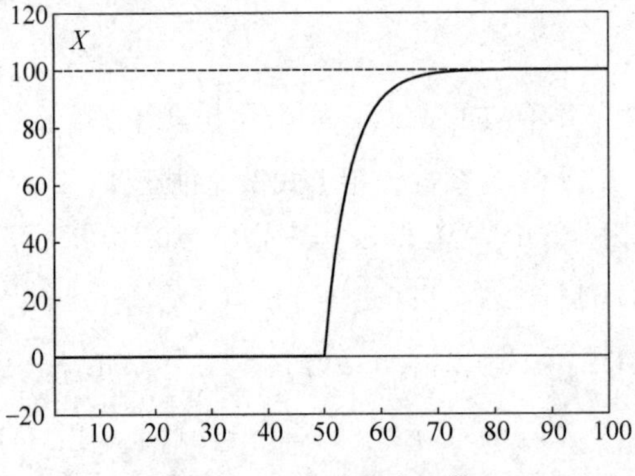

图 12-31 水平渐变函数

(4) 水平渐变序列。

定义水平渐变序列,以 $T=100$,

$$y_t=\phi_1\,y_{t-1}+\alpha\mathrm{DL}_t+u_t,\quad (0<\phi_1<1),y_0=0,\quad u_t\sim\mathrm{IN}(0,\sigma^2) \tag{12-46}$$

其中 DL_t 定义见式(12-37),ϕ、α 是系数。u_t 为随机误差项(新息)。

渐变序列(12-46)可以写为 $(1-\phi_1 L)\,y_t=(\alpha\mathrm{DL}_t+u_t)$,即 $y_t=(\alpha\mathrm{DL}_t+u_t)/(1-\phi_1 L)$,$\mathrm{DL}_t$ 直接施加在新息 u_t 上,所以称 DL_t 为新息离群值。

对渐变序列(12-46)进行递推运算(递推过程略),渐变发生时刻用 t_b 表示,样本容量用 T 表示,总结一般递推规律,得

$$y_t=\begin{cases}(\phi_1^{t-1}u_1+\phi_1^{t-2}u_2+\cdots+\phi_1u_{t-1}+u_t), & 1\leqslant t<t_b\\ \alpha(\phi_1^{t-t_b}+\phi_1^{t-t_b-1}+\cdots+\phi_1+1)+(\phi_1^{t-1}u_1+\phi_1^{t-2}u_2+\cdots+\phi_1u_{t-1}+u_t), & t_b\leqslant t\leqslant T\end{cases} \tag{12-47}$$

式(12-47)中第 2 式的第 1 项与式(12-44)中第 2 式相同，所以可以按式(12-45)把上式改写为

$$y_t=\begin{cases}(\phi_1^{t-1}u_1+\phi_1^{t-2}u_2+\cdots+\phi_1u_{t-1}+u_t), & 1\leqslant t<t_b\\ \dfrac{\alpha}{1-\phi_1}(1-\phi_1^{(t-t_b+1)})+(\phi_1^{t-1}u_1+\phi_1^{t-2}u_2+\cdots+\phi_1u_{t-1}+u_t), & t_b\leqslant t\leqslant T\end{cases}$$

【例 12-7】

以 $T=100,\alpha=20$ 为例，水平渐变序列，

$$y_t=0.8y_{t-1}+20\mathrm{DL}_t+u_t,\quad y_0=0,u_t\sim\mathrm{IN}(0,1)$$

的递推表达式是

$$y_t=\begin{cases}(0.8^{t-1}u_1+0.8^{t-2}u_2+\cdots+0.8u_{t-1}+u_t), & 1\leqslant t<51\\ \dfrac{20}{1-0.8}(1-0.8^{(t-50)})+(0.8^{t-1}u_1+0.8^{t-2}u_2+\cdots+0.8u_{t-1}+u_t), & 51\leqslant t\leqslant 100\end{cases}$$

见图 12-32。因为式(12-46)是一个自回归式，所以当 $t_b>51$，水平渐变序列 y_t 中的 DL_t 一直起作用。

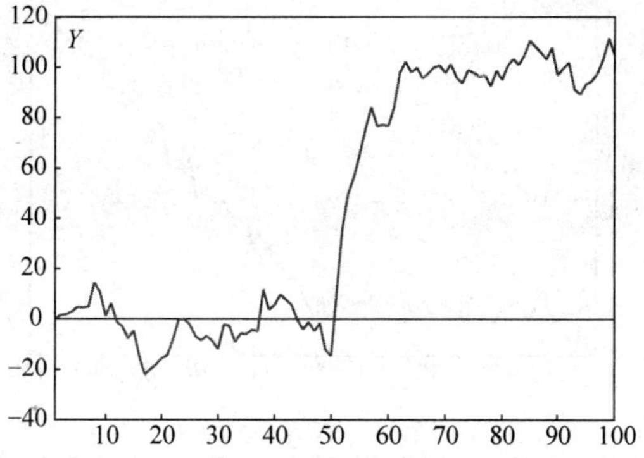

图 12-32　水平渐变序列

在突变点 $t_b=51$ 之前，y_t 是一个零均值的白噪声项 $u_1,\cdots,u_t$ 的加权和序列而且 u_t 和离 u_t 近的滞后项起主导作用。在突变时点 $t_b=51$ 之后，y_t 是一个以指数函数为趋势，朝着 100 逼近的并与白噪声项加权和组合的序列。

实际序列中是否存在水平渐变，可以通过检验 DL_t 的回归系数 α 的估计量是否显著不等于零来决定。

注意：当 $\phi_1=1$ 时，式(12-47)变成

$$y_t = \begin{cases} (u_1 + u_2 + \cdots + u_{t-1} + u_t), & 1 \leqslant t < t_b \\ \alpha(t - t_b + 1) + (u_1 + u_2 + \cdots + u_{t-1} + u_t), & t_b \leqslant t \leqslant T \end{cases} \tag{12-48}$$

y_t 从一个有水平渐变的退结构平稳序列变成一个突变点以后有趋势的白噪声项累加和序列。当 $t \to \infty$ 时，y_t 在突变时刻 t_b 之前变成随机游走，t_b 之后变成随机趋势单位根序列。DL_t 的作用变成 DT_t。这个结论在后面的单位根检验式中将用到。

3. 用趋势虚拟变量(DT_t)描述结构变化

(1) 定义趋势突变函数，

$$x_t = \alpha DT_t, \quad T = 100$$

其中 DT_t 定义见式(12-38)，α 是系数。

(2) 在趋势突变函数中加入随机误差项(新息)u_t，以 $T=100$，定义趋势突变序列，

$$y_t = \alpha DT_t + u_t, \quad u_t \sim IN(0, \sigma^2)$$

其中 DT_t 定义见式(12-38)。因为 DT_t 直接加在 y_t 上，所以称 DT_t 为加性离群值。

【例 12-8】

以 $T=100$，$\alpha=0.5$ 为例，趋势突变过程

$$y_t = 0.5DT_t + u_t, \quad u_t \sim IN(0,1)$$

生成的序列见图 12-33。y_t 是有趋势突变的白噪声序列。

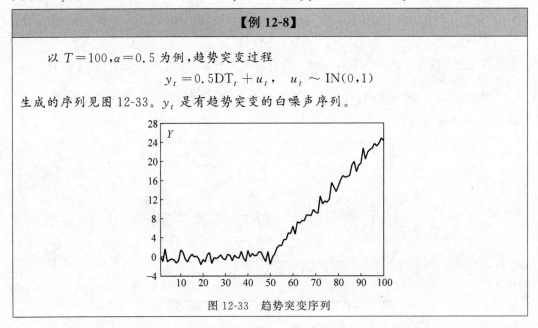

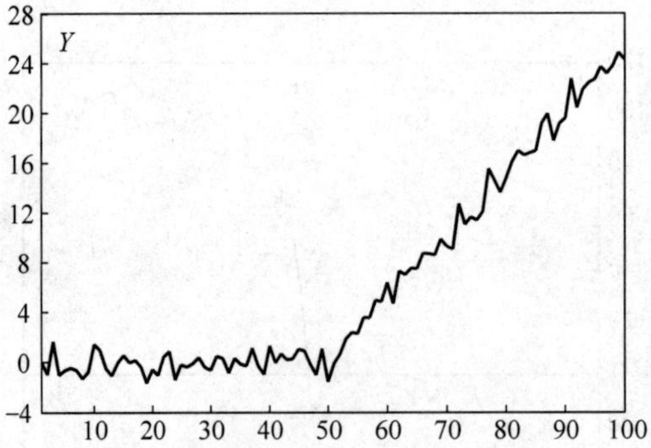

图 12-33 趋势突变序列

(3) 趋势渐变函数。

以 $T=100$，定义趋势渐变函数，

$$x_t = \phi_1 x_{t-1} + \alpha DT_t, \quad (0 < \phi_1 < 1), x_0 = 0$$

其中 DT_t 定义见式(12-38)。

对上式进行递推运算(递推过程略)，总结一般递推规律，渐变发生时刻用 t_b 表示，得

$$x_t = \begin{cases} 0, & t < t_b \\ \alpha[\phi_1^{t-t_b} + \cdots + (t - t_b)\phi_1 + (t - t_b + 1)], & t \geqslant t_b \end{cases} \tag{12-49}$$

当 $t<t_b$，$x_t=0$；当 $t\geqslant t_b$，表达式共含有 $(t-t_b+1)$ 项。随着时间推移，其中 $\alpha(t-t_b+1)$ 项越来越起主导作用。

【例 12-9】

以 $T=100$，$\phi_1=0.8$，$\alpha=20$，$t_b=51$，趋势渐变函数

$$x_t=0.8x_{t\,t-1}+0.5\mathrm{DT}_t,\quad x_0=0,$$

依据递推式(12-49)可写为

$$x_t=\begin{cases}0, & t<51\\ 0.5[0.8^{t-51}+\cdots+(t-51)0.8+(t-51+1)], & t\geqslant 51\end{cases}$$

其中 $t\geqslant 51$ 时，趋势渐变函数 x_t 趋势不是立刻变成 $0.5(t-50)$，而是随着 t 增大，$0.5(t-50)$ 在表达式中越来越起主导作用。见图 12-34。

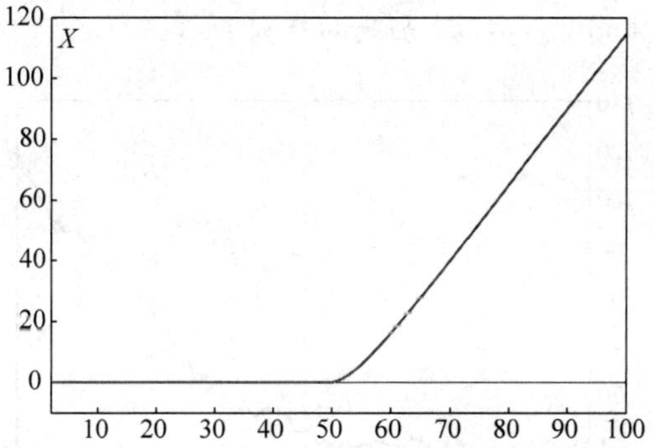

图 12-34　趋势渐变函数

(4) 趋势渐变序列。

在趋势渐变函数中加入随机误差项(新息)u_t，定义趋势渐变序列如下：

$$y_t=\phi_1 y_{t-1}+\alpha\mathrm{DT}_t+u_t,(0<\phi_1<1),\quad y_0=0,u_t\sim\mathrm{IN}(0,1),T=100$$

上式可以写为 $(1-\phi_1 L)\,y_t=(20\mathrm{DT}_t+u_t)$，即 $y_t=(20\mathrm{DT}_t+u_t)/(1-\phi_1 L)$，$\mathrm{DT}_t$ 直接施加在新息 u_t 上，所以称 DT_t 为新息离群值。

用上式做递推运算(递推过程略)，总结递推规律，突变点用 t_b 表示，样本容量为 T，得

$$y_t=\begin{cases}(\phi_1^{t-1}u_1+\phi_1^{t-2}u_2+\cdots+\phi_1 u_{t-1}+u_t), & t<t_b\\ \alpha[\phi_1^{t-t_b}+2\phi_1^{t-t_b-1}+\cdots+(t-t_b)\phi_1+(t-t_b+1)] & \\ +(\phi_1^{t-1}u_1+\phi_1^{t-2}u_2+\cdots+\phi_1 u_{t-1}+u_t), & t\geqslant t_b\end{cases}\tag{12-50}$$

在渐变点 t_b 之前，y_t 是白噪声项 $u_1,\cdots,u_t$ 的加权累加和序列(第一个表达式)。在渐变起始点 t_b 之后，y_t 是两个连加项之和(第 2 个表达式)，第 1 个连加项之和是以 $\alpha(t-t_b+1)$ 项越来越起主导作用；第 2 个连加项是白噪声项加权和。u_t 项和离 u_t 近的

滞后项在 y_t 中起主导作用。

【例 12-10】

令 $\phi_1=0.8,\alpha=0.5,t_b=51$,以 $T=100$,趋势渐变序列,

$$y_t=0.8y_{t-1}+0.5\mathrm{DT}_t+u_t,\quad y_0=0,u_t\sim \mathrm{IN}(0,1)$$

依据式(12-50),可得

$$y_t=\begin{cases}(0.8^{t-1}u_1+0.8^{t-2}u_2+\cdots+0.8u_{t-1}+u_t), & t<51\\ 0.5[0.8^{t-51}+2\times0.8^{t-50}+\cdots+(t-51+1)]\\ +(0.8^{t-1}u_1+0.8^{t-2}u_2+\cdots+0.8u_{t-1}+u_t), & t\geqslant 51\end{cases}$$

当 $t<51$ 时,趋势渐变序列 y_t 是白噪声项 $u_1,\cdots,u_t$ 的加权累加和。当 $t\geqslant51$ 时,随着 t 的增加,趋势 $0.5(t-50)$ 在表达式中越来越起主导作用。见图 12-35。y_t 是一个有渐变趋势的白噪声项 $u_1,\cdots,u_t$ 加权和序列。

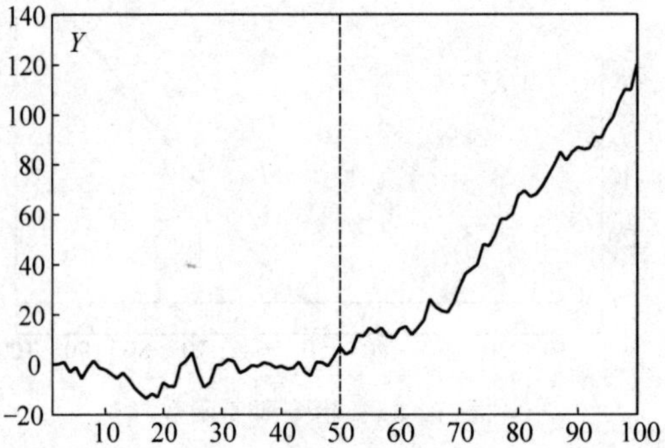

图 12-35 趋势渐变序列

注意:当 $\phi_1=1$ 时,式(12-50)变成

$$y_t=\begin{cases}(u_1+u_2+\cdots+u_{t-1}+u_t), & 1\leqslant t<t_b\\ \alpha[1+2+\cdots+(t-t_b+1)]+(u_1+u_2+\cdots+u_{t-1}+u_t), & t_b\leqslant t\leqslant T\end{cases}$$

根据级数部分和公式,$1+2+\cdots+n=(1/2)\,n(n+1)$,上式中

$$\begin{aligned}\alpha[1+2+\cdots+(t-t_b+1)]&=\alpha(1/2)(t-t_b+1)\,[1+(t-t_b+1)]\\&=\alpha(1/2)\,[(t-t_b+1)+(t-t_b+1)^2]\end{aligned}$$

把上式结果代入 $\phi_1=1$ 的递推式,得

$$y_t=\begin{cases}(u_1+u_2+\cdots+u_{t-1}+u_t), & 1\leqslant t<t_b\\ \alpha\,\dfrac{1}{2}[(t-t_b+1)^2+(t-t_b+1)]+(u_1+u_2+\cdots+u_{t-1}+u_t), & t_b\leqslant t\leqslant T\end{cases}$$

在突变点 t_b 之前,y_t 是白噪声项累加和序列,在 t_b 之后,y_t 是以 $0.5\alpha(t-t_b+1)^2$ 为主导的2次趋势加白噪声项累加和序列。DT_t 的作用由线性趋势变成以2次趋势项为主

导的趋势。当 $t \to \infty$ 时，y_t 从一个随机游走序列变成含有 1、2 次趋势的随机游走（单位根）序列。这个结论在后面的单位根检验式中将用到。

由水平和趋势双突变过程

$$y_t = 0.2t + 20\mathrm{DL}_t + 0.4\mathrm{DT}_t + u_t, \quad u_t \sim \mathrm{IN}(0,1)$$

和水平与趋势双渐变过程

$$z_t = 0.8z3_{t-1} + 0.2t + 20\mathrm{DL}_t + 0.2\mathrm{DT}_t + u_t, \quad u_t \sim \mathrm{IN}(0,1)$$

生成的序列（$T=100$）分别见图 12-36 和图 12-37。

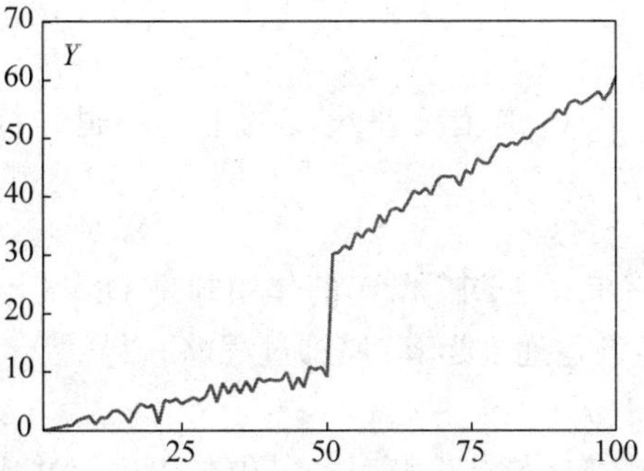

图 12-36　均值与趋势双突变序列

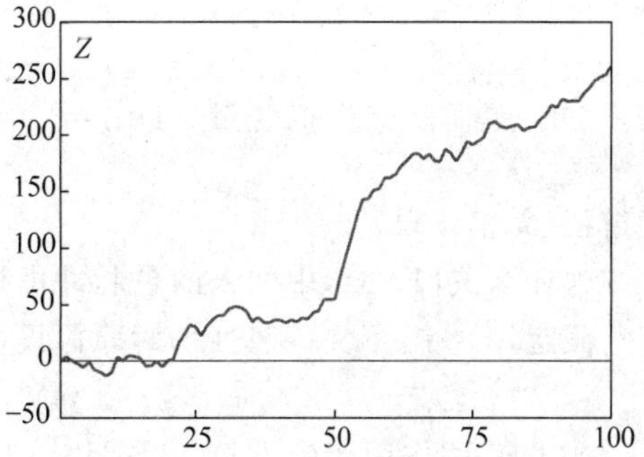

图 12-37　均值与趋势双渐变序列

总结本小节内容如下：

用虚拟变量 DP_t、DL_t、DT_t 分别构造突变函数、突变随机序列；渐变函数、渐变随机序列。

突变序列 y_t 分别（或共同）由虚拟变量 DP_t、DL_t、DT_t 和白噪声项（新息）u_t 组合而成，是一个静态回归式。渐变序列 y_t 分别（或共同）由虚拟变量 DP_t、DL_t、DT_t 和自回归项 y_{t-1}，白噪声项（新息）u_t 组合而成，是一个动态回归式。

突变序列中的虚拟变量 DP_t、DL_t、DT_t 称作加性离群值；渐变序列中的虚拟变量 DP_t、DL_t、DT_t 称作新息离群值。

渐变序列 y_t 的递推结果是由一个渐变函数和一组白噪声项（$u_1, u_2, \cdots, u_t$）加权和相加而构成。

渐变序列 y_t 中的自回归系数 ϕ_1 一旦等于 1，y_t 表达式中 DP_t 的作用变成 DL_t；DL_t 的作用变成 DT_t；DT_t 的作用变成 2 次趋势为主导的序列。当 $t \to \infty$，白噪声项（u_1，$u_2, \cdots, u_t$）的加权和变成白噪声项直接累加，即随机游走（有单位根）。

12.6.4　加性离群值单位根检验与案例

按 Perron(1989)，结构变化序列的单位根检验分为两大类。一类称加性离群值检验（也称结构突变序列单位根检验）。一类称新息离群值检验（也称内生结构突变检验）。注意，这里介绍的是只适用于序列中存在一个突变点情形。本小节介绍单位根加性离群值检验法，下一小节介绍新息离群值检验法。

下面设定3种情形介绍单位根加性离群值检验法。假定结构突变的时点发生在 t_b 期(突变第1期)。

检验类型(1)

$$H1_0: y_t=\mu+y_{t-1}+\gamma DP_t+u_t, \quad u_t \sim IN(0,\sigma^2) \tag{12-51}$$

其中 DP_t 是脉冲虚拟变量。定义为 $DP_t=\begin{cases}0, & t\neq t_b\\ 1, & t=t_b\end{cases}$。$t_b$ 期表示突变发生时点。y_t 是有水平突变的单位根过程(在 t_b 期发生水平突变)。

$$H1_1: y_t=\mu+\alpha t+\gamma DL_t+u_t \tag{12-52}$$

其中 DL_t 是阶跃式虚拟变量。$DL_t=\begin{cases}0, & t<t_b\\ 1, & t\geqslant t_b\end{cases}$。$y_t$ 是有水平突变的退趋势退结构平稳过程(无单位根)。

为什么式(12-51)中加入的是脉冲虚拟变量 DP_t,但 DP_t 所起的作用却是 DL_t?

假定 $y_0=0$(不失一般性),对原假设(12-51)进行递推运算(递推过程略),得

$$y_t=\mu t+\gamma DL_t+u_1+u_2+\cdots+u_t$$

$H1_0$ 中 DP_t 的作用变成了 DL_t[参见式(12-43)的推导与结论]。从 y_t 中减去确定性成分 μt 和 γDL_t,即退趋势,退结构变化(水平突变),得

$$(y_t-\mu t-\gamma DL_t)=u_1+u_2+\cdots+u_t$$

当 $t\to\infty$,这是一个随机游走过程(有单位根)展开式。

从式(12-52)中减去确定性成分,μ,αt 和 γDL_t,得

$$(y_t-\mu-\alpha t-\gamma DL_t)=u_t$$

上两式分别由 $H1_0$ 和 $H1_1$ 变化而来,比较上两式可以看出 y_t 去掉确定性成分(退结构变化,退趋势)后,就是在检验 y_t 是一个单位根过程(非平稳)还是一个白噪声过程(平稳)。

检验类型(2)

$$H2_0: y_t=\mu+y_{t-1}+\gamma DL_t+u_t, \quad u_t \sim IN(0,\sigma^2) \tag{12-53}$$

其中 $DL_t=\begin{cases}0, & t<t_b\\ 1, & t\geqslant t_b\end{cases}$ 是阶跃虚拟变量。y_t 是有趋势突变的单位根过程(在 t_b 期发生突变)

$$H2_1: y_t=\mu+\alpha t+\gamma DT_t+u_t \tag{12-54}$$

其中 $DT_t=\begin{cases}0, & t<t_b\\ t-t_b+1, & t\geqslant t_b\end{cases}$。$y_t$ 没有单位根,是含有趋势突变的退势平稳过程。

为什么式(12-53)中加入的是水平虚拟变量 DL_t,但 DL_t 所起的作用却是 DT_t?

因为原假设 $H2_0$ 是一个动态模型,在 y_{t-1} 系数等于1(即 y_t 序列存在单位根)成立条件下,递推结果显示,只需加入一个水平虚拟变量 DL_t 就可以达到描述趋势(斜率)突变的目的。水平冲击 DL_t 在 t_b 以后的时间里会产生叠加效应。参见式(12-48)下面的解

释。备择假设 $H2_1$ 是一个静态模型，所以要描述趋势变化必须加入一个趋势虚拟变量 DT_t。

$H2_0$ 成立条件下 y_t 的递推式显示 y_t 就是退结构变化后的单位根过程。而 $H2_1$ 为真条件下，y_t 是一个退结构变化后的白噪声过程。

检验类型(3)

$$H3_0: y_t = \mu + y_{t-1} + \gamma_1 DP_t + \gamma_2 DL_t + u_t, \quad u_t \sim IN(0,\sigma^2) \tag{12-55}$$

其中 DP_t 是脉冲虚拟变量，DL_t 是阶跃虚拟变量。在 $H3_0$ 成立条件下，从 $t \geqslant t_b$ 时始，y_t 是同时发生水平和趋势双突变的单位根过程：

$$H3_1: y_t = \mu + \alpha t + \gamma_1 DL_t + \gamma_2 DT_t + u_t \tag{12-56}$$

其中 DL_t 是阶跃虚拟变量。DT_t 是趋势虚拟变量。在 $H3_1$ 为真条件下，y_t 没有单位根，自 t_b 期始，y_t 是水平和趋势发生双突变的退结构平稳过程。

为什么式(12-55)中 DP_t 和 DL_t 起到的作用却分别是 DL_t 和 DT_t？

与对式(12-51)和式(12-53)的分析相类似，式(12-55)中只需加入一个 DP_t 和一个 DL_t 就可以达到描述水平和趋势双突变的目的。

加性离群值单位根检验的步骤是，首先根据实际序列，按上述 3 个备择假设表达式(12-52)、(12-54)、(12-56)之一做 OLS 回归估计，然后从序列中剔除水平和趋势突变的结构变化(称退趋势、退水平，退结构变化)，所得为退结构残差，用 $\hat{u}_t^{(i)}$(其中 $i=1,2,3$)表示。第 2 步，用残差序列 $\hat{u}_t^{(i)}$ 按 ADF 检验式检验单位根，

$$\Delta\hat{u}_t^{(i)} = \rho\hat{u}_{t-1}^{(i)} + \sum_{j=1}^{p}\phi_j\Delta\hat{u}_{t-j}^{(i)} + v_t, \quad i=1,2,3 \tag{12-57}$$

皮荣称 ρ 所对应的统计量 $t_{(\hat{\rho})}$ 为加性离群值 ADF 统计量用 $AOADF^{(i)}$ 表示。其中 $i=1,2,3$，分别与式(12-52)、(12-54)、(12-56)相对应。这种单位根检验方法称作 AOADF 检验法。

因为 $\hat{u}_t^{(i)}$ 是用退结构变化估计式计算出来的，所以单位根检验统计量 $AOADF^{(i)}$ 不服从 ADF 分布。其渐近分布与获得残差序列的不同回归式有关，与结构突变点的位置参数 $\lambda = t_b/T$ 有关。λ 的取值范围是[0,1]。

皮荣用蒙特卡洛模拟方法给出 $AOADF^{(i)}$ 临界值表，见表 12-3。表中(1)、(2)、(3)分别与使用式(12-52)、(12-54)、(12-56)相对应。$AOADF^{(i)}$ 统计量的临界值小于相应无结构突变的 ADF 临界值，并以位置参数 $\lambda=0.5$(结构突变发生在样本区间的中心点)时其值最小。λ 值从 0.5 向左右两侧移动时，临界值将逐步向右移(变大)。当 λ 值移至样本区间两端(意味着序列不存在结构突变)时，AOADF 临界值退化为相应 ADF 临界值。给定检验水平 α 和突变点位置参数 λ 值，有如下关系存在。

$$AOADF^{(3)} < AOADF^{(2)} < AOADF^{(1)}$$

即序列存在结构突变条件下，检验式中所含确定性成分越多，$AOADF^{(i)}$ 统计量对应的临界值越小。

表 12-3 λ 已知条件下 $AOADF^{(i)}$ 检验用渐近临界值表

α	检验式	λ								
		0.1	0.2	0.3	0.4	0.5	0.6	0.7	0.8	0.9
5%	(1)	−3.68	−3.77	−3.76	−3.72	−3.76	−3.76	−3.80	−3.75	−3.69
	(2)	−3.65	−3.80	−3.87	−3.94	−3.96	−3.95	−3.85	−3.82	−3.68
	(3)	−3.75	−3.99	−4.17	−4.22	−4.24	−4.24	−4.18	−4.04	−3.80
10%	(1)	−3.40	−3.47	−3.46	−3.44	−3.46	−3.47	−3.51	−3.46	−3.38
	(2)	−3.36	−3.49	−3.58	−3.66	−3.68	−3.66	−3.57	−3.50	−3.35
	(3)	−3.45	−3.66	−3.87	−3.95	−3.96	−3.95	−3.86	−3.69	−3.46

资料来源：摘自 Perron(1989)的表Ⅳ.B、Ⅴ.B、Ⅵ.B。作者自己整理。

注：表中(1)、(2)、(3)分别与检验类型(1)、(2)、(3)中使用式(12-52)、(12-54)、(12-56)退结构变化相对应。

$AOADF^{(3)}$、3 个 DF 与 $t_{(97)}$ 模拟的概率密度分布曲线见图 12-38。条件是，样本容量 $T=100$，DF_1、DF_2、DF_3 分别表示无常数项趋势项，有常数项无趋势项，有常数项趋势项 3 个单位根检验式中提取的 DF 统计量。$AOADF^{(3)}$ 是用 $H3_1$ 退势后，用残差序列估计的 AOADF 统计量的概率密度分布曲线[设定 $\lambda=0.5$，误差项 $u_t \sim \mathrm{IN}(0,1)$]。

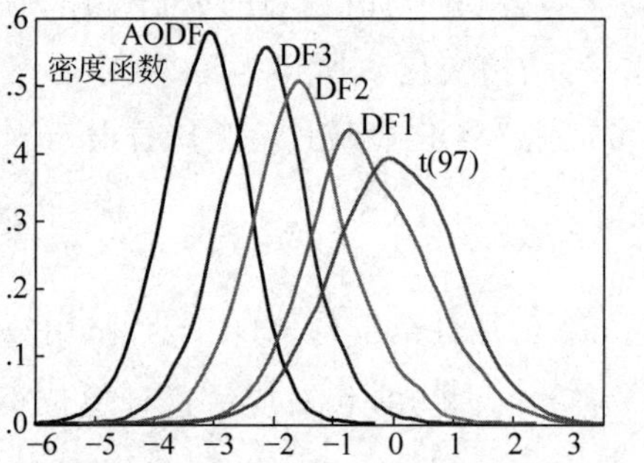

图 12-38 常规 ADF 统计量和 $\lambda=0.5$ 的 $AOADF^{(3)}$ 统计量分布比较

$AOADF^{(3)}$ 统计量分布处在 3 个常规 ADF 统计量分布的左侧，这意味着相应单位根检验临界值更小。该特征与表 12-3 给出的结论相吻合。处于最右侧的分布是 $t_{(97)}$ 分布的模拟曲线。

下面以突变点已知类型(1)为例，进一步介绍结构突变序列单位根 AOADF 检验步骤如下。

(1) 按备择假设 $H1_1$ 即式(12-52)回归，

$$y_t = \hat{\mu} + \hat{\alpha} t + \hat{\gamma} \mathrm{DL}_t + \hat{u}_t$$

对 y_t 退时间趋势，退水平突变，得退结构变化残差序列 $\hat{u}_t = y_t - \hat{\mu} - \hat{\alpha} t - \hat{\gamma} \mathrm{DL}_t$。

(2) 用退结构残差序列 $\hat{u}_t$ 做单位根检验。

$$\hat{u}_t = \hat{\beta} \hat{u}_{t-1} + \hat{v}_t$$

或

$$\Delta \hat{u}_t = \hat{\rho} \hat{u}_{t-1} + \hat{v}_t$$

其中 $\hat{\rho}=\hat{\beta}-1$。$\hat{u}_t$ 序列的单位根检验统计量 $t_{(\hat{\beta})}$、$t_{(\hat{\rho})}$ 即 AOADF 统计量服从表 12-3 中情形(1)的分布，而不服从 DF 分布，从表 12-3 中查找临界值。检验用临界值与突变点发生的位置 t_b 有关。

(3) 如果第(2)步检验式中的 $\hat{v}_t$ 是自相关的，则应该用以下两式检验单位根。

$$\hat{u}_t=\hat{\beta}\hat{u}_{t-1}+\sum_{i=1}^{k}\pi_i\Delta\hat{u}_{t-i}+\hat{v}_t$$

或

$$\Delta\hat{u}_t=\hat{\rho}\hat{u}_{t-1}+\sum_{i=1}^{k}\pi_i\Delta\hat{u}_{t-i}+\hat{v}_t \tag{12-58}$$

其中 $\hat{\rho}=\hat{\beta}-1$。滞后项 $\Delta\hat{u}_{t-i}$ 的加入可以消除第(2)步检验式中 $\hat{v}_t$ 序列中的自相关。

【案例 12-3】（数据见 EViews、STATA 文件：case 12-3）

人民币元兑美元汇率序列的单位根检验

1991 年 1 月至 1996 年 12 月人民币元兑美元(1 美元)汇率序列($rate_t$)见图 12-39。月度数据见表 12-4。

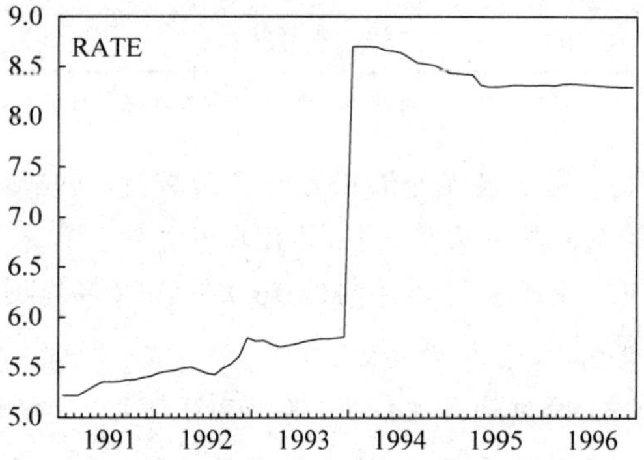

图 12-39　人民币元兑美元汇率序列

新中国成立以来至改革开放前，在传统的计划经济体制下，人民币汇率由国家实行严格的管理和控制。1949—1952 年，实行的是单一浮动汇率制。1953—1972 年，实行的是单一固定汇率制。1973—1980 年，实行的是以“一篮子货币”计算的单一浮动汇率制。

党的十一届三中全会以后，我国进入向社会主义市场经济过渡的改革开放新时期。我国的汇率体制从单一汇率制转为双重汇率制。1985—1993 年，官方汇率与外汇调剂价格并存的两个汇率双轨制时期。造成了外汇市场秩序混乱，长期存在外汇黑市。

表 12-4　人民币元兑美元汇率序列数据

年:月	$rate_t$	年:月	$rate_t$	年:月	$rate_t$	年:月	$rate_t$
1991:01	5.222	1991:06	5.354	1991:11	5.401	1992:04	5.497
1991:02	5.222	1991:07	5.356	1991:12	5.413	1992:05	5.504
1991:03	5.222	1991:08	5.359	1992:01	5.448	1992:06	5.475
1991:04	5.266	1991:09	5.374	1992:02	5.464	1992:07	5.443
1991:05	5.314	1991:10	5.379	1992:03	5.473	1992:08	5.429

续表

年:月	$rate_t$	年:月	$rate_t$	年:月	$rate_t$	年:月	$rate_t$
1992:09	5.495	1993:10	5.787	1994:11	8.517	1995:12	8.316
1992:10	5.537	1993:11	5.795	1994:12	8.485	1996:01	8.319
1992:11	5.613	1993:12	5.807	1995:01	8.441	1996:02	8.313
1992:12	5.798	1994:01	8.700	1995:02	8.435	1996:03	8.329
1993:01	5.764	1994:02	8.703	1995:03	8.428	1996:04	8.332
1993:02	5.770	1994:03	8.703	1995:04	8.423	1996:05	8.329
1993:03	5.731	1994:04	8.696	1995:05	8.318	1996:06	8.323
1993:04	5.706	1994:05	8.665	1995:06	8.301	1996:07	8.316
1993:05	5.722	1994:06	8.657	1995:07	8.301	1996:08	8.308
1993:06	5.737	1994:07	8.640	1995:08	8.308	1996:09	8.304
1993:07	5.761	1994:08	8.590	1995:09	8.319	1996:10	8.300
1993:08	5.776	1994:09	8.540	1995:10	8.316	1996:11	8.299
1993:09	5.787	1994:10	8.529	1995:11	8.314	1996:12	8.299

资料来源：中国经济信息网-中国经济统计数据库，http://db.cei.gov.cn/。

为了摆脱外汇市场的混乱局面，1994年1月1日中国人民银行改人民币元兑美元汇率的双轨制为单轨制，称作汇率并轨。官方汇价从5.81元兑1美元阶跃下调到8.70元兑1美元。汇率序列($rate_t$)在1994年1月(月度数据)发生结构突变，其中既含有水平突变，又有趋势突变。

因为是月度数据，根据实际情形，应该选择1994年1月为序列 $rate_t$ 突变时点，而且序列属于水平、趋势双突变序列。对序列 $rate_t$ 的单位根检验应该选用加性离群值检验式。

下面用两种方法，即①自己按AOADF检验式步骤检验单位根。②用EViews AOADF专用程序检验单位根。

(1) 按AOADF检验式步骤检验单位根。

以1994年1月为突变点，定义阶跃虚拟变量 DL_t 和趋势虚拟变量 DT_t 如下：

$$DL_t=\begin{cases}0, & 1991\text{ 年 }1\text{ 月}\leqslant t\leqslant 1993\text{ 年 }12\text{ 月}\\ 1, & 1994\text{ 年 }1\text{ 月}\leqslant t\leqslant 1996\text{ 年 }12\text{ 月}\end{cases}$$

$$DT_t=\begin{cases}0, & 1991\text{ 年 }1\text{ 月}\leqslant t\leqslant 1993\text{ 年 }12\text{ 月}\\ t-36, & 1994\text{ 年 }1\text{ 月}\leqslant t\leqslant 1996\text{ 年 }12\text{ 月}\end{cases}$$

其中1991年1月对应 $t=1$。$t_{1994年1月}=t_b=37$，$DL_{37}=1$，$DT_{37}=1$。

按式(12-56)回归得估计结果如下：

$$\text{rate}_t = 5.2029 + 2.8168\text{DL}_t + 0.0179t - 0.0305\text{DT}_t + \hat{u}_t \quad (12\text{-}59)$$
$$(250.2)\quad (97.7)\quad (18.2)\quad (-22.0)$$
$$R^2 = 0.9983, \text{DW} = 0.3, T = 72,\text{令 1991 年 1 月对应 } t = 1\text{。}$$

DL_t 和 DT_t 项的系数有显著性，说明序列确实存在水平突变和趋势突变。把式(12-59)按 1994 年 1 月前后分期写成两个表达式：

$$\text{rate}_t = \begin{cases} 5.2029 + 0.0179t + \hat{u}_t, & 1991\text{ 年 1 月} \leqslant t \leqslant 1993\text{ 年 12 月} \\ 8.0187 - 0.0126t + \hat{u}_t, & 1994\text{ 年 1 月} \leqslant t \leqslant 1996\text{ 年 12 月} \end{cases}$$

上式表明在汇率并轨之前，人民币元兑美元汇率以平均每月 0.0179 元的速度一直在贬值；而在汇率并轨之后，人民币元兑美元汇率以平均每月 0.0126 元的速度一直在升值。

式(12-59)中的残差序列 $\hat{u}_t$ 就是退结构变化以后的序列。序列 $\hat{u}_t$ 见图 12-40 下方的残差曲线(residual)。对 $\hat{u}_t$ 做 AOADF 检验，检验结果如下：

$$\Delta\hat{u}_t = -0.1957\hat{u}_{t-1} + 0.3258\Delta\hat{u}_{t-1}$$
$$(-3.0)^*\quad (2.8)$$
$$\text{DW} = 2.1, T = 70, (1991\text{ 年 3 月}—1996\text{ 年 12 月})$$

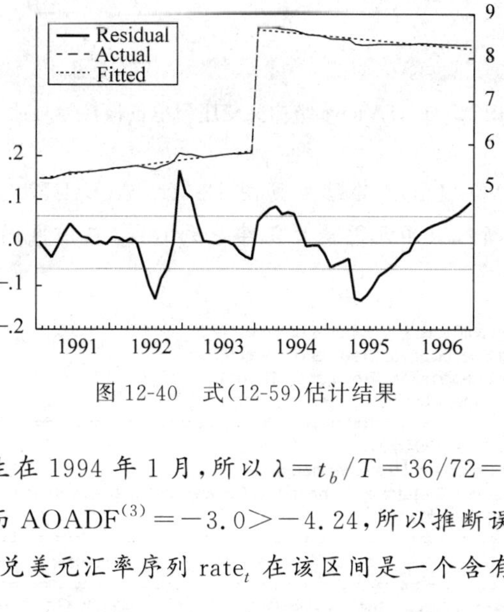

图 12-40　式(12-59)估计结果

因为结构变化发生在 1994 年 1 月，所以 $\lambda = t_b/T = 36/72 = 0.5$。从表 12-3 中查出临界值是 -4.24。而 $\text{AOADF}^{(3)} = -3.0 > -4.24$，所以推断误差序列 u_t 是单位根序列。那么，人民币元兑美元汇率序列 rate_t 在该区间是一个含有水平、趋势双突变的单位根序列。

(2) 用 EViews AOADF 专用程序(break point unit root test)检验单位根。

单击 View 按钮，选 Unit Root Test，Breakpoint Unit Root Test 功能。在打开的 Breakpoint Unit Root Test 对话窗，选项见图 12-41。在 Test for unit root in 选项区选 Level(即序列 rate_t)，在 Break type 选项区选 Addtive Outlier(即单位根 AOADF 检验

法)，在 Trend specification 选项区之所以选 Trend and Intercept(即趋势与常数项)，就是考虑到序列 $rate_t$ 的水平值和斜率在汇率并轨起始点前后都存在变化。在 Breakpoint selection 选项区选 User-specified[即使用者自己设定突变(渐变)开始时刻。这里选 $t_b=1994$ 年 1 月，汇率并轨起始点]。在 Lag length 选项区选默认项 Schwarz criterion (Schwarz 准则，最大滞后 11 期)。单击 OK 按钮，得检验式如下：

$$\underset{}{rate_t} = \underset{(250.2)}{5.2029} + \underset{(97.7)}{2.8168}DL_t + \underset{(18.2)}{0.0179}t - \underset{(-22.0)}{0.0305}DT_t + \hat{u}_t$$

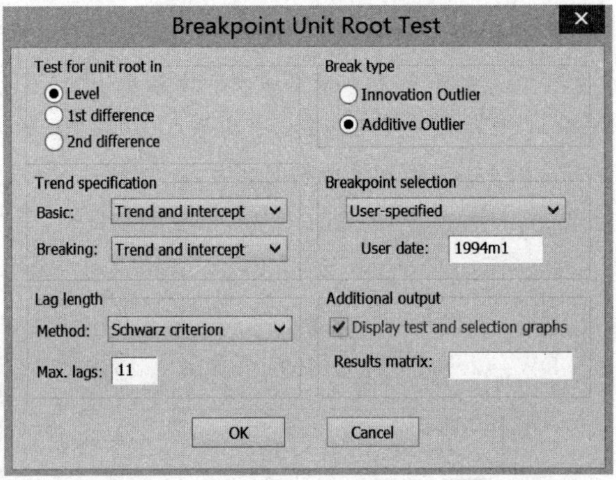

图 12-41　EViews 结构突变序列单位根检验对话窗

EViews 单位根 AOADF 检验结果见图 12-42。AOADF[(3)] $=-2.0>-4.24$(5%水平临界值)，所以推断人民币元兑美元汇率序列 $rate_t$ 在该区间是一个含有水平、趋势双突变的单位根序列。

Null Hypothesis: RATE has a unit root
Trend Specification: Trend and intercept
Break Specification: Trend and intercept
Break Type: Additive outlier

Break Date: 1994M01
Break Selection: User-specified break
Lag Length: 0 (Automatic - based on Schwarz information criterion, maxlag=11)

		t-Statistic	Prob.*
Augmented Dickey-Fuller test statistic		-2.032456	>= 0.50
Test critical values:	1% level	-4.897222	
	5% level	-4.240000	
	10% level	-3.958611	

*Perron (1989, 1993) asymptotic one-sided p-values (lambda=0.513889).

图 12-42　EViews 单位根 AOADF 检验结果

两种检验方法结论一致。有效市场条件下，汇率序列中有单位根也是金融学中的一般结论。两个 AOADF 统计量的值之所以不一样是因为两个 AOADF 检验式不同。

12.6.5 新息离群值单位根检验与案例

结构变化序列的单位根新息离群值检验法也称作 IO 离群值检验法。一般的新息(IO)离群值单位根检验原假设是：

H_0：$y_t = y_{t-1} + \gamma_0 + \gamma_1 DP_t + \gamma_2 DL_t + u_t$，　$u_t \sim IN(0,\sigma^2)$。

H_0 设定的是带有水平和趋势突变的退结构单位根过程。为什么 DP_t、DL_t 所起的作用分别是 DL_t 和 DT_t？原因见式(12-43)和式(12-48)。

H_1：$y_t = \alpha_0 + \gamma_0 t + \gamma_2 DL_t + \gamma_3 DT_t + u_t$，　$u_t \sim IN(0,\sigma^2)$。

作为被择假设，H_1 设定的是带有水平和趋势突变的退结构平稳过程。

因为 H_0 与 H_1 互不嵌套，所以构造的 IOADF 单位根检验式是

$$y_t = \alpha_0 + \gamma_0 t + \gamma_1 DP_t + \gamma_2 DL_t + \gamma_3 DT_t + \beta y_{t-1} + \sum_{i=1}^{k} \theta_i \Delta y_{t-i} + u_t \tag{12-60}$$

其中包括 H_0 与 H_1 中的全部回归项。依据 12.6.3 小节分析，为保证序列有结构渐变性质，检验式中必须含有 y_{t-1} 项。加入足够多 Δy_t 滞后项的目的是使 u_t 序列满足白噪声要求。$\hat{\beta}$ 对应的 t 统计量就是 IOADF 统计量。

$$t_{(\hat{\beta})} = \text{IOADF} = \frac{\hat{\beta} - 1}{s_{(\hat{\beta})}}$$

上式可以改写为单位根检验常用形式，对检验式(12-60)等号两侧同时减 y_{t-1}，

$$\Delta y_t = \alpha_0 + \gamma_0 t + \gamma_1 DP_t + \gamma_2 DL_t + \gamma_3 DT_t + \rho y_{t-1} + \sum_{i=1}^{k} \theta_i \Delta y_{t-i} + u_t \tag{12-61}$$

$\hat{\rho}$ 对应的 t 统计量就是 IOADF 统计量。式(12-61)称 IOADF 检验式或新息离群值检验式。

$$t_{(\hat{\rho})} = \text{IOADF} = \frac{\hat{\rho} - 0}{s_{(\hat{\rho})}}$$

IOADF 单位根检验式(12-60)和式(12-61)用 OLS 法估计。依据单位根检验式中时间趋势项 t，虚拟变量 DP_t、DL_t、DT_t 是否存在给出 3 种 IOADF 单位根检验式。

(1) 检验式中无趋势项 $\gamma_0 t$，但有 DP_t、DL_t，

$$\Delta y_t = \alpha_0 + \gamma_1 DP_t + \gamma_2 DL_t + \rho y_{t-1} + \sum_{i=1}^{k} \theta_i \Delta y_{t-i} + u_t, \quad u_t \sim IN(0,\sigma^2) \tag{12-62}$$

上式对应的 H_0：$\rho=0$，y_t 是结构突变的单位根过程，H_1：$\rho<0$，y_t 是带有脉冲离群值和水平离群值的退结构平稳过程。

(2) 检验式中有趋势项 $\gamma_0 t$ 以及 DP_t、DL_t，

$$\Delta y_t = \alpha_0 + \gamma_0 t + \gamma_1 DP_t + \gamma_2 DL_t + \rho y_{t-1} + \sum_{i=1}^{k} \theta_i \Delta y_{t-i} + u_t, \quad u_t \sim IN(0,\sigma^2) \tag{12-63}$$

上式对应的 $H_0: \rho=0$，y_t 是结构突变的单位根过程，$H_1: \rho<0$，y_t 是水平渐变的退结构平稳过程。

(3) 检验式中含有趋势项 $\gamma_0 t$ 以及 DP_t、DL_t、DT_t，

$$\Delta y_t = \alpha_0 + \gamma_0 t + \gamma_1 DP_t + \gamma_2 DL_t + \gamma_3 DT_t + \rho y_{t-1} + \sum_{i=1}^{k} \theta_i \Delta y_{t-i} + u_t, \quad u_t \sim IN(0,\sigma^2) \tag{12-64}$$

上式对应的 $H_0: \rho=0$，y_t 是带有结构突变的单位根过程，$H_1: \rho<0$，y_t 是带有水平、趋势渐变的退结构平稳过程。计算 IOADF 值。

若 IOADF 值＞临界值，则 H_0 成立。y_t 是有结构变化的单位根序列。

若 IOADF 值≤临界值，则推翻 H_0。y_t 是有结构变化的平稳序列。

检验用临界值仍从表 12-3 中查找。其中位置参数 $\lambda = t_b/T$。

以上 IOADF 检验式用 OLS 法估计。

【案例 12-4】（数据见 EViews、STATA 文件：case12-4）

对数的中国职工年度平均工资水平时间序列的单位根检验

对数的中国职工年度平均工资 $Lnwage_t$ 序列(1952—2019)见图 12-43。

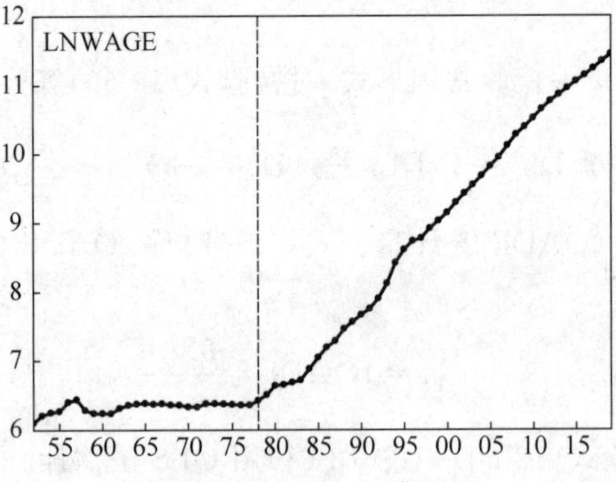

图 12-43　$Lnwage_t$ 序列图

根据实际情形分析，改革开放以后对数的中国职工年度平均工资序列 $Lnwage_t$ 的增长速度明显快于改革开放之前，但这一变化过程显然不是突然完成的，应该是一个渐进过程，所以应该选择单位根 IOADF 检验式进行检验。以改革开放的 1978 年为突变点定义 DL_t 和 DT_t 如下(令 1952 年对应 $t=1$)：

$$DL_t = \begin{cases} 0, & 1952 \leqslant t \leqslant 1977 \\ 1, & 1978 \leqslant t \leqslant 2019 \end{cases}, \quad DT_t = \begin{cases} 0, & 1952 \leqslant t \leqslant 1977 \\ t-26, & 1978 \leqslant t \leqslant 2019 \end{cases}$$

中国职工年度平均工资 $wage_t$ 和 DL_t、DT_t 数据见表 12-5。

表 12-5　中国职工年度平均工资（$wage_t$，人民币元）和 t，DP_t、DL_t、DT_t 数据

年份	$wage_t$	t	DP_t	DL_t	DT_t	年份	$wage_t$	t	DP_t	DL_t	DT_t
1952	445	1	0	0	0	1986	1 329	35	0	1	9
1953	495	2	0	0	0	1987	1 459	36	0	1	10
1954	517	3	0	0	0	1988	1 747	37	0	1	11
1955	527	4	0	0	0	1989	1 935	38	0	1	12
1956	601	5	0	0	0	1990	2 140	39	0	1	13
1957	624	6	0	0	0	1991	2 340	40	0	1	14
1958	536	7	0	0	0	1992	2 711	41	0	1	15
1959	512	8	0	0	0	1993	3 371	42	0	1	16
1960	511	9	0	0	0	1994	4 538	43	0	1	17
1961	510	10	0	0	0	1995	5 500	44	0	1	18
1962	551	11	0	0	0	1996	6 210	45	0	1	19
1963	576	12	0	0	0	1997	6 470	46	0	1	20
1964	586	13	0	0	0	1998	7 479	47	0	1	21
1965	590	14	0	0	0	1999	8 346	48	0	1	22
1966	583	15	0	0	0	2000	9 371	49	0	1	23
1967	587	16	0	0	0	2001	10 870	50	0	1	24
1968	577	17	0	0	0	2002	12 422	51	0	1	25
1969	575	18	0	0	0	2003	14 040	52	0	1	26
1970	561	19	0	0	0	2004	16 024	53	0	1	27
1971	560	20	0	0	0	2005	18 364	54	0	1	28
1972	588	21	0	0	0	2006	21 001	55	0	1	29
1973	587	22	0	0	0	2007	24 932	56	0	1	30
1974	584	23	0	0	0	2008	29 229	57	0	1	31
1975	580	24	0	0	0	2009	32 736	58	0	1	32
1976	575	25	0	0	0	2010	37 147	59	0	1	33
1977	576	26	0	0	0	2011	42 452	60	0	1	34
1978	615	27	1	1	1	2012	47 593	61	0	1	35
1979	668	28	0	1	2	2013	52 388	62	0	1	36
1980	762	29	0	1	3	2014	57 361	63	0	1	37
1981	772	30	0	1	4	2015	63 241	64	0	1	38
1982	798	31	0	1	5	2016	68 993	65	0	1	39
1983	826	32	0	1	6	2017	76 121	66	0	1	40
1984	974	33	0	1	7	2018	84 744	67	0	1	41
1985	1 148	34	0	1	8	2019	93 383	68	0	1	42

注：数据摘自国家统计局年度数据(https://data.stats.gov.cn/easyquery.htm?cn=C01)

下面用两种方法,即①按 IOADF 检验式步骤检验单位根。②用 EViews IOADF 专用程序检验单位根。

(1) 按 IOADF 检验式步骤检验单位根。

按 IOADF 检验式(12-64)直接估计,得结果如下:

$$\Delta \text{Ln}\hat{\text{w}}\text{age}_t = 1.40 + 0.0008t + 0.06\text{DP}_t - 0.03\text{DL}_t + 0.03\text{DT}_t - 0.22\text{Lnwage}_{t-1} + 0.45\Delta\text{Lnwage}_{t-1}$$

$$(3.8) \quad (0.5) \quad (1.1) \quad (-0.7) \quad (3.5) \quad (-3.6)^{*} \quad (4.2)$$

$$\text{DW} = 1.9, T = 66, (1954—2019)$$

估计式中时间 t 的系数没有显著性,说明改革开放以前序列 Lnwage_t 基本上没有增长。

DP_t 的系数没有显著性,说明在 1978 年不存在脉冲变化。

DL_t 的系数没有显著性,说明在 1978 年不存在水平变化。

DT_t 的系数显著不等于零,说明在 1978 年以后 Lnwage_t 存在趋势变化,收入不断增长。

这些估计结果给出的结论与实际情形相符合。从估计式中删除 t、DP_t、DL_t 不显著项,得新的估计结果如下。

$$\Delta \text{Ln}\hat{\text{w}}\text{age}_t = 1.2450 + 0.0258\text{DT}_t - 0.1963\text{Lnwage}_{t-1} + 0.4114\Delta\text{Lnwage}_{t-1}$$

$$(5.3) \quad (5.4) \quad (-5.2)^{*} \quad (4.4)$$

$$\text{DW} = 1.8, T = 66, (1954—2019)$$

$\text{IOADF}^{*} = -5.2 < -4.22$(临界值查自表 2-2,突变点 $\lambda = 0.4$)。结论是序列 Lnwage_t 没有单位根。因为 DT_t 项的系数 0.025 8 显著地不等于零,所以序列 Lnwage_t 存在趋势渐变特征。这意味着对数的中国职工年度平均工资在不断增长,是一个趋势渐变的退结构平稳序列。

依据式(12-50)第 2 个表达式中第 1 个连加式,ϕ_1 的值越小,含有 ϕ_1 项的重要性越低,$(t-t_b+1)$项的主导作用越强。本例 Lnwage_t 自回归系数是 $\phi_1 = 1-0.1965 = 0.8$,与 0.9 和 0.95 相比,突出$(t-t_b+1)$项的主导作用更强。实际意义是,施行改革开放政策以后,党和国家工作重心向经济建设转移之后,人民生活水平随之发生快速转变,逐年提高。

(2) 用 EViews IOADF 专用程序(break point unit root test)检验单位根。

单击 View 按钮,选 Unit Root Test, Breakpoint Unit Root Test 功能。打开 Breakpoint Unit Root Test 对话窗,见图 12-44。

之所以在 Break type 选项区选 Innovation Outlier(即单位根 IOADF 检验法),就是考虑到序列 Lnwage_t 的结构变化不可能是一个突变过程,而应该是一个渐变过程。之所以在 Trend specification 选项区选 Trend and Intercept(即趋势与常数项),就是考虑序列有可能常数项和趋势不等于零。之所以在 Breaking 选项区选 Trend,就是考虑序列 Lnwage_t 在 1978 年存在趋势变化。在 Breakpoint selection 选项区选 User-specified,即使用者自己设定突变(渐变)开始时刻,这里选 $t_b = 1978$,是考虑到 1978 年

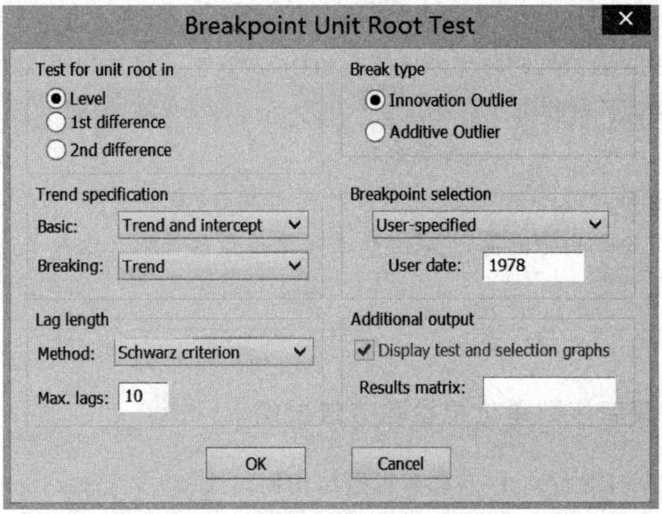

图 12-44　EViews 结构突变序列单位根检验对话窗

施行改革开放政策。选择见图 12-44。单击 OK 按钮，得检验式如下（摘自 EViews IOADF 估计结果）。

$$\text{Lnwage}_t = 0.8110\ \text{Lnwage}_{t-1} + 0.4079\Delta\text{Lnwage}_{t-1} + 1.1917 - 0.0005\ t + 0.0243\ \text{DT}_t$$
$$(19.7)\qquad\qquad (4.3)\qquad\qquad\qquad (4.5)\qquad (0.5)\qquad (4.2)$$

EViews 检验结果见图 12-45。

Null Hypothesis: LNWAGE has a unit root
Trend Specification: Trend and intercept
Break Specification: Trend only
Break Type: Innovational outlier

Break Date: 1978
Break Selection: User-specified break
Lag Length: 1 (Automatic - based on Schwarz information criterion, maxlag=10)

		t-Statistic	Prob.*
Augmented Dickey-Fuller test statistic		-4.599426	< 0.01
Test critical values:	1% level	-4.548824	
	5% level	-3.937941	
	10% level	-3.657647	

*Perron (1989, 1993) asymptotic one-sided p-values (lambda=0.397059).

图 12-45　EViews IOADF 单位根检验结果

IOADF＝－4.599＜－3.94（5%检验水平临界值）。检验结论是，序列 Lnwage_t 没有单位根，有趋势渐变，没有水平渐变的退趋势退结构平稳过程。渐变点 1978 年前 Lnwage_t 的趋势为零。

两种检验方法结论一致，即序列 Lnwage_t 没有单位根，是有趋势渐变，没有水平渐变的退趋势平稳过程。两种计算方法的 IOADF 统计量的值不同(−5.2 和 −4.599)的原因是两个 IOADF 检验式有差异。

从序列本身分析，Lnwage_t 也不应该是一个单位根序列。因为工资变化必然以前期工资水平为基础，所以 Lnwage_t 应该是一个自相关(自回归)序列，而 Lnwage_t 存在趋势渐变特征完全是由于中国自1978年开始改革开放并施行以经济建设为中心的政策所致。

12.6.6 结构突变序列单位根检验方法总结

(1) 对于 AOADF 检验式[备择假设退结构回归式(12-52)、式(12-54)、式(12-56)]，DP_t，DL_t，DT_t 称加性离群值。无论检验结论是否有单位根，序列一定是结构突变序列。原假设回归式(12-51)、(12-53)、(12-55)中、DP_t、DL_t、DT_t 的作用分别与备择假设回归式中 DL_t、DT_t，2次趋势相对应。

(2) 对于 IOADF 检验式，DP_t、DL_t、DT_t 称新息离群值。如检验结论是序列 y_t 没有单位根，y_t 一定是结构渐变序列，DP_t、DL_t、DT_t 的作用不变；若序列有单位根，DP_t 的作用变成 DL_t、DL_t 的作用变成 DT_t、DT_t 的作用变成2次趋势。y_t 为结构突变序列。

(3) 以脉冲渐变序列(使用 DP_t)为例，

$$y_t = \phi_1 y_{t-1} + \alpha \text{DP}_t + u_t$$

$$(1-\phi_1 L) y_t = (\alpha \text{DP}_t + u_t)$$

$$y_t = \frac{1}{1-\phi_1 L}(\alpha \text{DP}_t + u_t) = (1 + \phi_1 L + (\phi_1 L)^2 + \cdots +)(\alpha \text{DP}_t + u_t)$$

DP_t 作用与 u_t 一起加在了全部(每一期)y_t 上。所以称 DP_t 为新息离群值。

但对脉冲突变序列，

$$y_t = \alpha \text{DP}_t + u_t$$

而言，DP_t 作用只加在突变点 t_b 那一期 y_t 上。所以称 DP_t 为加性离群值。

(4) 结构变化序列单位根检验还可分为结构变化起始点已知和未知两种情形。如果结构变化起始点已知，则直接用 t_b 点定义 DP_t、DL_t、DT_t，或在 EViews 专用单位根检验程序中输入结构突变时点。如果结构变化起始点未知，则直接用结构突变检验方法确定突变点 t_b 位置，即让 EViews 专用程序在检验单位根的同时也推断结构变化初始点 t_b 位置。

单位根 AOADF 检验和 IOADF 检验法总结见表 12-6。

表 12-6　结构变化序列单位根检验方法总结表

检验方法	IOADF、AOADF 单位根检验步骤
AOADF 单位根检验式	第 1 步：按备择假设对序列作退结构处理，提取残差序列 $H1_1$：$y_t=\mu+\alpha t+\gamma DL_t+u_t$ $H2_1$：$y_t=\mu+\alpha t+\gamma DT_t+u_t$ $H3_1$：$y_t=\mu+\alpha t+\gamma_1 DL_t+\gamma_2 DT_t+u_t$ 第 2 步：利用从第 1 步提取的残差序列，检验单位根 $\Delta\hat{u}_t^{(i)}=\rho\hat{u}_{t-1}^{(i)}+\sum_{j=1}^{p}\phi_j\Delta\hat{u}_{t-j}^{(i)}+v_t,\quad i=1,2,3$
IOADF 单位根检验式	直接检验单位根 $\Delta y_t=\alpha_0+\rho y_{t-1}+\gamma_1 DP_t+\gamma_2 DL_t+\sum_{i=1}^{k}\beta_i\Delta y_{t-i}+u_t$ $\Delta y_t=\alpha_0+\rho y_{t-1}+\alpha_2 t+\gamma_2 DL_t+\gamma_3 DT_t+\sum_{i=1}^{k}\beta_i\Delta y_{t-i}+u_t$ $\Delta y_t=\alpha_0+\rho y_{t-1}+\alpha_2 t+\gamma_1 DP_t+\gamma_2 DL_t+\gamma_3 DT_t+\sum_{i=1}^{k}\beta_i\Delta y_{t-i}+u_t$

对一个序列为什么要检验单位根？目的主要有 3 个。

(1) 用单位根检验方法判断序列平稳性比通过观察序列相关图判断平稳性更科学，更合理。

(2) 计量经济学的新进展都离不开对序列平稳性的判断。比如，向量自回归(VAR)模型，广义自回归条件异方差(GARCH)模型，协整检验以及误差修正(VEC)模型等。不掌握单位根检验方法，就不能进一步学习计量经济学上述知识。

(3) 掌握单位根检验方法可以避免回归发生错误。以模型 $y_t=\beta_0+\beta_1 x_t+u_t$ 为例，说明见表 12-7。回归式含有多个解释变量情形的处理原则与表 12-7 给出的方法类似。

表 12-7　不同特征随机序列的正确回归方法

情形	条　件	正确回归方法
1	$y_t\sim I(0),x_t\sim I(0)$	直接用 y_t,x_t 回归。$y_t=\beta_0+\beta_1 x_t+u_t$
2	$y_t\sim I(a),x_t\sim I(b),a\neq b$	不可以用 y_t,x_t 直接回归。
3	$y_t\sim I(1),x_t\sim I(1)$ y_t,x_t 不存在协整关系	不可以用 y_t,x_t 直接回归。但可以用 $\Delta y_t,\Delta x_t$ 直接回归。$\Delta y_t=\beta_0+\beta_1\Delta x_t+u_t$
4	$y_t\sim I(1),x_t\sim I(1)$ y_t,x_t 存在协整关系	可以用 y_t,x_t 直接回归。$y_t=\beta_0+\beta_1 x_t+u_t$ 此回归称协整回归
5	y_t 是退势平稳序列，$x_t\sim I(1)$	$(y_t-\alpha t)=\beta_0+\beta_1\Delta x_t+u_t$

续表

情形	条　　件	正确回归方法
6	y_t 是退势平稳序列，$x_t \sim I(0)$	$(y_t - \alpha t) = \beta_0 + \beta_1 x_t + u_t$
7	$y_t \sim I(1)$，$x_t \sim I(0)$	$\Delta y_t = \beta_0 + \beta_1 x_t + u_t$
8	y_t，x_t 都是退势平稳序列	$(y_t - \alpha t) = \beta_0 + \beta_1 (x_t - \gamma t) + u_t$
9	y_t，x_t 都是平稳序列且有相同的变化周期	直接用 y_t，x_t 回归。$y_t = \beta_0 + \beta_1 x_t + u_t$
10	y_t，x_t 是结构突变单位根序列	在退相应结构变化和差分之后，建立回归式

本章习题

第 13 章　单方程误差修正模型

20 世纪 80 年代，协整和误差修正模型的提出是计量经济学领域的重要创新性成果。它使困扰计量经济学学者近 20 年的虚假回归问题彻底解决。

本章先介绍均衡概念。13.2 节在序列具有平稳性的条件下，介绍单一方程误差修正模型的由来。13.3 节介绍协整定义，13.4 节介绍协整检验，13.5 节介绍 Granger 定理，具有协整关系的非平稳序列之间一定能建立误差修正模型。13.6 节介绍恩格尔和格兰杰提出的建立单一方程误差修正模型的 EG 两步法，最后给出误差修正模型实用建模案例。

13.1　均衡概念

均衡是在回归分析中常用到的一个概念。均衡指一种状态。当变量达到均衡状态时，将不存在内在的破坏均衡状态的机制。当受到外部扰动后，系统有可能，也许无可能再回到均衡状态。均衡状态可以具备，也可以不具备局部的或整体的平稳性。对于非平稳的均衡状态，当经济系统经受随机扰动后将不再保持均衡状态。

这里只考虑具有平稳性的均衡状态。平稳的均衡状态具有一种机制，当系统偏离均衡点时，在一定时期内这种机制可以把系统重新拉回到均衡状态。经济变量间的长期均衡关系意味着经济变量间存在系统的协同运动规律。当经济系统处于均衡状态时，这种均衡关系可以用描述时间序列变量的函数关系表达。

以两个地区某种商品的价格为例，假设地区 A 中该商品物价由于某种原因上升时，该商品就会通过批发商从价格低的 B 地区向价格高的 A 地区流动，从而使批发商从中获利。这种活动将直接导致该商品在 B 地区的供给量减少，从而使该商品在 B 地区的价格上涨。从 A 地区看，由于增加了该商品的供给量，价格则下降，从而使该商品在 A、B 两个地区达到新的平衡。反过来的情形，即地区 A 中该商品物价由于某种原因开始下降，同样会使两各地区的该商品价格最后达到平衡。随着时间的推移，无论价格怎样变化，两个地区的价格水平都趋于一致。

对于含有两个变量 y_t，x_t 的系统，如果 $u_t=f(y_t, x_t)$（偏离均衡状态的实际观测值序列）是一个中位数为零的平稳序列（不应存在趋势性成分），或者说实际发生值与均衡点的预定值之差是一个以零为中心，并具有固定不变分布特征的序列，则称变量 y_t 和 x_t 具有均衡关系。当 y_t 和 x_t 为平稳变量时，这种均衡关系是自然存在的。因为无论 β 取任何值，$y_t-\beta x_t$ 必定是一个平稳序列。而当 y_t 和 x_t 为非平稳变量时，假定真实的均衡关系是 $y_t=\beta x_t$。取 $\alpha\neq\beta$，则 $y_t-\alpha x_t$ 不是一个平稳的序列。因为在这种条件下，$y_t-\alpha x_t$ 中包含有一个非平稳变量 $(\alpha-\beta)x_t$。可见仅当 $\alpha=\beta$ 时，$(y_t-\alpha x_t)$ 才是平稳的。

当 x_t 与 y_t 永远处于均衡位置时，$u_t=0$。但由于有许多随机因素影响经济系统，所以 y_t 并不是永远处于与 x_t 相对应的均衡点上，而是有所偏离。这种偏离 u_t 称为非均衡误差。非均衡误差包含丰富的信息，在误差修正模型中，它是 y_t 下一期取值的重要解释变量。由于均衡机制的作用，当系统偏离均衡点时，在随后的时间里，平均来说系统将移向均衡点。当 u_t 为正时，说明 y_t 相对于 x_t 取值太大。平均来讲，在随后的期间 y_t 的值将有所回落。所以对 Δy_t 来说，$u_{t-1}=f(y_{t-1},x_{t-1})$ 具有一种误差修正机制，常被包括在下面将介绍的误差修正模型中。

简单举例，时间序列变量 $x_t, y_t \sim I(0)$，若存在如下关系：

$$y_t=\beta_0+\beta_1 x_t+u_t$$

则 $u_t=y_t-\beta_0-\beta_1 x_t$ 为非均衡误差，且有 $E(u_t)=0$。当用一个估计的回归函数表示两个或多个时间序列变量的均衡关系时，可以用求期望的方法得到估计的长期均衡关系。因而由上式得到 x_t 与 y_t 的长期关系是

$$E(y_t)=\beta_0+\beta_1 E(x_t)$$

上式表示在整个样本期间 x_t 和 y_t 的平均关系。这类似于一种理想状态，被解释变量在各个时间点上取值都无变化，于是时间特征对变量来说变得毫不相干。在这种条件下，回归函数变成了确定性函数。

13.2　误差修正模型

在介绍误差修正模型之前，先介绍分布滞后模型、动态模型和动态分布滞后模型。因为误差修正模型是由动态分布滞后模型推导而来。在这一节先假设回归变量都是平稳变量。在13.3节和以后各节再把平稳变量的约束放开。

13.2.1　自回归分布滞后模型

在4.3.1小节曾介绍分布滞后模型。本小节再次从分布滞后模型开始直至给出动态分布滞后模型定义。

1. 分布滞后模型

如果被解释变量不但与解释变量的本期值而且与其若干滞后值有关系，描述这种依存关系的模型称为分布滞后模型，记为

$$y_t=\alpha+\sum_{i=0}^{n}\beta_i x_{t-i}+u_t,\quad u_t\sim \text{IID}(0,\sigma^2) \tag{13-1}$$

其中 α 和 β_i 是回归系数。IID(•)表示独立同分布。n 表示最大滞后期。上述模型的一个明显问题是 x_t 与 $x_{t-1}, x_{t-2}, \cdots, x_{t-n}$ 高度相关，从而使 β_i 的OLS估计值很不准确。实际上对于分布滞后模型，这并不是一个严重问题，因为人们的注意力并不在单个回归系数上，而是在这些回归系数的和式 $\sum_{i=0}^{n}\beta_i$ 上。通过这个和式可以了解当 x_t 变化时，对 y_t 产生的长期影响。尽管OLS法对每个 β_j 估计得不很准确，但这些估计值的和却是相当

精确的。有下式成立：

$$\operatorname{var}\left(\sum_{i=0}^{n}\hat{\beta}_i\right)=\sum_{i=0}^{n}\operatorname{var}(\hat{\beta}_i)+2\sum_{i=0}^{n}\sum_{k=0}^{i-1}\operatorname{cov}(\hat{\beta}_i,\hat{\beta}_k) \tag{13-2}$$

其中 var(•)表示方差，cov(•)表示协方差。若 x_{t-i} 与 x_{t-k}，$(i\neq k)$是正相关的(实际中常常如此)，则式(13-2)中的协方差项通常是负的。当这些项为负且绝对值很大时，等号左侧项 $\operatorname{var}\left(\sum_{i=0}^{n}\hat{\beta}_i\right)$ 比等号右侧第 1 项 $\sum_{i=0}^{n}\operatorname{var}(\hat{\beta}_i)$ 小，甚至比每个 $\operatorname{var}(\hat{\beta}_i)$ 还小。也就是说，对于每一个 β_i 的估计可能不准确，但是对 $\sum_{i=0}^{n}\beta_i$ 的估计却是非常准确的。

下面以 $n=1$ 的分布滞后模型

$$y_t=\beta_0x_t+\beta_1x_{t-1}+u_t,\quad u_t\sim \mathrm{IID}(0,\sigma^2)$$

为例，证明式(13-2)中的协方差项通常是负的。

证明：

上式用矩阵表示为 $\boldsymbol{Y}=\boldsymbol{X}\boldsymbol{\beta}+\boldsymbol{u}$，其中

$$\boldsymbol{Y}=\begin{bmatrix}y_2\\y_3\\\vdots\\y_T\end{bmatrix},\quad \boldsymbol{X}=\begin{bmatrix}x_2 & x_1\\x_3 & x_2\\\vdots & \vdots\\x_T & x_{T-1}\end{bmatrix},\quad \boldsymbol{\beta}=\begin{bmatrix}\beta_0\\\beta_1\end{bmatrix},\quad \boldsymbol{u}=\begin{bmatrix}u_2\\u_3\\\vdots\\u_T\end{bmatrix}$$

$$\hat{\operatorname{var}}(\hat{\boldsymbol{\beta}})=\begin{bmatrix}\hat{\operatorname{var}}(\beta_0) & \hat{\operatorname{cov}}(\beta_0,\beta_1)\\\hat{\operatorname{cov}}(\beta_0,\beta_1) & \hat{\operatorname{var}}(\beta_1)\end{bmatrix}=\hat{\sigma}^2(\boldsymbol{X}'\boldsymbol{X})^{-1}$$

$$=\hat{\sigma}^2\begin{bmatrix}\sum_{t=2}^{T}x_t^2 & \sum_{t=2}^{T}x_tx_{t-1}\\\sum_{t=2}^{T}x_tx_{t-1} & \sum_{t=2}^{T}x_{t-1}^2\end{bmatrix}^{-1}$$

$$=\frac{\hat{\sigma}^2}{|\boldsymbol{X}'\boldsymbol{X}|}\begin{bmatrix}\sum_{t=2}^{T}x_{t-1}^2 & -\sum_{t=2}^{T}x_tx_{t-1}\\-\sum_{t=2}^{T}x_tx_{t-1} & \sum_{t=2}^{T}x_t^2\end{bmatrix}$$

其中 $\hat{\operatorname{cov}}(\hat{\beta}_0,\hat{\beta}_1)=\frac{\hat{\sigma}^2}{|\boldsymbol{X}'\boldsymbol{X}|}\left(-\sum_{t=2}^{T}x_tx_{t-1}\right)$。因为 x_t 和 x_{t-1} 通常是正相关的，即 x_t 和 x_{t-1} 的相关系数 $r>0$，有 $\sum_{t=2}^{T}x_tx_{t-1}>0$，则必有 $\hat{\operatorname{cov}}(\hat{\beta}_0,\hat{\beta}_1)=\frac{\hat{\sigma}^2}{|\boldsymbol{X}'\boldsymbol{X}|}\left(-\sum_{t=2}^{T}x_tx_{t-1}\right)<0$，为负值。见式(13-2)，从而保证 $\operatorname{var}\left(\sum_{i=0}^{n}\hat{\beta}_i\right)<\sum_{i=0}^{n}\operatorname{var}(\hat{\beta}_i)$ 成立。　　证毕

2. 自回归分布滞后模型

若一个或多个被解释变量的滞后项也作为解释变量加入分布滞后模型,即

$$y_t=\alpha_0+\sum_{i=1}^{m}\alpha_i y_{t-i}+\sum_{j=1}^{p}\sum_{i=0}^{n}\beta_{ji}x_{jt-i}+u_t,\quad u_t\sim \mathrm{IID}(0,\sigma^2) \tag{13-3}$$

其中 $x_{jt},j=1,\cdots,p$ 是 p 个外生解释变量。IID(•)表示独立同分布。这种模型称为自回归分布滞后模型。m 和 n 分别表示 y_t 和 x_{jt} 的最大滞后期。对于自回归分布滞后模型,被解释变量 y_t 被表示为其滞后项,其他外生解释变量当期项与滞后项以及误差项的函数。

3. 动态模型

用被解释变量的滞后项做解释变量的模型称为动态模型。

显然模型(13-3)是一种动态模型。用滞后算子形式表示模型(13-3):

$$\alpha(L)y_t=\alpha_0+\sum_{j=1}^{p}\beta_j(L)x_{jt}+u_t$$

其中 $\alpha(L)=1-\sum_{i=1}^{m}\alpha_i L^i$, $\beta_j(L)=\sum_{i=0}^{n}\beta_{ji}L^i,j=1,\cdots,p$。若变量都具有平稳性,模型(13-3)的长期关系可以通过求期望得到。

$$\begin{aligned}E(y_t)&=[\alpha(1)]^{-1}\left[\alpha_0+\sum_{j=1}^{p}\sum_{i=0}^{n}\beta_{ji}E(x_{jt-i})\right]\\&=\theta_0+\sum_{j=1}^{p}\theta_j E(x_{jt}),\quad j=1,\cdots,p\end{aligned} \tag{13-4}$$

其中 $\alpha(1)$是 $\alpha(L)$当 $L=1$ 时的值,

$$\theta_0=\alpha_0\bigg/\left(1-\sum_{i=1}^{m}\alpha_i\right)$$

$$\theta_j=\left(\sum_{i=0}^{n}\beta_{ji}\right)\bigg/\left(1-\sum_{i=1}^{m}\alpha_i\right),\quad j=1,\cdots,p$$

θ_j 称为长期乘数。

当对自回归分布滞后模型进行 OLS 估计时又出现了新问题,即回归系数的 OLS 估计量是有偏估计量(丧失无偏性)。产生这个问题的原因是被解释变量的滞后变量与误差项 u_t 相关,即

$$E[(\boldsymbol{X}'\boldsymbol{X})^{-1}\boldsymbol{X}'\boldsymbol{u}]\neq(\boldsymbol{X}'\boldsymbol{X})^{-1}\boldsymbol{X}'E(\boldsymbol{u})$$

下面以简单自回归模型为例做出解释。对于模型

$$y_t=\beta_1 y_{t-1}+u_t,\quad |\beta_1|<1,\quad u_t\sim \mathrm{IID}(0,\sigma^2) \tag{13-5}$$

β_1 的 OLS 估计量计算公式是

$$\hat{\beta}_1=\left(\sum_{t=2}^{T}y_t y_{t-1}\bigg/\sum_{t=2}^{T}y_{t-1}^2\right) \tag{13-6}$$

把式(13-5)代入式(13-6)得

$$\hat{\beta}_1 = \frac{\beta_1 \sum_{t=2}^{T} y_{t-1}^2 + \sum_{t=2}^{T} y_{t-1} u_t}{\sum_{t=2}^{T} y_{t-1}^2} = \beta_1 + \frac{\sum_{t=2}^{T} y_{t-1} u_t}{\sum_{t=2}^{T} y_{t-1}^2} \tag{13-7}$$

y_{t-1} 与 u_t 是相关的。上式右侧第 2 项的期望不为零。对于模型(13-5)以及所有动态模型,用 OLS 法得到的回归系数估计量都是有偏估计量,但也是一致估计量。若对式(13-7)右侧第 2 项的分子分母分别除以(T-1)(样本容量)并求概率极限:

$$\operatorname*{plim}_{T\to\infty} \hat{\beta}_1 = \beta_1 + \frac{\operatorname*{plim}_{T\to\infty}\left[(T-1)^{-1} \sum_{t=2}^{T} y_{t-1} u_t\right]}{\operatorname*{plim}_{T\to\infty}\left[(T-1)^{-1} \sum_{t=2}^{T} y_{t-1}^2\right]} = \beta_1 \tag{13-8}$$

上式分式中分子的概率极限为零,这是因 $E(y_{t-1}u_t)=0$。$(T-1)^{-1}\sum_{t=2}^{T} y_{t-1}u_t$ 表示($T-1$)个乘积项的平均数,其期望为零。由于$|\beta_1|<1$,y_t 具有平稳性,所以其方差,即分式的分母是一个有限值。其概率极限也是一个有限值。根据以上结果,两个概率极限的比是零。所以 OLS 估计量 $\hat{\beta}_1$ 具有一致性。

用解析的方法分析 OLS 估计量 $\hat{\beta}_1$ 的有限样本特性是相当困难的,而且 $\hat{\beta}_1$ 的有限样本特性还与真值 β_1 有关系,所以通常是采用蒙特卡洛模拟的方法进行研究。对于更复杂的动态模型则依赖于渐近理论进行分析。

以 $y_t = 0.8y_{t-1} + u_t$,$u_t \sim \mathrm{IN}(0,1)$为数据生成系统,以 $\hat{y}_t = \hat{\beta}_1 y_{t-1}$ 为估计式,以样本容量 $T = 20,50,200$ 各模拟 10 000 次,所得 3 个 $\hat{\beta}_1$ 的分布的核密度估计见图 13-1。自回归系数真值 $\beta_1 = 0.8$,OLS 估计量 $\hat{\beta}_1$ 的分布是左偏的。随着样本容量 T 的增大,分布的众数值越来越逼近真值 0.8,分布的方差越来越小。模拟结果也显示 $\hat{\beta}_1$ 是有偏估计量,而且是一致估计量。

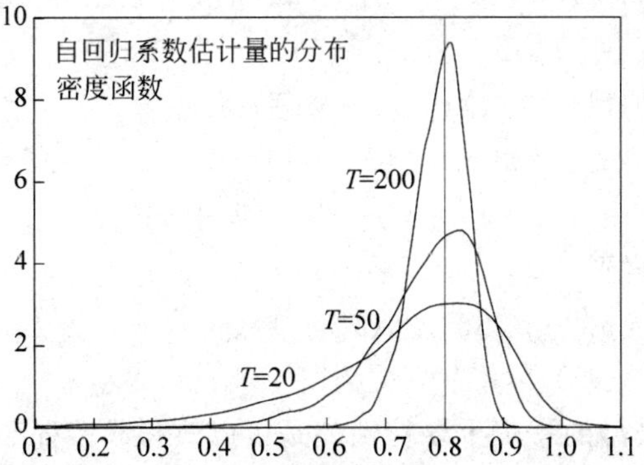

图 13-1　自回归模型回归系数($\beta_1=0.8$)估计量 $\hat{\beta}_1$ 的分布($T=20,50,200$)

模型(13-3)的最简单同时也是最常用的一种形式是一阶线性自回归分布滞后模型:

$$y_t = \alpha_0 + \alpha_1 y_{t-1} + \beta_0 x_t + \beta_1 x_{t-1} + u_t, \quad |\alpha_1| < 1, \quad u_t \sim \mathrm{IID}(0, \sigma^2) \tag{13-9}$$

其中假定 $y_t, x_t \sim I(0)$。$|\alpha_1|<1$ 保证了 y_t 的平稳性。IID(•)表示独立同分布。u_t 应不存在自相关和异方差。如果 u_t 的非自相关条件不能满足,可通过增加 x_t 和 y_t 的滞后项或加入新的解释变量从而使 u_t 满足非自相关要求。如果 u_t 存在异方差,可以把 x_t 和 y_t 看作取对数以后的变量,则 u_t 不会存在异方差。

对模型(13-9)的两侧求期望得

$$E(y_t) = \alpha_0 + \alpha_1 E(y_t) + \beta_0 E(x_t) + \beta_1 E(x_t) \tag{13-10}$$

整理上式得

$$E(y_t) = \frac{\alpha_0 + (\beta_0 + \beta_1) E(x_t)}{1 - \alpha_1} = k_0 + k_1 E(x_t) \tag{13-11}$$

其中 $k_0 = \alpha_0 / (1-\alpha_1)$,$k_1 = (\beta_0 + \beta_1)/(1-\alpha_1)$。式(13-11)即 x_t 与 y_t 的长期关系,k_1 为 y_t 对 x_t 的长期乘数。当 y_t 与 x_t 为对数形式时,k_1 是弹性系数。

13.2.2 误差修正模型定义

误差修正模型是由动态分布滞后模型变换而来的。萨甘(Sargan,1964)第一次提出误差修正模型概念。他用误差修正模型计算被解释变量的调整值。其依据的不是解释变量的观测值,而是解释变量离开均衡状态的偏差值。之后这种模型又经过亨德里-安德森(Hendry-Anderson,1977)和戴维森(Davidson,1978)等得到进一步完善。误差修正模型有许多优点,其中最重要的一点是解决了多年来一直困扰计量经济学界的虚假回归问题(见11.4节)。

下面在解释变量和被解释变量都具有平稳性条件下,利用动态分布滞后模型推导误差修正模型。

以自回归分布滞后模型(13-9)为例。假定变量都具有平稳性,随机误差项 u_t 不存在自相关和异方差。如果 u_t 不满足这个条件,可以在模型等号右边加入新的解释变量或 y_t, x_t 的更多滞后变量从而消除 u_t 存在的自相关。

从式(13-9)两侧同时减 y_{t-1},再在右侧同时加减 $-\beta_0 x_{t-1}$ 并整理得

$$\Delta y_t = \alpha_0 + \beta_0 \Delta x_t + (\alpha_1 - 1) y_{t-1} + (\beta_0 + \beta_1) x_{t-1} + u_t \tag{13-12}$$

在式(13-12)右侧同时加减 $(\alpha_1 - 1) x_{t-1}$ 并整理,得

$$\begin{aligned} \Delta y_t = & \alpha_0 + \beta_0 \Delta x_t + (\alpha_1 - 1)(y_{t-1} - x_{t-1}) \\ & + (\alpha_1 + \beta_0 + \beta_1 - 1) x_{t-1} + u_t \end{aligned} \tag{13-13}$$

从式(13-12)还可直接得到

$$\Delta y_t = \alpha_0 + \beta_0 \Delta x_t + (\alpha_1 - 1)(y_{t-1} - k_1 x_{t-1}) + u_t \tag{13-14}$$

其中 $k_1 = (\beta_0 + \beta_1)/(1 - \alpha_1)$。

自回归分布滞后模型的一个重要特性就是可以改写成多种形式而不影响模型对样本数据的解释能力,也不会改变回归系数的OLS估计值。以上3式表示的是相同关系。因为每一个方程都可从另一个方程变换得到,同时不破坏等式关系。3个模型的解释能力,长期系数的估计值以及检验用统计量的值完全相同。模型(13-14)称作误差修正模型

(error correction model)。式(13-14)中的$(\alpha_1-1)(y_{t-1}-k_1x_{t-1})$称作误差修正项。$(y_{t-1}-k_1x_{t-1})$表示$t-1$期非均衡误差。$(\alpha_1-1)$称为修正系数,表示误差修正项对$\Delta y_t$的修正强度。根据模型(13-14),$\Delta y_t$的值取决于$\Delta x_t$和前一期非均衡误差$(y_{t-1}-k_1x_{t-1})$的值。因为已设定$|\alpha_1|<1$,则$y_t$具有平稳性,所以式(13-14)中误差修正项的修正系数(α_1-1)是一个负值。由此可见,误差修正机制是一个负反馈过程。当y_{t-1}的值高于与x_{t-1}相对应的均衡点的值时,即$t-1$期的非均衡误差$(y_{t-1}-k_1x_{t-1})$为正时,由于误差修正项的系数为负,必然对t期的Δy_t的值有反向修正作用,从而导致t期的y_t值回落。同理当y_{t-1}的值低于均衡点时,将导致y_t值增大。相类似,也可以以x_{t-1}的变动做如上分析。

对式(13-14)进一步整理:

$$\Delta y_t=\beta_0\Delta x_t+(\alpha_1-1)(y_{t-1}-k_0-k_1x_{t-1})+u_t \tag{13-15}$$

其中$k_0=\alpha_0/(1-\alpha_1)$。式(13-15)也是误差修正模型的一种表达形式。由式(13-15)知y_t与x_t的长期关系是$y_t=k_0+k_1x_t$,短期关系是$\Delta y_t=\beta_0\Delta x_t-(1-\alpha_1)(\cdot)$,其中$(\cdot)=(y_{t-1}-k_0-k_1x_{t-1})$。

当约束条件$\alpha_1+\beta_0+\beta_1=1$成立时,模型(13-13)和模型(13-14)变为

$$\Delta y_t=\alpha_0+\beta_0\Delta x_t+(\alpha_1-1)(y_{t-1}-x_{t-1})+u_t \tag{13-16}$$

式(13-16)可变为

$$\Delta y_t=\beta_0\Delta x_t+(\alpha_1-1)(y_{t-1}-k_0-x_{t-1})+u_t \tag{13-17}$$

这是一个$k_1=1$的特殊误差修正模型。对于模型(13-13),用t统计量检验约束条件$\alpha_1+\beta_0+\beta_1=1$非常方便。

误差修正模型有如下几个优点。

(1) 因为误差修正模型中包含的全部差分变量和非均衡误差项都具有平稳性,所以可以用 OLS 法估计模型回归系数且不存在虚假回归问题,系数估计量都具有优良的渐近特性。

(2) 已经假定模型所涉及的变量都是平稳的。如果把这一条件放开,假定自回归分布滞后模型中的变量具有一阶非平稳性,只要这些变量存在协整关系$y_t=k_0+k_1x_t$(协整概念与检验将在 13.3 节介绍),那么误差修正模型中的误差修正项就具有平稳性,所有差分变量也具有平稳性。这种条件下的误差修正模型同样可以用 OLS 法估计回归系数,而且不存在虚假回归问题。

(3) 如果自回归分布滞后模型(13-9)中的u_t是非自相关的,那么误差修正模型(13-14)中的u_t也是非自相关的。如果u_t是自相关的,可在模型中加入Δy_t和Δx_t的足够多滞后项,从而消除u_t的自相关。

(4) 误差修正模型中的变量不存在多重共线性问题。

(5) 误差修正模型中的回归系数可分为长期系数与短期系数两类。以误差修正模型(13-14)为例,非均衡误差项中的k_0和k_1是长期系数,而模型中的β_0和(α_1-1)是短期系数。短期回归系数表示变量间的短期关系。截至目前,经济理论基本上只讨论变量间的长期关系,而不涉及短期关系。误差修正模型的这种长期和短期回归系数的明确划分,

使其成为一种把变量之间长期表现与短期效应综合在一起的有力工具。

(6) 建模过程中允许根据 t 检验和 F 检验剔除误差修正模型中的差分变量。在误差修正模型中剔除差分变量,相当于在原 ADL 模型中施加一个约束条件。例如剔除差分变量 Δx_t,相当于在原 ADL(1,1)模型中施加约束条件,$\beta_0=0$。注意,不能在非均衡误差项$(y_{t-1}-k_1x_{t-1})$中剔除任何水平滞后变量,这将影响长期关系的表达。

(7) 任何一个自回归分布滞后模型都可以变换为一个误差修正模型。以二阶自回归分布滞后模型

$$y_t=\alpha_0+\alpha_1y_{t-1}+\alpha_2y_{t-2}+\beta_0x_t+\beta_1x_{t-1}+\beta_2x_{t-2}+u_t \tag{13-18}$$

为例,从式(13-18)右侧同时减加 α_2y_{t-1},β_0x_{t-1},得

$$\begin{aligned}\Delta y_t=&\alpha_0+(\alpha_1-1)y_{t-1}+\alpha_2y_{t-2}-\alpha_2y_{t-1}+\alpha_2y_{t-1}+\beta_0x_t\\&-\beta_0x_{t-1}+\beta_0x_{t-1}+\beta_1x_{t-1}+\beta_2x_{t-2}+u_t\\\Delta y_t=&\alpha_0+(\alpha_1-1)y_{t-1}-\alpha_2\Delta y_{t-1}+\alpha_2y_{t-1}+\beta_0\Delta x_t\\&+(\beta_0+\beta_1)x_{t-1}+\beta_2x_{t-2}+u_t\end{aligned} \tag{13-19}$$

从上式右侧同时减加 β_2x_{t-1} 并整理:

$$\begin{aligned}\Delta y_t=&\alpha_0+(\alpha_1-1)y_{t-1}-\alpha_2\Delta y_{t-1}+\alpha_2y_{t-1}+\beta_0\Delta x_t\\&+(\beta_0+\beta_1)x_{t-1}+\beta_2x_{t-2}-\beta_2x_{t-1}+\beta_2x_{t-1}+u_t\\\Delta y_t=&\alpha_0-\alpha_2\Delta y_{t-1}+\beta_0\Delta x_t-\beta_2\Delta x_{t-1}+(\alpha_1+\alpha_2-1)y_{t-1}\\&+(\beta_0+\beta_1+\beta_2)x_{t-1}+u_t\end{aligned} \tag{13-20}$$

进一步整理,得误差修正模型:

$$\begin{aligned}\Delta y_t=&-\alpha_2\Delta y_{t-1}+\beta_0\Delta x_t-\beta_2\Delta x_{t-1}\\&+(\alpha_1+\alpha_2-1)[y_{t-1}-k_0-k_1x_{t-1}]+u_t\end{aligned} \tag{13-21}$$

其中 $k_0=\alpha_0/(1-\alpha_1-\alpha_2)$,$k_1=(\beta_0+\beta_1+\beta_2)/(1-\alpha_1-\alpha_2)$。误差修正项为 $t-1$ 期。也可以推导出误差修正项为 $t-2$ 期的误差修正模型形式。

(8) 对于模型(13-18),无论 y_t 与 x_t 是否平稳,解释变量之间通常会存在高度的多重共线性问题。然而在与式(13-18)等同的误差修正模型(13-21)中,解释变量之间不存在高度相关。实际上这些变量几乎是正交的,即这些变量间的相关系数几乎为零。

即便模型(13-21)中 Δx_t 和 Δx_{t-1} 可能是相关的。对这两项做如下变换:

$$\begin{aligned}\beta_0\Delta x_t-\beta_2\Delta x_{t-1}&=\beta_0\Delta x_t-\beta_0\Delta x_{t-1}+\beta_0\Delta x_{t-1}-\beta_2\Delta x_{t-1}\\&=\beta_0\Delta^2x_t+(\beta_0-\beta_2)\Delta x_{t-1}\end{aligned} \tag{13-22}$$

其中 $\Delta^2x_t=\Delta x_t-\Delta x_{t-1}$。于是(13-21)式变为

$$\begin{aligned}\Delta y_t=&-\alpha_2\Delta y_{t-1}+\beta_0\Delta^2x_t+(\beta_0-\beta_2)\Delta x_{t-1}\\&+(\alpha_1+\alpha_2-1)[y_{t-1}-k_0-k_1x_{t-1}]+u_t\end{aligned} \tag{13-23}$$

式(13-21)与式(13-23)是等同的,但在式(13-23)中 Δx_t 与 Δ^2x_t(两个不同差分次数的变量)不再呈现高度相关。

因为 k_0 和 k_1 未知,误差修正模型(13-15)不能直接被估计。一种方法是先把误差修正项中的括号打开,直接对模型应用 OLS 法进行估计,然后再恢复成如模型(13-15)的形

式。另一种方法将在 13.6 节介绍。

(9) 误差修正模型对原变量的预测精度远优于一般回归模型。

使用误差修正模型应注意如下几点。

(1) 式(13-15)中误差修正项的下标是 $t-1$,使用时不要用错。

(2) u_t 应该是非自相关的。如果 u_t 存在自相关,作为估计过程,可在模型(13-15)中加入 Δy_t 和 Δx_t 的足够多滞后项,从而消除 u_t 的自相关。

(3) 建模过程中允许根据 t 检验和 F 检验剔除误差修正模型中的差分变量,如 Δx_t。但在误差项中不要剔除任何原水平变量,否则将影响长期关系的表达。

13.3　协整定义

协整是对非平稳经济变量长期均衡关系的统计描述。非平稳经济变量间存在的长期稳定的均衡关系称作协整关系或协积(分)关系。

由 11.2 节知两个非平稳序列的线性组合一般来说,是非平稳的,即若 $x_t, y_t \sim I(d)$,则 $z_t = (ax_t + by_t) \sim I(d)$。在经济领域,多数经济变量特别是宏观经济变量都是非平稳的,对数的宏观经济变量一般都是一次单整的(非平稳的)。然而,由于经济变量之间的内在规律性,某些特定经济变量的线性组合却常常是平稳的。某些经济变量间存在长期稳定的均衡关系。比如净收入与消费、政府支出与税收、工资与价格、进口与出口、货币供应量与价格水平、现货价格与期货价格以及男女人口数等,虽然单个变量表现是非平稳的,但上述各对变量间往往都存在这种均衡关系。虽然经济变量经常会离开均衡点,但内在的均衡机制将不断地消除偏差维持这种均衡关系。

两组经济变量数据分别见图 13-2 和图 13-3。4 个经济变量看起来都是非平稳的。图 13-2 给出的是中国城镇居民人均收入(y_t)与农村居民人均收入(x_t)时间序列。两个序列随时间相距越来越远,它们之间的离差变得越来越大,看起来这两个变量之间不会存在协整关系。

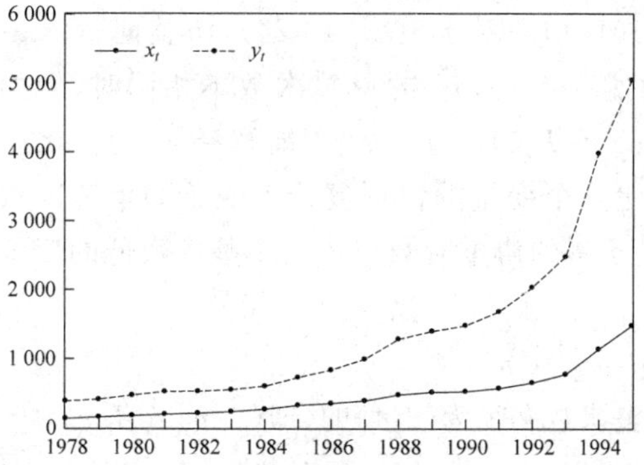

图 13-2　x_t 与 y_t 序列

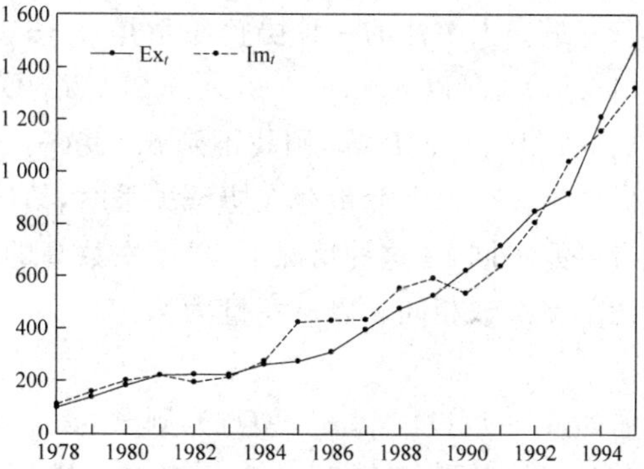

图 13-3　Im_t 与 Ex_t 序列

图 13-3 给出的是中国进出口序列(Im_t 和 Ex_t)。两个变量尽管都是非平稳的,但它们的离差时正时负,所以该两个变量的线性组合有可能是平稳的。

若两个非平稳变量之间存在协整关系，则它们之间的线性离差，即非均衡误差是平稳的。比如两个 $I(1)$变量 y_t 和 x_t 存在如下关系：

$$y_t=\beta_0+\beta_1x_t+u_t \tag{13-24}$$

其中 $u_t\sim I(0)$，则 $E(y_t)=\beta_0+\beta_1x_t$ 是长期均衡关系，$u_t=y_t-\beta_1x_t-\beta_0$ 为非均衡误差。非均衡误差序列应该是在零上下波动，不会离开零值太远，并以一个不太快的频率穿越零值水平线。此时，y_t，x_t 的线性组合是 $y_t-\beta_1x_t=(1\quad -\beta_1)(y_t\quad x_t)'\sim I(0)$。

图 13-4 给出的是中国对数的进口与出口数据散点图。回归直线代表的是均衡位置。图 13-5 是从图 13-4 提取的中国对数的进口与出口序列非均衡误差序列的估计。它是一条平稳的围绕着零均值上下波动的曲线。

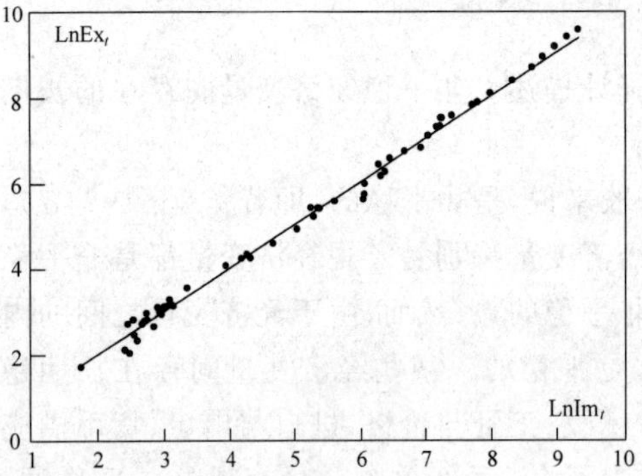

图 13-4 中国 LnIm$_t$ 和 LnEx$_t$ 关系

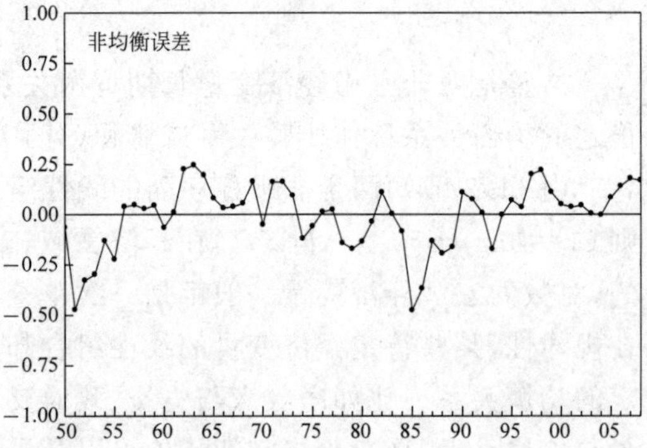

图 13-5 中国 LnIm$_t$ 和 LnEx$_t$ 关系的非均衡误差

协整定义：对于随机向量 $\boldsymbol{x}_t=(x_{1t}\quad x_{2t}\quad\cdots\quad x_{Nt})'$，如果已知(1)$\boldsymbol{x}_t\sim I(d)$(即 $\boldsymbol{x}_t$ 中每一个分量都是d 次非平稳的)，(2)存在一个 $N\times1$ 阶列向量$\boldsymbol{\beta}$，($\boldsymbol{\beta}\neq0$)，使得$\boldsymbol{\beta}'\boldsymbol{x}_t\sim I(d-b)$，则称变量 $x_{1t},x_{2t},\cdots,x_{Nt}$ 存在次数为(d,b)的协整关系，用 $\boldsymbol{x}_t\sim CI(d,b)$表示，其中 CI 表示协整(cointegration)。$\boldsymbol{\beta}$ 称为协整向量。$\boldsymbol{\beta}$ 的元素称为协整系数(或参数)。

最令人关注的一种协整关系是 $y_t,x_t\sim \mathrm{CI}(1,1)$。对于模型(13-24)，协整向量 $\boldsymbol{\beta}=(1-\beta_1)'$，所以 $u_t=y_t-\beta_1x_t-\beta_0\sim I(0)$。注意，当 y_t，x_t 的单整次数不相同时，例如 $y_t\sim I(1)$，$x_t\sim I(0)$，则找不到β_1，使$(y_t-\beta_1x_t)\sim I(0)$成立。$x_t$ 不能解释 y_t 的变化。

当 3 个以上变量存在协整关系时，情况要比两个变量的情形复杂。变量的单整次数有可能不同，在这种情况下，单整次数高的变量子集的协整阶数应该与单整次数低的变量的单整次数相同。以三变量为例：

$$y_t=\beta_1x_{1t}+\beta_2x_{2t}+u_t$$

假如 $y_t\sim I(1)$，$x_{1t},x_{2t}\sim I(2)$，则 x_{1t},x_{2t} 的协整次数必须为(2,1)的，即$(\beta_1x_{1t}+\beta_2x_{2t})\sim I(1)$。协整向量为 $\boldsymbol{\beta}=(\beta_1\quad\beta_2)'$。进而 y_t 与$(\beta_1x_{1t}+\beta_2x_{2t})$存在协整关系，使 $u_t\sim I(0)$。

下面需要回答的问题是：①怎样检验一组变量(序列)是否存在协整关系？②一组变量若存在协整关系，怎样估计协整系数？

13.4 协整检验

当协整关系未知时，常常需要检验所涉及的变量是否存在协整关系。很显然，协整检验方法与单位根检验有着密切的联系。若 N 个 $I(1)$时间序列存在协整关系，则非均衡误差项应该是 $I(0)$的。如果这些时间序列不存在协整关系，则非均衡误差项应该是 $I(1)$的。所以检验原假设"不存在协整关系"可以通过检验原假设"非均衡误差序列非平稳"来完成，备择假设"存在协整关系"就意味着检验结论是"非均衡误差序列平稳"。

在检验一组时间序列是否存在协整关系或长期均衡关系之前，应该先检验这些时间序列的单整性。单整性检验可以通过第 12 章介绍的单位根检验方法完成。如果这组被检验的时间序列多于两个(这意味着协整回归式中的解释变量个数多于一个)，被解释变量的单整次数不能高于任何解释变量的单整次数。另一种情形是当某些解释变量的单整次数高于被解释变量的单整次数时，至少要有两个解释变量的单整次数高于被解释变量的单整次数，并且相同。若被检验的只是两个时间序列，则这两个时间序列的单整次数应该相同。

在下面的论述中只考虑被检验的所有时间序列的单整次数都为 1，即 $I(1)$。这种假设并不失一般性。因为当时间序列的单整次数不相同时，可以先通过差分把原序列变换成为单整次数相同的 $I(1)$序列。

当协整向量已知时，非均衡误差是准确可知的。在这种条件下，检验单位根的过程与第 12 章介绍的方法完全相同。比如有两个 $I(1)$变量 y_t 和 x_t 已知协整向量是$(1 \quad -\beta_1)'$，则非均衡误差表示为

$$u_t = y_t - \beta x_t - \beta_0 \tag{13-25}$$

DF 检验可按下式进行：

$$\Delta u_t = \rho u_{t-1} + v_t \tag{13-26}$$

其中，u_t 由式(13-25)计算，v_t 是 DF 检验式(13-26)的误差项。所用临界值从附表 7 中查找。由于序列相关是一个经常出现的问题，所以常用的是 ADF 检验。检验式如下：

$$\Delta u_t = \rho u_{t-1} + \sum_{i=1}^{k} \gamma_i \Delta u_{t-i} + v_t \tag{13-27}$$

其中 k 的选择以消除误差项 v_t 中的自相关为原则。

通常协整向量是未知的，u_t 是不可观测的。这时需要对 u_t 进行估计。有多种估计 u_t 的方法。下面介绍以残差为基础的协整检验方法。

13.4.1 以残差为基础的协整检验法

比如检验 $I(1)$变量 y_t 和 x_t 是否存在协整关系，协整向量$(1 \quad -\beta_1)'$未知，则做法是通过 OLS 回归，这里称作协整回归：

$$y_t = \hat{\beta}_0 + \hat{\beta}_1 x_t + \hat{u}_t \tag{13-28}$$

计算残差 $\hat{u}_t$。然后对 $\hat{u}_t$ 做如下平稳性检验:

$$\Delta\hat{u}_t = \rho\hat{u}_{t-1} + v_t \tag{13-29}$$

或

$$\Delta\hat{u}_t = \rho\hat{u}_{t-1} + \sum_{i=1}^{k}\gamma_i\Delta\hat{u}_{t-i} + v_t \tag{13-30}$$

式(13-29)与式(13-30)分别与式(13-26)和式(13-27)相类似,唯一不同的是用式(13-29)、式(13-30)中的残差 $\hat{u}_t$ 代替了式(13-26)和式(13-27)中的 u_t。零假设与备择假设是:

$H_0: \rho = 0$, u_t 非平稳,y_t 和 x_t 不存在协整关系;

$H_1: \rho \neq 0$, u_t 平稳,y_t 和 x_t 存在协整关系。

由于这种检验方法是恩格尔-格兰杰(Engle-Granger,1987)提出的,所以式(13-29)和式(13-30)分别称为 EG 和 AEG(增广的 EG)检验式,而所用统计量 $t_{(\hat{\rho})}$ 分别被称作 EG 和 AEG 统计量,计算公式与第 12 章中的 DF、ADF 统计量相同。

注意:只有当 y_t 和 x_t 序列存在协整关系时,式(13-28)才能称作协整回归式,协整系数 β_1 才能通过协整回归进行估计。

读者也许会对以残差为基础的协整检验产生疑问。既然 y_t 与 x_t 是一阶非平稳的,为什么协整系数 β_1 可以用 OLS 法进行估计?

恩格尔-格兰杰证明,如果 y_t 和 x_t 具有协整关系,那么协整系数 β_1 的估计量具有超一致性。换句话说,式(13-28)不但不是虚假回归,而且随着样本容量 $T\to\infty$,$\hat{\beta}_1$ 朝着真值 β 的收敛速度比两个平稳变量之间回归的回归系数估计量的收敛速度更快。

斯托克(Stock,1987)证明如果 $y_t, x_t \sim CI(1,1)$ 并用 $(1 \quad -\beta_1)'$ 表示协整向量,用 $\hat{\beta}_1$ 表示 β_1 的 OLS 估计量,那么无论 x_t 是否与随机误差项存在相关关系,$\hat{\beta}$ 都将具有一致性。这一结论很重要。因为对于多数时间序列来说这种相关性常常存在。而这种相关性会导致 OLS 估计量的偏倚与不一致性。但是,斯托克的结论表明当 y_t 与 x_t 具有协整性,而且样本容量充分大时,不必担心上述偏倚与不一致性。$\hat{\beta}_1$ 不但具有一致性,而且具有强渐近有效性。当样本容量 T 增大时,$\hat{\beta}_1$ 的抽样分布迅速向真值 β_1 集中。这种情形下的收敛速度比通常 OLS 估计量的收敛速度还要快。

以

$$w_t = 0.8u_t + v_t, \quad v_t, u_t \sim IN(0,1)$$

为数据生成过程,$w_t, u_t \sim I(0)$ 为平稳过程。以

$$\hat{w}_t = \hat{\alpha}_1 u_t$$

为估计式,以 $T=100$ 模拟 10 000 次,所得 $\hat{\alpha}_1$ 的分布的核密度估计见图 13-6 中分布方差大的那一条。$\hat{\alpha}_1$ 的分布具有最佳线性无偏特性。

以

$$x_t = 0.1 + x_{t-1} + u_t, u_t \sim IN(0,1)$$
$$y_t = 0.8x_t + v_t, \quad v_t \sim IN(0,1)$$

为数据生成过程。则 y_t, x_t 都是随机趋势过程，而且 y_t, x_t 存在协整关系。协整向量是 $(1 \quad -0.8)'$。以

$$\hat{y}_t = \hat{\beta}_1 x_t$$

为估计式，以 $T=100$ 模拟 10 000 次，所得 $\hat{\beta}_1$ 的分布的核密度估计见图 13-6 中分布方差小的那一条。$\hat{\alpha}_1$ 和 $\hat{\beta}_1$ 的均值都指向真值 0.8。因为 $\hat{\alpha}_1$ 是最佳线性无偏估计量，那么 $\hat{\beta}_1$ 的方差更小，具有超一致性。随着样本容量的加大，$\hat{\beta}_1$ 迅速朝着真值 0.8 收敛。

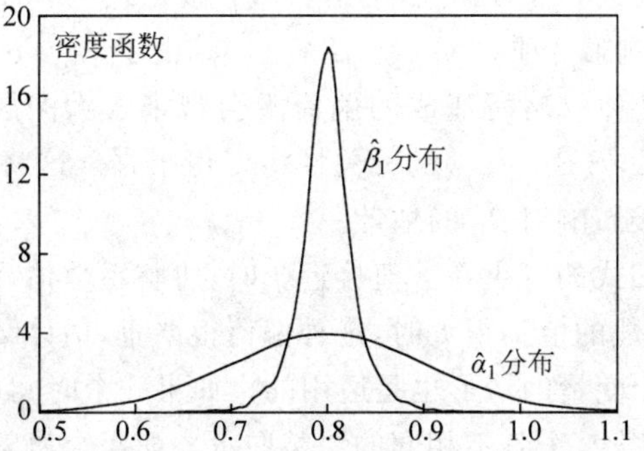

图 13-6　$N=2$，最佳线性无偏估计量 $\hat{\alpha}_1$ 和超一致估计量 $\hat{\beta}_1$ 的分布比较

以如下二变量静态回归为例：

$$y_t = \beta_1 x_t + u_t \tag{13-31}$$

其中 $y_t, x_t \sim I(1)$，均值为零。u_t 包含了所有省略的动态项。如果式(13-31)中的 y_t 和 x_t 具有协整性，那么 β_1 的 OLS 估计量 $\hat{\beta}$ 具有超一致性。

$$\hat{\beta}_1 = \left(\sum_{t=1}^{T} y_t x_t \Big/ \sum_{t=1}^{T} x_t^2 \right) = \beta_1 + \left(\sum_{t=1}^{T} u_t x_t \Big/ \sum_{t=1}^{T} x_t^2 \right)$$

$$(\hat{\beta}_1 - \beta_1) = \left(\sum_{t=1}^{T} u_t x_t \Big/ \sum_{t=1}^{T} x_t^2 \right) \tag{13-32}$$

因为 $y_t, x_t \sim I(1), v_t \sim I(0)$，所以当 $T \to \infty$，$\left(\sum_{t=1}^{T} u_t x_t \Big/ \sum_{t=1}^{T} x_t^2 \right)$ 以更快的速度收敛于零，即 $\hat{\beta}_1$ 以更快的速度收敛于 β_1。

对于式(13-31)，除了$(y_t - \beta_1 x_t)$，y_t 与 x_t 的任何其他线性组合都是一次非平稳的。如果另选一个与 β_1 不同的估计值 $\tilde{\beta}_1$，则由此而计算的残差系列 $\tilde{u}_t = (y_t - \tilde{\beta}_1 x_t)$ 是非平稳的。对于任何一个有限样本，$\tilde{u}_t$ 都将有一个较大的方差。随着样本容量 T 的增大，$\sum \tilde{u}_t^2$ 将迅速增加。

因为 $y_t - \beta_1 x_t = u_t \sim I(0)$，所以 $\sum u_t^2$ 不会迅速增加。由于 OLS 估计法寻求的是 $\sum \hat{u}_t^2$ 的最小化，所以当样本容量足够大时，可以得到 β_1 的合理估计值。

应该注意，尽管协整系数估计量 $\hat{\beta}_1$ 具有超一致性和强有效性，但这并不意味着 $\hat{\beta}$ 在

小样本条件下也具有上述良好特性。部分原因是式(13-32)中的 $\left(\sum u_t x_t \Big/ \sum x_t^2\right)$ 的均值非零。所以 $\hat{\beta}_1$ 是有偏的,当样本容量非充分大时,这种偏倚会很大。

假定式(13-31)中的 u_t 是一个平稳的一阶自回归过程,即

$$u_t = \rho u_{t-1} + v_t, \quad |\rho| < 1$$

其中 v_t 是一个白噪声过程。则式(13-31)表达为

$$y_t = \beta_1 x_t + u_t = \beta_1 x_t + \rho(y_{t-1} - \beta_1 x_{t-1}) + v_t$$

很明显,造成估计量偏倚的一个原因是当用 y_t, x_t 做如式(13-31)的简单线性回归时,相当于在上式中忽略了右侧第 2 项 $\rho(y_{t-1} - \beta_1 x_{t-1})$。由于 $x_t \sim I(1)$,$\rho(y_{t-1} - \beta_1 x_{t-1}) \sim I(0)$,当 T 充分大时,这种忽略所造成的偏倚不会带来太大问题。但当 ρ 的值很大时,x_t 与 u_t,即 x_t 与 $\rho(y_{t-1} - \beta_1 x_{t-1})$ 的相关性将变得很强。这将导致回归系数估计量的偏倚并失去有效性,直接影响对 β_1 的估计。

实际中,当协整回归式的可决系数值接近 1 时,协整系数估计量的小样本特性不是一个严重问题。当可决系数的值不很大时,这种偏倚很严重,估计结果不会很好。

这个结论对于 N 个变量的情形也是适用的。如果一个时间序列向量中含有 N 个分量($N > 2$)通常存在 $N-1$ 个各不相同的协整向量。而每个协整向量中的系数估计量都具有超一致性。

比如检验 N 个时间序列 $x_{1t}, x_{2t}, \cdots, x_{Nt}$ 是否存在协整关系,协整向量$(1 \quad -\beta_2 \quad -\beta_3 \quad \cdots \quad -\beta_N)'$未知,则做法是通过如下协整回归:

$$x_{1t} = \hat{\beta}_2 x_{2t} + \hat{\beta}_3 x_{3t} + \cdots + \hat{\beta}_N x_{Nt} + \hat{u}_t \tag{13-33}$$

提取残差序列 $\hat{u}_t$,然后按式(13-29)和式(13-30)检验协整关系。

即使 N 个变量存在协整关系,协整关系的 OLS 估计量并不具有渐近的标准正态分布特性。这种渐近的非正态分布特性主要来自被检验变量的单整次数等于或大于 1。如果上述 N 个变量不存在协整关系,回归式(13-33)为虚假回归。$\hat{u}_t$ 序列中含有单位根。因为 $\hat{u}_t$ 的值依赖于 $N-1$ 个协整系数估计值,而这些系数在零假设条件下是虚假回归系数,所以这些系数的估计量只能用非平稳变量的分布理论给予描述。与正态渐近分布理论截然不同,这些系数的估计量和相应 t 统计量的渐近分布是维纳(Wiener)过程的泛函。所以,以残差为基础的协整检验统计量(EG 和 AEG)的渐近分布不仅与标准正态分布不同,也与单位根检验统计量 DF 和 ADF 的渐近分布不同,因此附表 7 不能用于以残差为基础的协整检验。

EG 和 AEG 协整检验临界值表见附表 14。该表摘自 Engle-Yoo(1987)。附表 14-1 用于查找 EG 协整检验临界值,附表 14-2 用于查找 AEG 协整检验临界值。协整检验临界值与 4 个因素有关,即检验水平 α、样本容量 T、所涉及的变量(序列)个数 N 以及使用的是 EG 检验式还是 AEG 协整检验式。附表 14 共给出 3 个检验水平(0.01,0.05,0.10),3 个样本容量($T=50,100,200$),2~5 个变量($N=2,\cdots,5$)条件下的协整检验临界值。观察附表 14 发现检验水平 α,样本容量(T)相同条件下,所涉及的变量个数(N)越多,则相应临界值越小。例如 $\alpha=0.05, N=2, T=50$ 条件下的 EG 协整检验临界值是

-3.67，而当 $N=5$ 时，临界值则是 -4.76。

对比附表 14 和附表 7 就会发现相同条件下，EG 协整检验临界值要小于 DF 单位根检验临界值。例如 $\alpha=0.05$，$N=2$，$T=50$ 条件下的 EG 协整检验临界值是 -3.67，而 DF 单位根检验临界值是 -1.95。

图 13-7 给出 EG 分布、DF 分布和标准正态分布位置对比图。这是模拟 10 000 次的结果。

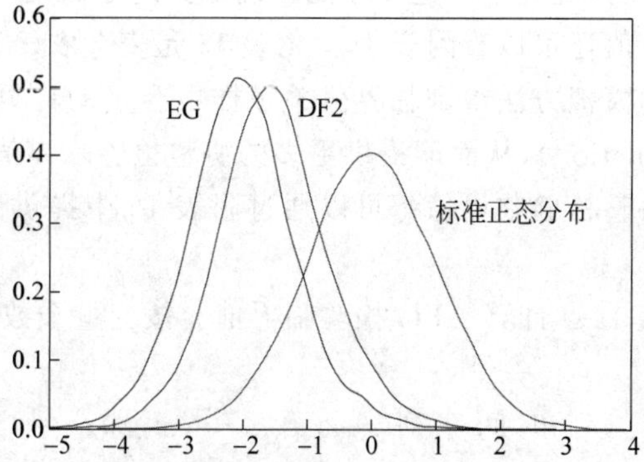

图 13-7　EG 分布、DF 分布和标准正态分布位置对比图

生成 EG 统计量分布密度曲线的步骤如下。

(1) 生成两个相互独立的随机游走过程 y_t 和 x_t。满足

$$y_t = y_{t-1} + u_t, \quad u_t \sim \mathrm{IN}(0,1)$$

$$x_t = x_{t-1} + v_t, \quad v_t \sim \mathrm{IN}(0,1)$$

其中 IN(•)表示相互独立的正态分布。

(2) 做如下非协整回归：

$$y_t = \beta_0 + \beta_1 x_t + w_t$$

从上式中提取残差 $\hat{w}_t$（因为协整检验的零假设是不存在协整关系）。

(3) 用残差 $\hat{w}_t$ 做平稳性检验如下：

$$\Delta \hat{w}_t = \rho \hat{w}_{t-1} + \varepsilon_t$$

计算 EG 统计量的值，$\mathrm{EG} = t_{(\hat{\rho})}$。以上过程模拟 10 000 次。用 10 000 个 EG 值画分布直方图，并求其核密度估计结果，所得如图 13-7 中 EG 曲线。

生成 DF2 统计量分布密度曲线的步骤如下：

(1) 生成随机游走过程 y_t。满足

$$y_t = y_{t-1} + u_t, \quad u_t \sim \mathrm{IN}(0,1)$$

其中 u_t 是白噪声过程。

(2) 做单位根检验如下：

$$\Delta y_t = \alpha + \rho y_{t-1} + u_t$$

计算 DF2 统计量的值，$\mathrm{DF2} = t_{(\hat{\rho})}$。以上过程模拟 10 000 次。用 10 000 个 DF2 值画分布直方图，并求其核密度估计结果，所得如图 13-7 中 DF2 曲线。

标准正态分布由生成10 000个标准正态分布随机数模拟所得。从图13-7中可以看到EG分布位于DF2分布的左侧,所以EG分布临界值小于DF2分布临界值。

关于为什么EG检验临界值比相应DF检验临界值还要小,恩格尔-格兰杰(1987)指出,由于OLS法的估计原理是使残差平方和最小,所以对协整系数$\beta_2, \beta_3, \cdots, \beta_N$的OLS估计很容易得到一个平稳的残差序列。因此DF、ADF检验将以超常大的概率拒绝零假设“u_t非平稳”。基于上述原因,以残差为基础的EG、AEG检验临界值应该比附表7所提供的DF、ADF检验临界值更小。这样才能正确地拒绝零假设。

协整检验所用临界值还可以查附表15。附表15是麦金农(Mackinnon,1991)提供的临界值表。麦金农利用模拟方法得到临界值关于样本容量的计算公式,亦称作响应面函数(response surface function),从而能提供更多的协整检验临界值。变量个数$N \leqslant 6$,任何样本容量条件下的协整检验临界值都可以通过附表15中提供的以样本容量为变量的响应面函数计算得到。

下面介绍利用附表14-2计算AEG检验临界值。按变量个数$N>1, N=1$两种情形讨论。

(1) 假设有$N \geqslant 1$个时间序列$x_{1t}, x_{2t}, \cdots, x_{Nt}, t=1,2,\cdots,T$。首先应按式(13-33)进行协整回归,按下式求残差$\hat{u}_t$:

$$\hat{u}_t = x_{1t} - \hat{\beta}_2 x_{2t} - \hat{\beta}_3 x_{3t} - \cdots - \hat{\beta}_N x_{Nt} \tag{13-34}$$

其中$\hat{\beta}_2, \hat{\beta}_3, \cdots, \hat{\beta}_N$为OLS估计量。然后通过检验$\hat{u}_t$的非平稳性,检验变量$x_{1t}, x_{2t}, \cdots, x_{Nt}$是否不存在协整关系。用式(13-30)或以下两种形式进行AEG检验:

$$\Delta\hat{u}_t = \alpha_0 + \rho\hat{u}_{t-1} + \sum_{i=1}^{k} \gamma_i \Delta\hat{u}_{t-i} + v_t \tag{13-35}$$

$$\Delta\hat{u}_t = \alpha_0 + \alpha_1 t + \rho\hat{u}_{t-1} + \sum_{i=1}^{k} \gamma_i \Delta\hat{u}_{t-i} + v_t \tag{13-36}$$

上两式中k的选择(Δu_t的滞后项个数)是以消除误差项v_t中的自相关为依据,进而计算$\mathrm{AEG}=t(\hat{\rho})$的值。若式(13-30)、式(13-35)和式(13-36)中差分滞后项个数$k=0$,则$\mathrm{AEG}=t(\hat{\rho})$退化为EG统计量。

在$N>2$条件下,若用式(13-30)、式(13-35)进行协整检验,则应该在附表15相应N栏的“有常数项,无趋势项”一栏查找临界值计算公式中的参数ϕ_∞、ϕ_1和ϕ_2的值。若用式(13-36)进行协整检验,则应该在附表15相应N栏的“常数项,趋势项”一栏查找临界值计算公式中的参数ϕ_∞、ϕ_1和ϕ_2的值。

如有必要可以把常数项、趋势项放在式(13-30)中,也可以放在式(13-36)中,但不必重复加入。例如应用式(13-33)和式(13-35)则等同于在式(13-33)中加入常数项然后应用式(13-30)做协整检验。应用式(13-33)和式(13-36)则等同于在式(13-33)中加入常数项与趋势项然后应用式(13-30)做协整检验。

下面介绍用麦金农提供的临界值计算公式:

$$C_{(\alpha)} = \phi_\infty + \phi_1 T^{-1} + \phi_2 T^{-2} \tag{13-37}$$

计算协整检验临界值。其中 $C_{(\alpha)}$ 表示协整检验临界值,α 表示检验水平,T 表示样本容量或序列长度,ϕ_∞,ϕ_1 和 ϕ_2 的值从附表15相应位置查找。它以样本容量 T 为自变量,可以计算任何样本容量所对应的临界值。除了检验水平 α 之外,临界值的计算还与时间序列个数 N,协整回归式或AEG检验式中是否含有位移项、趋势项等因素有关。举例说明如下。

【例13-1】

已知 $N=2, T=50, \alpha=0.05$,有常数项,无趋势项。则 $\phi_\infty, \phi_1, \phi_2$ 的值从附表15中 $N=2$,有常数项、无趋势项以及 $\alpha=0.05$ 的相应行中查找。得 $\phi_\infty=-3.3377$,$\phi_1=-5.967$,$\phi_2=-8.98$。利用响应面函数(13-37)计算,得

$$C_{(0.05)}=-3.3377-5.967/50-8.98/50^2=-3.46$$

当 $N>1$ 时,意味着有 $N-1$ 个协整系数需要估计。如果某些协整系数已事先知道,那么当计算临界值时,应相应减小 N 的值。作为一个极端的情形,当全部协整系数都已知时,应在附表9中 $N=1$ 一栏中查找参数,计算临界值。

(2) 当 $N=1$ 时,见式(13-34),所涉及的变量只有1个。所以协整检验退化成为单整(单位根)检验。这时实际是做ADF检验。为统一符号,定义 $x_{1t}=u_t$,由此可见麦金农协整检验临界值表实际上是把AEG检验和ADF检验合并在一起。

【例13-2】

已知 $N=1, T=50, \alpha=0.05$,无位移项,无趋势项。则 $\phi_\infty, \phi_1, \phi_2$ 的值应从附表15中 $N=1$,无位移项、无趋势项以及 $\alpha=0.05$ 的相应行中查找。得 $\phi_\infty=1.939$,$\phi_1=-0.398$,$\phi_2=0$。临界值是

$$C_{(0.05)}=-1.939-(0.40/50)=-1.95$$

协整系数的估计值与事先确定哪一个变量作为被解释变量有关。在协整回归中改变被解释变量不会影响AEG统计量的渐近分布特性,但在有限样本条件下,相对于不同的变量做解释变量,AEG统计量的值将不同。

13.4.2 协整系数的分布滞后模型估计法

从13.4.1小节知道,如果变量间存在协整关系,由EG两步法的第一步协整回归得到的协整系数估计量具有超一致性和强有效性,但在有限样本条件下,这些估计量仍然是有偏的。样本容量越小,这种偏倚就越严重。这种偏倚将直接影响误差修正模型中非均衡误差值的计算,从而给短期回归系数的估计也带来严重的小样本偏倚。

为克服小样本条件下EG两步法的不足,菲利普斯-罗利坦(Phillips-Loretan,1991)建议用动态分布滞后模型估计长期均衡关系。以模型(13-24)为例(为简单,去掉 β_0 项),

可用如下动态模型估计长期关系。

$$y_t = \sum_{i=1}^{k} \alpha_i y_{t-i} + \sum_{i=0}^{k} \beta_i x_{t-i} + v_t \tag{13-38}$$

其中α_i,β_i是回归系数,v_t表示误差项。长期乘数是用上式中的回归系数的OLS估计值按下式计算。

$$\hat{\theta} = \sum_{i=0}^{k} \hat{\beta}_i \Big/ \left(1 - \sum_{i=1}^{k} \hat{\alpha}_i\right) \tag{13-39}$$

把$(1 \quad -\hat{\theta})'$看作协整向量。用$\hat{\theta}$代替式(13-28)中的$\hat{\beta}$,作为协整系数OLS估计值。这种方法实际上和EG两步法是一样的,只不过是利用动态模型估计变量的长期关系。

威肯斯-伯利奇(Wickens-Breusch 1988)也建议使用式(13-39)计算协整系数。当需要同时计算θ的估计值及其方差时,可按下式计算:

$$y_t = -\lambda \sum_{i=1}^{k} \alpha_i (y_t - y_{t-i}) + \theta\, x_t - \lambda \sum_{i=1}^{k} \beta_i (x_t - x_{t-i}) + \lambda\, v_t \tag{13-40}$$

其中$\lambda = 1 \Big/ \left(1 - \sum_{i=1}^{k} \alpha_i\right)$,$\theta = \sum_{i=0}^{k} \beta_i \Big/ \left(1 - \sum_{i=1}^{k} \alpha_i\right)$。上式是由式(13-38)两侧同时减$\left(\sum_{i=1}^{k} \alpha_i\right) y_t$,并对含有$x_t$的项重新整理而得到的。估计式(13-40)可直接得到θ的点估计值及其标准差$s(\hat{\theta})$。当$k=1$时,式(13-40)退化为

$$y_t = -\phi_1 \Delta y_t + \theta\, x_t - \gamma_1 \Delta x_t + u_t \tag{13-41}$$

威肯斯-伯利奇(1988)建议用式(13-41)同时估计长期系数与短期系数。他们认为若在式(13-38)和式(13-40)中略去高阶动态滞后项,当使用非平稳变量时,虽然不会影响系数估计量的一致性,但会对模型的动态结构的估计产生影响。协整回归式(13-28)与式(13-40)相比较,只是从中省略了全部的动态项。为减小长期乘数的有限样本偏倚,动态项不应从式(13-38)和式(13-40)中删除。

以上论述并不意味着用动态回归方法检验协整关系在实际中就一定好于用静态回归式检验协整关系。有时前一种方法优于后者,而有时后一种方法又优于前者。

【例13-3】 (数据见EViews、STATA文件: li 13-3)

对数的上证综指和对数的深证成指关系分析

2020年2月3日至2021年3月18日上证综指(SH_t)和深证成指(SZ_t)数据($T=276$)见EViews文件li 13-3。为避免建模过程中可能出现的异方差下面采用SH_t和SZ_t的对数变量$LnSH_t$和$LnSZ_t$建模。$LnSH_t$和$LnSZ_t$的序列图见图13-8。在样本期间内,由于新冠肺炎疫情在国内得到有效控制,经济发展逐步得到恢复,使上证综指(SH_t)和深证成指(SZ_t)的变化也一路向好。$LnSH_t$和$LnSZ_t$序列的变化趋势大体上呈增加态势。两个序列的变化方式类似,所以一定存在高度相关性。$LnSH_t$和$LnSZ_t$散点图见图13-9。

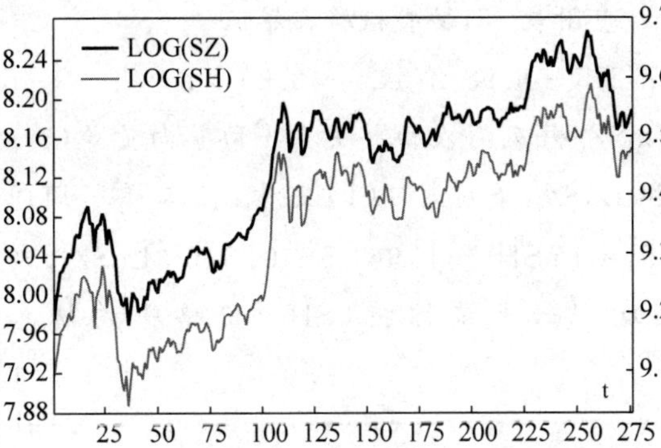

图 13-8　$LnSH_t$ 和 $LnSZ_t$ 的序列图

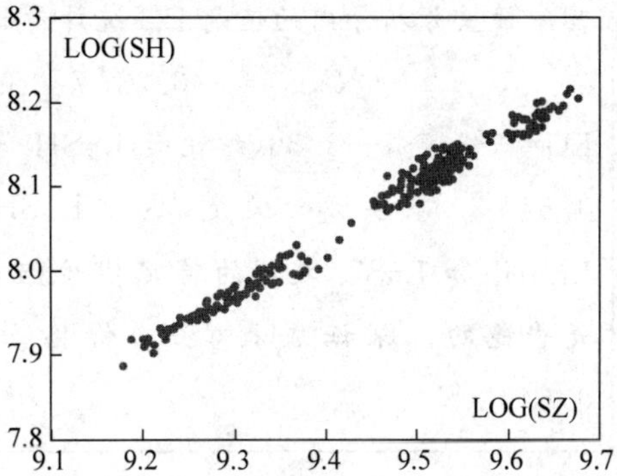

图 13-9　$LnSH_t$ 和 $LnSZ_t$ 散点图

序列 SH_t、SZ_t、$LnSH_t$ 和 $LnSZ_t$ 的特征数分析见表 13-1。序列 $LnSH_t$ 和 $LnSZ_t$ 的单整性分析见表 13-2。检验结果 $LnSH_t, LnSZ_t \sim I(1)$。

表 13-1　序列 SH_t、SZ_t、$LnSH_t$ 和 $LnSZ_t$ 的特征数分析

序列	平均值	标准差	最小值	最大值
SH_t	3 204.26	269.83	2 660.17	3 696.17
SZ_t	12 803.83	1 640.81	9 691.53	15 962.25
$LnSH_t$	8.068 6	0.085 7	7.886 1	8.215 1
$LnSZ_t$	9.448 9	0.131 4	9.179 0	9.678 0

表 13-2　序列 $LnSH_t$ 和 $LnSZ_t$ 及其差分序列的单位根检验结果

序列	检验式形式	DF 或 ADF 值	5%临界值	检验结果
$LnSH_t$	(0,0,0)	0.68	−1.94	$I(1)$
$LnSZ_t$	(0,0,0)	0.92	−1.94	$I(1)$
$\Delta LnSH_t$	(0,0,0)	−15.89	−1.94	$I(0)$
$\Delta LnSZ_t$	(0,0,0)	−15.88	−1.94	$I(0)$

注：检验式形式符号(0,0,0)中第 1 个数字取 0 表示 DF 检验式中无常数项。第 2 个数字取 0 表示 DF 检验式中无趋势项。第 3 个数字取 0 表示 DF 检验式中无差分项滞后项。

首先检验 $LnSH_t$ 和 $LnSZ_t$ 之间是否存在协整关系。按 EG 两步法的第 1 步回归，得估计结果：

$$LnSH_t = 1.961\,5 + 0.646\,3 LnSZ_t + \hat{u}_t$$

$$(40.8) \qquad (127.2) \qquad R^2 = 0.983\,3, DW = 0.2, T = 276$$

通过对上式中 $\hat{u}_t$ 序列的平稳性检验判断 $LnSH_t$ 和 $LnSZ_t$ 是否存在协整关系。EG 回归如下：

$$\Delta\hat{u}_t = -0.096\,3\hat{u}_{t-1}$$

$$(-3.7)^* \qquad DW = 1.8, T = 275$$

其中带星号括号内的值是EG统计量的值。查附表15,协整检验临界值

$$C_{0.05}=-3.3377-5.967/275-8.98/275^2=-3.36$$

EG=−3.7<−3.36,结论是 LnSH_t 和 LnSZ_t 序列存在协整关系。协整向量是(1 0.6463)′。实际含义是,尽管 LnSH_t 和 LnSZ_t 序列是 $I(1)$ 变量,在本样本期间 LnSH_t 和 LnSZ_t 之间的特定线性组合,$\hat{u}_t=\mathrm{LnSH}_t-1.9615-0.6463\mathrm{LnSZ}_t$,却是平稳的。深证成指($\mathrm{SZ}_t$)价格每增加1%,上证综指($\mathrm{SH}_t$)价格平均增加0.6463%。

13.5 格兰杰定理

本节和13.6节把在13.1节和13.2节中介绍误差修正模型时限定序列具有平稳性的要求放开。在序列非平稳条件下讨论建立误差修正模型问题。本节主要介绍格兰杰(Granger)定理;13.6节介绍怎样用非平稳序列建立单方程误差修正模型。

在给出格兰杰定理之前先介绍多项式矩阵概念,为介绍格兰杰定理做准备。

13.5.1 多项式矩阵

一个 $N\times N$ 阶多项式矩阵 $\boldsymbol{A}(L)$ 的每一个元素 $\{a_{ij}(L)\}$,$i,j=1,2,\cdots,N$,都是一个以滞后算子 L 为变数的纯量多项式,即

$$\boldsymbol{A}(L)=\{a_{ij}(L)\}_{N\times N}=\begin{bmatrix} a_{11}(L) & \cdots & a_{1j}(L) & \cdots & a_{1N}(L) \\ \cdots & \cdots & \cdots & \cdots & \cdots \\ a_{i1}(L) & \cdots & a_{ij}(L) & \cdots & a_{iN}(L) \\ \cdots & \cdots & \cdots & \cdots & \cdots \\ a_{N1}(L) & \cdots & a_{Nj}(L) & \cdots & a_{NN}(L) \end{bmatrix} \tag{13-42}$$

其中,$a_{ij}(L)=\sum_{r=0}^{k_{ij}}a_{ijr}L^r$,$i,j=1,2,\cdots,N$,$r=0,1,2,\cdots,k_{ij}$,$k_{ij}<\infty$。用 k 表示 k_{ij} 中最大的值,即 $k=\max_{ij}\{k_{ij}\}<\infty$,$i,j=1,2,\cdots,N$。则 $\boldsymbol{A}(L)$ 可以被表示为

$$\boldsymbol{A}(L)=\sum_{r=0}^{k}A_rL^r=\boldsymbol{A}_0+\boldsymbol{A}_1L+\boldsymbol{A}_2L^2+\cdots+\boldsymbol{A}_{k-1}L^{k-1}+\boldsymbol{A}_kL^k \tag{13-43}$$

其中 $\boldsymbol{A}_0,\boldsymbol{A}_1,\cdots,\boldsymbol{A}_k$ 是 $N\times N$ 阶矩阵。多项式矩阵(13-43)是多项式矩阵(13-42)的另一种表达形式。矩阵(13-42)表示的是 k 阶多项式矩阵,而矩阵(13-43)是用矩阵表示的 k 阶多项式。用 $|\boldsymbol{A}(L)|$ 表示 $A(L)$ 行列式的值。$|\boldsymbol{A}(L)|$ 是一个纯量多项式。

举一个 $N=2$ 的例子进一步说明多项式矩阵的不同表示方法。

【例 13-4】

给定

$$\boldsymbol{A}_0=\begin{bmatrix}a_{110} & a_{120}\\ a_{210} & a_{220}\end{bmatrix}=\begin{bmatrix}1 & 0\\ 0 & 1\end{bmatrix}$$

$$\boldsymbol{A}_1=\begin{bmatrix}a_{111} & a_{121}\\ a_{211} & a_{221}\end{bmatrix}=\begin{bmatrix}0.04 & 0\\ 0.12 & 0.7\end{bmatrix}$$

$$\boldsymbol{A}_2=\begin{bmatrix}a_{112} & a_{122}\\ a_{212} & a_{222}\end{bmatrix}=\begin{bmatrix}0.02 & 0.13\\ 0.05 & 0\end{bmatrix}$$

则多项式矩阵如式(13-43)的表达形式是

$$\boldsymbol{A}(L)=\boldsymbol{A}_0+\boldsymbol{A}_1L+\boldsymbol{A}_2L^2=\begin{bmatrix}a_{110} & a_{120}\\ a_{210} & a_{220}\end{bmatrix}+\begin{bmatrix}a_{111} & a_{121}\\ a_{211} & a_{221}\end{bmatrix}L+\begin{bmatrix}a_{112} & a_{122}\\ a_{212} & a_{222}\end{bmatrix}L^2$$

$$=\begin{bmatrix}1 & 0\\ 0 & 1\end{bmatrix}+\begin{bmatrix}0.04 & 0\\ 0.12 & 0.7\end{bmatrix}L+\begin{bmatrix}0.02 & 0.13\\ 0.05 & 0\end{bmatrix}L^2$$

其中 $\boldsymbol{A}_0$ 相当于 $\boldsymbol{A}_0L^0$。下面把 $\boldsymbol{A}(L)$ 变换为如式(13-42)的多项式矩阵形式。由上式，把矩阵相同位置的项合并，得

$$\boldsymbol{A}(L)=\begin{bmatrix}a_{110}+a_{111}L+a_{112}L^2 & a_{120}+a_{121}L+a_{122}L^2\\ a_{210}+a_{211}L+a_{212}L^2 & a_{220}+a_{221}L+a_{222}L^2\end{bmatrix}$$

$$=\begin{bmatrix}1+0.04L+0.02L^2 & 0+0L+0.13L^2\\ 0+0.12L+0.05L^2 & 1+0.7L+0L^2\end{bmatrix}$$

上式是 $\boldsymbol{A}(L)$ 的多项式矩阵形式。其中每一元素都是一个纯量多项式。

(1) 当 $L=0$ 时，则 $\boldsymbol{A}(0)=\boldsymbol{A}_0+\boldsymbol{A}_1 0+\boldsymbol{A}_2 0=\boldsymbol{A}_0=\boldsymbol{I}$。

(2) 当 $L=1$ 时，$\boldsymbol{A}(1)=\boldsymbol{A}_0+\boldsymbol{A}_1+\boldsymbol{A}_2=\begin{bmatrix}1+0.04+0.02 & 0+0+0.13\\ 0+0.12+0.05 & 1+0.7+0\end{bmatrix}=\begin{bmatrix}1.06 & 0.13\\ 0.17 & 1.7\end{bmatrix}$。

下面计算 $|\boldsymbol{A}(L)|$：

$$|\boldsymbol{A}(L)|=\begin{vmatrix}1+0.04L+0.02L^2 & 0+0L+0.13L^2\\ 0+0.12L+0.05L^2 & 1+0.7L+0L^2\end{vmatrix}$$

$$=(1+0.04L+0.02L^2)(1+0.7L)-(0.12L+0.05L^2)0.13L^2$$

$$=1+0.74L+0.048L^2-0.0016L^3-0.0065L^4$$

$|\boldsymbol{A}(L)|$ 是一个纯量多项式。当 $L=1$ 时，

$$|\boldsymbol{A}(1)|=(1.06\times 1.7)-(0.17\times 0.13)=1.7799$$

13.5.2 格兰杰定理

格兰杰定理(1987):若 $N\times 1$ 阶列向量 $\boldsymbol{Z}_t\sim I(1)$具有协整关系,并可表示为如下多变量移动平均形式:

$$(1-L)\boldsymbol{Z}_t=\boldsymbol{C}(L)\boldsymbol{u}_t$$

其中 $\boldsymbol{C}(L)=I+\boldsymbol{C}_1L+\boldsymbol{C}_2L^2+\cdots+\boldsymbol{C}_kL^k$ 是 $N\times N$ 阶多项式矩阵,$\boldsymbol{u}_t$ 为 $N\times 1$ 阶白噪声向量,$E(\boldsymbol{u}_t)=0$,$\mathrm{var}(\boldsymbol{u}_t)=\boldsymbol{\Omega}$(满足弱条件,即允许存在暂时的自相关和异方差),则

(1) 一定存在 $\boldsymbol{Z}_t$ 的 ARMA 表达式:

$$\boldsymbol{A}(L)\boldsymbol{Z}_t=\boldsymbol{d}(L)\boldsymbol{u}_t$$

(2) 一定存在 $\boldsymbol{Z}_t$ 的误差修正模型表达式:

$$\boldsymbol{A}^{\dagger}(L)(1-L)\boldsymbol{Z}=-\boldsymbol{\gamma\beta}'\boldsymbol{Z}_{t-1}+\boldsymbol{d}(L)\boldsymbol{u}_t \tag{13-44}$$

其中 $\boldsymbol{A}(L)$为多项式矩阵,$\boldsymbol{A}^{\dagger}(L)$为分解出因子$(1-L)$后的多项式矩阵,$\boldsymbol{\beta}$ 为协整向量(长期系数),$\boldsymbol{\gamma}$ 为短期系数,$\boldsymbol{d}(L)$为纯量滞后多项式矩阵。(证明略)

格兰杰定理(the Granger representation theorem)出自恩格尔和格兰杰的一篇论文(Engle-Granger,1987)。格兰杰定理的重要意义在于证明了协整概念与误差修正模型的必然联系。若非平稳变量之间存在协整关系,则必然可以建立误差修正模型;若用非平稳变量可以建立误差修正模型,则该变量之间必存在协整关系。

对于非平稳变量,时间序列模型忽视了原变量的信息,而计量经济模型又常常忽视虚假回归问题。格兰杰定理为保障误差修正模型吸收上述两种模型的长处并克服两种模型的不足提供了一个切实可行的途径和理论依据。误差修正模型的提出有效地解决了一直困扰计量经济学界的虚假回归问题。

以简单回归模型为例,$y_t=\beta_0+\beta_1x_t+u_t$,如果 x_t,y_t 非平稳,简单地采用差分变量是不能解决 β_0 和 β_1 的估计问题。当用差分变量建立模型时,

$$\Delta y_t=\alpha\Delta x_t+v_t$$

上式只能得到 x_t,y_t 的短期信息,却得不到人们通常最关注的长期信息。若认为上式是 $y_t=\beta_0+\beta_1x_t+u_t$ 与其滞后一期式相减而得,则等于承认 v_t 是一个移动平均过程。即

$$\Delta y_t=\beta_1\Delta x_t+u_t-u_{t-1}$$

用差分变量建立的模型存在自相关。

下面通过 1 个例子进一步熟悉格兰杰定理。

13.5.3 举例验证格兰杰定理

【例 13-5】

时间序列 x_t 和 y_t 由下面的二变量系统生成。

$$y_t-\alpha x_t=u_t,\quad u_t=u_{t-1}+\varepsilon_{1t} \tag{13-45}$$

$$y_t - \beta x_t = v_t,\quad v_t = \rho v_{t-1} + \varepsilon_{2t},\quad |\rho| < 1 \tag{13-46}$$

其中α,β是回归系数，并有

$$(\varepsilon_{1t}\quad \varepsilon_{2t})' \sim N(\mathbf{0},\boldsymbol{\Omega}) \tag{13-47}$$

在$\alpha \neq \beta$条件下，由上述数据生成系统解得

$$y_t = \frac{\beta}{\beta-\alpha}u_t - \frac{\alpha}{\beta-\alpha}v_t \tag{13-48}$$

$$x_t = \frac{1}{\beta-\alpha}u_t - \frac{1}{\beta-\alpha}v_t \tag{13-49}$$

根据式(13-48)和式(13-49)，因为x_t和y_t分别与u_t有线性关系，而且u_t是随机游走过程[见式(13-45)]，所以$y_t, x_t \sim I(1)$。

见式(13-46)，因为v_t是平稳的，所以$(y_t - \beta x_t) \sim I(0)$，即具有协整关系。$(1\quad -\beta)'$是协整向量。$y_t = \beta x_t$是长期均衡关系。则必有以下3项结论存在。

(1) 上述数据生成系统可以变换为$\Delta y_t, \Delta x_t$的关于$\varepsilon_{1t}, \varepsilon_{2t}$的向量移动平均模型。

解：把式(13-48)和式(13-49)中u_t和v_t的系数分别用$\theta_{11}, \theta_{12}, \theta_{21}, \theta_{22}$表示，并重写如下：

$$\begin{bmatrix} y_t \\ x_t \end{bmatrix} - \begin{bmatrix} \theta_{11} & \theta_{12} \\ \theta_{21} & \theta_{22} \end{bmatrix} \begin{bmatrix} u_t \\ v_t \end{bmatrix}$$

由式(13-45)和式(13-46)中对u_t和v_t的定义有$u_t = (1-L)^{-1}\varepsilon_{1t}, v_t = (1-\rho L)^{-1}\varepsilon_{2t}$。代入上模型得

$$\begin{aligned}
\begin{bmatrix} y_t \\ x_t \end{bmatrix} &= \begin{bmatrix} \theta_{11} & \theta_{12} \\ \theta_{21} & \theta_{22} \end{bmatrix} \begin{bmatrix} (1-L)^{-1}\varepsilon_{1t} \\ (1-\rho L)^{-1}\varepsilon_{2t} \end{bmatrix} \\
&= \begin{bmatrix} \theta_{11} & \theta_{12} \\ \theta_{21} & \theta_{22} \end{bmatrix} \begin{bmatrix} (1-L)^{-1} & 0 \\ 0 & (1-\rho L)^{-1} \end{bmatrix} \begin{bmatrix} \varepsilon_{1t} \\ \varepsilon_{2t} \end{bmatrix} \\
&= \begin{bmatrix} \theta_{11}(1-L)^{-1} & \theta_{12}(1-\rho L)^{-1} \\ \theta_{21}(1-L)^{-1} & \theta_{22}(1-\rho L)^{-1} \end{bmatrix} \begin{bmatrix} \varepsilon_{1t} \\ \varepsilon_{2t} \end{bmatrix}
\end{aligned}$$

用$(1-L)$左乘上式两侧，

$$(1-L)\begin{bmatrix} y_t \\ x_t \end{bmatrix} = \begin{bmatrix} \Delta y_t \\ \Delta x_t \end{bmatrix} = \begin{bmatrix} \theta_{11} & \theta_{12}(1-L)(1-\rho L)^{-1} \\ \theta_{21} & \theta_{22}(1-L)(1-\rho L)^{-1} \end{bmatrix} \begin{bmatrix} \varepsilon_{1t} \\ \varepsilon_{2t} \end{bmatrix} \tag{13-50}$$

以上模型是数据生成系统(13-45)和(13-46)的关于$\Delta y_t, \Delta x_t$的向量移动平均模型表达式(符合格兰杰定理的条件)。

因为数据生成系统(13-45)和系统(13-46)中的$y_t, x_t \sim I(1)$。$(y_t - \beta x_t) \sim I(0)$

(有协整关系存在),且有 $\Delta y_t,\Delta x_t$ 的向量移动平均模型表达式,所以根据格兰杰定理,模型(13-45)和模型(13-46)有 y_t,x_t 的向量 ARMA 和误差修正模型表达式存在。

(2) 由数据生成系统(13-45)和系统(13-46)可以写出 y_t,x_t 的向量 ARMA 模型。

解:由式(13-50),

$$(1-L)\begin{bmatrix}y_t\\x_t\end{bmatrix}=\begin{bmatrix}y_t\\x_t\end{bmatrix}-\begin{bmatrix}y_{t-1}\\x_{t-1}\end{bmatrix}=\begin{bmatrix}\theta_{11} & \theta_{12}(1-L)(1-\rho L)^{-1}\\\theta_{21} & \theta_{22}(1-L)(1-\rho L)^{-1}\end{bmatrix}\begin{bmatrix}\varepsilon_{1t}\\\varepsilon_{2t}\end{bmatrix}$$

移项整理,

$$\begin{bmatrix}y_t\\x_t\end{bmatrix}=\begin{bmatrix}y_{t-1}\\x_{t-1}\end{bmatrix}+\begin{bmatrix}\theta_{11} & \theta_{12}(1-L)(1-\rho L)^{-1}\\\theta_{21} & \theta_{22}(1-L)(1-\rho L)^{-1}\end{bmatrix}\begin{bmatrix}\varepsilon_{1t}\\\varepsilon_{2t}\end{bmatrix}$$

$$=\begin{bmatrix}1 & 0\\0 & 1\end{bmatrix}\begin{bmatrix}y_{t-1}\\x_{t-1}\end{bmatrix}+\begin{bmatrix}\theta_{11} & \theta_{12}(1-L)(1-\rho L)^{-1}\\\theta_{21} & \theta_{22}(1-L)(1-\rho L)^{-1}\end{bmatrix}\begin{bmatrix}\varepsilon_{1t}\\\varepsilon_{2t}\end{bmatrix}$$

上式是关于 y_t,x_t 的向量 ARMA 模型。

(3) 由数据生成系统(13-45)和系统(13-46)可以写出 y_t,x_t 的误差修正模型形式。

解:对模型(13-45)和模型(13-46)进行差分变换,式(13-45)两侧同乘差分算子,得

$$\Delta y_t-\alpha\Delta x_t=\Delta u_t=u_t-u_{t-1}=\varepsilon_{1t}$$

式(13-46)两侧同乘差分算子,右侧加减 ρv_{t-1} 得

$$\begin{aligned}\Delta y_t-\beta\Delta x_t&=\Delta v_t=v_t-v_{t-1}=v_t-v_{t-1}-\rho v_{t-1}+\rho v_{t-1}\\&=\varepsilon_{2t}-(1-\rho)v_{t-1}\\&=\varepsilon_{2t}-(1-\rho)y_{t-1}+(1-\rho)\beta x_{t-1}\end{aligned}$$

即

$$\begin{cases}\Delta y_t-\alpha\Delta x_t=\varepsilon_{1t}\\\Delta y_t-\beta\Delta x_t=\varepsilon_{2t}-(1-\rho)y_{t-1}+(1-\rho)\beta x_{t-1}\end{cases}$$

其矩阵形式,

$$\begin{bmatrix}1 & -\alpha\\1 & -\beta\end{bmatrix}\begin{bmatrix}\Delta y_t\\\Delta x_t\end{bmatrix}=\begin{bmatrix}\varepsilon_{1t}\\\varepsilon_{2t}-(1-\rho)y_{t-1}+(1-\rho)\beta x_{t-1}\end{bmatrix}$$

用 $\begin{bmatrix}1 & -\alpha\\1 & -\beta\end{bmatrix}^{-1}$ 左乘上式两侧,得

$$\begin{aligned}\begin{bmatrix}\Delta y_t\\\Delta x_t\end{bmatrix}&=(\beta-\alpha)^{-1}\begin{bmatrix}\beta & -\alpha\\1 & -1\end{bmatrix}\begin{bmatrix}\varepsilon_{1t}\\\varepsilon_{2t}-(1-\rho)y_{t-1}+(1-\rho)\beta x_{t-1}\end{bmatrix}\\&=(\beta-\alpha)^{-1}\begin{bmatrix}(\beta\varepsilon_{1t}-\alpha\varepsilon_{2t})+\alpha(1-\rho)y_{t-1}-\alpha\beta(1-\rho)x_{t-1}\\(\varepsilon_{1t}-\varepsilon_{2t})+(1-\rho)y_{t-1}-\beta(1-\rho)x_{t-1}\end{bmatrix}\end{aligned}$$

把右侧矩阵分成两项，

$$\begin{bmatrix}\Delta y_t\\\Delta x_t\end{bmatrix}=(\beta-\alpha)^{-1}\left(\begin{bmatrix}\alpha(1-\rho) & -\alpha\beta(1-\rho)\\(1-\rho) & -\beta(1-\rho)\end{bmatrix}\begin{bmatrix}y_{t-1}\\x_{t-1}\end{bmatrix}+\begin{bmatrix}\beta & -\alpha\\1 & -1\end{bmatrix}\begin{bmatrix}\varepsilon_{1t}\\\varepsilon_{2t}\end{bmatrix}\right)$$

$$=\begin{bmatrix}\alpha\dfrac{(1-\rho)}{\beta-\alpha} & -\alpha\beta\dfrac{(1-\rho)}{\beta-\alpha}\\\dfrac{(1-\rho)}{\beta-\alpha} & -\beta\dfrac{(1-\rho)}{\beta-\alpha}\end{bmatrix}\begin{bmatrix}y_{t-1}\\x_{t-1}\end{bmatrix}+(\beta-\alpha)^{-1}\begin{bmatrix}\beta & -\alpha\\1 & -1\end{bmatrix}\begin{bmatrix}\varepsilon_{1t}\\\varepsilon_{2t}\end{bmatrix}$$

$$=\begin{bmatrix}\alpha\dfrac{(1-\rho)}{\beta-\alpha}\\\dfrac{(1-\rho)}{\beta-\alpha}\end{bmatrix}(1\quad-\beta)\begin{bmatrix}y_{t-1}\\x_{t-1}\end{bmatrix}+(\beta-\alpha)^{-1}\begin{bmatrix}\beta & -\alpha\\1 & -1\end{bmatrix}\begin{bmatrix}\varepsilon_{1t}\\\varepsilon_{2t}\end{bmatrix}$$

令 $\delta=\dfrac{(1-\rho)}{\beta-\alpha}$，由上式得

$$\begin{bmatrix}\Delta y_t\\\Delta x_t\end{bmatrix}=\begin{bmatrix}\alpha\delta\\\delta\end{bmatrix}(1\quad-\beta)\begin{bmatrix}y_{t-1}\\x_{t-1}\end{bmatrix}+\begin{bmatrix}\dfrac{\beta}{\beta-\alpha} & -\dfrac{\alpha}{\beta-\alpha}\\\dfrac{1}{\beta-\alpha} & -\dfrac{1}{\beta-\alpha}\end{bmatrix}\begin{bmatrix}\varepsilon_{1t}\\\varepsilon_{2t}\end{bmatrix}$$

$$=\begin{bmatrix}\alpha\delta\\\delta\end{bmatrix}(y_{t-1}-\beta x_{t-1})+\begin{bmatrix}\dfrac{\beta}{\beta-\alpha} & -\dfrac{\alpha}{\beta-\alpha}\\\dfrac{1}{\beta-\alpha} & -\dfrac{1}{\beta-\alpha}\end{bmatrix}\begin{bmatrix}\varepsilon_{1t}\\\varepsilon_{2t}\end{bmatrix}$$

对照误差修正模型表达式(13-44)，

$$\boldsymbol{A}^{\dagger}(L)(1-L)\boldsymbol{Z}_t=-\boldsymbol{\gamma}\boldsymbol{\beta}'\boldsymbol{Z}_{t-1}+\boldsymbol{d}(L)\boldsymbol{u}_t$$

这里 $\boldsymbol{Z}_t=\begin{bmatrix}y_t\\x_t\end{bmatrix}$，$\boldsymbol{A}^{\dagger}(L)$是单位阵，$\boldsymbol{\gamma}=-\begin{bmatrix}\alpha\delta\\\delta\end{bmatrix}$，$\boldsymbol{\beta}=\begin{bmatrix}1\\-\beta\end{bmatrix}$，$\boldsymbol{d}(L)=\begin{bmatrix}\dfrac{\beta}{\beta-\alpha} & -\dfrac{\alpha}{\beta-\alpha}\\\dfrac{1}{\beta-\alpha} & -\dfrac{1}{\beta-\alpha}\end{bmatrix}$，

$\boldsymbol{u}_t=\begin{bmatrix}\varepsilon_{1t}\\\varepsilon_{2t}\end{bmatrix}$。所以，上式是 y_t，x_t 的向量误差修正模型表达式。

注意：$\delta=\dfrac{(1-\rho)}{\beta-\alpha}$不能为零。如果 $\delta=0$，误差修正项 $\begin{bmatrix}\alpha\delta\\\delta\end{bmatrix}\boldsymbol{\beta}'\boldsymbol{Z}_{t-1}$ 将从模型中消失。x_t 和 y_t 将不存在协整关系。$\delta=0$，意味着 $\rho=1$，式(13-46)中的 v_t 变成随机游走过程。

介绍了格兰杰定理后需要解决一个问题，即一组变量若存在协整关系，实际中怎样建立误差修正模型？

13.6 建立单方程误差修正模型的EG两步法

本章只考虑单方程误差修正模型问题,并假定向量 $\boldsymbol{x}_t$ 中每一个分量都是 $I(1)$ 的。一般来说,$\boldsymbol{x}_t$ 中变量的线性组合仍是一个 $I(1)$ 序列。只有当 $\boldsymbol{x}_t$ 中的变量存在协整关系时(协整向量用 $\boldsymbol{\beta}$ 表示),才会有 $\boldsymbol{\beta}'\boldsymbol{x}_t \sim I(0)$。

13.6.1 EG两步法

在第10章处理非平稳变量的方法是首先通过足够次数的差分把非平稳变量变换成平稳变量,然后再建立时间序列模型。但这种模型不能研究不同变量之间的关系。在回归分析中非平稳变量可以先通过差分变换成平稳变量以后建立动态分布滞后模型。回归系数估计量具有渐近特性。但这种模型无法估计原非平稳变量间的任何关系。所以简单地用差分变量建立计量经济模型,一般来说,不是一个恰当可行的方法。由13.3节知协整即意味着在若干非平稳变量之间存在长期均衡关系。而这种均衡关系才是最令人感兴趣的。13.5节已经在协整与误差修正模型之间建立了联系。根据格兰杰定理,一组具有协整关系的 $I(1)$ 变量一定有误差修正模型的表达形式存在。目前已提出多种关于用具有协整关系的 $I(1)$ 变量建立误差修正模型的方法。这一节只介绍EG两步法(Engle-Granger,1987)。

EG两步法的第1步是用OLS法估计协整系数向量。把这种OLS回归称作协整回归或静态回归。EG两步法的第2步则是用由第1步得到的残差值作为误差修正项加入误差修正模型中并用OLS法估计短期系数。下面以二变量模型为例具体介绍EG两步法。

假设两个 $I(1)$ 变量 y_t 和 x_t 具有如下关系:

$$y_t = \beta_0 + \beta_1 x_t + u_t \tag{13-51}$$

其中 $u_t \sim I(0)$,则长期均衡关系是

$$E(y_t) = \beta_0 + \beta_1 x_t$$

依据式(13-15)可以建立如下二变量误差修正模型:

$$\Delta y_t = \alpha \Delta x_t + \gamma(y_{t-1} - \beta_0 - \beta_1 x_{t-1}) + v_t \tag{13-52}$$

上式中 $(y_{t-1} - \beta_0 - \beta_1 x_{t-1}) \sim I(0)$。因为 $y_t \sim I(1)$,$x_t \sim I(1)$,则 Δy_t,$\Delta x_t \sim I(0)$,所以上式中所有的项都是平稳的。

EG两步法的第1步是先对式(13-51)进行OLS协整回归,

$$y_t = \hat{\beta}_0 + \hat{\beta}_1 x_t + \hat{u}_t$$

估计协整向量 $(1 \quad -\beta_1)'$。其中 $\hat{\beta}_1$ 是对协整系数 β_1 的OLS估计,残差项 $\hat{u}_t$ 是对 u_t 的估计,当确切关系未知时,如有必要也可以在协整回归式中加入位移项或趋势项。

EG两步法的第2步是把从第1步求到的残差 $\hat{u}_t$ 作为非均衡误差代入式(13-52),

$$\Delta y_t = \alpha \Delta x_t + \gamma(y_{t-1} - \hat{\beta}_0 - \hat{\beta}_1 x_{t-1}) + v_t = \alpha \Delta x_t + \gamma \hat{u}_{t-1} + v_t \tag{13-53}$$

并用 OLS 法估计上式中的短期系数 α 和 γ。若上式中的动态性不足，即 v_t 具有自相关性，可进一步在等式右侧增加 Δy_t 和 Δx_t 的滞后项。

在实际应用中，若不知协整关系是否存在，在进行协整回归后还应按 13.4 节检验 y_t 与 x_t 是否真正存在协整关系。

因为式(13-53)两侧的单整次数都是零，所以 t 统计量渐近服从标准正态分布。OLS 估计量具有一致性。

EG 两步法的优点是：①每一步都是对单方程进行 OLS 估计。②回归系数估计量都具有一致性。③计算简便，只是第 2 步才使用动态项。④在完成第 1 步协整回归的同时也得到了计算协整检验统计量所用的数据。

下面通过实例介绍误差修正模型的建立过程。

13.6.2　单方程误差修正模型案例分析

【案例 13-1】（数据见 EViews、STATA 文件：case 13-1）

在【例 13-3】的分析中已有结论，LnSH_t 和 LnSZ_t 序列存在协整关系。下面尝试用 $\text{Ln}SH_t$ 和 $\text{Ln}SZ_t$ 序列数据建立误差修正模型。

用【例 13-3】中协整回归式计算的非均衡误差 $\hat{u}_t$ 作为误差修正项按式(13-53)估计误差修正模型。得

$$\Delta \text{L}\hat{\text{n}}\text{SH}_t = -0.0932\hat{u}_{t-1} + 0.6778\Delta\text{LnSZ}_t \qquad (13\text{-}54)$$

$$(-3.6) \qquad (38.7)$$

$$R^2 = 0.85, \text{DW} = 1.8, T = 275$$

其中 $\hat{u}_t = \text{LnSH}_t - 1.9615 - 0.6463\text{LnSZ}_t$ 是非均衡误差。

误差修正模型(13-54)的误差修正项的系数为负，且有显著性。系统对非均衡误差的修正速度是 -0.0932。实际含义是当 LnSH_t 和 LnSZ_t 序列偏离均衡点时，该经济系统将以这种偏离（误差）的 -0.0932 倍的强度在下一期朝着均衡点调整。

【案例 13-2】（数据见 EViews、STATA 文件：case 13-2）

上海期货交易所关于铜的期货和现货价格关系研究

2001 年 6 月 6 日—2007 年 3 月 20 日上海日期货交易所关于铜的 1 297 个期货和现货价格数据摘自上海金属网(http://www.shmet.com)。用 qcu_t 表示铜的日期货价格，xcu_t 表示铜的现货价格。铜的日期货价格(qcu_t，千元/吨)和日现货价格(xcu_t，千元/吨)序列见图 13-10，散点图见图 13-11。

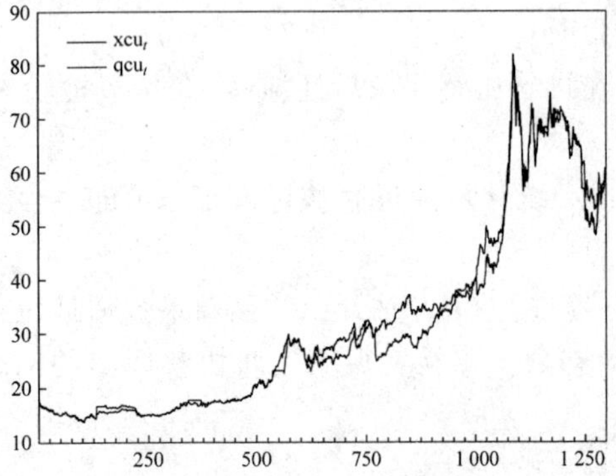

图 13-10 qcu_t 和 xcu_t 的序列图

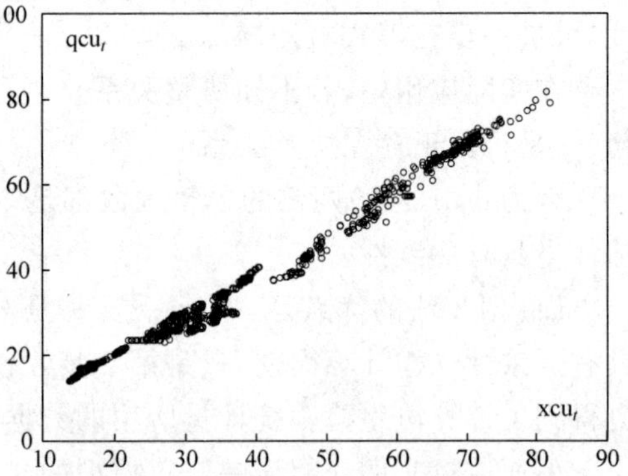

图 13-11 qcu_t 和 xcu_t 的散点图

由图 13-10 知,铜的日期货价格(qcu_t)和日现货价格(xcu_t)序列都展现非平稳特征。由图 13-11 又可以看到,两个价格之间存在高度的线性相关关系。

对铜的日期货价格(qcu_t)和日现货价格(xcu_t)检验单位根。得结果如下:

$$\Delta \widehat{qcu}_t = 0.0375 - 0.0003 qcu_{t-1} + 0.0783 \Delta qcu_{t-1} + 0.1080 \Delta qcu_{t-2}$$
$$(0.9) \quad (-0.3)^* \quad (2.8) \quad (3.9)$$
$$R^2 = 0.0187, DW = 2.0, T = 1294$$

$$\Delta \widehat{qcu}_t = 0.0006 qcu_{t-1} + 0.0783 \Delta qcu_{t-1} + 0.1080 \Delta qcu_{t-2}$$
$$(1.0)^* \quad (2.8) \quad (3.9)$$
$$R^2 = 0.0187, DW = 2.0, T = 1294$$

带 * 号的 t 值就是 ADF 统计量的值。因为 $-0.3 > -1.96$,$1.0 > -1.96$,所以两个检验式的结论都认为 qcu_t 序列存在单位根。进一步对 Δqcu_t 做单位根检验,得估计结果如下:

$$\Delta^2 \widehat{qcu}_t = -0.6994 \Delta qcu_{t-1} - 0.2354 \Delta^2 qcu_{t-1} - 0.1372 \Delta^2 qcu_{t-2}$$
$$(-16.2)^* \quad (-6.3) \quad (-5.0)$$
$$R^2 = 0.4714, DW = 2.0, T = 1293$$

因为 $-16.2 < -1.96$,所以检验结论是,Δqcu_t 是 $I(0)$ 序列。从而知 qcu_t 是 $I(1)$ 序列。对 xcu_t 的单位根检验过程与此相似,可以得出结论,铜的现货价格 xcu_t 也是 $I(1)$ 序列。

下面用 EG 两步法检验 qcu_t 和 xcu_t 的协整关系,若存在协整关系,则建立误差修正模型。

做如下回归:

$$qcu_t = 0.9597 xcu_t + \hat{u}_t \tag{13-55}$$
$$(654.5) \qquad R^2 = 0.9875, DW = 0.077, T = 1297$$

用上式的 $\hat{u}_t$ 做 AEG 协整检验。

$$\Delta\hat{u}_t = -0.0284\hat{u}_{t-1} - 0.2562\Delta\hat{u}_{t-1}$$

$$(-3.82)^* \quad (-9.5) \quad R^2 = 0.08, \mathrm{DW} = 2.1, T = 1\,295$$

其中－3.82 是 AEG 的值。查附表 15，协整检验临界值

$$C_{0.05} = -3.3377 - 5.967/1\,295 - 8.98/1\,295^2 = -3.34$$

AEG ＝ －3.82 ＜ －3.34，结论是序列 qcu_t 和 xcu_t 存在协整关系。协整向量是 $(1 \quad -0.9597)'$。

从式(13-55)中提取残差项作为非均衡误差项，按式(13-53)估计误差修正模型。得

$$\Delta\widehat{\mathrm{qcu}}_t = -0.0270\hat{u}_{t-1} - 0.1892\Delta\mathrm{qcu}_{t-1} + 0.7108\Delta\,\mathrm{xcu}_t + 0.2844\Delta\,\mathrm{xcu}_{t-1} \quad (13\text{-}56)$$

$$(-3.9) \quad (-7.1) \quad (38.7) \quad (10.8)$$

$$R^2 = 0.5600, \mathrm{DW} = 2.1, T = 1\,295$$

其中 $\hat{u}_{t-1} = \mathrm{qcu}_{t-1} - 0.9597\mathrm{xcu}_{t-1}$ 取自式(13-55)。误差修正项系数为负，并通过显著性检验。误差修正项对 dqcu_t 的修正速度是 0.027。经济含义是当铜的日期货和现货价格偏离均衡状态，$\mathrm{qcu}_t = 0.9597\mathrm{xcu}_t$ 时，该经济系统将以这种偏离(非均衡误差)的－0.027 倍的强度在下一期朝着均衡点调整。

用式(13-56)可以对铜的期货价格进行预测，而预测精度高于用原序列建立的模型。

用 EViews 计算的样本内 1 295 个值的静态预测相对误差绝对值平均是 0.77%，预测相当准确。

本章习题

第 14 章　面板数据模型

面板数据(panel data)是指固定一组调查对象在等间隔时点连续观测得到的数据,是具有截面和时间两个特征的数据。

面板数据的采集相对较早。1968 年以来,美国专门的研究机构相继建立了 PSID(Panel Study of Income Dynamics)、LRHS(Longitudinal Retirement History Study)、CPS(Current Population Survey)和 HRS(Health Retirement Study)面板数据库。德国、加拿大和欧共体等也分别于 20 世纪 80 年代、90 年代和 21 世纪初建立了关于社会、经济、家庭的面板数据库。国外学者对面板数据模型的成规模研究始于 20 世纪 70 年代末和 80 年代初,但发展非常快。据统计,在 1989 年被 SSCI(社会科学引文索引)收录的有关面板数据的论文只有 29 篇,10 年之后的 1999 年被 SSCI 收录的有关面板数据的论文已达 650 篇。我国学者对面板数据建模的理论方法与应用研究则大约落后 20 年。关于面板数据的计量经济理论与应用研究,近年来呈现突飞猛进的发展态势。经过 30 多年的发展,面板数据建模研究已经成为计量经济学体系中的一个重要组成部分。现在几乎每本经济类和计量经济类学术期刊中都有关于面板数据的论文登载。

这一章共分 6 节,主要介绍面板数据的定义、分类、估计方法、模型的设定与检验、建模案例分析。

14.1　面板数据的定义

时间序列数据或截面数据都是一维数据。时间序列数据是变量按等时间间隔得到的数据;截面数据是变量在固定时点得到的一组数据。面板数据是同时在时间和截面上取得的二维数据。所以,面板数据也称作时间序列与截面混合数据(pooled time series and cross section data)。面板数据是截面上的个体在不同时点的重复观测数据。

面板(panel)原指对一组固定调查对象的多次观测过程。近年来面板数据已经成为计量经济学中的专业术语。

1978—2005 年我国各省级地区城镇家庭消费性支出占可支配收入比率值面板数据见图 14-1。其中一个坐标表示时间,另一个坐标表示地区。面板数据从横截面(cross section)看,是由若干个体(entity,unit,individual)在某一时点构成的截面观测值;从纵剖面(longitudinal section)看,每个个体都是一个时间序列。由图 14-1 看出,自改革开放以来,28 年间各省消费对收入比值序列均呈逐年下降态势,尤其是在后期这个比值下降得更快。

面板数据用双下标变量表示。例如

$$y_{it},\quad i=1,2,\cdots,N;\ t=1,2,\cdots,T$$

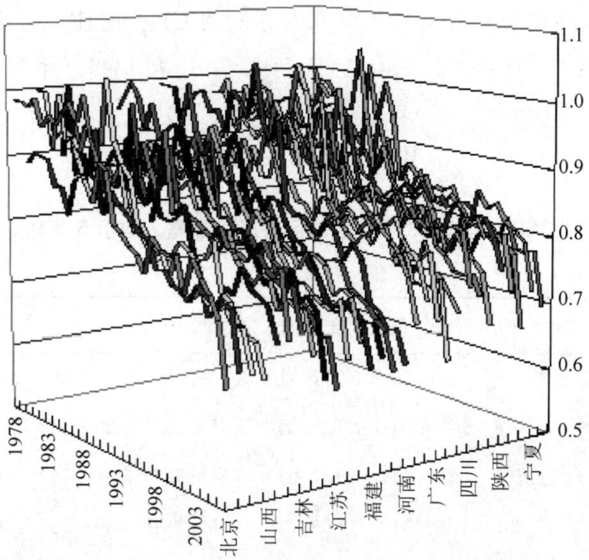

图 14-1　1978—2005 年我国各省级地区城镇家庭消费性支出与可支配收入比值的面板数据图

其中 i 对应面板数据中不同个体。N 表示面板数据中的个体数。t 对应面板数据中不同时点，T 表示时间序列的最大长度。若固定 t 不变，$y_{i\,.}$，($i=1,2,\cdots,N$)是横截面上的 N 个随机变量；若固定 i 不变，$y_{.\,t}$，($t=1,2,\cdots,T$)是纵剖面上的一个时间序列(个体)。

面板数据可分为两类。一类是截面上个体数少，而每个个体的时间跨度长；另一类是截面上个体数多，而每个个体的时间跨度短。常使用的面板数据主要指后一类情形。

利用面板数据建立模型的好处有：①观测值的增多，可以增加估计量的抽样精度。②对于面板数据模型，如果估计方法恰当，能得到参数的一致估计量，甚至是有效估计量。③用面板数据建立动态模型(自回归模型)比单纯用截面数据建立模型可以获得动态信息。

仍以图 14-1，1978—2005 年 29 个省份的面板数据为例，若固定在某一年份上，它是由 29 个比率值组成的截面数据；若固定在某一省份上，它是由 28 个比率值组成的一个时间序列。面板数据由 29 个个体组成，共有 812 个观测值。

对于面板数据 y_{it}，$i=1,2,\cdots,N$；$t=1,2,\cdots,T$，如果每个个体在相同的时点都有观测值，则称此面板数据为平衡面板数据(balanced panel data)。若面板数据中的个体存在观测值缺失，则称此面板数据为非平衡面板数据(unbalanced panel data)。

【案例 14-1】　(数据见 EViews、STATA 文件：case 14-1)

15 个省级地区的居民家庭人均消费和人均可支配收入关系分析

1996—2002 年我国东北、华北、华东 15 个省级地区的居民家庭人均消费(consume_{it}，元/年)，人均可支配收入(income_{it}，元/年)以及各省物价指数(p_{it})数据见 EViews、STATA 文件：case 14-1。

不变价格的人均消费和人均可支配收入分别用 CP_{it} 和 IP_{it} 表示。CP_{it} 和 IP_{it} 数据见 EViews、STATA 数据文件 case 14-1 和表 14-1、表 14-2。计算公式是

$$CP_{it} = consume_{it} / p_{it}$$

$$IP_{it} = income_{it} / p_{it}$$

表 14-1　我国东北、华北、华东 15 个省级地区的居民家庭人均消费(CP_{it})数据(不变价格)

元

地区人均消费	1996 年	1997 年	1998 年	1999 年	2000 年	2001 年	2002 年
CP-AH(安徽)	3 282.466	3 646.150	3 777.410	3 989.581	4 203.555	4 495.174	4 784.364
CP-BJ(北京)	5 133.978	6 203.048	6 807.451	7 453.757	8 206.271	8 654.433	10 473.12
CP-FJ(福建)	4 011.775	4 853.441	5 197.041	5 314.521	5 522.762	6 094.336	6 665.005
CP-HB(河北)	3 197.339	3 868.319	3 896.778	4 104.281	4 361.555	4 457.463	5 120.485
CP-HLJ(黑龙江)	2 904.687	3 077.989	3 289.990	3 596.839	3 890.580	4 159.087	4 493.535
CP-JL(吉林)	2 833.321	3 286.432	3 477.560	3 736.408	4 077.961	4 281.560	4 998.874
CP-JS(江苏)	3 712.260	4 457.788	4 918.944	5 076.910	5 317.862	5 488.829	6 091.331
CP-JX(江西)	2 714.124	3 136.873	3 234.465	3 531.775	3 612.722	3 914.080	4 544.775
CP-LN(辽宁)	3 237.275	3 608.060	3 918.167	4 046.582	4 360.420	4 654.420	5 402.063
CP-NMG(内蒙古)	2 572.342	2 901.722	3 127.633	3 475.942	3 877.345	4 170.596	4 850.180
CP-SD(山东)	3 440.684	3 930.574	4 168.974	4 546.878	5 011.976	5 159.538	5 635.770
CP-SH(上海)	6 193.333	6 634.183	6 866.410	8 125.803	8 651.893	9 336.100	10 411.94
CP-SX(山西)	2 813.336	3 131.629	3 314.097	3 507.008	3 793.908	4 131.273	4 787.561
CP-TJ(天津)	4 293.220	5 047.672	5 498.503	5 916.613	6 145.622	6 904.368	7 220.843
CP-ZJ(浙江)	5 342.234	6 002.082	6 236.640	6 600.749	6 950.713	7 968.327	8 792.210

资料来源:《中国统计年鉴》1997—2003,中国统计出版社。不变价格数据经作者自己计算。

数据是 7 年的,每一年有 15 个数据,共 105 组观测值,属于平衡面板数据。AH、BJ、FJ、HB、HLJ、JL、JS、JX、LN、NMG、SD、SH、SX、TJ、ZJ 分别表示安徽省、北京市、福建省、河北省、黑龙江省、吉林省、江苏省、江西省、辽宁省、内蒙古自治区、山东省、上海市、山西省、天津市、浙江省,是这组面板数据代表 15 个省级地区的个体标识。

人均消费(CP_{it})对人均可支配收入(IP_{it})散点图见图 14-2。图中每一种符号代表某一年度 15 个省级地区的截面数据(共有 7 个截面)。散点图显示人均消费(CP_{it})与人均可支配收入(IP_{it})的关系是线性的,并存在一定程度的递增型异方差。对 CP_{it} 和 IP_{it} 分别取对数,并用 $LnCP_{it}$、$LnIP_{it}$ 表示。

表 14-2　我国东北、华北、华东 15 个省级地区的居民家庭人均收入(IP_{it})数据(不变价格)

元

地区人均收入	1996 年	1997 年	1998 年	1999 年	2000 年	2001 年	2002 年
IP-AH(安徽)	4 106.251	4 540.247	4 770.470	5 178.528	5 256.753	5 640.597	6 093.333
IP-BJ(北京)	6 569.901	7 419.905	8 273.418	9 127.992	9 999.700	11 229.66	12 692.38
IP-FJ(福建)	4 884.731	6 040.944	6 505.145	6 922.109	7 279.393	8 422.573	9 235.538
IP-HB(河北)	4 148.282	4 790.986	5 167.317	5 468.940	5 678.195	5 955.045	6 747.152
IP-HLJ(黑龙江)	3 518.497	3 918.314	4 251.494	4 747.045	4 997.843	5 382.808	6 143.565
IP-JL(吉林)	3 549.935	4 041.061	4 240.565	4 571.439	4 878.296	5 271.925	6 291.618
IP-JS(江苏)	4 744.547	5 668.830	6 054.175	6 624.316	6 793.437	7 316.567	8 243.589
IP-JX(江西)	3 487.269	3 991.490	4 209.327	4 787.606	5 088.315	5 533.688	6 329.311
IP-LN(辽宁)	3 899.194	4 382.250	4 649.789	4 968.164	5 363.153	5 797.010	6 597.088
IP-NMG(内蒙古)	3 189.414	3 774.804	4 383.706	4 780.090	5 063.228	5 502.873	6 038.922
IP-SD(山东)	4 461.934	5 049.407	5 412.555	5 849.909	6 477.016	6 975.521	7 668.036
IP-SH(上海)	7 489.451	8 209.037	8 773.100	10 770.09	11 432.20	12 883.46	13 183.88
IP-SX(山西)	3 431.594	3 869.952	4 156.927	4 360.050	4 546.785	5 401.854	6 335.732
IP-TJ(天津)	5 474.963	6 409.690	7 146.271	7 734.914	8 173.193	8 852.470	9 375.060
IP-ZJ(浙江)	6 446.515	7 158.288	7 860.341	8 530.314	9 187.287	10 485.64	11 822.00

资料来源:《中国统计年鉴》1997—2003,中国统计出版社。不变价格数据经作者自己计算。

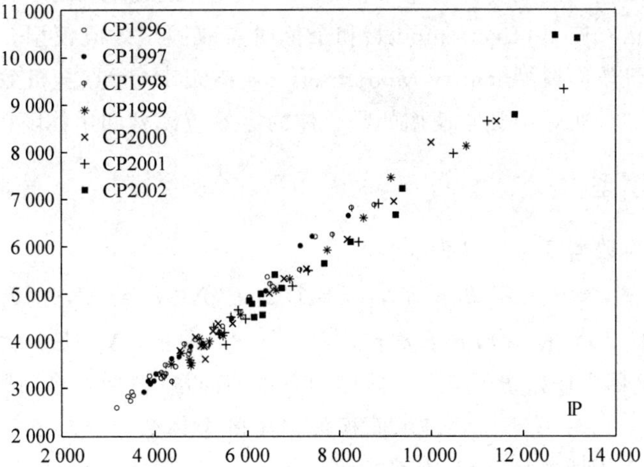

图 14-2　人均消费与收入的面板数据散点图(7 个截面叠加)

15 个省级地区 7 年间对数的人均消费($LnCP_{it}$)与对数的人均可支配收入($LnIP_{it}$)的面板数据散点图见图 14-3。这 105 组观测值仍呈明显的线性关系。与图 14-2 相比,异方差性得到有效克服。根据图 14-3,应该建立关于人均消费的对数线性面板数据模型。

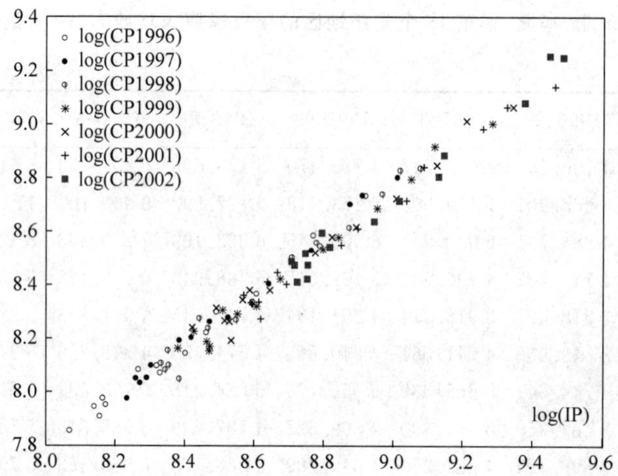

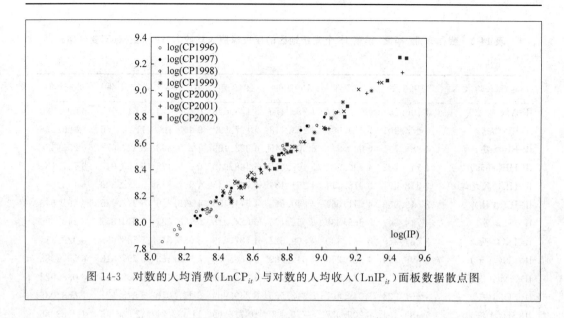

图 14-3　对数的人均消费(LnCP_{it})与对数的人均收入(LnIP_{it})面板数据散点图

14.2　面板数据模型的分类

面板数据模型通常分为 3 类,即混合模型、固定效应模型(fixed effects model)和随机效应模型。固定效应模型又可分为个体固定效应模型(entity fixed effects model)、时点固定效应模型(time fixed effects model)和个体时点双固定效应模型。而随机效应模型又可分为个体随机效应模型(entity random effects model)、时点随机效应模型和个体时点双随机效应模型。实际中经常使用的是个体固定效应模型和个体随机效应模型。

14.2.1　混合模型

如果一个面板数据模型定义为

$$y_{it}=\alpha+\boldsymbol{X}'_{it}\boldsymbol{\beta}+u_{it},\quad i=1,2,\cdots,N;\ t=1,2,\cdots,T \tag{14-1}$$

其中 y_{it} 是被解释变量(标量);α 表示截距项,是一个常量;$\boldsymbol{X}_{it}$ 是 $k\times1$ 阶解释变量列向量(包括 k 个解释变量);$\boldsymbol{\beta}$ 是 $k\times1$ 阶回归系数列向量(包括 k 个回归系数);u_{it} 是随机误差项,其中 $i=1,2,\cdots,N$,N 表示面板数据中的个体数,$t=1,2,\cdots,T$,T 表示面板数据中时间的长度,则称此模型为混合模型(pooled model)。混合模型的特点是无论对任何个体和截面,回归系数 α 和 $\boldsymbol{\beta}$ 都是相同的。

混合模型(14-1)的假定条件是,

假定 1:$E(u_{it})=0,i=1,2,\cdots,N;\ t=1,2,\cdots,T$。随机误差项 u_{it} 的期望等于零。

假定 2:$\text{var}(u_{it})=\sigma^2,i=1,2,\cdots,N;\ t=1,2,\cdots,T$。$u_{it}$ 具有同方差性。

假定 3:$\text{cov}(u_{it},u_{i't'})=0$,若 $i\neq i'$,或 $t\neq t'$。不同个体和不同时点对应的 u_{it} 相互独立。

假定 4：$\mathrm{cov}(u_{it}, x_{jit})=0$。对所有的 $j=1,2,\cdots,k$，以及 i,t，其中 x_{jit} 是 $\boldsymbol{X}_{it}$ 的分量。

假定 5：$\mathrm{rk}(\boldsymbol{X}'_{it}\boldsymbol{X}_{it})=rk(\boldsymbol{X}_{it})=k$。$\boldsymbol{X}_{it}$ 不降秩。解释变量不存在完全共线性。

假定 6：当 $N\to\infty, T\to\infty$ 时，$T^{-1}\boldsymbol{X}'_{it}\boldsymbol{X}_{it}\to\boldsymbol{Q}$。其中 $\boldsymbol{Q}$ 是一个有限值的非退化矩阵，即解释变量具有有限方差，解释变量具有平稳性。

如果模型是正确设定的，那么无论是 $N\to\infty$，还是 $T\to\infty$，模型参数的混合最小二乘(pooled OLS)都是无偏、有效、一致估计量。

实际中用面板数据建立混合模型的情形很少见，原因就是不同个体或不同截面，特别是不同个体之间很自然会存在差异。

14.2.2　固定效应模型

固定效应模型分为 3 种类型，即个体固定效应模型、时点固定效应模型和个体时点双固定效应模型。

1. 个体固定效应模型

如果一个面板数据模型定义为

$$y_{it}=\alpha_i+\boldsymbol{X}'_{it}\boldsymbol{\beta}+u_{it}, \quad i=1,2,\cdots,N;\ t=1,2,\cdots,T \tag{14-2}$$

其中 y_{it} 是被解释变量(标量)，$\boldsymbol{X}_{it}$ 是 $k\times 1$ 阶解释变量列向量(包括 k 个解释变量)，α_i 是随机变量，α_i 随个体变化，但不随时间 t 变化。α_i 与 $\boldsymbol{X}_{it}$ 相关；$\boldsymbol{\beta}$ 是 $k\times 1$ 阶回归系数列向量，对于不同个体，回归系数$\boldsymbol{\beta}$ 值相同。u_{it} 是随机误差项，则称此模型(14-2)为个体固定效应模型。

个体固定效应模型(14-2)的假定条件是：

假定 1：$E(u_{it})=0, i=1,2,\cdots,N;\ t=1,2,\cdots,T$。随机误差项 u_{it} 的期望等于零。

假定 2：$\mathrm{var}(u_{it})=\sigma^2, i=1,2,\cdots,N;\ t=1,2,\cdots,T$。$u_{it}$ 具有同方差性。

假定 3：$\mathrm{cov}(u_{it}, u_{i't'})=0$，若 $i\neq i'$，或 $t\neq t'$。不同个体和不同时点对应的 u_{it} 相互独立。

假定 4：$\mathrm{cov}(u_{it}, x_{jit})=0$。对所有的 $j=1,2,\cdots,k$，以及 i,t。

假定 5：$\mathrm{rk}(\boldsymbol{X}_{it}{}'\boldsymbol{X}_{it})=\mathrm{rk}(\boldsymbol{X}_{it})=k$。$\boldsymbol{X}_{it}$ 不降秩。解释变量不存在完全共线性。

假定 6：当 $N\to\infty, T\to\infty$ 时，$T^{-1}\boldsymbol{X}'_{it}\boldsymbol{X}_{it}\to\boldsymbol{Q}$。其中 $\boldsymbol{Q}$ 是一个有限值的非退化矩阵，即解释变量具有有限方差，解释变量具有平稳性。

假定 7：$\alpha_i, i=1,2,\cdots,N$，是随机变量，且与解释变量 $\boldsymbol{X}_{it}$ 相关。

可见，混合模型(14-1)和个体固定效应模型(14-2)的唯一区别是，α 在混合模型中是一个常量，而 α_i 在个体固定效应模型中是随机变量，且与解释变量 $\boldsymbol{X}_{it}$ 相关。α_i 中包含只随个体不同而变化，但不随时间变化的解释 y_{it} 变化的因素。

如果模型是正确设定的，那么无论是当 $N\to\infty$，还是 $T\to\infty$，模型回归系数的最小二乘虚拟变量(LSDV)法估计量都是无偏、有效、一致估计量。

个体固定效应模型(14-2)的假定条件下，每个个体对应的随机误差项 u_{it} 的期望也是零。

$$E(u_{it} \mid \alpha_i, \boldsymbol{X}_{it}) = 0, \quad i = 1,2,\cdots,N \tag{14-3}$$

α_i 作为随机变量描述不同个体建立的回归函数间的差异。因为 α_i 是不可观测的，且与可观测的解释变量 $\boldsymbol{X}_{it}$ 的变化相联系，所以称式(14-2)为个体固定效应模型。

个体固定效应模型也可以表示为

$$y_{it} = \alpha_1 D_1 + \alpha_2 D_2 + \cdots + \alpha_N D_N + \boldsymbol{X}'_{it}\boldsymbol{\beta} + u_{it}, \quad t = 1,2,\cdots,T \tag{14-4}$$

其中

$$D_i = \begin{cases} 1, & \text{如果属于第 } i \text{ 个个体}, \\ 0, & \text{其他。} \end{cases} \quad i = 1,2,\cdots,N,$$

对于个体固定效应模型，个体效应 α_i 未知，$E(\alpha_i \mid \boldsymbol{X}_{it})$ 随 $\boldsymbol{X}_{it}$ 而变化，但不知怎样与 $\boldsymbol{X}_{it}$ 变化，所以 $E(y_{it} \mid \boldsymbol{X}_{it})$ 不可识别。对于短期面板数据，如果个体固定效应模型是正确设定的，那么 $\boldsymbol{\beta}$ 的混合 OLS 估计量不具有一致性。相应解释见 14.3.1 小节。但是对个体固定效应模型可以识别边际效应。

$$\boldsymbol{\beta} = \partial E(y_{it} \mid \alpha_i, \boldsymbol{X}_{it}) / \partial \boldsymbol{X}_{it}$$

个体固定效应模型的估计方法有多种，首先设法从模型中除去 α_i 的影响，从而保证 $\boldsymbol{\beta}$ 估计量的一致性。(详见 14.3 节)

下面解释设定个体固定效应模型的原因。假定有面板数据模型

$$y_{it} = \beta_0 + \beta_1 x_{it} + \beta_2 z_i + u_{it}, \quad i = 1,2,\cdots,N;\ t = 1,2,\cdots,T \tag{14-5}$$

其中 β_0 为常数，不随时间、截面变化；z_i 表示随个体变化，但不随时间变化的难以观测的解释变量。

以【案例 14-1】为例，“省家庭平均人口数”就是符合这种要求的一个解释变量。对于短期面板来说，这是一个基本不随时间变化的量，但是对于不同的省份，这个变量的值是不同的。很明显，“省家庭平均人口数”对家庭人均消费(CP_{it})是有解释作用的，而且常与解释变量、人均可支配收入存在负相关关系。

上述模型可以被解释为含有 N 个截距，即每个个体都对应一个不同截距的模型。令 $\alpha_i = \beta_0 + \beta_2 z_i$，于是式(14-5)变为

$$y_{it} = \alpha_i + \beta_1 x_{it} + u_{it}, \quad i = 1,2,\cdots,N;\ t = 1,2,\cdots,T$$

这正是个体固定效应模型的形式。对于每个个体，回归函数的斜率相同(都是 β_1)，截距 α_i 却因个体不同而变化。可见个体固定效应模型中的截距项 α_i 中包括了那些随个体变化，但不随时间变化的难以观测的变量的影响。α_i 是一个随机变量。因为 z_i 是不随时间变化的量，所以当对个体固定效应模型中的变量进行差分时，可以剔除那些 z_i 的影响，即剔除 α_i 的影响。

在实际中，个体固定效应模型是一种常用的面板数据模型。

如果 y_{it} 的若干滞后项作为解释变量加入个体固定效应模型(14-2)中，则称此模型为面板数据动态模型。以只有一个滞后项 y_{it-1} 做解释变量为例，表达式如下：

$$y_{it} = \phi_1 y_{it-1} + \alpha_i + \boldsymbol{X}'_{it}\boldsymbol{\beta} + u_{it}, \quad i = 1,2,\cdots,N;\ t = 1,2,\cdots,T \tag{14-6}$$

其中 ϕ_1 是自回归系数，应满足 $|\phi_1| < 1$。这种模型的优点是可以考查 y_{it} 的滞后变量

y_{it-1} 对 y_{it} 有多大的解释能力。但实际应用中要牢记，由于 y_{it-1} 与 α_i、u_{it} 相关，破坏了模型的经典假定条件，所以这种模型的回归系数 ϕ_1、β_1 的 OLS 估计量都是有偏的、不一致的估计量。时间跨度 T 越小，这些回归系数估计量的偏倚就越严重。

如果个体固定效应模型(14-2)中的误差项 u_{it} 服从 ARMA 过程，则称此模型为面板数据回归与 ARMA 组合模型(regARMA 模型)。以 u_{it} 服从 AR(1)过程为例，即

$$u_{it}=\phi_1 u_{it-1}+v_{it}$$

v_{it} 作为误差项满足各种经典假定条件，则个体固定效应模型(14-2)表示为

$$\begin{aligned}y_{it}&=\alpha_i+\boldsymbol{X}'_{it}\boldsymbol{\beta}+u_{it}\\&=\alpha_i+\boldsymbol{X}'_{it}\boldsymbol{\beta}+\phi_1 u_{it-1}+v_{it},\quad i=1,2,\cdots,N;\ t=1,2,\cdots,T\end{aligned}\tag{14-7}$$

实际应用中，如果个体固定效应模型(14-2)的估计式的 DW 值很低，即残差序列存在自相关，则可以考虑使用这种模型。其好处是：①对 u_{it} 的变化规律有了更深一步的了解。②因为 v_{it} 作为误差项满足各种经典假定条件，所以对式(14-7)的估计将提高 α_i 和 $\boldsymbol{\beta}$ 估计量的有效性。

唯一需要注意的是，估计这种模型需要对 u_{it} 服从何种 ARMA 过程掌握准确，如果选定的 ARMA 模型结构与真实的 ARMA 结构不一致，则会直接影响到对 α_i 和 $\boldsymbol{\beta}$ 的估计。

2. 时点固定效应模型

如果一个面板数据模型定义为

$$y_{it}=\gamma_t+\boldsymbol{X}'_{it}\boldsymbol{\beta}+u_{it},\quad i=1,2,\cdots,N;\ t=1,2,\cdots,T\tag{14-8}$$

其中 y_{it} 是被解释变量(标量)，$\boldsymbol{X}_{it}$ 是 $k\times1$ 阶解释变量列向量(包括 k 个回归变量)，$\boldsymbol{\beta}$ 是 $k\times1$ 阶回归系数列向量，对于不同截面(t)回归系数 $\boldsymbol{\beta}$ 相同。γ_t 是模型截距项，是随机变量，表示对于 T 个截面有 T 个不同的截距项，且其变化与 $\boldsymbol{X}_{it}$ 有关系。u_{it} 为随机误差项(标量)，满足通常假定条件。则称此模型为时点固定效应模型。

时点固定效应模型(14-8)的假定条件与个体固定效应模型的假定条件类似，唯一区别是这里假定 γ_t 与 $\boldsymbol{X}_{it}$ 存在相关性。

时点固定效应模型也可以用虚拟变量形式表示为

$$y_{it}=\gamma_1W_1+\gamma_2W_2+\cdots+\gamma_TW_T+X'_{it}\beta+u_{it},\quad i=1,2,\cdots,N;t=1,2,\cdots,T$$

其中

$$W_t=\begin{cases}1, & \text{如果属于第 } t \text{ 个截面,}\\0, & \text{其他(不属于第 } t \text{ 个截面)。}\end{cases}\qquad t=1,2,\cdots,T$$

设定时点固定效应模型的原因解释如下。假定有面板数据模型

$$y_{it}=\gamma_0+\beta_1x_{it}+\beta_2z_t+u_{it},\quad i=1,2,\cdots,N;\ t=1,2,\cdots,T\tag{14-9}$$

其中 γ_0 为常数，不随时间、截面变化；z_t 表示随不同截面(时间)变化，但不随个体变化的难以观测的变量。

以【案例 14-1】为例，“我国居民消费价格指数(CPI)”就是符合这种要求的一个解释变量。对于不同时点，这是一个变化的量，但是对于不同省份(个体)，这是一个不变化的

量。“我国居民消费价格指数(CPI)”是引起家庭人均消费(CP_{it})变化的解释因素之一,而且常与解释变量、人均可支配收入存在正相关关系。

上述模型可以被解释为含有 T 个截距,即每个截面都对应一个不同截距的模型。令 $\gamma_t=\gamma_0+\beta_2 z_t$,于是式(14-9)变为

$$y_{it}=\gamma_t+\beta_1 x_{it}+u_{it},\quad i=1,2,\cdots,N;\ t=1,2,\cdots,T$$

这正是时点固定效应模型形式。对于每个截面,回归函数的斜率(β_1)相同,γ_t 却因截面不同(时点)而异。可见时点固定效应模型中的截距项 γ_t 包括那些随不同截面(时点)变化,但不随个体变化的变量的影响。

3. 个体时点双固定效应模型

如果一个面板数据模型定义为

$$y_{it}=\alpha_i+\gamma_t+\boldsymbol{X}'_{it}\boldsymbol{\beta}+u_{it},\quad i=1,2,\cdots,N;\ t=1,2,\cdots,T \tag{14-10}$$

式中:y_{it} 为被解释变量;$\boldsymbol{X}_{it}$ 为 $k\times1$ 阶解释变量列向量(包括 k 个回归量);α_i 为随机变量,表示对于 N 个个体有 N 个不同的截距项,且其变化与 $\boldsymbol{X}_{it}$ 有关系;γ_t 为随机变量,表示对于 T 个截面(时点)有 T 个不同的截距项,且其变化与 $\boldsymbol{X}_{it}$ 有关系;$\boldsymbol{\beta}$ 为 $k\times1$ 阶回归系数列向量;u_{it} 为误差项;则称此模型为个体时点双固定效应模型(time and entity fixed effects model)。本模型假定条件与个体固定效应模型(14-2)的假定条件类似,满足假定($u_{it}|\boldsymbol{X}_{it},\alpha_i,\gamma_t$)=0。区别是这里假定 α_i 和 γ_t 分别与 $\boldsymbol{X}_{it}$ 存在相关性。

如果模型形式是正确设定的,并且满足模型通常的假定条件,对模型(14-10)进行混合 OLS 估计,全部参数估计量都不是一致估计量。原因就是 α_i、γ_t 与 $\boldsymbol{X}_{it}$ 相关,破坏了对回归模型的基本假定条件。正如个体固定效应模型可以得到一致的甚至有效的估计量一样,一些计算方法也可以使个体时间双固定效应模型得到更有效的参数估计量。

14.2.3 随机效应模型

对于面板数据模型

$$y_{it}=\beta_0+\boldsymbol{X}'_{it}\boldsymbol{\beta}+v_i+u_{it},\quad i=1,2,\cdots,N;\ t=1,2,\cdots,T \tag{14-11}$$

如果 y_{it} 是被解释变量,$\boldsymbol{X}_{it}$ 是 $k\times1$ 阶解释变量列向量(包括 k 个回归量),$\boldsymbol{\beta}$ 是 $k\times1$ 阶回归系数列向量。对于不同个体回归系数 $\boldsymbol{\beta}$ 相同。β_0 是常数。v_i 是随机变量,其分布与 $\boldsymbol{X}_{it}$ 无关;u_{it} 为误差项,这种模型称作个体随机效应模型。

其假定条件是

假定1:$E(u_{it})=0,i=1,2,\cdots,N;\ t=1,2,\cdots,T$。随机误差项 u_{it} 的期望等于零。

假定2:$\mathrm{var}(u_{it})=\sigma_u^2,i=1,2,\cdots,N;\ t=1,2,\cdots,T$。$u_{it}$ 具有同方差性。

假定3:$\mathrm{cov}(u_{it},u_{i't'})=0$,若 $i\neq i'$,或 $t\neq t'$。不同个体和不同时点对应的 u_{it} 相互独立。

假定4:$\mathrm{cov}(u_{it},x_{jit})=0$。对所有的 j=1,2,⋯,$k$,以及 i,t。

假定5:$E(v_i)=0,i=1,2,\cdots,N$;随机误差项 v_i 的期望等于零。

假定6:$\mathrm{var}(v_i)=\sigma_v^2,i=1,2,\cdots,N$;$v_i$ 具有同方差性。

假定 7：$\text{cov}(v_i, v_{i'})=0$，若 $i \neq i'$。不同个体对应的 v_i 相互独立。

假定 8：$\text{cov}(v_i, x_{jit})=0$。对所有的 $j=1,2,\cdots,k$，以及 i,t。

假定 9：$\text{cov}(v_i, u_{it})=0$。对所有的 i 和 t。

假定 10：$rk(\boldsymbol{X}'_{it}\boldsymbol{X}_{it})=\text{rk}(\boldsymbol{X}_{it})=k$。$\boldsymbol{X}_{it}$ 不降秩。解释变量不存在完全共线性。

假定 11：$N\rightarrow\infty, T\rightarrow\infty$ 时，$T^{-1}\boldsymbol{X}'\boldsymbol{X}\rightarrow Q$。其中 Q 是一个有限值的非退化矩阵。

进一步假定，

$$v_i \sim \text{iid}(0, \sigma_v^2)$$

$$u_{it} \sim \text{iid}(0, \sigma_u^2)$$

但并未限定是何种分布。

对于个体随机效应模型，$E(v_i | \boldsymbol{X}_{it})=0$，则 $E(y_{it} | \boldsymbol{X}_{it})=\beta_0+\boldsymbol{X}_{it}{}'\boldsymbol{\beta}$，对 y_{it} 可以识别，所以随机效应模型参数的混合 OLS 估计量具有一致性，但不具有有效性。

相类似，也可以定义时点随机效应模型和个体时点双随机效应模型（略），但个体随机效应模型在实际中较为常用。

注意：术语“固定效应模型”和“随机效应模型”用得并不十分恰当，原因是固定效应模型和随机效应模型中的 α_i 都是随机变量，所以上述术语容易产生误解。其实固定效应模型应该称为“相关效应模型”，而随机效应模型应该称为“非相关效应模型”。这种称谓从含义上更为准确。

14.3　面板数据模型估计方法

面板数据模型中回归系数 $\boldsymbol{\beta}$ 的估计量既不同于截面数据条件下的回归系数估计量，也不同于时间序列条件下的回归系数估计量，其性质随模型类型的设定是否正确、是否采用了相应正确的估计方法而变化。面板数据模型中的解释变量 $\boldsymbol{X}_{it}$ 可以是时变的，也可以是非时变的（如含有虚拟变量）。下面针对不同类型的面板数据模型介绍 5 种估计方法。

14.3.1　混合最小二乘估计

混合最小二乘估计方法是在时间上和截面上把 NT 个观测值混合在一起，然后用 OLS 法估计模型参数。对混合模型通常采用的是混合最小二乘估计法。给定混合模型

$$y_{it}=\alpha+\boldsymbol{X}'_{it}\boldsymbol{\beta}+u_{it}, \quad i=1,2,\cdots,N;\ t=1,2,\cdots,T$$

假定条件见模型(14-1)。把上模型写成向量形式，

$$\boldsymbol{Y}=\boldsymbol{Z}\boldsymbol{\theta}+\boldsymbol{u} \tag{14-12}$$

其中 $\boldsymbol{Y}=(y'_1 \ \cdots \ y'_N)'$ 和 $\boldsymbol{u}=(u'_1 \ \cdots \ u'_N)'$ 都是 $NT\times 1$ 阶列向量。$\boldsymbol{\theta}=(\alpha \quad \boldsymbol{\beta}')'_{(k+1)\times 1}$ 是列向量。$\boldsymbol{Z}=(\boldsymbol{1} \quad \boldsymbol{X}'_{it})_{NT\times(k+1)}$ 阶矩阵，其第 1 列是单位列向量。假定条件是 $E(\boldsymbol{u}|\boldsymbol{Z})=0$，误差项 $\boldsymbol{u}$ 是严格外生的。$E(\boldsymbol{u}\,\boldsymbol{u}'|\boldsymbol{Z})=\boldsymbol{\Omega}$，则 $\boldsymbol{\theta}$ 的混合 OLS 估计公式是

$$\hat{\boldsymbol{\theta}}=(\boldsymbol{Z}'\boldsymbol{Z})^{-1}\boldsymbol{Z}'\boldsymbol{Y} \tag{14-13}$$

如果模型是正确设定的,且那些假定条件都成立,那么无论是 $N\to\infty$,还是 $T\to\infty$,模型参数的混合最小二乘估计量都具有无偏性、有效性和一致性。

然而,对于经济面板数据,即使在随机误差项 u_{it} 服从独立同分布条件下,由 OLS 法得到的方差协方差矩阵通常也不会满足假定条件。因为对于每个个体 i 的误差项 u_{it} 来说通常是序列相关的。NT 个自相关观测值要比 NT 个相互独立的观测值包含的信息少。从而导致随机误差项 u_{it} 的标准差常常被低估,估计量的精度被虚假夸大。

如果模型存在个体固定效应,即 α_i 与 $\boldsymbol{X}_{it}$ 相关,那么对模型应用混合 OLS 估计方法,估计量不再具有一致性。解释如下:

假定模型实为个体固定效应模型 $y_{it}=\alpha_i+\boldsymbol{X}'_{it}\boldsymbol{\beta}+u_{it}$,但却被当作混合模型来估计,则相当于模型被写为

$$y_{it}=\beta_0+\boldsymbol{X}'_{it}\boldsymbol{\beta}+(\alpha_i-\beta_0+u_{it})=\beta_0+\boldsymbol{X}'_{it}\boldsymbol{\beta}+w_{it}$$

其中 $w_{it}=(\alpha_i-\beta_0+u_{it})$。因为 α_i 与 $\boldsymbol{X}_{it}$ 相关,也即 w_{it} 与 $\boldsymbol{X}_{it}$ 相关,从而破坏了模型的经典假定条件,所以个体固定效应模型的回归系数若采用混合 OLS 估计,估计量不再具有一致性。

14.3.2 组内估计

对于短期面板数据,组内(within)估计的原理是先把面板数据中每个个体的观测值变换为对其平均数的离差观测值,然后利用离差变换数据用 OLS 法估计模型回归系数 $\boldsymbol{\beta}$。以个体固定效应模型

$$y_{it}=\alpha_i+\boldsymbol{X}'_{it}\boldsymbol{\beta}+u_{it} \tag{14-14}$$

为例,具体步骤是先对每个个体计算平均数 $\bar{y}_i$、$\bar{\boldsymbol{X}}_i$,$i=1,2,\cdots,N$,得如下模型,

$$\frac{1}{T}\sum_{t=1}^{T}y_{it}=\frac{1}{T}\sum_{t=1}^{T}\alpha_i+\sum_{t=1}^{T}\boldsymbol{X}'_{it}\boldsymbol{\beta}+\frac{1}{T}\sum_{t=1}^{T}u_{it},\quad i=1,2,\cdots,N$$

$$\bar{y}_i=\alpha_i+\bar{\boldsymbol{X}}'_i\boldsymbol{\beta}+\bar{u}_i,\quad i=1,2,\cdots,N \tag{14-15}$$

其中 $\bar{y}_i$,$\bar{X}_i$,$\bar{u}_i$ 的定义如下:

$$\bar{y}_i=T^{-1}\sum_{t=1}^{T}y_{it},\quad i=1,2,\cdots,N$$

$$\bar{\boldsymbol{X}}_i=T^{-1}\sum_{t=1}^{T}\boldsymbol{X}_{it},\quad i=1,2,\cdots,N,(\bar{\boldsymbol{X}}_i \text{ 是 } k\times 1 \text{ 阶列向量})$$

$$\bar{u}_i=T^{-1}\sum_{t=1}^{T}u_{it},\quad i=1,2,\cdots,N$$

因为 α_i 在第 i 个个体内不变化,所以 $\frac{1}{T}\sum_{t=1}^{T}\alpha_i=\alpha_i$。用式(14-14)和式(14-15)相减,消去了 α_i,得

$$y_{it}-\bar{y}_i=(\boldsymbol{X}_{it}-\bar{\boldsymbol{X}}_i)'\boldsymbol{\beta}+(u_{it}-\bar{u}_i),\quad i=1,2,\cdots,N;\ t=1,2,\cdots,T \tag{14-16}$$

此模型称作组内模型。对上式应用 OLS 估计，得

$$\hat{\boldsymbol{\beta}}_w = \frac{\sum_{i=1}^{N}\sum_{t=1}^{T}(\boldsymbol{X}_{it} - \bar{\boldsymbol{X}}_i)(y_{it} - \bar{y}_i)}{\sum_{i=1}^{N}\sum_{t=1}^{T}(\boldsymbol{X}_{it} - \bar{\boldsymbol{X}}_i)(\boldsymbol{X}_{it} - \bar{\boldsymbol{X}}_i)'} \tag{14-17}$$

所得$\hat{\boldsymbol{\beta}}_w$ 称作组内估计量(如果称作离差变换 OLS 估计量则更容易理解其本意)。其中下标 w 是组内英文的字头[通过式(14-25)理解“组内”的概念则更容易些]。因为在式(14-16)中消去了 α_i，不再含有违反模型假定条件的情形，所以，对于个体固定效应模型，$\boldsymbol{\beta}$ 的组内估计量是一致估计量。如果 u_{it} 还满足独立同分布条件，$\boldsymbol{\beta}$ 的组内估计量 $\hat{\boldsymbol{\beta}}_w$ 不但具有一致性，而且还具有无偏性和有效性。

如果对个体固定效应项 α_i 感兴趣，可继续按下式估计 α_i：

$$\hat{\alpha}_i = \bar{y}_i - \bar{\boldsymbol{X}}'_i \hat{\boldsymbol{\beta}}_w, \quad i = 1,2,\cdots,N \tag{14-18}$$

其中 $\hat{\boldsymbol{\beta}}_w$ 由式(14-17)计算。当 $T\to\infty$时，$\hat{\alpha}_i$ 是 α_i 的无偏、一致估计量。

利用组内(中心化)数据，计算回归系数估计量 $\hat{\boldsymbol{\beta}}$ 的方差协方差矩阵如下：

$$\widehat{\text{var}}(\hat{\boldsymbol{\beta}}_w) = \hat{\sigma}_u^2 \left[\sum_{i=1}^{N}\sum_{t=1}^{T}(\boldsymbol{X}_{it} - \bar{\boldsymbol{X}}_i)(\boldsymbol{X}_{it} - \bar{\boldsymbol{X}}_i)'\right]^{-1} \tag{14-19}$$

其中 $\hat{\sigma}_u^2 = \frac{\sum_{i=1}^{N}\sum_{t=1}^{T}\hat{u}_{it}^2}{NT - N - k}$。

组内估计法适用于固定效应模型。估计法在短期面板条件下，即便 α_i 的分布以及 α_i 和 X_{it} 的关系都已经知道，α_i 的估计量仍不具有一致性。

14.3.3　最小二乘虚拟变量估计法

以个体固定效应模型为例：

$$y_{it} = \alpha_i + \boldsymbol{X}'_{it}\boldsymbol{\beta} + u_{it}, \quad i = 1,2,\cdots,N;\ t = 1,2,\cdots,T$$

用 N 个虚拟变量 $D_i, i = 1,2,\cdots,N$ 区别 N 个不同的 α_i，

$$y_{it} = \alpha_1 D_1 + \alpha_2 D_2 + \cdots + \alpha_N D_N + \boldsymbol{X}'_{it}\boldsymbol{\beta} + u_{it}, \quad t = 1,2,\cdots,T$$

对上式利用 OLS 法估计回归系数，称这种方法为最小二乘虚拟变量估计法(least square dummy variable estimation，LSDV)。如果模型是正确设定的，且符合模型全部假定条件，则回归系数估计量是无偏的、有效的、一致估计量。最小二乘虚拟变量估计法适用于固定效应模型。

注意：从原理上讲，最小二乘虚拟变量估计法与组内估计法原理上是同一种估计法(证明略)。

14.3.4　一阶差分估计

在短期面板条件下，一阶差分(first difference)估计就是用个体固定效应模型中解释

变量与被解释变量的差分变量构成的模型进行OLS估计。具体步骤是,对个体固定效应模型

$$y_{it}=\alpha_i+\boldsymbol{X}'_{it}\boldsymbol{\beta}+u_{it}$$

取其滞后一期关系式(也可以是滞后若干期的关系式),

$$y_{it-1}=\alpha_i+\boldsymbol{X}'_{it-1}\boldsymbol{\beta}+u_{it-1}$$

上两式相减,得一阶差分模型(α_i 被消去)

$$y_{it}-y_{it-1}=(\boldsymbol{X}_{it}-\boldsymbol{X}_{it-1})'\boldsymbol{\beta}+(u_{it}-u_{it-1}),\quad i=1,2,\cdots,N;\ t=2,\cdots,T$$

令 $\Delta y_{it}=y_{it}-y_{it-1}$,$\Delta\boldsymbol{X}_{it}=\boldsymbol{X}_{it}-\boldsymbol{X}_{it-1}$,$\Delta u_{it}=u_{it}-u_{it-1}$,上式写为

$$\Delta y_{it}=\Delta\boldsymbol{X}'_{it}\boldsymbol{\beta}+\Delta u_{it},\quad i=1,2,\cdots,N;\ t=2,\cdots,T \tag{14-20}$$

对上式应用OLS法估计 $\boldsymbol{\beta}$,得到 $\boldsymbol{\beta}$ 的一阶差分估计公式

$$\hat{\boldsymbol{\beta}}_{\mathrm{FD}}=\frac{\sum_{i=1}^{N}\sum_{t=2}^{T}\Delta\boldsymbol{X}_{it}\Delta y_{it}}{\sum_{i=1}^{N}\sum_{t=2}^{T}\Delta\boldsymbol{X}_{it}\Delta\boldsymbol{X}'_{it}} \tag{14-21}$$

其中,$\hat{\boldsymbol{\beta}}_{\mathrm{FD}}$ 的下标FD是一阶差分的英文缩写。若 $T>2$ 时,u_{it} 服从独立同分布;$E(\Delta\boldsymbol{X}_{it}\Delta u_{it})=0$ 假定条件成立,则 $\boldsymbol{\beta}$ 的一阶差分估计量 $\hat{\boldsymbol{\beta}}_{\mathrm{FD}}$ 具有一致性,但不如组内估计量(或者LSDV估计量) $\hat{\boldsymbol{\beta}}_w$ 更有效。

14.3.5 可行GLS估计法(随机效应估计法)

对于随机效应模型,有多种方法可以得到回归系数的一致估计量。比如:①应用广义最小二乘法。②如果随机效应项和随机误差项服从正态分布,应用极大似然估计法。③使用普通最小二乘法。④使用离差变换OLS估计法和一阶差分变换OLS估计法。

模型回归系数的GLS估计量和ML估计量是渐近相等的。但是在有限样本条件下,估计结果并不一样。

模型回归系数的OLS估计量、组内估计量和一阶差分估计量对于随机效应模型来说虽然都是一致估计量,但都不是有效估计量。

对于随机效应模型,常用的估计方法是可行GLS(feasible GLS)估计法,也称作随机效应估计法。只要模型假定条件成立,可行GLS估计量不但是一致估计量,而且是有效估计量。

下面以个体随机效应模型为例介绍可行GLS估计法。

有个体随机效应模型

$$y_{it}=\beta_0+\boldsymbol{X}'_{it}\boldsymbol{\beta}+(v_i+u_{it})$$

其中 β_0 为常数。v_i,u_{it} 是服从独立同分布的随机项。v_i 只与个体 i 有关系,与时间 t 无关。假定条件见模型(14-11)。

对上式计算平均值,得

$$\bar{y}_i=\beta_0+\bar{\boldsymbol{X}}'_i\boldsymbol{\beta}+(v_i+\bar{u}_i)$$

其中 $\bar{y}_i, \bar{\boldsymbol{X}}_i, \bar{u}_i$ 的定义见式(14-15)。因为 v_i 只与个体 i 有关系，与时间 t 无关，所以在平均值表达式中仍写为 v_i。上式两侧同乘 $\hat{\lambda}$ 后与个体随机效应模型表达式相减，得

$$y_{it}-\hat{\lambda}\bar{y}_i=(1-\hat{\lambda})\beta_0+(\boldsymbol{X}_{it}-\hat{\lambda}\bar{\boldsymbol{X}}_i)'\boldsymbol{\beta}+w_{it} \tag{14-22}$$

其中 $w_{it}=(1-\hat{\lambda})v_i+(u_{it}-\hat{\lambda}\bar{u}_i)$ 渐近服从独立同分布，其中定义，$\lambda=1-\dfrac{\sigma_u}{\sqrt{\sigma_u^2+T\sigma_v^2}}$，$\hat{\lambda}$ 是 λ 的一致估计量。对式(14-22)应用 OLS 估计，则所得 $\boldsymbol{\beta}$ 的估计量称为可行 GLS 估计量或随机效应估计量。当 $\hat{\lambda}=0$ 时，式(14-22)等同于混合模型的混合 OLS 估计式；当 $\hat{\lambda}=1$ 时，式(14-22)等同于组内估计式(14-16)。

下面推导 β_0 和$\boldsymbol{\beta}$ 的可行 GLS 估计表达式。由式(14-22)得

$$y_{it}-\hat{\lambda}\bar{Y}_i=\beta_0-\hat{\lambda}\beta_0+\boldsymbol{X}'_{it}\boldsymbol{\beta}-\hat{\lambda}\bar{\boldsymbol{X}}'_i\boldsymbol{\beta}+w_{it}$$

$$y_{it}-\hat{\lambda}\bar{Y}_i=\beta_0+\boldsymbol{X}'_{it}\boldsymbol{\beta}-\hat{\lambda}\beta_0-\hat{\lambda}\bar{\boldsymbol{X}}'_i\boldsymbol{\beta}+w_{it}$$

$$y_{it}-\hat{\lambda}\bar{Y}_i=[1\quad \boldsymbol{X}'_{it}]\begin{bmatrix}\beta_0\\ \boldsymbol{\beta}\end{bmatrix}-\hat{\lambda}[1\quad \bar{\boldsymbol{X}}'_i]\begin{bmatrix}\beta_0\\ \boldsymbol{\beta}\end{bmatrix}+w_{it}$$

令 $\boldsymbol{Z}_{it}=[1\quad \boldsymbol{X}'_{it}]$，$\bar{\boldsymbol{Z}}_i=[1\quad \bar{\boldsymbol{X}}'_i]$，$\boldsymbol{\theta}=\begin{bmatrix}\beta_0\\ \boldsymbol{\beta}\end{bmatrix}$。上式写为

$$y_{it}-\hat{\lambda}\bar{Y}_i=\boldsymbol{Z}_{it}\boldsymbol{\theta}-\hat{\lambda}\bar{\boldsymbol{Z}}_i\boldsymbol{\theta}+w_{it}=(\boldsymbol{Z}_{it}\quad \hat{\lambda}\bar{\boldsymbol{Z}}_i)\boldsymbol{\theta}+w_{it} \tag{14-23}$$

对上式进行 OLS 估计，得

$$\hat{\boldsymbol{\theta}}_{RE}=\begin{bmatrix}\hat{\beta}_0\\ \hat{\boldsymbol{\beta}}\end{bmatrix}=\frac{\sum_{i=1}^{N}\sum_{t=1}^{T}(\boldsymbol{Z}_{it}-\hat{\lambda}\bar{\boldsymbol{Z}}_i)(y_{it}-\hat{\lambda}\bar{y}_i)}{\sum_{i=1}^{N}\sum_{t=1}^{T}(\boldsymbol{Z}_{it}-\hat{\lambda}\bar{\boldsymbol{Z}}_i)(\boldsymbol{Z}_{it}-\hat{\lambda}\bar{\boldsymbol{Z}}_i)'} \tag{14-24}$$

$\hat{\boldsymbol{\theta}}_{RE}=[\hat{\beta}_0\quad \hat{\boldsymbol{\beta}}']'$ 就是个体随机效应模型(14-11)回归系数的可行 GLS 估计量。当 $NT\to\infty$，无论是由于 $N\to\infty$，$T\to\infty$，还是 N,T 同时趋近于 ∞，可行 GLS 估计量都是有效、一致估计量。

如果 v_i, u_{it} 都服从独立同分布假定，$\hat{\boldsymbol{\theta}}_{RE}$ 的方差协方差矩阵，$\mathrm{var}(\hat{\boldsymbol{\theta}}_{RE})$，可以通过下式计算：

$$\hat{\mathrm{var}}(\hat{\boldsymbol{\theta}}_{RE})=\hat{\sigma}_u^2\left[\sum_{i=1}^{N}\sum_{t=1}^{T}(\boldsymbol{Z}_{it}-\hat{\lambda}\bar{\boldsymbol{Z}}_i)(\boldsymbol{Z}_{it}-\hat{\lambda}\bar{\boldsymbol{Z}}_i)'\right]^{-1}$$

其中 $\hat{\sigma}_u^2$ 的估计公式是 $\hat{\sigma}_u^2=\dfrac{1}{N(T-1)-k}\sum_{i=1}^{N}\sum_{t=1}^{T}[(y_{it}-\bar{y}_i)-(\boldsymbol{X}_{it}-\bar{\boldsymbol{X}}_i)'\hat{\boldsymbol{\beta}}_w]^2$。$\hat{\boldsymbol{\beta}}_w$ 是 $\boldsymbol{\beta}$ 的组内估计值。

对于随机效应模型，因为式(14-17)没有破坏模型的假定条件以及 v_i 与 $\boldsymbol{X}_{it}$ 不相关的假定，所以，可行 GLS 估计量不但是一致估计量，而且是有效估计量。而对于个体固定效应模型，假定 v_i 与 $\boldsymbol{X}_{it}$ 是相关的，从而破坏了模型的经典假定条件，所以，对于个体固

定效应模型,可行 GLS 估计量不是一致估计量。

在实际的面板数据中,N 个个体之间相互独立的假定通常是成立的,但是每个个体本身却常常是序列自相关的,且存在异方差。为了得到正确的统计推断,需要克服这两个问题。

对于第 i 个个体,当 $N\to\infty$,$\boldsymbol{X}_{i}.$ 的方差协方差矩阵仍然是有限值的 $T\times T$ 阶矩阵,所以可以用以前的方法克服异方差。

14.3.6 面板数据模型拟合优度的测量

用 OLS 法估计回归模型中的参数时,回归函数对数据拟合的优劣是用可决系数 R^2,即回归平方和与总平方和的比值评价的。这个比值越接近 1,说明拟合的效果越好。这种方法在评价面板数据模型拟合的优劣时,却遇到了困难。因为在面板数据模型的估计过程中使用的不都是 OLS 法。所以,在评价面板数据模型拟合优度时,定义的是面板数据实际观测值与其拟合值相关系数的平方。这样定义的优点是,无论面板数据模型是用何种方法估计的,上述相关系数的平方取值都在[0,1]范围。

如果模型是用 OLS 法估计的(且模型中含有常数项),面板数据 y_{it} 的总离差平方和平均可以被分解为组内离差平方和平均和组间离差平方和平均的和,即

$$\frac{1}{NT}\sum_{i=1}^{N}\sum_{t=1}^{T}(y_{it}-\bar{y})^2=\frac{1}{NT}\sum_{i=1}^{N}\sum_{t=1}^{T}(y_{it}-\bar{y}_i)^2+\frac{1}{N}\sum_{i=1}^{N}(y_i-\bar{y})^2 \tag{14-25}$$

其中 $\bar{y}$ 表示总样本的平均值。$\bar{y}_i$ 表示每个个体的平均值。等号右侧第 1 项中的和式部分表示组内离差平方和,第 2 项中的和式部分表示组间离差平方和。

对于用组内 OLS 法估计的面板数据模型(固定效应模型)拟合优度定义为

$$R_w^2=r^2(\hat{y}_{it}-\hat{\bar{y}}_i,y_{it}-\bar{y}_i)$$

其中 R_w^2 表示拟合优度,w 是组内(within)英文的字头。$r^2(\hat{y}_{it}-\hat{\bar{y}}_i,y_{it}-\bar{y}_i)$表示$(\hat{y}_{it}-\hat{\bar{y}}_i)$和$(y_{it}-\bar{y}_i)$相关系数的平方。$\hat{y}_{it}$ 是对 y_{it} 的估计; $\hat{\bar{y}}_i$ 是对 $\bar{y}_i$ 的估计;$(\hat{y}_{it}-\hat{\bar{y}}_i)=(\boldsymbol{X}_{it}-\bar{\boldsymbol{X}}_i)'\hat{\boldsymbol{\beta}}_{FE}$。

对于用组间法估计的面板数据模型,拟合优度定义为

$$R_b^2=r^2(\hat{\bar{y}}_i,\bar{y}_i)$$

其中 R_b^2 表示拟合优度,b 是组间(between)英文的字头。$r^2(\hat{\bar{y}}_i,\bar{y}_i)$表示 $\hat{\bar{y}}_i$ 和 $\bar{y}_i$ 相关系数的平方。$\hat{\bar{y}}_i$ 是对 $\bar{y}_i$ 的估计; $\hat{\bar{y}}_i=\bar{\boldsymbol{X}}_i'\hat{\boldsymbol{\beta}}_b$,其中 $\hat{\boldsymbol{\beta}}_b$ 是 $\boldsymbol{\beta}$ 的组间估计量。

注意:如果用式(14-15)进行 OLS 估计,就称 $\boldsymbol{\beta}$ 的估计量是组间估计量,因为估计 $\boldsymbol{\beta}$ 时,所做的计算是求不同个体的 $\bar{y}_i$ 和 $\bar{\boldsymbol{X}}_i$ 分别对总平均值 $\bar{y}$ 和 $\bar{\boldsymbol{X}}$ 的离差。这种运算发生在个体之间,所以称作组间估计。

如果用全部的离差计算 OLS 估计量,拟合优度 R_a^2 定义为

$$R_a^2=r^2(\hat{y}_{it},y_{it})$$

其中 $\hat{y}_{it}$ 是对 y_{it} 的估计,$r^2(\hat{y}_{it},y_{it})$表示 $\hat{y}_{it}$ 和 y_{it} 相关系数的平方。

上述 3 个公式可适用于评价所有的面板数据估计模型。如果 R^2 是用来评价随机效

用模型，其值要比用 OLS 法估计的模型对应的拟合优度值稍小一些。

14.4　面板数据模型的设定与检验

这里所说的检验包括两类情形。一类是对于一组经济面板数据应该建立何种模型类型的检验，其中包括混合模型、固定效应模型和随机效应模型。另一类是对面板数据模型中回归系数或回归系数之间是否存在某种约束的检验。

对于前一类检验介绍两个统计量，F 统计量和 H(豪斯曼，Hausman)统计量。F 统计量用于检验应该建立混合模型还是应该建立固定效应模型。H 统计量用于检验应该建立随机效应模型还是应该建立固定效应模型。

对于后一类检验介绍 3 个统计量：F、LR、Wald。3 个统计量都是用来决定解释变量的取舍，或者回归系数之间的某种约束。

先介绍第一类检验的 F 和 H 两个统计量，然后介绍第二类检验的 F、LR、Wald 3 个统计量。

14.4.1　*F* 检验

F 统计量用来检验对于一组面板数据应该建立混合模型还是应该建立固定效应模型。这里介绍的 F 统计量与第 10 章介绍的 F 统计量理论上是一个统计量。只不过在这里是应用于面板数据模型的检验而已。

面板数据建模的一项任务就是判别模型中是否存在固定效应。

F 统计量[见式(9-6)]定义为

$$F=\frac{(\mathrm{SSR}_r-\mathrm{SSR}_u)/m}{\mathrm{SSR}_u/(T-k)}$$

其中 SSR_r 表示估计的约束模型的残差平方和，SSR_u 表示估计的非约束模型的残差平方和，m 表示约束条件个数，T 表示样本容量，k 表示非约束模型中被估回归系数个数。在原假设“约束条件成立”条件下，F 统计量服从自由度为$(m,T-k)$的 F 分布。

$$F\sim F(m,T-k)$$

以检验建立混合模型还是建立个体固定效应模型为例，这里，混合模型是约束模型(约束 N 个 α_i 相等)，个体固定效应模型是非约束模型(α_i 可以随个体不同)。建立假设：

H_0：$\alpha_i=\alpha, i=1,2,\cdots,N$。模型中不同个体的截距相同(混合模型)。

H_1：模型中不同个体的截距项 α_i 不同(个体固定效应模型)。

F 统计量定义为

$$F=\frac{(\mathrm{SSR}_r-\mathrm{SSR}_u)/(N-1)}{\mathrm{SSR}_u/(NT-N-k)} \tag{14-26}$$

其中 SSR_r 表示估计的约束模型，即混合模型的残差平方和，SSR_u 表示估计的非约束模型，即个体固定效应模型的残差平方和。分子对应的自由度，即约束条件个数为 $N-1$。分母对应的自由度为 $NT-N-k$。其中 N 表示个体数，k 表示非约束模型(个体固定效应模型)中解释变量对应的回归系数的个数。F 统计量在 H_0 成立条件下服从自由度为 $(N-1, NT-N-k)$ 的 F 分布。检验规则是:

若用样本计算的 $F \leqslant F_{\alpha}(N-1, \mathrm{NT}-N-k)$,则接受原假设,建立混合模型。

若用样本计算的 $F > F_{\alpha}(N-1, \mathrm{NT}-N-k)$,则拒绝原假设,建立个体固定效应模型。

注意:若检验的是建立混合模型还是建立时点固定效应模型,请读者自己考虑 F 统计量中自由度的计算方法。

14.4.2 *H* 检验

H 检验用于检验一个回归系数的两种估计量差异的显著性。H 检验由豪斯曼 1978 年提出[①],是在杜宾(Durbin,1914 年提出)和吴(Wu,1973 年提出)基础上发展起来的。所以 H 检验也称作吴-杜宾检验和杜宾-吴-豪斯曼检验。

先介绍 H(豪斯曼)检验原理。

比如在检验单一回归方程中某个解释变量的内生性问题时得到相应回归系数的两个估计量,一个是 OLS 估计量,一个是 2SLS(两阶段最小二乘)估计量。其中 2SLS 估计量用来克服解释变量可能存在的内生性。如果模型的解释变量中不存在内生性变量,那么 OLS 估计量和 2SLS 估计量都具有一致性,都有相同的概率极限分布。如果模型的解释变量中存在内生性变量,那么回归系数的 OLS 估计量是不一致的,而 2SLS 估计量仍具有一致性,两个估计量将有不同的概率极限分布。

更一般地,假定用两种方法得到 m 个回归系数的两组估计量 $\hat{\boldsymbol{\theta}}$ 和 $\tilde{\boldsymbol{\theta}}$(都是 $m \times 1$ 阶向量),则 H 检验的零假设和备择假设是:

H_0: $\operatorname{plim}(\hat{\boldsymbol{\theta}}-\tilde{\boldsymbol{\theta}})=\mathbf{0}$;

H_1: $\operatorname{plim}(\hat{\boldsymbol{\theta}}-\tilde{\boldsymbol{\theta}}) \neq \mathbf{0}$。

假定相应两个估计量的差作为一个统计量也具有一致性,在 H_0 成立条件下,统计量 $\sqrt{N}(\hat{\boldsymbol{\theta}}-\tilde{\boldsymbol{\theta}})$ 渐近服从多元正态分布。

$$\sqrt{N}(\hat{\boldsymbol{\theta}}-\tilde{\boldsymbol{\theta}}) \xrightarrow{d} N(\mathbf{0}, \operatorname{var}(\hat{\boldsymbol{\theta}}-\tilde{\boldsymbol{\theta}}))$$

其中 $\operatorname{var}(\hat{\boldsymbol{\theta}}-\tilde{\boldsymbol{\theta}})$ 是 $\sqrt{N}(\hat{\boldsymbol{\theta}}-\tilde{\boldsymbol{\theta}})$ 的极限分布方差协方差矩阵。则 H 统计量定义为

$$H=(\hat{\boldsymbol{\theta}}-\tilde{\boldsymbol{\theta}})'[\widehat{\operatorname{var}}(\hat{\boldsymbol{\theta}}-\tilde{\boldsymbol{\theta}})]^{-1}(\hat{\boldsymbol{\theta}}-\tilde{\boldsymbol{\theta}}) \sim \chi^2(m) \tag{14-27}$$

其中 $\widehat{\operatorname{var}}(\hat{\boldsymbol{\theta}}-\tilde{\boldsymbol{\theta}})$ 是 $(\hat{\boldsymbol{\theta}}-\tilde{\boldsymbol{\theta}})$ 的估计的方差协方差矩阵。在 H_0 成立条件下,H 统计量渐近服从 $\chi^2(m)$ 分布。其中 m 表示零假设中回归系数个数。

H 检验原理很简单,但实际中得到 $\operatorname{var}(\hat{\boldsymbol{\theta}}-\tilde{\boldsymbol{\theta}})$ 的一致估计量 $\widehat{\operatorname{var}}(\hat{\boldsymbol{\theta}}-\tilde{\boldsymbol{\theta}})$ 却并不容易。一般来说,

$$\widehat{\operatorname{var}}(\hat{\boldsymbol{\theta}}-\tilde{\boldsymbol{\theta}})=\operatorname{var}(\hat{\boldsymbol{\theta}})+\operatorname{var}(\tilde{\boldsymbol{\theta}})-2\operatorname{cov}(\hat{\boldsymbol{\theta}}, \tilde{\boldsymbol{\theta}}) \tag{14-28}$$

---

① HAUSMAN J A. Specification tests in econometrics[J]. Econometrica, 1978, 46: 1251-1272.

其中 $\mathrm{var}(\hat{\boldsymbol{\theta}})$，$\mathrm{var}(\tilde{\boldsymbol{\theta}})$在一般软件计算中都能给出。但 $\mathrm{cov}(\hat{\boldsymbol{\theta}},\tilde{\boldsymbol{\theta}})$不能给出，致使 H 统计量(14-27)中的 $\hat{\mathrm{var}}(\hat{\boldsymbol{\theta}}-\tilde{\boldsymbol{\theta}})$在实际应用中无法计算。

实际中也常进行如下检验。

H_0：模型中所有解释变量都是外生的。

H_1：模型中某些解释变量是内生的。

在原假设成立条件下，解释变量回归系数的 OLS 估计量$\hat{\boldsymbol{\theta}}$ 是有效估计量。则有 $\mathrm{cov}(\hat{\boldsymbol{\theta}},\tilde{\boldsymbol{\theta}})=\mathrm{var}(\hat{\boldsymbol{\theta}})$。于是式(14-28)变为

$$\mathrm{var}(\hat{\boldsymbol{\theta}}-\tilde{\boldsymbol{\theta}})=\mathrm{var}(\hat{\boldsymbol{\theta}})+\mathrm{var}(\tilde{\boldsymbol{\theta}})-2\mathrm{cov}(\hat{\boldsymbol{\theta}},\tilde{\boldsymbol{\theta}})=\mathrm{var}(\tilde{\boldsymbol{\theta}})-\mathrm{var}(\hat{\boldsymbol{\theta}}) \tag{14-29}$$

把式(14-29)结果代入式(14-27)，得

$$H=(\hat{\boldsymbol{\theta}}-\tilde{\boldsymbol{\theta}})'[\hat{\mathrm{var}}(\tilde{\boldsymbol{\theta}})-\hat{\mathrm{var}}(\hat{\boldsymbol{\theta}})]^{-1}(\hat{\boldsymbol{\theta}}-\tilde{\boldsymbol{\theta}}) \tag{14-30}$$

其中 $\hat{\mathrm{var}}(\hat{\boldsymbol{\theta}})$ 和 $\hat{\mathrm{var}}(\tilde{\boldsymbol{\theta}})$分别是对 $\mathrm{var}(\hat{\theta})$和 $\mathrm{var}(\tilde{\theta})$的估计。与式(14-27)比较，这个结果只要求计算 $\mathrm{var}(\hat{\theta})$ 和 $\mathrm{var}(\tilde{\theta})$，$H$ 统计量(14-30)具有实用性。原假设成立条件下，式(14-30)定义的 H 统计量渐近服从$\chi^2(m)$分布。

当 θ 是标量，即只表示一个回归参数时，式(14-30)定义的 H 统计量退化为标量形式，

$$H=\frac{(\hat{\theta}-\tilde{\theta})^2}{\hat{\mathrm{var}}(\hat{\theta}-\tilde{\theta})}=\frac{(\hat{\theta}-\tilde{\theta})^2}{\hat{\mathrm{var}}(\tilde{\theta})-\hat{\mathrm{var}}(\hat{\theta})}\sim\chi^2(1) \tag{14-31}$$

渐近服从 1 个自由度的 χ^2 分布。其中 $\hat{\mathrm{var}}(\hat{\theta}-\tilde{\theta})$表示$(\hat{\theta}-\tilde{\theta})$的样本方差；$\hat{\mathrm{var}}(\tilde{\theta})$和 $\hat{\mathrm{var}}(\hat{\theta})$分别表示 $\tilde{\theta}$ 和 $\hat{\theta}$ 的样本方差。

H 检验用途很广。可用来做模型丢失变量的检验、变量内生性检验、模型形式设定检验、模型嵌套检验、建模顺序检验等。本章的检验只是豪斯曼检验的具体应用之一。

下面以检验模型是个体随机效应模型还是个体固定效应模型为例，介绍面板数据中怎样利用 H 统计量确定模型形式的检验。

假定面板数据模型的误差项 u_{it} 满足通常的假定条件，如果真实的模型是随机效应模型，那么 $\boldsymbol{\beta}$ 的组内估计量 $\hat{\boldsymbol{\beta}}_W$ 和可行 GLS 估计量 $\tilde{\boldsymbol{\beta}}_{RE}$ 都具有一致性。如果真实的模型是个体固定效应模型，则参数 $\boldsymbol{\beta}$ 的组内估计量 $\hat{\boldsymbol{\beta}}_W$ 是一致估计量，但可行 GLS 估计量 $\tilde{\boldsymbol{\beta}}_{RE}$ 是非一致估计量。那么，当对一个面板数据模型同时进行组内估计和可行 GLS 估计时，如果回归系数的两种估计结果差别小，则说明应该建立随机效应模型；如果回归系数的两种估计结果差别大，说明应该建立个体固定效应模型。可以通过 H 统计量检验$(\tilde{\boldsymbol{\beta}}_{RE}-\hat{\boldsymbol{\beta}}_W)$的非零显著性，从而检验面板数据模型中是否存在个体固定效应。H 检验原理总结于表 14-3。

表 14-3　两类不同模型组内估计量与可行 GLS 估计量性质比较

	组内估计	可行 GLS 估计	$\lvert\hat{\boldsymbol{\beta}}_W-\tilde{\boldsymbol{\beta}}_{RE}\rvert$
个体随机效应模型	估计量 $\hat{\boldsymbol{\beta}}_W$ 具有一致性	估计量 $\tilde{\boldsymbol{\beta}}_{RE}$ 具有一致性	小
个体固定效应模型	估计量 $\hat{\boldsymbol{\beta}}_W$ 具有一致性	估计量 $\tilde{\boldsymbol{\beta}}_{RE}$ 不具有一致性	大

原假设与备择假设是：

H_0：个体效应 α_i 与解释变量 $\boldsymbol{X}_{it}$ 无关(个体随机效应模型)；

H_1：个体效应 α_i 与解释变量 $\boldsymbol{X}_{it}$ 相关(个体固定效应模型)。

对于面板数据多元回归模型，H 统计量用式(14-30)计算。对于一元回归模型，H 统计量用式(14-31)计算。

判别规则是：

若用样本计算的 $H\leqslant\chi^2_\alpha(m)$，则接受原假设，应该建立个体随机效应模型；

若用样本计算的 $H>\chi^2_\alpha(m)$，则拒绝原假设，应该建立个体固定效应模型。$\chi^2_\alpha(m)$中的 α 表示检验水平，m 表示被检验的回归系数个数。

14.4.3　Wald 检验

下面介绍面板数据模型中对部分回归系数进行约束的检验。先介绍 Wald 检验，然后介绍 F 检验和 LR 检验。

面板数据模型中可以利用 Wald 统计量对部分回归系数的约束条件是否成立进行检验。Wald 统计量的定义与第 9 章中定义完全一样，其定义是

$$W=\boldsymbol{f}(\hat{\boldsymbol{\beta}})'_{(1\times m)}\operatorname{var}(\boldsymbol{f}(\hat{\boldsymbol{\beta}}))^{-1}_{(m\times m)}\boldsymbol{f}(\hat{\boldsymbol{\beta}})_{(m\times 1)} \tag{14-32}$$

其中 $\boldsymbol{f}(\beta)$表示由约束条件改写成 $\boldsymbol{f}(\beta)=0$ 所组成的 $\boldsymbol{f}(\beta)$形式的列向量。m 表示被检验的约束条件的个数，$\operatorname{var}[\boldsymbol{f}(\hat{\beta})]=\left[\dfrac{\partial \boldsymbol{f}(\hat{\boldsymbol{\beta}})}{\partial\hat{\boldsymbol{\beta}}}\right]_{(m\times k)}[\operatorname{var}(\hat{\boldsymbol{\beta}})]_{(k\times k)}\left[\dfrac{\partial \boldsymbol{f}(\hat{\boldsymbol{\beta}})}{\partial\hat{\boldsymbol{\beta}}}\right]'_{(k\times m)}$。其中 k 表示面板数据模型中解释变量个数。在原假设 $\boldsymbol{f}(\beta)=0$ 成立条件下，Wald 统计量渐近服从 m 个自由度的 $\chi^2(m)$分布。检验规则是：

若用样本计算的 $W\leqslant\chi^2_\alpha(m)$，则约束条件成立；

若用样本计算的 $W>\chi^2_\alpha(m)$，则约束条件不成立。

详细讨论见第 9 章。

14.4.4　*F* 检验和 LR 检验

面板数据模型中同样可以利用 F 统计量和 LR 统计量检验部分回归系数的约束条件是否成立。F 统计量的定义是

$$F=\frac{(\mathrm{SSR}_r-\mathrm{SSR}_u)/m}{\mathrm{SSR}_u/(NT-k)} \tag{14-33}$$

其中，SSR_r 表示估计的约束模型的残差平方和；SSR_u 表示估计无约束模型的残差平

方和；m 表示约束条件个数；T 表示面板数据的时期数；N 表示面板数据的个体数；k 表示无约束模型中被估回归系数的个数。在约束成立条件下，$F \sim F(m, NT-k)$。判别规则是：

若用样本计算的 $F \leqslant F_{\alpha}(m, NT-k)$，则约束条件成立；

若用样本计算的 $F > F_{\alpha}(m, NT-k)$，则约束条件不成立。

其中 α 指检验水平。NT 指面板数据中观测值个数。

LR 统计量的定义是

$$\mathrm{LR} = -2\left[\log L(\tilde{\boldsymbol{\beta}}, \tilde{\sigma}^2) - \log L(\hat{\boldsymbol{\beta}}, \hat{\sigma}^2)\right] \tag{14-34}$$

其中 $\log L(\tilde{\boldsymbol{\beta}}, \tilde{\sigma}^2)$ 表示估计约束模型的对数极大似然函数值，$\log L(\hat{\boldsymbol{\beta}}, \hat{\sigma}^2)$ 表示估计非约束模型的对数极大似然函数值，m 表示要检验的约束条件个数。在约束成立条件下 $\mathrm{LR} \sim \chi^2(m)$。判别规则是：

若用样本计算的 $\mathrm{LR} \leqslant \chi^2_{\alpha}(m)$，则约束条件成立；

若用样本计算的 $\mathrm{LR} > \chi^2_{\alpha}(m)$，则约束条件不成立。

$\chi^2_{\alpha}(m)$ 中的 α 指检验水平。对 F 统计量和 LR 统计量的讨论详见第 9 章。

14.5　面板数据建模案例分析

【案例 14-1 续】（数据见 EViews、STATA 文件：case 14-1）

15 个省级地区的居民家庭人均消费和人均可支配收入关系分析

继续 14.1 节关于【案例 14-1】的讨论。通过分析散点图，为有效克服异方差，应该建立对数变量的面板数据线性回归模型。首先估计混合模型，得混合 OLS 估计结果如下：

$$\mathrm{Ln}\widehat{\mathrm{CP}}_{it} = 0.0187 + 0.9694\,\mathrm{LnIP}_{it} \tag{14-35}$$

$$(0.2)\qquad (79.2)$$

$$R^2 = 0.984, \mathrm{SSR}_r = 0.1702, \mathrm{DW} = 0.62, T = 7,$$

$$N = 15, TN = 105, (1996—2002)$$

个体固定效应模型的 EViews 估计结果如下：

$$\mathrm{Ln}\widehat{\mathrm{CP}}_{it} = 0.6839 D_1 + \cdots + 0.7312\, D_{15} + 0.8925\,\mathrm{LnIP}_{it} \tag{14-36}$$

$$(60.6)$$

$$R^2 = 0.9937, \mathrm{SSR}_u = 0.0667, \mathrm{DW} = 1.51, T = 7, N = 15,$$

$$TN = 105, (1996—2002)$$

其中 $D_1, \cdots, D_{15}$ 的定义是

$$D_i=\begin{cases}1, & \text{属于第 } i \text{ 个个体}, \\ 0, & \text{不属于第 } i \text{ 个体},\end{cases} \quad i=1,2,\cdots,15$$

输出结果见图14-36。

个体随机效应模型的估计结果是

$$\mathrm{Ln}\hat{\mathrm{CP}}_{it}=0.4691D_1+\cdots+0.4985D_{15}+0.9177\mathrm{LnIP}_{it} \tag{14-37}$$
$$(70.7)$$

$$R^2=0.9810, \mathrm{SSR}=0.1998, \mathrm{DW}=0.51, T=7, N=15,$$
$$TN=105, (1996—2002)$$

其中 $D_1,\cdots,D_{15}$ 的定义见式(14-36)。

用 F 统计量检验应该建立混合模型还是应该建立个体固定效应模型。由式(14-35)和式(14-36)知 $\mathrm{SSR}_r=0.1702$，$\mathrm{SSR}_u=0.0667$，$T=7$，$N=15$。按式(14-26)计算，

$$F=\frac{(\mathrm{SSR}_r-\mathrm{SSR}_u)/(N-1)}{\mathrm{SSR}_u/(NT-N-1)}=\frac{(0.1702-0.0667)/14}{0.0667/(105-15-1)}=\frac{0.00074}{0.00075}=9.87$$

$$F_{0.05}(14,89)=1.78$$

因为 $F=9.87>F_{0.05}(14,89)=1.78$，推翻原假设，比较上述两种模型，建立个体固定效应模型比建立混合模型合理。从估计结果也可看出，式(14-36)对应的残差平方和 $\mathrm{SSR}_u=0.0667$ 比混合模型估计式(14-37)对应的残差平方和 $\mathrm{SSR}_r=0.1702$ 大幅减少，当然应该选择式(14-36)。

EViews 的检验结果见图14-4。其中 cross-section F 指的是(多余个体效应的) F 检验，cross-section Chi-square 指的是(多余个体效应的)LR(似然比)检验。

Redundant Fixed Effects Tests
Pool: POOL01
Test cross-section fixed effects

Effects Test	Statistic	d.f.	Prob.
Cross-section F	9.864884	(14,89)	0.0000
Cross-section Chi-square	98.363053	14	0.0000

图14-4 F 检验的 EViews 输出结果

因为 F 检验和 LR 检验相对的 p 值都小于0.05，结论是推翻建立混合模型的原假设。应该选择建立个体固定效应模型。

用 H 统计量检验应该建立个体固定效应模型还是应该建立个体随机效应模型。由式(14-36)知 $\hat{\beta}_W=0.892481$，$s_{(\hat{\beta}_W)}=0.014739$。由式(14-37)知 $\tilde{\beta}_{RE}=0.917660$，$s_{(\tilde{\beta}_{RE})}=0.012976$。因为被比较的回归系数只有1个($\beta_1$)，所以原假设成立条件下 $H\sim\chi^2(1)$。

按式(14-31)计算，

$$H=\frac{(\hat{\beta}_W-\widetilde{\beta}_{RE})^2}{[\hat{\mathrm{v}}\mathrm{ar}(\hat{\beta}_W)]^2-[\hat{\mathrm{v}}\mathrm{ar}(\widetilde{\beta}_{RE})]^2}$$

$$=\frac{(0.892\,481-0.917\,660)^2}{0.014\,739^2-0.012\,976^2}=12.98 \tag{14-38}$$

因为 $H=12.98>\chi^2_{0.05}(1)=3.8$，结论是推翻原假设。模型存在个体固定效应，应该建立个体固定效应模型。

EViews 的 H 检验结果见图 14-5。输出结果上部表中 cross-section random 表示个体随机效应；12.979 986 是 χ^2 统计量的值；自由度是 1；0.000 3 是 $\chi^2=12.979\,986$ 对应的 p 值。输出结果下部表中 0.892 481 和 0.917 660 分别是个体固定效应和个体随机效应模型中可支配收入变量的回归系数估计值；0.000 049 是上述两个回归系数值差的方差估计值。

Correlated Random Effects - Hausman Test
Pool: POOL01
Test cross-section random effects

Test Summary	Chi-Sq. Statistic	Chi-Sq. d.f.	Prob.
Cross-section random	12.979986	1	0.0003

Cross-section random effects test comparisons:

Variable	Fixed	Random	Var(Diff.)	Prob.
LOG(IP?)	0.892481	0.917660	0.000049	0.0003

图 14-5　H 检验的 EViews 输出结果

H 统计量的值也可以依据 EViews 输出结果中的参数值按照式(14-31)计算，

$$H=\frac{(\hat{\beta}_W-\widetilde{\beta}_{\mathrm{RE}})^2}{\hat{\mathrm{v}}\mathrm{ar}(\hat{\beta}_W-\widetilde{\beta}_{\mathrm{RE}})}=\frac{(0.892\,481-0.917\,660)^2}{0.000\,049}=12.94$$

(计算结果 12.94 与 EViews 输出结果 12.979 986 稍有不同，系运算过程中保留小数点后位数不同所致。)因为 $H=12.94>\chi^2_{0.05}(1)=3.8$，或者 12.979 986 对应的 p 值远小于 0.05，所以结论是应该建立个体固定效应模型。

F 检验与 H 检验合在一起综上分析，本例应该建立个体固定效应模型。式(14-36)是最终估计结果。其经济含义是人均可支配收入每增加 1%，人均消费增加 0.892 5%。人均消费的增加慢于人均可支配收入的增加。

以式(14-36)为依据，安徽省和北京市的 1996—2002 年样本内人均消费($\mathrm{LnCP}_{\mathrm{AH}t}$ 和 $\mathrm{LnCP}_{\mathrm{BJ}t}$)预测结果与实际值的比较分别见图 14-6 和图 14-7。图中散点代表实际观测值，回归直线上的点代表拟合值。

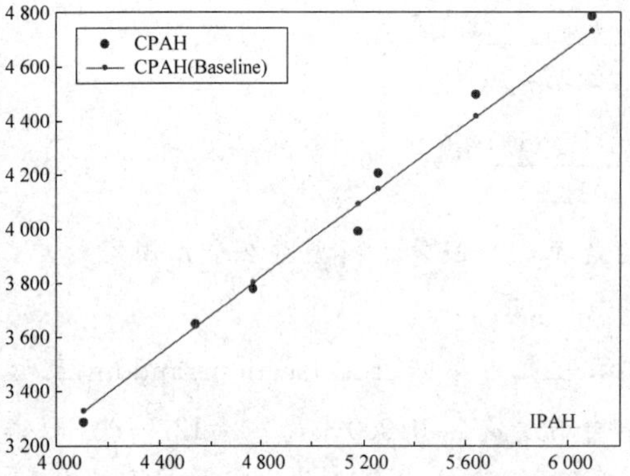

图 14-6 安徽省人均消费预测值与实际值比较

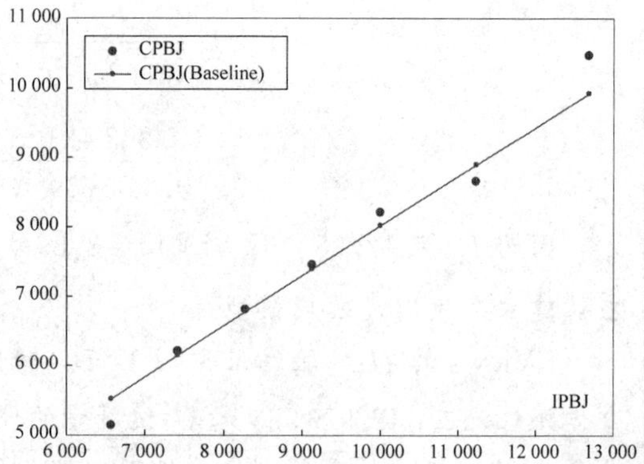

图 14-7 北京市人均消费预测值与实际值比较

【案例 14-2】(数据见 EViews、STATA 文件: case 14-2)

柯布-道格拉斯生产函数研究

案例来自莫瑞(Murray)的《现代计量经济学》(机械工业出版社,2009),这里对案例做了改写。

资本和劳动对产出有多大贡献一直是经济学中长期关注的一个问题。在估计生产函数时,可以得到劳动和资本对产出贡献的一种度量指标。哈佛大学的格里历切斯(Zvi Griliches)和巴黎国民统计局的马里斯(Jacques Mairesse),多次利用大型的企业面板数据估计柯布-道格拉斯生产函数。马里斯提供的面板数据包含来自 16 个国家的 625 个企业长达 8 年的共 5 000 组观测数据。

图 14-8 给出 625 个企业产出变量(output_{it})分别对资本(kapital_{it})和劳动力(labor_{it})变量的散点图。从图中可以看出数据的关系存在明显的递增型异方差特征。该 625 个企业对数的产出变量分别对对数的资本和对数的劳动力变量散点图见图 14-9。

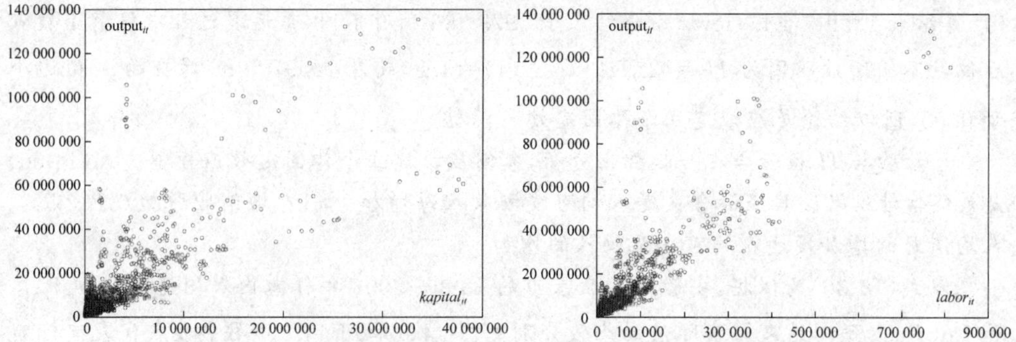

(a) output_{it}和kapital_{it}散点图 (b) output_{it}和labor_{it}散点图

图 14-8 625 个企业产出变量分别对资本和劳动力变量的散点图

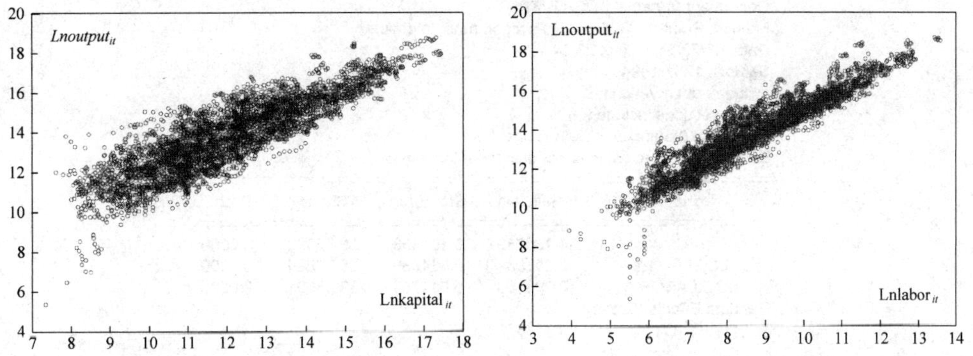

(a) $Lnoutput_{it}$和$Lnkapital_{it}$散点图　(b) $Lnoutput_{it}$和$Lnlabor_{it}$散点图

图 14-9　625 个企业对数的产出变量分别对对数的资本和对数的劳动力变量散点图

从图中可以看出异方差特征得到有效克服，从而得知用这组面板数据建立对数变量的线性回归模型是一个最好的选择。

该案例首先给出一个个体随机效应、截面固定效应的柯布-道格拉斯生产函数模型的估计结果：

$$\hat{Lnoutput}_{it} = 4.1657 + \cdots + 0.2989 Lnkapital_{it} + 0.6932 LnLabor_{it} \quad (14\text{-}39)$$
$$(39.7) \qquad (25.8) \qquad (58.9)$$
$$R^2 = 0.820, SSR = 1\,732.11, DW = 0.0462, T = 8,$$
$$N = 625, TN = 5\,000$$

EViews 输出结果见图 14-10(2～625 个个体随机效应估计值被省略)。

产出变量对资本和劳动力变量的弹性系数分别是 0.298 9 和 0.693 2。二者之和是 0.992 1。

对弹性系数之和 0.992 1 是否等于 1 做 t 检验。约束条件是 $\beta_1 + \beta_2 - 1 = 0$。已知 $(\beta_1 + \beta_2 - 1)$ 的样本标准差是 0.009 592，用样本计算的 t 统计量的值是

$$t = \frac{\hat{\beta}_1 + \hat{\beta}_2 - 1}{0.009\,592} = \frac{0.9921 - 1}{0.009\,592} = \frac{-0.0079}{0.009\,592} = -0.8236$$
$$t_{0.05}(4\,990) = 1.96$$

因为 $|-0.8236| < t_{0.05}(4\,990) = 1.96$（$t$ 统计量自由度的计算公式是 5 000－10＝4 990，其中 10 表示 10 个截面对应的常数项）。经检验弹性系数之和 0.992 1 与 1 没有显著性差异。结论是这些企业的产出属于规模报酬不变的关系。

这与柯布-道格拉斯利用美国数据得到的结果相似。如果市场是完全竞争的，而且企业是利润最大化的，那么，这些估计值就与规模报酬不变的生产理论相一致。对于本例，劳动决定产出的 70%，资本决定产出的 30%。

注意：

(1) 图 14-10，EViews 输出结果的倒数第 3 部分 Effects Specification(效应设定)

Dependent Variable: LOG(OUTPUT?)
Method: Pooled EGLS (Cross-section random effects)
Date: 08/23/21 Time: 23:04
Sample: 1987 1994
Included observations: 8
Cross-sections included: 625
Total pool (balanced) observations: 5000
Swamy and Arora estimator of component variances

Variable	Coefficient	Std. Error	t-Statistic	Prob.
C	4.165682	0.104866	39.72390	0.0000
LOG(KAPI?)	0.298934	0.011588	25.79624	0.0000
LOG(LABOR?)	0.693189	0.011761	58.93991	0.0000
Random Effects (Cross)				
1--C	-0.318626			
……				
625--C	-0.957004			
Fixed Effects (Period)				
1987--C	-0.062090			
1988--C	-0.005769			
1989--C	0.010172			
1990--C	0.010208			
1991--C	0.003590			
1992--C	0.008179			
1993--C	0.005189			
1994--C	0.030520			

Effects Specification

	S.D.	Rho
Cross-section random	0.557931	0.9307
Period fixed (dummy variables)		
Idiosyncratic random	0.152279	0.0693

Weighted Statistics

Root MSE	0.152612	R-squared	0.714410
Mean dependent var	13.78478	Adjusted R-squared	0.713895
S.D. dependent var	0.285601	S.E. of regression	0.152764
Sum squared resid	116.4515	F-statistic	1386.953
Durbin-Watson stat	0.686825	Prob(F-statistic)	0.000000

Unweighted Statistics

R-squared	0.892043	Mean dependent var	13.78478
Sum squared resid	1732.113	Durbin-Watson stat	0.046176

图 14-10 个体随机、时点固定效应模型估计 EViews 输出结果(删除了 2～624 个个体截距项)

还报告了个体随机误差(cross-section random)和随机误差项(idiosyncratic random)的标准差估计值。在这种情况下,总干扰方差的93%来自个体随机误差,只有6.9%来自随机误差项 u_{it}。说明,625个制造业企业之间的个体差异非常大。

(2) 个体随机、时点固定效应模型估计结果中的设定还包含一个时间的"固定效应",也就是说,模型中为每个年度包含一个虚拟变量。这些年度虚拟变量描述了生产技术的逐年变化[见输出结果中间位置的 Fixed Effects(Period)部分]。

下面再来看看,如果按照14.4节的检验方法,本例的面板数据应该建立哪种类型的模型呢?

利用 F 统计量可以检验该面板数据中是否存在个体固定效应。混合模型对应的

$SSR_r=1\ 673.8$，个体固定效应模型对应的 $SSR_u=103.62$。个体固定效应模型对混合模型相当于施加了 625－1＝624 个常数项等于零的约束条件。非约束模型（个体固定效应模型）对应的自由度是 5 000－625－2＝4 373。代入式(14-26)定义的 F 统计量，并计算：

$$F=\frac{(SSR_r-SSR_u)/(N-1)}{SSR_u/(NT-N-k)}=\frac{(1\ 673.8-103.626)/624}{103.626/4\ 373}=106.17$$

$$F_{0.05}(624,4\ 373)=1.0$$

因为 $106.17>F_{0.05}(624,4\ 373)=1.0$（$F$ 统计量分母自由度的计算公式是 5 000－625－2＝4 373），所以结论是推翻原假设（建立混合模型），应该建立个体固定效应模型。F 检验的 EViews 输出结果见图 14-11。

Redundant Fixed Effects Tests
Pool: POOL01
Test cross-section fixed effects

Effects Test	Statistic	d.f.	Prob.
Cross-section F	106.187605	(624,4373)	0.0000
Cross-section Chi-square	13910.316347	624	0.0000

图 14-11　F 检验的 EViews 输出结果

H 检验结果见图 14-12。因为 $H=45.8$ 对应的 p 值是 0.000，所以推翻了建立随机效应模型的原假设，结论是应该建立个体固定效应模型。

Correlated Random Effects - Hausman Test
Pool: POOL01
Test cross-section random effects

Test Summary	Chi-Sq. Statistic	Chi-Sq. d.f.	Prob.
Cross-section random	45.825193	2	0.0000

Cross-section random effects test comparisons:

Variable	Fixed	Random	Var(Diff.)	Prob.
LOG(KAPI?)	0.370230	0.343229	0.000028	0.0000
LOG(LABOR?)	0.646840	0.673506	0.000040	0.0000

图 14-12　豪斯曼(Hausman)检验结果

个体固定效应模型的 EViews 输出结果见图 14-13。估计式是

$$\widehat{\text{Lnoutput}}_{it}=3.711\ 1+\cdots+0.370\ 2\text{LnKapi}_{it}+0.646\ 8\text{LnLabor}_{it} \quad (14\text{-}40)$$

$$(29.1)\qquad\qquad (33.4)\qquad\qquad\qquad (50.1)$$

$$R^2=0.993\ 5,\ SSR=103.62,\ DW=0.78,\ T=8,$$

$$N=625,\ TN=5\ 000$$

产出变量对资本和劳动力变量的弹性系数分别是 0.370 2 和 0.646 8。二者之和

Dependent Variable: LOG(OUTPUT?)
Method: Pooled Least Squares
Date: 08/23/21 Time: 23:10
Sample: 1987 1994
Included observations: 8
Cross-sections included: 625
Total pool (balanced) observations: 5000

Variable	Coefficient	Std. Error	t-Statistic	Prob.
C	3.711146	0.127481	29.11144	0.0000
LOG(KAPI?)	0.370230	0.011084	33.40370	0.0000
LOG(LABOR?)	0.646840	0.012924	50.05043	0.0000
Fixed Effects (Cross)				
1--C	-0.423408			
……				
625--C	-0.977043			

Effects Specification

Cross-section fixed (dummy variables)

Root MSE	0.143963	R-squared	0.993541
Mean dependent var	13.78478	Adjusted R-squared	0.992617
S.D. dependent var	1.791519	S.E. of regression	0.153938
Akaike info criterion	-0.787727	Sum squared resid	103.6260
Schwarz criterion	0.029529	Log likelihood	2596.319
Hannan-Quinn criter.	-0.501292	F-statistic	1074.604
Durbin-Watson stat	0.784886	Prob(F-statistic)	0.000000

图 14-13 个体固定效应模型估计结果(个体截距项的值有删节)

是 1.017。

对弹性系数之和 1.017 是否等于 1 做 t 检验。约束条件是 $\beta_1+\beta_2-1=0$。已知 $(\hat{\beta}_1+\hat{\beta}_2-1)=0.0171$，$(\hat{\beta}_1+\hat{\beta}_2-1)$的样本标准差是 0.012 4，用样本计算的 t 统计量的值是

$$t=\frac{\hat{\beta}_1+\hat{\beta}_2-1}{s_{(\hat{\beta}_1+\hat{\beta}_2-1)}}=\frac{0.0171}{0.0124}=1.3790$$

$$t_{0.05}(4\,373)=1.96$$

因为$|1.379|< t_{0.05}(4\,373)=1.96$。经检验弹性系数之和 1.017 与 1 没有显著性差异。结论是这些企业的产出属于规模报酬不变的关系。

可见，建立个体固定效应模型得到的结论是这些企业的产出与资本、劳动力的关系依然是属于规模报酬不变关系。

实际上个体与时点双固定效应模型也是一种可行的选择。经计算，模型的两个弹性系数之和是 0.970 8。经检验，0.970 8 显著地不等于 1，即小于 1。虽然制造业企业在这个模型基础上分析，是存在着规模报酬递减关系，但是实际上 0.970 8 已经非常接近 1 了。

关于双固定效应模型的 EViews 估计，以及规模报酬不变假设的 Wald 检验的 EViews 操作读者可以自己练习。

【案例 14-3】（数据见 EViews、STATA 文件：case 14-3）

我国寿险保费收入的影响因素分析

这是一个非线性多元回归面板数据建模案例。

我国自 1982 年起恢复人寿保险业务至今，人寿保险市场得到了长足发展，保费收入迅速增长。1982 年，我国寿险保费收入仅有 159 万元，2010 年则高达 14 528 亿元。增长了 90 倍余。

寿险保费收入是衡量一国寿险业市场规模和发展状况的重要指标。从国内外保险市场发展规律看，一个国家或地区的寿险保费收入的大小通常与其人均国内生产总值、存款余额、社会总收入的分配状况、人口数量、社会文化等因素有关。

结合我国的实际，经分析，影响我国寿险保费收入的因素主要有国内生产总值(GDP)、居民可支配收入、利率水平和抚养率水平等。

(1) 国内生产总值。GDP 是衡量一个国家或地区经济发展水平的重要指标，同时，也是体现经济发展的一项综合指标。

经济的发展将提高消费者的平均收入水平，从而提高消费者对保险等提高生活品质的产品的购买力，所以寿险保费收入与国内生产总值应该有正相关关系。

GDP 对衡量社会进步、社会现代化、开放程度、整体受教育程度的提高等都有一定的替代作用。GDP 很自然与社会中经济活动之一的银行寿险保费收入存在联系。

(2) 居民可支配收入。寿险作为一种消费品，与其他商品有着相同的经济学基础。收入决定支出，所以居民可支配收入是影响银行寿险保费收入的另一个重要因素。由于寿险产品的储蓄性、保障性和投资性正好与货币持有的三大动机，即预防、交易、投机相吻合，因此，居民可支配收入是居民寿险需求是否会产生和寿险需求大小的重要影响因素。

在一般情况下，居民可支配收入的增加对寿险需求的影响是双重的。一方面，收入高的人更有能力购买寿险产品，银行寿险保费收入的与居民可支配收入应该是正相关关系。另一方面，人们可以通过积累财富来自保，收入高的人并不需要购买保险，居民可支配收入与寿险之间又存在一定的替代关系。

(3) 利率水平。因为寿险产品一般均规定有预定利率，而预定利率的高低主要受制于市场利率。如果保单的预定利率不变，市场利率上升，则人寿保险产品对于公众的吸引力就会下降；市场利率下降，则社会公众对人寿保险的需求上升。

就我国情况来看，2002 年以前，利率和寿险保费收入呈现一种负相关关系。2002 年以后，利率调高，寿险保费收入仍然上升，主要原因在于随着寿险市场的成熟，创新产品比银行存款的灵活性更强，所以占有市场的份额越来越大。因此，利率水平对寿险需求的影响是复杂的。再加上我国目前的银行利率都不是完全市场化的利率,所以,利率怎样影响寿险需求还需要进一步讨论。本案例以当年每季度初的一年定期存款利率的平均值作为利率水平的度量研究其对寿险的影响。

(4) 抚养率水平。抚养率(也称赡养率)一般指一国或一地区内0~14岁和65岁以上的人口(被赡养或被抚养的人口)分别与15~64岁人口的比率。

抚养率又可分为少儿抚养率和老年人抚养率两种。一般来说,在收入水平一定的情况下,少儿抚养率的增加将导致家庭生活费用支出的增加,从而导致对寿险的需求下降。对于老年人抚养率来说则不同,老年人抚养率增加时,对将来抚养费用大幅增加的预期,实际会增加对人寿保险的需求。换句话说,少儿抚养率与人寿保险需求是负相关关系,而老年人抚养率与人寿保险需求是正相关关系。

据有关部门的调查结果,我国老年赡养率1997年的平均值为10.35%,2009年为13.24%。我国城镇的老龄化指标(60岁及以上人口数占总人口数的比率),1990年是8.15%,1995年为9.5%,略高于同年亚洲国家的同含义的老龄化指标的平均水平。

据有关部门预测结果,我国老龄化指标2033年将增加到高峰值22.06%,然后逐年下降。但在2050年仍将维持在17.08%左右。

本项研究收集了1998—2009年我国内地30个省区市(西藏除外)的寿险保费收入(bf_{it},百万元)、GDP_{it}(亿元)、老年人抚养率(lf_{it},%)、少年儿童抚养率(sf_{it},%)、城镇居民个人可支配收入(pi_{it},人民币元)、人口数(p_{it},万人)、利率水平($rate_{it}$,%)(采用当年每季度初的一年定期存款利率的平均值)数据。数据均源于《中国统计年鉴》和《中国保险年鉴》。

本数据属于面板数据,个体数$N=30$;时间长度$T=12$,(1998—2009)。个体i用AH、BJ、CQ、FJ、GD、GS、GX、GZ、HAIN、HEB、HEN、HLJ、HUB、HUN、JL、JS、JX、LN、NMG、NX、QH、SC、SD、SH、SX、SX2、TJ、XJ、YN、ZJ分别代表安徽省、北京市、重庆市、福建省、广东省、甘肃省、广西壮族自治区、广东省、海南省、河北省、河南省、黑龙江省、湖北省、湖南省、吉林省、江苏省、江西省、辽宁省、内蒙古自治区、宁夏回族自治区、青海省、四川省、山东省、上海市、山西省、陕西省、天津市、新疆维吾尔自治区、云南省、浙江省30个省级地区,其中辽宁省1998年的寿险保费收入额(bf_{LN1998})数据有缺失,所以寿险保费收入额(bf_{it})面板数据是有一个缺失值的非平衡面板数据。寿险保费收入额(bf_{it})数据共有N×T-1=30×12-1=359个。其他6个变量(GDP_{it},lf_{it},sf_{it},pi_{it},p_{it},$rate_{it}$)的数据无缺失。

下面用样本数据首先分析寿险保费收入bf_{it}分别与GDP_{it},lf_{it},sf_{it},pi_{it},p_{it},$rate_{it}$的关系。

寿险保费收入(bf_{it})与国内生产总值(GDP_{it})的散点图见图14-14。横轴代表GDP_{it}。纵轴代表寿险保费收入bf_{it}。图中每一种符号代表一个省级地区的银行寿险保费收入,共12个观测点(其中辽宁省是11个观测点)。二者变化大体上服从线性关系,同时,数据存在明显的递增型异方差。

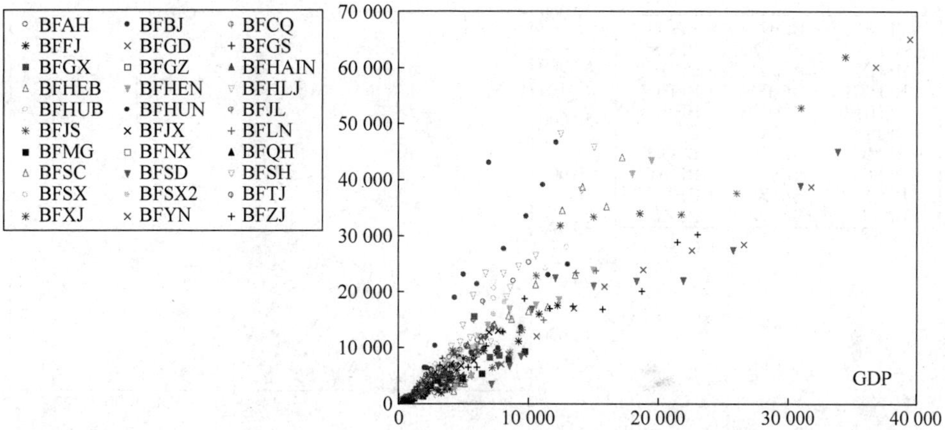

图 14-14　30 个省级地区保费收入 bf_{it} 对 GDP_{it} 的散点图

对数的寿险保费收入($Lnbf_{it}$)与对数的国内生产总值($LnGDP_{it}$)散点图(1998—2009 年)见图 14-15。经对数变换后，该两个变量线性关系明显，而且不存在异方差。可见，$LnGDP_{it}$ 应该是 $Lnbf_{it}$ 的一个重要解释变量。

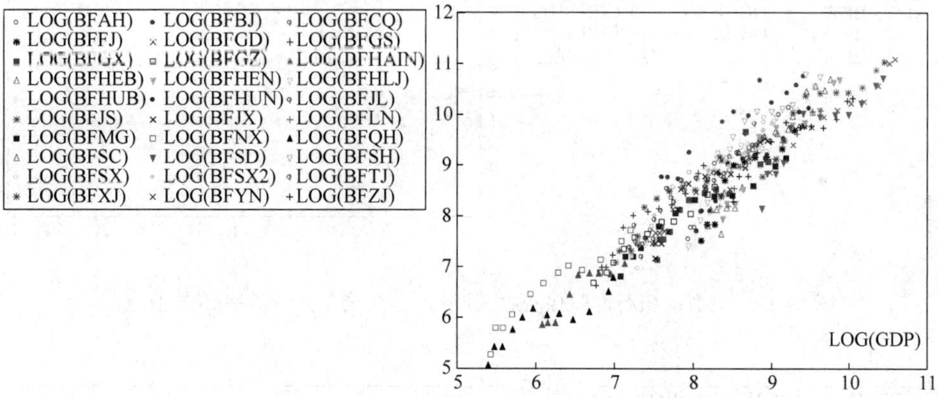

图 14-15　对数的银行寿险保费收入(Lnbf_{it})与 $LnGDP_{it}$ 散点图(1998—2009 年)

再来分析寿险保费收入(bf_{it})与老年人抚养率(lf_{it})的关系。散点图见图 14-16。正如前面的分析，bf_{it} 与 lf_{it} 呈正相关关系，即 lf_{it} 越高，用在寿险保费方面的支出就越多。考虑到横轴老年人抚养率(lf_{it})使用百分数测度，而且图中同样存在递增型异方差，所以进一步观察对数的寿险保费收入($Lnbf_{it}$)与老年人抚养率(lf_{it})的散点图(图 14-17)。$Lnbf_{it}$ 与老年人抚养率(lf_{it})存在线性关系，建立模型时可以考虑把老年人抚养率(lf_{it})作为一个解释变量。

银行寿险保费收入(bf_{it})与少儿抚养率(sf_{it})的散点图见图 14-18，少儿抚养率(sf_{it})为横轴。正如前面的分析，二者呈负相关关系，即少儿抚养率(sf_{it})越高，用在寿

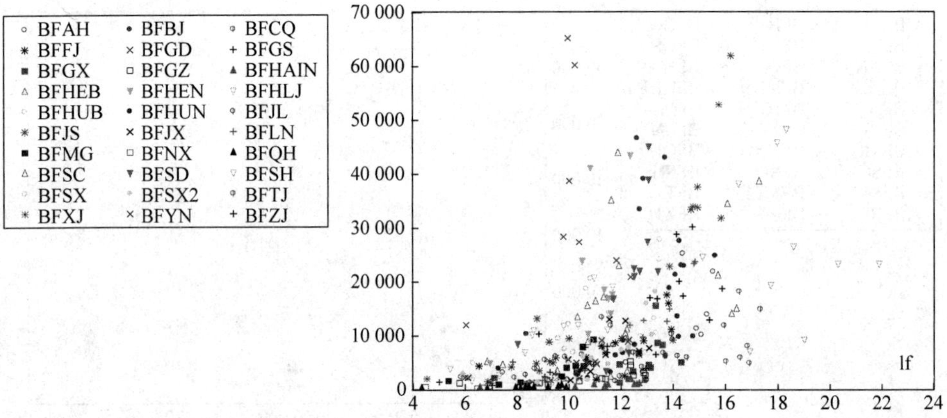

图 14-16　银行寿险保费收入(bf_{it})与老年人抚养率(lf_{it})散点图

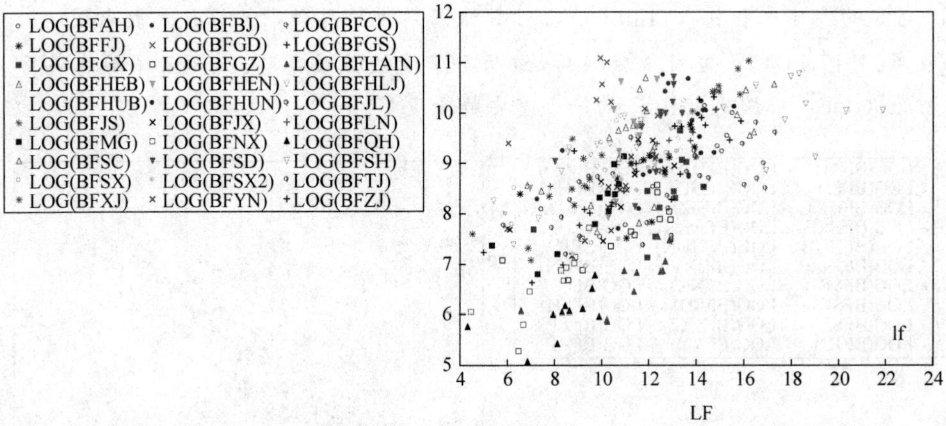

图 14-17　对数的银行寿险保费收入($Lnbf_{it}$)与老年人抚养率(lf_{it})散点图

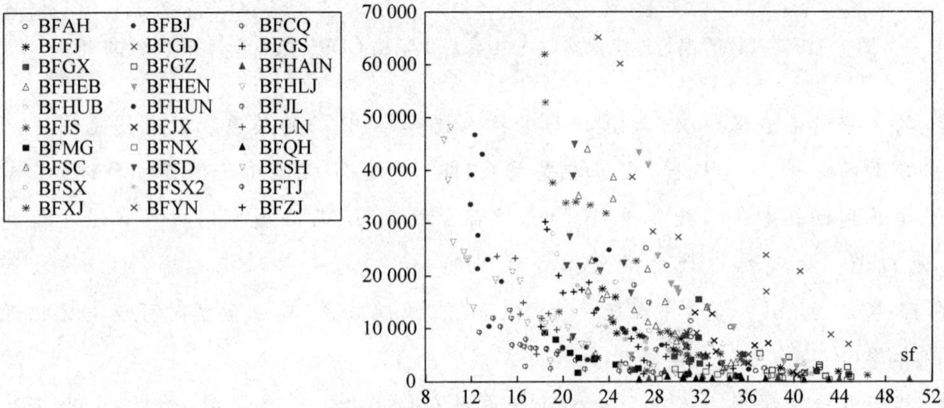

图 14-18　银行寿险保费收入(bf_{it})与少儿抚养率(sf_{it})的散点图

险保费的支出就越少，即银行寿险保费收入减少。散点图显示，数据呈递减型异方差特征。实际含义是，少儿抚养率(sf_{it})的值较小时，购买寿险的差异很大，当少儿抚养率(sf_{it})的值增加时，由于家庭支出的负担加重，购买寿险的家庭减少，银行寿险保费收入减少。

尝试做半对数散点图，即对数的寿险保费收入($Lnbf_{it}$)对少儿抚养率(sf_{it})的散电图消除异方差，见图 14-19。二者线性关系明显。少儿抚养率(sf_{it})可以作为寿险保费收入($Lnbf_{it}$)的一个合理解释变量。

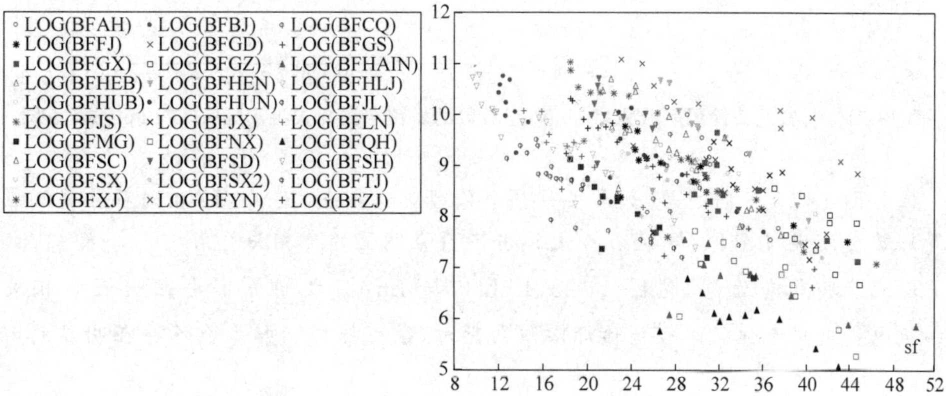

图 14-19　对数的寿险保费收入($Lnbf_{it}$)与少儿抚养率(sf_{it})的散点图

寿险保费收入(bf_{it})与城镇居民个人可支配收入(p_{it})散点图见图 14-20。该图显示城镇居民个人可支配收入(p_{it})越多，用于寿险保费的支出就越少，即银行寿险保费收入(bf_{it})越少。该图还显示，数据存在递减型异方差。

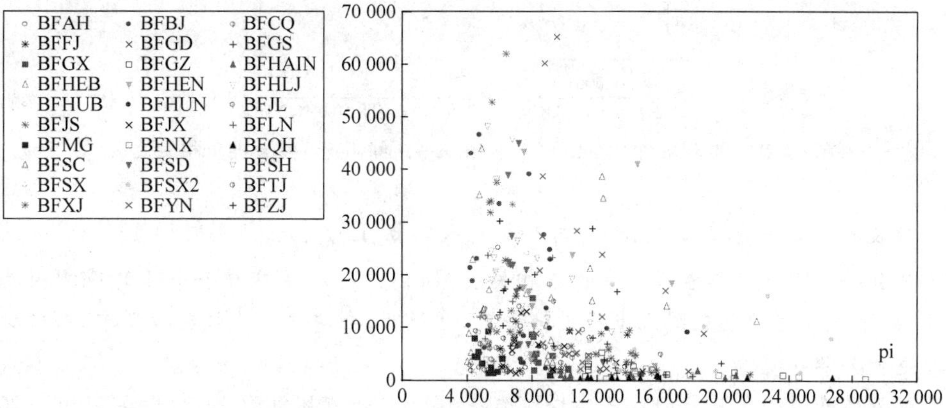

图 14-20　寿险保费收入(bf_{it})与城镇居民个人可支配收入(pi_{it})散点图

对数的寿险保费收入($Lnbf_{it}$)与对数的城镇居民个人可支配收入($Lnpi_{it}$)散点图见图 14-21，该两个变量之间的线性关系明显。

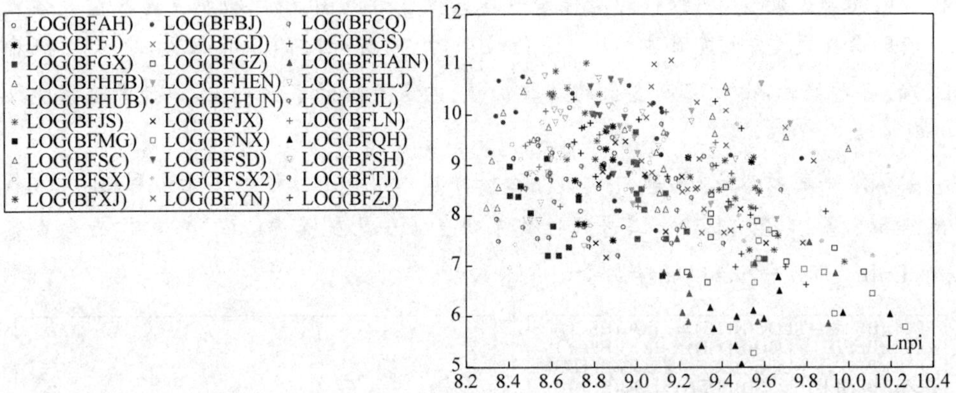

图 14-21　对数的寿险保费收入(Lnbf_{it})与对数的城镇居民个人可支配收入(Lnpi_{it})散点图

但与图 14-15 不同的是,如果按每个个体观察观测点(值)位置(相同符号观测点的位置),就会发现,Lnbf_{it} 与 $\mathrm{Ln}pi_{it}$ 之间并不存在明显的负相关关系。

以北京和湖南为例,见图 14-22,Lnbf_{it} 与 $\mathrm{Ln}p_{it}$ 之间并不存在明显的相关关系。所以当采用个体效应模型估计回归系数时,很可能该回归系数不存在明显的解释作用。

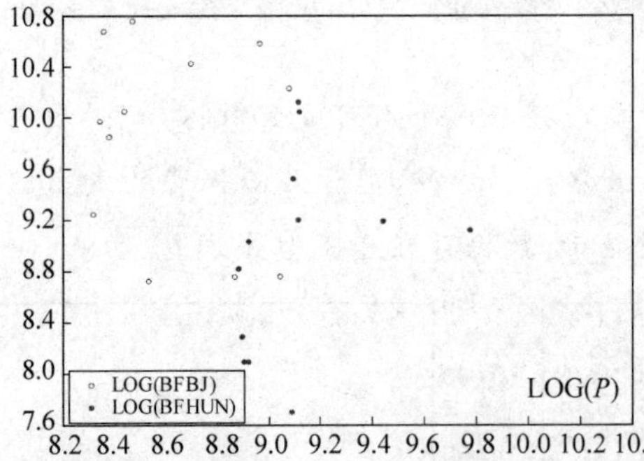

图 14-22　北京和湖南的 Lnbf_{it} 与 $\mathrm{Ln}pi_{it}$ 之间不存在明显的负相关关系

对数的寿险保费收入(Lnbf_{it})与对数的人口数($\mathrm{Ln}p_{it}$)散点图见图 14-23。虽然从整体 359 个观测点看二者存在线性正相关关系,但是仔细观察每个个体的观测值就会发现,按个体描述的散点图几乎与横轴垂直,这说明,在建立个体效应模型中,人口数不一定是重要解释变量。

对数的寿险保费收入(Lnbf_{it})与利率(rate_{it})的散点图见图 14-24。在 1998—2009 年的 12 年间只有河北省、青海省、四川省和湖南省的利率发生过变动,其余 26 个省级地区的 rate_{it} 值都无变化。所以结合中国的实际国情,有极大可能,利率(rate_{it})因素解释不了寿险保费收入(Lnbf_{it})的变化。

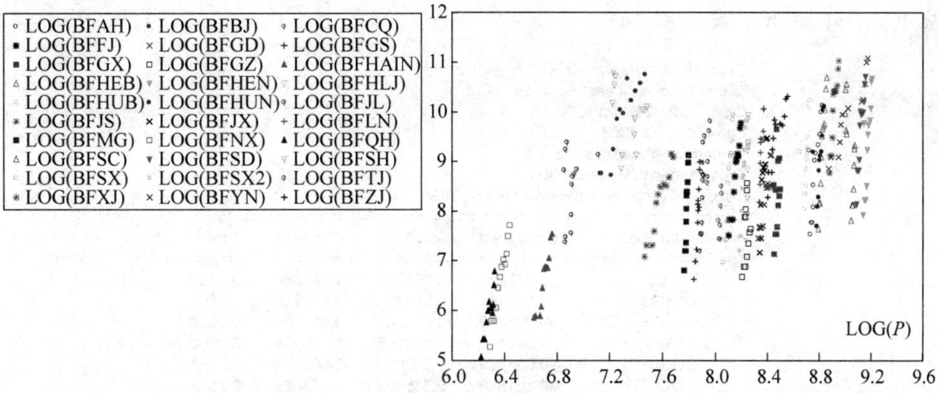

图 14-23　对数的寿险保费收入(Lnbf_{it})与对数的人口数($\mathrm{Ln}p_{it}$)的散点图

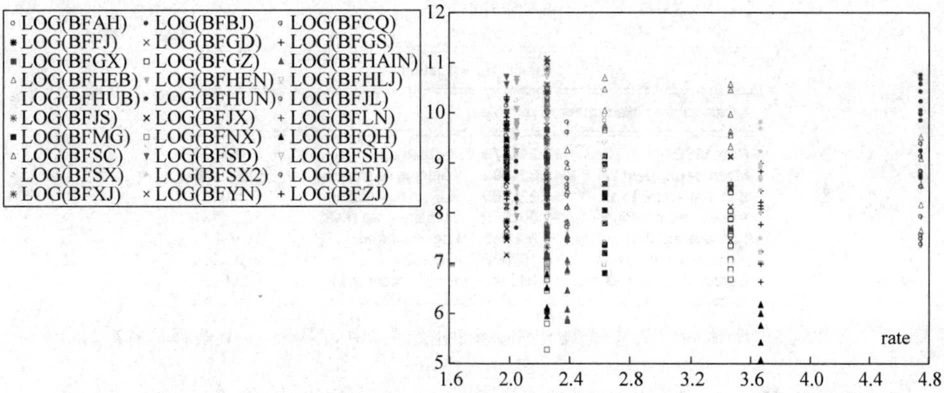

图 14-24　对数的寿险保费收入(Lnbf_{it})与利率(rate_{it})的散点图

根据以上分析，应该建立的模型是多元非线性面板数据模型，其形式是

$$\mathrm{Lnbf}_{it}=\beta_0+\beta_1\,\mathrm{LnGDP}_{it}+\beta_2\,\mathrm{lf}_{it}+\beta_3\,\mathrm{sf}_{it}+\beta_4\,\mathrm{Lnpi}_{it}+\beta_5\,\mathrm{Ln}p_{it}+\beta_6\,\mathrm{rate}_{it}+u_{it}$$

LnGDP_{it}、lf_{it} 和 sf_{it} 很可能对 Lnbf_{it} 有重要解释作用。而 Lnpi_{it}、$\mathrm{Ln}p_{it}$ 和 rate_{it} 很可能对 Lnbf_{it} 没有解释作用。

从各散点图已经看到，个体特征非常明显，所以直接估计个体固定效应模型，得估计结果如下：

$$\begin{aligned}\mathrm{L\hat{n}bf}_{it}=&1.2182+\cdots+0.8095\,\mathrm{LnGDP}_{it}+0.0954\,\mathrm{lf}_{it}-0.0454\,\mathrm{sf}_{it}\\&(1.2)\qquad(14.7)\qquad(9.3)\qquad(-10.8)\\&-0.0467\,\mathrm{Lnpi}_{it}-0.1019\,\mathrm{Ln}p_{it}+0.0597\,\mathrm{rate}_{it}\qquad(14\text{-}41)\\&(-0.9)\qquad(-0.3)\qquad(1.2)\end{aligned}$$

$R^2=0.9679$，$SSR=17.2$，$DW=1.1$，$T=12$，

$N=30$，$TN=359$(非平衡数据)

相应 EViews 输出结果见图 14-25。

Dependent Variable: LOG(BF?)
Method: Pooled Least Squares
Date: 08/23/21 Time: 23:17
Sample: 1998 2009
Included observations: 12
Cross-sections included: 30
Total pool (unbalanced) observations: 359

Variable	Coefficient	Std. Error	t-Statistic	Prob.
C	3.218244	2.706567	1.189050	0.2353
LOG(GDP?)	0.809481	0.054964	14.72755	0.0000
LF?	0.095380	0.010241	9.313682	0.0000
SF?	-0.045400	0.004207	-10.79059	0.0000
LOG(PI?)	-0.046768	0.052999	-0.882415	0.3782
LOG(P?)	-0.101939	0.335658	-0.303699	0.7616
RATE?	0.059711	0.048900	1.221079	0.2229
Fixed Effects (Cross)				
BJ–C	0.001297			
TJ–C	-0.806597			
……				

Effects Specification

Cross-section fixed (dummy variables)

Root MSE	0.218579	R-squared	0.967930
Mean dependent var	8.621086	Adjusted R-squared	0.964455
S.D. dependent var	1.222269	S.E. of regression	0.230438
Akaike info criterion	-0.002779	Sum squared resid	17.15191
Schwarz criterion	0.386635	Log likelihood	36.49881
Hannan-Quinn criter.	0.152076	F-statistic	278.5368
Durbin-Watson stat	1.060340	Prob(F-statistic)	0.000000

图 14-25 个体固定效应模型 EViews 输出结果(中间部分 28 个截距项省略)

与前面的分析相一致,由估计结果,式(14-41)知,LnGDP_{it},lf_{it} 和 sf_{it} 是 Lnbf_{it} 的重要解释变量。GDP 的增加使寿险保费收入 bf_{it} 增加。老年人抚养率 lf_{it} 增加,导致寿险保费收入 bf_{it} 增加。少年儿童抚养率 sf_{it} 增加,导致寿险保费收入 bf_{it} 减少。而在样本期间 Lnpi_{it}、$\text{Ln}p_{it}$ 和 rate_{it} 都对 Lnbf_{it} 没有明显的解释作用。

从式(14-41)中剔除无解释作用的回归因子,Lnpi_{it}、$\text{Ln}p_{it}$ 和 rate_{it} 得估计结果如下:

$$\widehat{\text{Lnbf}}_{it} = \underset{(4.8)}{2.1652} + \cdots + \underset{(15.4)}{0.8035}\,\text{LnGDP}_{it} + \underset{(9.5)}{0.0959}\,\text{lf}_{it} - \underset{(-10.8)}{0.0454}\,\text{sf}_{it} \tag{14-42}$$

$$R^2 = 0.9677,\ \text{SSR} = 17.29,\ \text{DW} = 1.1,\ T = 12,$$
$$N = 30,\ TN = 359(\text{非平衡数据})$$

图 14-26 和图 14-27 分别给出判断面板数据类型的 F 检验和 H 检验结果。因为 $F=14.48$,对应的 p 值是 0.0000,所以 F 检验倾向于选择个体固定效应模型。因为 $H=17.78$,对应的 p 值是 0.0005,所以 H 检验结果也倾向于选择个体固定效应模型。

在式(14-42)基础上可以通过建立面板数据的组合(RegARIMA)模型克服残差序列中的自相关。换句话说,就是把式(14-42)的残差序列进一步建立成 AR(1)模型。得估计结果如下:

Redundant Fixed Effects Tests
Pool: POOL01
Test cross-section fixed effects

Effects Test	Statistic	d.f.	Prob.
Cross-section F	14.481417	(29,326)	0.0000
Cross-section Chi-square	297.171614	29	0.0000

图 14-26　F 检验结果

Correlated Random Effects - Hausman Test
Pool: POOL01
Test cross-section random effects

Test Summary	Chi-Sq. Statistic	Chi-Sq. d.f.	Prob.
Cross-section random	17.779649	3	0.0005

Cross-section random effects test comparisons:

Variable	Fixed	Random	Var(Diff.)	Prob.
LOG(GDP?)	0.803463	0.882391	0.001149	0.0199
LF?	0.095852	0.078836	0.000029	0.0017
SF?	-0.045230	-0.037492	0.000006	0.0019

图 14-27　H 检验结果

$$\begin{aligned}\mathrm{Ln}\widehat{\mathrm{bf}}_{it} = & \underset{(1.3)}{0.6565} + \cdots + \underset{(16.1)}{0.9632}\ \mathrm{LnGDP}_{it} + \underset{(4.3)}{0.0451}\ \mathrm{lf}_{it} - \underset{(-3.2)}{0.0151}\mathrm{sf}_{it} + \\ & \underset{(12.3)}{0.5594}\hat{u}_{it-1} \end{aligned} \tag{14-43}$$

$R^2 = 0.9784$, SSR $= 9.99$, DW $= 2.0$, $T = 12$, $N = 30$, $TN = 329$(非平衡数据)

组合(RegARIMA)模型的 EViews 输出结果见图 14-28。

估计结果,式(14-43)的实际含义是,LnGDP_{it}、lf_{it} 和 sf_{it} 都是 Lnbf_{it} 的重要解释变量,GDP_{it} 每增加 1%,若维持其他解释变量不变,寿险保费收入 bf_{it} 将增加 0.963 2%。lf_{it} 每增加 1 个百分点,若维持其他解释变量不变,寿险保费收入 bf_{it} 将增加 1.046 1 百万元。sf_{it} 每增加 1 个百分点,若维持其他解释变量不变,寿险保费收入 bf_{it} 将减少 1.015 2 百万元。

若以平均值计算,bf_{it} 增加 0.963 2%是 99.220 百万元。虽然 3 个解释变量对应的回归系数都有显著性,然而影响银行寿险保费收入 bf_{it} 变化的主要因素还是国内生产总值 GDP_{it}。

关于面板数据的 EViews 工作文件建立、画图、模型估计、模型类型选择、检验、预测等操作的介绍见 14.6 节。

Dependent Variable: LOG(BF?)
Method: Pooled Least Squares
Date: 08/23/21 Time: 23:21
Sample (adjusted): 1999 2009
Included observations: 11 after adjustments
Cross-sections included: 30
Total pool (unbalanced) observations: 329
Convergence achieved after 10 iterations

Variable	Coefficient	Std. Error	t-Statistic	Prob.
C	0.656514	0.516074	1.272133	0.2043
LOG(GDP?)	0.963234	0.059620	16.15628	0.0000
LF?	0.045078	0.010370	4.347136	0.0000
SF?	-0.015095	0.004676	-3.228034	0.0014
AR(1)	0.559415	0.045345	12.33679	0.0000
Fixed Effects (Cross)				
BJ--C	0.599544			
TJ--C	-0.213015			
……				

Effects Specification

Cross-section fixed (dummy variables)

Root MSE	0.174274	R-squared	0.978430
Mean dependent var	8.729241	Adjusted R-squared	0.976017
S.D. dependent var	1.188417	S.E. of regression	0.184043
Akaike info criterion	-0.449694	Sum squared resid	9.992145
Schwarz criterion	-0.057397	Log likelihood	107.9747
Hannan-Quinn criter.	-0.293196	F-statistic	405.4999
Durbin-Watson stat	1.988625	Prob(F-statistic)	0.000000

图 14-28　组合模型的 EViews 输出结果(中间部分 28 个截距项省略)

14.6　面板数据建模的 EViews 操作

利用【案例 14-1】数据(1996—2002 年 15 个省级地区城镇居民家庭年人均消费性支出和年人均收入数据)介绍怎样建立面板数据的 EViews 工作文件以及如何进行面板数据模型的估计、选择、检验与预测等。

关于面板数据,EViews 有两种建立工作文件的方法：一种是 Pool(混合)数据工作文件；另一种是 Panel(面板)数据工作文件。14.6.1 小节介绍 Pool(混合)数据工作文件的建立,模型的估计、检验与预测。14.6.2 小节介绍 Panel(面板)数据工作文件的建立,模型的估计与检验。

14.6.1　Pool(混合)数据工作文件的建立,模型的估计、检验与预测

双击 EViews 图标从而打开 EViews 软件。从 EViews 主选单中单击 File 功能按钮,选择 New,Workfile,将弹出如图 14-29 的对话窗。该对话窗共有 3 个选项区：①Workfile structure type(工作文件类型)；②Date specification(日期设定)；③Workfile names

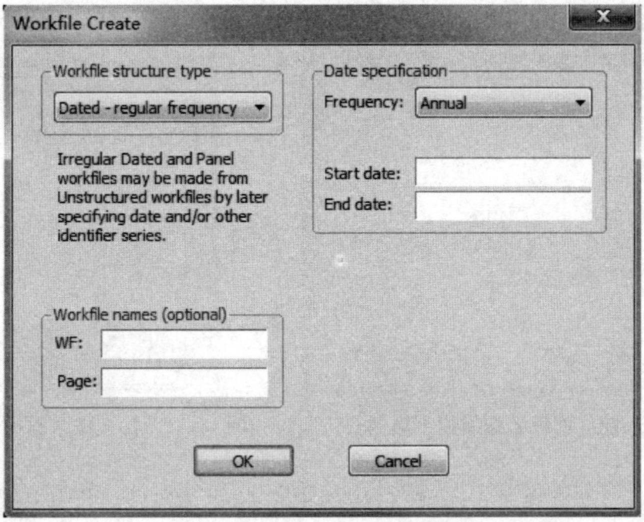

图 14-29　Workfile Create(创建工作文件)对话窗

(optional)(工作文件名)。

Workfile structure type 选项区中共有 3 种工作文件类型可供选择，分别是：Unstructured/Undated(非结构/非日期的)，Dated-regular frequency(日期的—规律的频率)，Balanced Panel(均衡面板)。这里，选择 Dated-regular frequency 类型工作文件。

选择 Dated-regular frequency 后，在 Date specification(日期设定)选项区选择 Annual(默认的选择)。在 Start date 选项框中填入 1996，在 End date 选项框中填入 2002。

在 Workfile names(optional)(文件名)选项区的 WF 选项框中填入 case 12-1，单击 OK 按钮，将自动弹出工作文件 case 12-1 窗口。

首先输入年度面板数据值(1996—2002)。在打开工作文件 case 12-1 窗口的基础上，单击 EViews 主功能菜单上的 Objects 按钮，选 New Object 功能，从而打开 New Object(新对象)选择窗。在 Type of Object 选择区选择 Pool(混合数据)，并在 Name of Object 选择区为混合数据起名 Pool01(初始显示为 Untitled)。单击 OK 按钮，从而打开混合数据(Pool)窗口。在 Pool 窗口中输入 15 个地区的标识 AH(安徽)、BJ(北京)、…、ZJ(浙江)，见图 14-30。

接着在新建的 Pool(混合数据)窗口的工具栏中单击 Sheet 按钮[第 2 种路径是，单击 View 按钮，选 Spreadsheet(stacked data)功能]，从而打开 Series List(列写序列名)窗口，定义时间序列变量 consume?、income? 和 p?。其中符号? 表示与变量 consume、income 和 p 相联系的 15 个地区的下标名(15 个个体)见图 14-31。

单击 OK 按钮，Pool(混合数据)窗口变成了一个空数据表格窗口。单击 Pool 窗口功能栏中的 Edit+/−按钮，使 EViews 处于可编辑状态。可以通过键盘输入数据，也可以用复制和粘贴的方法从其他数据源粘入数据。

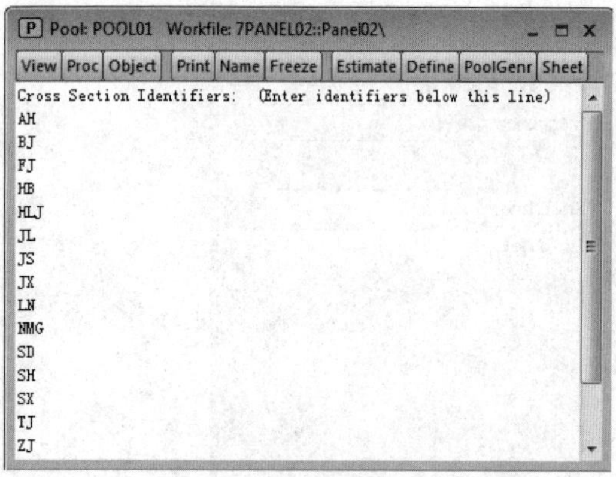

图 14-30　输入建立面板数据所用个体名称

图 14-31　输入建立面板数据所用变量名称

输入完数据后，继续单击 Pool 窗口中的 PoolGenr 按钮，会打开一个 Generate Series by Equation 对话窗。在 Enter equation 输入区输入 cp?＝consume?/p?。目的是生成不变价格的人均消费变量 CP_{it}。与上述操作类似，在 Enter equation 输入区输入，ip?＝income?/p?，从而生成不变价格的人均可支配收入变量 IP_{it}。这样操作的好处是同时可以生成 15 个个体的 CP_{it} 和 IP_{it} 数据值。至此，数据的输入工作完成。

注意：(1) Pool 窗口单击 Order＋/－按钮，还可以变换先以截面后以时间为序的阵列式表格排列方式或先以时间后以截面为序的阵列式表格排列方式。

(2) 单击 PoolGener 或 Proc/Generate Pool Series by Equation 按钮，可以通过公式用已有的变量生成新变量。提醒，输入变量名时，不要忘记带变量后缀"?"(表示个体)。

建立面板数据工作文件之后，就可以估计模型。在 Pool 窗口单击 Estimation 按钮，随后弹出 Pooled Estimation(混合估计)对话窗(EViews 的对话窗见图 14-32)。

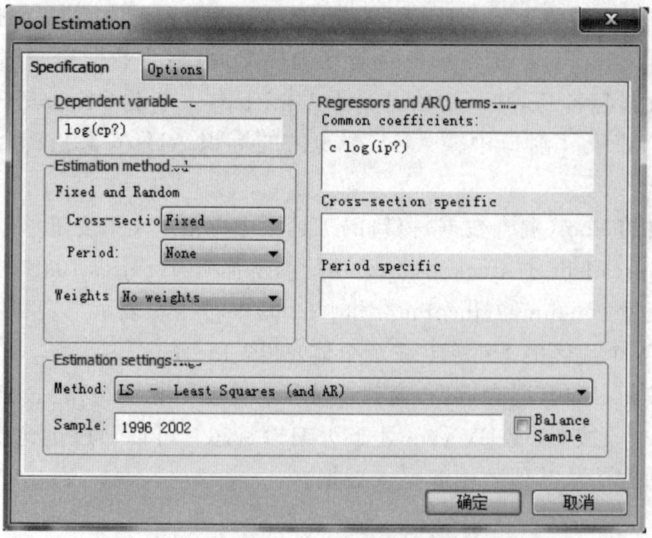

图 14-32　EViews 面板数据模型估计窗口

EViews 的面板数据模型估计(Pool Estimation)窗口分成了两个模块：Specification(设定)和 Options(选择)。主要设定都集中在 Specification(设定)模块中。下面介绍 Specification(设定)模块。

Specification(设定)模块共有 4 个选择区。左侧自上而下依次是：Dependent variable(被解释变量)选择区，Estimation Method(估计方法)选项区，Estimation Settings(估计方法设定)选项区。右侧是 Regressors and AR()Terms(回归变量与 AR 项)选择区。

Dependent variable(被解释变量)选择区用于填入被解释变量名。

在 Estimation Method(估计方法)选项区内有 3 个选项框，用于选择模型类型。

(1) Cross-section(横跨个体)选项框中包括 None(不选)、Fixed(固定)、Random(随机)选项，分别用来进行无个体效应、个体固定效应和个体随机效应的设定(图 14-33)。

(2) Period(时点)选项框中也包括 None(不选)、Fixed(固定)、Random(随机)3 项选择分别用来进行无时点效应、时点固定效应和时点随机效应设定(图 14-34)。

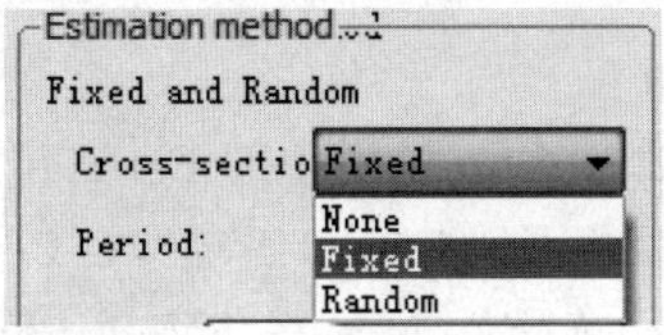

图 14-33　Cross-section(横跨个体)包括 3 个选项

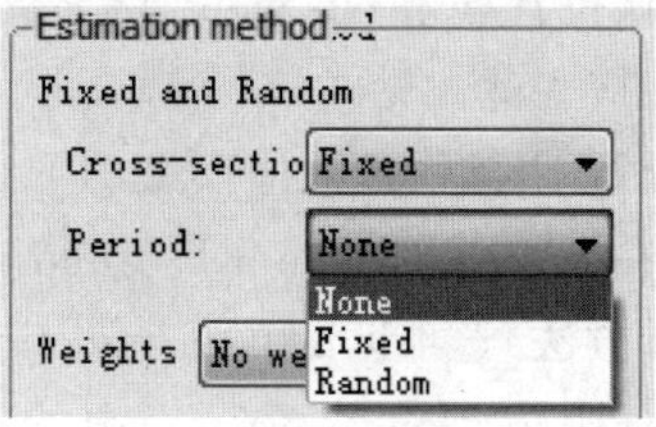

图 14-34　Period(时间)包括 3 个选项

通过对上述两个选项框的选择，可以估计混合模型，以及各种搭配的固定效应和随机效应模型。

(3) Weights(权数)可以在 5 种加权方法中做选择(图 14-35)。EViews 默认的选择是不加权(No weights)。

见图 14-32，在 Estimation Settings(估计方法设定)选择区的 Method 选择框中包括两种估计方法：一种为 LS(最小二乘)方法，一种为 TSLS(两阶段最小二乘)方法。

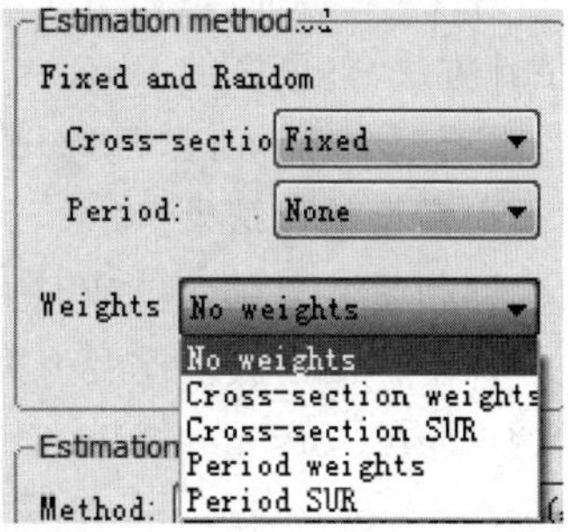

图 14-35　Weight(权数)包括 6 个选项

见图 14-32，在 Regressors and AR()Terms(回归变量与 AR 项)选择区，若把变量填入 Common coefficients(共同系数)框内，意味着解释变量的回归系数($\boldsymbol{\beta}$)在横跨个体和不同时点时保持相同。如果把解释变量填入 Cross-section specific(横跨个体设定)框内意味着解释变量的回归系数($\boldsymbol{\beta}$)随个体不同而不同。如果把解释变量填入 Period specific(时点设定)框内，意味着解释变量的回归系数($\boldsymbol{\beta}$)随时点(截面)不同而不同。

图 14-32 给出的就是估计个体固定效应模型的选择结果。单击“确定”按钮，就可以得到估计结果。

对于个体固定效应模型，如有必要，可以在 Common coefficients 选择框和 Cross section specific 选择框中填入 AR 项。如果把 AR 项填在 Common coefficients 选择框中相当于假设模型不同个体对应的残差序列具有相同的自回归系数值，如果把 AR 项填在 Cross section specific 选择框中相当于假设模型中每个个体的残差序列具有各自的自回归系数值。

3 类模型估计方法如下：

(1) 混合模型(Pool Model)估计步骤。

在 Pool 窗口工具栏中单击 Estimate 按钮，打开 Pool Estimation (混合估计)窗口见图 14-32。在 Dependent Variable(相依变量)选择区填入 log(CP?)；在 Common coefficients(系数相同)选择区填入 log(IP?)；Cross section specific(个体不同，回归系数不同)选择区中保持空白；在 Period specific(时点设定)选择区中保持空白；在 Fixed and Random 选择区的 Cross-section 和 Period 选择框中选择 None；在 Weights(权数)选择框默认位置处于 No weights。最后单击"确定"按钮。将得到混合模型 EViews 估计结果，相应表达式见式(14-35)。

(2) 个体固定效应模型的 EViews 估计步骤如下：

在 EViews 的 Pool Estimation 对话窗的 specification 模块中的 Estimation Method (估计方法)选项区的 Cross-section(横跨个体)选项框中选 Fixed(固定)，在 Period(时间)选项框中选 None(不选)。其余选项同上。单击"确定"按钮，得 EViews 输出结果见图 14-36。

注意：如果在图 14-32 面板数据模型估计窗口中的 Common coefficients 选择区填入被解释变量的滞后项 Lncp_{it-1}[EViews 中用 log(CP?(−1))表示]，那么估计的就是面板数据动态模型。

(3) 个体随机效应模型的 EViews 估计步骤：

在 EViews 的 Pool Estimation 对话窗的 specification 模块中的 Estimation Method (估计方法)选项区的 Cross-section(横跨个体)选项框中选 Random(随机)，在 Period(时间)选项框中选 None(不选)。其余选项同上。单击"确定"按钮，将得到 EViews 个体随机效应模型估计结果。

回归系数 $\boldsymbol{\beta}$ 随个体或时点不同的面板数据模型的 EViews 估计步骤：

以个体固定效应模型为例。在 Pool Estimation(混合估计)窗口的 specification 模块中的 Regressors and AR() Terms(回归变量与 AR 项)选择区如果把 log(IP?)填写在 Cross section specification 选择区，则输出结果中每个个体对应的解释变量的回归系数 $\boldsymbol{\beta}$ 的估计值不同。如果把 log(IP?)填写在 Period specification 处，则输出结果中每个截面对应的解释变量的回归系数 $\boldsymbol{\beta}$ 的估计值不同。

在个体固定效应模型估计结果窗口单击 View 按钮，选 Fixed/Random Effects Testing/Redundant Fixed Effects-Likehood Ratio 功能，可以直接得到应该建立固定效应模型还是应该建立混合模型的 F 以及似然比 LR 检验结果(分别用 Cross-section F 和 Cross-section Chi-square 表示)。

Dependent Variable: LOG(CP?)
Method: Pooled Least Squares
Date: 08/24/21　Time: 09:57
Sample: 1996 2002
Included observations: 7
Cross-sections included: 15
Total pool (balanced) observations: 105

Variable	Coefficient	Std. Error	t-Statistic	Prob.
C	0.687774	0.128181	5.365647	0.0000
LOG(IP?)	0.892481	0.014739	60.55436	0.0000
Fixed Effects (Cross)				
AH--C	-0.003886			
BJ--C	0.082071			
FJ--C	0.001281			
HB--C	-0.031971			
HLJ--C	-0.035595			
JL--C	0.012434			
JS--C	-0.001722			
JX--C	-0.075906			
LN--C	0.030938			
NMG--C	-0.052464			
SD--C	-0.024234			
SH--C	0.051996			
SX--C	-0.009596			
TJ--C	0.013234			
ZJ--C	0.043419			

Effects Specification

Cross-section fixed (dummy variables)

Root MSE	0.025203	R-squared	0.993669
Mean dependent var	8.448005	Adjusted R-squared	0.992601
S.D. dependent var	0.318262	S.E. of regression	0.027375
Akaike info criterion	-4.218922	Sum squared resid	0.066697
Schwarz criterion	-3.814509	Log likelihood	237.4934
Hannan-Quinn criter.	-4.055046	F-statistic	931.1897
Durbin-Watson stat	1.511160	Prob(F-statistic)	0.000000

图 14-36　个体固定效应模型的 EViews 估计结果

在随机效应模型估计结果窗口单击 View 按钮，选 Fixed/Random Effects Testing/Correlated Random Effect-Hausman Test 功能，可以直接得到应该建立随机效应模型还是应该建立固定效应模型的 Hausman 检验结果。

在任何种类的面板数据模型估计(Pool Estimation)结果窗口单击 View 按钮，选 Coefficient Tests 功能，可以对模型的回归系数进行 F、Wald、LR 检验。

沃尔德参数约束检验的 EViews 操作方法：

在面板数据模型估计窗口中单击 View，选 Coefficient Diagnostics，Wald-Coefficient Restrictions 功能，以【案例 14-2】为例，对于检验两个弹性系数之和是否为 1，可在随后弹出的对话窗中填入 EViews 命令，c(2)+c(3)−1=0，其中 c(2)代表产出 $output_{it}$ 对资本 $kapital_{it}$ 的弹性系数(在输出结果中排序第 2)，c(3)代表产出 $output_{it}$ 对人力 $labor_{it}$ 的弹性系数(在输出结果中排序第 3)。单击 OK 按钮，得输出结果见图 14-37。因为 3 个统计量(t，F，χ^2)的值对应的 p 值都大于 0.05，所以检验结论是接受原假设，即认为这 625 个企业应属于规模报酬不变企业。

Wald Test:
Pool: POOL01

Test Statistic	Value	df	Probability
t-statistic	1.372731	4373	0.1699
F-statistic	1.884390	(1, 4373)	0.1699
Chi-square	1.884390	1	0.1698

Null Hypothesis: C(2)+C(3)-1=0
Null Hypothesis Summary:

Normalized Restriction (= 0)	Value	Std. Err.
-1 + C(2) + C(3)	0.017071	0.012435

Restrictions are linear in coefficients.

图 14-37　Wald 检验的 EViews 输出结果

面板数据模型的预测：

以个体固定效应模型为例，在 EViews 个体固定效应回归结果窗口单击 Proc 按钮，选 make model 功能，将打开一个对话窗。单击 solve 按钮，在打开的对话窗中可以选择静态预测。如果是动态模型，还可以选择动态预测。预测操作结束后，在工作文件中将自动生成一组带后缀 0 的变量紧跟在相应变量的后面。

注意：

(1) 个体固定效应模型的 EViews 输出结果中有公共截距项。写输出结果时，应与个体常数项相加才是相应个体的常数项的值。

(2) 当对个体固定效应模型选择加权估计时，输出结果将给出加权估计和非加权估计两类统计量评价结果。

(3) 在选择个体固定效应模型条件下，在 Regressors and AR() Terms(回归变量与 AR 项)选项区填不填 c 输出结果都会有公共常数项出现。

(4) 估计个体固定效应模型时，如有必要，可以在 Regressors and AR() Terms(回归变量与 AR 项)选择区的相应位置填入 AR 项克服自相关。

(5) 估计个体时点双固定效应模型和时点固定效应模型时，不可以加 AR 项。

(6) 输出结果的联立方程组形式表达式可以通过单击 Pool 窗口中的第一个功能按钮，View 选 Representations 功能获得。

(7) 通过单击 Pool 窗口中的第一个功能按钮，View 选 Residuals/Table，Graphs，Covariance Matrix，Correlation Matrix 功能可以分别得到按个体计算的残差序列表、残差序列图、残差序列的方差协方差矩阵、残差序列的相关系数矩阵等。

(8) EViews 可以做平衡面板数据模型估计，也可以做非平衡面板数据模型估计。默认的选择是做非平衡面板数据模型估计。如果单击 Pooled Estimation 对话窗的 specification 模块右下方的小方块，并使√符号出现，则只能做平衡面板数据模型估计。这意味着要删去那些导致非平衡的面板的数据值，人为地减小样本容量。建议选择默认状态。

(9) EViews 对混合模型采用混合 OLS 估计法估计回归系数。

(10) EViews 对个体固定效应模型采用 LSDV 估计法估计回归系数。

(11) EViews 对随机效应模型采用可行 GLS 估计法估计回归系数。

14.6.2　面板数据 Panel 型工作文件的建立，模型的估计与检验

仍以【案例 14-1】的数据为例，建立面板数据 Panel 型工作文件(1996—2002)。

打开 EViews 软件。从 EViews 主选单中单击 File 功能按钮，选择 New、Workfile，将弹出如图 14-38 的对话窗。该对话窗共有 3 个选项区：①Workfile structure type(文件类型)；②Date specification(日期设定)；③Workfile names(optional)(文件名)。

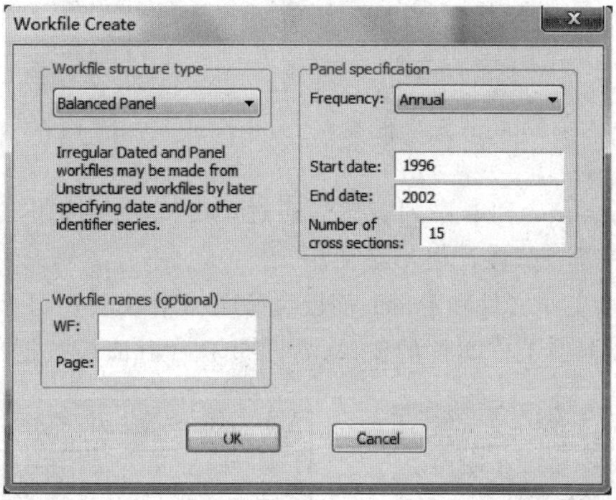

图 14-38　创建工作文件(Workfile Create)对话窗

Workfile structure type 选项区中共有 3 种工作文件类型可供选择，分别是：Unstructured/Undated(非结构/非日期)，Dated-regular frequency(日期—规则频率)，Balanced Panel(均衡面板)类型。这里，选择 Balanced Panel(均衡面板)类型工作文件。

选择 Balanced Panel(均衡面板)后。在 Panel specification(日期设定)选项区的 Frequency 选择框选 Annual(默认的选择)。在 Start date 选项框中填入 1996，在 End date 选项框中填入 2002。在 Number of cross sections(个体数)选择框中填入 15(表示 15 个个体)。

在 Workfile names(optional)(文件名)选项区的 WF 选项框中填入 case 12-1b，单击 OK 按钮，将自动弹出工作文件 case 12-1b 窗口。

单击 EViews 主功能菜单上的 Objects 按钮，选 New Object 功能，从而打开 New Object(新对象)选择窗。在 Type of Object 选择区选择 Series(序列)，并在 Name of Object 选择区为面板数据起名 Consume(用户自选名，初始显示为 Untitled)，见图 14-39。单击 OK 按钮，打开序列(Series)Consume 窗口。

这时序列表格中尚没有数据，在窗口左侧的标识栏中可以看到，每一项中都有两个标识。第 1 列中的 1，2，……即是个体标识，第 2 列中的 96，97，……即是时点标识，分别表示 1996，1997……年。单击 Series 窗口工具栏中的 Edit+/−按钮，使表格处于可编辑状

态，即可往表格里输入数据。数据输入后的Series窗口见图14-40。

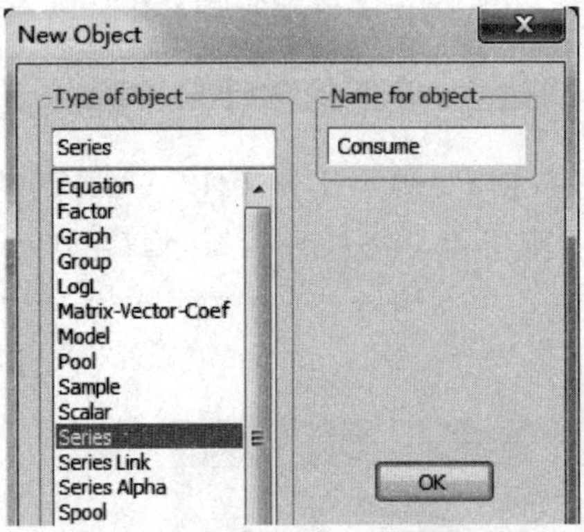

图14-39 New Object(新对象)窗口

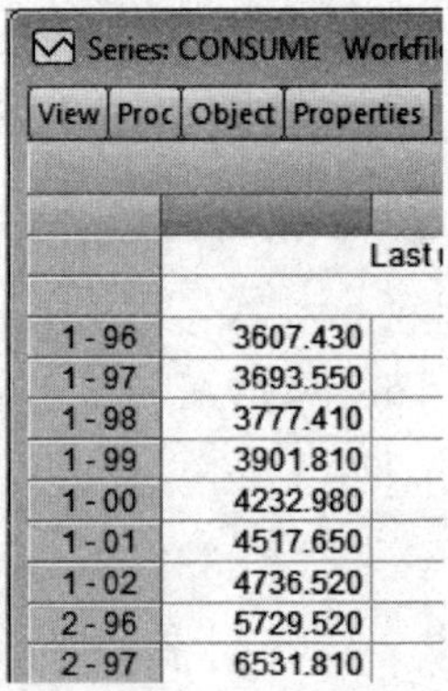

图14-40 Series窗口

同理，也可生成income和p序列。然后通过单击Quick按钮，选Generate Series功能生成cp和ip序列。注意，在这里不必使用“?”。

Pool(混合)数据型工作文件和Panel(面板数据)型工作文件窗口上部的对比见图14-41，左图是Pool(混合)数据型工作文件的窗口，右图是Panel(面板数据)型工作文件的窗口。

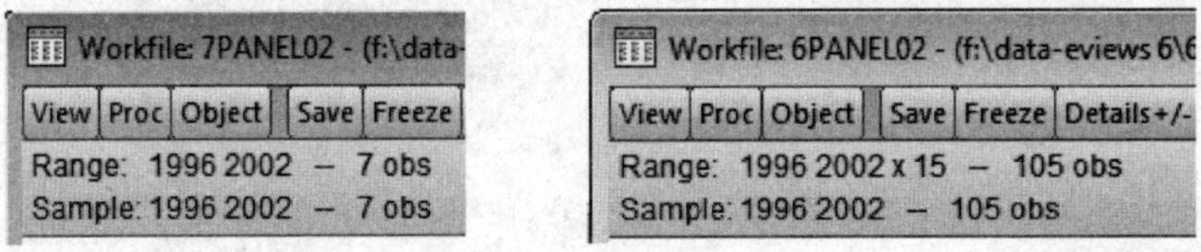

图14-41 Pool数据型工作文件窗口和Panel型工作文件窗口上部的对比

面板数据(Panel)型工作文件的模型估计步骤是，单击EViews的Quick按钮选Estimate Equation功能，从而打开Equation Estimation对话窗，见图14-42。

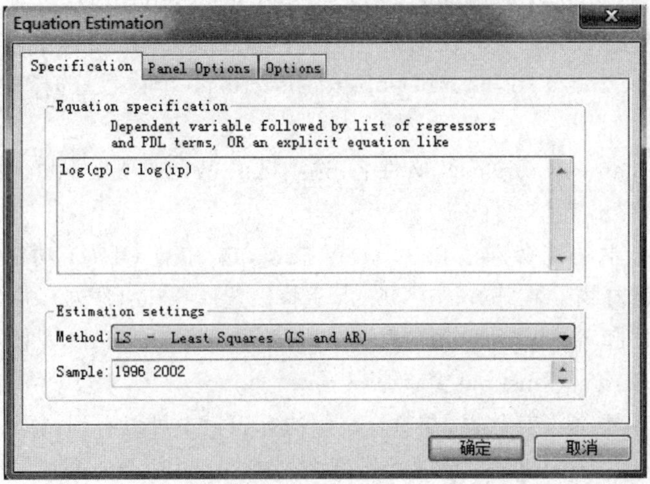

图14-42 面板数据(panel)型工作文件中模型估计窗口

在 Equation Estimation 窗口的 Equation specification 选择区填入

log(cp)　c　log(ip)

命令。接着激活 Equation Estimation 窗口中的 Panel Options(面板模型类型选择)模块，见图 14-43。

这个模块的功能与图 14-32 左侧中部的 Estimation Method(估计方法)选项区的功能是一样的。所以对这个模块功能的解释参考对图 14-32 中 Estimation Method(估计方法)选项区的解释。

例如，按图 14-43 的选择，最终得到的是对个体固定效应模型的估计结果，见图 14-44(这是一个 Equation 窗口)。面板数据 Panel 型工作文件的个体固定效应模型的估计结果(图 14-44)与混合数据 Pool 型工作文件的个体固定效应模型的估计结果(图 14-36)相同(弹性系数都是 0.892 481)。不同的是图 14-44 的输出结果中省略了对截距项(个体固定效应)估计结果的显示。因为面板数据模型最关注的是解释变量回归系数 $\boldsymbol{\beta}$ 的估计。

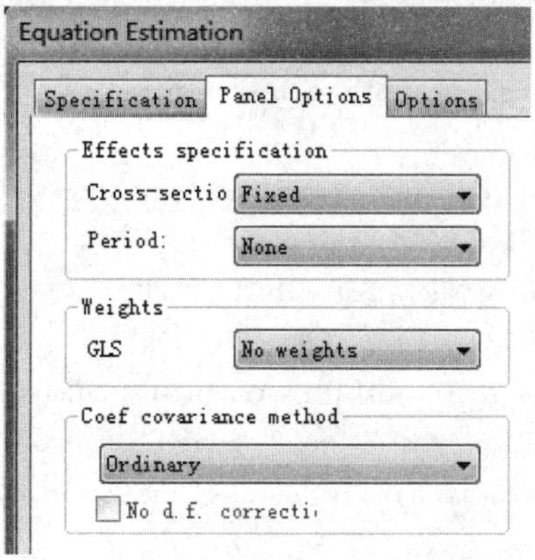

图 14-43　Panel Options(模型类型选择)模块

Dependent Variable: LOG(CP)
Method: Panel Least Squares
Date: 08/24/21　Time: 10:10
Sample: 1996 2002
Periods included: 7
Cross-sections included: 15
Total panel (balanced) observations: 105

Variable	Coefficient	Std. Error	t-Statistic	Prob.
C	0.687773	0.128181	5.365636	0.0000
LOG(IP)	0.892481	0.014739	60.55431	0.0000

Effects Specification

Cross-section fixed (dummy variables)

Root MSE	0.025203	R-squared	0.993669
Mean dependent var	8.448005	Adjusted R-squared	0.992601
S.D. dependent var	0.318262	S.E. of regression	0.027375
Akaike info criterion	-4.218920	Sum squared resid	0.066697
Schwarz criterion	-3.814507	Log likelihood	237.4933
Hannan-Quinn criter.	-4.055044	F-statistic	931.1881
Durbin-Watson stat	1.511160	Prob(F-statistic)	0.000000

图 14-44　面板数据(Panel)型工作文件的个体固定效应模型估计结果

对模型被解释变量的预测是通过单击个体固定效应输出结果 Equation 窗口上的 Forecast(预测)功能按钮完成的，可参考单方程预测功能的操作。

本章习题

参考文献

[1] AKAIKE H. Factor analysis and AIC[J]. Psychometrica,1987,52(3): 317-332.

[2] ANDERSON R L. Distribution of the serial correlation cefficients[J]. AMS,1942,13: 1-13.

[3] BOX G E P,JENKINS G M. Reinsel G Time series analysis forecasting and control [M]. 4th ed. New York: John Wiley & Sons Inc. ,2008.

[4] BOX G E P,JENKINS G M. Time series analysis forecasting and control[M]. San Francisco: Holden-Day,1970.

[5] BREUSCH T S, PAGAN A R. A simple test for heteroskedasticity and random coefficient variation[J]. Econometrica,1979,47: 1287-1294.

[6] CHOW G C. Tests of equality between sets of coefficients in two linear regressions [J]. Ecnometrica,1960,28: 591-605.

[7] DICKEY D A. Estimation and hypothesis testing for nonstationary time series[D]. Ames: Iowa State University,1976.

[8] DICKEY D A,FULLER W A. Distribution of the estimators for autoregressive time series with a unit root[J]. Journal of the American Statistical Association,1979,74: 427-431.

[9] DICKEY D A,FULLER W A. Likelihood ratio statistics for autoregressive time series with a unit root[J]. Econometrica,1981,49: 1057-1072.

[10] DURBIN J,WATSON G S. Testing for serial correlation in least-squares regression [J]. Biometrika,1951,38: 159-177.

[11] ENGLE R F, GRANGER C W J. Cointegration and error correction: representation,estimation and testing[J]. Econometrica,1987,55: 251-276.

[12] EViews 12 user's guide Ⅰ,Ⅱ [M]. New York: Quantitative Micro Software,LLC,2020.

[13] FULLER W A. Introduction to statistical time series[M]. New York: John Wiley,1976.

[14] GLEJSER H. A new test for heteroskedasticity [J]. Journl of the American Statistical Association,1969,64: 316-323.

[15] GOLDFELD S M,QUANDT R E. Some tests for homoskedastivity[J]. Journl of the American Statistical Association,1965,60: 539-547.

[16] GRANGER C W J, NEWBOLD P. Spurious regressions in econometrics [J]. Journal of econometrics,1974,2: 111-120.

[17] GRANGER C W J,NEWBOLD P. Forecasting economic time series[M]. New York: Academic Press,1977.

[18] HAMILTON J. Time series analysis[M]. Princeton: Princeton University Press,1994.

[19] KADIYALA K R. A transformation used to circumvent the problem of autocorrelation[J]. ECTRA,1968,36: 93-96.

[20] MACKINNON J G. Critical values for co-integration tests[M]//ENGLE R F,GRANGER C W. Long-run economic relationships[M]. Oxford: Oxford University Press,1991: 267-276.

[21] MANN H B, WALD A. On the treatment of linear stochastic difference equations [J]. Econometrica,1943,11: 173-200.

[22] MURRAY M P. Econometrics: a modern introduction [M]. New York: Pearson Addison Wesley,2006.

[23] PERRON P. The great crash,the oil-price shock and the unit-root [J]. Econometrica,1989,57: 1519-1554.

[24] PHILLIPS P C B. Understanding spurious regression in econometrics [J]. Journal of econometrics,1986,33: 311-340.

[25] PHILLIPS P C B, LORETAN M. Estimating long-run economic equilibria [J]. Review of economic studies,1991,58: 407-436.

[26] PHILLIPS P C B. Time series regression with a unit root[J]. Econometrica,1987,55: 277-301.

[27] PHILLIPS P C B. Optimal inference in cointegrated system[J]. Econometrica,1991,59: 282-306.

[28] PHILLIPS P C B. Full modified least squares and vector autoregression[J]. Econometrica,1995, 63: 1023-1078.

[29] PHILLIPS P C B,HANSEN B E. Statistical inference in instrumental variables regression with I (1) processes[J]. Review of economic studies,1990,57: 99-125.

[30] PHILLIPS P C B,PERRON P. Testing for a unit root in time series regression[J]. Biometrika, 1988,75: 335-346.

[31] SIMS C A,STOCK J H,WATSON M W. Inference in linear Time series with some unit roots [J]. Econometrica,1990,58: 113-144.

[32] STOCK J H. Asymptotic properties of least squares estimators of cointegrating vectors [J]. Econometrica,1987,55: 1035-1056.

[33] WALD A. A note on the consistency of the maximum likelihood estimator [J]. Annals of mathematical statistics,1943,20: 595-601.

[34] WHITE H. A heteroskedasticity-consistent covariance matrix estimator and a direct test for heteroskedasticity[J]. Econometrica,1980,48: 55-68.

[35] WICKENS M R, BREUSCH T S. Dynamic specification, the long-run and the estimation of transformed regression models[J]. The economic journal,1988,98: 189-205.

[36] WOLD H O A. A Study in the analysis of stationary time series [M]. Stockholm: Almqvist and Wiksell,1938.

[37] WONNACOTT R J,WONNACOTT T H. Econometrics[M]. znd ed. New York: John Wiley & Sons Inc. ,1979.

[38] YULE G U. Why do we sometimes get nonsense correlations between time series? a study in sampling and the nature of time series[J]. Journal of the Royal Statistical Society,1926,89: 1-64.

[39] CRYER J D,CHAN K S. 时间序列分析及应用：R 语言[M]. 潘红宇,等译. 2 版. 北京：机械工业出版社,2011.

[40] PINDYCK R S,RUBINFELD D L. 计量经济模型与经济预测[M]. 钱小军,等译. 北京：机械工业出版社,1999.

[41] 张晓峒. 英汉数量经济学词汇[M]. 北京：机械工业出版社,2006.

[42] 张晓峒. 应用数量经济学[M]. 北京：机械工业出版社,2009.

[43] 张晓峒,攸频. DF 检验式中漂移项和趋势项的 t 统计量研究[J]. 数量经济技术经济研究,2006, 2: 126-137.

附录 A　随机变量、概率极限、矩阵代数知识简介

阅读附录 A 的详细内容,请扫描下方二维码。

附录B　统计分布表

附表1　相关系数临界值表

$P\{|r|>r_\alpha(f)\}=\alpha$，其中$\alpha$表示概率，$f$表示自由度，$r_\alpha(f)$为临界值。

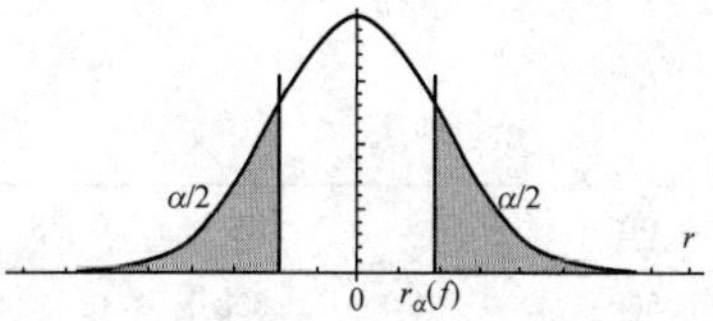

f	α				
	0.10	0.05	0.02	0.01	0.001
1	0.987 69	0.996 92	0.999 507	0.999 877	0.999 998 8
2	0.900 00	0.950 00	0.980 00	0.990 00	0.999 00
3	0.805 4	0.878 3	0.934 33	0.958 73	0.991 16
4	0.729 3	0.811 4	0.882 2	0.917 20	0.974 06
5	0.669 4	0.754 5	0.832 9	0.874 5	0.950 74
6	0.621 5	0.706 7	0.788 7	0.834 3	0.924 93
7	0.582 2	0.666 4	0.749 8	0.797 7	0.898 2
8	0.549 4	0.631 9	0.715 5	0.764 6	0.872 1
9	0.521 4	0.602 1	0.685 1	0.734 8	0.847 1
10	0.493 3	0.576 0	0.658 1	0.707 9	0.823 3
11	0.476 2	0.552 9	0.633 9	0.683 5	0.801 0
12	0.457 5	0.532 4	0.612 0	0.661 4	0.780 0
13	0.440 9	0.513 9	0.592 3	0.641 1	0.760 3
14	0.425 9	0.497 3	0.574 2	0.622 6	0.742 0
15	0.412 4	0.482 1	0.557 7	0.605 5	0.724 6
16	0.400 0	0.468 3	0.542 5	0.589 7	0.708 4
17	0.388 7	0.455 5	0.528 5	0.575 1	0.693 2
18	0.378 3	0.443 8	0.515 5	0.561 4	0.678 7
19	0.368 7	0.432 9	0.503 4	0.548 7	0.665 2
20	0.359 8	0.422 7	0.492 1	0.536 8	0.652 4
25	0.323 3	0.380 9	0.445 1	0.486 9	0.597 4
30	0.296 0	0.349 4	0.409 3	0.448 7	0.554 1
35	0.274 6	0.324 6	0.381 0	0.418 2	0.518 9
40	0.257 3	0.304 4	0.357 8	0.393 2	0.489 6
45	0.242 8	0.287 5	0.338 4	0.372 1	0.464 8
50	0.230 6	0.273 2	0.321 8	0.354 1	0.443 3
60	0.210 8	0.250 0	0.294 8	0.324 8	0.407 8
70	0.195 4	0.231 9	0.273 7	0.301 7	0.379 9
80	0.182 9	0.217 2	0.256 5	0.283 0	0.356 8
90	0.172 6	0.205 0	0.242 2	0.267 3	0.337 5
100	0.163 8	0.194 6	0.230 1	0.254 0	0.321 1

附表2 标准正态分布函数表

$$\Phi_0(u)=\frac{1}{\sqrt{2\pi}}\int_{-\infty}^{u}e^{-\frac{x^2}{2}}dx \quad (u\geqslant 0)$$

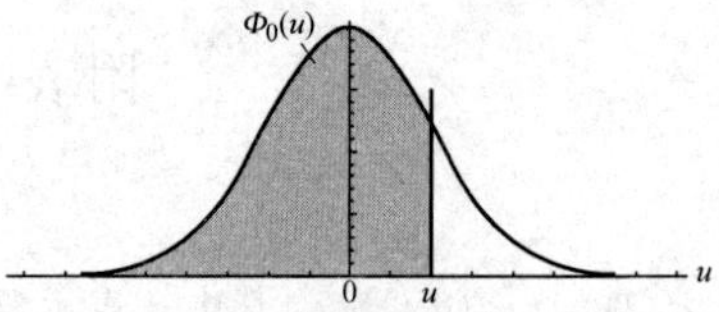

u	0.00	0.01	0.02	0.03	0.04	0.05	0.06	0.07	0.08	0.09
0.0	0.500 0	0.504 0	0.508 0	0.512 0	0.516 0	0.519 9	0.523 9	0.527 9	0.531 9	0.535 9
0.1	0.539 8	0.543 8	0.547 8	0.551 7	0.555 7	0.559 6	0.563 6	0.567 5	0.571 4	0.575 3
0.2	0.579 3	0.583 2	0.587 1	0.591 0	0.594 8	0.598 7	0.602 6	0.606 4	0.610 3	0.614 1
0.3	0.617 9	0.621 7	0.625 5	0.629 3	0.633 1	0.636 8	0.640 4	0.644 3	0.648 0	0.651 7
0.4	0.655 4	0.659 1	0.662 8	0.666 4	0.670 0	0.673 6	0.677 2	0.680 8	0.684 4	0.687 9
0.5	0.691 5	0.695 0	0.698 5	0.701 9	0.705 4	0.708 8	0.712 3	0.715 7	0.719 0	0.722 4
0.6	0.725 7	0.729 1	0.732 4	0.735 7	0.738 9	0.742 2	0.745 4	0.748 6	0.751 7	0.754 9
0.7	0.758 0	0.761 1	0.764 2	0.767 3	0.770 3	0.773 4	0.776 4	0.779 4	0.782 3	0.785 2
0.8	0.788 1	0.791 0	0.793 9	0.796 7	0.799 5	0.802 3	0.805 1	0.807 8	0.810 6	0.813 3
0.9	0.815 9	0.818 6	0.821 2	0.823 8	0.826 4	0.828 9	0.831 5	0.834 0	0.836 5	0.838 9
1.0	0.841 3	0.843 8	0.846 1	0.848 5	0.850 8	0.853 1	0.855 4	0.857 7	0.859 9	0.862 1
1.1	0.864 3	0.866 5	0.868 6	0.870 8	0.872 9	0.874 9	0.877 0	0.879 0	0.881 0	0.883 0
1.2	0.884 9	0.886 9	0.888 8	0.890 7	0.892 5	0.894 4	0.896 2	0.898 0	0.899 7	0.901 47
1.3	0.903 20	0.904 90	0.906 58	0.908 24	0.909 88	0.911 49	0.913 09	0.914 66	0.916 21	0.917 74
1.4	0.919 24	0.920 73	0.922 20	0.923 64	0.925 07	0.926 47	0.927 85	0.929 22	0.930 56	0.931 89
1.5	0.933 19	0.934 48	0.935 74	0.936 99	0.938 22	0.939 43	0.940 62	0.941 79	0.94295	0.944 08
1.6	0.945 20	0.946 30	0.947 38	0.948 45	0.949 50	0.950 53	0.951 54	0.952 54	0.953 52	0.95449
1.7	0.955 43	0.956 37	0.957 28	0.958 18	0.959 07	0.959 94	0.960 80	0.961 64	0.962 46	0.963 27
1.8	0.964 07	0.964 85	0.965 62	0.966 38	0.967 21	0.967 84	0.968 56	0.969 26	0.969 95	0.970 62
1.9	0.971 28	0.971 93	0.972 57	0.973 20	0.973 81	0.974 41	0.975 00	0.975 58	0.976 15	0.976 70
2.0	0.977 25	0.977 78	0.978 31	0.978 82	0.979 32	0.979 82	0.980 30	0.980 77	0.981 24	0.981 69
2.1	0.982 14	0.982 57	0.983 00	0.983 41	0.983 82	0.984 22	0.984 61	0.985 00	0.985 37	0.985 74
2.2	0.986 10	0.986 45	0.986 79	0.987 13	0.987 45	0.987 78	0.988 09	0.988 40	0.988 70	0.988 99
2.3	0.989 28	0.989 56	0.989 83	0.990 097	0.990 358	0.990 613	0.990 863	0.991 106	0.991 344	0.991 576
2.4	0.991 802	0.992 024	0.992 240	0.992 451	0.992 656	0.992 857	0.993 053	0.993 244	0.993 431	0.993 613
2.5	0.993 790	0.993 963	0.994 132	0.994 297	0.994 457	0.994 614	0.994 766	0.994 915	0.995 060	0.995 201
2.6	0.995 339	0.995 473	0.995 604	0.995 731	0.995 855	0.995 975	0.996 093	0.996 207	0.996 319	0.996 427
2.7	0.996 533	0.996 636	0.996 736	0.996 833	0.996 928	0.997 020	0.997 110	0.997 197	0.997 282	0.997 365
2.8	0.997 445	0.997 523	0.997 599	0.997 673	0.997 744	0.997 814	0.997 882	0.997 948	0.998 012	0.998 074
2.9	0.998 134	0.998 193	0.998 250	0.998 305	0.998 359	0.998 411	0.998 462	0.998 511	0.998 559	0.998 605
3.0	0.998 650	0.998 694	0.998 736	0.998 777	0.998 817	0.998 856	0.998 893	0.998 930	0.998 965	0.998 999

附表 3 t 分布百分位数表

$$P\{t > t_\alpha(f)\} = \alpha$$

其中 α 表示概率，f 表示自由度。

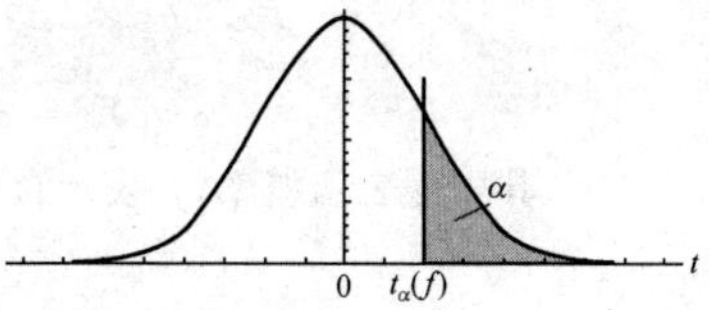

f	α					
	0.25	0.10	0.05	0.025	0.01	0.005
1	1.00	3.08	6.31	12.71	31.82	63.66
2	0.82	1.89	2.92	4.30	6.96	9.93
3	0.76	1.64	2.35	3.18	4.54	5.84
4	0.74	1.53	2.13	2.78	3.75	4.60
5	0.73	1.48	2.02	2.57	3.37	4.03
6	0.72	1.44	1.94	2.45	3.14	3.71
7	0.71	1.42	1.90	2.37	3.00	3.50
8	0.71	1.40	1.86	2.31	2.90	3.36
9	0.70	1.38	1.83	2.26	2.82	3.25
10	0.70	1.37	1.81	2.23	2.76	3.17
11	0.70	1.36	1.80	2.20	2.72	3.11
12	0.70	1.36	1.78	2.18	2.68	3.06
13	0.69	1.35	1.77	2.16	2.65	3.01
14	0.69	1.35	1.76	2.15	2.62	3.00
15	0.69	1.34	1.75	2.13	2.60	2.95
16	0.69	1.34	1.75	2.12	2.58	2.92
17	0.69	1.33	1.74	2.11	2.57	2.90
18	0.69	1.33	1.73	2.10	2.55	2.88
19	0.69	1.33	1.73	2.09	2.54	2.86
20	0.69	1.33	1.73	2.09	2.53	2.85
21	0.69	1.32	1.72	2.08	2.52	2.83
22	0.69	1.32	1.72	2.07	2.51	2.82
23	0.69	1.32	1.71	2.07	2.50	2.81
24	0.68	1.32	1.71	2.06	2.49	2.80
25	0.68	1.32	1.71	2.06	2.49	2.79
26	0.68	1.32	1.71	2.06	2.48	2.78
27	0.68	1.31	1.70	2.05	2.47	2.77
28	0.68	1.31	1.70	2.05	2.47	2.76
29	0.68	1.31	1.70	2.05	2.46	2.76
30	0.68	1.31	1.70	2.04	2.46	2.75
31	0.68	1.31	1.70	2.04	2.45	2.74
32	0.68	1.31	1.69	2.04	2.45	2.74
33	0.68	1.31	1.69	2.03	2.44	2.73
34	0.68	1.31	1.69	2.03	2.44	2.73
35	0.68	1.31	1.69	2.03	2.44	2.72
36	0.68	1.31	1.69	2.03	2.43	2.72
37	0.68	1.30	1.69	2.03	2.43	2.72
38	0.68	1.30	1.69	2.02	2.43	2.71
39	0.68	1.30	1.68	2.02	2.43	2.71
40	0.68	1.30	1.68	2.02	2.42	2.70
60	0.68	1.30	1.67	2.00	2.39	2.66
120	0.68	1.29	1.66	1.98	2.36	2.62
∞	0.67	1.28	1.65	1.96	2.33	2.58

附表 4 χ^2 分布百分位数表

$$P\{\chi^2 > \chi^2\alpha(f)\} = \alpha$$

其中 α 表示概率，f 表示自由度。

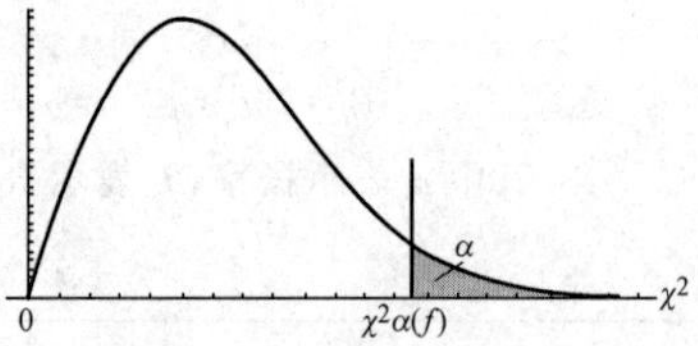

f	α							
	0.99	0.975	0.95	0.90	0.10	0.05	0.025	0.01
1	0.000 16	0.001	0.004	0.016	2.706	3.841	5.024	6.635
2	0.020	0.051	0.103	0.211	4.605	5.991	7.378	9.210
3	0.115	0.216	0.352	0.584	6.251	7.815	9.348	11.345
4	0.297	0.484	0.711	1.064	7.779	9.488	11.143	13.277
5	0.554	0.831	1.145	1.610	9.236	11.071	12.833	15.086
6	0.872	1.237	1.635	2.204	10.645	12.592	14.449	16.812
7	1.239	1.690	2.167	2.833	12.017	14.067	16.013	18.475
8	1.646	2.180	2.733	3.490	13.362	15.507	17.535	20.090
9	2.088	2.700	3.325	4.168	14.684	16.919	19.023	21.666
10	2.558	3.247	3.940	4.865	15.987	18.307	20.483	23.209
11	3.053	3.816	4.575	5.578	17.275	19.675	21.920	24.725
12	3.571	4.404	5.226	6.304	18.549	21.026	23.337	26.217
13	4.107	5.009	5.892	7.042	19.812	22.362	24.736	27.688
14	4.660	5.629	6.571	7.790	21.064	23.685	26.119	29.141
15	5.229	6.262	7.261	8.547	22.307	24.996	27.488	30.578
16	5.812	6.908	7.962	9.312	23.542	26.296	28.845	32.000
17	6.408	7.564	8.672	10.085	24.769	27.587	30.191	33.409
18	7.015	8.231	9.390	10.865	25.989	28.869	31.526	34.805
19	7.633	8.907	10.117	11.651	27.204	30.144	32.852	36.191
20	8.260	9.591	10.851	12.443	28.412	31.410	34.170	37.566
21	8.897	10.283	11.591	13.240	29.615	32.671	36.479	38.932
22	9.542	10.982	12.338	14.042	30.813	33.924	36.781	40.289
23	10.196	11.689	13.091	14.848	32.007	35.172	38.076	41.638
24	10.856	12.401	13.848	15.659	33.196	36.415	39.364	42.980
25	11.524	13.120	14.611	16.473	34.382	37.652	40.646	44.314
26	12.198	13.844	15.379	17.292	35.563	38.885	41.923	45.642
27	12.879	14.573	16.151	18.114	36.741	40.113	43.194	46.963
28	13.565	15.308	16.928	18.939	37.916	41.337	44.461	48.278
29	14.257	16.047	17.708	19.768	39.087	42.557	45.722	49.588
30	14.954	16.791	18.493	20.599	40.256	43.773	46.979	50.892
31	15.655	17.539	19.281	21.434	41.422	44.985	48.232	52.191
32	16.362	18.291	20.072	22.271	42.585	46.194	49.480	53.486
33	17.074	19.047	20.867	23.110	43.745	47.400	50.725	54.776
34	17.789	19.806	21.664	23.952	44.903	48.602	51.966	56.061
35	18.509	20.569	22.465	24.797	46.059	49.802	53.203	57.342
36	19.233	21.336	23.269	25.643	47.212	50.998	54.437	58.619
37	19.960	22.106	24.075	26.492	48.363	52.192	55.668	59.892
38	20.691	22.878	24.884	27.343	49.513	53.384	56.896	61.162
39	21.426	23.654	25.695	28.196	50.600	54.572	58.120	62.428
40	22.164	24.433	26.509	29.051	51.805	55.758	59.342	63.691
50	29.71	32.36	34.76	37.69	63.17	67.50	71.42	76.15
60	37.48	40.48	43.19	46.46	74.40	79.08	83.30	88.38
70	45.44	48.76	51.74	55.33	85.53	90.53	95.02	100.4
80	53.54	57.15	60.39	64.28	96.58	101.9	106.6	112.3
90	61.75	65.65	69.13	73.29	107.6	113.1	118.1	124.1
100	70.06	74.22	77.93	82.36	118.5	124.3	129.6	135.8

附表5　F分布百分位数表

附表5-1　F分布百分位数表($\alpha=0.05$)

$$P\{F>F_{0.05}(f_1,f_2)\}=0.05$$

其中f_1表示分子自由度,f_2表示分母自由度。

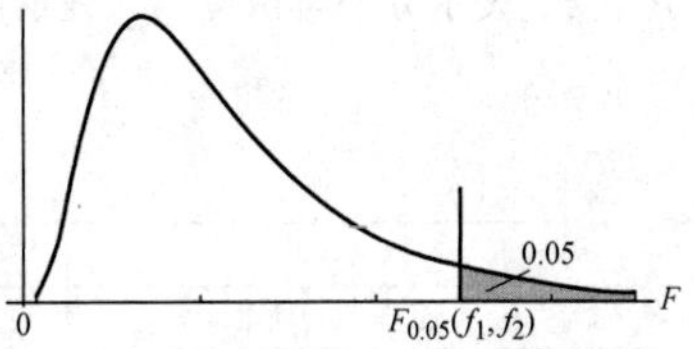

f_2	f_1										
	1	2	3	4	5	6	7	8	10	20	∞
1	161.4	199.5	215.7	224.6	230.2	234.0	236.8	238.9	241.9	248.0	254.3
2	18.51	19.00	19.16	19.25	19.30	19.33	19.35	19.37	19.40	19.45	19.50
3	10.13	9.55	9.28	9.12	9.01	8.94	8.89	8.85	8.79	8.66	8.53
4	7.71	6.94	6.59	6.39	6.26	6.16	6.09	6.04	5.96	5.80	5.63
5	6.61	5.79	5.41	5.19	5.05	4.95	4.88	4.82	4.74	4.56	4.36
6	5.99	5.14	4.76	4.53	4.39	4.28	4.21	4.15	4.06	3.87	3.67
7	5.59	4.74	4.35	4.12	3.97	3.87	3.79	3.73	3.64	3.44	3.23
8	5.32	4.46	4.07	3.84	3.69	3.58	3.50	3.44	3.35	3.15	2.93
9	5.12	4.26	3.86	3.63	3.48	3.37	3.29	3.23	3.14	2.94	2.71
10	4.96	4.10	3.71	3.48	3.33	3.22	3.14	3.07	2.98	2.77	2.54
11	4.84	3.98	3.59	3.36	3.20	3.09	3.01	2.95	2.85	2.65	2.40
12	4.75	3.89	3.49	3.26	3.11	3.00	2.91	2.85	2.75	2.54	2.30
13	4.67	3.81	3.41	3.18	3.03	2.92	2.83	2.77	2.67	2.46	2.21
14	4.60	3.74	3.34	3.11	2.96	2.85	2.76	2.70	2.60	2.39	2.13
15	4.54	3.68	3.29	3.06	2.90	2.79	2.71	2.64	2.54	2.33	2.07
16	4.49	3.63	3.24	3.01	2.85	2.74	2.66	2.59	2.49	2.28	2.01
17	4.45	3.59	3.20	2.96	2.81	2.70	2.61	2.55	2.45	2.23	1.96
18	4.41	3.55	3.16	2.93	2.77	2.66	2.58	2.51	2.41	2.19	1.92
19	4.38	3.52	3.13	2.90	2.74	2.63	2.54	2.48	2.38	2.16	1.88
20	4.35	3.49	3.10	2.87	2.71	2.60	2.51	2.45	2.35	2.12	1.84
21	4.32	3.47	3.07	2.84	2.68	2.57	2.49	2.42	2.32	2.10	1.81
22	4.30	3.44	3.05	2.82	2.66	2.55	2.46	2.40	2.30	2.07	1.78
23	4.28	3.42	3.03	2.80	2.64	2.53	2.44	2.37	2.27	2.05	1.76
24	4.26	3.40	3.01	2.78	2.62	2.51	2.42	2.36	2.25	2.03	1.73
25	4.24	3.39	2.99	2.76	2.60	2.49	2.40	2.34	2.24	2.01	1.71
26	4.23	3.37	2.98	2.74	2.59	2.47	2.39	2.32	2.22	1.99	1.69
27	4.21	3.35	2.96	2.73	2.57	2.46	2.37	2.31	2.20	1.97	1.67
28	4.20	3.34	2.95	2.71	2.56	2.45	2.36	2.29	2.19	1.96	1.65
29	4.18	3.33	2.93	2.70	2.55	2.43	2.35	2.28	2.18	1.94	1.64
30	4.17	3.32	2.92	2.69	2.53	2.42	2.33	2.27	2.16	1.93	1.62
40	4.08	3.23	2.84	2.61	2.45	2.34	2.25	2.18	2.08	1.84	1.51
50	4.03	3.18	2.79	2.56	2.40	2.29	2.20	2.13	2.03	1.78	1.44
60	4.00	3.15	2.76	2.53	2.37	2.25	2.17	2.10	1.99	1.75	1.39
80	3.96	3.11	2.72	2.49	2.33	2.21	2.13	2.06	1.95	1.70	1.32
100	3.94	3.09	2.70	2.46	2.31	2.19	2.10	2.03	1.93	1.68	1.28
125	3.92	3.07	2.68	2.44	2.29	2.17	2.08	2.01	1.91	1.65	1.25
150	3.90	3.06	2.66	2.43	2.27	2.16	2.07	2.00	1.89	1.64	1.22
200	3.89	3.04	2.65	2.42	2.26	2.14	2.06	1.98	1.88	1.62	1.19
300	3.87	3.03	2.63	2.40	2.24	2.13	2.04	1.97	1.86	1.61	1.15
500	3.86	3.01	2.62	2.39	2.23	2.12	2.03	1.96	1.85	1.59	1.11
∞	3.84	3.00	2.60	2.37	2.21	2.10	2.01	1.94	1.83	1.57	1.00

附表 5-2 F 分布百分位数表($\alpha=0.01$)

$$P\{F > F_{0.01}(f_1, f_2)\} = 0.01$$

其中 f_1 表示分子自由度,f_2 表示分母自由度。

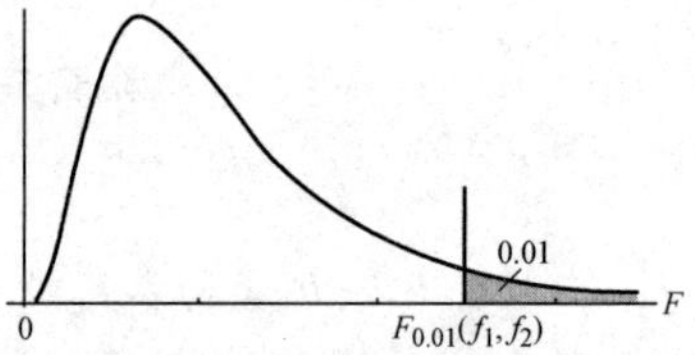

f_2	f_1										
	1	2	3	4	5	6	7	8	10	20	∞
1	4 052	5 000	5 403	5 625	5 764	5 859	5 928	5 981	6 056	6 209	6 366
2	98.50	99.00	99.17	99.25	99.30	99.33	99.36	99.37	99.40	99.45	99.50
3	34.12	30.82	29.46	28.71	28.24	27.91	27.67	27.49	27.23	26.69	26.13
4	21.20	18.00	16.69	15.98	15.52	15.21	14.98	14.80	14.55	14.02	13.46
5	16.26	13.27	12.06	11.39	10.97	10.67	10.46	10.29	10.05	9.55	9.02
6	13.75	10.92	9.78	9.15	8.75	8.47	8.26	8.10	7.87	7.40	6.88
7	12.25	9.55	8.45	7.85	7.46	7.19	6.99	6.84	6.62	6.16	5.65
8	11.26	8.65	7.59	7.01	6.63	6.37	6.18	6.03	5.81	5.36	4.86
9	10.56	8.02	6.99	6.42	6.06	5.80	5.61	5.47	5.26	4.81	4.31
10	10.04	7.56	6.55	5.99	5.64	5.39	5.20	5.06	4.85	4.41	3.91
11	9.65	7.21	6.22	5.67	5.32	5.07	4.89	4.74	4.54	4.10	3.60
12	9.33	6.93	5.95	5.41	5.06	4.82	4.64	4.50	4.30	3.86	3.36
13	9.07	6.70	5.74	5.21	4.86	4.62	4.44	4.30	4.10	3.66	3.17
14	8.86	6.51	5.56	5.04	4.69	4.46	4.28	4.14	3.94	3.51	3.00
15	8.68	6.36	5.42	4.89	4.56	4.32	4.14	4.00	3.80	3.37	2.87
16	8.53	6.23	5.29	4.77	4.44	4.20	4.03	3.89	3.69	3.26	2.75
17	8.40	6.11	5.18	4.67	4.34	4.10	3.93	3.79	3.59	3.16	2.65
18	8.29	6.01	5.09	4.58	4.25	4.01	3.84	3.71	3.51	3.08	2.57
19	8.18	5.93	5.01	4.50	4.17	3.94	3.77	3.63	3.43	3.00	2.49
20	8.10	5.85	4.94	4.43	4.10	3.87	3.70	3.56	3.37	2.94	2.42
21	8.02	5.78	4.87	4.37	4.04	3.81	3.64	3.51	3.31	2.88	2.36
22	7.95	5.72	4.82	4.31	3.99	3.76	3.59	3.45	3.26	2.83	2.31
23	7.88	5.66	4.76	4.26	3.94	3.71	3.54	3.41	3.21	2.78	2.26
24	7.82	5.61	4.72	4.22	3.90	3.67	3.50	3.36	3.17	2.74	2.21
25	7.77	5.57	4.68	4.18	3.85	3.63	3.46	3.32	3.13	2.70	2.17
26	7.72	5.53	4.64	4.14	3.82	3.59	3.42	3.29	3.09	2.66	2.13
27	7.68	5.49	4.60	4.11	3.78	3.56	3.39	3.26	3.06	2.63	2.10
28	7.64	5.45	4.57	4.07	3.75	3.53	3.36	3.23	3.03	2.60	2.06
29	7.60	5.42	4.54	4.04	3.73	3.50	3.33	3.20	3.00	2.57	2.03
30	7.56	5.39	4.51	4.02	3.70	3.47	3.30	3.17	2.98	2.55	2.01
40	7.31	5.18	4.31	3.83	3.51	3.29	3.12	2.99	2.80	2.37	1.80
50	7.17	5.06	4.20	3.72	3.41	3.19	3.02	2.89	2.70	2.27	1.68
60	7.08	4.98	4.13	3.65	3.34	3.12	2.95	2.82	2.63	2.20	1.60
80	6.96	4.88	4.04	3.56	3.26	3.04	2.87	2.74	2.55	2.12	1.49
100	6.90	4.82	3.98	3.51	3.21	2.99	2.82	2.69	2.50	2.07	1.43
125	6.84	4.78	3.94	3.47	3.17	2.95	2.79	2.66	2.47	2.03	1.37
150	6.81	4.75	3.92	3.45	3.14	2.92	2.76	2.63	2.44	2.00	1.33
200	6.76	4.71	3.88	3.41	3.11	2.89	2.73	2.60	2.41	1.97	1.28
300	6.72	4.68	3.85	3.38	3.08	2.86	2.70	2.52	2.38	1.94	1.22
500	6.69	4.65	3.82	3.36	3.05	2.84	2.68	2.55	2.36	1.92	1.16
∞	6.63	4.61	3.78	3.32	3.02	2.80	2.64	2.51	2.32	1.88	1.00

附表 6 DW 检验临界值表($\alpha=0.05$)

T	$k=1$		$k=2$		$k=3$		$k=4$		$k=5$	
	d_L	d_U	d_L	d_U	d_L	d_U	d_L	d_U	d_L	d_U
15	1.08	1.36	0.95	1.54	0.82	1.75	0.69	1.97	0.56	2.21
16	1.10	1.37	0.98	1.54	0.86	1.73	0.74	1.93	0.62	2.15
17	1.13	1.38	1.02	1.54	0.90	1.71	0.78	1.90	0.67	2.10
18	1.16	1.39	1.05	1.53	0.93	1.69	0.82	1.87	0.71	2.06
19	1.18	1.40	1.08	1.53	1.97	1.68	0.86	1.85	0.75	2.02
20	1.20	1.41	1.10	1.54	1.00	1.68	0.90	1.83	0.79	1.99
21	1.22	1.42	1.13	1.54	1.03	1.67	0.93	1.81	0.83	1.96
22	1.24	1.43	1.15	1.54	1.05	1.66	0.96	1.80	0.86	1.94
23	1.26	1.44	1.17	1.54	1.08	1.66	0.99	1.79	0.90	1.92
24	1.27	1.45	1.19	1.55	1.10	1.66	1.01	1.78	0.93	1.90
25	1.29	1.45	1.21	1.55	1.12	1.66	1.04	1.77	0.95	1.89
26	1.30	1.46	1.22	1.55	1.14	1.65	1.06	1.76	0.98	1.88
27	1.32	1.47	1.24	1.56	1.16	1.65	1.08	1.76	1.01	1.86
28	1.33	1.48	1.26	1.56	1.18	1.65	1.10	1.75	1.03	1.85
29	1.34	1.48	1.27	1.56	1.20	1.65	1.12	1.74	1.05	1.84
30	1.35	1.49	1.28	1.57	1.21	1.65	1.14	1.74	1.07	1.83
31	1.36	1.50	1.30	1.57	1.23	1.65	1.16	1.74	1.09	1.83
32	1.37	1.50	1.31	1.57	1.24	1.65	1.18	1.73	1.11	1.82
33	1.38	1.51	1.32	1.58	1.26	1.65	1.19	1.73	1.13	1.81
34	1.39	1.51	1.33	1.58	1.27	1.65	1.21	1.73	1.15	1.81
35	1.40	1.52	1.34	1.58	1.28	1.65	1.22	1.73	1.16	1.80
36	1.41	1.52	1.35	1.59	1.29	1.65	1.24	1.73	1.18	1.80
37	1.42	1.53	1.36	1.59	1.31	1.66	1.25	1.72	1.19	1.80
38	1.43	1.54	1.37	1.59	1.32	1.66	1.26	1.72	1.21	1.79
39	1.43	1.54	1.38	1.60	1.33	1.66	1.27	1.72	1.22	1.79
40	1.44	1.54	1.39	1.60	1.34	1.66	1.29	1.72	1.23	1.79
45	1.48	1.57	1.43	1.62	1.38	1.67	1.34	1.72	1.29	1.78
50	1.50	1.59	1.46	1.63	1.42	1.67	1.38	1.72	1.34	1.77
55	1.53	1.60	1.49	1.64	1.45	1.68	1.41	1.72	1.38	1.77
60	1.55	1.62	1.51	1.65	1.48	1.69	1.44	1.73	1.41	1.77
65	1.57	1.63	1.54	1.66	1.50	1.70	1.47	1.73	1.44	1.77
70	1.58	1.64	1.55	1.67	1.52	1.70	1.49	1.74	1.46	1.77
75	1.60	1.65	1.57	1.68	1.54	1.71	1.51	1.74	1.49	1.77
80	1.61	1.66	1.59	1.69	1.56	1.72	1.53	1.74	1.51	1.77
85	1.62	1.67	1.60	1.70	1.57	1.72	1.55	1.75	1.52	1.77
90	1.63	1.68	1.61	1.70	1.59	1.73	1.57	1.75	1.54	1.78
95	1.64	1.69	1.62	1.71	1.60	1.73	1.58	1.75	1.56	1.78
100	1.65	1.69	1.63	1.72	1.61	1.74	1.59	1.76	1.57	1.78

注：(1) α 表示检验水平，T 表示样本容量，k 表示回归模型中解释变量个数(不包括常数项)。

(2) d_U 和 d_L 分别表示 DW 检验上临界值和下临界值。

(3) 摘自 Durbin-Watson(1951)。

附表 7 DF 分布百分位数表

公式	T	α							
		0.01	0.025	0.05	0.10	0.90	0.95	0.975	0.99
(a) 生成过程(12-1) 估计式(12-5)	25	−2.66	−2.26	−1.95	−1.60	0.92	1.33	1.70	2.16
	50	−2.62	−2.25	−1.95	−1.61	0.91	1.31	1.66	2.08
	100	−2.60	−2.24	−1.95	−1.61	0.90	1.29	1.64	2.03
	250	−2.58	−2.23	−1.95	−1.62	0.89	1.29	1.63	2.01
	500	−2.58	−2.23	−1.95	−1.62	0.89	1.28	1.62	2.00
	∞	−2.58	−2.23	−1.95	−1.62	0.89	1.28	1.62	2.00
(b) 生成过程(12-1) 估计式(12-6)	25	−3.75	−3.33	−3.00	−2.63	−0.37	0.00	0.34	0.72
	50	−3.58	−3.22	−2.93	−2.60	−0.40	−0.03	0.29	0.66
	100	−3.51	−3.17	−2.89	−2.58	−0.42	−0.05	0.26	0.63
	250	−3.46	−3.14	−2.88	−2.57	−0.42	−0.06	0.24	0.62
	500	−3.44	−3.13	−2.87	−2.57	−0.43	−0.07	0.24	0.61
	∞	−3.43	−3.12	−2.86	−2.57	−0.44	−0.07	0.23	0.60
(c) 生成过程(12-1) 或(12-2) 估计式(12-7)	25	−4.38	−3.95	−3.60	−3.24	−1.14	−0.80	−0.50	−0.15
	50	−4.15	−3.80	−3.50	−3.18	−1.19	−0.87	−0.58	−0.24
	100	−4.04	−3.73	−3.45	−3.15	−1.22	−0.90	−0.62	−0.28
	250	−3.99	−3.69	−3.43	−3.13	−1.23	−0.92	−0.64	−0.31
	500	−3.98	−3.68	−3.42	−3.13	−1.24	−0.93	−0.65	−0.32
	∞	−3.96	−3.66	−3.41	−3.12	−1.25	−0.94	−0.66	−0.33
$t(\infty)$	$N(0,1)$	−2.33	−1.96	−1.65	−1.28	1.28	1.65	1.96	2.33

注：(1) 生成过程(12-1)、(12-2)，估计式(12-5)、式(12-6)、式(12-7)见第12章。

(2) 表中 α 指分位点。T 是样本容量。

(3) 百分位数摘自 Fuller(1976)第373页。公式编号依本书做了改动。

附表 8 $t_{(\hat{\alpha})}$ 检验临界值表($\Delta y_t=\alpha+\rho y_{t-1}+u_t$ 中检验 $\alpha=0$)

T	α					
	0.005	0.025	0.05	0.95	0.975	0.995
30	−3.716 07	−2.982 01	−2.641 94	2.510 20	2.864 67	3.567 80
50	−3.578 94	−2.912 53	−2.583 41	2.528 26	2.887 22	3.589 53
100	−3.470 11	−2.855 96	−2.549 97	2.558 33	2.885 39	3.503 76
150	−3.440 65	−2.853 78	−2.544 70	2.575 03	2.903 92	3.566 63
200	−3.429 02	−2.824 71	−2.529 79	2.546 31	2.877 99	3.565 99
250	−3.374 06	−2.823 17	−2.533 74	2.540 35	2.884 94	3.566 44

注：(1) 数据生成过程为 $y_t=y_{t-1}+u_t$，$u_t\sim \mathrm{IID}(0,1)$。单位根检验式 $\Delta y_t=\alpha+\rho y_{t-1}+u_t$ 中检验 $\alpha=0$。

(2) 表中 α 指分位点。T 是样本容量。

(3) 此表摘自张晓峒、攸频(2006)。

附表 9　F 检验临界值表($\Delta y_t=\alpha+\rho y_{t-1}+u_t$ 中检验 $\alpha=\rho=0$)

T	$1-\alpha$							
	0.01	0.025	0.05	0.10	0.90	0.95	0.975	0.99
25	0.29	0.38	0.49	0.65	4.12	5.18	6.30	7.88
50	0.29	0.39	0.50	0.66	3.94	4.86	5.80	7.06
100	0.29	0.39	0.50	0.67	3.86	4.71	5.57	6.70
250	0.30	0.39	0.51	0.67	3.81	4.63	5.45	6.52
500	0.30	0.39	0.51	0.67	3.79	4.61	5.41	6.47
∞	0.30	0.40	0.51	0.67	3.78	4.59	5.38	6.43
se	0.002	0.002	0.002	0.002	0.01	0.02	0.03	0.05

注：(1) 数据生成过程为 $y_t=y_{t-1}+u_t$，$u_t\sim \text{IID}(0,1)$。单位根检验式 $\Delta y_t=\alpha+\rho y_{t-1}+u_t$ 中检验 $\alpha=\rho=0$。

(2) 表中 $1-\alpha$ 指分位点。T 是样本容量。

(3) 此表摘自：Dickey-Fuller(1981)。

附表 10　$t_{(\hat{\alpha})}$ 检验临界值表($\Delta y_t=\alpha+\gamma t+\rho y_{t-1}+u_t$ 中检验 $\alpha=0$)

T	α					
	0.005	0.025	0.05	0.95	0.975	0.995
30	−4.075 60	−3.321 38	−2.928 16	2.800 00	3.194 62	3.992 69
50	−3.948 34	−3.253 71	−2.864 65	2.832 57	3.198 08	3.879 10
100	−3.859 26	−3.174 50	−2.815 06	2.870 25	3.217 65	3.834 82
150	−3.760 03	−3.098 51	−2.774 22	2.895 50	3.260 19	3.901 50
200	−3.760 03	−3.106 29	−2.771 77	2.893 91	3.256 72	3.909 93
250	−3.749 54	−3.105 82	−2.771 19	2.914 74	3.299 41	3.950 97

注：(1) 数据生成过程为 $y_t=y_{t-1}+u_t$，$u_t\sim \text{IID}(0,1)$。单位根检验式 $\Delta y_t=\alpha+\gamma t+\rho y_{t-1}+u_t$ 中检验 $\alpha=0$。

(2) 表中 α 指分位点。T 是样本容量。

(3) 此表摘自张晓峒、攸频(2006)。

附表 11　$t_{(\hat{\gamma})}$ 检验临界值表($\Delta y_t=\alpha+\gamma t+\rho y_{t-1}+u_t$ 中检验 $\gamma=0$)

T	α					
	0.005	0.025	0.05	0.95	0.975	0.995
30	−3.961 32	−3.206 50	−2.830 06	2.833 72	3.231 84	4.043 15
50	−3.903 74	−3.194 71	−2.844 96	2.784 72	3.149 82	3.851 76
100	−3.858 22	−3.257 75	−2.919 85	2.668 20	3.021 38	3.706 15
150	−3.957 34	−3.299 40	−2.963 28	2.651 91	2.995 19	3.622 87
200	−3.914 88	−3.315 39	−2.966 42	2.639 86	2.961 34	3.570 71
250	−3.977 28	−3.322 61	−2.967 71	2.638 47	2.972 43	3.560 27

注：(1) 数据生成过程为 $y_t=y_{t-1}+u_t$，$u_t\sim \text{IID}(0,1)$。单位根检验式 $\Delta y_t=\alpha+\gamma t+\rho y_{t-1}+u_t$ 中检验 $\gamma=0$。

(2) 表中 α 指分位点。T 是样本容量。

(3) 此表摘自张晓峒、攸频(2006)。

附表12　F 检验临界值表($\Delta y_t=\alpha+\gamma t+\rho y_{t-1}+u_t$ 中检验 $\gamma=\rho=0$)

T	1−α							
	0.01	0.025	0.05	0.10	0.90	0.95	0.975	0.99
25	0.76	0.90	1.08	1.33	5.91	7.24	8.65	10.61
50	0.76	0.93	1.11	1.37	5.61	6.73	7.81	9.31
100	0.76	0.94	1.12	1.38	5.47	6.49	7.44	8.73
250	0.76	0.94	1.13	1.39	5.39	6.34	7.25	8.43
500	0.76	0.94	1.13	1.39	5.36	6.30	7.20	8.34
∞	0.77	0.94	1.13	1.39	5.34	6.25	7.16	8.27
se	0.004	0.004	0.003	0.004	0.015	0.020	0.032	0.058

注：(1) 数据生成过程为 $y_t=y_{t-1}+u_t$，$u_t\sim$IID(0,1)。单位根检验式 $\Delta y_t=\alpha+\gamma t+\rho y_{t-1}+u_t$ 中检验 $\gamma=\rho=0$。

(2) 表中 $1-\alpha$ 指分位点。T 是样本容量。

(3) 此表摘自：Dickey-Fuller(1981)。

附表13　$T(\hat{\beta}-1)$分布百分位数表

公　式	T	α							
		0.01	0.025	0.05	0.10	0.90	0.95	0.975	0.99
(a) 生成过程(12-1) 估计式(12-5)	25	−11.9	−9.3	−7.3	−5.3	1.01	1.40	1.79	2.28
	50	−12.9	−9.9	−7.7	−5.5	0.97	1.35	1.70	2.16
	100	−13.3	−10.2	−7.9	−5.6	0.95	1.31	1.65	2.09
	250	−13.6	−10.3	−8.0	−5.7	0.93	1.28	1.62	2.04
	500	−13.7	−10.4	−8.0	−5.7	0.93	1.28	1.61	2.04
	∞	−13.8	−10.5	−8.1	−5.7	0.93	1.28	1.60	2.03
(b) 生成过程(12-1) 估计式(12-6)	25	−17.2	−14.6	−12.5	−10.2	−0.76	0.01	0.65	1.40
	50	−18.9	−15.7	−13.3	−10.7	−0.81	−0.07	0.53	1.22
	100	−19.8	−16.3	−13.7	−11.0	−0.83	−0.10	0.47	1.14
	250	−20.3	−16.6	−14.0	−11.2	−0.84	−0.12	0.43	1.09
	500	−20.5	−16.8	−14.0	−11.2	−0.84	−0.13	0.42	1.06
	∞	−20.7	−16.9	−14.1	−11.3	−0.85	−0.13	0.41	1.04
(c) 生成过程(12-1) 或(12-2) 估计式(12-7)	25	−22.5	−19.9	−17.9	−15.6	−3.66	−2.51	−1.53	−0.43
	50	−25.7	−22.4	−19.8	−16.8	−3.71	−2.60	−1.66	−0.65
	100	−27.4	−23.6	−20.7	−17.5	−3.74	−2.62	−1.73	−0.75
	250	−28.4	−24.4	−21.3	−18.0	−3.75	−2.64	−1.78	−0.82
	500	−28.9	−24.8	−21.5	−18.1	−3.76	−2.65	−1.78	−0.84
	∞	−29.5	−25.1	−21.8	−18.3	−3.77	−2.66	−1.79	−0.87

注：(1) 生成过程(12-1)、(12-2)，估计式(12-5)、式(12-6)、式(12-7)见第12章。

(2) 表中 α 指分位点。T 是样本容量。

(3) 百分位数摘自 Fuller(1976)第371页。公式编号依本书做了改动。

附表 14 EG 和 AEG 协整检验临界值表

附表 14-1 EG 协整检验临界值表

变量个数 N	样本容量 T	检验水平 α		
		0.01	0.05	0.10
2	50	−4.32	−3.67	−3.28
	100	−4.07	−3.37	−3.03
	200	−4.00	−3.37	−3.02
3	50	−4.84	−4.11	−3.73
	100	−4.45	−3.93	−3.59
	200	−4.35	−3.78	−3.47
4	50	−4.94	−4.35	−4.02
	100	−4.75	−4.22	−3.89
	200	−4.70	−4.18	−3.89
5	50	−5.41	−4.76	−4.42
	100	−5.18	−4.58	−4.26
	200	−5.02	−4.48	−4.18

注：(1) N 表示协整回归式中所含变量个数。

(2) EG 检验用回归式是 $\Delta u_t=\rho u_{t-1}+\varepsilon_t$。

(3) 摘自 Engle-Yoo(1987)。

附表 14-2 AEG 协整检验临界值表

变量个数 N	样本容量 T	检验水平 α		
		0.01	0.05	0.10
2	50	−4.12	−3.29	−2.90
	100	−3.73	−3.17	−2.91
	200	−3.78	−3.25	−2.98
3	50	−4.45	−3.75	−3.36
	100	−4.22	−3.62	−3.32
	200	−4.34	−3.78	−3.51
4	50	−4.61	−3.98	−3.67
	100	−4.61	−4.02	−3.71
	200	−4.72	−4.13	−3.83
5	50	−4.80	−4.15	−3.85
	100	−4.98	−4.36	−4.06
	200	−4.97	−4.43	−4.14

注：(1) N 表示协整回归式中所含变量个数。

(2) AEG 检验用回归式是 $\Delta u_t=\rho u_{t-1}+\sum_{i=1}^{4}\Delta\rho u_{t-1}+\varepsilon_t$。

(3) 摘自 Engle-Yoo(1987)。

附表15 协整检验临界值表

N	模型形式	α	ϕ_∞	se	ϕ_1	ϕ_2
1	无常数项,无趋势项	0.01	−2.5658	(0.0023)	−1.960	−10.04
		0.05	−1.9393	(0.0008)	−0.398	0.0
		0.10	−1.6156	(0.0007)	−0.181	0.0
1	常数项,无趋势项	0.01	−3.4336	(0.0024)	−5.999	−29.25
		0.05	−2.8621	(0.0011)	−2.738	−8.36
		0.10	−2.5671	(0.0009)	−1.438	−4.48
1	常数项,趋势项	0.01	−3.9638	(0.0019)	−8.353	−47.44
		0.05	−3.4126	(0.0012)	−4.039	−17.83
		0.10	−3.1279	(0.0009)	−2.418	−7.58
2	常数项,无趋势项	0.01	−3.9001	(0.0022)	−10.534	−30.03
		0.05	−3.3377	(0.0012)	−5.967	−8.98
		0.10	−3.0462	(0.0009)	−4.069	−5.73
2	常数项,趋势项	0.01	−4.3266	(0.0022)	−15.531	−34.03
		0.05	−3.7809	(0.0013)	−9.421	−15.06
		0.10	−3.4959	(0.0009)	−7.203	−4.01
3	常数项,无趋势项	0.01	−4.2981	(0.0023)	−13.790	−46.37
		0.05	−3.7429	(0.0012)	−8.352	−13.41
		0.10	−3.4518	(0.0010)	−6.241	−2.79
3	常数项,趋势项	0.01	−4.6676	(0.0022)	−18.492	−49.35
		0.05	−4.1193	(0.0011)	−12.024	−13.13
		0.10	−3.8344	(0.0009)	−9.188	−4.85
4	常数项,无趋势项	0.01	−4.6493	(0.0023)	−17.188	−59.20
		0.05	−4.1000	(0.0012)	−10.745	−21.57
		0.10	−3.8110	(0.0009)	−8.317	−5.19
4	常数项,趋势项	0.01	−4.9695	(0.0021)	−22.504	−50.22
		0.05	−4.4294	(0.0012)	−14.501	−19.54
		0.10	−4.1474	(0.0010)	−11.165	−9.88
5	常数项,无趋势项	0.01	−4.9587	(0.0026)	−22.140	−37.29
		0.05	−4.4185	(0.0013)	−13.641	−21.16
		0.10	−4.1327	(0.0009)	−10.638	−5.48
5	常数项,趋势项	0.01	−5.2497	(0.0024)	−26.606	−49.56
		0.05	−4.7154	(0.0013)	−17.432	−16.50
		0.10	−4.4345	(0.0010)	−13.654	−5.77
6	常数项,无趋势项	0.01	−5.2400	(0.0029)	−26.278	−41.65
		0.05	−4.7048	(0.0018)	−17.120	−11.17
		0.10	−4.4242	(0.0010)	−13.347	0.0
6	常数项,趋势项	0.01	−5.5127	(0.0033)	−30.735	−52.50
		0.05	−4.9767	(0.0017)	−20.883	−9.05
		0.10	−4.6999	(0.0011)	−16.445	0.0

注:(1) 临界值计算公式是 $C(\alpha)=\phi_\infty+\phi_1 T^{-1}+\phi_2 T^{-2}$,其中 T 表示样本容量。

(2) N 表示协整回归式中所含变量个数,α 表示检验水平。

(3) 摘自 Mackinnon(1991)。

附录 C　EViews 12 使用简介

阅读附录 C 的详细内容，请扫描下方二维码。